I.R.M.	Institut Royal de Météorologie (Königl. meteorologisches Inst.)	RTBF	Radio-Télévision Belge de la Communauté Culturelle Française (Rundfunk- und Fernsehanstalt der französischsprachigen Gemeinschaft in Belgien)
LDLN	Lumières dans la nuit (Lichter in der Nacht; frz. ufologische Schriftenreihe)		
LtCol-BEM	Lieutenant-colonel Breveté d'Etat-Major (fachlich qualifizierter Oberstleutnant im Stabsdienst)	RTT	Régie des Télégraphes et Téléphones (heutiger Name: Belgacom)
		S.A.L.	Société Astronomique de Liège (Astronomische Gesellschaft Lüttich)
MC	Master Controller (leitender Radaroperateur)		
MDL	Maréchal des Logis (Gendarmerie-Dienstgrad)	SAM	Situation Awareness Mode (Umfeldkontroll-Modus)
MHD	magnetohydrodynamisch	SEPRA	Service d'expertise des phénomènes de rentrées atmosphériques (Bewertungsstelle für Phänomene des Wiedereintritts in die Erdatmosphäre)
MPR	Multi-purpose radar (Mehrzweck-Radar)		
MTI	Moving Target Indicator (Anzeigevorrichtung für bewegliche Ziele mit Festzielunterdrückung gemäß Doppler-Effekt)		
		SETI	Search for extraterrestrial intelligence (Suche nach außerirdischen Intelligenzen; radioastronomisches Programm)
MUFON	Mutual UFO Network (Netzwerk für UFO-Informationen; private UFO-Forschungsorganisation, USA)		
		SHAPE	Supreme Headquarters of the Allied Powers in Europe (Oberkommando der alliierten Streitkräfte des Nordatlantikpakts)
NADGE	NATO Air Defence Ground Environment (bodengebundenes Erfassungs-, Leit- und Führungssystem der NATO-Luftraumverteidigung; siehe auch AWACS)		
		SID	Service de l'Information de la Défense Nationale (Informationsdienst der belgischen Landesverteidigung)
NASA	National Aeronautics and Space Administration (Luft- und Raumfahrtbehörde der USA)		
		SOBEPS	Société Belge d'Étude des Phénomènes Spatiaux (Belgische Gesellschaft zur Erforschung von Weltraumphänomenen)
NATO	North Atlantic Treaty Organization (Nordatlantikpakt)		
NORAD	North American Aerospace Defence Command (nordamerikanisches Luftraumverteidigungskommando)	TAF	Tactical Air Force (Taktische Luftwaffe)
		THAP	Tactical High Altitude Penetrator (taktisches Angriffsflugzeug für große Höhen)
OIP HNV	Optronic Instrument Product / Holographic Night Vision (holographisches Nachtsichtgerät)		
		UCL	Université Catholique de Louvain (Katholische Universität Löwen; die wallonische Sektion befindet sich in Louvain-la-Neuve, Neu-Löwen)
PMob	Patrouille Mobile (Polizeistreife)		
PVV	Partij voor Vrijheid en Vooruitgang (Partei für Freiheit und Fortschritt, Belgien)		
		ULB	Université Libre de Bruxelles
RAM	Radar-absorbent material (radarabsorbierendes Material)	ULM	Ultra-light mo...
RAP-CON	Radar Approach Control (Radaranflugkontrollsystem)	USAF	
RAS	Radar-absorbent structure (radarabsorbierende Struktur)		

UFO-Welle über Belgien

UFO-Welle über Belgien

Zivile, polizeiliche, militärische
und wissenschaftliche Augenzeugen berichten.
Eine Dokumentation der Massensichtungen.
Mit Radar- und Bildanalysen.

Herausgegeben
von der Société Belge d'Étude des
Phénomènes Spatiaux

Aus dem Französischen von
Hellmuth R. Osz

Zweitausendeins

1. Auflage, April 1993.
Titel der Originalausgabe: Vague d'OVNI sur la Belgique.
Copyright © 1991 by SOBEPS, Société Belge d'Étude des
Phénomènes Spatiaux asbl, Brüssel.
Copyright © 1993 für die deutsche Übersetzung bei Zweitausendeins,
D-60 381 Frankfurt am Main, Postfach.
Deutsche Erstausgabe.

Alle Rechte vorbehalten, insbesondere das Recht der mechanischen,
elektronischen oder fotografischen Vervielfältigung, der Einspeicherung
und Verarbeitung in elektronischen Systemen, des Nachdrucks in
Zeitschriften oder Zeitungen, des öffentlichen Vortrags, der Verfilmung
oder Dramatisierung, der Übertragung durch Rundfunk, Fernsehen
oder Video, auch einzelner Text- und Bildteile.
Der gewerbliche Weiterverkauf und der gewerbliche Verleih
von Büchern, Platten, Videos oder anderen Sachen aus der
Zweitausendeins-Produktion bedarf in jedem Fall
der schriftlichen Genehmigung durch die Geschäftsleitung
vom Zweitausendeins Versand in Frankfurt.

Lektorat: Susanne Emig, Waltraud Götting, Ekkehard Kunze,
Martin Weinmann.
Herstellung: Eberhard Delius, Berlin.
Satz: Theuberger, Berlin.
Lithographie: Duplex, Berlin; ORT, Berlin.
Druck: Wagner GmbH, Nördlingen.
Einband: G. Lachenmaier, Reutlingen.
Gedruckt auf chlor- und säurefreies Werkdruckpapier,
geliefert von E. A. Geese GmbH, Hamburg.
Printed in Germany.

Dieses Buch gibt es nur bei Zweitausendeins im
Versand (D-60381 Frankfurt am Main, Postfach) oder in
den Zweitausendeins-Läden in Berlin, Essen, Frankfurt, Freiburg,
Hamburg, Köln, München, Nürnberg, Saarbrücken, Stuttgart.

In der Schweiz über buch 2000,
Postfach 89, CH-8910 Affoltern a. A.

ISBN 3-86150-008-6

Inhalt

Vorwort 11
Jean-Pierre Petit

1. Die entscheidenden Sichtungen vom 29. November 1989 19
August Meessen
Die ersten Zeugenaussagen 19 / Ablehnung der soziopsychologischen Hypothese 21 / Die wissenschaftliche Herangehensweise 22 / Augenzeugenberichte 26 / UFO von Gendarmen geortet und verfolgt 27 / UFO über Eupen 32 / Schauspiel über der Gileppe-Talsperre 36 / Sichtungen bei Tage 39 / Nördlich von Verviers 43 / Nahe der Grenze 45 / Zwischen Verviers und Eupen 46 / Besondere Lichteffekte 48 / Eine U-Kurve 51 / Große erleuchtete Fenster 52 / Andere Typen von Flugobjekten 54 / Weitere Sichtungen durch Gendarmen 57 / Östlich von Lüttich 61 / Am Himmel über Lüttich 64 / Westlich von Lüttich 65 / Noch weiter westlich 69 / Schlußfolgerungen 71

2. Chronik einer Sichtungswelle 75
Michel Bougard und Lucien Clerebaut
Vor Hereinbruch der Welle ... 76 / Die ersten Tage im Zeichen der Welle 90 / Die Medien werden aktiv 99 / Erste Befragungen und Überschäumen der Welle 102 / Was geschah auf den Radarschirmen? 109 / Die »Offiziellen« machen sich kundig ... 113 / 11.12.1989: systematische Erkundungsflüge am Abend? 118 / Die definitive Erklärung – aber nicht nur eine! 164 / Jagd nach »Exklusiv«bildern – Engagement der Militärs 170 / Internationale Pressekonferenz 177 / Die UFOs kehren zurück 183 / Der Weihnachtsmann war mit von der Partie 190 / »Science & Vie« – überflüssige Gefechte? 199 / Die »große Mauer des Schweigens«

wird durchlässig 205 / »Premieren« aller Art 210 / In den Schlagzeilen: vom Besten zum Schlimmsten 223 / Merkwürdige »Luftschiffe« und Flugzeuge, die in der Luft stehen können 229 / Kann die UFO-Jagd beginnen? 237 / Eine verrückte Nacht für die F-16 248 / Ein neues »Ding« in Wallonisch-Brabant 257 / Bestätigungen und UFOs in Hülle und Fülle 268 / Aktion »UFO-Identifizierung« 272 / Wo waren die UFOs über Ostern? 288 / Offizielles Stillschweigen und »Landungen« – Unklarheiten 302 / Die Rückkehr der F-117 312 / Luftwaffenbericht endlich veröffentlicht 316 / Ungekürzte Fassung des zusammenfassenden Berichts der Luftwaffe 320 / Der F-16-Radarfilm: Zufall und Notwendigkeit 327 / Die UFOs vom Sommer 335 / Die Blätter fallen – und die UFOs sind wieder da 338 / Und was meint die Presse dazu? 349 / 18. Oktober 1990: AWACS or not AWACS? 352 / Krieg der Welten vertagt ... 359 / Dezember/Januar: Die Welle schlägt wieder hoch 363 / Das Karussell vom 12. März 1991 369 / Bewertung der Ereignisse 397 / Frühjahr 1991: erneute Zunahme der Sichtungen 400 / Stimmungsumschwung in den Medien und »Offizialisierung« der Forschung 410

3. Rätselhafte Dreiecke: in Belgien und andernorts 421
Michel Bougard
Weitere, weniger bekannte Fälle 426 / Riesendreieck in Puerto Rico 431 / UFO-Welle in Kanada 438

4. Die Luftfahrt-Hypothese – Erläuterungen zur Stealth-Technologie 443
Jean Debal
Die »Nighthawk« – ein wahrhaft schräger Vogel 444 / Gedämpfte, jedoch charakteristische Geräuschentwicklung 444 / Langsamflug unmöglich – erhöhte Landegeschwindigkeit 446 / Grundkonzepte der revolutionären Stealth-Technologien 446 / Einige wesentliche Details 448 / Von der Unsichtbarkeit für das Radar zur künstlichen Flugstabilisierung 449 / Scheinwerfer-Dreieck und rotes Blinklicht ...? 449 / Verwendung der Lichter 450 / Ein intelligentes Flugzeug 451 / Auftrag – Taktik – Bewaffnung 452 / Von Panama bis Saudi-Arabien 453 / Der technisch fortgeschrittenste Bomber der Welt wird ein Nurflügler sein 454 / Einsatzbereich des Bombers B-2 455 / Einer aus der Familie war es bestimmt 456 /

INHALT 7

Trotz Tarnung, Wendigkeit und Elektronik im Überfluß: Es sind und bleiben Flugzeuge 459 / Die letztgeborenen Amerikaner 460 / Noch mehr Dreiecke 461 / Gerüchte aus der »Schwarzen Welt« 463 / Eines steht fest 465 / Für eine offene Forschung 465 / *Nachbemerkung: Sagten Sie eben »Scherz«?* 466

5. Ausflug eines Wissenschaftlers in die Welt der Ufologie 469
Léon Brenig
Das Phänomen 469 / Die Neugier 470 / Beginn der Mitarbeit 470 / Zeugenbefragungen 472 / Die anderen Wissenschaftler 473 / Persönliche Einstellung 474 / Erste Beobachtungskampagne 475 / Ansturm der Medien 476 / Unterstützung durch die Armee 477 / Zweite Beobachtungskampagne 480 / Analyse der Resultate 481 / Begleichung offener Rechnungen 482 / Datenanalyse 484 / Wer weiß was? 486 / Zunahme der Sichtungen 486 / Verläßlichkeitsprüfung 487 / Riesen-UFO 488 / Wissenschaftliches Kolloquium 489 / Neuerliche Zunahme der Sichtungen 490 / Dritte Beobachtungskampagne 492 / Vorläufige Schlußfolgerung 495

6. Die Radaraufzeichnungen 497
August Meessen
Einleitung 497 / Frühere Radarortungen von UFOs 498 / Präludien bei der belgischen Luftwaffe 504 / Die Rolle des Luftfahrtamts 507 / Keine oder so gut wie keine UFOs 509 / Das Phänomen der »fliegenden Engel« 510 / Die Daten des Radars Semmerzake 511 / Der Einsatz der F-16 515 / Die Option der Transparenz 519 / »Lock-on« auf die Objekte 1, 2 und 3 521 / Das Bordradar der F-16 526 / Die unzweideutige Spur eines UFOs 531 / Die Objekte 4 bis 7 533 / Die Objekte 9 bis 13 535 / Zwei Arten von meteorologischen Phänomenen 539 / Der Einfluß der relativen Luftfeuchtigkeit 542 / Die Engel 1. Art sind das Ergebnis von Luftspiegelungen 545 / Die Engel 2. Art sind Konvektionsblasen 549 / Die Sichtungen durch die Gendarmen 551 / Allgemeine Bewertung 559

7. Videofilme und Fotografien 565
Patrick Ferryn
»Kerbscheiben« und Video-Pleiten 567 / Wenn sich die Sonne einmischt 571 / Banholt (Niederlande), 11. Dezember 1989 571 / Flémalle-Grande (Provinz Lüttich), 15. und 20. Februar 1990 574 / Brüssel, 31. März 1990 576 / Stembert (Provinz Lüttich), 23. Oktober 1990 580 / Aarschot (Provinz Brabant), 1. Dezember 1990 581 / Marchin (Provinz Lüttich), 12. März 1991 581 / Braine-le-Comte (Provinz Hainaut), 12. März 1991 582 / Nodebais-Beauvechain (Provinz Brabant), um den 20. Oktober 1989 585 / Moignelée-Sambreville (Provinz Namur), 13. bis 17. August 1990 586 / Petit-Rechain, Verviers (Provinz Lüttich), 4. o. 7. April 1990 587 / Ramillies (Provinz Brabant), 1. April 1990 594

8. Der Herschel-Effekt 601
August Meessen
Erstaunliche Fotos 601 / Die ersten Untersuchungen zum Herschel-Effekt 603 / Der Ablauf des fotografischen Prozesses 605 / Der Ablauf des Herschel-Effekts 608 / Praktischer Test 609 / Der Anti-Herschel-Effekt 611 / Weitere merkwürdige UFO-Aufnahmen 613 / Mögliche Implikationen – Schlußfolgerungen 616 / Zusatz (Stand: November 1992) 618

9. Einige Statistiken 621
Marc Valckenaers

10. Überlegungen eines Interviewers 629
Jean-Luc Vertongen

11. Ein kurzer Blick auf die SOBEPS 639
Eine ungewöhnliche Gruppierung, *Michel Bougard* 639 / Geschichte und Ziele der SOBEPS, *Lucien Clerebaut* 644

12. Schlußfolgerungen 649
Michel Bougard 649 / *Léon Brenig* 655 / *Lucien Clerebaut* 661 / *Jean Debal* 667 / *Patrick Ferryn* 672 / *August Meessen* 677

INHALT 9

Nachwort   681
Wilfried De Brouwer
Einleitung 681 / Kontext 682 / Der Einbezug der belgischen Luftwaffe 685 / Die Mittel 686 / Maßnahmen 688 / Die Zusammenarbeit zwischen Luftwaffe und SOBEPS 692 / Schluß 693

Anmerkungen   696

Wir tragen ein so festes Gefühl intellektueller Sicherheit in uns, daß wir uns nicht denken können, wie es erschüttert werden sollte; denn selbst vorausgesetzt, daß uns plötzlich ein gänzlich geheimnisvolles Phänomen erschiene, dessen Ursachen uns vollständig entgingen, so würden wir nichtsdestoweniger davon überzeugt sein, daß unsere Unwissenheit nur vorläufig wäre, daß aber diese Ursachen existierten und früher oder später bestimmt werden könnten.

Lucien Lévy-Bruhl,
Die geistige Welt der Primitiven (1922)

Vorwort

Das UFO-Phänomen ist heute so verwirrend, absurd und unberechenbar wie je. Für den konservativen, gleichgültigen oder ablehnend eingestellten Wissenschaftler ist der Fall erledigt. Die Sache, so scheint es, ist klar. Von vielen Seiten her hat man alles getan, um Wissenschaftler davon abzubringen, sich mit diesem Thema zu beschäftigen: Das sei eine Sache von Schaumschlägern, professionellen Geheimniskrämern, Hexenmeistern im Gewande von Gelehrten, Sachwaltern einer Disziplin, die sich auf keine andere beruft und sich selbst Ufologie nennt.

Ab dem 29. November 1989 wurde Belgien von einer außergewöhnlichen Welle erfaßt. Zahlreiche glaubwürdige Augenzeugen – darunter ausgewiesene Wissenschaftler sowie Gendarmen und hochrangige Militärs – berichteten von einer überraschend großen Zahl von Sichtungen. Wiederholt trifft man auf übereinstimmende Schilderungen von einander nicht bekannten Personen. Erstmals erschien es nicht mehr möglich, die üblichen reduktionistischen Erklärungen ins Feld zu führen: Ein Stern sei beobachtet worden, an Wolken habe sich Scheinwerferlicht reflektiert, es habe sich um in die Erdatmosphäre wiedereintretende Satellitentrümmer oder einen Meteoritenschauer gehandelt, falls die Phänomene nicht ohnehin für Erfindungen, Ulk oder Halluzinationen gehalten wurden.

Die SOBEPS [Belgische Gesellschaft zur Erforschung von Weltraumphänomenen] – eine Einrichtung, die von angesehenen Wissenschaftlern und gewissenhaften Interviewern mit nüchterner Grundeinstellung getragen wird und 1971 gegründet wurde – erhielt so über Monate hinweg eine beeindruckende Menge von Augenzeugenberichten. Die Zahl der zu bearbeitenden Einzelbeobachtungen war derart groß, daß die wenigen ehrenamtlichen Interviewer sich (wegen der offensichtlichen Subjektivität von Entfernungsangaben) gezwungen sahen, ihre Untersuchungen auf jene Fälle zu beschränken, in denen die beobachteten Formen und Lichtfiguren vergleichsweise groß gewesen sind und einen Durchmesser hatten, der für größer als der des Mondes gehalten wurde.

Aus dieser Masse von Augenzeugenberichten – einige beziehen sich auch auf am Tage gemachte Beobachtungen – kristallisiert sich das »Phantombild« einer typischen Sichtung heraus. In der Mehrzahl der Fälle ist von drei runden, nicht blendenden und zusammengehörigen Lichtern die Rede, die als »Scheinwerfer« oder »Bullaugen« beschrieben werden und ein gelblich-weißes Licht ausstrahlen. Wenn eine »tragende Masse« sichtbar wurde, handelte es sich um eine Dreiecksform gewisser Stärke mit stumpfen Spitzen. In der Mitte der mit drei weißen Lichtern versehenen Unterseite des Objekts wurde häufig ein kleineres rotes Licht gesehen, das sehr oft mit einem umlaufenden Signallicht verglichen wurde.

Angesichts dieser Lawine übereinstimmender Augenzeugenberichte, die oftmals von a priori glaubwürdigen Personen stammen, war es nun nicht mehr möglich, all dies in die Welt der Einbildung zu verweisen. Viele begannen an die materielle Existenz des beschriebenen Phänomens zu glauben, und der Begriff »nicht identifiziertes Flugobjekt« bekam für sie erstmals einen tieferen Sinn. Nun wartete eine französische populärwissenschaftliche Zeitschrift mit einer andersgearteten Erklärung auf. In ihrem Artikel vom Oktober 1990 stand zu lesen, es handle sich um das Tarnkappenflugzeug F-117A, das kurz zuvor der internationalen Presse vorgestellt worden war. Erkundigungen ergaben jedoch, daß diese Maschine nicht in der Lage ist, vollkommen lautlos auf der Stelle zu fliegen. Dank ihrer speziell konstruierten entenschnabelförmigen Düsen verursacht sie wenig Lärm. Nach Darstellung der im allgemeinen wohlinformierten amerikanischen Zeitschrift *Aviation Week and Space Technology* erzeugt diese Maschine bei einem Schub von 13 Tonnen »nicht mehr Lärm als ein zweistrahliger Privatjet«. Indessen fliegt auch eine Mystère 20 für einen derart nahe stehenden Beobachter keineswegs absolut geräuschlos. Auch die jeweiligen Geschwindigkeiten passen nicht zueinander. Die F-117A besitzt, was später bestätigt wurde, eine Anfluggeschwindigkeit von 285 km/h, ein Umstand, der mit der geringen Geschwindigkeit und erst recht mit dem von zahlreichen Augenzeugen beschriebenen Schwebeflug kaum vereinbar ist. Warum außerdem hätte ein Tarnkappenflugzeug, dessen Auftrag nach Aussage derselben Zeitschrift darin bestanden habe, »die NATO-Abwehr wachzukitzeln«, mit voller Festbeleuchtung dicht über der Grasnarbe daherfliegen sollen? Der Autor des Artikels war um eine Antwort nicht verlegen. Die für das Radar unsichtbare Maschine »schaltete ihre leistungsfähigen Scheinwerfer ein, sobald sie in einen stark frequentierten Luftraum eintrat, um die gültigen internationalen Bestimmungen für den zivilen Luftverkehr zu erfüllen«; das wäre so, als würde ein Unsichtbarer eine Weihnachtsbaum-Lichterkette mit sich herumtragen, um Zusammenstöße zu vermeiden.

Die genannte Zeitschrift bezog sich später auf ein neues – diesmal rein hypothetisches – Tarnkappenflugzeug mit gegenüber der F-117A weit größerer Leistungsfähigkeit. Die Beobachtungen setzten sich auch nach Ausbruch des Golfkriegs, also nach dem 17. Januar 1991 fort. Anscheinend lief die von der französischen Zeitschrift den Amerikanern zugeschriebene »Erprobung des Radarschilds der NATO« ungeachtet des Golfkriegs weiter. Man sieht sich zu der Annahme gezwungen, daß dieses Testprogramm für Uncle Sam von absoluter Priorität gewesen sein muß, da die letzten Beobachtungen, die sogar Gegenstand eines in den Fernsehnachrichten gezeigten Videofilms waren, vom 12. März 1991 datieren; seit dem ersten Erscheinen eines dreieckigen Objekts über Belgien waren damit sechzehn Monate vergangen.

Was ist von all dem zu halten, und vor allem: Was ist zu tun? Für einige Wissenschaftler ist das Thema grundsätzlich von keinerlei Interesse und verdient nicht die geringste Aufmerksamkeit. Die Geschichte der Naturwissenschaften aber weist eine Unzahl vergleichbarer Beispiele auf. Lange Zeit ließ man wichtige Fragen links liegen, indem man die materielle Existenz des jeweiligen Phänomens schlichtweg leugnete. Am bekanntesten ist das Beispiel der Meteoriten, denen die Gelehrtenwelt lange den Status der »vom Himmel gefallenen Steine« vorenthielt.

Was aber bedeutet Wissenschaft überhaupt? Sie ist das Licht, mit dessen Hilfe wir versuchen, unseren derzeitigen Standort, den zurückgelegten und den vor uns liegenden Weg zu beleuchten. Was wissen wir jedoch eigentlich über die Zukunft?

Das menschliche Denken gleicht einer Partie Boule. Es ist ein organisiertes System von Glaubensvorstellungen. Wir befördern die Zielkugel in ein bestimmtes Gelände und werfen die Spielkugeln hinterher. Der jeweilige Spielverlauf richtet sich nach der Bodenbeschaffenheit und unseren momentanen Kenntnissen. Wenn wir Schilderungen früherer Spiele oder die wissenschaftlichen und technischen Hirngespinste unserer Vorfahren nachlesen, treffen wir amüsiert auf einige ihrer irrigen Vorstellungen oder Deutungen. Dies müßte uns eigentlich zur Vorsicht mahnen. Doch es scheint, als solle diese Lektion niemals Früchte tragen. Wenn wir einen Blick in die Zukunft werfen (sie wird notwendigerweise – wie könnte es auch anders sein – auf anderen Grundgedanken und Entdeckungen basieren), so stellen wir uns vor, daß das zukünftige Spiel in der gleichen Weise ablaufen wird wie das derzeitige. Dies war nie anders. Ptolemäus weigerte sich zu glauben, daß sich die Erde bewegt, denn sonst würde sich unser Planet mitsamt den von ihm getragenen Menschen inmitten eines Kraftfelds befinden. Hatte nicht aber Aristoteles behauptet und durch Beobachten des Falls einer Feder und eines Steins auch bewiesen, daß die Kräfte stärker auf »gewichtige«, massive Körper einwirken als auf leichte? Ptolemäus schloß daraus, daß sich die Erde – falls sie denn beweglich sei – in den Weltraum davonmachen und uns quasi an Ort und Stelle zurücklassen würde, verloren in der unermeßlichen Leere wie ein verirrter Bienenschwarm. Also bewegte sich die Erde nicht.

Gestützt auf einen moderneren Gedankengang gelangte der dänische Astronom Tycho Brahe zu denselben Schlußfolgerungen. Im Jahr 1600 vertrat er die Ansicht, falls sich die Erde bewege, müsse diese Bewegung eine relative Bewegung der nahen Sterne gegenüber dem Glitzerteppich der entfernten Sterne zur Folge haben. Wenn man abwechselnd je ein Auge öffnet – dies entspräche zwei Extremstellungen der Erde –, meint man zu sehen, daß Gegenstände, die sich nahe beim Beobachter in einem Zimmer befinden, gegenüber dem Hintergrund scheinbar ihre Position ändern. Dies ist die sogenannte *Parallaxe*. Indem er den Fixsternen eine mit der der Planeten vergleichbare Entfernung (von mehreren Millionen Meilen) zuschrieb – etwas anderes vermochte er sich nicht vorzustellen –, errechnete Tycho Brahe, daß diese Positionsänderungen im Verlaufe des Jahres beobachtbar sein müßten. Aus der Tatsache, daß dies nicht zutraf, folgerte auch er, daß die Erde nur an einer festen Position im Weltraum verankert sein könne. Dieser Gedankengang lag zu jener Zeit einfach auf der Hand.

Brahe hatte die Entfernung der uns nächsten Sterne einfach um den Faktor Zehntausend unterschätzt. Der Parallaxeneffekt existiert zwar tatsächlich, sollte jedoch erst zwei Jahrhunderte später durch den Deutschen Bessel dank der zwischenzeitlichen Erfindung des Teleskops und der photographischen Platte nachgewiesen werden.

Unsere heutigen Wissenschaftler leisten sich kühne Beschreibungen des Weltalls. Sie kennen die Anzahl der für seine Beschreibung ausreichenden Dimensionen, taxieren seine Beschaffenheit und setzen voraus, daß es sich um ein Kontinuum handelt. Kürzlich schrieb ein bekannter französischer Wissenschaftler in einer auflagenstarken französischen Zeitung: »Niemand mehr zweifelt heute an der Existenz von schwarzen Löchern, obwohl sie noch nicht eindeutig nachgewiesen wurde.«

Auf den Engländer Hawking geht folgendes berühmte Theorem zurück: »black holes have no hair« – schwarze Löcher haben keine Haare, sie sind »glatt«. Dies wurde von ihm »nachgewiesen«. Außerdem verdampfen sie innerhalb von 10^{50} Jahren. Dies wurde von ihm berechnet. Andere wiederum liefern ausgefeilte Beschreibungen des Inneren dieser Objekte, noch bevor sie über den unwiderlegbaren Beweis ihrer Existenz verfügen. Die Zielkugel namens »allgemeine Relativitätstheorie« wurde in ein bestimmtes Gelände geworfen, und die Spielkugeln versammeln sich um die gängigen Grundvorstellungen. Zwar funktioniert derlei auf der Ebene des Sonnensystems recht gut; doch ist es nicht verwegen, in solchen Bereichen Spekulationen anzustellen, in denen die vorhandenen Energie- und Massendichten die grundlegenden Gesetze der Physik verändern könnten? Was werden unsere Nachfahren in hundert Jahren davon halten? Werden sie nicht über diese für sie vielleicht ziemlich primitiven Modelle lachen?

Was wird in tausend, in zehntausend Jahren sein? Wir verfügen über eine gewisse Vorstellung darüber, was geschieht, wenn sich zwei in ihrer technisch-wissenschaftlichen Entwicklung weit voneinander entfernte Zivilisationen begegnen. Hierzu lese man das vorzügliche Buch von Bob Connolly und Robin Anderson mit dem Titel *Premier Contact* aus dem französischen Verlag Gallimard. Anfang der 30er Jahre sahen die Papua Neuguineas die ersten Weißen vorbeihuschen – Goldsucher, die den

Eingeborenen nur wenig Aufmerksamkeit schenkten, da sie ganz darauf aus waren, in Kiesablagerungen jene kostbaren gelben Metallklumpen zu finden. Fast ein halbes Jahrhundert später konnten die Verfasser des Buches noch einige Augenzeugen dieser ersten Invasion von Menschen aus dem zwanzigsten Jahrhundert inmitten einiger Steinzeitvölker ausfindig machen. Die Papua, die zwar keine Kleidung kennen, aber einen hochorganisierten Ackerbau betreiben, wunderten sich darüber, wie die Weißen »Gegenstände unter ihre Haut schoben und sie dann wieder hervorholten«. Die Petroleumlampen der Goldsucher enthielten ihrer Ansicht nach »Mondstücke«. Deren Tuchzelte waren für sie »Wolkenfetzen«. Da sie unter den Expeditionsteilnehmern keine Frauen erblickten, vermuteten sie, die Männer würden die Frauen in ihren Rucksäcken mitführen und erst nach Anbruch der Dunkelheit hervorholen. Später kamen dann andere Weiße in einem Vogel aus einem rätselhaften, kalten und glänzenden Material, dessen Lärm sie in Angst und Schrecken versetzte. Die Weißen führten Beile mit unglaublich scharfen Klingen aus einem merkwürdigen Stein mit sich. So kam eins zum anderen.

Wenn die von den belgischen Augenzeugen beschriebenen Objekte tatsächlich materiell vorhanden sind und keine etwa von einer unbekannten Naturerscheinung herrührenden Trugbilder – zumal sich all dies anscheinend nicht einfach auf ein von Menschenhand gefertigtes Gerät reduzieren läßt –, worum handelt es sich dann? Was steckt hinter den »weißen Scheinwerferlichtern« und jenem merkwürdigen »roten Umlauflicht«, das sich gelegentlich von der Maschine löst, um dicht über dem Erdboden herumzutänzeln? Wenn es denn Flugmaschinen sind, wie halten sie sich in der Luft? Woher kommen sie? Und warum interessieren sie sich anscheinend so stark für Belgien?

Die ehrlichste Antwort ist die, zuzugeben, daß wir dies schlichtweg nicht wissen. Wir haben es einstweilen mit einem Phänomen zu tun, das unser Fassungsvermögen übersteigt. Zu dieser Schlußfolgerung sind die Wissenschaftler der SOBEPS gelangt, die auch nicht wissen, warum ihr Heimatland derzeit anscheinend das bevorzugte Gebiet dieser rätselhaften Erscheinungen ist. Muß das jedoch heißen, daß wir darauf verzichten sollen, die Erscheinungen mit den uns zur Verfügung stehenden Mitteln zu untersuchen? Nein, denn das würde ein klares Versäumnis der wissenschaftlichen Gemeinschaft bedeuten.

Die SOBEPS bleibt weiter am Ball. Indem sie sich vorschnellen Schlußfolgerungen in der einen wie der anderen Richtung verschließt, eine ungemein besonnene Haltung einnimmt und sich nach besten Kräften für die Anwendung rein wissenschaftlicher Untersuchungsmethoden einsetzt, konnte sie bei den militärisch und politisch Verantwortlichen eine hohe Glaubwürdigkeit erlangen – ein bisher auf der Welt einmaliger Vorgang. Die SOBEPS hält ihre Unterlagen für jeden Wissenschaftler bereit und stellt in dem vorliegenden Buch ihre aussagekräftigsten Untersuchungen sowie das Ergebnis ihrer ersten Nachforschungen vor. Wir stehen vor einer phantastischen Herausforderung. Dieses Dossier verlangt eine ernsthafte Prüfung. Man wird sich bemühen müssen, Zugang zu den Informationen zu finden, die sich aus diesem in all seinen Formen höchst beunruhigenden Phänomen ergeben. Zwar gibt es auch Videoaufnahmen, die sich nicht als plumpe Fälschungen abtun lassen, doch dies bedeutet sehr wenig. Man müßte die Fähigkeit erlangen, bei Auftreten des Phänomens wirksam zu intervenieren – dies unabhängig von seiner Beschaffenheit, ob Raumfahrzeug oder moderne Fata Morgana –, indem man sämtliche heute möglichen *objektiven* Messungen mit Hilfe von Meßgeräten und durch Nachspüren seines Abbilds in sämtlichen Wellenbereichen vornimmt. Nur so werden wir weiterkommen. Auf diesem Gebiet ist die SOBEPS international führend. Naturwissenschaftler der ganzen Welt müssen sich zusammensetzen, diskutieren und ihre Auffassungen miteinander vergleichen – abseits jeglicher Vorurteile.

Jean-Pierre Petit

Bei unseren Untersuchungen wurden die Zeugen von uns grundsätzlich gefragt, ob sie anonym zu bleiben wünschten oder nicht. Die meisten Zeugen haben der SOBEPS die Erlaubnis erteilt, ihre Identität offenzulegen; einige zogen es vor, anonym zu bleiben. Um der Einheitlichkeit willen und um Zeugen vor Belästigungen zu bewahren, haben wir beschlossen, nur den Anfangsbuchstaben des Nachnamens zu nennen, manchmal auch den Vornamen. Nur wenn Berichte von bestimmten Sichtungen und die Namen der betreffenden Zeugen bereits oft genannt und bekannt geworden sind, haben wir uns erlaubt – sofern nichts Gegenteiliges gewünscht wurde –, die Identität der Zeugen im Text offenzulegen. Die von uns geführten Dossiers enthalten die Angaben zu allen Personen und können auf begründeten Antrag zu Forschungszwecken eingesehen werden.

1.
Die entscheidenden Sichtungen vom 29. November 1989

August Meessen

Die ersten Zeugenaussagen

Der Abend des 29. November 1989 (ein Mittwoch) war außergewöhnlich, dies aufgrund der *sehr hohen Zahl von Sichtungen innerhalb nur weniger Stunden in einem klar umgrenzten Raum*. Wenigstens 125 Fälle sind bekannt. In diesem Kapitel sollen mehr als 70 dieser Fälle vorgestellt werden. Zwar hatte es bereits in den Wochen davor einige wenige Sichtungen gegeben, doch nur eine war bekannt geworden. Der 29. November 1989 markiert den offiziellen *Beginn* der »belgischen Welle« – einen fulminanten Beginn. Meines Wissens hat es eine derart hohe raumzeitliche Dichte von UFO-Sichtungen vorher noch nie gegeben.

Ein weiteres wesentliches Ereignis bestand in der *vom Fernsehen ausgestrahlten Zeugenaussage zweier Beamter, v. M. und N., der Eupener Gendarmerie*. Das mit ihrer Funktion verbundene Ansehen und die Fülle der berichteten Einzelheiten ließen es nicht zu, diese Sichtung leichtfertig abzutun. Wie wir später erfahren haben, wurden im Laufe desselben Abends noch von weiteren Gendarmen UFOs gesichtet. Dies stellte den Beginn der auf verschiedenen Niveaus angesiedelten *Zusammenarbeit mit den offiziellen Stellen* dar; die unmittelbare Wirkung der öffentlichen Aussage der beiden Gendarmen bestand hingegen darin, weitere Zeugen aus der Reserve zu locken.

Der Wert der ersten Zeugenaussagen läßt sich besser ermessen, wenn man sich daran erinnert, daß die Medien kein Klima geschaffen hatten, das der Mitteilung von UFO-Sichtungen förderlich gewesen wäre. Kurz zuvor hatten sie berichtet, daß es in der Nähe von Moskau eine Beinahe-Landung eines UFOs gegeben habe und daß dort ein großer, dreiäugiger Humanoide erschienen sei. Dies soll sich am 27. September 1989 ereignet haben, doch die Informationen waren wenig präzise und praktisch nicht nachprüfbar. Die Redakteure der beiden nationalen Fernsehsender hatten beschlossen, diese Nachricht dennoch zu bringen ... mit einem leichten Grinsen. Durch Ausschnitte aus Spielfilmen, Kommentare über den Wodka, eine Bezugnahme auf die herkömmlichen Marsmenschen und die Titulierung »Ovniaken« [OVNI – Objet volant non identifié; frz. Bezeichnung für UFO; A. d. Ü.] gaben sie ziemlich deutlich zu verstehen, daß sie auf Distanz gingen.

Die beiden Gendarmen v. M. und N. hatten also Mut, wenn sie das taten, was ihre Aufgabe war: *wachsame Beobachter* und *integre Zeugen* zu sein. Was ihnen Sorgen bereitete war, daß sie dieses Flugobjekt nicht identifizieren konnten. Am nächsten Tag stellte ein Journalist seine alltägliche Frage: »Irgendwelche besonderen Vorkommnisse?« Ja, es gab eine Frage, die noch offen war. Der Bericht über die Vorfälle machte nun sehr rasch bei den Presseleuten die Runde, und am Freitag abend waren die Gendarmen in den Nachrichten. Sie hätten sich auch weigern können. Doch warum sollten sie?

Von der SOBEPS wurden sofort effiziente Untersuchungsmechanismen aufgebaut. Die wesentlichen Informationen wurden von einigen Journalisten nachgeprüft und der Sache angemessen verbreitet. Bald stellte sich heraus, daß am selben Abend und im Laufe der Tage davor und danach zahlreiche weitere Personen UFOs beobachtet hatten. Diese Beobachtungen setzten sich im übrigen fort. Ich begab mich ebenfalls in den Raum Eupen, um über die Ereignisse Aufschluß zu erhalten und weitere Zeugen ausfindig zu machen. Die Sichtungen hatten für jeden einzelnen Zeugen die *Frische des noch nie Dagewesenen*. Die Aussagen waren daher so rasch wie möglich aufzunehmen, um ihre Eigenständigkeit zu erhalten. Da ich selbst aus dem Eupener Raum stamme, halfen mir neben meinem Beruf auch meine Deutschkenntnisse, zu bestimmten Zeugen einen Draht zu finden. Hierbei mußte ich feststellen, daß viele von ihnen, vor allem die vertrauenswürdigsten – jene, die eine weitreichende gesellschaftliche Verantwortung tragen – nur sehr zurückhaltend über ihre UFO-Sichtungen berichteten.

Ablehnung der soziopsychologischen Hypothese

Die Furcht, nicht ernstgenommen oder gar lächerlich gemacht zu werden, ist real vorhanden. Diese Feststellung ist aus zwei Gründen von Bedeutung. Sie verstärkt die Glaubwürdigkeit der Zeugen und widerspricht der Behauptung derjenigen, die glauben, daß das UFO-Phänomen lediglich eine Auswirkung des *kollektiven Unbewußten* sei. Angeblich zeugt es vom Wunsch, mit fremdartigen und uns überlegenen Wesen in Kontakt zu treten. Halten wir uns an die Fakten. Das kollektive Unbewußte kommt – in dieser Hinsicht – am besten in der Vorstellungswelt der Sciencefiction-Autoren zum Ausdruck. Und dort wird uns keine Idylle vorgeführt, sondern ein düsteres, beunruhigendes Bild gezeichnet, in dem die kolonialen Gewalt- und Ausbeutungsverhältnisse unserer Vergangenheit extrapoliert werden. *Die »soziopsychologische Hypothese« ist von daher logisch inkohärent.* Selbst wenn sie zuträfe, müßte man sich ganz dringend mit ihr beschäftigen – wegen des Ausmaßes und der inneren Stimmigkeit des UFO-Phänomens.

Weltweit gibt es nämlich *Zehntausende* von UFO-Sichtungen, die von unabhängigen und glaubwürdigen Zeugen bestätigt werden. Zu behaupten, sie alle seien Opfer von Fehlwahrnehmungen oder hätten lediglich phantasiert, ist nicht realistisch. Es trifft zu, daß die gemachten Beobachtungen nicht mit unseren Begriffsmustern und den herrschenden Theorien übereinstimmen. Doch dies reicht nicht aus, um sämtliche Sichtungen von vornherein abzulehnen. Der Inhalt dieser Aussagen erlaubt dies ebenfalls nicht.

Nahsichtungen, bei denen der Abstand des Beobachters etwa 200 Meter oder weniger beträgt, sind nicht eben selten. Näheres dazu später. In der Gesamtschau weisen die UFO-Sichtungen eine gewisse Vielgestaltigkeit auf. Diese mag zwar anfangs verwundern, doch *die wesentlichen Elemente bleiben in bemerkenswerter Weise gleich.* Die häufigsten Sinneswahrnehmungen beziehen sich auf bestimmte Flugleistungen, kontrollierte Flugmanöver, die äußere Form sowie auf Lichter und Geräusche. Die Zeugen berichten von Flugobjekten, die erst auf der Stelle schweben und sich dann in Bewegung setzen, die sehr langsam oder aber ganz schnell fliegen, gelegentlich mit einer unerhörten Beschleunigung. Das Flugverhalten verläuft vollkommen kontrolliert und ist eindeutig intelligenter

Natur. Weder Flügel noch Rotoren sichern den aerodynamischen Auftrieb, weder Propeller noch Schubdüsen sorgen für den erforderlichen Vortrieb. Die Lichter sind ungewöhnlich, und es sind keine oder fast keine Geräusche zu vernehmen.

Die wissenschaftliche Herangehensweise

Wir sehen uns mit *Flugobjekten* konfrontiert, die auf eine nicht-konventionelle Technologie verweisen und weiterhin *nicht identifiziert* sind. Der englische Begriff »UFO« geht im übrigen auf den Hauptmann der US Air Force Edward Ruppelt zurück. Ruppelt hatte offizielle – und objektive – Untersuchungen über die »amerikanische Welle« des Jahres 1952 durchgeführt. Er zitiert Sichtungen, die durch Radarbeobachtungen bestätigt worden sein sollen. Sein Buch[1] war eines der ersten, das ich gelesen habe, als ich 1972 mit dem Studium dieses Phänomens begann. Ebenfalls möchte ich die Lektüre einer zusammenfassenden Darstellung[2] jener *physikalischen und psychologischen Effekte* empfehlen, welche mit dem UFO-Phänomen einhergehen können. Diese Arbeit geht auf Richard Hall zurück, der Anfang der 60er Jahre in den USA eine private ufologische Forschungseinrichtung leitete. Für mich ergab sich damals aus der eingehenden Prüfung zahlreicher Dokumente der Schluß, daß es ein *nicht gelöstes, wissenschaftlich sehr interessantes und möglicherweise ungemein bedeutsames Problem* gibt.

Unter den angeführten physikalischen Effekten wurden meist Effekte an Kraftfahrzeugen festgestellt: Stehenbleiben des Motors, Erlöschen der Scheinwerfer, Totalausfall der Elektrik, Störungen des Radioempfangs und Totalausfall der Funkverbindungen in Polizeiwagen und Flugzeugen. Alles renkt sich wieder ein, sobald sich das UFO entfernt. Es wird gesagt, dies seien »elektromagnetische Effekte«. Eine Landung kann zwar einfach nur Bodenabdrücke hinterlassen, doch es sind auch Fälle bekannt, wo die Vegetation infolge einer spiralförmigen Bewegung flachgedrückt wurde bzw. wo dehydrierte Ringflächen vorgefunden wurden. Gelegentlich wurde der Niederschlag größerer Mengen sehr feiner, spinnwebenartig strukturierter Fasern beobachtet, die sich jedoch wenig später durch Sublimation chemisch auflösten.

1. DIE ENTSCHEIDENDEN SICHTUNGEN VOM 29.11.1989

Von einigen Zeugen wurden elektrische Effekte verspürt. Andere wurden durch auf sie gerichtete Strahlenbündel vorübergehend paralysiert. Wiederum andere waren Strahlungen ausgesetzt, die in kürzester Zeit zu einem »Sonnenbrand« oder einer Augenreizung führten. Auch »stumpfe Strahlenbündel« (konischer oder zylindrischer Form) mit deutlichen Rändern und einem wie mit dem Messer abgeschnittenen Ende wurden beobachtet. Diese Strahlenbündel können sich schrittweise verlängern oder verkürzen und auch unvermittelt »ausgehen«. Der Fernsehempfang wurde gestört, und in Flugzeugen oder auf Schiffen wurden Kompaßnadeln in Drehung versetzt. Diese Phänomene machen mir enorm zu schaffen, und ich denke, heute einige von ihnen erklären zu können. Dies ist zwar nicht Gegenstand des vorliegenden Buchs, doch es ist von Nutzen festzuhalten, daß es derartiges gibt.

Der Wissenschaftler, der das UFO-Phänomen als erster eingehend untersuchte und Ende der 60er Jahre das Wort zu ergreifen wagte, war der Geophysiker James McDonald. Er schrieb[3]: »Ich bin zu dem Schluß gelangt, daß das UFO-Problem alles andere als ein Problem von Dummköpfen ist; es ist ein Problem von außerordentlichem wissenschaftlichen Interesse«. Danach meldete sich auch der Astronom Allen Hynek zu Wort. Er war zwanzig Jahre lang als wissenschaftlicher Berater der US Air Force auf dem Gebiet UFOs tätig. Auch er prangerte die Unangemessenheit der von der US Air Force[4] (USAF) angewandten Methoden an und gründete daraufhin das *Center for UFO Studies*. Das soll nicht besagen, daß anderenorts nichts geschah, doch die genannten Ereignisse waren ebenso bedeutend wie die unentschlossene Haltung der USAF. Ihre Einstellung hatte schlichtweg verhängnisvolle Auswirkungen, da sie eine wissenschaftlich angemessene Untersuchung des Phänomens verhinderte.

Es ist nur zu verständlich, daß nach dem Zweiten Weltkrieg während des Kalten Kriegs bestimmte Kreise meinten, jegliche Information »unter Verschluß halten« zu müssen, die zu einem militärischen Ungleichgewicht führen könnte. Dies ist jedoch eine *kurzsichtige Politik*. Denn selbst die »atomaren Geheimnisse« konnten – auch wenn manche dies glaubten – nicht geheimgehalten werden, da sie »im Buch der Natur« stehen und dort zu lesen sind. UFOs können jederzeit alle zu Gesicht bekommen, sie sind daher ein eminent demokratisches Phänomen. Auch mit den probatesten Mitteln der Desinformation wird man es nicht schaffen, das Problem unter dem Teppich zu halten. Schon seit langem werden gegenüber der »offiziellen« Haltung der USA erdrückende Anklagepunkte zusammengetragen, deren Zahl ständig zunimmt.[5-12] Diese Einstellung läuft der Behauptung gewisser Kreise zuwider, man wolle »die Freiheit« verteidigen. Der berühmte Satz aus dem Russell-Einstein-Manifest gilt auch hier:»Wir müssen umdenken lernen«. Das UFO-Phänomen geht schließlich die gesamte Menschheit an!

Richtig ist, daß sich das UFO-Phänomen nach Ende des Zweiten Weltkriegs verstärkt hat, doch Sichtungen desselben Typs kamen immer schon in der menschlichen Geschichte vor.[13] *Es mit dem Aufschwung bestimmter Militärtechnologien in Verbindung zu bringen, ist daher nicht gerechtfertigt.* Man wollte dennoch glauben machen, daß die »belgische Welle« das Ergebnis nicht genehmigter Flüge amerikanischer Flugzeuge wie der F-117A über belgischem Territorium sei. Die Zeitschrift *Science & Vie* hat sich zum Hauptverfechter dieser These aufgeschwungen, ohne sich jedoch vorher die Mühe gemacht zu haben, die Zeugen zu befragen.[14] Hierin sehe ich immerhin etwas Positives, denn dies bezeugt auch für die Zukunft eine immer noch gängige Geisteshaltung. Es ist deshalb notwendig, der Öffentlichkeit die Möglichkeit an die Hand zu geben, sich selbst ein Urteil zu bilden – speziell über die »belgische Welle«.

Es war schon immer schwierig, mentale Strukturen und Denkgewohnheiten zu verändern. Galilei und Darwin bieten hierzu wohlbekannte Beispiele. Es sind indessen diese tiefgreifenden Hinterfragungen, die den Fortschritt der Menschheit bewirkt haben, da sie eine Neuordnung der Grundvorstellungen implizieren. Von einigen Wissenschaftlern und anderen Personen hörte ich: »Wenn die UFOs tatsächlich außerirdischer Herkunft wären, würden sich die Dinge so sehr ändern ...«. Dies trifft zu, ist aber kein Grund, in Panik zu geraten oder sich nicht damit befassen zu wollen. Durch Verdrängung werden die Probleme nicht gelöst.

Man kann sich selbstverständlich auch Pseudotheorien zu eigen machen. Der erste Gedanke, der einem in den Sinn kommt, ist der, daß es sich um eine Naturerscheinung handeln könnte. Behauptet wurde beispielsweise[15], das Phänomen »Kugelblitz« könne alles erklären. Doch haben diese Kugeln die Abmessungen und das Verhalten von UFOs? Dies

1. DIE ENTSCHEIDENDEN SICHTUNGEN VOM 29.11.1989

möge ein jeder später selbst beurteilen. Eine ausgezeichnete wissenschaftliche Untersuchung[16] jener merkwürdigen Spuren, die in den letzten Jahren häufig in England festgestellt wurden und die möglicherweise etwas mit dem UFO-Phänomen zu tun haben, mündet in das Postulat der Existenz von »elektromagnetischen Wirbeln«. Solange dieser Begriff nicht mit einem physikalischen Inhalt gefüllt wird, ist er nurmehr ein Etikett.

Im übrigen verwundert es, daß die wissenschaftliche Gemeinschaft Anstrengungen und Gelder in die Aufspürung *radioastronomischer Signale* investiert, die möglicherweise von extraterrestrischen Zivilisationen stammen, daß sie aber eine Untersuchung des UFO-Phänomens vernachlässigt. Warum? Einer der Gründe entspringt dem Postulat, daß es unmöglich sei, interstellare Räume zu überwinden, selbst wenn es sehr alte und technisch sehr viel weiter fortgeschrittene Zivilisationen gäbe als bei uns. Können wir sicher sein, daß dies zutrifft? Müßte man nicht vielmehr mit einer aufmerksamen Prüfung der Fakten beginnen, bevor man schlußfolgert? Ich möchte an dieser Stelle *allen ehrenamtlichen Interviewern danken*, die privat überall auf der Welt einzelne Teile des Gesamtdossiers zusammengetragen haben. Ohne ihren »Bienenfleiß« wären die Daten für immer verlorengegangen.

Das UFO-Phänomen wirft eine ganze Reihe *anregender wissenschaftlicher Grundprobleme* auf – unabhängig von der abschließenden Einschätzung der realen Beschaffenheit der UFOs. Amerika wurde auf der Suche nach Indien entdeckt. Ich habe mit der *Ablehnung* einiger Theoriemodelle begonnen, die seinerzeit aufgestellt wurden, um den »Antrieb« der UFOs zu erklären. Dies führte mich auf die Suche nach anderen Lösungen. Ich habe vorgeschlagen,[17] daß das Grundprinzip in folgendem bestehen könnte: *Durch Ionisierung der Umgebungsluft werden geladene Teilchen erzeugt, und diese werden mit Hilfe adäquater elektromagnetischer Felder in Bewegung versetzt.* Beim Schwimmen versetzt man die umgebende Flüssigkeit mechanisch in Bewegung und bewegt sich nach dem »Rückstoßprinzip« vorwärts. Gleiches gilt für Propellerflugzeuge. Anstatt eine örtlich wirkende Kraft anzuwenden wäre es interessant, dies direkt in einem relativ großen Volumen zu tun. Derartiges ist durch Anwenden der Gesetze der »Magnetohydrodynamik« (MHD) möglich. Es darf weiter nachgedacht werden.

Erst ein wenig später erfuhr ich, daß *Jean-Pierre Petit denselben Gedanken verfolgte.* Entwickelt[18] hat er ihn unter schwierigen Bedingungen[19] gemeinsam mit anderen Wissenschaftlern. Wie immer in der Wissenschaft gibt es verschiedene mögliche Ansätze, die einander ergänzen. Ich versuche, *so weit wie möglich von den beobachteten Fakten auszugehen* und diese mit den theoretischen Vorstellungen in einen »Dialog« treten zu lassen. Meiner Ansicht nach existiert eine Reihe konvergierender Beweise,[20] die den MHD-Ansatz rechtfertigen – doch muß die Ionisierung der Luft *impulsartig* erfolgen, und ein variables Magnetfeld sehr hoher Intensität könnte ausreichen, um das erforderliche elektrische Feld – induktiv – zu erzeugen. Die Impulsfrequenz muß relativ niedrig sein (wegen der an den Kompassen beobachteten Effekte), doch ich füge hinzu, daß die zeitliche Veränderung der Felder impulsartig sein könnte. Ich bin auf jeden Fall weiterhin der Überzeugung,[21] daß McDonald recht hatte: »Das Problem der nicht identifizierten Flugobjekte ist das größte wissenschaftliche Problem unserer Zeit.«[3]

Augenzeugenberichte

Wir hoffen, daß es die Angaben über die in Belgien innerhalb von weniger als zwei Jahren gemachten Sichtungen dem Leser ermöglichen, sich stärker über die Tragweite des Problems und die mit ihm einhergehende Herausforderung an die Wissenschaft klar zu werden. Auch müssen die offiziellen Stellen mit dem Aufbau adäquater Strukturen beginnen.

In diesem Kapitel wollen wir uns auf die Sichtungen vom 29. November 1989 und auf einige Kommentare beschränken. Die Angaben basieren auf von den Zeugen vorgelegten Texten sowie auf eingehenden Nachforschungen verschiedener Interviewer und meinen eigenen Untersuchungen. Zu unterstreichen ist die Tatsache, daß den einzelnen Zeugen fast nichts von den Erlebnissen der anderen Zeugen bekannt war. Genauere Angaben zu zahlreichen Details und die abschließende Gesamtschau sind hier erstmals aufgeführt.

1. DIE ENTSCHEIDENDEN SICHTUNGEN VOM 29.11.1989

UFO von Gendarmen geortet und verfolgt

Der 29. November 1989 ist ein schöner, sonniger Tag. Die Sonne geht gegen 16.45 Uhr unter, und bald erscheint ein *herrlicher, mondloser Sternenhimmel*. Es ist fast windstill. Im Osten des Landes liegt die Temperatur nahe beim Nullpunkt. Der Himmel behält auch nach Sonnenuntergang noch eine gewisse Leuchtkraft, die nur allmählich nachläßt.

Der Gendarm J. von der Brigade Eynatten versieht die Paßkontrolle an der Grenzstation der Autobahn E 40 in Lichtenbusch [1] (die Zahlen verweisen auf die laufende Fallnummer und auf die entsprechende Landkarteneintragung). Irgendwann zwischen 17 und 17.30 Uhr erblickt er durch die Fensterscheiben seines Diensthäuschens *»ein niedrig fliegendes Objekt«* mit *zwei oder drei übermäßig hellen Scheinwerfern*. Das Flugobjekt kommt aus Deutschland und fliegt in einer Entfernung von etwa 500 Meter an dem Gendarm vorbei. Die außergewöhnliche Leuchtkraft der Scheinwerfer fesselt seine Aufmerksamkeit. Er denkt zunächst an einen Hubschrauber, wie jene, die zwischen den Hospitälern von Eupen und Aachen verkehren, doch er fragt sich sofort, warum dieses Gerät *so tief, mit derart strahlenden Scheinwerfern und außergewöhnlich langsam fliegt*. Die Geschwindigkeit beträgt lediglich 60 bis 70 km/h. Das Fluggerät fliegt parallel zur E40 davon.

Die folgende Sichtung machten die Gendarmen v. M. und N. von der Brigade Eupen. Sie sind mit ihrem Mannschaftswagen auf der N 68 Richtung Eynatten unterwegs. Gegen 17.20 Uhr befinden sie sich auf der Höhe der »Großen Weide« zwischen Kettenis und Merols [2]. Der Fahrer v. M. wundert sich über einen »sehr hellen Lichtfleck« rechts neben der Straße. Da sich dort nur Weideland befindet, gibt es keinen Grund für eine Beleuchtung von der Stärke einer Flutlichtanlage in einem Fußballstadion. Der Lichtfleck nimmt eine Fläche ein, deren Zentrum etwa 50 Meter und deren Rand 20 Meter von der Straße entfernt ist. »Man hätte dort Zeitung lesen können.« Der Gendarm v. M. verlangsamt die Fahrt und macht seinen Kollegen aufmerksam: »Sieh mal, warum ist die Wiese da so hell erleuchtet?«

Der auf der Lichtseite sitzende Gendarm N. kurbelt die Seitenscheibe herunter und sieht eine *unbeweglich am Himmel schwebende, große Plattform*. Bei stark verlangsamter Fahrt setzen beide ihre Beobachtungen fort.

Mehrere Wagen überholen sie, als gebe es nichts Außergewöhnliches zu sehen. Die Unterseite der Plattform ist mit »drei riesigen Scheinwerfern« versehen, die nach unten weisen. Die Scheinwerfer haben einen kreisförmigen Umriß, und die Ränder der bis auf den Boden reichenden drei weißen Lichtkegel sind gut auszumachen. Größere Luftfeuchtigkeit herrscht indessen nicht. Ich hatte Gelegenheit zu einem langen Gespräch mit Herrn v. M. Er wies mich darauf hin, daß er die Höhe des Objekts – unter Bezugnahme auf die Höhe des Funkturms der Eupener Gendarmerie (74 Meter) und ausgehend von dem gegebenen Blickwinkel und der Position des Lichtflecks auf der Weide – auf *etwa 120 Meter* veranschlage. Er zeigte mir spontan einen entsprechenden Winkel (arctan 120/50 = 68°).

Am meisten erstaunt die Gendarmen die *Lautlosigkeit des Fluggeräts*. Sie hören nichts, das über das Fahrgeräusch ihres Wagens und den Straßenverkehr hinausgeht, wobei die in Richtung auf das Objekt östlich der Straße weisende Seitenscheibe heruntergekurbelt ist. Es handelt sich also nicht um einen Hubschrauber. Bei aufmerksamerem Hinschauen erblicken sie deutlich die Umrisse einer großen, dunklen Masse vor dem abendlich dämmernden Himmel. Die Scheinwerfer blenden, doch die Unterseite des Objekts befindet sich in einer absolut ebenen Lage. Es steht waagerecht und hat die *Form eines gleichschenkligen Dreiecks mit breiter Basis*. Die sich an der Basis anschließenden Ecken sind abgeschnitten. Die Gendarmen richten ihre Aufmerksamkeit auf die Gesamtstruktur und nicht auf eine eventuell vorhandene Rundung der Kanten. Die Spitze des Dreiecks weist nach Eynatten. Von M. nannte mir folgende geschätzte Abmessungen: etwa 6 Meter für die Länge des nächsten (des kurzen) Seitenteils, 30 bis 35 Meter für die Länge der Basis, 25 Meter für die Höhe des Dreiecks und etwa 2 Meter für die sichtbare Stärke der Plattform. Der Durchmesser der weißen Scheinwerfer beträgt mindestens 1 Meter, und im Zentrum der Unterseite ist »eine Art rotes Umlauflicht« zu erkennen (Abbildung 1.1).

Die ständig strahlenden weißen Scheinwerfer befinden sich relativ dicht bei den Ecken des Objekts. Das rote Blinklicht ist zwar weniger intensiv, aber gut sichtbar. Dieses Licht blinkt ein- bis zweimal in der Sekunde auf, erlischt dabei aber nicht vollständig und gleicht einem umlaufenden Lichtsignal. Die Gendarmen setzen ihre Fahrt langsam fort

1. DIE ENTSCHEIDENDEN SICHTUNGEN VOM 29.11.1989

und beobachten das Fluggerät verwundert und sehr aufmerksam. In diesem Augenblick setzt sich das Objekt mit der Spitze nach vorn in Bewegung. Es fliegt mit etwa 50 km/h parallel zur Straße in ihrer Fahrtrichtung. N. schlägt vor: »Laß uns die kleine Straße da hinten nehmen, damit wir es gleich besser sehen können.« Es handelt sich hierbei um das Sträßchen zwischen Merols und Raeren. Das Objekt müßte also an dieser Stelle über sie hinwegfliegen. Die Gendarmen fahren in schnellerem Tempo Richtung Merols, geben der Einsatzleitung der Eupener Kaserne über Funk die Anwesenheit des merkwürdigen Objekts bekannt und verlangen, man möge sich beim Militärcamp Elsenborn informieren. »Werden zur Zeit mit neuartigen Fluggeräten Manöver durchgeführt?« In diesem Moment ist es genau 17.24 Uhr.

Abb. 1.1

Die Gendarmen beobachten erwartungsvoll, wie sich das Flugobjekt nähert. Dieses *bleibt jedoch plötzlich stehen, wendet auf der Stelle und fliegt in Gegenrichtung (auf Eupen zu) davon.* Durch dieses Verhalten, das auf eine Reaktion auf ihr Abfangmanöver schließen lassen könnte, vor weitere Rätsel gestellt, biegen die Gendarmen unverzüglich auf die »Hochstraße« ein, die nordwestlich um Kettenis und die Stadt Eupen herumführt. Auf diese Weise können sie das Objekt ständig im Auge behalten und unauffällig »verfolgen«. Das Objekt fliegt sehr langsam entlang der N 68, Richtung Eupen. Auf ihre weiteren Beobachtungen werden wir später zu sprechen kommen, denn noch andere Zeugen haben in der Zwischenzeit sich hierauf beziehende Beobachtungen gemeldet. Wahrscheinlich handelt es sich bei diesem Flugobjekt um dasselbe, das in Lichtenbusch [1] gesehen wurde, und das entlang der E 40 bis nach Eynatten geflogen sein und sich östlich der N 68 aufgehalten haben dürfte. Auf jeden Fall hat ein und dasselbe Objekt seinen Kurs entlang der N 68 Richtung Eupen fortgesetzt.

Die folgende Sichtung fand ebenfalls zwischen Kettenis und Merols [3] statt, jedoch zu einem Zeitpunkt, da das Objekt bereits Kurs auf Eupen nahm. Da der Zeuge bei der Stadt Eupen eine öffentliche Funktion bekleidet, möchte er ungenannt bleiben. Er bricht exakt um 17.13 Uhr von einem in der Stadtmitte Eupens gelegenen Punkt nach Eynatten auf. Ein Kollege sitzt neben ihm auf dem Beifahrersitz. Kurz hinter Kettenis fällt ihnen ein mit sehr hell strahlenden Scheinwerfern versehenes Flugobjekt auf. Es fliegt ziemlich dicht rechts neben der N 68 langsam Richtung Eupen. Der Fahrer hält es zunächst für einen Hubschrauber, *wundert sich aber über den langsamen Flug, die sehr geringe Flughöhe und vor allem über die blendend hellen Scheinwerferlichter.*

Als das Objekt an ihnen vorbeifliegt, bemerkt er deutlich drei bis zum Boden reichende Lichtstrahlen und eine dunkle, dreieckige Form – ein Dreieck von geringer Höhe mit breiter Basis, das sich mit nach vorn weisender Spitze fortbewegt. Zusätzlich zu seinen drei großen Rundscheinwerfern, die ein gleichbleibend helles, weißes Licht abstrahlen, liegt irgendwo auf der Symmetrieachse ein kleineres rotes Blinklicht. Dieses Licht blinkt mit konstanter Frequenz, zwischen ein- und zweimal pro Sekunde. Der Zeuge ist derart verwundert, daß er – als er in Merols an einer Ampel halten muß – die Seitenscheibe herunterkurbelt, um sich der Anwesenheit eines Hubschraubergeräuschs zu versichern. Da er aber nichts hört, beobachtet er das Objekt weiterhin von Zeit zu Zeit im Rückspiegel: Es bleibt östlich neben der N 68.

Nachdem er seinen Auftrag in Eynatten erfüllt hat, kehrt er sofort nach Eupen zurück, wobei er nochmals *dasselbe Objekt* zu Gesicht bekommt. Es fliegt langsam auf der östlichen Seite dicht neben der N 68

1. DIE ENTSCHEIDENDEN SICHTUNGEN VOM 29.11.1989

daher. Die Scheinwerfer sind immer noch sehr hell und nach unten gerichtet, doch plötzlich dreht das Flugobjekt nach Westen ab. Der Zeuge vermag die Entfernung zum Ortseingang von Eupen nicht anzugeben. Er verlor das Flugobjekt aus den Augen und kümmerte sich nun um seine Dienstgeschäfte. Das Entladen seiner Lieferung war jedenfalls gegen 17.45 Uhr abgeschlossen.

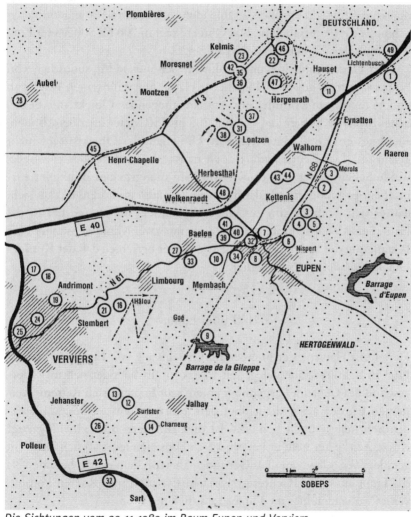

Die Sichtungen vom 29.11.1989 im Raum Eupen und Verviers

Herr G. bekleidet eine höhere Leitungsfunktion im technischen Bereich bei der Stadt Eupen. Bereits am 3. November 1989 hatte er in der Nähe der deutschen Grenze bei Raeren ein merkwürdiges Flugobjekt beobachtet. Das mit ungewöhnlich hellen Scheinwerfern ausgestattete Objekt flog sehr langsam auf Baumeshöhe. Am Abend des 29. November befindet sich G. in Nispert [4]. Nispert liegt auf einer Anhöhe nordöstlich von Eupen. Dort erblickt er ein aus Kettenis kommendes Flugobjekt, das mit »drei großen, strahlenden und im Dreieck angeordneten Scheinwerfern« versehen ist. Das Objekt fliegt in 200 bis 300 Meter Entfernung gegen 17.30 Uhr an ihm vorbei.

Herr D. ist Schulleiter und wohnt in Schönefeld [5], südöstlich von Nispert. Er trifft gegen 17.15 Uhr zu Hause ein, stellt seinen Wagen ab und bemerkt am Himmel ein langsam fliegendes Objekt mit hellen Scheinwerfern. Es befindet sich nur 100 bis 150 Meter über dem Boden, allerdings etwa 800 Meter entfernt. Die Form des Objekts steht nicht genau fest. Der Zeuge kann jedoch in Randnähe drei oder vier helle, weiße Scheinwerfer und in der Mitte ein orangegelbes Blinklicht ausmachen. Er wundert sich darüber, *kein Geräusch* zu hören. Er sagt sich, daß es sich dennoch um ein Flugzeug handeln müsse und betritt das Haus. Seine Beobachtung dauerte zwar nur zwei Minuten, ist aber eine Bestätigung der anderen Sichtungen: Auch er berichtet, daß der Kurs des Objekts parallel zur N 68 verlief.

UFO über Eupen

Herr D. ist Hausmeister in einer am Ortseingang von Eupen östlich der N 68 in Bahnhofsnähe gelegenen Fabrik [6]. Er befindet sich im Obergeschoß des Gebäudes gegenüber einem sehr breiten, nach Kettenis weisenden Fenster, als er dicht über dem Horizont ein weißes, »außerordentlich helles« Licht bemerkt. Ist dies ein Stern oder ein Flugzeug? Kurze Zeit später stellt er bei erneutem Hinsehen fest, daß sich das Licht gerade Weges langsam dem Gebäude nähert, in dem er sich befindet. Da das Licht aus einer Richtung zwischen Eynatten und Raeren kommt, verlief wohl auch hier die Flugbahn östlich der N 68.

Um zu prüfen, ob auch tatsächlich das charakteristische Geräusch eines

1. DIE ENTSCHEIDENDEN SICHTUNGEN VOM 29.11.1989

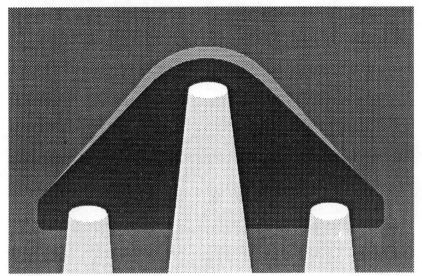

Abb. 1.2

Hubschraubers zu hören ist, öffnet der Zeuge das Fenster, vernimmt aber keinerlei Motorengeräusch. Mit zunehmender Annäherung des Objekts kann er eine *flache Unterseite mit drei großen, im Dreieck angeordneten Rundscheinwerfern* ausmachen. Kurz bevor das Objekt senkrecht über dem Zeugen über das Dach hinwegfliegt, sieht er deutlich, daß *die vordere Spitze gerundet* ist. Es handelt sich um eine sich parabelförmig verbreiternde Fläche. Der Rand ist vergleichsweise schmal und weist einige lichte Partien auf, so als handle es sich um einen reflektierenden Metallstreifen (Abbildung 1.2). In der Mitte befindet sich zwischen den drei nach unten gerichteten Scheinwerfern ein kleines rotes Licht, das »etwas langsamer blinkt als ein Blaulicht«, etwa zweimal pro Sekunde. Die Geschwindigkeit des Objekts liegt bei lediglich 60 bis 70 km/h, und der Zeuge veranschlagt die Flughöhe auf weniger als 200 Meter.

Besonders beeindruckt war der Zeuge von der Breite der Objektunterseite. Er betonte mir gegenüber, daß es ihm sehr massiv und sehr »wuchtig« vorgekommen sei.

D. hat deutlich gesehen, daß die Unterseite flach war, da sie von dem roten Blinklicht beleuchtet wurde. Er vernimmt ein schwaches Geräusch erst, als das Objekt sich ganz in seiner Nähe befindet. Er beschreibt es als einen leichten Windhauch (»wff«). Als das Objekt über das Dach hinwegfliegt, läuft der Zeuge unverzüglich zur anderen Seite des Fabrikgebäudes. Da er das Objekt nicht sieht, öffnet er rasch das Fenster und sieht, daß es *nach rechts abgedreht* hat. D. kann es noch eben erblicken, bevor es hinter einer Ecke jenes Gebäudes, in dem er sich aufhält, verschwindet. Da dieser Vorgang in Augenhöhe stattfand, muß das Objekt seine Flughöhe verringert haben. Verschiedene Nachprüfungen ergaben, daß diese Sichtung gegen 17.30 Uhr stattfand; dies ist mit den übrigen Angaben vereinbar. Das Flugobjekt hat vermutlich die N68 oberhalb der über sie hinwegführenden Eisenbahnbrücke überquert, ist daraufhin vermutlich die Aachener Straße entlanggeflogen und dann rechts von dieser Straße Richtung Rathaus heruntergegangen.

Der folgende Beobachtungspunkt liegt nämlich zwischen dem Rathaus und dem Anfang der Vervierser Straße [7]. Beim Verlassen eines an der Pavee-Straße gelegenen Geschäfts erblicken Herr und Frau A. an der genannten Stelle ein *sehr großes Flugobjekt mit übermäßig hellen Scheinwerfern*. Die Pavee-Straße stößt dort, wo auch die Vervierser Straße beginnt, senkrecht auf die Aachener Straße. Die Zeugen sehen das Objekt einige Dutzend Meter über der Antenne der Polizeikaserne, die an der Nordseite der Aachener Straße liegt. Sie halten es zunächst für einen »großen Hubschrauber«. Es vollzieht nämlich eine Kurve in Richtung auf das Eupener Hospital und überfliegt den Anfang der Vervierser Straße. Daß es ein Hubschrauber sein könne, wird bald verworfen, da nur Verkehrslärm zu hören ist.

Überdies hat das Objekt die Form eines Dreiecks mit gerundeter Spitze und abgeschnittenen hinteren Ecken (Abbildung 1.3a). Trotz der Scheinwerfer und der städtischen Lichter sind seine Konturen deutlich zu erkennen, da der Himmel noch eine gewisse Leuchtkraft hat. Herr A. kennt die AWACS sehr gut, da er sie häufig beobachtet. *Dies aber ist etwas anderes!*

Gegenüber den vorigen Sichtungen fällt ein wichtiger Unterschied auf: Es gibt zwei weiße Scheinwerfer vorn und einen hinten. Die Zeugen sind sich in diesem Punkt ganz sicher. Wenn es sich um dasselbe Objekt handelt, hat es also *andere Lichter eingeschaltet*. Diese Scheinwerfer sind im übrigen offenbar kleiner. Herr A. vergleicht sie mit sehr kräftigen Halogenspots. Die beiden vorderen Strahlenbündel treffen senkrecht auf den Boden und sind im Gegensatz zu dem dritten Strahl auch in der Luft gut zu erkennen. Im Zentrum des von den drei weißen Lichtern gebildeten Dreiecks befindet sich ein »orangefarbenes Blinklicht«. Die Blinkfrequenz ist konstant und wird hier auf etwa einmal pro Sekunde geschätzt.

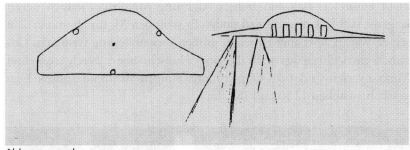

Abb. 1.3a, 1.3b

Als das UFO die Kreuzung am Anfang der Vervierser Straße überfliegt, wird der Boden von den weißen Lichtkegeln in einem deutlich abgegrenzten Bereich, der sich mit dem Objekt bewegt, angestrahlt. *Das Objekt neigt sich in eine Kurve und läßt dabei seine Oberstruktur erkennen.* Sein Profil setzt sich deutlich vom Himmel ab, und die Scheinwerfer blenden nun weniger. Das Objekt ist sehr flach, trägt jedoch eine Kuppel (Abbildung 1.3b). Die Kuppel ist »aluminiumfarben« und hat fünf bis sieben »rechteckige Kabinenfenster, die von einem gleichmäßigen, orangefarbenen Licht erleuchtet sind«. Die seitlichen Ränder sind deutlich erkennbar, doch ist das Gebilde nicht so stark geneigt, daß auch die untere Partie der Öffnungen sichtbar wird. Herr A. schaut auf seine Uhr. Es ist 17.30 Uhr ±1 Minute. Er läuft zur Kreuzung, um das Objekt nicht aus dem Blick zu verlieren. Das UFO überfliegt soeben die Dächer der links (südlich) von der Vervierser Straße stehenden Gebäude. Es verliert an Höhe, »als würde es landen«. Die Rekonstruktion des Geschehens bestätigt, daß die Sichtung nur 45 bis 60 Sekunden dauerte. Abschließend die Zeugen: »Es war sehr beeindruckend«.

Herr S. ist Gruppenleiter (Brigadier) bei der Forstverwaltung und wohnt in einer Parallelstraße der Vervierser Straße in der Nähe des Ortsausgangs von Eupen [8]. Als er gerade in seinem Jeep nach Hause kommt, bemerkt er plötzlich ein sich in etwa 200 Meter Höhe am Himmel bewegendes Lichterensemble. Die Entfernung beträgt etwa 1 Kilometer. Dennoch kann er *vier oder fünf rautenförmig angeordnete Lichter* erkennen (Abbildung 1.4). Damit dürfte es noch weitere Spielarten von eingeschalteten Lichtern gegeben haben, jedenfalls liegt die Flugbahn des Objekts auf der Verlängerung der bisherigen Sichtungsorte. Diese Lichter sind nicht besonders hell. Sie ziehen Richtung Membach, jedoch derart langsam, daß S. dies unnormal findet. Er stellt den Motor ab und verläßt seinen Wagen, hört aber zu seiner großen Verwunderung weder das Geräusch eines Flugzeugs noch das eines Hubschraubers. Nach etwa einer Minute verschwindet das Objekt hinter einigen Sichthindernissen. Dies geschah zwischen 17.30 und 18 Uhr.

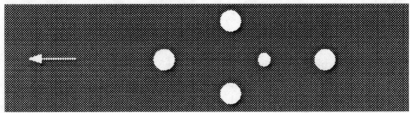

Abb. 1.4

Schauspiel über der Gileppe-Talsperre

Als die Gendarmen v. M. und N. gerade in die Herbesthaler Straße einbiegen, stellen sie fest, daß das Flugobjekt die Stadt Eupen zu überfliegen beginnt. Wegen der nach unten gerichteten Scheinwerfer ist es leicht zu erkennen. Sie begeben sich rasch in die unmittelbar an der Herbesthaler Straße am Stadteingang von Eupen gelegene Kaserne. Sie hatten den Kollegen von der zentralen Einsatzleitung bereits gebeten, in Elsenborn anzurufen. Dieser aber hatte ihnen nicht glauben wollen und gefeixt: »Da wird sicher der Nikolaus landen.« In der Kaserne angekommen können v. M. und N. ihren Kollegen, dessen skeptische Abfuhr sie etwas entnervt hatte, rasch überzeugen. In Elsenborn antwortet man ihnen, daß keine Übungen stattfänden, und vom Militärflugplatz Bierset erfahren sie, daß keine AWACS in der Luft seien.

1. DIE ENTSCHEIDENDEN SICHTUNGEN VOM 29.11.1989

Die Gendarmen v. M. und N. brechen sofort zur Hochstraße auf und fahren Richtung Membach. Sie sehen das UFO wieder. Es fliegt Richtung Gileppe-Talsperre. Sie stellen ihren Mannschaftswagen auf der Anhöhe Kortenbach ab und beziehen neben dem Fahrzeug Posten. Das Objekt *schwebt oberhalb des Gileppe-Stausees auf der Stelle* [9], links von einem hell beleuchteten Turm. Die Entfernung beträgt etwa 4 Kilometer, und mit bloßem Auge ist nicht mehr zu erkennen als eine weiße Kugel. Sie schwebt zwar regungslos auf der Stelle, doch dies bedeutet nicht, daß nichts Besonderes geschieht. Die Gendarmen wohnen einem Geschehen bei, das dieses UFO noch rätselhafter macht. *Immer wieder sendet es zwei dünne, rötliche Lichtbündel gleichzeitig in entgegengesetzte Richtungen aus.* Diese Strahlenbündel verlaufen völlig geradlinig, sind von großer Konstanz und – obwohl sehr dünn – gut zu erkennen. Sie treten »rasend schnell« [deutsch im Original] aus dem Objekt aus und sind eine gewisse Zeitlang sichtbar. In dem Augenblick, da sie verschwinden, bleibt an den Enden der beiden Strahlen eine rote Kugel übrig. *Diese »Feuerkugeln« fliegen zum Objekt zurück und drehen sich eine Zeitlang um die weiße Kugel.* Daraufhin beginnt der Ablauf in unveränderter Form von neuem.

Die beiden Strahlenbündel bleiben jedesmal einige Minuten lang ständig sichtbar. Auch der zeitliche Abstand zweier aufeinander folgender Lichtemissionen beträgt einige Minuten, ist aber nicht konstant. Die Lichtstrahlen verlaufen horizontal und jedesmal in dieselbe Richtung, quer zu den Zeugen. Von M. hatte den bleibenden Eindruck, diese Strahlen seien »extrem lang« gewesen, vielleicht 1 Kilometer. Er fühlte sich an eine Harpune erinnert. Der Pfeil wird mit hoher Geschwindigkeit abgeschossen, kann aber, da er an einer Fangleine befestigt ist, vom Taucher langsam wieder zurückgeholt werden. Sein getrennt befragter Kollege dachte hierbei an Bälle, die an einem elastischen Band befestigt sind und mittels eines Schlägers in die Luft geschleudert werden.

Diese Sichtung verdient einige Kommentare. Wenn es sich um »Laserstrahlen« aus sichtbarem Licht handelte, muß die Energiequelle eine außergewöhnlich hohe Leistung haben, damit die Lichtbündel noch in 4 Kilometer Entfernung sichtbar sind. Die Luft war trocken, in dieser Gegend friert es bereits ab Anfang November. Über dem See lag wahrscheinlich nicht besonders viel Wasserdampf, und selbst wenn dies der Fall gewesen sein sollte, muß die *seitliche Streuung* des Lichts recht gering ausgefallen sein. Die Dinge würden anders liegen, wenn es sich um ionisierende (UV- oder X-) Strahlen gehandelt hätte, die von einem laserartigen Mechanismus erzeugt würden. Von den Luftmolekülen wird dann Licht in sämtliche Richtungen emittiert. Wozu könnte das dienen?

Eine konventionelle Erklärung für dieses Phänomen zu finden, gelingt mir nicht. Lassen wir deshalb die extraterrestrische Hypothese zu. Es könnte sich um eine »Demonstration« für die Beobachter handeln oder einen von diesen unabhängigen Grund haben. Man kann dieses Phänomen nämlich auch mit einer Sichtung vergleichen, die Ray Stanford 1978 in den USA gemacht hat. Er sah ein UFO, das *zwei weiße, geradlinige und extrem lange Strahlenbündel* in entgegengesetzte Richtungen ausschickte. Sie verharrten eine Zeitlang auf der Stelle, doch ein Meßgerät für magnetische Induktion registrierte während des gesamten Beobachtungszeitraums ein Signal mit einer Frequenz von etwa zehn Zyklen pro Sekunde. Ich habe diese Aufzeichnungen gesehen. Das Signal verlief nahezu sinusförmig, wies jedoch Unregelmäßigkeiten auf, die mich an die Möglichkeit einer ELF (Extremely Low Frequencies)-Übertragung denken ließen. Die beiden entgegengesetzten Strahlenbündel würden somit eine durch ionisierende Strahlen erzeugte *Dipol-Antenne* bilden, welche ihrerseits ein leitfähiges Plasma[20] erzeugt. Dies ist nicht mehr als eine Möglichkeit, auf die wir jedoch hinweisen, damit man in Zukunft bei derartigen Beobachtungen darauf achten möge.

Das UFO verharrte bis 19.23 Uhr über der Gileppe-Talsperre. Zu diesem Zeitpunkt gab es keine von dem Objekt ausgesandten Strahlen mehr, und es setzte sich einfach Richtung Spa in Bewegung. Da die Sichtungen kurz vor 17.24 Uhr in Merols begonnen hatten, *verfolgten die Gendarmen v. M. und N. dasselbe UFO zwei Stunden lang*. Daraufhin haben sie ihren Standort gewechselt und die Flugmanöver eines weiteren UFOs verfolgt. Doch dazu später.

Einstweilen ist darauf hinzuweisen, daß sie gegen 18.45 Uhr – als sie das über dem Lac de la Gileppe schwebende UFO beobachten – plötzlich ein *zweites dreieckiges Objekt* auftauchen sehen. Es schießt in den Himmel, als sei es hinter einem Tannenwäldchen [10] in die Luft »katapultiert« worden. Es verlangsamt seine Bewegung und neigt sich leicht in eine Kurve hinein. Hierbei wird die Oberstruktur des Objekts sichtbar: Im Gegenlicht können die Gendarmen deutlich eine *Kuppel* erken-

1. DIE ENTSCHEIDENDEN SICHTUNGEN VOM 29.11.1989   39

nen, die sich wie eine Haube in der Mitte einer nicht besonders dicken Platte befindet. Die Kuppel ist *mit rechteckigen, von innen beleuchteten »Fenstern« versehen*. Das Objekt entfernt sich Richtung Norden.

Gendarm C. befindet sich in der ersten Etage der Eupener Kaserne und schaut Richtung Membach aus dem Fenster. Etwa ab 18 Uhr beobachtet er ein *bewegungsloses* leuchtendes Objekt. Gegen 18.45 Uhr sieht er, wie es sich leicht bewegt und dann kraftvoll schräg in den Himmel aufsteigt. Es könnte sich also um jenes Objekt handeln, das die Gendarmen v. M. und N. unvermittelt – wie von einem Katapult abgeschossen – haben emporschnellen sehen. In diesem Fall hätte es nicht weit von den Gendarmen entfernt in der Luft verharrt, ohne daß diese es bemerkten. Wie auch immer: Zwei UFOs sind gleichzeitig aufgetaucht.

Sichtungen bei Tage

UFOs waren in Belgien bereits zuvor beobachtet worden. Die erste Sichtung fand am Vormittag des 29. November 1989 statt. Major D. von der Mobilmachungsdivision nimmt an einem Fußmarsch teil, der von der Umgebung von Walhorn zur Gileppe-Talsperre führt. Er hat soeben die N 68 überquert, die Eynatten und Eupen verbindet; die Stelle liegt auf halbem Weg zwischen Kettenis und Merols. Gegen 10.30 Uhr bemerkt er an einem vollkommen klaren und freien Himmel ein »großes Objekt«, das sich oberhalb von Eynatten bewegt [11]. Es fliegt geradlinig und gleichförmig und in einer Höhe von etwa 2 000 Meter vom Autobahnanschluß der E 40 kommend Richtung Hauset. Der Major denkt zunächst an ein Flugzeug, da das Objekt recht stark glänzt und metallisch – zink- oder aluminiumartig – wirkt, doch einige Details verblüffen ihn; er bleibt deshalb stehen, um das Objekt zu beobachten.

Das Objekt ist vielleicht drei- bis viermal so groß wie ein »normales« Flugzeug in derselben Höhe; auch seine Form ist ungewöhnlich: »eine große Platte ohne Flügel«. Der Major betont ausdrücklich, daß das Objekt gut von der Sonne ausgeleuchtet worden sei und daß er selbst über eine sehr gute Sehfähigkeit verfüge. »Wenn Flügel dagewesen wären, hätte ich sie erkannt«. Die Platte bewegt sich überdies »sehr langsam und geräuschlos«. Kondensstreifen gibt es nicht. Der Major denkt für einen

Moment an ein UFO, sagt sich aber, es müsse sich dennoch um ein unter besonderen Bedingungen gesichtetes AWACS handeln. Er beeilt sich daher, zu seiner Gruppe aufzuschließen.

Um 15 Uhr sieht Herr L., von Beruf Großhändler für Futtermittel, in der Nähe von Surister [12], südwestlich von Jalhay, ein »eiförmiges« Objekt von metallisch-matter Farbe. Es bewegt sich parallel zu der von dem Zeugen in seinem Lkw befahrenen Straße in einer Entfernung von etwa 200 Meter. Bezogen auf die Hauptachse des Objekts handelt es sich um eine Längsbewegung. Die Länge des Fluggeräts beträgt etwa 20 Meter, die maximale Höhe weniger als 10 Meter. Seine Geschwindigkeit beläuft sich auf 30 km/h bei einer Flughöhe von 150 Meter.

Frau F. unterhält ein Landhaus in Jalhay. Gegen 16 Uhr begibt sie sich nach draußen, um die im Garten zum Trocknen aufgehängte Wäsche hereinzuholen. Plötzlich wird sie von einer Spiegelung auf ihrer Sonnenbrille geblendet. Sie blickt auf und sieht, daß das Sonnenlicht von einem Objekt reflektiert wird, das sich in Richtung Jehanster [13] in der Luft befindet. Es glänzt »wie ein Spiegel«. Frau F. denkt daher an ein Flugzeug, denn das Objekt weist in der Tat eine längliche Form und eine silbrige Farbe auf, *hat jedoch weder Flügel, noch verursacht es irgendwelchen Lärm*. Die Zeugin wundert sich besonders über eine *kleine einzelne Wolke an einem ansonsten vollkommen unbewölkten Himmel*. Sie hat den Eindruck, das Objekt müsse aus dieser Wolke hervorgekommen sein. Es sieht aus wie eine riesige »Zigarre« (Abbildung 1.5). Die Konturen sind ganz deutlich erkennbar, und zumindest ein Teil des Rumpfs scheint strukturiert zu sein, so als befände sich ein Gitter darunter. Frau F. denkt nunmehr an ein Luftschiff, stellt aber zugleich fest, daß weder eine Kabine noch eine sonstige Außenstruktur vorhanden ist.

Das Objekt scheint sich zunächst in 400 bis 500 Meter Entfernung

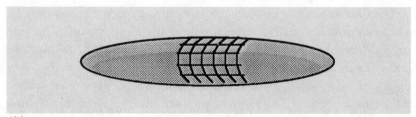

Abb. 1.5

1. DIE ENTSCHEIDENDEN SICHTUNGEN VOM 29.11.1989

und in einer Höhe von 200 Meter zu befinden, sinkt dann jedoch langsam schräg ab. Seine Farbe wird dabei zunehmend dunkler. Die Zeugin rechnet schon mit einem Absturz, doch das Objekt *bleibt wenige Dutzend Meter über dem Boden stehen.* Etwas später fliegt es auf einen in nordöstlicher Richtung gelegenen bewaldeten Hügel zu, folgt der Erhebung und verschwindet im Talkessel der Gileppe-Talsperre. Auf dem Hügelkamm streift es praktisch die Baumwipfel. Die Länge des Objekts gleicht der eines Autobusses. Es sei darauf hingewiesen, daß weltweit Sichtungen von zigarrenförmigen UFOs existieren, die sich für eine gewisse Zeit in einer Wolke verborgen haben.

Gegen 16.40 Uhr sieht der in Charneux [14] wohnende Schüler J. C. aus Jalhay ein Objekt herannahen, das die Form eines *gleichseitigen Dreiecks* aufweist. Es ist so *flach,* »als sei es aus einem Brett herausgesägt worden«. Das Objekt fliegt direkt auf ihn zu und praktisch senkrecht über ihn hinweg. Es trägt drei in der Nähe der Ecken plazierte, sehr helle Lichter. Bemerkenswerter Umstand: Die Lichter haben hier verschiedene Farben: »weiß, rot und blau«. Der Zeuge vermag zwar nicht anzugeben, in welcher Anordnung, doch die Lichter blinken nicht. Der Zeuge schätzte – aus dem Blickwinkel seiner geringsten Entfernung zum Objekt – den sichtbaren Teil des UFOs so groß wie den Vollmond.

Etwas später, gegen 16.45 Uhr, wird ein Objekt desselben Typs in Beyne-Heusay bei Lüttich [15] gesichtet, das ebenfalls mit drei ein Dreieck bildenden Scheinwerfern ausgestattet ist, deren Lichter *die gleichen Farben* aufweisen. Herr B. befindet sich im Freien und bemerkt, als er beim Warten zufällig zum Himmel blickt, das merkwürdige Objekt. Das weiße Licht befindet sich vorn und ist extrem intensiv. Das Objekt, das größer ist als ein Passagierflugzeug, fliegt in etwa 100 Meter Höhe *sehr langsam* Richtung Nordnordwest in etwa 150 Meter Entfernung am Zeugen vorbei. Der Zeuge wundert sich, keine von dem Fluggerät kommenden Geräusche zu vernehmen. B. achtet nicht auf die Konturen des Objekts, da seine ganze Aufmerksamkeit *vier oder fünf rechteckigen Kabinenfenstern* gilt, die sich oben an der Seite des Objekts befinden. Er versucht zu sehen, ob sich dahinter noch etwas befindet, kann jedoch nur die beleuchteten Oberflächen erkennen.

Frau B. traf etwas später ein. Sie, die weniger auf die »Kabinenfenster« geachtet hat, präzisiert, das Objekt sei dreieckig gewesen, mit gerundeten Ecken. Auch sie hat die drei Farblichter wahrgenommen, wobei wenigstens der weiße Scheinwerfer nach unten gerichtet war. Der rote und der blaue Scheinwerfer strahlten weniger intensiv und schienen an den hinteren seitlichen Enden zu liegen, *blinkten jedoch nicht* wie die Positionslichter eines Flugzeugs.

Ein sich höchst bemerkenswert verhaltendes fliegendes Dreieck wurde ferner bei Sonnenuntergang gegen 16.45 Uhr von Herrn F. und seiner Gattin beobachtet. Beide sind mit dem Auto von Stembert nach Limbourg unterwegs. Nahe der Kreuzung von Hèvremont erblicken sie Richtung Limbourg über der Kreuzung Hâlou [16] *ein bewegungsloses Objekt, das ein intensives Licht abgibt.* Im Profil gleicht es ein wenig einer Banane: Der mittlere Teil ist flach und schmal, während die beiden Enden verdickt

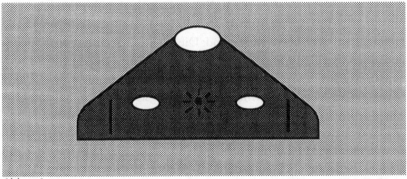

Abb. 1.6

sind und nach oben weisen. Die Zeugen fahren bis Le Hâlou weiter, wo sie *genau unter dem weiterhin bewegungslosen Objekt halten.* Es befindet sich 200 bis 300 Meter über ihnen. Das Objekt ist zweifellos ein materieller Körper, starr, undurchsichtig und dunkelgrau, ohne metallischen Glanz. Es ist *mit drei hellen, im Dreieck angeordneten Scheinwerfern ausgestattet.* Diese geben ein weißes, konstantes Licht ab, »so stark wie das von Flutlichtlampen«. In der Mitte des Dreiecks, dessen Form (Abbildung 1.6) von dem Dreieck über Eupen abweicht, befindet sich ein orangefarbenes, »weich« blinkendes Licht. Der an der Spitze sitzende Scheinwerfer ist kugelförmig und strahlt ebenfalls nach vorn.

Herr F. (Lehrer von Beruf) steigt aus seinem Wagen, um dieses Fluggerät, das ihn sehr erstaunt, genauer zu untersuchen. Das Objekt verursacht *keinerlei Geräusche*. An seiner Unterseite befinden sich zwei »dunkle Linien«. Plötzlich setzt sich das Objekt in östlicher Richtung mit der Spitze nach vorn in Bewegung. Trotz einer Geschwindigkeit von etwa 60 km/h sind immer noch keine Geräusche zu hören. Der Zeuge kann das Objekt mit den Augen verfolgen, da die Sonne gerade erst untergeht. Über dem etwa 1,5 Kilometer vom Zeugen entfernten Goé angekommen, ändert das Objekt seinen Kurs und gleitet lautlos Richtung La Louveterie südwestlich von Goé. Nach etwa 3 Kilometern *kehrt es wieder genau an die Stelle zurück, an der die Zeugen stehengeblieben waren, um es zu beobachten*. Sämtliche Kurven werden sehr eng geflogen. Das rätselhafte Objekt verharrt zwei bis drei Minuten oberhalb eines Punktes nahe der Kreuzung Hâlou und fliegt mit höherer Geschwindigkeit davon. Noch immer sind – trotz der ländlichen Umgebung – keine Geräusche wahrnehmbar. Das UFO verschwindet hinter einer bewaldeten Anhöhe Richtung Jehanster. Die Sichtung dauerte insgesamt eine Viertelstunde.

Nördlich von Verviers

Die nachstehenden Fälle betreffen Personen, die in ihrem Wagen von der Arbeit nach Hause zurückkehren. Frau M. ist Chefsekretärin. Gegen 17.20 Uhr befindet sie sich auf der Autobahn Verviers-Battice in der Nähe von Andrimont [17], als sie am Himmel einen länglichen, bikonvexen Körper mit *drei leuchtenden Rechtecken* erblickt, die der Objektachse folgend hintereinander angeordnet sind. Sie sind »wie Fenster« und geben einen sehr hellen, goldgelben Lichtschein ab. An einem Ende des Objekts sitzt ein rotes Blinklicht. Die Entfernung steht nicht fest.

Frau F. ist Inspektorin beim Arbeitsministerium. Gegen 17.30 Uhr befährt sie die kurvenreiche Straße zwischen Dison und Andrimont [18], wo ihr ein merkwürdiges, unbewegliches Objekt auffällt. Aus größerer Nähe stellt sie fest, daß es *fast auf der Höhe der Dachfirste zweier benachbarter Häuser verharrt*. Als Frau F. an den beiden Häusern vorbeikommt, hält sie nicht an, sondern beugt sich so weit wie möglich vor, um nach oben schauen zu können. Ihr Kopf berührt dabei das Lenkrad. Das Objekt hat die *Form eines gleichschenkligen Dreiecks mit breiter Basis*. In der Nähe der

Ecken trägt es drei große, weiße Scheinwerfer und auf der Mittellinie eine rote Lampe. Dieses rote Licht scheint etwas tiefer zu liegen als die Unterseite der Plattform. Nach einem weiteren Kilometer zu Hause angekommen, stellt sie fest, daß das Objekt nicht mehr da ist.

Frau C. arbeitet beim Magistrat der Stadt Verviers und befindet sich gemeinsam mit ihrer 22jährigen Tochter auf dem Heimweg. Gegen 17.30 Uhr treffen sie in ihrer zwischen Verviers und Andrimont gelegenen Straße [19] ein. In etwa 500 Meter Höhe fällt ihnen eine »enorme«, dunkle und *unbewegliche Masse* auf. Sie hat die Form eines Dreiecks und trägt in der Nähe der Ecken drei große, weiße Scheinwerfer. Im Zentrum des Dreiecks blinkt ein rotes Licht. Die Konturen sind gegen den helleren Himmel im Hintergrund gut auszumachen. Die Zeuginnen sind überzeugt, daß das rote Blinklicht einer etwas unterhalb der flachen Unterseite befindlichen Kugel entspringt. Es dreht sich wie ein umlaufendes Signallicht.

Als die Zeuginnen aus dem Auto steigen, um das Garagentor zu öffnen, bemerken sie zu ihrer Überraschung, daß das *Objekt fast senkrecht über ihnen schwebt*. Trotz abgestelltem Automotor ist kein Geräusch zu hören, auch dann nicht, als sich das Objekt in Bewegung setzt. In diesem Fall bewegt es sich merkwürdig, nämlich *mit nach vorn weisender Basis*. Nachdem sie das Haus betreten haben, beobachten die Zeuginnen durch ein Fenster, wie das UFO geradewegs Richtung Battice davonfliegt.

Herr H. befährt den Autobahnzubringer Thimister-E40 und befindet sich kurz vor der Anschlußstelle [20]. Irgendwann zwischen 17.30 und 17.45 Uhr beobachtet er drei in Form eines gleichschenkligen Dreiecks angeordnete Leuchtpunkte mit einem pulsierenden roten Licht in der Mitte.

Auch fällt ihm auf, daß das rote Licht nie völlig erlischt. Trotz einer geschätzten Entfernung von 1,5 Kilometer und einer Höhe von 400 bis 500 Meter sind die drei weißen Lichter sehr hell. Das Objekt kommt von Osten und »gleitet, ohne eine Kurve zu beschreiben« nach Süden.

Um 17.45 Uhr ist der Lehrer F. zu seinem Wohnort Limbourg [21] zurückgekehrt und hat sich auf ein im Südwesten der Stadt gelegenes Gelände begeben, um den Himmel zu beobachten. Hierbei erblickt er *ein Objekt, das dem von ihm eine Stunde zuvor gesehenen absolut gleicht* (Abbildung 1.6). Es fliegt in geringer Höhe von Stembert Richtung

1. DIE ENTSCHEIDENDEN SICHTUNGEN VOM 29.11.1989

Baelen – ebenfalls geräuschlos. Das Objekt fliegt direkt über den angestrahlten Glockenturm der Kirche von Limbourg hinweg und richtet dabei ständig einen sehr hellen, weißen Lichtstrahl nach unten. Dieser reicht bis zum Boden, und als F. selber von dem Strahl erfaßt wird, kauert er sich instinktiv zusammen, verspürt aber nichts Besonderes.

Nahe der Grenze

Gegen 17.45 Uhr kommt Herr J. auf der N3 aus Aachen zurück. In Bildchen [22], zwischen dem deutschen und dem belgischen Grenzposten, bemerkt er ein *unbewegliches Objekt* am Himmel. Es schwebt links von der Straße in etwa 250 Meter Höhe, nur 80 Meter vom Zeugen entfernt. Das Objekt ist dunkel und verfügt nur über ein kleines, orangerotes Licht, doch plötzlich *gehen gleichzeitig drei weiße Lichter an*. Das Objekt setzt sich langsam in Bewegung, überfliegt die Straße und beschleunigt dabei. Der Zeuge fährt in dieselbe Richtung, um nach Hause zu gelangen. Er hat es nicht mehr weit. Nachdem er den Motor abgestellt und seinen Wagen verlassen hat, fällt ihm auf, daß das Objekt vollkommen lautlos fliegt. In der Seitenansicht hat es eine längliche Form, die dem Profil eines Hubschraubers gleicht, mit einer Kanzel vorne, jedoch ohne Rotoren oder andere Außenstrukturen. Die Kanzel trägt ein nicht besonders helles, orangerotes Licht, während die drei weißen Lichter unten am Seitenteil horizontal aufgereiht sind. Das Objekt entfernt sich Richtung Plombières.

Kurz vor 17.50 Uhr ist der Gendarm W. von der Eupener Brigade zusammen mit einem Kollegen mit dem Auto im Raum Battice auf der E40 unterwegs. Sie kehren von einem dienstlichen Auftrag in Brüssel zurück. Plötzlich bemerken sie in Richtung Verviers einen extrem hellen Punkt am Himmel. Er verharrt zwar insgesamt auf der Stelle, scheint sich aber von Zeit zu Zeit zu bewegen und fliegt schließlich gleichmäßig nach Osten davon, in die auch von den Gendarmen eingeschlagene Richtung. Sie denken an einen Hubschrauber, wundern sich aber über die ungewöhnliche Helligkeit der Scheinwerfer. Da ihre Fahrt nach Moresnet führt, verlassen sie die E40 bei Chaineux und nehmen die N3, die sogenannte Route de Charlemagne.

Das Leuchtobjekt scheint sie zu begleiten, und gegen 18 Uhr, als sie sich in der Nähe des Moresnet-Viadukts [23] befinden, *fliegt es fast genau über sie hinweg.* In der Seitenansicht verfügt das Objekt – nahezu auf derselben Horizontallinie – über zwei Scheinwerfer vorne und einen dritten hinten. Dicht über den weißen, sehr hellen Lichtern erkennen sie eine dunkle, längliche Form von geringer Höhe. Als sie überflogen werden, sehen die Gendarmen unterhalb des Objekts ein rotes Blinklicht. Da die drei weißen Lichter gleichzeitig an- und ausgehen, sagen sie sich: »Das sind nicht die Lichter eines Flugzeugs.« Das Objekt entfernt sich langsam Richtung Vaals. Weitere Beobachtungen des Gendarmen W. später.

Zwischen Verviers und Eupen

Gegen 18.30 Uhr erblicken Herr S. und seine Mutter nördlich von Verviers [24] ein dunkles Objekt, das in etwa 300 Meter Höhe und 500 Meter von den Zeugen entfernt gemächlich von Osten nach Westen fliegt. Auch dieses Fluggerät verfügt über drei helle, weiße Scheinwerfer und in der Mitte über eine Art orangerotes Umlauflicht; es hat jedoch die Form eines *Dreiecks mit schmaler Basis.*

Herr I. ist Jurist und auf Kommunal- sowie Provinzialebene als Rechtsberater tätig. Ebenfalls gegen 18.30 Uhr beobachtet er südöstlich von Verviers [25] ein Flugobjekt, das drei sehr helle, nach unten gerichtete Lichtstrahlen aussendet. Es handelt sich um eine *große Plattform.* Sie befindet sich anscheinend über der Stadt Verviers und nimmt Kurs auf Battice.

Herr L. ist auf dem Weg von Polleur nach Jalhay [26]. Irgendwann zwischen 18.30 und 18.45 Uhr erblickt er am Himmel drei helle, nach unten gerichtete Scheinwerferlichter. Das Phänomen bewegt sich Richtung Jehanster bzw. Baelen. Obgleich der Zeuge verkehrsbedingt nicht anhalten kann, erkennt er ein recht dünnes, dreieckiges Objekt, das dunkler ist als der Himmel. Die Entfernung beträgt schätzungsweise 500 Meter. Die Scheinwerfer befinden sich »an den Ecken« des Dreiecks, mit einem kleinen, roten Blinklicht dazwischen. Das Dreieck fliegt langsam, mit nach vorn weisender, jedoch leicht aufgerichteter Spitze.

Gegen 18.45 Uhr begibt sich Herr L. in seinen Garten in Baelen [27], um Brennholz zu holen. Dabei fällt ihm ein großer Leuchtpunkt auf, der

1. DIE ENTSCHEIDENDEN SICHTUNGEN VOM 29.11.1989

sich langsam aus südwestlicher Richtung nähert. Nach einiger Zeit macht er drei einzelne Lichter aus, die sich auf einer großen, dreieckigen Platte befinden. Das Flugobjekt nähert sich dem Zeugen bis auf etwa 200 Meter. In diesem Augenblick dreht es mit einem Schwenk um die Längsachse in einer sanften Kurve Richtung Nordnordwest ab. Aufgrund der von dem Objekt eingenommenen *Schräglage* kann der Zeuge die Unterseite noch besser erkennen. Es handelt sich um ein gleichschenkliges Dreieck mit *schmaler* Basis, und die Scheinwerfer befinden sich *ganz dicht bei den Ecken*. Der Zeuge kann *zwischen den beiden hinteren Scheinwerfern* eine kleine Kuppel ausmachen, auf der ein rotes, nicht blinkendes Licht sitzt (Abbildung 1.7). Die Breite der Basis wird auf 10 Meter geschätzt. Der Zeuge vernimmt ein sich wiederholendes Geräusch, ähnlich dem einer Nähmaschine, jedoch leiser und nur, als das Objekt ihm ganz nahe war.

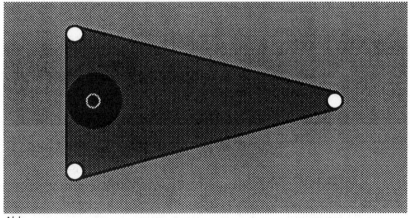

Abb. 1.7

Als Frau G. und ihre Tochter Caroline gegen 18.45 Uhr in Aubel [28] aus dem Auto steigen, sehen sie ein hell erleuchtetes Objekt auf sie zu- und fast senkrecht über sie hinwegfliegen. Das kann kein Flugzeug sein, sagen sie sich; die Form ist zu bizarr, die Flughöhe zu niedrig und die Geschwindigkeit zu gering. Das Objekt gibt ein *regelmäßiges, jedoch dumpfes Geräusch* von sich. Es fliegt von Südosten nach Nordwesten.

Ebenfalls in Aubel und gegen 18.45 Uhr wird von Herrn D. ein sehr langsam und in geringer Höhe fliegendes Leuchtobjekt gesichtet, das mit drei hellen, gegen den Boden gerichteten Scheinwerfern ausgestattet ist. Frau und Sohn sehen es ebenfalls. *Es verursacht keine Geräusche, selbst dann nicht, als es mit »fürchterlicher« Beschleunigung davonfliegt.*

Besondere Lichteffekte

Etwas weiter südlich widerfährt Herrn S. und seinem Freund P. eine bemerkenswerte Begegnung. Sie befahren die Autobahn E 40 und befinden sich um 18.50 Uhr kurz vor der Abfahrt 37 Herve/Fléron, von Osten kommend [29]. Der Fahrer bemerkt vor sich – fast direkt über der Autobahn – drei helle, nach unten gerichtete Scheinwerfer. Wegen ihrer Helligkeit, geringen Höhe und anscheinenden Bewegungslosigkeit sagt er zu seinem Freund: »Merkwürdig, hier gibt's doch keine Flutlichtanlage.« Sie nähern sich den Lichtern und können daher immer deutlicher ein riesiges Dreiecksobjekt erkennen, das langsam und auf der Höhe eines gedachten Flutlichtmasts – etwa 100 Meter – dahinfliegt. Es ist sehr dunkel, dunkelgrau etwa, ja fast schwarz und hebt sich vom helleren Himmel ab. Das Dreieck fliegt in horizontaler Richtung mit gleichbleibender, jedoch *extrem geringer Geschwindigkeit.*

Die Zeugen haben ihre Fahrt stark verlangsamt, ohne jedoch ganz anhalten zu können. Neben dem Fahrer sitzend, kann P. das Objekt sehr genau in Augenschein nehmen. Er hat sogar die Seitenscheibe heruntergekurbelt und den Kopf aus dem Fenster gesteckt. Das Objekt fliegt auf nördlicher Seite die Autobahn entlang, praktisch oberhalb des Seitenstreifens. Es nimmt Kurs gen Osten und kreuzt damit die Route der Zeugen. Diese befinden sich eine zeitlang praktisch unter dem sich mit nach vorn weisender Spitze bewegenden Fluggerät. Es ist riesig, die Breite seiner Basis entspricht der Flügelspannweite einer Boeing 727. Seine Form ist die eines *gleichseitigen Dreiecks mit abgerundeten Ecken.* In ziemlicher Nähe seiner Ecken befinden sich drei große und sehr helle, kreisrunde Scheinwerfer (Abbildung 1.8). Die Zeugen konnten kein rotes Licht – gleich ob aufblinkend oder nicht – entdecken. Die weißen Lichtbündel sind nach unten und dabei *leicht nach vorn* gerichtet. Trotz seiner Brillanz nimmt das Licht den Zeugen nicht die Sicht und verhindert

1. DIE ENTSCHEIDENDEN SICHTUNGEN VOM 29.11.1989

nicht, daß sie die dunkle Masse, an der die Scheinwerfer befestigt sind, deutlich erkennen können.

Geräusche, die über das Fahrgeräusch ihres Wagens hinausgingen, konnten die Zeugen auch dann nicht vernehmen, als sie sich unterhalb des Objekts befanden. In jenem Augenblick bemerkte P. jedoch zahlreiche kleine »*Leuchtpunkte*« *an der Unterseite des Dreiecks*. Das Flugobjekt setzte seine »Route« beharrlich fort. Die Zeugen verloren es aus den Augen, als sie von der Autobahn Richtung Fléron abbogen.

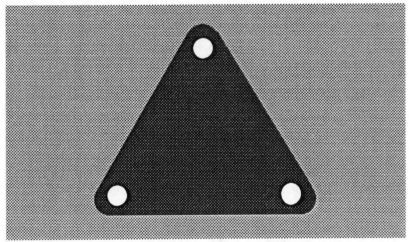

Abb. 1.8

Herr X., der nördlich von Grand-Rechain wohnt, sieht zwischen 18.49 und 18.52 Uhr ein gleichartiges, in östliche Richtung davonfliegendes Objekt.

Auch von Frau B. wird ein Dreieck *mit Leuchtpunkten an der Unterseite* gesichtet, und zwar gegen 19 Uhr in Battice [30]. Durch das Küchenfenster erblickt sie zunächst zwei große, blendende Scheinwerfer. Sie befinden sich derart dicht über dem Boden, daß sie zunächst an einen Lkw denkt – doch an dieser Stelle verläuft keine Straße. Nach und nach erkennt sie eine große, dunkle Masse und wird sich zusammen mit ihrem Sohn darüber klar, daß sie es mit einem Flugobjekt zu tun hat. Es zieht eine Kurve und fliegt direkt auf sie zu. Sie schalten das Küchenlicht aus und können ein *dreieckiges Objekt mit gerundeten Ecken* erkennen. Es fliegt sehr niedrig, langsam und geräuschlos. Als es über ihr Haus hinwegfliegt, wird deutlich, daß seine Breite der eines Doppelhauses entspricht. Zu erkennen sind ferner *zahlreiche kleine, gelbe Lichter* an der Unterseite des Fluggeräts. »Man könnte sie als kleine Sterne ansehen.« Das Objekt war außerdem von kleinen, roten Leuchtpunkten umgeben. Sie bewegten sich frei – »wie Glühwürmchen«.

Diese Sichtung ist auf eine andere zu beziehen, die am Vorabend in einem Eifeldorf bei Bütgenbach stattfand. Frau D. befindet sich auf dem Friedhof und steht vor dem Grab ihrer ältesten Tochter, die Anfang des Jahres bei einem Unfall ums Leben kam. Begleitet wird Frau D. von ihrer 16jährigen Tochter Evelyn. Es ist 19.15 Uhr, als sich von Westen her ein »großes Licht« nähert und in 30 bis 40 Meter Höhe verharrt, dicht über den Tannen, die den Friedhof säumen; die Entfernung beträgt etwa 150 Meter. Das Licht verfügt über ein gewisses Volumen, doch seine Konturen sind unscharf. Gelegentlich ist eine Form erkennbar: eine Raute. Zwar weist eine ihrer Ecken nach oben, doch scheint sich die Raute verschiedenartig zu neigen und ist in ein helles Licht mit changierenden Farben getaucht. Sie ist im allgemeinen weiß, ein Teil hingegen kann eher rot, orangefarben oder aber blaugrün sein. Die Tochter findet dies recht »unheimlich« [deutsch im Original], während ihre Mutter es für »wirklich schön« hält. Sie fühlt sich an die Lichter auf Heiligenbildern erinnert. Als sie den Friedhof auf Drängen des Mädchens nach zehn Minuten verlassen, geht sie nach Möglichkeit rückwärts, um dieses Licht nicht aus den Augen zu verlieren.

Frau D. ist sehr religiös, steht aber »mit beiden Beinen fest auf dem Boden«. Sie erklärte mir, daß sie die Form- und Farbwechsel auch an die Bilder eines sich drehenden Kaleidoskops erinnerten. Sie war sehr bemüht, genau anzugeben, was im Umkreis des zentralen Lichts geschah. »Ständig waren Strahlen da, die plötzlich aus der Lichtmasse hervortraten.« Sie kamen zunächst langsam heraus und schnellten dann »wie abgeschossen« [deutsch im Original] hervor. Die »Strahlen« wurden mit zunehmender Entfernung vom Zentrum immer feiner. Sie waren sehr lang, hatten eine sich verjüngende Spitze und verschwanden schlagartig. Ihre Farbe war ein stärkeres Rot als das des zentralen Körpers, »ein wenig wie die von Feuer«. Dieser Vergleich gilt auch für die Lichtintensität. Die »Strahlen« tauchten sporadisch auf und gingen in sämtliche Richtungen, meist jedoch nach oben. Das zentrale Licht blieb hingegen bestehen und wahrte dabei seinen »vibrierenden« Charakter. Es war »grell« [deutsch im Original], blendete aber nicht.

Mir ist kein herkömmliches Objekt bekannt, das in der Lage wäre, ähnliche Effekte hervorzubringen. Ich kann auch nicht behaupten, daß die diese UFOs umgebenden »Glühwürmchen« und »Strahlen« notwendigerweise auf Ionisierungseffekte der Umgebungsluft zurückführbar sein müssen, obwohl diese Möglichkeit besteht. Der Friedhofsfall legt die Annahme einer Art »Inszenierung« nahe, da dieses Ereignis relativ lange dauerte – bis die beiden Zeuginnen den Friedhof verließen.

Eine U-Kurve

Gegen 18.45 Uhr begeben sich zwei 13jährige Jungen zum Training nach Lontzen. Es handelt sich um T. S. und A. H., die beide in Lontzenbusch wohnen. Sie folgen einem sehr abgelegenen Weg, dem Mühlenweg, der erst zu einem Bach hinunterführt und dann wieder ansteigt [31]. Genau in dem Moment, als die Jungen den Bach überqueren, sehen sie, wie vor ihnen im Westen nahe des Dachs eines weiter oben stehenden Hauses »drei weiße, sehr helle Lichter« auftauchen.

Die Lichter bilden in diesem Augenblick eine waagerechte Reihe. Über den Lichtern erkennen sie eine dunkle, scheibenförmige Masse mit einem »Buckel« in der Mitte. Da sich das Objekt lautlos nähert, kann es sich nicht um ein Flugzeug handeln.

Das Objekt fliegt langsam zum Tal hinunter, bleibt dabei in konstantem Abstand zur Wiese und parallel zum Weg. Am tiefsten Punkt des kleinen Tales steht ein Baum, in dessen Nähe das Objekt im rechten Winkel abdreht. Die Jungen sind etwa 200 Meter von dem Baum entfernt, und das Objekt fliegt jetzt direkt auf sie zu. Sie geraten in Panik und laufen ein Stück zurück.

Das Objekt wendet jedoch über dem Weg, fast senkrecht über ihnen. Sich weiterhin über dem Weg haltend, fliegt es den Hang hinauf, aber diesmal schneller als zu Beginn. Abwärts flog es ungefähr so schnell wie ein rennendes Kind, aber aufwärts betrug seine Geschwindigkeit etwa 80 km/h.

Drei bis vier Sekunden vor der ersten Flugkurve geht das mittlere Licht vollständig aus. In der Kurve neigt sich die Lichterkette auf etwa 45°, und danach wird das mittlere Licht heller als die beiden anderen. Die über den Köpfen der Jungen geflogene Kurve ist sehr eng, und das Objekt beschleunigt erneut. Die – getrennt befragten – Jungen gaben an, in dem Augenblick, wo sie von dem Objekt überflogen wurden, ein sehr leises Geräusch gehört zu haben, ähnlich dem »Summen« [deutsch im Original] einer Biene.

Daraufhin sahen sie einen dreieckigen Umriß und eine *Gruppe kleiner, weißer Lichter* an der Unterseite des Objekts. Sie waren ungleichmäßig um ein rotes Zentrallicht verteilt, das blinkte, ohne dabei völlig zu erlöschen. Die Anzahl der kleinen Lichter liegt irgendwo zwischen fünf und zehn.

Als das Objekt wieder aufstieg, haben die Jungen das weiße Zentrallicht nicht mehr gesehen. Dies ist verständlich, wenn man annimmt, daß es sich an der Vorderseite eines Dreiecks befand, dessen Spitze leicht angehoben ist, und daß das rote Licht etwas tiefer liegt als die flache Oberfläche des Dreiecks.

Große erleuchtete Fenster

Herr H. wohnt in Tiège bei Sart [32]. Gegen 18.15 Uhr erblickt er eine dunkle, aus zwei aneinandergefügten Rechtecken gebildete Masse. Er

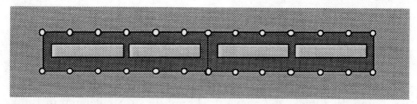

Abb. 1.9

hat deutlich den Eindruck, daß es sich dabei um *zwei Seitenflächen eines flachen Objekts mit rechteckigen »Fenstern«* handelt. Sie sind zwar nicht erleuchtet, aber gut zu erkennen. Die Konturen des sichtbaren Teils sind unterdessen durch eine Reihe von orangegelben Leuchtpunkten markiert (Abbildung 1.9). Das Objekt vollzieht eine gleichförmige, geradli-

1. DIE ENTSCHEIDENDEN SICHTUNGEN VOM 29.11.1989

nige Bewegung von Ost nach West und scheint den Zeugen in einer Entfernung von etwa 100 Meter passiert zu haben.

Kurz nachdem er vom ersten Stock der Eupener Gendarmeriekaserne ein Objekt gesehen hatte, das zunächst in der Luft schwebte und dann davonschoß, bekommt der Gendarm C. ein zweites Objekt zu Gesicht. Es verharrt an der gleichen Stelle wie das erste und fliegt nach einigen Augenblicken ebenfalls los, dann jedoch in waagerechter Richtung. Dies geschieht gegen 18.45 Uhr. C. meint, das Objekt sei 300 Meter hinter der Kaserne [32] und in einer Höhe von 100 bis 150 Meter davongeflogen. Er dürfte es somit von der Seite gesehen haben. Der Zeuge bemerkte an dem Objekt ein *großes, waagerechtes und ungleichmäßig erleuchtetes Rechteck*. Dieses Rechteck schien etwa 8-10 Meter lang und 2-3 Meter hoch zu sein und wirkte wie ein von innen »erleuchtetes, großes Zimmer«. Die Leuchtkraft glich der des Vollmonds. Das Fluggerät entfernte sich mit etwa 50 km/h Richtung Lontzen.

Fliegt dieses Objekt nun nach Eupen zurück, oder ist es ein anderes? Frau H. nämlich sieht gegen 18.50 Uhr in Baelen [33] ein Objekt mit hellen, weißen Scheinwerfern und einem roten Blinklicht. Es gleitet lautlos und gemächlich Richtung Eupen am Himmel dahin. Sein Eintreffen in Eupen ist möglicherweise um 18.55 Uhr von Frau C. beobachtet worden, die auf einer Anhöhe neben der ansteigenden Malmedier Straße wohnt. Die Stelle bietet einen weiten Ausblick Richtung Baelen und Membach. Frau C. bemerkt ein sehr helles, sich von dort näherndes Objekt, das sich schließlich als eine Gruppe von drei im Dreieck angeordneten Lichtern darstellt. Die Lichter sind rund, weiß, beständig und sehr hell. Im Zentrum des Dreiecks ist ein rot aufblinkendes Licht zu erkennen. Sich der Stadt nähernd, beschreibt das Objekt eine Kurve und dreht nach Nordwesten ab [34]. Der Zeugin bietet sich oft die Gelegenheit, in der besagten Richtung Flugzeuge am Himmel zu sehen, doch »dies glich überhaupt nicht einem Flugzeug«.

Andere Typen von Flugobjekten

Herr M. wohnt in Kelmis (La Calamine) [35]. Er ist gerade dabei, seinen Lieferwagen zu entladen, und als er zufällig nach oben schaut, bemerkt er senkrecht über sich eine runde, dunkle Masse. Sie ist mit *vier großen, weißen, quadratisch angeordneten Lichtern* versehen. Der Durchmesser der Scheinwerfer ist im Verhältnis zu den Abmessungen des Objekts recht groß, und in der Mitte befindet sich ein rotes Licht mit einem noch etwas größeren Durchmesser (Abbildung 1.10a). Das Fluggerät scheint aus den Niederlanden zu kommen und Richtung Eupen zu fliegen, allerdings sehr langsam. »Nicht schneller als ich im Gehen«, merkt der Zeuge an. Wegen der Größe denkt er zunächst an ein AWACS, doch sie sehen anders aus, fliegen nicht so tief und so langsam, und vor allem: AWACS erzeugen nicht gerade wenig Lärm, wohingegen dieses Objekt lautlos dahinfliegt. Die Sichtung erfolgte zwischen 18.30 und 19 Uhr.

Im selben Ort [36] führt Herr C. gerade seinen Hund aus. Hinter einer Straßenecke gelangt er auf unbebautes Gelände. Nach weiteren fünfzig Metern sieht er 300 bis 400 Meter über sich ein leuchtendes Flugobjekt. Für wenige Sekunden hört das Leuchten zunächst gänzlich auf, doch sofort gehen *vier große, im Quadrat angeordnete Scheinwerfer* an und richten weiße Lichtbündel nach unten (Abbildung 1.10b). Für einen kurzen Augenblick wird der Zeuge von einem der Lichtbündel erfaßt. Das Licht blendet ihn, und er bekommt es mit der Angst zu tun. Das Objekt steigt rasch hoch und verschwindet Richtung Eupen. Es ist nun fast 19 Uhr.

Gegen 19.10 Uhr chauffiert Herr N. vier Kinder im Alter zwischen neun und vierzehn Jahren zum Fußballtraining nach Herbesthal. Sie befinden sich auf halbem Wege zwischen Hergenrath und Lontzen [37], als sie ein sehr langsam, dicht über einer Waldung fliegendes Objekt mit »grellen Lichtern« bemerken. Es verschwindet zwar sogleich wieder aus ihrem Blickfeld, versetzt aber Fahrer und Kinder gleichermaßen in Unruhe. Die Kinder suchen die Landschaft weiter mit den Augen ab. Das Objekt war rechts von der Straße, Richtung Kelmis, erschienen. Hinter dem Wagen taucht es auf der anderen Straßenseite erneut auf. Der Fahrer hält den Wagen an und stellt Motor und Radio ab. Sie hören nichts weiter als ein *leises Zischen*. Das Objekt scheint sich in 50 Meter Höhe

1. DIE ENTSCHEIDENDEN SICHTUNGEN VOM 29.11.1989   55

und nur 100 Meter entfernt zu befinden. Die Zeugen sehen drei nach unten gerichtete Scheinwerfer, die so stark blenden, daß sie die tragende Struktur nicht erkennen können. Sie bemerken jedoch ein rotes Blinklicht, das ungefähr in der Mitte zwischen den weißen Scheinwerfern sitzt. Das Objekt setzt sich langsam Richtung Osten in Bewegung und ist nach vier Minuten verschwunden.

Um 19.30 Uhr sieht der Forsthüter von Lontzen »vier helle Scheinwerfer« am Himmel. Ihre Konturen sind oval, und die beiden mittleren Scheinwerfer sind etwas kleiner und liegen tiefer als die anderen. Dies läßt sich mit der Vorstellung vereinbaren, daß es sich um eine leicht geneigte quadratische Platte handeln könnte; allerdings gelingt es dem Zeugen nicht, die Umgebung der Scheinwerfer auszumachen. Er sieht jedoch ein kleineres, rotes Zentrallicht. Der Zeuge ist mit dem Wagen zwischen Lontzen und der Route de Charlemagne [38] unterwegs. Er hält an und macht Motor und Licht aus, um das Phänomen bei heruntergekurbelter Seitenscheibe zu beobachten. Er vernimmt keinerlei Geräusche, obwohl das Fluggerät sich nur etwa 50 Meter über dem Boden befindet. Es nähert sich dem Zeugen in gerader Linie und in nordöstlicher Richtung, kommt ganz nahe heran und vollzieht dann eine *180-Grad-Wendung.* Beim Davonflug kann der Zeuge nurmehr das rote Licht erkennen, das demnach weiter unter befestigt zu sein scheint als die Scheinwerfer.

Der Gendarm W., der – aus Brüssel kommend – von einem UFO »begleitet« worden war, hat inzwischen die Eupener Kaserne erreicht. Um 19.15 Uhr befindet er sich auf dem Kasernenhof und ist gerade damit beschäftigt, sein Fahrzeug aufzutanken, als er ein »stark leuchtendes Objekt« erblickt, das hinter den Dächern der südwestlich gelegenen Häuser aufsteigt und den Hof überfliegt. Es beschreibt eine Kurve und fliegt die Herbesthaler Straße entlang, ohne sie zu überqueren [39]. Als sich das Objekt in der Kurve neigt, läßt sich an seiner Spitze ein Licht erkennen. Eigentlich sind da noch »viele andere Lichter«, die sich aber, da sich die Struktur des Objekts nicht bestimmen läßt, einer Zuordnung entziehen. Unterhalb des Objekts befindet sich jedenfalls ein rotes Licht. W. denkt zunächst an ein AWACS, verwirft den Gedanken jedoch, da diese viel »Radau« [deutsch im Original] machen, während das Objekt nur ein *schwaches Geräusch* abgibt, ähnlich dem eines Elektromotors.

Einige Augenblicke später sieht Frau K. in der Nähe des Eupener GB [ein Supermarkt; A. d. Ü.] bei der Herbesthaler Straße [40] eine unbewegliche, dunkle Masse mit drei großen Scheinwerfern. Auch ihr drängt sich der Vergleich auf, das Licht sei so hell wie das einer Flutlichtanlage auf dem Fußballplatz. Welche Form das schwebende Objekt hatte, läßt sich nicht näher bestimmen. Der Zeugin scheint die Vorderseite zugewandt gewesen zu sein, da sich die Scheinwerfer fast auf der gleichen Horizontallinie befinden. Später schwenken sie nach rechts ab, und das Objekt setzt sich langsam Richtung Herbesthal in Bewegung. All dies dauerte zehn Minuten.

Herr S. wohnt fast an der gleichen Stelle, auf halbem Weg zwischen Eupen und der auf die Herbesthaler Straße mündenden Ausfahrt der E40 [41]. Gegen 19.45 Uhr fliegt ein Objekt senkrecht über ihn hinweg,

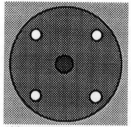 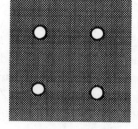 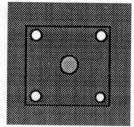

Abb. 1.10 a, b, c

das mit *vier hellen, im Quadrat angeordneten weißen Scheinwerfern* bestückt ist. Er meint sogar, einen sehr dunklen, quadratischen Gegenstand ausmachen zu können. Die Scheinwerfer haben einen ziemlich großen Durchmesser, doch in der Mitte befindet sich ein »gelbes« Blinklicht von noch größerem Durchmesser (Abbildung 1.10c). Aus zwei auf derselben Diagonale liegenden weißen Scheinwerfern treten Lichtstrahlen nach unten aus, während die beiden anderen Scheinwerferlichter waagerecht zu verlaufen scheinen. Nachdem das Objekt drei bis vier Minuten lang auf der Stelle schwebte, »vollzieht es einen 90-Grad-Schwenk um die eigene Achse« und fliegt zunächst langsam und dann immer schneller werdend Richtung Lontzen davon. Der Zeuge konnte keinerlei Fluggeräusch hören.

Weitere Sichtungen durch Gendarmen

Die Gendarmen N. und P. von der Brigade Kelmis sind auf der von Kelmis nach Moresnet [42] führenden Straße im Einsatz. Sie haben die Funksprüche ihrer Kollegen von der Eupener Gendarmerie verfolgt. Gegen 19.20 Uhr bemerken sie ihrerseits ein Objekt mit drei hellen, nach unten gerichteten Scheinwerfern. Das Objekt kommt von Montzen auf sie zu, dreht in Richtung auf den Viadukt von Moresnet ab und fliegt zur E 40 davon. Flughöhe und Geschwindigkeit gleichen denen der gelegentlich die Region überfliegenden AWACS, doch dieses Objekt ist »absolut geräuschlos«.

Der Gendarm W. hat Eupen verlassen und befindet sich auf dem Heimweg nach Hergenrath. Gegen 19.30 Uhr hört er die Funksprüche seiner Kollegen aus Lontzen: »Vorbeiflug eines mit hellen Lichtern ausgestatteten Flugobjekts in südlicher Richtung« [43]. W. hält bei Walhornerfeld zwischen Kettenis und Walhorn an. Man hat dort einen weiten Ausblick auf die Umgebung; das Objekt kann er nicht entdecken, bemerkt aber ein anderes, das in größerer Höhe fliegt und nicht die für Flugzeuge charakteristischen roten und grünen Blinklichter aufweist. Er fährt nach Hause, doch nur wenig später postieren sich die Gendarmen v. M. und N. an der gleichen Stelle [44]. Sie haben Membach nach 19.23 Uhr verlassen und beobachten nun ein Objekt mit drei weißen Scheinwerfern, das die E 40 entlangfliegt und später ungefähr über Henri-Chapelle stehenbleibt. Wir werden ihre weiteren Beobachtungen später noch aufgreifen.

Die Gendarmen N. und P. aus Kelmis haben die Einsatzleitung der Eupener Gendarmerie um Verhaltensinstruktionen gebeten und sind auf der Höhenstraße N 3, der sogenannten Route de Charlemagne, Richtung Henri-Chapelle unterwegs. Dank des Straßenverlaufs können sie den Sichtkontakt zu dem Flugobjekt mit seinen weißen, nach unten gerichteten Scheinwerfern wieder herstellen. Das Objekt folgt der gut ausgeleuchteten E 40. Wegen verschiedener Sichthindernisse verlieren sie es in Henri-Chapelle aus den Augen und beschließen, ein Stück weiter in der Nähe des Heims von Beloeil [45] anzuhalten. Sie stellen fest, daß das *UFO ebenfalls in der Nähe des Heims verharrt* (als würde es sie erwarten). Es ist 100 Meter entfernt und nur 80 Meter über dem Boden. N.

verläßt das Fahrzeug und geht ganz in der Nähe auf Beobachtungsposten. Sein Kollege bleibt am Funkgerät im Wagen.

N. stellt fest, daß das Flugobjekt *bewegungslos* in der Luft steht und *keine Geräusche* abgibt. Es ist länglich (nahezu rautenförmig) und sehr dunkel (Abbildung 1.11a). Es kommt ihm der Gedanke, daß es sich um ein Luftschiff handeln könne, vielleicht um einen neuen Einfall von Schmugglern. Das Flugobjekt verhält sich jedoch nicht besonders unauffällig. An seiner Vorderseite befinden sich drei helle, weiße Scheinwerfer, die ein gleichseitiges Dreieck bilden. Etwa in der Mitte der Raute ist ein rotes Blinklicht plaziert. Es blinkt langsamer als das Blaulicht eines Polizeiwagens. Die Umgebung der roten Lichtquelle ist zwar nicht sicht-

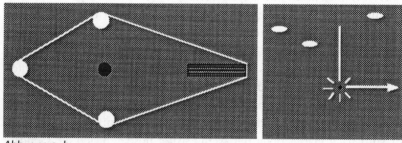

Abb. 1.11 a, b

bar, verdeckt aber die Sterne dahinter. Das Objekt ist sehr groß, doppelt so breit wie die Straße, also etwa 15 Meter. Hinten befindet sich eine rechteckige Struktur, die dunkler ist als der Rest und parallel zueinander verlaufende Längsstreifen aufweist. N. vermutet, daß dort die Antriebswelle für die Propellerschraube des Luftschiffs befestigt ist, doch eigentlich »war außerhalb der Lichter nicht besonders viel zu erkennen«.

Als sich das Objekt in Bewegung setzt, ist dieser Teil tatsächlich das Heck. Überdies wird die einsetzende Bewegung von einem *Schwächerwerden* der Scheinwerfer begleitet. Der Gendarm sagt sich, daß »der die Welle antreibende Elektromotor die von den Batterien gelieferte Spannung verringert hat«. Als das Objekt über ihn hinwegfliegt, hört er ein schwaches, sich wiederholendes Geräusch, das auf eine Unwucht schließen läßt (»swe, swe, swe ...«). Er schreibt es einer seiner Vermutung nach vorhandenen Propellerschraube zu. Das Objekt fliegt nun in Richtung auf den Autobahnanschluß Battice und bleibt auf halbem Weg stehen.

1. DIE ENTSCHEIDENDEN SICHTUNGEN VOM 29.11.1989

Mit geringer Geschwindigkeit folgt es der durch Natriumdampflampen hell erleuchteten Route de Charlemagne. Gendarm P., der am Steuer des Mannschaftswagens geblieben war, beobachtet das schwebende Objekt aufmerksam. Überrascht bemerkt er ganz deutlich: Eine »*rote Kugel*« *löst sich vom Zentrum der drei weißen Lichter, sinkt ein gewisses Stück senkrecht hinunter und huscht, einen rechten Winkel beschreibend, waagerecht davon* (Abbildung 1.11b).

Das Flugobjekt kehrt nochmals zu den Gendarmen zurück und fliegt über sie hinweg. Es folgt weiterhin der Route de Charlemagne Richtung Henri-Chapelle und Maison Blanche, behält jedoch seine Flughöhe bei, während die Straße abfällt. Die Gendarmen verfolgen das eigenartige Objekt, dessen Geschwindigkeit lediglich etwa 100 km/h beträgt. Sie gelangen so bis nach Bildchen [46]. Zwischen den beiden Grenzposten, *genau dort, wo die Straßenbeleuchtung aufhört, wechselt das UFO seine Richtung*. Es dreht nach rechts ab und verschwindet, für die Gendarmen nicht mehr sichtbar, hinter einem Hügel. Der Abflug Richtung Hauset fand gegen 20 Uhr statt. Von den Gendarmen v. M. und N. wurden die Flugmanöver desselben UFOs verfolgt. Sie sahen, daß es sich langsam von Henri-Chapelle Richtung Montzen bewegte, etwas später hinter einigen Hügeln verschwand und Richtung Aachen wieder auftauchte. Dann beschrieb es in der Umgebung von Hergenrath [47] einige Schleifen und entfernte sich um 20.39 Uhr Richtung Vaals.

Gegen 20.45 Uhr entdeckt ein Unternehmerehepaar aus Welkenraedt etwa 300 Meter über dem Kaufhaus Central Cash auf der Rue Mittoyenne in Herbesthal [48] ein Flugobjekt. Es schwebt vollkommen bewegungslos und hat die Form eines gleichschenkligen Dreiecks mit *breiter* Basis. Seine Ecken sind gerundet bzw. abgeschnitten. In der Nähe der Basisenden befinden sich zwei Scheinwerfer und irgendwo in der Mitte ein rotes Blinklicht. Seiner Frau, die meint, »Das ist ja ein UFO«, gibt der Mann skeptisch und kurz angebunden zurück: »Sonst noch was?« Sie brechen zum Grenzübergang Lichtenbusch [49] auf. Dort angekommen, sieht die Ehefrau gegen 21 Uhr erneut *genau das gleiche Objekt*. Es nimmt das gleiche Winkelfeld ein wie ein auf Armeslänge vom Beobachter entferntes DIN-A4-Blatt. Von einem für ihr Unternehmen tätigen Fahrer, der von dort Richtung Deutschland aufbricht, wird *dasselbe Objekt* gegen 21.10 Uhr auf der Autobahn gesichtet.

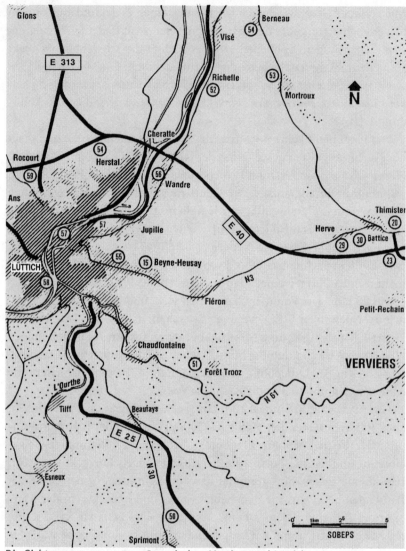

Die Sichtungen vom 29.11.1989 zwischen Verviers und Lüttich

Östlich von Lüttich

Flugobjekte unbekannter Herkunft waren an diesem Abend auch im Großraum Lüttich zu beobachten. Wir wollen sie nach geographischen Gesichtspunkten ordnen. Um 17.10 Uhr befindet sich der Radiologe Dr. R. in der Höhe von Sprimont auf der Ardennenautobahn E25 [50]. Er ist nach Lüttich unterwegs und erblickt plötzlich in Richtung Chaudfontaine ein dunkles Objekt mit zwei großen, sehr hellen Scheinwerfern. Die sich gut von dem helleren Himmel abhebende Form erinnert den Arzt an einen »schwanzlosen Rochen«. Was er sieht, ist ein unbewegliches Dreieck mit gerundeten Ecken, der Größe nach könnte es ein AWACS sein. Dahinter taucht ein zweites Objekt von der gleichen Form auf. Es nähert sich dem ersten auf einer Z-förmigen Bahn. Im Unterschied zum ersten Fluggerät weist es lediglich *einen* Scheinwerfer auf. Auf der Weiterfahrt verliert der Zeuge beide Objekte aus den Augen.

Zwischen 17.30 und 17.40 Uhr beobachtet Frau d. H. in Forêt-Trooz [51] drei sehr große, weiße Scheinwerfer, die »außergewöhnlich hell leuchten«. Ferner erkennt sie einen großen, roten Scheinwerfer (Abbildung 1.12). Die Beobachtung findet zunächst vom Fenster aus statt und später draußen, gemeinsam mit ihrem Sohn und dessen Spielkameraden. Das Lichterensemble hat für den Beobachterblick die Abmessungen des Vollmondes, Motorgeräusche hören die Zeugen keine. Die Formation fliegt in etwa doppelter Baumhöhe von Osten nach Westen.

Abb. 1.12

Um 17.40 Uhr taucht bei der Autobahn E25 in der Nähe von Richelle [52] südlich von Visé eine dunkle, dreieckige Form auf, die an den Ecken drei helle, nach unten gerichtete Scheinwerfer und in der Mitte ein rotes Blinklicht aufweist. Zeuge L. hält seinen Wagen an und beobachtet das

Phänomen ungefähr fünf Minuten lang. Die Dreiecksbasis hat seiner Schätzung nach eine Breite von 15 Meter. Das Objekt bewegt sich sehr langsam, und seine Flugbahn verläuft kurvenförmig von Südwesten nach Süden, dies bei einer konstanten Höhe von 200 bis 300 Meter.

Gegen 18.30 Uhr befahren die Kaufleute D. mit ihrem Lieferwagen die N 627 (Geschwindigkeit: 40 km/h). Sie befinden sich in der Nähe von Mortroux [53]. Bei einem Strommast bemerkt Frau D. über einer Weide neben der Straße ein dunkles Objekt mit drei weißen Lichtern, die sich praktisch in einer Reihe befinden. Die Entfernung des Objekts beträgt etwa 500 Meter. Verwundert stellen sie fest, daß mitten aus dem Objekt ein Lichtbündel austritt, das bis zum Boden reicht. Sie vergleichen es mit einem »Staubsaugerschlauch« bzw. einem »Elefantenrüssel«. Sobald Herr D. die Fahrt verlangsamt, setzt sich das Objekt in Bewegung. Es steigt sehr langsam auf und beschreibt dabei eine schräge Flugbahn, die nur 100 Meter von den Zeugen entfernt die Straße kreuzt. Das »leuchtende Anhängsel« bleibt noch einige Augenblicke bestehen und »erlischt« dann schlagartig. In der Hinteransicht weist das Objekt *vier paarweise übereinanderliegende, rechteckige »Fenster«* auf. Sie folgen der Umrißkrümmung des Objekts und sind durch ein rötliches, von innen kommendes Licht erleuchtet. In diesem Moment beginnt an der linken Seite des Objekts ein heller, orangeroter Scheinwerfer aufzublinken. Herr D. meint amüsiert: »Es hat den Blinker gesetzt.« Die Zeugen hörten ein schwaches Brummen erst, als das Objekt näher kam. Es setzte seinen Steigflug von Ost nach West fort. Die Beobachtung dauerte nur 20 Sekunden.

Um 18.40 Uhr befindet sich der Techniker J.-M. L. bei Milmort [54] auf der E 40 Richtung Brüssel, als er vor sich ein langsam näher kommendes Flugobjekt erblickt. Es trägt drei im Dreieck angeordnete, gelbweiße Scheinwerfer und in seiner Mitte ein rotes Blinklicht. Es verlangsamt seine Bewegung und *bleibt wenige Meter über der Mittelstreifen-Beleuchtung stehen.* Das Objekt ist dunkel und reflektiert nicht einmal das Licht der ganz in der Nähe stehenden Quecksilberdampflampen. Sein Aufbau ist daher im einzelnen nicht erkennbar, doch kurz bevor es zum Stehen kommt, tauchen hinter ihm zwei weitere Objekte auf, die ebenfalls über drei im Dreieck angeordnete Scheinwerfer verfügen; sie *entfernen sich sehr rasch in entgegengesetzte Richtungen,* weg von der Autobahn.

1. DIE ENTSCHEIDENDEN SICHTUNGEN VOM 29.11.1989   63

Ihre Flugbahnen sind leicht gekrümmt und zueinander symmetrisch, wobei beide Objekte gleichzeitig eine Schaukelbewegung vollziehen. Die Intensität ihrer Scheinwerferlichter ändert sich nicht, und der Zeuge hört keine Geräusche, die über das Fahrgeräusch seines eigenen Wagens hinausgehen, auch nicht, als er in nur 12 Meter Entfernung an dem bewegungslosen Objekt vorbeifährt. L. hält sie zunächst für »ganz spezielle Flugzeuge«, doch bei genauerem Überlegen erscheint ihm dies unmöglich. Flugzeuge fliegen schließlich nicht in geringer Höhe an Autobahnen entlang und bleiben gewiß nicht auf der Stelle stehen. Die Flugmanöver der drei Objekte deuten auf etwas ganz anderes. Sie hatten ungewöhnliche Lichter, und vor allem: Es gab keine Geräusche.

Herr S. steigt in Begleitung dreier weiterer Personen in Berneau [54] aus dem Wagen. Ihm fällt ein schwaches Geräusch auf, das er – er ist Fleischer – mit dem Geräusch eines Elektromotors und einer »Wurststopfmaschine« vergleicht. Seine Gattin bestätigt dies. Sie schauen sich um und bemerken ein Objekt, das in einer Höhe von 50 bis 100 Meter und etwa 100 Meter von ihnen entfernt langsam vorbeifliegt. Es hat die Form eines gleichschenkligen Dreiecks mit stark abgerundeten Ecken. Seine Unterseite ist gleichmäßig grau, relativ hell und trägt in der Nähe der Spitze und in der Mitte seiner Basis *je ein* orangefarbenes *Blinklicht* (Abbildung 1.13). Es ist nun etwa 18.45 Uhr. Das Objekt verschwindet hinter dem Dach des gegenüberliegenden Hauses Richtung Visé.

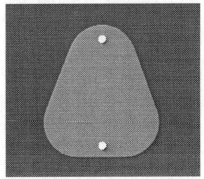

Abb. 1.13

Herr und Frau L. sind auf der N3 von Fléuron Richtung Lüttich unterwegs. Um 18.45 Uhr fällt ihnen bei Beyne-Heusay [55] eine dunkle, mit drei weißen Lichtern versehene Masse auf. Sie fliegt in sehr geringer Höhe, aus Richtung Lüttich kommend, auf sie zu. Die Zeugen biegen beim Viadukt Bois-de-Breu Richtung Jupille ab, sehen das Objekt aber nach 200 bis 300 Meter erneut, als es gerade über sie hinwegfliegt. Herr L. verlangsamt die Fahrt und kann eine riesige Masse erkennen, die sich sehr langsam und ohne vernehmliche Geräusche fortbewegt. Obwohl sich das Objekt nur etwa 30 Meter über dem Boden befindet, können die Zeugen seine Konturen nicht recht erkennen, wohl aber, daß die Unterseite flach ist und aus Blechen zu bestehen scheint. Die Scheinwerfer bilden ein nahezu gleichseitiges Dreieck. Die Zeugen sehen zwar die Scheinwerferlichter, aber keine Strahlenbündel. Das Objekt fliegt in geringer Höhe über die Dächer Richtung Fléron weiter.

Am Himmel über Lüttich

Herr C. ist Direktor einer großen Fachhochschule in Lüttich. Um 19 Uhr befindet er sich in der Nähe des Pont de Wandre in Herstal [56], als er ein sich *sehr langsam* bewegendes Flugobjekt erblickt. Die Entfernung beträgt höchstens 500 Meter, die Flughöhe etwa 150 Meter. Das Objekt trägt eine Reihe von weißen Lichtern sowie mehrere »Bullaugen«, die gegen Ende der Sichtung erleuchtet werden.

Herr und Frau S. befahren das Autobahnstück, das den Anschluß Cheratte mit dem Stadtzentrum verbindet und neben der Maas verläuft. Um 19.13 Uhr – sie befinden sich zwischen Ile de Monsin und Pont de l'Atlas – bemerken sie ein 200 bis 300 Meter über dem Stadtzentrum schwebendes Objekt, etwas links vom Parc de la Citadelle und vor dem Hügel [57]. Deutlich können sie drei weiße, sehr helle Scheinwerfer erkennen, die in Form eines ebenen Dreiecks angeordnet sind. Zwar läßt sich in der Dunkelheit kaum erkennen, woran diese Lichter befestigt sind, aber es ist zu sehen, daß sich an seiner Unterseite ein rotes Blinklicht befindet. Einige Augenblicke später setzt sich das Objekt langsam und in gerader Linie Richtung Visé in Bewegung.

Der Postbote P. S. ist zu Fuß im Stadtzentrum von Lüttich unterwegs. Gegen 19.15 Uhr bleibt er an einer Kreuzung zwischen der Gare des Guillemins und dem Pont de Fragnée [58] stehen. Sein Blickfeld ist zwar eingeengt, doch beim Hinaufschauen bemerkt er oberhalb der gegenüberliegenden Gebäude ein »sehr langsames« und geräuschloses, »großes Fluggerät« von der Form eines gleichseitigen Dreiecks mit gerundeten Ecken. Es befindet sich in einer Entfernung von weniger als 100 Meter und hat eine Länge von 15 bis 20 Meter. Die hintere Partie ist abgeflacht,

1. DIE ENTSCHEIDENDEN SICHTUNGEN VOM 29.11.1989

absolut matt und »anthrazitgrau«. Sein Umriß ist indessen gut zu erkennen, da es »von einem dichten Saum abwechselnd roter und weißer Lichter« umgeben ist. Die Unterseite ist glatt, wird jedoch von »vier oder fünf Rippen« durchzogen, die senkrecht zur Basis verlaufen. Sie trägt ferner eine umgedrehte Kuppel, die ihrerseits von einem Kranz aus roten und weißen Lichtern umgeben ist. Die Kuppel ist anscheinend sehr groß, da sie ein Drittel der Unterseite einnimmt.

Das Objekt bewegt sich einige Dutzend Meter oberhalb der Häuserdächer – im Schrittempo, weshalb es der Postbote 30 bis 40 Sekunden lang sehen kann. Von Nordwesten kommend, entfernt es sich Richtung Südosten, geht während einer Kurve etwas in Schräglage und läßt dabei die Kuppel sichtbar werden. Dieses UFO fliegt in die entgegengesetzte Richtung wie das vorige. Seine äußerst geringe Flughöhe mag erklären, warum es nicht von den anderen Zeugen gesehen wurde.

Westlich von Lüttich

Wir befinden uns in Rocourt [59], wo gegen 18 Uhr ein Starkstromtechniker, in Richtung Ans und Bierset blickend, ein »riesiges« Dreieck mit breiter Basis und gerundeten Ecken bemerkt. Es trägt drei weiße, sehr stark leuchtende Scheinwerfer in der Nähe der Ecken sowie ein rotes Blinklicht in der Mitte und schwebt regungslos auf der Stelle. Daß es sich nicht um ein AWACS handeln kann, stand für den Zeugen K. sofort fest, da er in der Nähe des Stützpunkts Bierset wohnt und diese Maschinen genau kennt.

Auch der Arzt Dr. M. und seine Gattin beobachten um 18 Uhr drei unbewegliche *Leuchtpunkte* am Himmel. Die Zeugen befinden sich in diesem Augenblick in Alleur [60], nahe der Anschlußstelle Loncin. Dr. M. stellt sein Fahrzeug an einer Stelle mit freiem Blick auf dem Seitenstreifen ab. Bei heruntergekurbelter Seitenscheibe hört er lediglich ein schwaches, dumpfes und anhaltendes Geräusch, das von dem Objekt kommt. Die Zeugen können das eigentliche Fluggerät nicht erkennen, wohl aber drei große Scheinwerfer, die sich ungefähr auf derselben Waagerechten etwa 150 Meter über dem Boden befinden. Das Objekt entfernt sich Richtung Nordnordost. Frau L. befindet sich ebenfalls in Alleur [61].

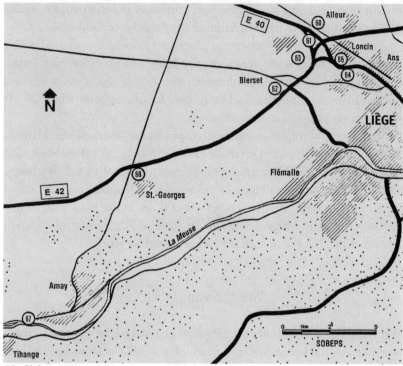

Die Sichtungen vom 29.11.1989 westlich von Lüttich

Um 18.10 Uhr entdeckt sie nach und nach vier Objekte, die mit riesigen, weißen Lichtern versehen sind und sich entlang der E40 von Osten her nähern. Ihre träge Bewegung und die Intensität ihrer Scheinwerfer sind absolut ungewöhnlich.

Herr H. ist Luftfahrtingenieur und geschäftsführender Direktor eines Privatunternehmens. Er nähert sich Lüttich auf der E42 und befindet sich gegen 18.40 Uhr in der Nähe des Flugplatzes Bierset [62] in schneller Fahrt auf der Überholspur. Plötzlich taucht vor ihm in etwa 200 Meter Höhe ein sehr helles Flugobjekt auf. Wegen der Nähe zur Militärbasis Bierset denkt er sofort, dies sei »ein Flugzeug mit eingeschalteten Landescheinwerfern, das sich in der Landebahn geirrt hat«. Das Objekt senkt sich ihm direkt entgegen. Der Zeuge konzentriert seine Aufmerksamkeit auf *vier große, rechteckige Flächen,* die symmetrisch in der Horizontalen angeordnet sind und ein kräftiges, gelblichweißes Licht ausstrahlen.

1. DIE ENTSCHEIDENDEN SICHTUNGEN VOM 29.11.1989

Der Körper ist breiter als die Autobahn und überdeckt die Frontscheibe seines Jaguar in voller Breite (180 cm). Wegen der Blendwirkung der Scheinwerfer gelingt es dem Ingenieur nicht, die genaue Form des Fluggeräts zu ermitteln. Als das Objekt über den Wagen hinwegfliegt, sind keine Flugzeuggeräusche zu hören. Auch erscheint das Objekt nicht im Rückspiegel. Kurz vor der Anschlußstelle Loncin [63] hat der Ingenieur erstaunlicherweise eine *zweite, gleichartige Begegnung*. Zu Hause angelangt, ruft er beim Stützpunkt Bierset an, um zu erfahren, ob zur fraglichen Zeit eine Landung stattgefunden habe. Das wird verneint.

Um 18.50 Uhr hört Frau B., die ihren Hund gerade auf unbebautem Gelände ausführt, ein »leises Surren«, ähnlich dem mancher Elektromotoren. Sie befindet sich in der Nähe von Ans und der Anschlußstelle Loncin [64]. Zum Himmel blickend, bemerkt sie »eine undefinierbare Sache«, die so tief fliegt, daß sie fürchtet, dieses Ding werde noch gegen das Dach eines der angrenzenden, 25 bis 30 Meter hohen Häuser prallen. Die Geschwindigkeit des sehr großen Objekts liegt bei lediglich etwa 20 km/h. Beim Vorbeiflug beträgt seine Entfernung zur Zeugin vermutlich nur 70 Meter. Das Objekt verfügt über vier große, weiße Scheinwerfer, die an den Ecken einer Raute plaziert und nach unten gerichtet sind. In der Mitte des Trapezoids befindet sich ein rotes Blinklicht, in dessen Umgebung es eine Struktur zu geben scheint, die wie sehr mattes Aluminium wirkt; die äußeren Konturen des Fluggeräts sind jedoch nicht deutlich zu erkennen. Der Erdboden wird von den Scheinwerfern stark angestrahlt. Als der Hund von dem Licht erfaßt wird, zeigt er keine besondere Reaktion. Das Objekt bewegt sich in gerader Linie von West nach Ost. Es ist kaum verschwunden, *als ein zweites Objekt – getreues Ebenbild des ersten – auftaucht und die gleiche Flugbahn beschreibt.*

Gegen 19.10 Uhr fährt Familie S. von der Stadtmitte Lüttichs in Richtung auf die Anschlußstelle Loncin, um dort auf die E40 zu wechseln [65]. Frau S. sitzt neben ihrem Gatten (Lehrer von Beruf) auf dem Beifahrersitz. Die beiden Kinder befinden sich auf der Rückbank. Frau S. bemerkt 1 Kilometer vor der hell erleuchteten Anschlußstelle zu ihrer Rechten ein noch helleres, relativ flaches Objekt. Es kommt langsam näher, und zwar in derart geringer Höhe, daß sie es zunächst für ein Fahrzeug auf einer Brücke hält. Sie macht ihre Familie aufmerksam, doch niemand kann eine Brücke sehen. Ein Luftfahrzeug also. Fast senkrecht über dem

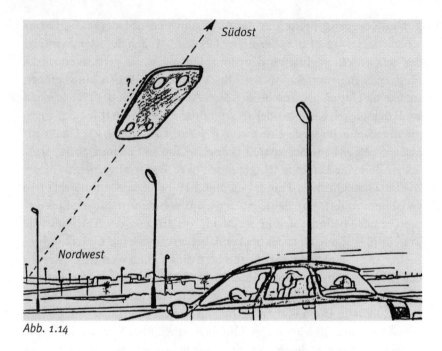

Abb. 1.14

Auto fliegt es über die Straße hinweg. Es hat die Form eines abgerundeten Rechtecks und verfügt über vier gelblichweiße, nach unten gerichtete Lichter (Abbildung 1.14). Seine Konturen heben sich deutlich gegen den Himmel ab, und seine Unterseite wird durch die an der Autobahn stehenden, gelben Natriumdampflampen angestrahlt.

Bezogen auf die Höhe der Lichtmasten schätzen die Zeugen die Flughöhe des Objekts auf 40 Meter, bei einer Länge von etwa 15 Meter. Es fliegt mit etwa 120 km/h Richtung Südosten – für ein Flugzeug zu langsam, aber auch ein Hubschraubergeräusch ist nicht zu hören. Die beiden Kinder (acht und elf Jahre) sehen durch die Heckscheibe, daß sich das Objekt in der gleichen Weise weiterbewegt. Frau S., die ihre Beobachtung kontinuierlicher fortsetzen konnte als ihr Mann, meint über der rechteckigen Platte eine Kuppel gesehen zu haben.

Herr D. unterrichtet Naturwissenschaften im Sekundarbereich. Er ist auf der E 42 von Namur kommend Richtung Lüttich unterwegs und befindet sich gegen 19.10 Uhr auf der Höhe von St-Georges [66]. Plötzlich erblickt er drei sehr helle Pfeilpaare am Himmel. Sie bewegen sich nicht,

1. DIE ENTSCHEIDENDEN SICHTUNGEN VOM 29.11.1989

sind identisch ausgerichtet und bilden ein gleichseitiges Dreieck. Herr D. ist verwundert, um so mehr, als er kein Hubschraubergeräusch hört. Er setzt seine Fahrt jedoch fort. Das Lichtphänomen hielt sich südlich nahe der Autobahn auf.

Der Wehrpflichtige D. versieht gerade seinen Wachdienst in Amay [67], etwas südlich von St-Georges. Gegen 19.15 Uhr sieht er eine von einem grünen Leuchten umgebene Raute am Himmel, die sich langsam in horizontaler Linie auf das *Kernkraftwerk Tihange* zu bewegt. Das Flugobjekt bleibt dort für etwa zehn Sekunden stehen und entfernt sich anschließend Richtung Nordnordwest.

Noch weiter westlich

Gegen 17.15 Uhr fährt Herr P., Mathematiklehrer und Diplompsychologe, seine 14jährige Tochter zum Musikunterricht. Sie befinden sich auf der Wallonien-Autobahn E 42 bei Onoz in Fahrtrichtung Namur-Charleroi. Seine Tochter macht ihn auf ein großes Flugobjekt aufmerksam, das vorne sechs oder sieben weiße Scheinwerfer trägt. Es kommt ihnen links der Autobahn in etwa 400 Meter Höhe entgegen. Die Zeugen erkennen lediglich eine undeutliche Form, etwa die eines länglichen Sechsecks von der Größe einer Boeing. An der Vorderseite erblicken sie einen großen, weißen Scheinwerfer und seitlich davon je drei weiße, etwas weniger kräftige Scheinwerfer, die in gleichen Abständen verteilt sind, so als befänden sie sich an den Flügeln eines Flugzeugs. Ein Flugzeuggeräusch ist jedoch nicht zu hören. Das Objekt trägt seitlich in einer Reihe etwa 50 verschiedenfarbige – vor allem aber grüne, rote und orangefarbene – Lichter.

Das Objekt fliegt in horizontaler Richtung mit einer so niedrigen Geschwindigkeit, daß es nahezu unbeweglich erscheint, als der Zeuge an ihm vorbeifährt. Er hätte gerne angehalten, doch der Verkehr läßt dies nicht zu. Einige Augenblicke später taucht das Objekt schräg hinter der von dem Zeugen benutzten Fahrspur auf. Diesmal hat es im Vergleich zum AWACS eine *»ungewöhnlich hohe«* Geschwindigkeit. Wenn es sich um dasselbe Objekt handelt, muß es hinter dem Zeugen gewendet haben und der Autobahn in Gegenrichtung gefolgt sein.

Gegen 18.15 Uhr befindet sich Herr G., auch er Lehrer, mit seinem Fahrzeug auf der E42, und zwar in Fahrtrichtung Namur-Mons, nördlich von Charleroi. Während eines Überholmanövers fällt ihm rechts der Autobahn ein leuchtendes Objekt auf, das scheinbar bewegungslos am Himmel schwebt. Ihm ist zwar bekannt, daß er sich in der Nähe des Flughafens Gosselies befindet, doch dieses Verhalten erscheint ihm merkwürdig für ein Flugzeug. Er nimmt also den Fuß vom Gas und schert nach rechts ein, ohne allerdings anzuhalten. Das Objekt schwebt in der Tat auf der Stelle. Es hat drei weiße, im Dreieck angeordnete Scheinwerfer und ein orangerotes Licht in der Mitte. Die Scheinwerfer sind weit heller als die Autobahnbeleuchtung. Ihr Licht ist wahrhaft »blendend«. Die Flughöhe des Objekts beträgt zum Zeitpunkt des Vorbeiflugs schätzungsweise 40 Meter, die Entfernung 200 Meter. Die Größe ist die eines »Großraumflugzeugs«.

Zwischen 18.30 und 18.50 Uhr befindet sich Herr V. auf der nach Mons führenden Straße in ländlicher Umgebung westlich von Charleroi. In der Nähe von Fontaine-L'Evêque bemerkt er südlich der Straße ein Flugobjekt, das mit einem kräftigen, weißen Scheinwerfer ausgestattet ist. Es kommt ganz dicht an die Straße heran, und V., der sich in Begleitung einer weiteren Person befindet, gibt ihm per Lichthupe Zeichen. *Das Objekt scheint darauf zu reagieren.* Es setzt ein Stück zurück und vollzieht eine Bewegung nach links und nach rechts. Als sich das Objekt entfernt, sehen die Zeugen ein »rotes Licht«, das schlagartig ausgeht.

Der Kaufmann P. wechselt um 19.15 Uhr in Gembloux auf die N4. Er wird von seiner Gattin und einer weiteren Person begleitet. Als er mit seinem Lieferwagen Richtung Namur abbiegt, sieht der Fahrer ein sich langsam von rechts näherndes Licht. Er verlangsamt die Fahrt und hält schließlich an, denn nun zeigen sich *zwei* dunkle, *gleichartige dreieckige Objekte*, die in der Nähe der Ecken drei sehr helle Scheinwerfer aufweisen. Die Dreiecke fliegen lautlos in 10 bis 20 Meter Höhe über einige Dächer hinweg und passieren den Lieferwagen in weniger als 100 Meter Entfernung. Ihre Unterseiten sind vollkommen glatt. Ein Blinklicht ist zu sehen. Herr P. vergleicht die Form der Fluggeräte mit einem »nicht besonders dicken Camembert-Viertel«. Ihre Ränder werden im übrigen erst dann sichtbar, als die dreieckigen Objekte Richtung Brüssel abdrehen und dabei wie ein Flugzeug in Schräglage gehen.

1. DIE ENTSCHEIDENDEN SICHTUNGEN VOM 29.11.1989

Gegen 19.25 Uhr erblickt Frau B. in Waterloo ein »gewaltig leuchtendes« Objekt, das lautlos daherfliegt, etwas langsamer als Linienflugzeuge in derselben Höhe, jedoch ohne Blinklichter. *Ein zweites, gleichartiges Objekt folgt ihm.* Frau B. ist so irritiert, daß sie ihren Mann herbeiruft. Er macht die gleiche Beobachtung, und beide meinen, ein Flugzeug könne es nicht gewesen sein – nur wenig später kommt von Osten nach Westen ein Flugzeug auf einer ganz ähnlichen Flugbahn, dessen Geräusche und Blinklichter sie deutlich ausmachen.

Um 21.30 Uhr werden bei Andenne drei im Dreieck angeordnete und nach unten gerichtete Scheinwerfer von Herrn B. beobachtet. Ihre Lichtstrahlen reichen bis zum Erdboden und scheinen sich nicht zu bewegen, gehen jedoch nach zehnminütiger Beobachtung unvermittelt aus. Diese Liste von Beobachtungen ist zwar nicht vollständig, läßt aber bereits an dieser Stelle einige Schlüsse zu.

Schlußfolgerungen

Es liegen zahlreiche UFO-Sichtungen vor, die von darauf nicht vorbereiteten Zeugen stammen. Daher vertrete ich bereits an dieser Stelle die Auffassung, daß die *soziopsychologische Hypothese* definitiv ausscheidet. Nehmen wir einmal an, die Zeugen hätten diese Geschichten »erfunden«. Warum dann in derart massiver Form am 29. November 1989 in einer so klar abgegrenzten Region? Warum haben sie nicht das in der Vergangenheit vorherrschende Modell aufgegriffen — das der »fliegenden Untertassen«?

Klar ist, daß es *mehrere nicht identifizierte Flugobjekte* gab, und daß *nicht alle die gleiche Form* aufwiesen. Trotz dieser Vielfalt bleibt eines in sich stimmig: Ob es sich nun um Dreiecke, Rechtecke, Rauten oder Quadrate handelt, es sind »Plattformen« mit hellen Scheinwerfern und mit Blinklichtern. Die Scheinwerfer sind ungewöhnlich groß, in der Nähe der Ecken plaziert und weisen nach unten. Bei den roten Blinklichtern scheint es sich um Umlauflichter zu handeln, die etwas tiefer sitzen als die Unterseite. In mehreren Fällen, in denen sich das Objekt neigte, wurde eine Kuppel sichtbar. Die Flugeigenschaften der Objekte sind äußerst bemerkenswert. Sie können auf der Stelle schweben, extrem langsam und extrem schnell fliegen, und sie vermögen äußerst enge Kurven zu beschreiben. All dies ist möglich, *ohne daß das Geräusch* eines Flugzeug- oder Hubschraubermotors zu hören wäre und *ohne sichtbare Strukturen,* die an die in der irdischen Technologie verwandten Auf- und Antriebsprinzipien erinnern würden. Es muß sich da also um etwas anderes handeln.

Wer behauptet, es müsse ein *amerikanisches Geheimflugzeug* sein, das (ohne vorherige Genehmigung) über Belgien fliegt, sollte schon etwas genauer werden. Ein Foto der F-117A oder die Aufzählung ihrer nunmehr bekannten Merkmale reichen nicht aus. Wie soll man es geschafft haben, einen solch unerhörten technologischen Durchbruch zu erzielen? Warum startet man auf einen Schlag eine Reihe verschiedener Prototypen, die dann sehr tief an hell erleuchteten Straßen und Autobahnen entlangfliegen?

Oft war den Zeugen Überraschung anzumerken. Daß sie meist zuerst einmal nach konventionellen Erklärungen suchten, ist völlig normal; erst nach längerem Beobachten und Überlegen rückten sie von den Erstvermutungen und »normalen« Erklärungen ab. Es ist erstaunlich, daß viele Zeugen sich bemüht haben, sich bessere Beobachtungsbedingungen zu verschaffen. Bei den Befragungen war zu spüren, daß die Zeugen oft sehr bestürzt und von dem aufrichtig überzeugt waren, was sie beobachtet hatten und berichteten. In Berichten oder Protokollen ist das leider nur schwer wiederzugeben; gleichwohl gehört das zu den Grundmerkmalen der Erhebungen dieser ganzen Untersuchung.

Die UFOs zeigten ein merkwürdiges Verhalten. Zum einen gibt es eine offensichtliche Zurückhaltung oder »Diskretion«, und zum anderen stellt man beinahe provozierende »Demonstrationen« fest. In mehreren Fällen konnte man den Eindruck einer Reaktion auf das Verhalten der Zeugen haben. Zwar waren die Objekte insgesamt vielgestaltig, aber für einige Zeugen scheinen geradezu »Vorführungen« veranstaltet worden zu sein, die mit dem gleichen Typ von Fluggeräten wiederholt aufgeführt wurden. Ist das reiner Zufall oder gewollt? Diese Frage stellt sich, denn die Flugobjekte werden irgendwie auf intelligente Weise gesteuert.

Die »belgische Welle« weist gegenüber dem herkömmlichen UFO-Phänomen *besondere Merkmale* auf. Der Begriff »belgische Welle« muß als sprachliche Vereinfachung aufgefaßt werden, da aus den Nachbarländern

1. DIE ENTSCHEIDENDEN SICHTUNGEN VOM 29.11.1989   73

und selbst von anderen Kontinenten vergleichbare Sichtungen gemeldet wurden. Es gab *keine elektromagnetischen Effekte,* obwohl sich die UFOs vom 29. November 1989 gelegentlich in recht geringer Nähe von Autos aufhielten. Anstelle der aus früheren Beobachtungen bekannten kompakten Form der »fliegenden Untertassen« war hier immer eine große »Platte« mit einer kleineren Kuppel zu sehen. Die »Fenster« an der Kuppel und/oder den Seitenteilen der Plattform erinnern selbstverständlich an eine »Flugzeugkanzel«, doch dies ist gegenüber den früheren Beobachtungen nichts Neues. Interessant und signifikant ist indessen, daß der *Umfang* jener Partie *größer geworden ist,* auf der die eventuelle Kanzel aufliegt. Zwar gab es auch schon UFOs von der Form eines »breitkrempigen Huts«, doch *scheint die Kreisform nicht notwendig zu sein.*

Das von mir (als Arbeitshypothese) ins Auge gefaßte Modell des MHD-Antriebs impliziert die Anwesenheit eines starken elektrischen Stroms, der im Inneren des Objekts *in Randnähe* fließt. Der Strom müßte ein periodisch variierendes Magnetfeld erzeugen. Dieses wiederum generiert im Umfeld des Objekts ein elektrisches Feld und wirkt mit ihm zusammen auf die aus der Ionisierung resultierenden Ladungen ein. *Durch Vergrößern der Oberfläche* im Inneren des von elektrischem Strom durchflossenen Stromkreises lassen sich die Stärke dieses Stroms und damit auch störende Sekundäreffekte verringern. Dies ist nur eine spekulative Idee; sie zeigt aber, daß zwei wichtige Aspekte dieser »Welle« miteinander verknüpft sein könnten.

Man kann sich natürlich fragen, warum UFOs – sollten sie tatsächlich außerirdischer Herkunft sein – scheinbar aufs Geratewohl Ausflüge unternehmen und dabei vielleicht einmal ein Stück Wiese anstrahlen? Das ergibt keinen Sinn – auf den ersten Blick. Ihr Ziel besteht möglicherweise nicht darin, »zu sehen«, sondern »gesehen zu werden«. Nehmen wir tatsächlich einmal an, daß die extraterrestrische Hypothese zuträfe. Unsere »Besucher« müßten daher über enorme technologische Fähigkeiten verfügen, um zu uns zu gelangen. Wie sie dies erreichen, ist im Augenblick nicht so wichtig, da wir diesbezüglich keine weiteren Informationen besitzen. Die Fragen, die Tausende von Beobachtungen auf der ganzen Welt seit langem aufwerfen, sind erstaunlich und wichtig genug, um uns zum Nachdenken zu veranlassen. Eine (hypothetische) Zivilisation, die solche technischen Fähigkeiten entwickelt hätte, müßte, um der Gefahr der

Selbstzerstörung zu entgehen, eine wirksame Kontrolle dieses Vermögens entwickelt haben. Nennen wir dies »Weisheit«, nicht etwa, um uns zu beschwichtigen, sondern weil sich dies logisch aus den bisher vorgetragenen Argumenten und dem aus der Vergangenheit bekannten Verhalten der »Ufonauten« ergibt. Dies würde eine gewisse »Respektierung« der anderen verlangen oder zumindest eine »Umsichtigkeit« gegenüber einem Ereignis, das leicht in ein Desaster münden könnte. Ein unmittelbarer Kontakt mit einer Menschheit, die hierzu noch nicht »reif« wäre, würde sehr wahrscheinlich zu einem katastrophalen Kulturschock führen.

Man muß den Menschen also Zeit lassen und pädagogisch geschickt vorgehen. Solange wir die bestehenden Beweise »verdrängen«, sind wir für einen eventuellen Kontakt noch nicht bereit. Falls diese Analyse zutrifft, ließen sich die Geschehnisse zumindest etwas besser begreifen. Unsere Besucher wären zugleich diskret, um uns nicht in Panik zu versetzen, andererseits aber auch ausreichend präsent, um bei denkenden Wesen Fragen aufzuwerfen. Wie mir scheint, werden wir sogar einer gewissen Provokation ausgesetzt, so, als ob man uns sagen möchte: »Habt ihr denn immer noch nicht begriffen?«

Ich möchte betonen, daß wir nicht das Ziel verfolgen, einen extraterrestrischen Ursprung des UFO-Phänomens zu beweisen. Wir sind auf der Suche nach der *Wahrheit,* doch hierzu müssen die beobachteten Fakten zusammengetragen werden. Sie müssen aufmerksam geprüft und mit allen Überlegungen konfrontiert werden, die eventuell zu ihrem Verstehen beitragen könnten.

2.
Chronik einer Sichtungswelle
Michel Bougard und Lucien Clerebaut

> »Vielmehr verdankt die Wissenschaft ihre Existenz glücklichen Zufällen, unvernünftigen Leuten, absurden Wünschen, törichten Fragen; Liebhabern des Schwierigen; Müßiggang und Lastern; plötzlichen Funden, wie im Falle des Glases; den Phantasien von Poeten und Träumern. (...)
> Strenge, Verallgemeinerung, Vision des Möglichen, Zuwendung zu seltenen Phänomenen, leidenschaftliche Beschäftigung mit willkürlich gewählten Themen usw. – all dies hat nichts mit Vernunft zu tun.
> Vielmehr stehen närrische Sehnsüchte, Ehrgeiz nach Macht, Lust am Wunderbaren am Anfang der Wissenschaften.«
>
> Paul Valéry, Cahiers / Hefte V

Die folgenden Seiten sind keine detaillierte Darstellung dessen, was in den beiden letzten Jahren am Himmel über Belgien beobachtet wurde, sondern eine gezielte Auswahl aus Tausenden von gemeldeten Fällen. Unsere Absicht ist es, einen Überblick über die registrierten Fakten und die damalige Atmosphäre zu geben, und weniger, ein wissenschaftliches Dossier zu präsentieren, das noch zu erstellen ist.

Die Auswahl erfolgte ausgehend von den im Besitz der SOBEPS befindlichen Dokumenten:

- fast 300 Audiokassetten von 60 bzw. 90 Minuten Länge, welche die Aussagen von einigen hundert Zeugen enthalten;
- etwa 650 Interviewprotokolle und 700 von den Zeugen ausgefüllte Fragebögen
- sowie natürlich eine ganze Menge von Informationen, die wir bei den verschiedensten Begegnungen gesammelt haben.

Dieser ein wenig uneinheitlichen Datenmenge haben wir alles entnommen, was uns für das Verständnis der Entwicklung der Ereignisse und Denkungsarten nützlich erscheint.

Wir möchten die Mauer des Schweigens durchbrechen, einige falsche Geheimnisse aufhellen und törichten Gerüchten entgegentreten. Wir sind (nicht ohne Grund) der Überzeugung, daß diese Tatsachen, wie auch immer sie interpretiert werden mögen, wie eine Bombe einschlagen werden, in Belgien und anderswo.

Wir möchten alle mündigen Menschen, die für Gedankenfreiheit und logisches Denken eintreten, seien sie nun Ufologen oder nicht, auffordern, sich dieser Herausforderung zu stellen.

Vor Hereinbruch der Welle ...

Fette Jahre, magere Jahre. Auf Regen folgt Sonnenschein. Es gibt zahlreiche Redensarten, die den Wechsel zwischen Zeiten des Überflusses und der Fülle und jenen Perioden veranschaulichen, in denen der Mangel nur schwer auszuhalten ist.

Der Ufologie kann es nicht anders ergehen.

Im Frühherbst des Jahres 1989 hatten sich einige wenige Mitarbeiter der SOBEPS zusammengesetzt, um über die künftige Bestimmung der Organisation nachzudenken. Ein chronisches Fehlen von Fällen hatte bei nahezu allen Interviewern zu einem Motivationsverlust geführt, und selbst die treusten Mitglieder fragten sich, in welchem Maße es noch gerechtfertigt sei, eine Gruppierung zu unterstützen, deren Forschungsgegenstand sich auf sehr wenige Dinge reduziert sah.

Wir befanden uns also in dieser für Ufologen wenig beneidenswerten Lage, als wir Mitte Oktober 1989 – erstmals seit mehreren Jahren – durch eine interessante Nahsichtung alarmiert wurden. Diese Sichtung hatte sich in Verviers, im Nordosten Belgiens ereignet, und zum damaligen Zeitpunkt wußten wir noch nicht, daß dies nur der Anfang weit spektakulärerer Ereignisse war.

Wir hätten die Geschichte gern von Anfang an erzählt.

Doch genau von welchem Anfang an? Zwar markiert der 29. November 1989 zweifellos den Beginn einer massiven Welle von Sichtungen (und ihrer Verbreitung durch die Medien), doch hatten sich bereits zuvor einige Dinge ereignet, die die nachfolgenden Vorkommnisse unmißverständlich ankündigten. Wir wollen also versuchen, den Gang der Dinge bei »einem« Anfang aufzugreifen, den wir willkürlich auf den Herbst des Jahres 1989 festgelegt haben.

2. CHRONIK EINER SICHTUNGSWELLE

Christian W. ist Bild- und Tontechniker und interessiert sich für CB-Funk. Am 28. September 1989 befindet er sich gegen 20 Uhr mit seinem Wagen in Braine-le-Comte (Provinz Hainaut, dt.: Hennegau), als ihm am Himmel plötzlich ein merkwürdiges Passagierflugzeug auffällt. Für ein Flugzeug fliegt es jedoch zu tief, ist absolut geräuschlos und strahlt in horizontaler Richtung drei oder vier sehr helle Lichtbündel ab. Dieses (immer noch nicht identifizierte) Flugobjekt gleicht einem Kegelstumpf mit einem Durchmesser von etwa zehn Metern. Das UFO sei (als es ihm am nächsten war) kaum höher als 50 Meter geflogen.

Am nächsten Tag – dem 29. September, einem Freitag – begibt sich Dr. Christian B. zu einer Patientin in die Rue de Chênée in Lüttich. Er wird schlagartig auf einen starken Lichtschein aufmerksam, der von einem leistungsfähigen Scheinwerfer kommen könnte und sich anscheinend oberhalb des Cointe-Hügels befindet. Verblüfft hält Dr. B. seinen Wagen an und sieht, wie das Objekt über ihn hinwegfliegt. Es handelt sich um etwas sehr Flaches und Breites, um eine riesige Masse, die jedoch in einer sehr langsamen Bewegung begriffen ist. Unterhalb dieser Masse erkennt der Arzt einige weiße Lichter, die in einem *Winkel von 45 Grad* abstrahlen: vorn einen Scheinwerfer und hinten eine Art Umlauflicht; zwischen beiden eine Bodenluke, »die der eines Fahrwerks ähneln könnte«.

Am 12. Oktober ist die Reihe an Paul C., einem Kaufmann aus Verviers. In Begleitung mehrerer Personen beobachtet er über der Stadt ein riesiges, lautloses Gebilde, das in nur wenigen Dutzend Meter Höhe schwebt.

Um 21.15 Uhr beschließt unser Zeuge, einen Spaziergang zu unternehmen. Als er sich in der Rue du Collège befindet, fällt ihm eine Menschenansammlung vor einem Geschäft für Elektronikzubehör auf, die zuckenden Blitze der Blaulichter von Polizei und Feuerwehr sind zu sehen. In einem Ladenlokal war kurz zuvor ein Feuer ausgebrochen, es ist ein milder Abend, Schaulustige haben sich versammelt. Seltsamerweise jedoch hatten sich einige von ihnen bereits abgewandt und widmeten ihre Aufmerksamkeit vielmehr einer Sache am Himmel. Paul C. tut es ihnen nach, bemerkt aber nichts Besonderes, da sein Blickfeld durch die Mauer einer benachbarten Kirche begrenzt ist.

Kurze Zeit später sieht der Zeuge, wie einige Neugierige Richtung Rue Masson gehen, die im rechten Winkel auf die Straße mit den Einsatzwagen stößt. C. folgt ihnen neugierig. Am Ende dieser Straße sieht er dann in etwa 40 Meter Höhe am Himmel eine von sechs bis acht großen, weißen Lichtern gebildete Kreisform, die vollkommen lautlos langsam über die Straße hinwegfliegt. Außer den Lichtern ist nichts anderes da, doch man hat das Gefühl, als befände sich in ihrer Umgebung eine imposante Masse. C. meint, über den Lichtern müsse es »etwas Riesiges« geben (Abbildung 2.1).

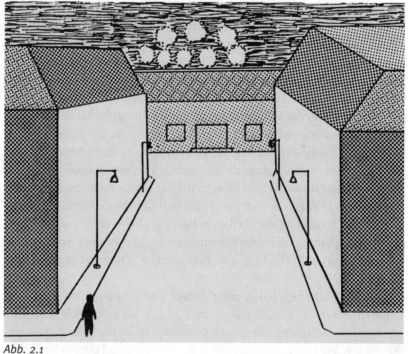

Abb. 2.1

Der Zeuge ist verunsichert. Um ihn herum stehen ebenso verblüffte Leute, die sich gegenseitig Fragen stellen. Ein Polizist sucht nach einer Stelle, von der er freiere Sicht auf dieses eigenartige Phänomen zu haben hofft. Doch vergeblich, es ist bereits nichts mehr zu sehen.

Drei Wochen später wird C. von einem jungen Mann, Herrn S., angesprochen, der sich erinnert, den Kaufmann am Abend des 12. Oktober gesehen zu haben. Verschämt fragt er ihn: »Hast du die Untertasse auch gesehen?« Der andere Zeuge befand sich damals auf einem erhöhten Weg, der etwa 60 Meter hinter der Rue Masson verläuft. Er will ein großes Objekt gesehen haben, das »einer Untertasse glich« (Abbildung 2.2).

Im Rahmen einer noch im Oktober von Michel Bougard und Patrick Vidal vor Ort durchgeführten Befragung begegneten wir einem weiteren Kaufmannsehepaar aus Verviers, das in Olne wohnt, etwa zehn Kilometer westlich, auf den Anhöhen über der Stadt. Frau K.D. berichtet

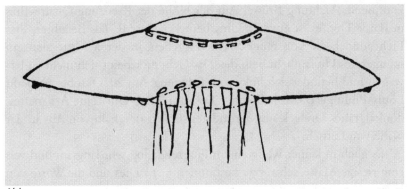

Abb. 2.2

uns, auch ihr sei an jenem Abend etwas Ungewöhnliches aufgefallen. Gegen 21.15 Uhr war sie vors Haus getreten, um eine Tischdecke auszuschütteln, als sie eine Art Brummen hörte. Sie blickte auf und sah eine Art Kreis aus Lichtern, der Richtung Verviers hinabflog. Ihre für uns an-

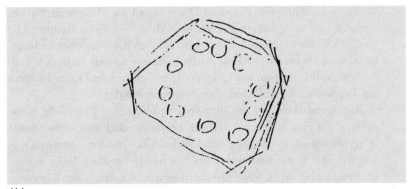

Abb. 2.3

gefertigte Zeichnung (Abbildung 2.3) gleicht der Beschreibung des C. Frau K. D. vertraute uns ferner an, daß sie am Himmel über dem Raum Verviers wiederholt eine Art »großes, dunkles Dreieck« habe fliegen sehen.

Die beiden Interviewer konnten damals noch nicht ahnen, daß sie es mit den allerersten Zeugenaussagen über die berühmten »belgischen Dreiecke« zu tun hatten. Drei Tage nach den Ereignissen von Verviers fahren der pensionierte Beamte André R. und seine Frau, aus Charleroi kommend, Richtung Brüssel. Auf der Höhe der Kreuzung Quatre-Bras in Baisy-Thy (es ist etwa 20 Uhr) bemerkt Herr R. (als Beifahrer) drei Lichtbündel, die von einer Masse ausgehen, in deren Mitte sich ein orangerotes Umlauflicht befindet. Das Gebilde scheint sich nicht zu bewegen und befindet sich links vom Fahrzeug. Am 20. Oktober bemerkt Louis-Philippe B. am hellichten Tag (um 15.45 Uhr) eine Art mattes, dunkelgraues Dreieck mit gerundeten Ecken oberhalb von Ans in der Nähe von Lüttich.

»Es glich in keiner Weise einem Flugzeug, flog sehr langsam und war eine riesige Masse, schwer zu bestimmen (...).« Dies sind die Worte von Herrn Bertrand, einem Beamten der Gendarmerie von Esneux, einer Ortschaft südlich von Lüttich. Wie sein Kollege, Herr Joie, kann auch er nicht vergessen, was sie am Abend des 7. November 1989 sahen. Ihre Schilderung geht wie folgt weiter:

> Wir befanden uns in der Nähe der Route du Condroz, als wir gegen 20.30 Uhr in recht großer Entfernung ein Flugobjekt sahen, das anscheinend einen riesigen Umfang hatte und mit zwei hellen, weißen Scheinwerfern ausgestattet war. Dieses UFO war etwa 1 bis 2 Kilometer von uns entfernt, und wir konnten es etwa fünf Minuten lang beobachten. Die weißen Lichter waren nach unten gerichtet, doch wir konnten nicht erkennen, ob sie bis auf die Erde reichten, da wir zu weit entfernt waren. Außerdem fiel uns eine Art Lichterkette aus grünen und roten Lichtern auf. Die weißen Lichter standen sehr weit auseinander.
> Anfangs machten wir natürlich noch Späße, weil wir an all die Filme dachten, die man manchmal zu sehen bekommt, doch eine halbe Stunde später, als wir uns in der Nähe von Dolembreux befanden, nahmen wir es schon ernster. Wir sahen dort fast den gleichen Gegenstand, doch ohne die weißen Lichter. Das Objekt flog sehr langsam in horizontaler Richtung. Das war gegen 20.50 Uhr, und wir haben es noch weitere fünf Minuten

2. CHRONIK EINER SICHTUNGSWELLE

beobachtet. Wir haben versucht, ihm zu folgen, und waren etwa 600 Meter entfernt. Es wirkte wie eine imposante Masse, war jedoch schwer auszumachen. Wir stellten den Motor unseres Fahrzeugs ab, konnten aber aus dieser Richtung kein Geräusch oder Brummen vernehmen. Das Objekt war für einen Ballon oder Zeppelin zu groß, war aber auch kein Flugzeug.

Am 14. November 1989 befindet sich Herr V., Reserveoffizier der Luftwaffe und Angehöriger der Protection Civile [Zivilschutz], an der belgisch-deutschen Grenze bei Eupen. Zwischen 17 und 18 Uhr sieht er drei starke Leuchtfeuer, die aus einem keinerlei Geräusch verursachenden Objekt hervortreten. Plötzlich bleibt diese Masse (die sich in der Flughöhe eines Hubschraubers bewegt) stehen, und den Zeugen packt die Angst. Am 20. November ist bei Tag (jedenfalls kurz vor Einbruch der Dämmerung, gegen 17.20 Uhr) wieder ein dreieckiges Objekt mit gerundeten Ecken zu sehen, das lautlos am Himmel über Namur dahingleitet. In derselben Nacht, und zwar kurz nach Mitternacht, wird der Metallarbeiter Marcel V. ein weiteres, sehr merkwürdiges fliegendes Gebilde beobachten.

Wir befinden uns in Monceau-sur-Sambre, in der Nähe von Charleroi. Gegen halb ein Uhr nachts tritt V. mit seinem Hund aus dem Haus, um ihn auszuführen, bevor er zu Bett geht. Kaum draußen, bemerkt er in geringer Entfernung (100 bis 150 Meter) eine runde Masse, von der er nur die Unterseite und die Strömungskante zu erkennen vermag. Das UFO muß einen Durchmesser von 60 bis 80 Meter haben, und während es sich langsam fortbewegt, kann der Zeuge einige verblüffende Details erkennen: einen metallischen Reflex und daß die Masse wie »vernietet« wirkt, so als sei sie Teil einer Armierung (Abbildung 2.4). V. weiter: »Ich hatte das verdammte Gefühl, daß man mich belauerte.«

Von nun an werden die Beobachtungen präziser und zahlreicher. Doch noch immer herrscht das große Schweigen: Sämtliche bisher aufgeführten Fälle wurden uns (mit Ausnahme des Falls von Verviers) erst nach den Ereignissen vom Abend des 29. November (einem Mittwoch) gemeldet. Auch wurden die Berichte der Gendarmen Joie und Bertrand erst am 15. Dezember – in einer Ausgabe der Tageszeitung *Nord-Eclair* – veröffentlicht.

Michel M. ist zweiter Polizeikommissar und im Raum Ath-Lessines

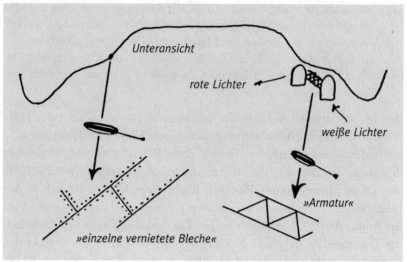

Abb. 2.4

(Hainaut) tätig. Was er am 22. November gegen 18 Uhr in Ghislenghien sah, führt er auf einen (gegen die Luftfahrtbestimmungen verstoßenden) Nachtflug eines Ultraleichtflugzeugs (ULM) zurück. Eine Masse mit ebener Unterseite und zwei sehr hellen, nach unten gerichteten Scheinwerfern fliegt in geringer Höhe mit ungefähr 60 km/h Richtung Brüssel. Etwas später, gegen 19.30 Uhr, fahren Dr. Jean-Pierre R. und seine Frau auf der N4 Richtung Namur. Auf der Höhe von Jambes glauben sie direkt vor sich einen Hubschrauber zu sehen. Da sie am Ende einer Gefällstrecke vor einer Ampel halten müssen, können sie das Phänomen, das ungefähr auf Dachhöhe eines Hochhauses fliegt, besser beobachten. Eine Verwechslung mit einem Hubschrauber ist nicht mehr möglich; es handelt sich um so etwas wie eine dunkle, sehr breite dreieckige Masse mit sehr hellen Lichtern in sämtlichen Farben. Das Objekt schwebt bewegungslos auf der Stelle, hat eine dunkelgraue, metallische Farbe und befindet sich in waagerechter Position. Als die Zeugen weiterfahren, fliegt das UFO möglicherweise nach Norden auf die E411 Richtung Brüssel zu. Doch eine Dreiviertelstunde später ist wieder etwas (dasselbe Objekt?) zu sehen, und zwar einige Dutzend Kilometer weiter östlich.

In Hainaut ist die Nacht des 22. November finster; es ist bewölkt und regnerisch. Herr und Frau Jean-Marie D. befinden sich mit ihrem Wagen am Rand der Ortschaft Forest (zwischen Tournai und Frasnes), als sie gegen 20.15 Uhr plötzlich auf ein helles Leuchten aufmerksam werden, das von der Hinterseite einer Metzgerei kommt, die zu einer Gruppe einzelnstehender Häuser gehört. Das Ehepaar sieht über einem der Häuser in etwa 20 Meter Abstand ein Fluggerät auftauchen, das mit drei breiten, ein gleichseitiges Dreieck bildenden Scheinwerfern ausgestattet ist (Abbildung 2.5).

Das – nicht eben kleine – Gebäude ist in intensives Licht getaucht. D., der den Wagen lenkt, tritt auf die Bremse, stellt den Wagen auf dem Seitenstreifen ab und macht den Motor aus. Er kann eine dunkle, drei-

Abb. 2.5

eckige Masse mit drei Scheinwerfern an der Unterseite erkennen. Das Objekt hat eine Spannweite von etwa zehn Metern. Zwischen den Punktscheinwerfern bemerkt er eine ziemlich breite Kuppel und hinten eine rohrförmige Ausstülpung. Die Scheinwerfer projizieren äußerst helle, gelbliche Lichtkegel nach unten, die das Haus voll erfassen. Das Objekt gleitet langsam über das Dach hinweg auf die Straße zu.

D. steigt aus dem Wagen und nähert sich vorsichtig jener Stelle, an der das Objekt die Straße überfliegen wird. Senkrecht über dieser Stelle sackt das Objekt plötzlich ein bis zwei Meter ab, und aus dem hinteren Rohr tritt eine Art bläulich-rote Flamme aus. Gleichzeitig hört D. ein schwa-

Abb. 2.6

ches Zischen. In diesem Augenblick befindet sich das Objekt weniger als 10 Meter von dem Zeugen entfernt und etwa 5 Meter über der Straße. Abgesehen von einem schwachen Zischen kann der Zeuge keine Geräusche wahrnehmen. Er spürt weder Wärme noch einen Luftzug. Der Erdboden wird durch die Lichtbündel stark erhellt (Abbildung 2.6).

Das Fluggerät setzt seine west-östliche Bahn fort, überfliegt die Straße und nimmt – dicht über ein abschüssiges Feld hinwegstreichend – Kurs auf eine in etwa 300 Meter Entfernung verlaufende Hochspannungsleitung. Bevor das Objekt dort ankommt, nimmt D. plötzlich durch die Kuppel hindurch eine Bewegung wahr und erblickt eine »weiße Form«. Er winkt mit den Armen, woraufhin das Objekt schlagartig auch schon verschwunden ist, als seien die Scheinwerfer einfach ausgeschaltet worden. D. wartet noch einige Minuten in der Hoffnung, das mysteriöse

2. CHRONIK EINER SICHTUNGSWELLE 85

Fluggerät nochmals zu Gesicht zu bekommen – doch vergeblich. Seine Frau, die es eilig hat, drängt ihn zum Aufbruch, und sie fahren los. So endet diese merkwürdige Begegnung, die alles in allem fünf bis sechs Minuten dauerte. D. leidet seitdem unter Schlafstörungen, und seine Frau erlitt zwei Monate nach dem Ereignis einen Nervenzusammenbruch ...

Am Tag darauf, dem 23. November, setzen sich die Ereignisse – immer noch ohne größeres öffentliches Aufsehen – fort.

Nachstehend möchten wir einen Brief ungekürzt wiedergeben. Er spricht für sich selbst. Diesmal befinden wir uns in Grimbergen, in der Nähe von Brüssel.

> Mein Name ist Didier D., ich bin am 2. April 1956 geboren, verheiratet und Vater zweier Kinder. Ich arbeite als Devisenmakler für einen der größten Devisenhändler von Brüssel. Meine Frau ist Lehrerin. Außerdem war ich drei Jahre bei der belgischen Luftwaffe als technischer Unteroffizier tätig. Von daher weiß ich genau, was ein Jet, ein Linienflugzeug oder ein Hubschrauber ist. Ich behaupte, daß es sich bei dem, was wir an jenem Abend sahen, um ein UFO handeln muß. Angesichts der Nähe des Objekts bestehen für mich keinerlei Zweifel oder Verwechslungsmöglichkeiten. Wir möchten dennoch anonym bleiben, außer für die Mitglieder der SOBEPS.
>
> Am Donnerstag, dem 23. November 1989, gegen 22.30 Uhr hielt sich meine Frau im Bad auf; ich war bereits seit einer guten Stunde im Bett. Ihr fiel, als sie durch das Fenster sah, eine sehr starke Lichtquelle auf, die sich kreisförmig bewegte. Besorgt weckte sie mich, und gemeinsam machten wir die folgenden Beobachtungen. Dicht über dem Garten des gegenüberliegenden Hauses – in einer Höhe von schätzungsweise 12 bis 15 Metern – befand sich eine leuchtende Masse, die aus sechs bis acht Spotlichtern bestand, die für Bruchteile einer Sekunde aufblinkten. In dieser Beziehung sind sie mit Stroboskoplampen vergleichbar, wie sie in Autowerkstätten zur Motoreinstellung verwendet werden. Diese Lampe bzw. Lampen beschrieb(en) eine kreisförmige Bewegung von ungefähr sechs bis acht Metern und dürfte(n) einen Durchmesser von etwa 50 cm gehabt haben. Ich meine, daß es sich um mehrere Spots gehandelt hat, die nacheinander an- und ausgingen und nach ein bis zwei Sekunden ihre gemeinsame Achse vollständig umrundet hatten; die Achse leuchtete entweder kaum, oder sie reflektierte das Licht der Spots – genau kann ich das

nicht sagen. Für meine Frau war es eher ein einziger Spot in einer ruckartigen Kreisbewegung.

Abgesehen von dieser Kreisbewegung waren keine weiteren Bewegungen feststellbar. Das Phänomen befand sich hinter einer Wolkenmasse. Diese von ihrem Aussehen her natürliche und von ihrer zu niedrigen Position und ihrer vollkommenen Bewegungslosigkeit her zugleich unnatürliche Wolke überraschte mich zutiefst. Ich habe noch nie eine solch niedrige Wolke mit derart deutlichem Umriß gesehen. Die Wolke ging vom Schornstein des Hauses mitten über unbebautes Gelände hinweg, dann genau über meinem Haus her bis zu einem kaum 20 bis 30 Meter entfernten Punkt rechts von mir. Ich betone: Der gesamte übrige Himmel war absolut wolkenlos, und verschiedentlich waren Sterne zu erkennen. Nachdem wir mehrere Minuten beobachtend am Vorhang gestanden hatten, beschlossen wir, das Fenster zu öffnen. Aber es gab überhaupt kein Geräusch, nicht das geringste Säuseln – nichts als Stille! Nach etwa zehn Minuten beschlossen wir, ins Bett zu gehen; warum wissen wir immer noch nicht!

Während der Beobachtung stellten wir uns Fragen und machten uns gegenseitig Vorschläge. Meine Frau schlug vor, ich solle die Polizei rufen, doch aus folgenden Gründen tat ich dies wohlweislich nicht:

1. Die Begebenheiten fanden eine Woche vor der erstmaligen Erwähnung der Zeugenaussage der beiden Gendarmen im Nachrichtenjournal von RTL-TVi um 19.00 Uhr statt.

2. Hätte mir die Polizei Glauben geschenkt? Falls ja, wäre sie mit heulenden Sirenen vorgefahren, und wenn das Phänomen dann bereits verschwunden gewesen wäre, hätte mich das zum Dorftrottel gemacht, der überall UFOs sieht. Ich habe dieses Haus gerade erst erworben und lege keinen Wert darauf, für den Rest meines Lebens abgestempelt zu sein.

3. Mir war die Existenz der SOBEPS völlig unbekannt, sonst hätte ich Sie sofort benachrichtigt.

Noch in der ersten Minute meiner Beobachtung habe ich sofort begriffen, was ich da vor mir hatte, und mit der größten Ruhe sagte ich zu meiner Frau: »Na hör' mal! Das ist ein UFO. Hast du etwa noch nie eins gesehen? Jetzt weißt du, daß es sie gibt!« Meine Frau schlug vor, ich solle davon eine Aufnahme machen. Mir fiel jedoch ein, daß ich keinen Film in meinem Apparat hatte, und angesichts der Schwierigkeiten, diese Lichter in der Wolke aufzunehmen, wäre auch nichts dabei herausgekommen.

Etwas Merkwürdiges noch: Nach etwa zehn Minuten verspürten wir das Bedürfnis, zu Bett zu gehen, ohne weiter darüber zu reden. Wir sind dann sofort eingeschlafen! Als wir am nächsten Morgen um 3.15 Uhr aufwachten, war das Phänomen verschwunden. Erst einige Tage später hatte ich einige merkwürdige und undefinierbare Empfindungen – gleichzeitig ein Gefühl der Beklemmung und Gewissensbisse, weil ich nichts versucht hatte, außerdem nagte die Neugier an mir. Ich fühlte mich immer unwohler in meiner Haut. Das ist jetzt seit drei Monaten so; wenn ich darüber rede, befällt mich heute noch ein Zittern. Es ist aber keine Angst, im Gegensatz zu meiner Frau habe ich in keinem Augenblick Angst gehabt. Inzwischen habe ich mich wieder etwas gefangen, doch es vergeht kein Tag, an dem ich nicht daran denke. Das Gesehene hat mich in seinen Bann gezogen, und erst heute fühle ich mich in der Lage, die Fakten wiederzugeben. Beiliegend finden Sie eine Zeichnung [siehe Abbildung 2.7] mit einigen Erläuterungen.

Abschließend noch ein Detail: Neben den beiden Garagen gegenüber unserem Haus befindet sich eine Straßenlaterne, deren Helligkeit einen blendet. Ich kann mich nicht mehr entsinnen, ob die Laterne während meiner Beobachtung eingeschaltet war oder ob ihr Licht von der Leuchtkraft des UFOs abgeschwächt wurde. Ich fühlte mich durch das Straßenlicht, das mich sonst stört, jedenfalls keineswegs abgelenkt. Außerdem glaube ich, daß wir die Beobachtung machen konnten, weil wir uns direkt unterhalb des UFOs befanden, und daß dieses wegen der Dichtheit der Wolke oben von dem freien Gelände aus nicht sichtbar war.

Wie man feststellen wird, weisen die bisher aufgeführten Berichte eine gewisse Kohärenz auf: ein Kreis von Leuchtfeuern, vermutlich im Zentrum des dreieckigen Gebildes, das in den drei Ecken mit je einem Licht ausgestattet ist. Wir nähern uns nun dem »Schicksalstag«, doch die Mitarbeiter der SOBEPS schlafen noch friedlich.

Freitag, 24. November, 18 Uhr. Der Elektromechaniker Raymond S. ist auf dem Weg nach Visé, um seine Frau von der Arbeit abzuholen. Bei der Ausfahrt Warsage bemerkt er zu seiner Linken drei sich nähernde Leuchtpunkte. Neugierig hält er an und steigt aus; das Objekt fliegt ihm für ein Flugzeug eindeutig zu niedrig. Als das Objekt näher kommt, kann er eine dunkle, dreieckige Masse mit gerundeten Ecken ausmachen; es verfügt über drei »blendende, weiße Scheinwerfer«, die sich nicht direkt außen bei den Enden befinden, sondern etwas weiter innen liegen. Die Lichter scheinen nach vorn gerichtet zu sein. Das Phänomen, dessen Abmessungen der Zeuge auf 15 bis 25 Meter schätzt, bewegt sich sehr langsam vorwärts und gibt dabei ein schwaches Zischen von sich. Es über-

Abb. 2.7

fliegt die Straße (N 608) beinahe auf der Süd-Nord-Achse, fast genau über dem Zeugen und in einer Höhe von etwa 100 Meter. Danach dreht es nach links ab (Westnordwest); die hierbei eingenommene Schräglage des Objekts gestattet es dem Zeugen, auf der Oberseite eine »rosa leuchtende, große Zentralkuppel« zu erkennen. Nach dreiminütiger Beobachtung verschwindet das Objekt hinter einer Baumreihe.

Das Bühnenbild nimmt allmählich Formen an, zweifellos finden die letzten Proben für die große »Generalprobe« vom 29. November statt. Doch blenden wir noch einen Tag zurück auf Dienstag, den 28. November. Es ist 17.24 Uhr, und wir befinden uns in Thimister (Lüttich). Die nachfolgende, eingehend beschriebene Sichtung spielt vor dem Gehöft von Herrn und Frau C.. Da sie einen starken Frost befürchten, haben Herr C. und sein Sohn Hermé beschlossen, einige Lorbeerpflanzen unterzustellen. Als sie damit beinahe fertig sind, werden sie auf das ungewohnte Anschlagen ihres sonst eher ruhigen und ausgeglichenen Hundes aufmerksam. Hervé blickt von der Arbeit auf und sieht als erster ein Objekt über dem Dach des Wirtschaftsgebäudes auftauchen. »Sieh mal die Lichter, Papa!« ruft er.

Vater und Sohn beobachten das UFO. Es handelt sich um vier große, weiße und gut markierte Leuchtpunkte, die einen roten Leuchtpunkt gleicher Intensität einrahmen. Die Leuchtkraft verändert sich während der Beobachtung nicht, und sämtliche Leuchtpunkte bleiben konstant (kein Blinken). Gleichmäßig um das rote Licht verteilt glänzen etwa zehn kleine Dauerlichter.

Die Zeugen beschreiben das Objekt etwas unterschiedlich. Die Eltern äußern sich nicht so genau, während ihr Sohn von einer dreieckigen Form – Spitze nach vorn (»wie ein Bügeleisen«) – spricht. Das Objekt gab ein schwaches Surren von sich (»Wind in einer Takelage«) und befand sich einen Augenblick lang quasi senkrecht über den Zeugen. Seine sichtbare Größe kam dem zehnfachen Vollmonddurchmesser gleich. Das Objekt setzte seine geradlinige Flugbahn langsam fort (von Westsüdwest nach Ostnordost).

Kaum fünf Minuten später – wir befinden uns in dem etwa 15 Kilometer entfernten und in der von dem UFO von Thimister eingeschlagenen Richtung gelegenen Chênée – glaubt Frau Léa L. eine Art »leuchtende, lange Zigarre bzw. einen leuchtenden Streifen mit Bullaugen« zu sehen. Das zunächst bewegungslose Objekt setzt sich später langsam in Bewegung. Dieser Aussage ist die von Frau D. D. an die Seite zu stellen, die uns am 15. Dezember einen Brief schrieb, aus dem wir hier kurz zitieren:

> Am Dienstag, dem 28., war ich nach 18 Uhr mit meinem Mann zu einem Geldautomaten gefahren. Da mir am 27. der Fuß eingegipst worden war, konnte ich mich schlecht bewegen. Wir kamen von Chênée, fuhren Richtung Les Bruyères und standen hinter dem Hospital an einer Ampel, vor uns ein Bus. Ich sagte zu meinem Mann: »Hast du das Flugzeug gesehen? Das fliegt aber tief, man könnte fast die Leute darin erkennen!« Das hat mich wirklich stutzig gemacht, die geringe Höhe und niedrige Geschwindigkeit.

Dem Brief war die nachstehende Zeichnung beigefügt (Abbildung 2.8).

Am selben Abend – es ist zwischen 20.30 und 21 Uhr, und wir befinden uns in Perwez-en-Condroz – kehren Herr und Frau Philippe G. zusammen mit ihren Verwandten, Herrn und Frau H., von einem Krankenbesuch bei ihrer jüngsten Tochter aus Namur zurück. In der Nähe ihres Hauses beobachten sie ein Dreieck aus weißen Lichtern, das aus Huy zu kommen scheint und in sehr geringer Höhe fliegt. Zu einem bestimm-

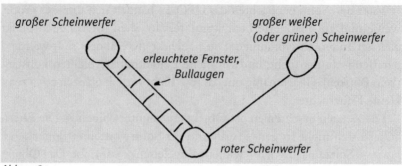
Abb. 2.8

ten Zeitpunkt wendet das Objekt langsam, ohne eine Kippbewegung zu vollziehen, und fliegt Richtung Huy zurück.

Am nächsten Tag – am Mittwoch, dem 29. November 1989 – geht die Sonne früh unter. Bereits um 17.30 Uhr setzt die Abenddämmerung ein. Um diese Stunde beginnen Hunderte, ja bestimmt Tausende von Einwohnern einer Region, welche die Städte Eupen, Verviers und Lüttich umfaßt, mit großer Verblüffung die Flugmanöver einer »dreieckigen Plattform« zu beobachten, die langsam, niedrig und geräuschlos dahinfliegt und an den Spitzen drei Lichter sowie in der Mitte eine Art rotes »Umlauflicht« aufweist. Diese veritable Saga hat August Meessen in allen Einzelheiten bereits vorgestellt.

Die ersten Tage im Zeichen der Welle

Die große Welle der belgischen UFOs hatte eingesetzt, aber von den Ereignissen im Nordosten des Landes bekamen die Mitarbeiter der SOBEPS nichts mit.

Am Donnerstag, dem 30. November, erhielt Michel Bougard - kurz bevor er zur Arbeit fahren wollte (gegen 7.30 Uhr) – einen »aufgeregten« Anruf von Paul C., dem Zeugen von Verviers. Der hatte am Vorabend einige Gespräche zwischen Gendarmen aus Verviers und Eupen mitverfolgt und wollte gleich wissen, was denn die SOBEPS über diese Sichtungen noch Näheres wisse? Wie bitte? Welche Neuigkeiten denn? C. wußte sicher zehnmal mehr als wir!

2. CHRONIK EINER SICHTUNGSWELLE

In unserem Brüsseler Büro hatten wir einen ruhigen Tag gehabt. Am Abend brachten die Fernsehnachrichten der RTBF [Radio-Télévision Belge de la Communauté Culturelle Française] in ihrer Ausgabe von 19.30 Uhr eine erste Reportage über die Ereignisse vom Vorabend, zusammen mit einem Interview der Gendarmen v. M. und N. Bei der SOBEPS wird nun Lucien Clerebaut von Journalisten mit Fragen überhäuft. Das verrückte Abenteuer hatte mit einem Paukenschlag eingesetzt. Von nun an wird der Generalsekretär der SOBEPS kaum noch Ruhe finden.

Am Freitag, dem 1. Dezember, eilt Michel Bougard nach Eupen und trifft dort den ersten Zeugen. Er ist eben erst bei der Eupener Gendarmerie zu einem Gespräch mit den Herren N. und v. M. eingetroffen, als durch mehrere Anrufe bekannt wird, daß das Objekt erneut gesichtet wurde – bei Battice. Da er ohnehin dort hinfahren will, um weitere Zeugen zu befragen, flitzt der SOBEPS-Präsident mit dem Wagen los, auf zu seiner ersten »UFO-Jagd«. Zwar kehrt er (nahezu) ohne Ausbeute zurück, doch andere hatten mehr Glück. Die Pfadfinder von Aubel konnten gegen 19 Uhr in der Nähe des amerikanischen Soldatenfriedhofs von Henri-Chapelle eine interessante Beobachtung machen. Sie wollen die lautlosen Bewegungen von fünf Objekten verfolgt haben, die gebündeltes Licht abstrahlten. Doch bereits zu einem früheren Zeitpunkt waren ebenso unerwartete Vorgänge gemeldet worden.

Wir befinden uns in Warsage (Dalhem). Es ist 17.30 Uhr, als die Lehrerin Claudine D. und ihre Mutter aus Aubel zurückkehren. Kurz hinter der Ausfahrt Warsage und fast auf der Grenzlinie der Provinzen Lüttich und Limbourg bemerken sie vor sich, in Richtung Fouron-le-Comte (s' Gravenvoeren) ein weißes, bewegungslos in der Luft schwebendes Objekt. Frau D. hält gleich hinter der Eisenbahnbrücke an, um das Phänomen, das sich nun linker Hand über den Feldern befindet, genauer beobachten zu können. Sie kurbelt die Seitenscheibe herunter, kann aber keine Geräusche feststellen. Das ihrem Eindruck nach sehr große Objekt besteht aus einer Vielzahl von kleinen, gelblichweißen Lichtern, deren Anordnung die Konturen eines riesigen, ziemlich schlanken Dreiecks beschreibt. Weder über die genaue Zahl dieser Lichter noch über irgendeine »Struktur« oder ein Blinklicht wird hier etwas berichtet. Frau D. verläßt ihr Fahrzeug und stellt fest, daß das Phänomen, das bisher auf der Stelle geschwebt ist, sich ganz langsam und ohne einen Laut in Bewegung setzt, Spitze nach vorn und in Richtung Warsage, parallel zur Straße (von Nord nach Süd). Auf Drängen ihrer Mutter, die sich nicht sicher fühlt, kehrt Frau D. zu ihrem Fahrzeug zurück. Die Zeuginnen setzen ihre Fahrt nach Fouron-le-Comte fort, ohne den Ausgang des Geschehens abzuwarten. Wie das Objekt verschwunden ist, haben sie nicht beobachtet.

Zehn Minuten sind vergangen (es ist 17.40 Uhr), und wir befinden uns in Herstal. Der Metallzuschneider Maurice F. hält, mit seiner Frau und den drei Kindern im Auto, an einer Ampel unmittelbar vor dem Pont de Wandre, der den Canal Albert und die Maas überspannt. Die Familie wird auf eine Reihe pulsierender Lichter aufmerksam, die sich von links nähern. Herr F. steigt aus und stellt fest, daß die Lichter zu einem »gigantischen« Objekt gehören, dessen Dreiecksform deutlich zu erkennen ist. In etwa 20 Meter Höhe fliegend, nähert sich ihnen das Objekt sehr langsam (30 km/h). F. spricht von einer Dreiecksform, die hinten »dicker« ist als vorn.

Das Objekt hat eine fahle, metallisch-graue Farbe und eine Spannweite von schätzungsweise 50 bis 70 Meter. Vorn sind drei in einer waagerechten Linie angeordnete Scheinwerfer zu erkennen, die ein helles, bläulich-weißes Licht abgeben. Direkt darüber befindet sich eine Art »Cockpit«, vergleichbar mit einem großen, 3 Meter hohen und 5 bis 6 Meter breiten Fenster, aus dem ein gelbliches Licht »wie von innen kommend« austritt. An der Unterseite des Dreiecks befinden sich drei pulsierende Lichter in verschiedenen Farben: weiß vorn, grün rechts, rot links und genau in der Mitte ein orangefarbenes Licht. An der Hinterseite erkennt F. einen mehr oder weniger rechteckigen Bereich mit einer Vielzahl von »Stutzen« oder »Düsen« von je vielleicht 35 Zentimeter Durchmesser, die orangerot leuchten. In der Mitte dieses Bereichs befindet sich, senkrecht angeordnet, eine Art »Rampe« mit fünf farbigen Lichtern – drei roten und zwei grünen –, die im Wechsel an- und ausgehen.

Das Phänomen bewegt sich in gerader Linie (von Nordwest nach Südost) auf die Maas zu und verschwindet aus dem von Gebäuden verstellten Blickfeld der Zeugen. Laut Herrn F. sind noch mehrere andere Autofahrer ausgestiegen, um zuzusehen. F., den seine Beobachtung ziemlich aufgewühlt hatte, fertigte eine Skizze an (Abbildung 2.9). Der

2. CHRONIK EINER SICHTUNGSWELLE

Interviewer der SOBEPS (Guy Bleser) meint freilich, bei dieser Zeugenaussage dürfe man nicht jedes Wort auf die Goldwaage legen.

Auch wenn gegenüber bestimmten, von F. vorgetragenen Details Zweifel erhoben werden können, ist gewiß, daß er an jenem Abend mit einem besonders ungewöhnlichen Flugobjekt konfrontiert wurde. Im

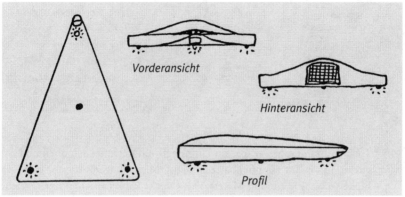

Abb. 2.9

übrigen geht noch aus mehreren anderen Sichtungen eindeutig hervor, daß sich am Abend des 1. Dezember ein ausladendes, flaches Dreiecksgebilde langsam und lautlos am Himmel über Lüttich bewegte.

Die nachstehende Zeugenaussage freilich ist um die Welt gegangen. Sie erschien in den meisten belgischen Zeitungen, und Fernsehsender in der ganzen Welt – in Schweden wie der UdSSR, in den USA wie in Australien – haben die Zeichnung gebracht. Die Ereignisse spielten sich kaum zehn Minuten nach der Sichtung von Herstal ab.

Am 5. Dezember 1989 erhielten wir von Francesco Valenzano aus dem im hügeligen Umland von Lüttich gelegenen Ans folgenden Brief:

> Ich möchte mich kurz vorstellen. Name: Valenzano, Francesco. Beruf: Berufssoldat. Fachgebiet: Meteorologe bei der belgischen Luftwaffe. Anlaß meines Schreibens (ein Freund gab mir Ihre Anschrift) sind die Phänomene, die ich am Freitag, dem 1. Dezember, abends und im Beisein meiner Tochter beobachtete. Hier die Fakten:
>
> Am Freitag abend befand ich mich zwischen 17.45 und 18.00 Uhr in Ans, Place Nicolaï, und überquerte gerade die Grand-Route, als meine

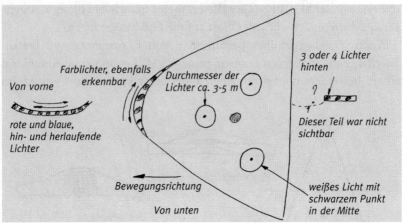

Abb. 2.10

Tochter zu mir sagte: »Papa, ein Flugzeug!« Ich schaute nach oben und erblickte in der Tat ein offenbar ziemlich großes Fluggerät in sehr geringer Höhe (etwa 100 bis 150 Meter). Das Objekt kam aus Richtung Lüttich. Meine Aufmerksamkeit richtete sich auf blaue und rote Lichter, die von einem zum anderen Ende des Fluggeräts wanderten. Als es sich über uns befand, sahen wir an seiner Unterseite drei große, nach unten gerichtete »Scheinwerfer«. Nachdem das Objekt über uns hinweggeflogen war, steuerte es auf den Place Nicolaï zu, den es langsam umrundete. Danach kam es wieder auf uns zu und überflog uns erneut. In diesem Augenblick bemerkte ich in der Mitte zwischen den drei »Scheinwerfern« ein rotes Licht, das sich sowohl horizontal als auch vertikal um sich selbst drehte, was den Effekt hatte, daß man zeitweilig die Unterseite des Objekts erkennen konnte; es muß also etwas über die Unterseite des Objekts hinausgeragt haben.

Als es sich Richtung Loncin entfernte, konnte ich die Dicke des Flugobjekts nicht erkennen. Ergänzend möchte ich anmerken, daß ich das Wort »Scheinwerfer« aus zwei Gründen in Anführungszeichen setze:

– erstens, weil uns diese Scheinwerfer nicht blendeten; außerdem war, obwohl das Fluggerät in sehr geringer Höhe flog, am Boden keinerlei Lichtwirkung feststellbar;

– zweitens, weil am Freitag leichter Dunst herrschte; wenn Sie bei Dunst oder Nebel einen Scheinwerfer einschalten, erscheint ein Lichtkegel; dies war bei den drei »Scheinwerfern« überhaupt nicht der Fall.

Ich füge diesem Brief einen Lageplan und eine Skizze des Objekts bei.

Falls Sie eine Befragung oder Untersuchung durchführen, wäre es Ihnen möglich, mir deren Resultate zukommen zu lassen? Vielen Dank im voraus.

Im Rahmen der im Januar 1990 durchgeführten Befragung konnte unser Mitarbeiter Franck Boitte einige neue Details in Erfahrung bringen. So teilte uns der Zeuge mit, er sei auf der Airbase Bierset empfangen und von einer Art Militärkommission – bestehend aus einem Oberst, einem Major und einem Hauptmann – befragt worden. Man zeigte ihm verschiedene Fotos neuerer Prototypen (darunter auch die F-117A). Valenzano machte die interessante Bemerkung, daß »das Objekt einem Gegenstand ähnelte, den unsere Technologie in einigen Jahren zu produzieren imstande sein könnte«. Dies ist ein ungemein bemerkenswerter Kommentar, der bereits früher schon einmal geäußert worden war, nämlich als von der berühmten Welle von »Luftschiffen« in der Nähe der fünf großen amerikanischen Seen Ende des 19. Jahrhunderts die Rede war.

Doch der Abend des 1. Dezember ist noch nicht zu Ende. Es ist 22.10 Uhr, und wir befinden uns in Fouron-le-Comte (Limbourg). Der Versicherungsinspektor Guy C. kehrt von Kundenbesuchen nach Hause zurück. Er ist gerade aus seinem Wagen gestiegen, um das Garagentor zu öffnen, als er das merkwürdige Gefühl spürt, etwas sei über ihm »anwesend«. Er blickt also zum Himmel und sieht zu seiner Verblüffung, wie

Abb. 2.11

ein riesiges, dreieckiges Fluggerät langsam über das Garagendach wegzieht. Der Zeuge betont, er habe den Eindruck gehabt, das Objekt sei eine »kolossale Masse«, vielleicht so breit wie die Doppelgarage sei es gewesen. C. bemerkt das Phänomen erst, als es bereits hinter dem Dach zu verschwinden beginnt (die »Spitze« des Dreiecks hat er also überhaupt nicht gesehen).

»Das Phänomen bewegte sich sehr, sehr langsam im Schrittempo vorwärts, vollkommen lautlos und in höchstens 20 Meter Höhe.« Von der Oberseite des Objekts scheint ein diffuses, orangefarbenes Leuchten auszugehen, gegen das sich die Schenkel des Dreiecks absetzen, während die – demnach hinten gelegene – Basis durch einige Dauerlichter (mindestens sieben oder acht) markiert ist; sie sind von gelblichweißer Farbe und in einer Reihe angeordnet (Abbildung 2.11). Baß erstaunt, wird C. Zeuge, wie das Gebilde nach und nach hinter dem Garagendach verschwindet. Danach verharrt er noch eine Zeitlang regungslos, so sehr ist er von seiner kaum zehn Sekunden dauernden Beobachtung betäubt.

Der Abend dieses 1. Dezember geht für uns in Brüssel zu Ende. Es ist ungefähr 23.15 Uhr. Frau Robert und ihre Freundin, Frau Moralès, befahren den am Kanal entlangführenden Boulevard du Neuvième de Ligne. Sie haben eben die Kaserne Petit Château passiert und fahren mit etwa 50 km/h Richtung Place Sainctelette, als am Himmel ein dunkles Objekt auftaucht, das von Ost nach West fliegt. Frau Moralès, die Beifahrerin, berichtet:

> Als ich die Scheinwerfer eines Flugzeugs von rechts kommend langsam über den Hausdächern erscheinen sah, schaute ich ihnen gedankenlos nach, während ich meiner Freundin eine Anekdote erzählte. Direkt über dem Kanal angekommen, bremste das Flugzeug stark ab und hielt an! Beim Anhalten bewegte es sich ganz leicht zurück, wie ein großer Wagen, der stark bremst und durch die Stoßdämpfer stabilisiert wird, wenn er zum Halten gekommen ist. Das Flugzeug blieb dann regungslos in der Luft stehen, ohne zu schaukeln oder zu vibrieren. Ich bat meine Freundin anzuhalten. Sie fuhr den Wagen an den Straßenrand, stellte den Motor ab und öffnete die Seitenscheibe. Ich bemerkte nun, daß es sich bei diesem »Flugzeug« um ein Objekt mit einer gerundeten Dreiecksform handelte. Ich sah nur seine Unterseite, die mattschwarz und völlig flach wirkte. In der Mitte befand sich ein konisches Rohr, das ein weißes Licht abstrahlte – vergleichbar mit dem Scheinwerferlicht eines Autos. An den Ecken befanden

2. CHRONIK EINER SICHTUNGSWELLE

sich drei Bullaugen, die denselben Durchmesser hatten wie das Rohr in der Mitte, jedoch gegenüber der Unterseite des Objekts nicht hervortraten. Aus diesen waagerechten Bullaugen kam ein schwacher, fahlgelber Lichtschein.

Die Seite des Objekts bestand in ihrer gesamten Höhe nur aus einem roten Licht, das den vollen Umfang des Objekts bildete und sich langsam, etwa einmal alle zwei Sekunden, »drehte«. Das Objekt schien ein Festkörper zu sein und materielle Strukturen zu haben. In diesem Moment überkam mich eine große Unbeschwertheit, ein Gefühl der Ruhe und heiteren Sanftmut. Ich fühlte, daß es im Inneren des Objekts eine erhabene, überlegene Kraft gab. Außerdem hatte ich den Eindruck, daß es sich absichtlich dort aufhielt, um gesehen zu werden.

Nachdem sich das Objekt etwa 45 Sekunden lang nicht bewegt hatte, setzte es sich langsam einige Meter in Richtung auf das gegenüberliegende Kanalufer in Bewegung und blieb kurz stehen, um sogleich mit starker Beschleunigung und weiterhin lautlos Richtung Südsüdwest loszufliegen. Es verschwand sehr rasch hinter den Hausdächern, nachdem es unvermittelt in einem Winkel von etwa 20° ausgeschert war, ohne hierbei eine Schräglage einzunehmen. Zu keinem Zeitpunkt hat es seine Flughöhe, sein Aussehen oder seine Farbe verändert.

Die Beobachtungen von Frau Moralès werden in groben Zügen durch die Zeugenaussage von Frau Robert bestätigt. Wie ihre Freundin versichert auch sie als Fahrerin, daß das dreieckige Objekt unter dem wolkenverhangenen Himmel gut zu erkennen gewesen sei. Es war ihnen im übrigen so nah – nach ihrer Schätzung weniger als 20 Meter –, daß eine Täuschung unmöglich war. Das Objekt dürfte eine Seitenlänge von 5 Meter gehabt haben. Auch zum Zeitpunkt der plötzlichen Beschleunigung war kein Geräusch zu hören. Im Bildteil dieses Buches ist eine von einem Maler angefertigte Rekonstruktion wiedergegeben. Sie kommt dem tatsächlichen Aussehen jenes UFOs sehr nahe, das an verschiedenen Stellen des Landes beobachtet wurde.

Besonderes Augenmerk verdient die Morphologie des in Brüssel gesichteten Gebildes. Wer es mit den zahlreichen anderen gemeldeten Fällen vergleicht, muß mit uns den Eindruck haben, daß zwischen sämtlichen Zeugenaussagen eine vollkommene Kohärenz besteht. Sollte es noch eines weiteren Beweises bedürfen, so ist die nachfolgende Sichtung in dieser Beziehung äußerst aufschlußreich. In unserem Befragungsdossier ist ein Fall dokumentiert, der zwar nicht genau datiert werden konnte, aber nach Bekunden der Zeugen gewiß in die allerersten Tage des Dezember 1989 zurückreicht und sich sehr wahrscheinlich sogar am 1. oder 2. Dezember ereignet hat.

Zwischen 17 und 18 Uhr ist Bernadette C. in ihrer Küche in Profondeville (etwa 10 Kilometer südlich von Namur) beschäftigt. Plötzlich erblickt sie durch die große Wandverglasung ein beleuchtetes Dreieck, das sich von dem dunklen, grauen Himmel abhebt. Es taucht hinter der oberen Hälfte der Scheibe auf, bewegt sich geradlinig und langsam auf das an der Route des Crêtes gelegene Haus zu und folgt einem Kurs von Süden nach Norden Richtung Namur.

Frau C. stürzt aus der Küche nach draußen, der besseren Sicht wegen. Sie ruft ihren Mann, der aber läßt sich, eher skeptisch veranlagt, nicht so schnell aus der Ruhe bringen und bleibt, wo er ist. Aber ihre kleine Tochter Alice kommt mit. An der Haustür angekommen, sehen die beiden, wie das Objekt in einer Höhe von schätzungsweise 10 bis 20 Meter über die Straße und dann genau über ihre Köpfe wegfliegt. Es wirkt metallisch und hat eine mattgraue Farbe, wie aufgrund des Leuchtens dreier weißer Scheinwerfer zu erkennen ist, die jeder an einer der gerundeten Ecken des Dreiecks angeordnet sind. Sie leuchten nicht besonders intensiv. Frau C. richtet ihre Aufmerksamkeit verstärkt auf einen vierten, vollkommen runden, mandarinenfarbenen und in der Mitte befindlichen Scheinwerfer. Das Fehlen jeglicher Geräusche während der ganzen Beobachtungsdauer schlägt sie in Bann – um so mehr, als es in der Gegend ohnehin denkbar ruhig zugeht. Das Objekt »segelt« sehr majestätisch in horizontaler Lage und verfolgt einen absolut geradlinigen Kurs. Frau C. bezeichnet diese Bewegung als »wattiert«. Weder Turbulenzen noch Wärme sind spürbar.

Als sich das Objekt langsam von den Zeuginnen zu entfernen beginnt, können sie seine Rückseite sehen. Sie stellen fest, daß das Fluggerät relativ flach ist, ein Aufbau hätte sich als Silhouette abzeichnen müssen. An der Rückseite befindet sich eine Reihe von fünf oder sechs weißen Lichtern, die auf eine längliche Rechteckform schließen lassen. Schon bald ist die Unterseite des Dreiecks nicht mehr sichtbar, und die Zeuginnen betrachten das rückseitige Profil, das die Form eines weißen Rechtecks hat. Die Gesamtdauer der (rekonstruierten) Beobachtung beträgt etwa anderthalb Minuten.

Frau C. schätzt die Spannweite des Dreiecks auf rund 30 Meter. Sie stützt sich hierbei auf einen bestimmten Zeitpunkt des Überflugs, während dessen sich ein Ende des Objekts senkrecht über dem Dach ihres Hauses und das andere am Ende einer benachbarten Baumgruppe befand. Die im Rahmen der Befragung in Anwesenheit der Zeuginnen durchgeführten Nachmessungen ergaben einen Wert von 22 Meter. Es sei darauf hingewiesen, daß die kleine Alice behauptet, bereits am Morgen (gegen 8.20 Uhr) etwas gesehen zu haben, während sie vor dem Haus auf den Schulbus wartete: Ein ebenfalls dreieckiges Objekt, das jedoch von einem Lichtsaum aus »rotem Rauch« umgeben ist, taucht rechts von ihr am Himmel auf. Es fliegt Richtung Süden und beschreibt Schlangenlinien »wie ein Autofahrer, der zuviel getrunken hat«! Es verfügt über zwei »ziemlich helle« Scheinwerfer, gibt keine Geräusche von sich und wird rasch durch eine Reihe dicht stehender Koniferen verdeckt. Die junge Zeugin berichtet ihren Mitschülern im Schulbus darüber, doch niemand will ihr glauben. Ebensowenig tut dies übrigens ihre Mutter, die ihr antwortet, sie habe da bestimmt etwas verwechselt. Alice aber bleibt bei ihrer Behauptung. Heute bedauert Frau C. sehr, ihrer Tochter damals keinen Glauben geschenkt zu haben.

Wenn man die Rekonstruktion der von Frau C. in Profondeville gemachten Sichtung mit derjenigen von Frau Moralès in Brüssel (siehe den Bildteil) vergleicht, kann man über die Ähnlichkeiten ihrer Schilderungen nur staunen. Dies sind nicht mehr nur vage Analogien, sondern besonders präzise Beschreibungen des gleichen Objekts.

Die Medien werden aktiv

Am Freitag, dem 1. Dezember 1989, setzt die Medienwelle ein. Die Mehrzahl der belgischen Tageszeitungen (jedenfalls alle im französischsprachigen Landesteil) veröffentlicht einschlägige Meldungen, häufig verknüpft mit den Ereignissen vom Vormonat in Woronesch (RF), auf welche wir an anderer Stelle in diesem Buch eingehen. *Le Soir* bringt auf Seite 7 einen Artikel aus der Feder von Daniel Conraads mit dem Titel: »Merkwürdiges leuchtendes und lautloses Gerät über Gileppe und Spa«. Und weiter:

Befinden sich mysteriöse interstellare Reisende auf einer Erkundungsmission in der Umgebung unseres kleinen, blauen Planeten? Zeigen die Außerirdischen ein Faible für den Osten der Provinz Lüttich? Innerhalb von sechs Wochen soll der Raum Verviers Schauplatz zweier besonders mysteriöser Erscheinungen gewesen sein (...). Am Donnerstag nachmittag wurden im Raum Eupen zahlreiche Vermutungen laut. Doch die meisten, die das Objekt gesehen hatten, zeigten sich eher skeptisch. Einige meinten, die »Untertasse« sei in Wahrheit nur ein AWACS gewesen, das zweifellos vom nur etwa 40 Kilometer entfernten NATO-Stützpunkt Geilenkirchen stamme. Die SOBEPS, eine Einrichtung, die seit ihrer Gründung 1971 mehr als 800 ungewöhnliche Beobachtungen allein auf belgischem Staatsgebiet aufgenommen hat, zeigt sich sehr an diesem Fall interessiert. Keine der »vernünftigen« Thesen scheint unterdessen den Präsidenten der SOBEPS, Michel Bougard, zu befriedigen: »Nach den ersten Zeugenaussagen zu urteilen, die mir zugetragen wurden, haben wir es offenbar mit einem typischen Fall von UFOs zu tun. Die Sache erscheint mir sehr interessant. In der Mehrzahl der Fälle bewegt sich die Dauer der Beobachtung von nicht identifizierten Fluggeräten zwischen einer und drei Minuten. Im vorliegenden Fall konnten einige Personen die Flugbewegungen des unbekannten Objekts mehr als eine halbe Stunde lang beobachten, und es handelt sich überdies um eidesstattliche Aussagen«, kommentiert er.

La Libre Belgique brachte den Titel: »Außerirdische am Himmel über Eupen?« Der Autor des Artikels, Daniel Dejardin, zog die Schlußfolgerung:

> Was also? Kollektive Halluzination, Scherz findiger Spaßvögel, schlichter Flug eines motorisierten Ballons, Spazierflug per ULM? Oder aber das verwirrende Auftauchen eines rätselhaften, nicht identifizierten Flugobjekts? In Eupen kursieren zahlreiche Hypothesen – ungemein kluge wie auch ausgesprochen dumme.

In *Vers l'Avenir* verwendete Thierry Degives eine kinematographische Anspielung: »Von Eupen bis Verviers sehen ›sie‹ überall UFOs!« [Wortspiel mit dem Titel der französischen Filmkomödie »Sie sieht überall Zwerge«; A.d.Ü.]. Auch hier ist dank eines Interviews viel von der SOBEPS und der Meinung ihres Präsidenten Michel Bougard die Rede. In ihren Wochenendausgaben (von Samstag, dem 2., und Sonntag, dem 3. Dezember) werden die Zeitungen rückfällig. Daniel Conraads kommt

2. CHRONIK EINER SICHTUNGSWELLE   101

in *Le Soir* auf die Hypothese zu sprechen, es gebe ein »UFO-Nest in Verviers«:

> Ist der Osten des Landes zu einem Refugium für UFOs geworden? Jedenfalls wurden in den letzten sechs Wochen mehrere Fälle von Sichtungen rätselhafter Flugobjekte gemeldet. (...) Die belgische Gesellschaft zur Erforschung von Weltraumphänomenen hat soeben erst mit ihren Befragungen begonnen. Ihr Präsident Michel Bougard hat sich am späten Freitag nachmittag nach Eupen begeben. Die am Mittwoch abend beobachteten Phänomene lassen sich bereits jetzt als absolute Seltenheiten bezeichnen – sowohl in puncto Quantität als auch hinsichtlich der Qualität der vorliegenden Zeugenaussagen. Laut Michel Bougard seien in den letzten dreißig Jahren in Belgien allenfalls fünf vergleichbare Fälle erfaßt worden.

In *Le Jour* und *L'Avenir du Luxembourg* beschreibt ein Artikel mit dem Titel »UFOs nisten sich ein!« die Reaktionen vor Ort und das Eintreffen von »Spezialisten« auf dem »Operationsgebiet«:

> Diese Fülle von Zeugenaussagen, die von keineswegs spinnerten Personen stammen – drei der Zeugen sind Journalistenkollegen –, kann nur beunruhigen. Gestern sind übrigens Teams vom deutschen und französischen Fernsehen in Eupen eingetroffen. Wird das elektronische Auge der Kameras dazu beitragen, das Geheimnis zu enträtseln? Für den gestern am frühen Abend in Eupen eingetroffenen Präsidenten der SOBEPS kommt es nur sehr selten vor, daß derart viele, so präzise Beschreibungen eines solchen Phänomens vorliegen. (...) Doch beim derzeitigen Stand der Dinge wollte Bougard die Hypothese der Erprobung eines neuartigen Militärflugzeugs noch nicht ausschließen.

Vorsicht war in der Tat geboten. Wir waren von der Menge und der Präzision der Zeugenaussagen überwältigt. Diese Situation war für die SOBEPS absolut neu, und wir mußten um jeden Preis angemessen darauf reagieren. Unsere Glaubwürdigkeit stand auf dem Spiel, wir konnten uns nicht den geringsten Fehler leisten. Zum damaligen Zeitpunkt hatten die Lokalkorrespondenten der großen Tageszeitungen Außerordentliches vollbracht: gleichzeitig neue Fälle zusammengetragen, diese Informationen verbreitet, die SOBEPS als obligate Anlaufstelle für die Schilderung von Fällen und ihre Bewertung vorgestellt, in alle Richtungen Nachforschungen betrieben und versucht, die Herkunft dieser merkwürdigen UFOs zu bestimmen.

In der Ausgabe vom 2. und 3. Dezember schrieb Daniel Dejardin *(La Libre Belgique)*:

> Nach Bekunden des Generalsekretärs der SOBEPS, Clerebaut, sind bisher mehrere hundert Zeugenaussagen eingegangen. Bougard weist ferner darauf hin, daß die aus Verviers stammenden UFO-Schilderungen sehr interessant seien (...) wegen der Gleichartigkeit der Phänomene und der übereinstimmenden Aussagen. Außerdem, so Bougard weiter, erlaubten es die ersten Ergebnisse der Befragung bereits heute, jegliche Verwechslungen mit meteorologischen Phänomenen, einem ULM oder einem Heißluftballon auszuschließen. Bliebe die Hypothese eines neuen, in der Erprobung befindlichen Militärflugzeugs. Wir haben uns daher bei Verteidigungsminister Guy Coëme erkundigt, ob ein solches Fluggerät gemeldet worden sei. Coëme gab die förmliche Erklärung ab, daß in Belgien kein militärischer Erprobungsflug geplant sei; er machte die sehr logische Bemerkung, daß ein am Himmel über Belgien operierendes Spionageflugzeug sich gewiß nicht in diesem Umfang bemerkbar machen würde. Es herrscht somit weiter vollkommenes Rätselraten.

Dieser Auszug zeigt, daß bereits zu Beginn der Ereignisse einige Journalisten nicht zögerten, auf höchster Ebene die richtigen Fragen zu stellen.

Erste Befragungen und Überschäumen der Welle

Am Sonntag, dem 3. Dezember, bot sich die Gelegenheit zu unserer ersten Befragungskampagne in Eupen. Lucien Clerebaut hatte mit unserem altgedienten Chefbefrager Jean-Luc Vertongen Kontakt aufgenommen, um ihn über die »krisenhafte« Situation, vor der wir standen, zu informieren. Von Jean-Luc Vertongen wurden sogleich die wenigen, noch aktiven Interviewer der SOBEPS in Marsch gesetzt, und alle (weniger als zehn Personen) fanden sich im Nebeldunst eines anbrechenden Wintertages auf einem Großraumparkplatz vor Eupen ein. Dank der tatkräftigen Hilfe von Heinz Godesar, der als Journalist beim Eupener *Grenz-Echo* arbeitet, konnten wir interessante Informationen erhalten. Mehrere wichtige Zeugen hatten sich nämlich an diese deutschsprachige, lokale Tageszeitung gewandt, und Herr Godesar hat es sich nicht nehmen lassen, diese Informationen aus erster Hand an uns weiterzugeben, so daß wir mit den Befragungen beginnen konnten.

Wir hielten es für ausreichend, einige Dutzend Personen zu interviewen, um das Dossier zu vervollständigen, da wir damals noch meinten, Sichtungen habe es lediglich an den Abenden des 29. November und des 1. Dezember gegeben. Doch im Zuge der ersten, vor Ort gewonnenen Zeugenaussagen ergaben sich wichtige neue Fakten.

Betrachten wir zunächst den Abend des 2. Dezember. Es ist 18.20 Uhr, und wir sind in Berneau (nördlich von Lüttich), wo der Architekt Eric D. K., seine Frau Christine und seine Schwiegermutter Marguerite L. sich mit dem Wagen auf der Höhe des Bauernhofs Thier-Saive befinden. Marguerite L. berichtet uns:

> Mein Schwiegersohn erblickte das Objekt als erster, als es linker Hand in geringer Höhe auftauchte. Er rief: »Schaut mal, was da auf uns zukommt!« Ich sah nun, wie sich uns ein sehr großes und stark leuchtendes Objekt von der Form eines Dreiecks mit gerundeten Ecken näherte. Das Licht stammte von drei an den Enden befindlichen Scheinwerfern; es war hell, blendete aber nicht. Mir schien, daß sich das Objekt sehr schnell bewegte. Es flog über uns hinweg, und einen Moment lang habe ich es nicht mehr sehen können; dann tauchte es wieder auf und entfernte sich nach Nordosten. Am Montag, dem 4., rief ich bei der Gendarmerie Visé an, wo man mir mitteilte, daß meine Aussage mit der anderer Personen übereinstimmen würde; weitere Zeugen sind mir nicht bekannt. Ich denke, es konnte sich nicht um ein AWACS-Flugzeug handeln, wohl aber vielleicht um ein geheimes Experimentalflugzeug.

Fast zur selben Zeit (18.40 Uhr) verläßt der Polizist Erwin K. zusammen mit Frau und Kindern sein unterhalb der Hochstraße in Eupen gelegenes Haus. Sie beabsichtigen, den Himmel nach dem UFO abzusuchen, »weil es in aller Munde ist!« Kaum daß sie sich vom Haus entfernt haben, sehen sie von ihrem Wagen aus drei weiße, sehr helle Lichter am Himmel, mit einem roten Blinklicht in der Mitte. Die Zeugen meinen, es könne sich um ein Flugzeug handeln. Sie setzen ihre Fahrt zum Eupener Stadtzentrum fort, wobei sich das Objekt ihnen gegenüber befindet und in ihre Richtung fliegt. K. bringt den Wagen zum Stehen, da er merkt, daß »da etwas nicht stimmt«. Dieses sehr nahe (etwa 300 Meter entfernte) »Flugzeug« fliegt nämlich obendrein auch völlig geräuschlos. Das Objekt kommt aus Verviers und bewegt sich gleichmäßig langsam Richtung Aachen. Das UFO fliegt über die Zeugen hinweg und dreht Richtung Kelmis ab, also auf die Niederlande zu.

Um 18.45 Uhr befinden sich Walter N., seine Frau, ihre beiden Kinder und ein Freund, Joseph J., in Béthane auf der von Eupen zur Gileppe-Talsperre führenden Straße ebenfalls auf »UFO-Jagd«. Der BRF (der von Eupen aus für die deutschsprachige Bevölkerung betriebene Sender) hatte nämlich gegen 18 Uhr gemeldet, daß zur Zeit über dem Lac de la Gileppe UFOs gesichtet würden. Hierzu Walter N.:

> Wir waren auf halbem Weg zwischen Membach und Béthane. Außerhalb des Wagens konnten wir das Objekt besser beobachten. Es vollführte eine Rechtskehre und kam auf uns zu. Nach und nach konnte ich vier ständig eingeschaltete Scheinwerfer erkennen. Sie waren rot, grün, rot und weiß. Als sich das Objekt über uns befand, sah ich, daß es rund und daß seine Unterseite nicht beleuchtet war. Der obere Teil war leicht rötlich.

Um 18.48 Uhr befindet sich das Ärztepaar Pierre S. bei Olne (sieben Kilometer westlich von Verviers auf der Hochebene von Herve) mit seinem Wagen auf einer Straße zwischen Olne und Soumagne. Plötzlich fällt ihnen ein starkes, weißes Licht Richtung Xhendelesse (im Nordosten) auf. Das Phänomen besteht aus zwei weißen Scheinwerfern, »wie Autoscheinwerfer, aber heller als die Positionslichter eines Flugzeugs«, zwischen denen Dr. S. eine »dunkle Masse« undeutlich zu erkennen glaubt. Ferner bemerkt er in der Mitte zwischen den beiden Scheinwerfern, jedoch etwas weiter unten, ein orangerotes Licht, »das eher sanft pulsierte«

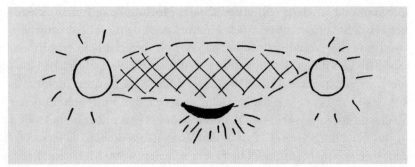

Abb. 2.12

2. CHRONIK EINER SICHTUNGSWELLE

(ungefähr einmal pro Sekunde), »wie ein schlagendes Herz«. Das Phänomen bewegt sich langsam vorwärts und folgt einem geradlinigen Kurs etwa von Ost nach West. Seine Flughöhe beträgt schätzungsweise 500 Meter (Abbildung 2.12).

Gegenüber den späteren und detaillierteren Beobachtungen mögen diese wenigen Fälle bedeutungslos erscheinen, doch es könnte durchaus zutreffen, daß die Ereignisse vom 2. Dezember 1989 entscheidend waren und eine Ausweitung erfuhren, die sich noch heute nur schwer festmachen läßt. Wir vertreten die Auffassung, daß die belgische Luftwaffe an jenem Abend (und vielleicht auch am 29. November, aber dies wäre noch hypothetischer) mit nicht identifizierten Radarechos konfrontiert wurde und daraufhin eine Interventionsprozedur eingeleitet und Alarmstufe 1 ausgelöst hat. Dokumente, die das belegen würden, haben wir zwar nicht; aber es gibt einige vertrauliche Mitteilungen von höchster und wohlinformierter Stelle; und außerdem gibt es die Tatsache, daß die staatlichen Stellen (Gendarmerie und Luftwaffe) in den folgenden Stunden (ab Montag, dem 4. Dezember) begannen, sich die Nasen am Fenster platzzudrücken und sich diskret über die (und bei der) SOBEPS zu informieren. Auf diesen für den Gang der Dinge entscheidenden Aspekt werden wir gleich zurückkommen.

L'Avenir du Luxembourg nahm in der Ausgabe vom 5. Dezember 1989 auf eine vom vorangegangenen Sonntag datierende Zeugenaussage Bezug. Man schrieb:

> An jenem Tag wurde vom Gemeindepfarrer von Wisembach, Pfarrer Boevinger, sowie von Herrn und Frau J. aus Martelange gegen 20.15 Uhr auf der Höhe der Ortschaft Radelange ein nicht identifiziertes Flugobjekt gesichtet. Der Herr Pfarrer ist sich ganz sicher: er habe deutlich ein kreisförmiges Objekt (Durchmesser etwa 1,20 bis 1,40 Meter) gesehen, das sich relativ langsam fortbewegte. Das Raumfahrzeug (sic) kam aus Richtung N4 und flog Richtung Fauvillers. Das nicht identifizierte Objekt erzeugte lediglich ein gedämpftes Geräusch und war außen rundum beleuchtet. Wie der Geistliche ebenfalls beobachten konnte, befanden sich an den Seiten einige Blinklichter und vorne ein stärkerer Scheinwerfer, aus dem ein gelenktes Lichtbündel austrat.

Auch der Abend des 4. Dezember (ein Montag) war ergiebig. Aus dem Eupener Raum wurden zahlreiche Beobachtungen gemeldet. Es war frisch draußen, und der Himmel war an jenem Abend besonders klar. Herr R. biegt gegen 18.45 Uhr zu Fuß in die Gulcherstraße (Eupen) ein, als ihm am Ende der Straße und auf halber Höhe »so etwas wie ein dunkles, flaches Rechteck mit einem weiß leuchtenden Umriß« auffällt. An den vier Enden befinden sich weiße bzw. rote Lichter, die phasenverschoben blinken. Das Objekt bewegt sich weniger als 200 Meter von dem Zeugen entfernt langsam weiter. Kurze Zeit später (um 19.13 Uhr) wird Joseph M. – pensionierter Postbote und Gemeinderatsmitglied – auf eine dunkle Masse aufmerksam, die mit zwei Leuchtpunkten versehen ist und sich über Kettenis aufhält. Auch in diesem Fall ist das Objekt in einer langsamen Bewegung begriffen. Es fliegt »mit der Geschwindigkeit eines Joggers« auf den Zeugen zu und fast senkrecht über ihn hinweg. In diesem Moment reicht es von der Straßenmitte bis zu einem gegenüberliegenden Haus. Der Zeuge erblickt nun hinten ein drittes, ebenfalls weißes, sowie ein bläuliches Licht. Während sich das Objekt (dessen genaue Form nicht feststeht) Richtung Eupen entfernt, ist das sanfte und regelmäßige Geräusch eines »Elektromotors« zu hören.

Um 20.05 Uhr sind Nicole B. und ihre Mutter Hannelore mit dem Wagen auf der Frankendelle (Eupen) unterwegs, als Nicole in der Mitte der ansteigenden Straße plötzlich auf eine Reihe hell leuchtender Punkte aufmerksam wird, die sich über den Dächern der mächtigen Gebäude eines etwa 150 Meter rechts der Frankendelle auf einem bewaldeten Hügel gelegenen Internats befinden. Nicole, die ihre Beobachtung durch die Windschutzscheibe des Wagens macht, fordert ihre Mutter auf, sich diese merkwürdige Sache am Himmel anzusehen. Wegen der schlechten Sichtverhältnisse beschließt sie anzuhalten und auszusteigen. Bisher sind seit Sichtungsbeginn etwa zehn Sekunden vergangen. Nicole weiter:

> Es ließ sich jetzt leicht beobachten, denn es befand sich nicht sehr hoch über und nicht sehr weit hinter dem großen Dach des Internatshauptgebäudes. Es war vollkommen windstill, und man hörte nichts; ich hatte den Motor abgestellt. Es waren drei im Dreieck angeordnete, sehr helle und ziemlich weiße Punkte, weißer als Autoscheinwerfer. Etwa in der Mitte befand sich ein roter Leuchtpunkt, der seine Helligkeit wechselte, pulsierte und größer war als die weißen Leuchtpunkte (...). Ich hatte den Eindruck, als seien alle Leuchtpunkte an einem massiven Körper befestigt, an einem relativ flachen Gegenstand, der sich sehr langsam und ohne

jegliches Geräusch bewegte. Weder nach oben noch nach unten oder zur Seite gab es irgendwelche Lichtstrahlen.

In unseren Dossiers gibt es einen merkwürdigen Fall (es ist nicht ganz klar, ob er vom 4. oder 5. Dezember datiert), der gegenüber anderen Sichtungen Abweichungen aufweist. Er spielt in Lüttich, im Viertel Outremeuse und in der 8. Etage eines in der Nähe des Pont d'Amercoeur stehenden Wohngebäudes. Es ist ungefähr 23 Uhr. Aus dem Fenster schauend, erblickt Fräulein M.-A. L. P. am Himmel einen sich nähernden und zunehmend an Höhe verlierenden Leuchtpunkt. Sie denkt, es könne sich um ein Flugzeug im Landeanflug auf den Flughafen Bierset handeln. Doch dieses Fluggerät verliert zu stark an Höhe, und bald erlebt sie, wie das Objekt seine Bewegung auf der Höhe der obersten Etage des gegenüberliegenden Gebäudes in ungefähr 100 Meter Abstand am entgegengesetzten Ufer fortsetzt, den Zusammenfluß von Ourthe und Maas überquert und damit nicht einmal in 30 Meter Entfernung an der Zeugin vorbeifliegt. Diese geht davon aus, das Objekt werde auf dem Dach des Gebäudes landen, derart dicht befindet es sich darüber. Das mattschwarze Objekt fliegt sehr langsam und völlig geräuschlos. Es hat keine Lichter und ist nur dank der Straßenbeleuchtung sichtbar. Die Zeugin weiter:

> Es glich einem Eindecker mit kurzen, aber sehr breiten Flügeln und hatte hinten zwei Seitenleitwerke. Es besaß weder eine Kanzel noch Kabinenfenster und auch kein Fahrwerk. Weder ein Motor noch ein Propeller war zu erkennen. Sein Rumpf bestand aus mehreren Quadern verschiedener Größe (der größte bildete das Vorderteil). Es erinnerte von der Form her an die Flugzeuge vom Anfang des Jahrhunderts und wirkte sehr gedrungen. Unter den Flügeln befanden sich zwei große, weiße Scheinwerfer, und vorne (Nase?) ein weißes Dauerlicht.

Am 8. Dezember beobachtete Madeleine H., eine pensionierte Schulleiterin, in Seraing um 19.15 Uhr ein ebenso bizarres Gebilde:

> Eine Art Hubschrauber, der mit vielfarbigen – blauen, gelben, roten und grünen – Lichtern übersät war, die ein Cockpit umsäumten, und so etwas wie Rotoren in einem sehr hellen, gleichmäßigen Rot, Lichterketten wie bei einem Weihnachtsbaum!

Das von Frau H. gezeichnete Objekt ähnelt im übrigen einer komischen

»fliegenden Krake«. Am Abend davor sind Christian C. und Patrick F. in Begleitung zweier weiterer Personen mit dem Auto aus Ciney kommend Richtung Achêne unterwegs. Bei der ungefähr 1 Kilometer südwestlich von Ciney liegenden Gemarkung Fays fällt ihnen ein lebhaftes, weißes

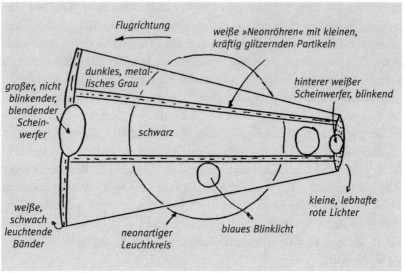

Abb. 2.13

ovales Licht auf, das sich dem Auto langsam und in geringer Höhe zu nähern scheint. Die Zeugen erkennen allmählich ein Gebilde, das schließlich Richtung Spontin über sie hinwegfliegt. »Die Maschine war so groß, daß wir uns erdrückt fühlten und es mit der Angst zu tun bekamen«, erklärt C. Das Objekt schien durch die Lüfte zu gleiten, und von den Zeugen wurden noch einige weitere Details gemeldet (Abbildung 2.13).

Am selben Abend ist Patrick L. aus Hannut gegen 18.25 Uhr ebenfalls mit dem Auto unterwegs. Er befindet sich allerdings auf der Autobahn Brüssel-Lüttich, auf der Höhe der Ausfahrt Walshoutem. Seine Frau und er sehen am Himmel drei im Dreieck angeordnete weiße Punkte und zwischen ihnen einige farbige Flecke. Das Objekt scheint ungefähr eine Minute lang auf der Stelle zu schweben und setzt sich dann rasch Richtung Lüttich in Bewegung (Abbildung 2.14).

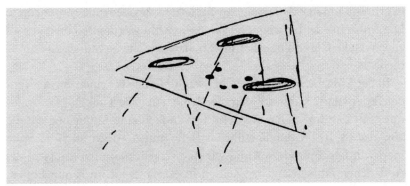

Abb. 2.14

Am 7. Dezember befährt Philippe M. die Autobahn Namur-Lüttich (Richtung Lüttich). Bei Flémalle fällt ihm über der Autobahn ein Schimmern auf. Er beschreibt es wie folgt:

> Ich dachte anfangs an ein Flugzeug, denn bis Bierset ist es nicht mehr weit. Nur, daß das Objekt mit eingeschalteten Lichtern und in sehr geringer Höhe (wenige Meter über den Laternenmasten der Autobahn) bewegungslos verharrte. Als ich unter dem Objekt herfuhr, blieb es weiterhin auf der Stelle stehen, hatte die Lichter an und gab keine Geräusche von sich (ich hatte noch die Zeit, die Seitenscheibe zu öffnen). Da ich sehr schnell fuhr und wegen des dichten Verkehrs, konnte ich nicht anhalten.

Das Gebilde glich einer dunkelgrauen, dreieckigen Masse mit gerundeten Ecken. An der Vorderseite (der nach Namur weisenden Spitze) bemerkte der Zeuge, daß »das weiße Licht, als ich mich unter ihm befand, eine Art transparenter, nach innen weisender Leuchtglobus sein mußte«.

Was geschah auf den Radarschirmen?

Trotz der weiter oben aufgeführten Fälle verlief die Woche vom 3. bis 10. Dezember eher ruhig.

Am Dienstag, dem 5., waren Jean-Luc Vertongen, August Meessen und Michel Bougard zu einer Sendung von Jacques Cotter (»Décrochez la Une«) eingeladen, die live vom ersten Radiosender der RTBF ausgestrahlt wurde. Hiermit bot sich uns erstmals die Gelegenheit, über die

Ergebnisse unserer Befragungen vom letzten Wochenende zu berichten. Die Kohärenz der berichteten Fakten – sowohl was die Beschreibung als auch was die Chronologie betrifft – bestätigte sich von Stunde zu Stunde mehr.

In der Ausgabe vom 5. Dezember wählte *Le Soir* für einen ebenfalls aus der Feder von D. Conraads stammenden Artikel den Titel: »UFO-Epidemie setzt sich fort«. Dies war selbstverständlich eine Anspielung auf die von der SOBEPS durchgeführten Befragungen, doch auch auf eine merkwürdige Episode, auf die wir noch zurückkommen müssen: das Auftauchen eines Teams der Zeitschrift *Science & Vie* im Raum Eupen. Conraads schrieb in seinem Artikel, daß die Radaranlagen von Glons am Abend des 2. Dezember gegen 21.30 Uhr zwei nicht identifizierte, sich Richtung Bütgenbach bewegende Echos geortet hätten. Der Journalist kommentierte die Information, ausgehend von den Äußerungen eines zum Stützpunkt Glons gehörenden Militärs: »könnte es sich auch schlicht um ein meteorologisches Phänomen handeln«. Die in Verviers erscheinende Zeitung *Le Jour* ging (ebenfalls in ihrer Ausgabe vom 5. Dezember) wie folgt auf diese Information ein:

> Darüber hinaus haben die Militärbasis Glons sowie ein weiterer, in der Nähe von Gent gelegener Stützpunkt an diesem Wochenende auf ihren Radarschirmen einen »komischen Vogel« geortet, ohne genau angeben zu können, worum es sich dabei handelte. Seitens des Verteidigungsministeriums erfolgte der Hinweis, die Bewegungsgeschwindigkeit sei besonders hoch, doch man wolle sich weiterhin »äußerst vorsichtig« verhalten! Die von den Militärbasen betriebenen Rechner haben diese Bewegungen aufgezeichnet, ihre Analysen werden möglicherweise mehr ergeben (...).

Den Nachrichten über nicht identifizierte Echos schenkten wir damals keine besondere Aufmerksamkeit, da wir stark von dem ständigen Hin und Her im Osten des Landes und einem Berg unerledigter Arbeit beansprucht wurden. Am 6. Dezember 1989 stand auf der Titelseite von *Le Soir* folgende Überschrift: »›Belgische‹ UFOs – Zeugen im Überfluß«. Der Artikel beschrieb die damals bei der SOBEPS herrschende, überhitzte Atmosphäre (daran hat sich übrigens kaum etwas geändert):

> Die Beobachter der eigenartigen abendlichen Erscheinungen sind Legion, und das Sekretariat der SOBEPS wird mit Anrufen überschwemmt. Die

2. CHRONIK EINER SICHTUNGSWELLE

Verantwortlichen dieser Einrichtung werden von nun an eine Auswahl aus ihrem außergewöhnlich reichhaltigen Bestand an Sichtungen aus Eupen, Verviers, Spa (...) treffen müssen. (...) SOBEPS-Generalsekretär Lucien Clerebaut geht derweil davon aus, daß aus der Mehrzahl der in den letzten Tagen von den Interviewern seiner Einrichtung gesammelten Aussagen eine große Aufrichtigkeit spreche. »Im allgemeinen konnten wir keinen Hang zur Übertreibung feststellen. Das Gros der Zeugenaussagen enthält unbestreitbar Elemente der Wahrheit«, betont er.

In der Ausgabe vom Freitag, dem 8. Dezember, kehren die UFOs auf die Titelseite von *Le Soir* zurück: in einem (unter der Rubrik »Ganz in der Nähe« erscheinenden) Leitartikel, der einem Interview mit dem Astronomen André Koeckelenbergh über das Auftauchen von UFOs in Eupen und Verviers gewidmet ist. Mit dem ihm eigenen Sarkasmus fegte A. Koeckelenbergh sämtliche Ereignisse der letzten Tage mit einer lässigen Handbewegung vom Tisch. Trotz der Freundschaft, die wir ihm gegenüber hegen, muß gesagt werden, daß seine blinde Skepsis ungut war. Dieses kategorische Urteil war nicht das eines Zweiflers, der die Sachlage ernsthaft geprüft hatte, sondern war eher die »Stammtischmeinung« von jemandem, dem die (bereits äußerst zahlreichen) von der SOBEPS zusammengetragenen Einzelelemente vollkommen unbekannt geblieben waren. Auf Seite 10 derselben Ausgabe und als Kontrapunkt zu dieser »reduktionistischen« Auffassung stand über einem Artikel von Daniel Conraads folgende Titelzeile: »Das ›intelligente Verhalten‹ der UFOs im Osten«. Der Artikel griff Äußerungen auf, die Michel Bougard wenige Stunden zuvor gegenüber einigen Journalisten gemacht hatte:

> Von den Ufologen wird unterdessen betont, daß sich viele Zeugenaussagen als übereinstimmend und kohärent erweisen. »In einer Vielzahl von Aussagen finden sich identische Elemente«, bemerkt Michel Bougard, Chemielehrer in La Louvière und Präsident der SOBEPS, »und aus der Mehrzahl der Beschreibungen ergibt sich, daß das rätselhafte Objekt eine dreieckige bzw. trapezartige Form aufwies, sich fast lautlos bewegte, mit drei besonders hellen Scheinwerfern ausgestattet und von beeindruckender Größe war – es hatte eine Spannweite von mindestens 50 Metern«. Bereits in dieser Untersuchungsphase schließt der Präsident der SOBEPS jegliche Möglichkeit der Verwechslung mit einem astronomischen oder meteorologischen Phänomen sowie mit einem Heißluft- oder Wetter-

> ballon kategorisch aus. Auch glaubt er nicht an die Möglichkeit eines Täuschungsmanövers oder Scherzes. »Beim derzeitigen Stand unserer Nachforschungen deutet alles darauf hin, daß es sich um ein künstliches, materielles Objekt handelte, das ein intelligentes Verhalten zeigte.« Obwohl er sie für zunehmend weniger plausibel hält, ist Michel Bougard kein absoluter Gegner der Hypothese von einer streng geheimen Erprobung eines militärischen Fluggeräts mit einem bislang kaum bekannten Leistungsspektrum. Seitens des Verteidigungsministeriums wurde unterdessen kategorisch festgestellt, daß in den letzten Tagen in Belgien keinerlei Flüge von Prototypen erfolgt seien. Der Präsident der SOBEPS mag auch die Möglichkeit eines besonders raffinierten, von einem findigen Bastler ersonnenen ULM nicht völlig ausschließen. Da wäre selbstverständlich noch die außergewöhnlichste Hypothese: die eines extraterrestrischen Flugobjekts auf einem Erkundungsflug rund um unseren kleinen, blauen Planeten.

Diese Kommentare müßten aus heutiger Sicht in keinem wesentlichen Punkt abgeändert werden, denn sämtliche Aspekte des Problems finden sich bereits zu Beginn der Ereignisse vereint. Einschließlich der unerklärlichen Radarechos! In ihrer Ausgabe vom 9. und 10. Dezember 1989 wählte die Tageszeitung *Nord-Eclair* den Titel: »Nachforschungen der Luftwaffe: Radarspezialisten vom Stützpunkt Bierset hatten ›etwas‹ auf ihren Schirmen ...« Hier wurden offenbar Bierset und Glons verwechselt, doch der Artikel selbst fand zur Wahrheit zurück:

> Von verantwortlicher Stelle wurde jedenfalls seitens des Verteidigungsministeriums bestätigt, daß die Radaroperateure von Glons (bei Lüttich) und Semmerzake (bei Gent) in den letzten Tagen wiederholt diffuse Echos auf ihren Radarschirmen orteten. Zwischen den vor Ort gemachten Beobachtungen und den Radarechos bestehe allerdings keine direkte zeitliche und räumliche Korrelation – so Oberst Wilfried De Brouwer vom Stab der Luftwaffe, der ferner darauf hinweist, daß die Echos nicht sehr deutlich waren und nicht zeitgleich geortet wurden. Außerdem entspreche ihre Lokalisierung überhaupt nicht den Stellen, an denen die UFOs seit dem 29. November gesichtet wurden. Wie Oberst De Brouwer betont, seien die Witterungsverhältnisse der letzten Tage (Inversionswetterlage) für das Auftreten von Geisterechos auf den Radarschirmen besonders günstig. Jedenfalls wurde von den Militärflugzeugen oder den Eupen überfliegenden Linienmaschinen nichts Entsprechendes beobachtet. Vom Stab der Luftwaffe und vom Verteidigungsministerium wird jedenfalls de-

mentiert, daß die UFOs etwas mit angeblich im Raum Elsenborn stattfindenden militärischen Operationen zu tun hätten. Wie von mehreren Verantwortlichen bekräftigt wurde, befanden sich zu den von den Zeugen der UFO-Sichtungen angegebenen Stunden keine Militärflugzeuge oder -hubschrauber in der Luft. Diese Personen schließen auch die Hypothesen der geheimen Erprobung eines Fluggeräts, des Abwurfs von Ballons oder des Abschusses von Leuchtraketen aus, die an einem Fallschirm zur Erde schweben. Ebenfalls ausgeschlossen wird die Hypothese von Flügen ziviler Hubschrauber, da nur sehr wenige Typen in der Lage sind, bei Eisbildung Nachtflüge zu unternehmen. Von einem fliegenden Offizier stammt indessen die Hypothese, mittels einer leichtgewichtigen Laseranlage könnten bewegte Bilder projiziert worden sein. Der Importeur dieser Geräte betonte, er könne derartige Bilder erzeugen. Ein Problem wäre nur die Stromversorgung, die durch einen mobilen Generator erfolgen müßte.

Laser, geheimer Prototyp, ULM – noch sind gar nicht sämtliche vorgeschlagenen Erklärungen auf dem Tisch. Erstmals fällt der Name Wilfried De Brouwer. Wir wissen noch nicht, daß dieser Berufssoldat ein Mann von Format ist, seine Klugheit und Aufrichtigkeit werden wir erst in den kommenden Wochen und Monaten schätzenlernen.

Die »Offiziellen« machen sich kundig ...

Während unser Generalsekretär von der Lawine der bei der SOBEPS eingehenden Anrufe buchstäblich überrollt wird, bietet uns die Woche vom 4. bis 10. Dezember Gelegenheit zu einigen unerläßlichen Umstrukturierungen. Unter der Federführung von Jean-Luc Vertongen formiert sich ein neues Netz von Interviewern, und in Brüssel finden mehrere Informationssitzungen statt.

Es ist Zeit, daß wir uns um weitere Unterstützung bemühen. Während die Presse die Qualität und Notwendigkeit unserer Arbeit einmütig anerkannte, war die SOBEPS damit beschäftigt, nach Mitarbeitern zu suchen, die der Sache wohlgesonnen und begeistert genug waren, eine solche Arbeit ehrenamtlich zu übernehmen.

Auf Initiative von Lucien Clerebaut trafen August Meessen und Jean-Luc Vertongen am 5. Dezember 1989 zu einem Gespräch mit Herrn

Clerck zusammen, der beim Innenministerium für die Wissenschaftspolitik verantwortlich zeichnet. Die Begegnung verfolgte das Ziel, unsere Gesellschaft vorzustellen und die Chancen für eine eventuelle Beihilfe im Rahmen des einen oder anderen Forschungsprogramms zu sondieren. Clerck, der sich als ein sehr angenehmer Mensch erwies, lehnte unser Anliegen zwar nicht ab, verlangte jedoch ein detaillierteres Dossier.

Am nächsten Tag – und ohne daß sich ein eindeutiger Zusammenhang zwischen den beiden Ereignissen herstellen ließe – erhielt L. Clerebaut am Sitz der SOBEPS den Anruf von Oberstleutnant Rousseau, der für den Gendarmerie-Einsatz im französischsprachigen Teil Belgiens verantwortlich ist. Im Laufe des Telefonats wurde unserem Generalsekretär klar, daß es dem Führungsoffizier darum ging, sich sehr genau über die SOBEPS, das Ziel ihrer Nachforschungen und sonstigen Aktivitäten sowie über ihre Methoden und Mittel zu informieren. Als Clerebaut sich bei dem Oberstleutnant nach dem »Warum« all dieser Fragen erkundigte, erwiderte dieser: »Na, weil Sie in der BISTEL des Premierministers auftauchen und ich den Auftrag habe, mich über Sie zu informieren!«

Sieh mal einer an!

Bei der BISTEL des Premierministers handelt es sich nämlich um eine regelmäßig aktualisierte Datenbank, die die belgische Regierung über all das auf dem laufenden halten soll, was mehr oder weniger unmittelbar mit dem politischen, wirtschaftlichen, gesellschaftlichen und militärischen Bereich in Belgien zu tun hat.

Warum aber ein derartiges Interesse für unseren kleinen »e.V.«?

Das letzte Wort ist hierüber noch nicht gesprochen, doch wir sind mittlerweile zu der Ansicht gelangt, daß man keinen bösen Willen unterstellen darf. Jedenfalls packten wir diese Gelegenheit beim Schopf, weil sie sich nicht alle Tage bietet. Wenn die Verantwortlichen einigen unserer Wünsche gegenüber endlich einmal Aufgeschlossenheit zu zeigen schienen, durften wir das keinesfalls ignorieren.

Gegen Ende der Woche erinnert sich ein ehemaliges Mitglied der SOBEPS an uns; es ist MDL Chef Serge Delporte, der Oberstleutnant Rousseau unterstellt ist und außerdem an der Ecole Royale de Gendarmerie lehrt. Er hat seinen Vorgesetzten (speziell Rousseau) von der SOBEPS und dem UFO-Phänomen erzählt und ihnen einige Ausgaben unserer Zeitschrift *Inforespace* überlassen. Durch seine Vermittlung erhielten wir für Montag, den 11. Dezember, einen Gesprächstermin beim Stab der Gendarmerie.

Doch erst einmal mußten wir uns um die Organisierung der Befragungen vor Ort und die Sammlung der wichtigsten Beweisstücke für das zu Monatsbeginn noch recht unvollständige Dossier des 29. November kümmern. Um uns zu unterstützen, wurden auf Initiative von Heinz Godesar und weiteren Journalisten vom *Grenz-Echo* Zeugen aus dem Eupener Raum eingeladen, sich mit uns in den von der Tageszeitung zur Verfügung gestellten Räumlichkeiten zusammenzusetzen. Am Samstag, dem 9., und am Sonntag, dem 10. Dezember, wurden von mehreren unserer Mitarbeiter im Schichtdienst neue Sichtungsberichte aufgenommen. Zwischen 10 und 19.30 Uhr fanden sich mehrere Dutzend Zeugen in der Redaktion ein, um von ihren wenige Tage zurückliegenden Sichtungen zu berichten. Durch die Anhäufung von Details erhielten wir eine zunehmend genauere Vorstellung von dem Objekt, das den Osten des Landes bereits wiederholt überflogen hatte. Je mehr Einzelheiten über das Verhalten des Objekts gemeldet wurden, desto unhaltbarer wurde die Hypothese von der Verwechslung mit einem ULM, einem AWACS oder irgendwelchen Laserstrahlen.

Wie geplant fanden sich Michel Bougard und Lucien Clerebaut am Vormittag des 11. Dezember beim Stab der Gendarmerie zu der Begegnung mit Oberstleutnant Rousseau ein. Der ebenfalls anwesende MDL Chef Delporte stellte die SOBEPS mit einigen Worten vor, und wir gaben eine knappe Erläuterung der jüngsten Ereignisse, wobei wir die Art der von uns verwandten Befragungsmethoden und die wissenschaftliche Ausrichtung unseres Projekts betonten. Rousseau hörte uns aufmerksam zu und war sogleich bereit, uns zu unterstützen. Ohne uns zu sagen, daß darüber schon bald entschieden würde, teilte er uns im Laufe des Gesprächs seine Idee mit, die Gendarmen der verschiedenen Dienststellen aufzufordern, sämtliche sie erreichende Zeugenaussagen über UFO-Sichtungen an uns weiterzuleiten. Am Ende der Unterredung waren wir von der herzlichen Aufnahme und dem Interesse des Einsatzleiters sehr angetan. Endlich konnten wir hoffen, daß die SOBEPS schon bald als notwendiges Bindeglied zwischen Behörden und Zeugen fungieren würde.

Während wir noch über die möglichen Konsequenzen dieser Zusammenarbeit mit der Gendarmerie nachdachten, schickte Oberstleutnant Rousseau aus eigener Initiative (und ohne uns dies mitzuteilen) am Nachmittag des 11. Dezember ein Telex an alle ihm unterstehenden Polizeidienststellen im französischsprachigen Teil Belgiens, in welchem er ihnen die Telefonnummer der SOBEPS mitteilte und darum bat, sämtliche den Bereich UFOs betreffende Informationen auf unseren Anrufbeantworter zu sprechen. Diesem Telex (DSO-DOPS Nr. J18671-89) leisteten die meisten Dienststellen Folge, und wir erhielten Zugang zu neuen Informationen (Abbildung 2.15). Diese Dienstanweisung wurde im April 1990 außer Kraft gesetzt und durch umfassendere Instruktionen ersetzt (Telex EMG Gd DSO/DOPS unclas B 02512.90 vom 12. April 1990), die bis heute gültig sind.

BETRIFFT: ANWESENHEIT VON UFOs
A. 14 DEZ 1989 ZWISCHEN 2230 UND 2240 UHR
ERSTER UEBERFLUG SIEDLUNG MIT HOHER GESCHWINDIGKEIT, MEHRERE BLINK-LICHTER, NIMMT KURS AUF VILLERS-ST-GHISLAIN.
ZWEITER UEBERFLUG SEHR LANGSAM DAUERLICHTER RICHTUNG MONS
B. MONS — HAVRE, CHAUSSEE DE ROEULX NR 1182
C. DREIECKSFORM ROTE BLINKLAMPEN — DUMPFES MOTORENGERAEUSCH
D. DEFENSE, CECILIA, GEB BAURAING 24 MRZ 56, OHNE BERUF, WOHNH 7040 MONS HAVRE 1182 CHAUSSEE DU ROEULX
IN BEGLEITUNG IHRER BEIDEN KINDER (10, 14)
E. CA 10 MIN
F. KONTAKT ZU SOBEPS NICHT MÖGLICH
A. 14 DEZ 89 ZWISCHEN 2255 UND 2305 UHR
B. VILLERS-ST-GHISLAIN RUE PETITE CAVEE NR 2
C. FORM GLEICHSCHENKLIGES DREIECK ECKENRUNDUNG ROTLICHT MITTIG — WEISSLICHTUMRANDUNG DUMPFER LÄRM. FERNSEHEMPFANG GESTOERT. KREISTE IN CA 100 Meter HOEHE.
D. DEREMIER, NELLY, GEB BELOEIL 27 MRZ 47 WOHNH RUE PETITE CAVEE NR 2, VILLERS-ST-GHISLAIN
E. CA 10 MIN
F. KONTAKT ZU SOBEPS NICHT MOEGLICH

Bei unserer Unterredung mit Rousseau war auch über einen Anrufbeantworter gesprochen worden; freilich hatten wir nicht mit seiner

2. CHRONIK EINER SICHTUNGSWELLE

```
BERICHT : J 18754-89                  1003                              19160
BESTEMM : Min Bi Lm                          Col. Schell
          SOBEPS                                      2 1 DEC. 1989

21639 GDCOMD B
57168 GDMONS B        323    1-2-3-5    K    KCKC

P 150100A DEC 89
FM COMD DIST MONS
TO EMG GD DSO DOPS
INFO COMD REG HN
COMD GP TER PROV HAINAUT
BT
    . ' (.)
OBJET : PRESENCE D'OVNI

REF : TX EMG GD DSO DOPS NR ▓▓▓ ▓ ▓▓▓▓▓ DU 131545A DEC 89
 --- TX COMD GP TER PROV HT   NR ▓▓▓ BAND ▓▓▓ DU 131650A DEC 89
A. 14 DEC 89 ENTRE 2230 ET 2240 HRS
PREMIER PASSAGE AU DESSUS DE L'HABITATION A VITESSE RAPIDE,
PLUSIEURS FEUX CLIGNOTANTS, PREND LA DIRECTION DE VILLERS-ST-
GHISLAIN.
SECOND PASSAGE VITESSE TRES LENTE FEUX FIXES EN DIRECTION DE MONS
B. MONS - HAVRE, CHAUSSEE DU ROEULX NR 1182
C. FORME DE TRIANGLE LAMPES CLIGNOTANTES ROUGE - BRUIT SOURD DE
MOTEUR
D. DEFFENSE, CECILIA, NEE A BAURAING, LE 24 MAR 56, SANS PROFESSION
DLIEE 7040 MONS HAVRE 1192 CHAUSSEE DU ROEULX
ACCOMPAGNEE DE SES DEUX ENFANTS AGES DE 10 ET 14 ANS.
E. PLUS OU MOINS 10 MIN.
F. SOBEPS N'A PU ETRE CONTACTE.
A. 14 DEC 89 ENTRE 2255 ET 2305 HRS
B. VILLERS-ST-GHISLAIN RUE PETITE CAVEE NR 2
C. FORME DE TRIANGLE ISOCELE AVEC ANGLES ARRONDI UNE LUMIERE ROUGE
AU CENTRE - LUMIERES BLANCHE AUTOUR BRUIT SOURD. PARASITES DANS
TELEVISEUR.
X CIRCULAIT A PLUS OU MOINS 100 M D'ALTITUDE.
D. DEREMIER, NELLY, NEE A BELOEIL LE 27 MAR 47DLIEE RUE PETITE
CAVEE NR 2 A VILLERS-ST-GHISLAIN
E. PLUS OU MOINS 10 MIN.
F. SOBEPS N'A PU ETRE CONTACTE.
BT


NNNN
21639 GDCOMD B R 0100A K
57168 GDMONS B    AR
```

Abb. 2.15

prompten Reaktion gerechnet. Wir wollten ein solches inzwischen dringend notwendiges Gerät anschaffen, obwohl wir über die im Stab getroffenen Entscheidungen noch nichts wußten. Tatkräftig hatte unser

Generalsekretär Clerebaut einen Anrufbeantworter erstanden, der am Nachmittag des 12. angeliefert wurde.

Da für jenen Abend eine Interviewerversammlung angesetzt war, konnte das neue elektronische Kleinod aber nicht angeschlossen werden. Auch nicht weiter schlimm, dachten wir, da kein dringlicher Anlaß gegeben war.

Zu unserem Leidwesen jedoch sollten die durch das Telex ihres Vorgesetzten in Alarm versetzten Gendarmen sofort reagieren. In der Nacht vom 12. auf den 13. Dezember versuchten nicht weniger als fünf Dienststellen – natürlich vergeblich! –, mit der SOBEPS Kontakt aufzunehmen. »Kontakt zur SOBEPS nicht möglich« meldete der Ticker.

Schon am nächsten Tag erhielten wir einen erbosten Anruf von Oberstleutnant Rousseau, in dem er uns unverblümt diesen ersten »Schnitzer« vorhielt. Der Anrufbeantworter wurde jetzt natürlich sofort angeschlossen, und damit ja nichts mehr passieren konnte, verbrachte MDL Chef Delporte die nächste Nacht neben dem Schreibtisch auf einem Feldbett. Da er als unser Garant bei Rousseau fungierte, wollte er selbstverständlich ein weiteres Mißgeschick vermeiden, das uns beide mit einem Schlag unglaubwürdig gemacht hätte. Aber alles kann man nicht haben, in dieser Nacht wurde vom Himmel über Belgien nichts Ungewöhnliches gemeldet.

11.12.1989: systematische Erkundungsflüge am Abend?

Schließen wir diesen kleinen Ausflug in das Innenleben der SOBEPS ab und wenden wir uns wieder ganz den eher ufologischen Ereignissen zu. Am Abend des 11. Dezember 1989, nur wenige Stunden nachdem wir bei Eupen mehrere interessante Zeugenaussagen gesammelt und uns zum Stab der Gendarmerie begeben hatten, konnten wir noch nicht ahnen, daß die UFOs dies auf ihre Weise »feiern« würden, indem sie sich massiv (und zwar erstmals im Rahmen dieser Sichtungswelle) auf fast das gesamte belgische Territorium »vorwagten«.

Die computergestützte Aufbereitung der mehr als 1 200 von der SOBEPS zusammengetragenen Falldaten wird – hoffentlich – zeigen, ob die UFO-Sichtungen eine räumliche und zeitliche Struktur auf-

2. CHRONIK EINER SICHTUNGSWELLE

weisen. Doch bereits heute steht fest, daß es einige herausragende Tage gibt, etwa den 29. November 1989, den 11. Dezember 1989 und den 12. März 1991.

Mit der Schilderung der Ereignisse vom Abend des 11. Dezember (Montag) soll versucht werden, die weitgehende Übereinstimmung der eingegangenen Zeugenaussagen unter Beweis zu stellen – sowohl hinsichtlich der Chronologie der Beobachtungen als auch der gemeldeten Details (Form, Bewegung, Richtung). Zwar steht eine abschließende Überarbeitung noch aus, doch unter den 24 untersuchten Zeugenaussagen lassen sich bereits heute fünf Serien unterscheiden (Abbildung 2.16). Wie man sofort feststellen kann, erhielt an jenem Abend fast ausschließlich die Linie Sombre-Maas (von Lüttich bis Mons) Besuch, mit besonderer Betonung der Region zwischen La Louvière und Namur und einem Schlenker in den Süden von Wallonisch-Brabant.

Wir überlassen es den Leserinnen und Lesern zu beurteilen, für wie fundiert das Vorangehende zu halten ist. Darüber hinaus sind alle erwähnten Fälle so eingehend wie möglich untersucht worden. Hier, in diesem Buch, können die verfügbaren Daten natürlich nur zusammengefaßt und dichtgedrängt wiedergegeben werden. Die laufende Numerierung verweist auf die entsprechenden Karten.

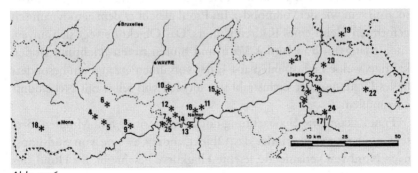

Abb. 2.16

1. ESNEUX (LÜTTICH)

Montag, 11. Dezember 1989. Die Nacht bricht an, und der Himmel über Esneux ist wolkenlos. Um 17.35 Uhr ist Maggy L. mit dem Wagen von Esneux nach Fontyn-Avionpuits unterwegs, einem östlich über dem Ourthe-Tal gelegenen Weiler. Die Umgebung besteht hauptsächlich aus Weideland, auf dem jedoch auch ein kleines E-Werk, Funkfeuer-Antennen und ein Wasserschloß »wachsen«.

Gegenüber von Frau L., leicht nach rechts versetzt und von der Gemarkung Moulin à Vent kommend, nähert sich ein hell leuchtender »Hubschrauber« bis auf eine Entfernung von 800 bis 900 Meter. In diesem Moment wird die Zeugin gewahr, daß das Objekt nichts von einem Hubschrauber an sich hat. Von vorn gleicht es einer riesigen Glocke, an deren waagerechter Unterseite sich große, weiße Leuchtfeuer befinden (Abbildung 2.17). Weiter oben erkennt sie drei nebeneinander angeordnete, leuchtendrote Kabinenfenster; das mittlere Fenster scheint etwas größer zu sein. Unter ihnen blinken wechselweise mehrere orangerote und weißblaue Lichter.

Der Verkehr und die schmale Straße lassen ein Anhalten nicht zu; dennoch kann Frau L. die langsame Bewegung des Flugobjekts etwa eine Minute lang verfolgen.

Als die Zeugin wenige Minuten später mit ihrem Hund auf den Wiesen von Fontyn spazierengeht, zeigt sich das UFO erneut. Es fliegt sehr dicht über dem Horizont (»auf Höhe der größeren Bäume«) in 700 bis 800 Meter Entfernung und wirkt riesengroß (»ein Kabinenfenster dürfte so groß sein wie der Vollmond«). Im Profil gleicht es dem aerodynamisch geformten Helm eines Radrennfahrers. Das Objekt bewegt sich unverändert langsam und lautlos. Vorn und hinten treten Richtung Boden kräftige, weiße Lichtstrahlen aus. Einer von ihnen erzeugt ein besonders helles Licht, und der Lichtstrahl scheint sich von selbst mit Nebeldunst einzuhüllen.

Frau L. kann ihre Beobachtung noch etwa weitere fünf Minuten fortsetzen. Dann verschwindet das Objekt, indem es eine von Südsüdost nach Nordwest verlaufende, leichte Flugkurve beschreibt. Ihr Hund, der für gewöhnlich in den Wiesen herumtobt, weicht den ganzen Abend lang nicht von der Seite seines Frauchens. In dem unten im Ourthe-Tal gelegenen Weiler Crèvecoeur sieht Fräulein M. zu derselben Zeit ein von Osten kommendes, großdimensioniertes Phänomen mit roten und weißen Lichtern, das etwa 400 Meter von der Zeugin entfernt in einer geschätzten Höhe von 100 bis 150 Meter vorbeifliegt.

2. CHRONIK EINER SICHTUNGSWELLE

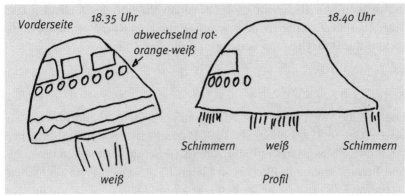

Abb. 2.17

2. Tilff (Lüttich)

Wir befinden uns etwa 5 Kilometer nordwestlich von der Stelle der obigen Sichtung. Es ist 17.45 Uhr, und die kleine Nadia E. Y. (12 Jahre) sitzt vor dem Fernseher. Plötzlich fällt ihr etwas am Himmel auf, und sie benachrichtigt sofort ihre als Säuglingsschwester tätige ältere Schwester. Beide können die Flugmanöver eines Objekts verfolgen, das einem großen, dunklen Dreieck mit gerundeten Ecken gleicht. In zwei Ecken befindet sich je ein heller, grüner Scheinwerfer, in der dritten ein rot schimmerndes Licht. Außerdem ist das Objekt vollständig von kleineren Lichtern umsäumt (Abbildung 2.18).

Das UFO leuchtet sehr hell und gibt das Geräusch eines Elektro-

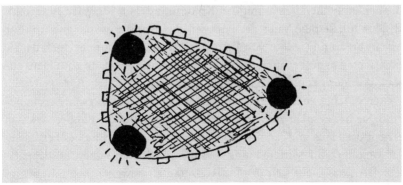

Abb. 2.18

motors von sich. Im Tiefflug folgt es einem abschüssigen Geländestück, fliegt über die Zeuginnen hinweg und setzt seinen Kurs Richtung Nordwesten, auf Boncelles und Seraing zu, fort.

3. Trooz (Lüttich)

Die Familie P. wohnt in Trooz-Fraipont, an diesem Abend sind alle zu Hause. Gegen 17.45 Uhr sieht Frau P. durch das Fenster in nördlicher Richtung ein eigenartiges Licht. Alle (das Ehepaar P., ihre Kinder René und Francis sowie die Eltern von Herrn P.) gehen ins Freie und sehen Richtung Tilff ein sehr helles, bewegungsloses Licht.

Draußen, vor dem Haus, sehen sie in nördlicher Richtung, in 30° Höhe über dem Hügel von Forêt-Trooz ein weiteres, sehr helles und weißes Licht. Durchs Fernglas betrachtet, pulsiert das Licht regelmäßig im Sekundentakt und wird an beiden Seiten von je einem schwächeren Licht begleitet. Das Objekt verändert seine Position etwa zehn Minuten lang nicht. Zwar wird das eine Fernglas weitergereicht, doch insgesamt benutzt es Herr P. am längsten, der dann auch die nach zehn Minuten der Bewegungslosigkeit einsetzenden Flugmanöver etwa eine Minute lang beobachten kann. In welche Richtung? Schwer zu sagen, sicherlich aber auf die Zeugen zu. Doch dann vollzieht das Objekt einen Kurswechsel und verschwindet lautlos innerhalb von zwei Sekunden mit einer rasanten Geschwindigkeit Richtung Ostsüdost, auf Tilff zu.

Das weit links befindliche Licht ist immer noch da. Man beobachtet es noch einen Moment, doch dann läßt die Aufmerksamkeit nach, und die beiden Frauen gehen mit den Kindern ins Haus (draußen ist es kalt). P. fährt mit seinem Vater der besseren Sicht halber weiter die Anhöhe hinauf bis zum Friedhof von Banneux. Das Licht ist immer noch da. Sie beobachten es eine weitere Viertelstunde und kehren dann zum Haus zurück. Aus dem Fenster schauend, bemerkt Frau P. plötzlich, daß sich ein weiteres Licht genau dort plaziert hat, wo sich zuvor das zweite Licht befand. Sie hat es nicht auftauchen sehen. Herr P. und die Kinder verlassen erneut das Haus und nehmen die Beobachtung mit Hilfe des Fernglases für weitere zehn Minuten auf. Diesmal hat P. auch seinen Fotoapparat dabei. Als das Licht sich in ihre Richtung zu bewegen beginnt, begibt sich P. auf einen links vom Haus verlaufenden Gartenpfad und macht von

2. CHRONIK EINER SICHTUNGSWELLE

dort aus in dichter Folge drei Aufnahmen von jener dunklen Masse mit einem sehr hellen Scheinwerfer vorn, zwei weißen Lichtern an den äußeren Enden und einer Reihe von roten Lichtern hinten. Die roten Lichter bekommt er erst zu sehen, als sich das Objekt senkrecht über dem Haus befindet. Die zum Zeitpunkt des Überflugs eingenommene Flughöhe schätzt P. auf 50 Meter, und die Breite des Flugkörpers – bezogen auf einen am ausgestreckten Arm gehaltenen Gegenstand – auf 35 cm. Das Objekt verschwindet sehr schnell jenseits des Hügels hinter dem Haus.

Für Herrn P. weist das Objekt vorne am Bug einen sehr großen, sehr starken Scheinwerfer auf, dessen Licht allerdings nicht bis zum Boden reicht, sowie zwei weniger helle Lichter an den Enden der nach unten gekrümmten Seitenpartien. Von unten betrachtet, ist das Objekt ein Dreieck mit gerundeten Ecken und einer Reihe von roten Lichtern, die sich weiter hinten befinden. Ihre genaue Zahl vermag er nicht anzugeben.

Für den zwölfjährigen René, der interessierter und begeisterter bei der Sache ist als sein älterer Bruder, handelt es sich um die Mischung zweier Formen (Abbildung 2.19). Die Zeichnungen wurden unabhängig voneinander erstellt. Richtiggehender Lärm wurde nicht bemerkt, doch wird von P. und seinen Kindern ein im Moment des Überflugs vernehmliches, leichtes Säuseln gemeldet.

Während P. fotografierte, sahen die Kinder am Horizont ein viertes

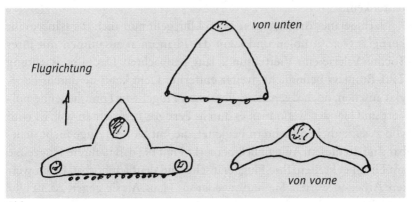

Abb. 2.19

Licht auftauchen, das sehr rasch größer wurde, rechts am Haus vorbeiflog, sich ebenfalls als dreieckiges Objekt entpuppte und jenseits des Hügels hinter dem Haus Richtung Forges verschwand. P. hat es nicht gesehen, da er den Himmel gerade nach dem zuvor gesichteten, weiter entfernten, linker Hand Richtung Tilff gelegenen Licht absuchte. Doch vergebens. Niemand hat verfolgen können, wie es sich entfernte. Die Sichtung dauerte insgesamt eineinviertel Stunden.

Die Zeugen verspürten zu keinem Zeitpunkt Angst, sie waren eher verwundert und setzten die Beobachtung des Himmels bis in die späten Abendstunden, aus verschiedenen Fenstern schauend, fort. Am Tag darauf gab P. den Film zum Entwickeln. Eine der Aufnahmen zeigt eine Wolke, eine Dampfbildung! P. ist sich ganz sicher: Der Himmel war absolut frei. Auf der zweiten Aufnahme: eine Spur, auf der dritten: nichts.

Diese Schilderung wird durch eine weitere Zeugenaussage bestätigt. An jenem Abend ist Martine N. damit beschäftigt, die Kühe ihrer Schwiegermutter zu melken. Der Kuhstall steht direkt unterhalb des Hauses der Familie P. Gemolken wird zwischen 17.30 und 18.30 Uhr. In dieser Stunde geht Frau N. mehrmals mit ihren Milchkübeln zwischen Haus und Stall hin und her. Plötzlich wird sie auf zwei große Lichter aufmerksam, die am Himmel stehen: eines links, Richtung Tilff-Beaufays, und das andere oberhalb des ihr direkt gegenüber, Richtung Forêt gelegenen Hügels. Doch die Zeit drängt. Auch sieht sie, daß die Familie P. vor dem Haus mit einem Fernglas hantiert, doch man redet derzeit nicht mehr miteinander und grüßt sich nicht einmal (dies wird sich später wieder einrenken).

Nach getaner Arbeit, gegen 18.45 Uhr, geht nun auch die Bäuerin ihr Fernglas (7 x 50) holen und kann das Phänomen zusammen mit ihrer Tochter Valérie eine Viertelstunde lang beobachten. Das links, Richtung Tilff-Beaufays befindliche, weiter entfernte Licht kann sie durchs Fernglas ansehen, doch das nähere, über dem Hügel von Forêt liegende pulsiert und blendet, wenn man es durchs Fernglas beobachten will. Es wird von zwei seitlichen Lichtern begleitet, die mit bloßem Auge nicht sichtbar sind. In diesem Augenblick bemerkt Frau N., daß mehrere Flugzeuge am Himmel kreisen. Ihre Fluggeräusche sind deutlich hörbar. Doch weitere Arbeiten warten. Sie muß wieder ins Haus. Als sie gegen 20.30 Uhr zurückkommt, ist nichts mehr zu sehen.

4. La Louvière (Hainaut)

Gegen 18 Uhr befindet sich Michel G. in der zur Gemarkung La Croyère gehörenden Rue des Mimosas in La Louvière, wo er einem Freund, Robert S., einen Besuch abstatten will. Dieser berichtet uns folgendes:

> Zwischen 18 und 19 Uhr klopfte jemand an die Tür. Ich öffnete. G. stand draußen und wies mich auf Lichter am Himmel hin. Sie waren deutlich zu erkennen, hatten keinen Lichtsaum und waren – ohne daß sie geblendet hätten – sehr hell. Der Mond befand sich hinter mir. Die Leuchtpunkte kamen von Westen und gingen nach Osten. Ich konnte die Form des Objekts nicht bestimmen, doch die Lichter waren so angeordnet, als würden sie eine dreieckige Form umgrenzen, mit einem roten Leuchtpunkt in der Mitte und einem zweiten roten Punkt hinten auf einer Seite, der sich gleichzeitig mit dem Dreieck zu bewegen schien [sic]. Das Objekt bewegte sich mäßig schnell, mit leichten Beschleunigungsschüben, ohne daß sich dabei die Leuchtkraft verändert hätte, außer gegen Ende meiner Beobachtung, als die Lichter anscheinend schwächer wurden und dann ganz verschwanden. Man hätte dem Objekt im Schrittempo folgen können. Geräusche gab es nicht. Die Beobachtung dauerte ungefähr 20 Sekunden. Ich halte es nicht für ein extraterrestrisches Objekt [die Person gehört den Zeugen Jehovas an; Anm. d. Verf.], sondern eher für einen geheimen militärischen Flugkörper.

Daraufhin führte Michel G. ein Telefonat mit den Redakteuren von *La Nouvelle Gazette,* die seine Aussage am 13. Dezember veröffentlichten:

> Als mir mein Freund Robert gerade öffnen wollte, vernahm ich ein dumpfes Geräusch, wie das eines Flugzeugs, doch aus ziemlich weiter Ferne. Auch Robert war es nicht entgangen, und beide blickten wir nach oben. Wie groß war unsere Überraschung, als wir über uns eine gigantische, recht verschwommene Form sahen, in deren Umkreis mehrere Lichter zu erkennen waren: drei ein Dreieck bildende rote Lichter, etwas höher drei gelbe Punkte und ein weiteres rotes Licht, ähnlich einem Umlauflicht, das sich gleichmäßig drehte. Wir konnten das Phänomen etwa 15 Sekunden lang beobachten, doch ich muß sagen, die Zeit kam uns beiden sehr lang vor.

Anläßlich der im April 1990 durchgeführten Befragung fügte Michel G. folgendes hinzu:

An diesem Tag mußte ich zur Apotheke; auf dem Heimweg beschließe ich, einen meiner Freunde, Herrn S., zu besuchen. Als ich gerade bei ihm anklopfe, sehe ich am Himmel Lichter, die sich bewegen. Als mein Freund öffnet, weise ich ihn sofort darauf hin. Die Außentemperatur beträgt etwa 8° C, und im Osten steht der Vollmond. Das Objekt bewegte sich auf einer geradlinigen Bahn. Es waren drei gelbe Lichter vorhanden, die ein Dreieck bildeten, ohne daß man deshalb eine Form hätte erkennen können, sowie ein schwächeres, orangerotes Licht, wie ein Umlauflicht, das sich im Zentrum des Objekts unregelmäßig drehte. Das Phänomen befand sich in einer leichten Schräglage, und seine Seitenlänge betrug 40 bis 50 Meter. Die Lichter waren gut zu erkennen und blieben während der gesamten Beobachtung gleichmäßig hell. Nach einigen Sekunden wurde mir klar, daß das Objekt ein schwaches, schrilles Geräusch von sich gab, eine Art Zischen. Es kam von La Louvière und bewegte sich in etwa 300 Meter Höhe Richtung Brüssel. Nachdem wir es etwa 20 Sekunden lang beobachtet hatten, entfernte sich das Objekt und verschwand hinter den Dächern. Im Anschluß an diesen Vorfall stellte ich fest, daß meine Digitaluhr nicht mehr richtig funktionierte: Das Display war ausgefallen. Ich hatte weder körperliche noch mentale Beschwerden, nur die Nerven flatterten mir ein bißchen. Auf dem Heimweg war ich sehr erregt. Es war das erste Mal, daß ich etwas derart Unglaubliches gesehen habe, und ich denke nicht, daß es ein Flugzeug war.

Die Richtungsangabe »Brüssel« dürfte falsch sein, denn die Zeugen meinen »nach Osten« (während sich Brüssel nördlich von La Louvière befindet). Die Sichtung fand 500 Meter südlich der Autobahn E 42 statt; das UFO folgte also dem Verlauf dieser strahlend hell erleuchteten Verkehrsachse Richtung Charleroi.

5. Morlanwelz (Hainaut)

Fast zur selben Zeit (18 bis 18.15 Uhr) kehren Robert V. und Frau Mic B. mit dem Wagen von La Louvière zurück und befinden sich bei der Gemarkung Drève de Mariemont in La Hestre. Im Nebeldunst fallen den Zeugen vier mehr oder weniger aufgereihte Leuchtfeuer auf, die sich seitlich Richtung Bellecourt bewegen (von Süden nach Norden).

Die Zeugen beschließen, in einer Seitenstraße anzuhalten, wo sie von dem Phänomen überflogen werden, das sich in sehr geringer Höhe mit etwa 20 km/h bewegt. Diesmal sind vier weiße Lichter zu erkennen (drei an den Spitzen eines Dreiecks, und eines im Zentrum der Unterseite), die anscheinend von einer besonders majestätisch wirkenden, anthrazitgrauen Struktur getragen werden. Die Zeugen verfolgen, wie sich das UFO in nördlicher Richtung entfernt, wobei ihnen hinter der Masse ein rotes Licht auffällt, das anscheinend in einer von unten nach oben verlaufenden An-Aus-Bewegung begriffen ist und um die eigene Achse rotiert.

6. Seneffe (Hainaut)

Es ist 18.30 Uhr (jedenfalls zwischen 18.25 und 18.35 Uhr), und das Ehepaar D. ist mit dem Wagen auf der N 27 zwischen Nivelles und Seneffe unterwegs. Wir befinden uns ungefähr 9 Kilometer nördlich der letzten Sichtungsstelle. Fast senkrecht über einem großen Bauernhaus werden in etwa 80 Meter Höhe und etwa 250 Meter von den Zeugen entfernt zwei absolut still stehende, blendend helle Scheinwerfer sichtbar. Zwischen diesen sehr intensiven Lichtern erkennen die Zeugen einige unscharfe, rechteckige Flächen und eine Masse mit unbestimmten Konturen.

Aus der weiterhin bewegungslosen Masse tritt ein Lichtstrahl von 1 bis 2 Meter Durchmesser aus, der den Boden erleuchtet. An den Rändern des Gebildes befinden sich zahlreiche kleinere Lichter verschiedenster Farben – rot und weiß am Anfang, blau gegen Ende –, die sich wie zufällig zu bewegen scheinen. Nach etwa halbminütiger Beobachtung wippt das UFO auf der Stelle, und die Lichter schwächen sich ab. Das Objekt entfernt sich lautlos auf die E 19 zu, in Richtung auf den Anschluß Nivelles-Sud an die A 54.

7. Jemeppe-sur-Sambre (Hainaut)

Fast zur gleichen Zeit wird auch Jean-Claude S. Zuschauer einer ganz eigenartigen Ballettaufführung am Himmel über seinem Wohnort.

An diesem Montag, es ist der 11. Dezember 1989, hat der Zeuge, der als Beamter beim Straßenbauamt beschäftigt ist, sein Büro verlassen, um seine Frau bei den Glaceries Saint-Roch abzuholen. Er kehrt aus Namur zurück und befindet sich gerade auf der (hell erleuchteten) Route de la

Basse-Sambre bei Punkt A (siehe Abbildung 2.20), als er direkt vor sich ein Licht sieht, das viel heller ist als die Straßenbeleuchtung. An Punkt B angelangt, kann der Zeuge die leuchtende Masse, die absolut unbeweglich in etwa 100 Meter Höhe über dem Boden schwebt, immer noch sehen, jedoch diesmal weiter rechts der Straße, als befände sie sich über Jemeppe-sur-Sambre.

Hinter einer Verkehrsampel hält S. seinen Wagen bei dem Geschäft Mestdagh (Punkt C) an. Der Lichtschein befindet sich genau im Norden, ist weiterhin unbeweglich und von dieser Stelle aus gut zu erkennen. Die verschiedenen Azimute kreuzen sich ganz genau in Punkt 1 (Position des Objekts). Es ist nun 18.25 Uhr. Die Form des Objekts steht nicht genau fest, aber der Zeuge kann trotzdem deutlich drei Lichter mit einem mittleren Teil (»eine Art Fotoblitz«) sowie überall um diese verteilt einige kleinere, rote Lichter erkennen. Am Rand befinden sich außerdem unveränderliche, rötliche »Leuchtspuren«. Der Zeuge steigt daraufhin aus dem Wagen, kann jedoch keine besonderen Geräusche feststellen.

Hinter den Lichtern meint der Zeuge eine Art graues Blech erkannt zu haben, das vermutlich dreieckig war und »gerundete« Kanten aufwies. »Es war riesengroß«, berichtet der Zeuge – viel größer als die gelegentlich in der Region auftauchenden AWACS. Fünf Minuten lang geschieht gar nichts. Als der Zeuge gerade aufbrechen will, um seine Frau endlich abzuholen, bewegt sich das Objekt ganz langsam einige Meter nach Osten, vollzieht eine ganz leichte Nickbewegung und fliegt dann sehr rasch genau in nördlicher Richtung davon (Punkt 2).

Verblüfft macht sich der Zeuge nun mit seinem Wagen Richtung Sambreville auf den Weg, um seine Frau abzuholen. Er erzählt ihr aber nichts. Um 18.50 Uhr treffen sie in der kleinen Ortschaft Commognes (ihrem Wohnort) ein. Sie befinden sich noch 250 Meter von ihrem Haus entfernt – genau am Punkt D, in nordwestlicher Verlängerung der Straße, oberhalb des Bois du Tî, der auf einer Anhöhe über der Ortschaft liegt –, als Frau S. ein am Himmel stehendes Leuchtgebilde bemerkt (Punkt 3).

Sie bittet ihren Mann sogleich, langsamer zu fahren, da eine »Traube aus roten Punkten« aus dem Objekt hervorgetreten ist und sich in voller Fahrt auf ihren Wagen zu bewegt. Das Knäuel taucht unter einer Hochspannungsleitung weg und kehrt dann sofort wieder zu dem Leuchtgebilde zurück. Nachdem dieses seine Position verändert hat (Punkt 4),

2. CHRONIK EINER SICHTUNGSWELLE

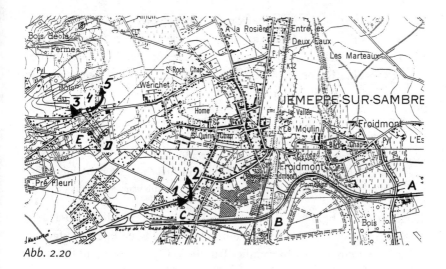

Abb. 2.20

nimmt eine neue Traube aus kleinen, roten Lichtern den gleichen Kurs unter der Stromleitung her (Punkt 4a).

Das Gebilde schwebt langsam gen Osten und vollzieht wie beim ersten Durchgang anscheinend eine Nickbewegung, bevor es ungemein rasant nach Norden, Richtung Bois de la Ferme, davonflitzt.

Der Zeuge setzte seine Fahrt während dieser gesamten Episode fort (von D nach E). Die roten Teilchen blieben beieinander und näherten sich dem Wagen bis auf wenige Meter, dabei sehr dicht über dem Boden schwebend. Für Frau S. hatte das Objekt die Größe eines »Fußballplatzes« und war mit drei Scheinwerfern versehen. Die kleinen, roten Lichter traten aus der Unterseite des Objekts hervor, und die »Traube«, die sie bildeten, hatte die Größe eines Autos. Es dürften 10 bis 20 dieser Lichter gewesen sein, die jedoch keine erkennbare Gesamtform bildeten.

Die beiden Zeugen blieben zu Hause, ohne ein Wort über ihre soeben gemachte Beobachtung zu verlieren. Erst nach mehreren Stunden begannen sie, darüber zu sprechen.

8./9. Jumet (Hainaut)

Die Befragungen zu den beiden folgenden Zeugenaussagen sind noch nicht abgeschlossen. Sie werden in einem kürzeren Artikel von *La*

Nouvelle Gazette in der Ausgabe vom 13. Dezember 1989 zitiert. Sein Verfasser ist Laurent Patte, der die an besagtem Abend in Jumet (nördlich von Charleroi) gemachten Beobachtungen beschreibt. Gegen 18.30 Uhr befindet sich eine Dame in Jumet-Station auf dem Weg zur Apotheke. Sie berichtet von der folgenden Sichtung:

> Es waren Lichter, die meine Aufmerksamkeit auf sich zogen. Sie flogen niedrig, in nur etwa 20 Meter Höhe, und sehr gemächlich. Und dann über meinen Kopf hinweg. Die »Untertasse« hatte einen Durchmesser von etwa 10 Meter und war von blinkenden Lichtern umgeben. In ihrer Mitte befanden sich Dauerlichter. Über allem ragte eine »Blase« hinaus (...).

Gegen 19 Uhr bemerkt Karine F. (15 Jahre) etwa 50 Meter über dem Boden oberhalb einiger Dächer ein bewegungsloses Objekt. Aufgeregt stürzt sie zu einer Nachbarfamilie (Familie V. G.) hinüber und bittet sie, mit nach draußen zu kommen. Frau V. G. zu einem Journalisten:

> Es war ein runder Apparat von vielleicht fünf Metern Durchmesser, rundherum mit Lichtern, und in der Mitte befand sich eine Kugel. Das Äußere war grau, die Mitte schwarz. Er blieb etwa 20 Sekunden lang stehen und schoß dann wie ein Pfeil davon. Nach nur einer Sekunde war nichts mehr da (...).

10. Ernage (Namur)

Die folgende Zeugenaussage ist zweifellos eine der interessantesten dieser Serie, und zwar im wesentlichen aufgrund der Person des Hauptzeugen. Es handelt sich nämlich um André Amond, Oberstleutnant beim belgischen Heer. Folgenden Brief, der als Datum den 19. Dezember 1989 trägt, sandte er an seine Vorgesetzten, um sie auf ein merkwürdiges Phänomen, das er beobachtet hatte, aufmerksam zu machen:

> Die nachstehende Aussage gründet sich auf eine Reihe von Beobachtungen, die ich am 11. Dezember 1989 gegen 18.45 Uhr machte, als ich mich auf dem Weg von meinem Wohnort Ernage zum Bahnhof von Gembloux befand. Ich wurde von meiner Frau Chantal begleitet, die dieselben Beobachtungen machen konnte. Die Nacht war hereingebrochen, am Himmel zeigten sich Sterne, und es herrschte Vollmond.
>
> Auf der Höhe des Gehöfts von Sart-Ernage angekommen, sehe ich zu

2. CHRONIK EINER SICHTUNGSWELLE

meiner Rechten und in Höhe des oberen Drittels der hinter dem Bauernhaus stehenden Bäume eine Reihe von drei oder vier Leuchttafeln am Himmel, die sich etwa in Richtung Nord-Süd bewegen – aus Richtung des Radarturms von Mellery oberhalb der Ortschaften Cortil bzw. Saint-Géry kommend und Richtung Corroy fliegend. Die Größe der Leuchttafeln ändert sich nicht, auch nicht ihre gleichmäßige Bewegung. Etwa in der Mitte unter ihnen befindet sich ein rotes Umlauflicht, das keine Ähnlichkeit mit jenen roten Blinklichtern aufweist, wie man sie an einem klassischen Flugzeug vorfindet, und die wie Sterne aufblinken. Die geschätzte Flughöhe der Tafeln betrug etwa 200 bis 300 Meter.

Die von mir benutzte Straße biegt bei dem Gehöft von Sart-Ernage nach links ab und führt nach Gembloux. Die Leuchttafeln des Objekts folgen dieser allgemeinen Richtung. Bei einer Fahrgeschwindigkeit von 50 bis 60 km/h lasse ich das UFO hinter mir. Um die Beobachtung fortzusetzen, halte ich am höchsten Punkt der Landstraße an, welcher gleich hinter dem Gehöft von Sart-Ernage liegt. Meine Frau läßt die Seitenscheibe herunter. Das UFO fliegt mit niedriger Geschwindigkeit rechts an mir vorbei und setzt seinen Kurs in der angegebenen Richtung fort. Diese Beobachtungsphase dauert etwa zwei bis vier Minuten.

Daraufhin fliegt das UFO unvermittelt in unsere Richtung. Zu sehen ist allein ein weißer, riesiger Scheinwerfer, der größer ist als der eines großen Frachtflugzeugs. An diesem Punkt beschleicht mich ein ungutes Gefühl. Meine Frau bekommt es mit der Angst zu tun und bittet mich, den Motor anzulassen – wegen der von dem Objekt neu eingeschlagenen Richtung und der Tatsache, daß es mit seiner riesigen, anormalen Lichtmasse etwas aggressiv wirkt, vor allem, weil wir keinen Motorenlärm hören. (...) Das Fluggerät flog tatsächlich völlig lautlos!

Während ich also wieder losfahre, verschwindet der große Leuchtpunkt, und es erscheinen drei – im Vergleich zu diesem kleinere – Scheinwerfer mit weißem Licht. Sie bilden ein mehr oder weniger gleichseitiges Dreieck, in dessen Mitte sich wiederum das rote, praktisch in derselben Ebene sichtbare Umlauflicht befindet. Das Objekt dreht offenbar nach links ab und vollzieht eine Kehrtwendung. Der Abstand zwischen den weißen Leuchtpunkten beträgt meiner Schätzung nach etwa 10 Meter. Was mir in diesem Moment paradox vorkommt, ist, daß, obwohl die Landschaft direkt im Mondlicht liegt, wir im Umfeld des aus den Leuchtpunkten gebildeten Dreiecks keine Masse erkennen können. Sein Flugmanöver vollführt es in majestätisch-träger Gelassenheit, die Flugkurve fliegt es ausgesprochen eng. Man muß als Betrachter nicht den Kopf oder die Augen bewegen, um das Objekt bei seinem Kurvenflug zu verfolgen, wie man dies bei einer Boeing oder einem ähnlichen Flugzeug tun müßte, so eng ist die Schleife.

Daraufhin verschwinden die Leuchtpunkte. Nur das Rot des im Frontalschnitt beobachteten Umlauflichts ist weiter sichtbar. Doch auch dieses Licht verliert sich sehr rasch in südsüdwestlicher Richtung im Dunkel der Nacht. Die Beobachtungsdauer beträgt schätzungsweise fünf bis acht Minuten.

Vier Besonderheiten frappierten mich: die Trägheit der UFO-Bewegungen im Verhältnis zu seiner Geschwindigkeit gegen Ende der Sichtung; die Masse, die sich notwendigerweise im Umkreis der Lichter befinden mußte, reflektierte in keiner Weise das Mondlicht und war selber nicht sichtbar; das Fehlen eines Motorengeräuschs: Es herrschte einfach eine zu große Stille; und schließlich, angesichts der Lautlosigkeit und des sich an der Vorderseite des näherkommenden Fluggeräts befindenden riesigen Lichts: das ungute Gefühl und die vor allem von meiner Frau verspürte Angst.

Ich stehe Ihnen selbstverständlich für alle weiteren Informationen oder einen Ortstermin zur Verfügung. (Gez.: A. Amond, LtCol BEM).

Im Rahmen unserer Befragung fügte Oberstleutnant Amond folgendes hinzu:

Während der mehrminütigen Beobachtung waren keinerlei Geräusche vernehmbar, obwohl ich aufmerksam hinhörte. Der Mond befand sich direkt gegenüber und hätte das Objekt eigentlich beleuchten müssen, doch ich konnte weder einen Lichtreflex feststellen, noch hatte ich den Eindruck einer Masse. Als das Objekt an dem Wäldchen vorbeiflog, änderte es seinen Kurs, ohne daß ich mich erinnere wie, und ein sehr heller Scheinwerfer (mit doppeltem Monddurchmesser) richtete sich uns entgegen (in geringerer Höhe als die Wipfel der Bäume hinter ihm); das Licht wurde stärker. Meine Frau, die es mit der Angst zu tun bekam, sagte nur: »Fahr los!« Angesichts eines meiner Einschätzung nach aggressiven Verhaltens des Objekts hatte auch mich eine gewisse Beklemmung ergriffen. Mein Wagen sprang problemlos an. In diesem Augenblick zog das Objekt hoch, und ich konnte deutlich drei weiße, im Dreieck angeordnete und schräg nach rechts ansteigende Lichter erkennen. Das Stärkste war in den Himmel gerichtet; das rote Licht befand sich in der Mitte des Dreiecks und hatte offenbar einen Durchmesser, der zwei- bis dreimal so groß war wie der der beiden Lichter an der Basis, während das obere Licht drei- bis

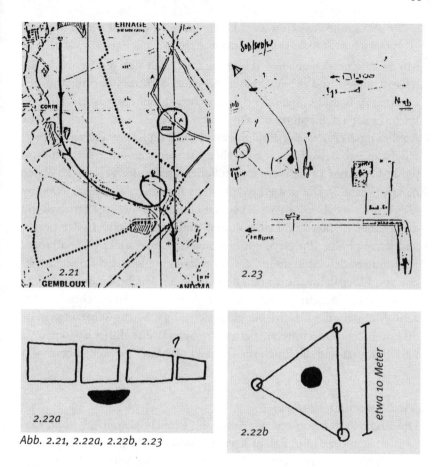

Abb. 2.21, 2.22a, 2.22b, 2.23

viermal so hell war wie die beiden anderen. Abstand: 6 bis 10 Meter zwischen den Lichtern. Das Objekt nahm wieder seine horizontale Normallage ein – rotes Licht unten – und verschwand rasch (innerhalb von zehn Sekunden) Richtung Süden. Ich holte nun meinen Sohn vom Bahnhof Gembloux ab, und um 19.05 Uhr waren wir zu Hause. Am nächsten Tag filmte ich den Mond mit meiner Videokamera, um ihre Brauchbarkeit für Nachtaufnahmen zu ermitteln, und an mehreren Tagen hintereinander ging ich zu der besagten Stelle. Doch vergeblich. Nach einigem Zögern aus Furcht, mich lächerlich zu machen, erstattete ich der Kanzlei des Verteidigungsministeriums eine schriftliche Meldung. Eines steht für mich fest: Es handelte sich weder um ein AWACS noch um ein ULM, einen Hubschrauber oder ein Hologramm.

Mit Hilfe eines Lageplans (Abbildung 2.21) läßt sich die Beobachtung rekonstruieren und in vier Phasen zerlegen. Sich nacheinander an den Punkten A, B und C befindend, beobachtet das Ehepaar A. ein UFO in Form heller Tafeln, die sich nach Süden bewegen (von 1 nach 2, siehe Abbildung 2.22a). Die Verbindung zwischen 2 und 3 gibt die vermutliche Flugbahn wieder; auf jeden Fall sehen die Zeugen vom Beobachtungspunkt C aus bei 3 einen sehr hellen Scheinwerfer, der sich ihrem Wagen nähert (Phase 2). Die dritte Phase besteht aus einem Wendemanöver des UFOs um 180°: Die Zeugen erkennen nun eine dreieckige Struktur mit drei weißen Lichtern und einem roten (Abbildung 2.22b). In der vierten und letzten Phase (Punkt 5) entfernt sich das unbekannte Objekt erneut Richtung Süden. Abbildung 2.23 vermittelt eine Übersicht über sämtliche von Oberstleutnant Amond beschriebenen Flugbewegungen.

Wie die Befragung weiter ergab, dauerte die Beobachtung etwa zehn Minuten, die Geschwindigkeit des UFOs betrug schätzungsweise 30 km/h, sein Durchmesser bzw. seine Spannweite dürfte zwischen 25 und 45 Meter und die Flughöhe bei etwa 40 Meter gelegen haben.

11. Daussoulx (Namur)

Die ländliche Region mit der Autobahn Lüttich-Namur liegt unter einem wolkenlosen Himmel. Es herrscht Vollmond. Um 18.10 Uhr befindet sich Michel D. mit seinem Wagen auf Höhe der Abfahrt Dassoulx, als er oberhalb der Gemeinden Cognelée und Champion einen riesigen »Manta-Rochen« vorbeifliegen sieht. Das gleichmäßig in flammendes Rot getauchte Objekt bewegt sich langsam und majestätisch. Weder sind Scheinwerfer sichtbar, noch ist ein Laut zu vernehmen. Da D. nicht anhielt, konnte er weder zur Flughöhe noch zur Entfernung oder den Abmessungen genauere Angaben machen.

Dreimal wechselte das UFO seine Richtung; man hätte, wie sich der Zeuge ausdrückt, von einer Ortserkundung sprechen können. Beim Interview stellte sich heraus, daß sich D. mit Flugzeugen gut auskennt, speziell mit den AWACS, die er gelegentlich nahe beim Flughafen Bierset zu Gesicht bekommt (tägliche Vorbeifahrt).

12. Mazy-Suarlée (Namur)

Aus diesem Gebiet, das sich im Raum Namur zwischen Mazy und Salzinnes beiderseits der E 42 befindet (der bereits bekannten Wallonien-Autobahn, die an jenem Abend in der Tat sehr stark befahren ist), liegen uns mehrere Zeugenaussagen vor.

Abbildung 2.24 gibt die wichtigsten Beobachtungspunkte wieder. Es ist 18.15 Uhr, als Vincent V. und Nathalie H., die gerade eine Freundin zu Hause (in Suarlée) abgesetzt haben, beim Wiedereinsteigen in ihr Fahrzeug drei weiße Lichter und ein rotes in Richtung Temploux erblicken. Dies ist zunächst alles. Gegen 18.30 Uhr ist das Paar in Floreffe in einer Videothek. Als sie den Laden verlassen, sehen die beiden jungen Leute dieselben Lichter erneut, diesmal aber, wie es scheint, aus geringerer Entfernung. Schnell fahren sie jetzt zu den Eltern des jungen Mannes, um einen kleinen Fotoapparat zu holen. Um 18.45 Uhr halten sie auf der Höhe von Temploux an einer freien Stelle an, wo sie die merkwürdigen Lichter ungestört beobachten können. Die Lichter bewegen sich zwar immer noch nicht, verkleinern sich jedoch schließlich zu einem winzigen Punkt, als Vincent eine Blitzlichtaufnahme macht. Die jungen Leute setzen ihre »Verfolgungsfahrt« um 18.50 Uhr fort und fahren Richtung Sombreffe weiter, wo sie neben einer Autobahnbrücke (Ausfahrt Nr. 13) an einer Ampelkreuzung halten. Zwei Kilometer entfernt, scheint das UFO über Mazy zu kreisen, und Vincent biegt mit dem Auto auf einen unbefestigten Weg ein, um die Lichterbewegungen besser beobachten zu können.

Die beiden Zeugen halten am Rand eines Golfplatzes an und nehmen jetzt die gigantischen Ausmaße des UFOs wahr, das sich in einer Höhe von 150 bis 250 Meter bewegt und dabei ein »sehr leises, angenehm melodisches Geräusch« von sich gibt. Vincent schätzt die Spannweite auf 50 Meter, Nathalie aber vergleicht sie mit der Breite zweier aneinandergelegter Fußballplätze und ist überzeugt, daß das Objekt nicht auf den Golfplatz passen würde. Das langsam am Himmel fliegende Objekt ähnelt einem gleichschenkligen Dreieck, das an den Ecken mit je einem großen, weißen Scheinwerfer ausgestattet ist; in der Mitte befindet sich ein orangeroter, imposanter Scheinwerfer. In dieser Beobachtungsphase (gegen 19 Uhr ±1 Minute), während das Objekt die Zeugen umflog, machte V. eine Reihe von – allerdings wenig überzeugenden – Aufnah-

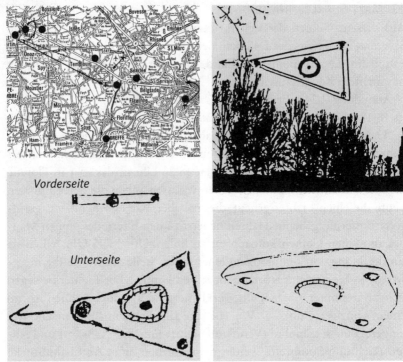

Abb. 2.24, 2.25, 2.26, 2.27

men. Den Zeugen erschien das Objekt metallisch und dunkelgrau. Als es sie umkreiste, wandte es ihnen seine Unterseite zu, weshalb eine Verwechslung mit einem Flugzeug oder einem Hubschrauber ausgeschlossen ist (Abbildung 2.25 und 2.26).

Bei der Entwicklung des Films (100 ASA) geht unglücklicherweise etwas schief, und die in einer Sendung der Reihe »Ce Soir« (RTBF) gezeigten Abzüge deuten auf eine Fehleinschätzung hin.

Anhand weiterer Angaben der Zeugen wurde von den Interviewern eine möglichst genaue Rekonstruktion erstellt (Abbildung 2.27).

13. Malonne (Namur)

Zum gleichen Zeitpunkt können noch weitere Personen ein merkwürdiges Himmelsphänomen beobachten. Sie befinden sich auf einem Landgut südlich von Malonne. Es handelt sich um die Erzieherin Lucie G. und drei Schüler des medizinisch-pädagogischen Instituts Reumonjoie. Das Gelände geht leicht abschüssig in das weiter nördlich gelegene Tal über, der Horizont ist bewaldet, und am klaren Himmel zeigen sich Sterne. Hier der Bericht von Fräulein G.:

> Gegen 18.45 Uhr wurde ich auf eine gewisse Unruhe unter meinen Schülern aufmerksam, von denen einige mich riefen, ich solle kommen und mir etwas Eigenartiges am Himmel ansehen. Nachdem ich den Bungalow G verlassen hatte, sah ich in Richtung Malonne, also Richtung Norden, ein rätselhaftes Objekt, das sehr tief und sehr langsam oberhalb der Bäume flog, die in dieser Richtung den Horizont säumen. Meine erste Beobachtung fand bei einem Azimut von 300° statt, und das Objekt bewegte sich von Westen nach Osten. Ich glaubte, eine dunkle Masse erkannt zu haben, mit drei, ein gleichschenkliges Dreieck bildenden, sehr hellen Scheinwerfern und nach vorn weisender Spitze; und mit einer Art Leuchtfleck in der Mitte, aber auf der Oberseite. Da das Objekt dicht über den Bäumen flog, dürfte seine Flughöhe etwa 50 Meter betragen haben, es war etwa 1000 Meter entfernt. Der sichtbare Durchmesser entsprach dem des Vollmonds. Bei einem Azimut von 30° angelangt, an der Stelle, wo sich der Waldhorizont etwas senkt, blieb das Objekt kurz stehen und flog dann bis zum Azimut 300° zurück. Dieses Manöver wiederholte es während der zehn Minuten dauernden Sichtung etwa drei- bis viermal.
>
> Ich hatte zwar aus den Medien von den UFOs gehört, kam aber nicht auf den Gedanken, daß dies eines sein könnte. Auf jeden Fall war es kein Flugzeug und auch kein ULM oder Hubschrauber. Wenn ich genauer darüber nachdenke, könnte es sich bei dem Leuchtfleck über dem Objekt um eine Kuppelform handeln. Die Beobachtung endete, als das Objekt bei einem Azimut von 30° hinter dem Wald verschwand.

Die 14, 17 und 18 Jahre alten Schüler berichteten ähnliches. Zwar stimmen die Jugendlichen bei der Bezeichnung der Orte überein, an denen das Objekt auftauchte und wieder verschwand, sie beschreiben das Objekt aber unterschiedlich. Da sie uns glaubwürdiger schien, haben wir hier nur die Aussage der Erzieherin wiedergegeben.

14. Spy (Namur)

Es ist etwa 19.10 Uhr, und Philippe R. befindet sich mit seinem Wagen auf der E42 zwischen Namur und Fleurus auf der Höhe von Spy. In schätzungsweise 500 bis 1000 Meter Entfernung und einer Höhe von 45–60° bemerkt er plötzlich einige Leuchtpunkte am Himmel. Sie umgrenzen eine dreieckige Form, ohne daß allerdings eine tragende Masse sichtbar würde. Ein etwas schwächerer, vorderer »Scheinwerfer« strahlt Richtung Boden. In der Mitte des Gebildes blinkt mit niedriger Frequenz ein orangerotes Licht.

Das Phänomen bewegt sich langsam von West nach Ost, und der Zeuge folgt ihm etwa eine Minute lang. R., der zwei Jahre (als Informatiker) auf dem Flughafen Zaventem arbeitete, schließt aus, daß es sich womöglich um ein Flugzeug handelte.

15. Forville (Namur)

Um 19.10 Uhr (also zeitgleich mit der letzten Beobachtung) ist Jean-Benoît G. auf der N643 zwischen Bierwart und Forville unterwegs, einer »echten« Landstraße. Mit einem Mal tauchen links vom Wagen aus Richtung Pontillas drei blendend helle Scheinwerfer auf; sie befinden sich in einer waagerechten Reihe, und ihr Licht reicht bis zum Boden.

Der Zeuge kann an dem sich auf die Straße zu bewegenden Phänomen keine tragende Struktur ausmachen und begibt sich in rasanter Fahrt zu nur 500 Meter weiter wohnenden Freunden, um sie zu benachrichtigen und einen Fotoapparat zu holen. In diesem Moment fliegt das UFO lautlos in einer sicher feststehenden Höhe von 30 bis 50 Meter über ihn hinweg. Das Objekt entfernt sich geradlinig auf den Nachbarort Meffe zu.

Das Phänomen hat G. etwas erschreckt; er sagt, es sei riesengroß (größer als ein Flugzeug) gewesen, dunkel und von undefinierbarer Struktur und Höhe (mit einem roten Licht in der Mitte), jedoch »anscheinend in der Luft schwebend«.

16. Emines (Namur)

Nördlich von Namur, 2 Kilometer von der Anschlußstelle Dassoulx entfernt, befinden sich Herr und Frau D. gerade auf der über die E42 führenden Brücke, als sie glauben, in einigen hundert Metern Entfernung über einem Wäldchen einen »Hubschrauber« schweben zu sehen. Oberhalb der Schonung verläuft eine Hochspannungsleitung. Es ist regnerisch und leicht windig. Herr D. ist verblüfft, denn da er selber Segelflugzeuge, Motorflugzeuge und auch einen Hubschrauber gesteuert hat, weiß er, wie schwierig es ist, ein solches Fluggerät im Schwebeflug zu halten, dies auch noch über einer Hochspannungsleitung.

Er hält also an, um genauer hinzusehen. Die Zeugen erkennen eine sehr helle, ellipsenartige Form. Aus einem zentralen gelben Scheinwerfer tritt ein heller Lichtstrahl; darunter befinden sich eine rote sowie links und rechts je eine weiße Lampe. Das Objekt muß sehr groß sein: etwa 20 Meter lang und 3 Meter hoch.

Den Zeugen fallen keine besonderen Geräusche auf, sie haben aber auch den Motor ihres Wagens nicht abgestellt. Wenig später entfernt sich das Objekt mit hoher Geschwindigkeit entlang der Autobahn und der Hochspannungsleitung, zuerst Richtung Champion und dann auf Lüttich zu. Bevor es innerhalb von zehn Sekunden am Horizont verschwunden ist, zeichnet sich eine schwache, rote Leuchtspur ab. Die Beobachtung dauerte drei Minuten.

17. Bastogne (Provinz Luxembourg)

Gegen 19 Uhr kommt Fräulein N. nach Hause (Bastogne). Wie auch an den vorangehenden Abenden bemerkt sie am Himmel eine Art »UFO«. Ihr als Lehrer tätiger Vater teilte uns den Fortgang ihrer Beobachtung schriftlich mit:

> Meine Tochter bat mich, zur Haustür zu kommen, um mich von dem Phänomen selbst zu überzeugen. Ich war skeptisch und ging dennoch zur Tür, wo ich mich den Tatsachen beugen mußte. Es wurde bereits dunkel, und am Himmel befand sich kein einziger Stern, doch ich konnte deutlich »etwas« erkennen; es schien mir sehr hell und wohl auch recht voluminös zu sein. Ich konnte hingegen weder die Höhe, noch die Entfernung des Objekts feststellen.

Mit seinem Fernglas erkannte Herr N. eine Art Kegelstumpf (Abbildung 2.28), dessen Basis aus einer Reihe kleiner, roter Lichter bestand und dessen Inneres von zahlreichen gelben oder weißen Lichtern übersät war, deren Intensität sich alle Augenblicke änderte. Das Objekt drehte sich mehrmals um die eigene Achse und war von 19.05 bis 19.20 Uhr sichtbar.

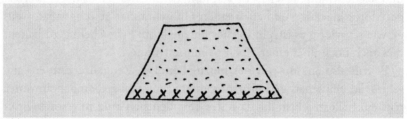

Abb. 2.28

18. Wasmuel (Hainaut)

Zwischen 19.15 und 19.30 Uhr verläßt Stéphane N. das Haus, um seine Eltern mit dem Auto abzuholen. Er berichtet:

> Beim Einschalten der Zündung bemerkte ich in etwa 200 Meter Höhe einige Lichter am Himmel. Anfangs dachte ich an einen Hubschrauber. Da ich aber keinerlei Geräusche hörte, stieg ich aus dem Wagen, doch das »Ding« gab kein Geräusch von sich und befand sich zu diesem Zeitpunkt 20 Meter von mir entfernt und in 200 Meter Höhe, also fast senkrecht über mir. Genau dann sah ich drei Scheinwerfer, die ein »Dreieck« bildeten, mit einem roten Scheinwerfer in der Mitte. Im Halbkreis um die beiden (anscheinend vorderen) Scheinwerfer, und nach außen weisend, befanden sich je drei kleine Lichter (in den Farben Grün, Gelb und Rot), die

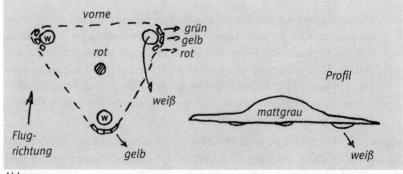

Abb. 2.29

abwechselnd blinkten. Hinten befand sich, anscheinend als Randbegrenzung, ein weiteres gelbes Blinklicht (Abbildung 2.29).

Zwar war es nicht möglich, eine Form zu erkennen, doch die Hauptscheinwerfer bildeten ein Dreieck mit einer Seitenlänge von etwa 5 Meter (zwischen zwei Scheinwerfern). Ihr Licht war hell, blendete aber nicht. Meiner Ansicht nach hinderte mich das vorhandene Leuchten daran, die Form des Objekts zu erkennen, dessen Geschwindigkeit etwa 30 km/h betrug. Während es sich entfernte, glaubte ich eine mattgraue, zinkartige Farbe zu sehen und oben in der Mitte eine kuppelartige Ausbuchtung zu erkennen. Die Lichter schienen über die Unterseite des Objekts hinauszuragen. Es könnte sich dabei um ein raffiniertes Flugzeug handeln, doch wegen seiner Lautlosigkeit und niedrigen Flugschwindigkeit denke ich, daß kein Flugzeug zu derartigen Leistungen fähig ist. Warum also kein Flugobjekt von anderswo? Vielleicht sind wir ja nicht allein im Universum.

19. Banholt (Niederlande)

Humphrey B. (40 Jahre) und seine Frau Tiny begeistern sich für das UFO-Phänomen. Bereits 1979 wollen sie in Begleitung weiterer Personen eine Art sehr großes Fluggerät in Form einer Untertasse über Brunssum (niederländische Provinz Limburg) gesehen haben. Die »ufologische Bildung« des Ehepaars B. ist freilich etwas dürftig, sie beschränkt sich auf die Lektüre einiger weniger Tageszeitungsartikel und das Buch von John Fuller, welches sich auf das berühmte Erlebnis der Eheleute Hill bezieht.

Insofern ist verständlich, daß sie die Eupener Ereignisse von Ende November 1989 aufrütteln mußten. Voller Neugier beschlossen sie, sich am Abend des 11. Dezember (Montag) an Ort und Stelle zu begeben. Mit einer Autofokus- und einer Video-Kamera ausgerüstet, treffen sie bei der Gileppe-Talsperre ein, wo sich bereits zahlreiche Menschen eingefunden haben – alle in der Absicht, auf UFO-Jagd zu gehen.

Da sich nach langen Minuten des Wartens nichts ereignet, beschließen die Eheleute, über Aubel wieder nach Hause zu fahren. Als sie sich auf der Straße zwischen Henri-Chapelle und Aubel befinden, bemerkt Frau B. um 19.40 Uhr etwas am Himmel. Sie halten bei einem Gehöft (Genstersbloem) an, kurz vor dem amerikanischen Soldatenfriedhof von Aubel. Von hier haben sie eine gute Sicht auf das zur Linken gelegene Tal.

Nachdem sie den Wagen verlassen haben, können sie eine Lichterscheinung beobachten, sie hat die Form einer rot leuchtenden Kugel. Die Kugel fliegt niedrig (in etwa 30° Höhe) und bewegt sich langsam auf sie zu.

In der Umgebung ist es zu dieser Stunde besonders ruhig. Die Leuchtkugel »pulsiert« und bewegt sich lautlos voran. Sie ist etwa 1 Kilometer von den Zeugen entfernt und wird beim Näherkommen größer. Nach etwa einer Minute vollzieht sie eine Drehung auf der Stelle, fliegt Richtung Aubel und verschwindet. Herr B. hat inzwischen seinen Sony-Camcorder ergriffen. Obwohl die Ladekontrollampe und die Betriebsbereitschaftsanzeige aufleuchten, kann er – für ihn vollkommen unerklärlich – die Kamera nicht auslösen. Das sei ihm vorher noch nie passiert.

Die beiden Zeugen fahren Richtung Niederlande weiter. Kurz vor Noorbeek bemerken sie bei De Plank nochmals dasselbe Leuchtphänomen, das sich etwa 5 Kilometer entfernt über Fouron-le-Comte zu befinden scheint. Das Objekt schwebt in geringer Höhe und bewegt sich etwa fünf Minuten lang überhaupt nicht, bis es sich erneut auf der Stelle dreht und sich langsam Richtung Norden entfernt. Die Zeugen nehmen die Verfolgung auf. In der Ortschaft Banholt finden sie es wieder; sie schätzen, es fliegt in weniger als 50 Meter Höhe. Seine sichtbare Größe beträgt das Anderthalbfache des Vollmonddurchmessers. Da sie befürchten, das lebhafte Licht könne hinter einem Hügel verschwinden, beschließen die Zeugen, in Richtung Herkenrade zu fahren, wo man besser sehen kann. Von dort können sie tatsächlich das UFO wiedersehen, das nun Richtung Fouron-le-Comte, auf Belgien zu, fliegt. Es ist 20.30 Uhr, und das Ehepaar B. beschließt, die »UFO-Jagd« abzublasen.

In Banholt war es Herrn B. unterdessen gelungen, seine Kamera schließlich doch noch auszulösen und die Bewegungen des Lichtes ungefähr fünf Minuten lang zu filmen. Die »Leuchtkugel« erscheint auf dem Film in Form einer mehr oder minder kugelförmigen, pulsierenden und hellweißen Masse (während die Zeugen ein orangefarbenes Objekt gesehen hatten). Frau B., die sämtliche Flugmanöver des UFOs mit bloßem Auge verfolgt hatte, ist von den Videoaufnahmen ziemlich enttäuscht. Das Objekt wirkt nämlich auf dem Bildschirm viel kleiner. Am unteren Bildrand sind vier Leuchtpunkte sichtbar, die dem Licht von Straßenlaternen ähneln. Das Phänomen bewegt sich langsam von links nach rechts und pulsiert dabei. Kurzzeitig wirkt es beträchtlich größer.

Seine Leuchtkraft ist mit der eines Seenotlichts vergleichbar. Für einen Augenblick ist rechts im Bild ein zweites Leuchtphänomen sichtbar, etwas oberhalb der letzten Laterne. Am rechten Bildrand angelangt, dreht sich das Phänomen auf der Stelle und »verwandelt« sich in drei kleinere, im Dreieck angeordnete Lichter. Während der gesamten Filmsequenz sind die Kommentare des Ehepaars zu hören, das sich über die ungewöhnliche Szene ziemlich erregt.

Der Zeuge benutzte den Zoom und die manuelle Schärfenachführung, filmte also ohne Autofokus. Frau B. machte mit ihrer AF-Kamera eine Reihe von Aufnahmen, doch ohne jegliches Resultat, da nur Vordergrund auf den Film gelangte. Die Zeugen haben den Film der SOBEPS übergeben, um »die Wissenschaft zu unterstützen«, und hoffen, daß sich aus der Analyse des Films Erkenntnisse ergeben, die für den extraterrestrischen Ursprung der UFOs sprechen. Die ersten Resultate der Expertise werden wir weiter unten vorstellen.

20. Blégny-Trembleur (Lüttich)

Gegen 20 Uhr kommt Bernard S. nach Hause. Er befindet sich auf dem hinter dem Wohnhaus (nach Westen) liegenden Hof, als ihm ein heller, aus mehreren Leuchtpunkten bestehender Lichtschein auffällt, der sich von Südwesten (ungefähr aus Richtung Barchon) lautlos nach Nordnordwest (ungefähr in Richtung St-Rémy) bewegt. Der Zeuge steigt verblüfft in sein Zimmer im ersten Stock und beobachtet von dort aus mit dem Fernglas das sich allmählich entfernende Objekt, das nach Norden abdreht. S. kann drei weiße, im Dreieck angeordnete Lichter, ein rotes Blinklicht in der Mitte sowie zwei weiße, waagerecht verlaufende Lichtbündel erkennen.

Nachdem sein Vater hinzugekommen ist, ruft S. beim Stützpunkt Bierset an, wo man versichert, in dieser Region gebe es derzeit keinerlei Luftverkehr, wobei anzumerken ist, daß das Haus oft von Flugzeugen überflogen wird, die sich im Landeanflug auf den Flugplatz Bierset bzw. in einer Warteschleife befinden. AWACS sind dort regelmäßig zu sehen.

Einige Minuten später wird das Objekt erneut gesichtet, wiederum von Südwesten kommend. S. befindet sich nun in Begleitung seiner Eltern, seines Bruders und des Anwalts Jean-François M. Die fünf Zeugen schauen abwechselnd durchs Fernglas. Die Flughöhe des Objekts wird auf 200 bis 250 Meter geschätzt; dies entspricht einem Höhenwinkel von 45°. Als sich das Objekt fast gegenüber der kleinen Gruppe befindet, bleibt es – weiterhin lautlos – stehen.

Doch überlassen wir den Zeugen das Wort, denn ihre Schilderungen sind nicht ganz einheitlich. Jean-François M. meint ein »beleuchtetes Appartement« zu sehen, dessen Fenster sich in der Dunkelheit scharf abzeichnen. Unten ein rotes Licht und »vorne« (in Bewegungsrichtung) zwei stärkere, gegen den Boden gerichtete Scheinwerferlichter. Der Anwalt schätzt die Größe des Objekts auf 50 Meter (entsprechend einem 10 Zentimeter großen Gegenstand, der auf Armeslänge entfernt ist). Die Entfernung läßt sich schwer schätzen, doch der Zeuge lokalisiert das Objekt über Cheratte/Herstal, was einer Distanz von 5 bis 6 Kilometer entspräche. Mit dem Fernglas kann er kurz ein dunkles, kantiges, metallisch wirkendes Gebilde erkennen (Abbildung 2.30a). Es sei hier jedoch angemerkt, daß es um das Sehvermögen des Herrn M. nicht zum besten bestellt ist.

Bernard S. und sein Vater erkennen drei unter dem Objekt befindliche, im Dreieck angeordnete (Spitze nach vorn) weiße Lichter sowie ein rotes Blinklicht in der Mitte und auf der Oberseite eine dunkle Masse (möglicherweise ein Diskus oder eine Kuppel). Als das Objekt stehen-

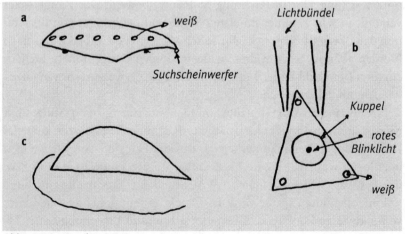

Abb. 2.30a, 2.30b, 2.30c

bleibt, schwenken die beiden Lichtstrahlen nach unten (und streichen anscheinend über den Boden hinweg). Bernard S. schätzt die Größe des Objekts – wiederum bezogen auf einen am gestreckten Arm gehaltenen Gegenstand – auf 10 Zentimeter, sein Vater auf 8 Zentimeter; dieser vergleicht es von den Abmessungen her mit einem AWACS (Abbildungen 2.30b und 2.30c). Der Interviewer kam zu dem Schluß, daß die Flugbahn des UFOs wohl die Form eines Dreiecks gebildet hat, mit den Endpunkten Cheratte/Herstal-Barchon-Blégny (Plateau de Herve).

21. XHENDREMAEL (LÜTTICH)

Das gleichnamige Dörfchen liegt mitten auf dem Lande. Nur 250 Meter von der Zeugin entfernt befindet sich ein römischer Grabhügel, und südlich verläuft in gleicher Entfernung eine 70-kV-Hochspannungsleitung; weiter hinten liegen die Autobahn Lüttich-Brüssel, die Route Nationale sowie, etwa 8 Kilometer südlich, der Flughafen Bierset. Die Straßenbeleuchtung und ein leichter Nebel beeinträchtigen die Beobachtung der Zeugin in keiner Weise. Es handelt sich um die Krankenschwester Anne-Marie P., die an diesem Abend auf dem Weg zu ihrer Schwägerin ist, um sie zu versorgen. An der Kreuzung von Hognoul bemerkt sie, daß sich ihrem Fahrzeug – aus Richtung Xhendremael-Juprelle und in Verlängerung der Straße – ein helles Licht nähert.

Sie hält sofort an, kurbelt die Seitenscheibe herunter und erblickt in weniger als 100 Meter Entfernung eine dunkle, imposante Masse, deren Spitze ihr aufgestülpt und breiter erscheint, vergleichbar mit dem Hut eines Champignons. An der Basis des Objekts befinden sich drei oder vier weiße Scheinwerfer, aus denen je ein weißer, heller Lichtstrahl schräg zum Boden austritt: Die Zeugin kann auf einem Feld einzelne Erdbrocken erkennen (Abbildung 2.31).

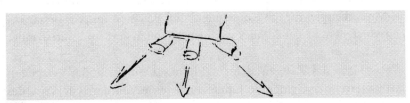

Abb. 2.31

Nach 15 bis 20 Sekunden bleibt das Objekt stehen und setzt sich dann wieder in Bewegung, indem es sehr langsam einen leichten Kreisbogen beschreibt; es bleibt dabei parallel zum Boden. Nun neigt sich das Objekt ein wenig, gewinnt rasch an Höhe und verschwindet lautlos Richtung Süden (Lüttich). Als es sich zu entfernen beginnt, verschwinden die Lichtstrahlen, und nur die drei oder vier Scheinwerfer bleiben sichtbar.

Als sie bei ihrer Schwägerin eintrifft, berichtet ihr diese, daß sie vom Fenster aus gesehen habe, wie sich ein lebhaft blitzendes Licht am Himmel entfernt habe. Dies geschah zwischen 20 und 20.30 Uhr, und die Zeugin gibt an, während der Anwesenheit des UFOs ein Gefühl des Unwohlseins empfunden und sich deutlich von dem Objekt beobachtet gefühlt zu haben.

22. GILEPPE-TALSPERRE (LÜTTICH)

Pierre R. befindet sich in Begleitung seiner beiden Söhne Eric und Jean-Pierre, als sie von ihrem Haus in Welkenraedt aus von 22.45 Uhr bis Mitternacht ein ungefähr über der Gileppe-Talsperre auf der Stelle schwebendes Leuchtphänomen beobachten können. Das UFO hielt sich nach Angabe der Zeugen in einer Höhe von 1 000 Meter auf, hatte eine »sehr ansehnliche« Größe und glänzte stark. Trotz der angegebenen Einzelheiten dürfte in diesem Fall eine Verwechslung vorliegen.

23. JUPILLE-SUR-MEUSE (LÜTTICH)

Unter den zahlreichen gemeldeten Fällen, die sich auf die Nacht vom 11. auf den 12. Dezember 1989 beziehen, findet sich eine besonders überraschende Nahsichtung, die sich mitten in der Nacht (kurz nach 2 Uhr) am östlichen Stadtrand von Lüttich ereignet hat. Der nachstehende Text wurde von Jean-Luc Vertongen verfaßt. Wir möchten ihn als Musterbeispiel für die Konsequenz und Präzision unserer Befragungen vorstellen, in denen alles nachgeprüft, analysiert und miteinander verglichen wird.

Das Haus des Zeugen steht in Piétresses, einem höher gelegenen Wohnviertel der Gemeinde Jupille-sur-Meuse. Von der Rückseite des Gebäudes hat man einen weiten Ausblick, der im Norden das Maas-Tal

2. CHRONIK EINER SICHTUNGSWELLE

vollständig umfaßt. Doch versäumen wir nicht, gleich darauf hinzuweisen, daß die gesamte Beobachtung in der entgegengesetzten Richtung vonstatten ging (also genau nach Süden), einen Steinwurf von jener Kreuzung entfernt, die von der Rue des Piétresses und der kleinen, von Jupille nach Beyne-Heusay ansteigenden, von hohen Bäumen gesäumten Straße gebildet wird.

Der Zeuge I. F. (Ingenieur, 36 Jahre, verheiratet und Vater einer Tochter) lebt seit gut zwei Jahren in dem Viertel. In jener Nacht hat er bereits einige Stunden in seinem (nach hinten gehenden) Zimmer in der ersten Etage geschlafen, als er gegen 2.15 Uhr durch ein merkwürdiges Geräusch wach wird.

Er glaubt, daß die Umwälzpumpe der Heizanlage nicht mehr richtig funktioniert, und steht auf, um im Heizungskeller nachzuschauen. Er zieht sich eine Jacke über, da der Eingang zum Heizungskeller draußen, an der hinteren Hausseite, liegt. Sehr schnell wird ihm klar, daß mit der Heizung alles in Ordnung ist, und als er sie dennoch ausstellt, bemerkt er, daß das Geräusch immer noch da ist; ein dumpfes Geräusch, eine Art Vibrieren, das nur zeitweilig zu hören ist.

Diesmal hat er den Eindruck, daß das Geräusch eindeutig von draußen kommt, nicht von der Nordseite (vom Garten) her, sondern aus Richtung Straße. Er verläßt den Keller, läuft außen um ihn herum und geht zum Innenhof hoch, der sich vor dem Seiteneingang des Hauses befindet. Dieser kleine, rechteckige Hof wird zur einen Seite vom Haus, und zur anderen von einer Garage begrenzt (einem Anbau gegenüber dem Hauseingang); er ist zur Straße hin offen, zu der einige steinerne Stufen hochführen. Als der Zeuge, vom Garten her kommend, den Hof betritt, sieht er vor sich ein befremdliches Objekt, das über der nach Beyne-Heusay hochführenden Straße schwebt.

Zuerst sieht er nur einen Teil des Objekts, da es stellenweise von einer kleinen, den Vorhof umsäumenden Mauer verdeckt wird. Doch nachdem er weiter zur Straße vorgelaufen ist, kann der Zeuge das merkwürdige Objekt ganz betrachten. Es befindet sich in weniger als 80 Meter Entfernung etwa 10 Meter über dem Boden, es schwebt über der Route de Beyne und einem Garten, der eine kleine, links der Straße gelegene Villa umgibt. Die Vorderseite des Objekts ist auf eine Tanne gestützt, deren Spitze sich unter dem Gewicht des ansehnlichen Objekts gebogen hat.

Besonders verblüfft die Form des Objekts, da sie mit den zahlreichen Dreiecken, die in der Welle von Sichtungen so oft beobachtet und beschrieben wurden, nichts gemein hat. Das Objekt hat die Form eines an seiner Vorderseite stärker gerundeten Eis; dort kann der Zeuge eine Art Fenster oder »Windschutzscheibe« dunkler Farbe erkennen, die nicht von innen beleuchtet ist, wie eine Plexiverglasung wirkt und sich vom Rest des Objekts, das aus einem mattgrauen Metall zu bestehen scheint, absetzt. Der Zeuge betonte das fahle Aussehen und das Fehlen von Spitzlichtern, vergleichbar mit einer vor dem Lackieren blindgeschliffenen Autokarosserie. Es handelte sich wohlgemerkt nicht um einen Rostton, sondern um ein mattes Eisengrau. Das gesamte Objekt war von einer Art waagerecht verlaufendem Band umgürtet, genauer gesagt von einer Hohlleiste, auf der sich mehrere bläulich und rötlich strahlende Lämpchen befanden, welche der Zeuge mit den beim Lichtbogenschweißen entstehenden Lichtern vergleicht – sie waren jedoch weniger hell, da sie nicht blendeten. Der Vergleich gilt also nur für die Farbe der Lichtquelle.

Hinter der »Windschutzscheibe« wies der Objektkörper eine konkave Einbuchtung auf, die wahrscheinlich symmetriegleich auch auf der an-

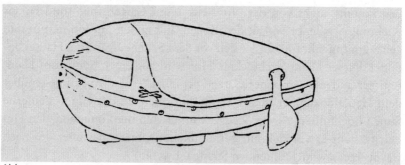

Abb. 2.32

deren Seite eines Längsgrats vorhanden war, der sich bis nach hinten fortsetzte; dort bemerkte der Zeuge eine Öffnung, in der eine Art Flügel oder »Ruder« steckte – ebenfalls von metallischem Mattgrau. Dieses Leitwerk war unbeweglich. An der Unterseite des Objekts befanden sich in dreieckförmiger Anordnung drei Vorsprünge, an denen Scheinwerfer saßen, die zu Beginn der Beobachtung nicht eingeschaltet waren.

Den Zeugen erinnerte dieses bizarre Objekt an eine Art »Nautilus«, es hätte einem Roman von Jules Verne entsprungen sein können. Noch ein letztes Detail fiel ihm auf: Hinter dem großen Fenster und direkt über der das Objekt umgürtenden Hohlleiste war eine Art Emblem gezeichnet – drei symmetrisch ineinander verschränkte Ellipsen, die an die von den Elektronen um einen Atomkern beschriebenen Bahnen erinnern. Die Linien waren in den brennpunktnahen Ellipsenkurven dicker gezeichnet, und die Brennpunkte befanden sich auf der Hauptachse der Ellipsen. Die Größe des Objekts betrug schätzungsweise 20 Meter.

Was den Zeugen außerdem verblüffte, war, daß er deutlich den Eindruck hatte, ein durchaus materielles Objekt zu beobachten, daß dessen Umrisse jedoch nicht besonders gut zu erkennen waren. Er findet nicht die passenden Worte, um dieses etwas verschwommene Aussehen zu beschreiben und seinen speziellen Eindruck wiederzugeben. Er erklärt: »Es war, als hätte sich das Objekt hinter einem dünnen, mehr oder weniger lichtdurchlässigen Schirm befunden, der es verschwimmen ließ und ihm ein etwas verlaufenes Aussehen verlieh.« Es herrschte kein Nebel an diesem Abend, die Umgebung war klar zu erkennen; für die undeutliche Sicht können die Witterungsverhältnisse nicht verantwortlich gewesen sein (stabile Wetterlage, freier Himmel, relativ niedrige Temperaturen mit Bodenfrost, Windstille).

Immer noch mehr oder weniger hinter der kleinen Begrenzungsmauer des Eingangshofs versteckt, bemerkt der Zeuge nach einigen Sekunden des Beobachtens, daß sich das Objekt in Bewegung setzt. Um sich von den Tannenzweigen, auf die es gestützt war, zu lösen, setzt es mit einer leichten Aufwärtsbewegung zurück. Als dieses Flugmanöver einsetzt, ist das Geräusch, das den Zeugen aufgeweckt hatte, erneut zu hören – ein dumpfes Knarren, das ihn an eine Achse mit Spiel in einem Wälzlager erinnert. (I. F. ist passionierter Autobastler, was seine Vergleiche erklärt.)

Je mehr sich das Objekt aufsteigend von den Bäumen löst, desto tiefer duckt sich der Zeuge vorsichtshalber hinter dem Mäuerchen, denn zwischenzeitlich sind die an der Bauchseite des Objekts befindlichen Scheinwerfer angegangen, und es wird mit zunehmender Flughöhe heller. Als das Objekt die Bäume unter sich gelassen hat, beginnt es sehr langsam über die benachbarten Häuser hinwegzufliegen. Von den drei Scheinwerfern, die den Boden mit einem sehr starken, gelblichweißen

Licht grell erleuchten, wird die Straßenbeleuchtung deutlich überstrahlt, und es entstehen regelrechte Schlagschatten.

Je weiter sich das Objekt über die Häuser Richtung Osten entfernt, desto länger werden deren Schattenbilder am Boden. Der Zeuge, der sich bisher mehr oder weniger hinter der kleinen Mauer verborgen hatte, wagt sich nun vor und stellt sich gar auf die Mauer, um das hinter den Häusern verschwindende Objekt besser beobachten zu können. In diesem Moment erlöschen die drei Scheinwerfer plötzlich, und es tritt Stille ein. Aus.

Während der Zeuge – in der Hoffnung, das Objekt tauche nochmals auf – erwartungsvoll in die gleiche Richtung schaut, erblickt er nur wenig

Abb. 2.33

später mit einem Mal eine riesige Lichtsäule, die hinter den gegenüberliegenden Häusern auftaucht und sich am Himmel verliert. Es handelt sich um einen Lichttubus mit einem Durchmesser von etwa 1 Meter und einer über die gesamte sichtbare Höhe gleichbleibenden Leuchtkraft.

Wenn man auch vermuten darf, daß das wenige Augenblicke vorher gesehene Objekt wohl die Ursache der Leuchterscheinung gewesen ist, muß ausdrücklich darauf hingewiesen werden, daß diese mit der Sichtung des eigentlichen Objekts zeitlich nicht zusammenfiel, Objekt und Lichttubus also zu verschiedenen Zeitpunkten beobachtet wurden.

Diese letzte Erscheinung dauerte nur wenige Augenblicke, der Lichttubus erlosch unvermittelt, und der Zeuge konnte nichts Ungewöhnliches mehr feststellen. Er blieb noch eine Zeitlang draußen, ohne sein Grundstück zu verlassen und ohne den Weg hinaufzusteigen, der von der anderen Straßenseite aus um die gegenüberliegenden Häuser herumführt. Erst am nächsten Morgen wird er nachsehen, wo sich die Lichtsäule befunden haben könnte. Da nichts weiter geschieht, geht er ins Haus zurück und begibt sich zu Bett, kann aber schlecht einschlafen, da er auf das kleinste Geräusch achtet.

Am nächsten Morgen steht er früh auf, um seine Frau zur Arbeit zu fahren. Als er seine Jacke sieht, die sich nicht am gewohnten Platz befindet, gelangt er zu der Einsicht, daß er nicht geträumt und das Haus in der vergangenen Nacht tatsächlich verlassen hat. Der Zeuge betont, daß er sich nie an seine Träume erinnere und daß kein Traum einen derartigen Eindruck bei ihm hinterlassen könne, daß er nicht mehr in der Lage wäre, ein Traumerlebnis von einem realen Wacherlebnis zu unterscheiden.

Auf dem Rückweg, nachdem er seine Frau bei der Jupiler-Brauerei, ihrer Arbeitsstelle, abgesetzt hat, hält er unterwegs an, um sich Zigaretten und eine Zeitung zu kaufen. In einer Morgenausgabe hatte *La Meuse* just an diesem Tage einen Artikel über die zahlreichen Sichtungen im Zuge der damals über den Raum Lüttich hereinbrechenden UFO-Welle veröffentlicht. Als er liest, daß er nicht als einziger derartige Erlebnisse hatte, beschließt der Zeuge, sein nächtliches Abenteuer der Gendarmerie telefonisch zu melden. Ungefähr eine halbe Stunde darauf treffen zwei Gendarmen bei ihm ein, denen er von seinen Erlebnissen in der letzten Nacht berichtet. In der Brauerei hat sich seine Frau einem Streikposten angeschlossen, denn das gesamte Personal hatte seit mehreren Tagen die Arbeit niedergelegt, um den gewerkschaftlichen Forderungen Nachdruck zu verleihen. Einem vor Ort zur Berichterstattung anwesenden Team von RTL-Lüttich berichtet sie kurz, was sie von ihrem Mann erst am Morgen erfahren hatte. Der Zufall will es, daß das RTL-Kamerateam von Dominique Dumoulin geleitet wird, die in den Tagen davor wiederholt über die in dieser Gegend gesichteten Dreiecke berichtet hatte. Sehr an dieser brandheißen Information interessiert, treffen die Reporter gegen 10 Uhr in Piétresses ein. Nachdem sie mit dem Zeugen gesprochen haben, begibt sich das Filmteam zu jener Wiese, auf der das von I. F. gesehene Objekt gestanden haben könnte. Aus diesem Anlaß betritt der

Zeuge erstmals die Wiese, um vielleicht Spuren zu finden, die seine Schilderung untermauern.

Nach Angabe von I. F. sind auf der Wiese drei besonders kurzhalmige Graskreise deutlich zu erkennen. Jedes der kurzgemähten Grasrunde hat einen Durchmesser von 3 bis 3,50 Meter, und der Abstand der im Dreieck angeordneten Kreise beträgt etwa 15 Meter.

Nach den Reportern von RTL erhält der Zeuge außerdem Besuch von einem Team der RTBF-Lüttich, das aber keine Reportage macht.

Der Zeuge berichtet, daß nach den beiden Gendarmen, die ihn am frühen Vormittag befragt hatten, einige Mannschaftswagen auftauchten, mehrere Männer ausstiegen und in der Nachbarschaft eine Befragung starteten in der Hoffnung, weitere Beobachtungen sammeln zu können. Außer Polizisten der Gendarmerie Wandre hat er einen Kriminalbeamten gesehen, der allerdings keine Fragen an ihn gerichtet habe. Der Zeuge gab gegenüber den Gendarmen lediglich eine mündliche Erklärung ab. Eine schriftliche Aussage machte er nicht, und es wurde kein Protokoll aufgenommen und ihm zur Unterschrift vorgelegt.

Am frühen Nachmittag ist die Armee mit einem Ortstermin an der Reihe: Ein ranghoher Offizier samt Fahrer sowie vier Militärtransporter treffen ein, aus denen mehrere Männer aussteigen, die sofort die Wiese abzusuchen beginnen. Der Zeuge will gesehen haben, daß diese Männer die im Gras hinterlassenen Spuren gesichert haben. Seltsamerweise soll sich der aufsichtführende Offizier zu keinem Zeitpunkt direkt an I. F. gewandt haben; wenn er eine Frage zu stellen hatte, so immer über seinen Fahrer, der dann zurücklief, um seinem Vorgesetzten die Antwort des Zeugen mitzuteilen. Über seinen Mittelsmann stellte er die besorgte Frage, ob es sich nicht doch um ein Luftschiff gehandelt haben könnte, oder schlichtweg um einen Scherz. Mit Sicherheit nicht um ein Luftschiff: Der Zeuge entsinnt sich noch sehr genau des »Goodyear«-Zeppelins, der an Wettkampftagen über der Automobilrennstrecke von Francorchamps flog. Absolut kein Vergleich! Der Motor eines Luftschiffs ist doch viel zu laut und knattert richtig ... Hinter einem Ulk würde ein genialer Betrüger stehen müssen, der über absolut außergewöhnliche technologische Mittel verfügte! Da die Gendarmen beim Eintreffen der Militärs noch anwesend waren, wurde I. F. Zeuge eines Gesprächs zwischen beiden Seiten, in dem einer der Gendarmen vorschlug, eine Luftaufnahme von

2. CHRONIK EINER SICHTUNGSWELLE 153

der Umgebung anfertigen zu lassen, was auf die Zustimmung des ranghohen Offiziers traf. Am kommenden Abend bemerkte der Zeuge einen Hubschrauber, der für einige Augenblicke am Himmel über der vielbesuchten Wiese kreiste.

Der Zeuge konnte ferner in einem mit Polizisten der Gendarmerie Wandre geführten Gespräch erfahren, daß man mit den Kollegen aus Trooz in Kontakt getreten sei, wo am Vorabend ein Einwohner dieser Gemeinde vorstellig geworden sei, um zu melden, daß er am späten Nachmittag von einem UFO überflogen worden sei und ein Foto habe machen können.

An einem der darauffolgenden Tage begibt sich I. F. nach Trooz und kann den anderen Zeugen ausfindig machen. Bei näherer Betrachtung der Aufnahme glaubt er dieses oder jenes Detail wiederzuerkennen, das seine eigene Beobachtung zu bestätigen scheint – doch fügen wir gleich hinzu: Die Aufnahme aus Trooz ist so unscharf, daß man alles mögliche auf ihr erkennen kann!

Seinem eigenen Bericht zufolge verhielt sich I. F. während der gesamten Beobachtung sehr vorsichtig. Da er selber das Gefühl hatte, von dem fremden Besucher beobachtet zu werden, richtete er seine Aufmerksamkeit besonders auf die fensterartige Öffnung vorne, um dort vielleicht eine Silhouette zu sehen (was nicht eintrat). Einen Augenblick lang dachte er daran, seine in dem Zimmer im ersten Stock schlafende Frau zu wecken, verzichtete aber darauf, da er nichts von dem eigenartigen Schauspiel, das sich da vor seinen Augen abspielte, verpassen wollte. Während der Sichtung konnte er leider keinen weiteren Zeugen finden, da so spät abends niemand mehr unterwegs war.

Nachdem er am nächsten Tag von den Gendarmen erfahren hatte, daß einige seiner Nachbarn Zeugen desselben nächtlichen Phänomens geworden sein sollen, verzichtete er, sie darauf anzusprechen. Nach Trooz war er allein deshalb gefahren, weil dieser Zeuge eine Aufnahme hatte machen können und er wissen wollte, ob sie seine eigene Beobachtung würde bestätigen können.

I. F. scheinen seine Erlebnisse keine besonderen Schwierigkeiten zu machen. Vorher hatte er sich nicht für UFOs interessiert und noch nie etwas darüber gelesen; und auch nach seinen Erlebnissen ist das nicht zu einer Frage geworden, die ihn umtreibt. Er ist sich zwar bewußt, einem wenig alltäglichen Ereignis beigewohnt zu haben, und hat sich während der Sichtung auch voll auf das Phänomen konzentriert, doch später ließ sein Interesse ziemlich rasch nach, da ihn die Reaktionen der einzelnen Personen, die in den ersten Stunden danach an ihn herangetreten waren, irgendwie aus der Fassung brachten.

Die Meinung der anderen, meinte er, sei ihm vollkommen egal: »Entweder glaubt mir niemand, oder ich habe etwas gesagt, das ich nicht hätte sagen sollen, und man hält meine Zeugenaussage unter Verschluß.« Er fragte sich, ob nicht alles gezielt vertuscht worden sei. Beispielsweise sei das von Dominique Demoulin gemachte Interview, das ihr doch so wichtig gewesen sei, nie von RTL ausgestrahlt worden. Außerdem war der Zeuge über die Einstellung von Gendarmerie und Armee verwundert, von denen er nie wieder etwas gehört hatte. All dies brachte ihn dazu, sich von der UFO-Problematik abzuwenden und wieder ganz seiner einzigen Leidenschaft zu frönen: den Basteleien am Auto ...

Der Zeuge litt unter keinerlei Folgeerscheinungen. Während der Sichtung hatte er ein wenig Angst, vor allem zu Beginn, als er sich vorsichtshalber hinter die Hofmauer flüchtete, doch später, als sich das Objekt entfernte, fühlte er sich sogar »wohl« – eine Reaktion, die vollkommen normal ist für eine Person, die soeben mit einer ungewöhnlichen oder unheimlichen Situation konfrontiert wurde, deren Ausgang sich sehr rasch als beruhigend erweist.

Im Haus traten keine Störungen auf, und alle Elektrogeräte (Fernseher, Radio, Telefon etc.) funktionierten normal. Einige Tage später stellte der Zeuge hingegen fest, daß in seinem Viertel einige Lampen der Straßenlaternen zerplatzt waren – zuerst nur eine, am nächsten Tag zwei oder drei usw. Innerhalb von etwa zwei Tagen sollen jedenfalls mehrere Lampen zerplatzt sein.

Noch eine letzte, den Zeugen selbst betreffende Präzisierung: Er gibt an, gewöhnlich einen leichten Schlaf zu haben, bei vertrauten Geräuschen werde er nicht wach, mitternächtliches Motorradgeknattere etwa störe ihn nicht; aber ein ungewohntes, noch so leises Geräusch wecke ihn mit Sicherheit auf. Und genau das sei am 12. Dezember 1989 nach 2 Uhr nachts der Fall gewesen.

Während der Befragung interessierte es uns zu erfahren, wie sich die Angehörigen des Zeugen nach seinem nächtlichen Erlebnis verhielten.

Seine Tochter äußerte sich überhaupt nicht zum Bericht ihres Vaters und scheint sich für diese wenig alltäglichen Ereignisse in keiner Weise zu interessieren. Auch seine Frau verhielt sich sehr reserviert. Zwar streitet sie nicht ab, daß ihr Mann das von ihm berichtete Erlebnis tatsächlich gehabt hat, hütet sich aber vor wie auch immer gearteten Kommentaren.

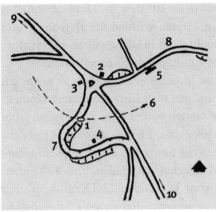

Lageplan:

1. *Objekt bei den Tannen*
2. *Haus von Herrn F.*
3. *Haus von Frau L.*
4. *Haus von Familie R.*
5. *Haus von Frau E.*
6. *Ehem. Weideland von Frau E.*
7. *Rue de Beyne*
8. *Rue des Piétresses*
9. *Richtung Jupille-Zentrum*
10. *Richtung Beyne-Heusay*

Abb. 2.34

Im Rahmen einer ersten, vor Ort durchgeführten Kontrolle konnte die Beobachtungsdauer mehr oder weniger exakt bestimmt werden. Nachdem wir den Zeugen gebeten hatten, sich den gesamten Ablauf des Geschehens ins Gedächtnis zurückzurufen, ermittelten wir – mit der Uhr in der Hand – eine Zeitspanne von 57 Sekunden zwischen Sichtungsbeginn und Verschwinden des Objekts hinter den benachbarten Häusern. Ferner suchten wir die Gendarmerie von Wandre auf und konnten dort mit MDL Tromme sprechen, der von Beginn an bei den Nachforschungen vor Ort dabeigewesen war. Er habe auf der Wiese, wo das von I. F. gesehene Objekt gestanden haben könnte, keine deutlichen Spuren erkennen können. Die drei Kreise mit dem kurzen Gras habe er nicht entdeckt, und mit viel gutem Willen habe man allenfalls einige Bereiche ausmachen können, wo das Gras vielleicht etwas stärker plattgedrückt war, doch all dies sei in keiner Weise besonders auffällig gewesen. Dominique Demoulin von RTL reagierte genau gleich. Auch sie erklärte, daß ihr auf der Wiese nichts Besonderes aufgefallen sei, nachdem sie weniger als acht Stunden nach den nächtlichen Ereignissen vor Ort eingetroffen war. An der Wiese sei nichts Ungewöhnliches gewesen, sie habe deshalb noch nicht einmal ihren Kameramann darum gebeten, hier Aufnahmen zu machen. Dies dürfte erklären, warum ihre Reportage nie gesendet wurde. Eine letzte, den Beobachtungspunkt betreffende Überprüfung erfolgte in Form einer Befragung sämtlicher Anwohner dahingehend, ob ihnen in der Nacht vom 11. auf den 12. Dezember nichts Außergewöhnliches aufgefallen sei. Hierzu wurden die Bewohner von mehr als sechzig Häusern aufgesucht, und die langwierigen Nachforschungen führten glücklicherweise zu interessanten Ergebnissen.

Doch weisen wir zunächst darauf hin, daß einer unserer Besuche ein negatives Resultat erbrachte, wohingegen man hätte annehmen können, daß sich interessante Ergebnisse gewinnen ließen. Den Bewohnern jenes an der Route de Beyne-Heusay gelegenen Hauses nämlich, über dem sich das Objekt eine Zeitlang, gegen die Spitze einer Tanne gelehnt, aufgehalten hatte, war nichts Ungewöhnliches aufgefallen, und sie können sich nicht erinnern, in der Nacht vom 11. auf den 12. Dezember durch irgendein unbekanntes Geräusch gestört worden zu sein. Unterdessen sollte die Zeugenaussage eines etwas weiter oben in derselben Straße wohnenden jungen Mädchens die von I. F. beobachteten nächtlichen Ereignisse bestätigen.

Im Laufe des Vormittags des 12. Dezember wurden die Gendarmen aus Wandre im Rahmen ihrer Ermittlungen bei der Familie R. vorstellig. MDL Tromme ist gut mit dem Journalisten R. bekannt, den er ab und zu aufsucht, um ihn über die Autorallyes, an denen er teilnimmt, zu informieren. Tromme will sich gerade von Familie R. verabschieden – man hatte ihm soeben erklärt, in der fraglichen Nacht nichts Besonderes gehört zu haben –, als das jüngste der Kinder protestiert: aber nein, es sei doch von einem ganz komischen Geräusch wach geworden. Martine (15 ½ Jahre), die von der SOBEPS nochmals befragt wurde, bestätigt, in jener Nacht durch eine Art Motorengeräusch geweckt worden zu sein, das nicht unten von der Straße heraufdrang, sondern von einer Schallquelle über Bodenhöhe gekommen sein muß. Mit einem Flugzeugmotor sei dieses Geräusch aber auf keinen Fall vergleichbar gewesen. Obwohl das Fenster abgedunkelt war, hatte sie den Eindruck, als würde ihr Zimmer beleuchtet; sie glaubte erst, daß ihre Eltern aufgestanden seien, was aber nicht der Fall war. Das Geräusch (eine Art »wuu-wuu«) hielt mehrere Minuten an; es kam anfangs aus nächster Nähe und wurde dann – anscheinend mit zunehmender Entfernung der Schallquelle – schwächer. Martine schaute zwar nicht auf ihre Uhr, vermutet aber, es könne 2 Uhr morgens gewesen sein. Sie verließ das Bett nicht, um nachzuschauen, was draußen vorging. Ihre Mutter erinnert sich, daß Martine während der Befragung durch die Gendarmerie anmerkte, sie habe eine Art Kettengeräusch gehört. Wie der Zeuge I. F. gibt auch Martine R. an, einen leichten Schlaf zu haben.

Von der Gendarmerie wurden anscheinend nur die Häuser auf einer Seite der Rue de Beyne aufgesucht, und zwar auf jener Seite, auf der sich das gegen die Tannen gelehnte Objekt aufhielt.

Bei unseren weiteren Nachforschungen bemühten wir uns zu erfahren, ob die Anwohner der gegenüberliegenden Straßenseite nicht auch noch etwas beizusteuern hätten. In der Tat konnten wir eine weitere Zeugenaussage gewinnen, die den Gendarmen aus Wandre entgangen war. In der Rue de Beyne, fast unmittelbar gegenüber von I. F., wohnt die alleinstehende Rentnerin J. L. (70 Jahre). Das Schlafzimmer von Frau J. L. geht nach hinten zum Garten. In der besagten Nacht wurde sie von einem eigenartigen Dauergeräusch – wie von einem Moped – wach, das sich von rechts nach links fortpflanzte. Da das Schlafzimmerfenster durch einen Fensterladen verschlossen war, konnte J. L. keinen Lichtschein erkennen und stand auch nicht auf. Sie glaubt, zwischen zwei und drei Uhr morgens von dem Bewegungsgeräusch aufgewacht zu sein. Sie habe ein gutes Gehör und zudem einen leichten Schlaf (sie also auch!). Sie habe über den Vorfall mit niemandem gesprochen und sei auch keinem Gendarmen begegnet. Fügen wir noch hinzu, daß hinter dem Haus der Zeugin weder eine Straße noch ein Weg oder Fußpfad verläuft. Ein Moped kann sich mitten in der Nacht unmöglich hinter den Garten der J. L. verirrt haben, und selbst bei Tage könnte man dort unmöglich herumfahren.

Zur Vervollständigung der in der Nachbarschaft gesammelten Informationen möchten wir noch die Aussagen von Herrn R. D. und Frau L. E. aufführen, die gegen 1 Uhr nachts durch ein merkwürdiges Leuchten in der Umgebung ihrer Häuser verunsichert wurden.

R. D. erfuhr von dem Vorkommnis durch die Gendarmen, die ihn aufgesucht hatten und denen er berichtete, daß er in der Nacht vom 11. auf den 12. Dezember gegen 1 Uhr zu Bett gehen wollte und gerade das Licht ausgemacht hatte, als ihm auffiel, daß die Terrasse noch in einem ungewöhnlich hellen, silbrigblauen Licht lag. Es herrschte klare Sicht, mit Sternen am Himmel und Vollmond (nachgeprüft: Vollmond am 12.12.1989). Ferner erinnerte er sich (nach dem Besuch durch die Gendarmen), daß er in jener Nacht im ersten Schlaf 15 bis 20 Sekunden lang ein dumpfes Vibrieren »wie von einem Erdbeben« bemerkt habe. An seine Empfindungen während des Erdbebens von 1983 im Raum Lüttich kann er sich noch gut erinnern. Er macht sich Vorwürfe, nicht gleich einen Zusammenhang gesehen zu haben, nicht aufmerksamer und neugieriger gewesen zu sein.

Frau L. E. wohnt in einem kleinen, ehemaligen Bauernhaus, dessen zur Straße liegende Außenwand vollkommen fensterlos ist. Die Fassade weist nach Osten, auf Weideland. Das Fenster ihres Zimmers liegt zwar in Richtung jener Wiese, auf der das von I. F. beobachtete Objekt hätte gelandet sein können; diese wird aber von einem angebauten Schuppen verdeckt.

In jener Nacht wird L. E. gegen 1 Uhr durch ein Geräusch schlagartig wach. Sie denkt zunächst an einen Verkehrsunfall. Da die Vorhänge nie zugezogen sind, kann sie erkennen, daß es draußen taghell ist. Sie steht auf, öffnet aber das Fenster nicht. Das Licht scheint von der Kreuzung Rue des Piétresses und Rue de Beyne zu kommen. Sie setzt ihre Beobachtung aufmerksam hinhörend weitere zwei Minuten fort, doch es ist nichts mehr zu hören.

L. E. geht ins Bett zurück und legt sich ein Kissen über den Kopf, um schnell wieder einzuschlafen. Am nächsten Morgen gegen 10 Uhr erhält sie Besuch von ihrem Sohn, der ihr mitteilt, überall auf der Wiese – für die sie sich weiterhin interessiert, weil sie ihr früher gehört hatte – befänden sich Gendarmen.

Der Hauptzeuge I. F. empfing unsere Interviewer ohne Vorbehalte und stellte sich in äußerst freundlicher Weise allen Fragen. Er berichtet glaubhaft, und wahrscheinlich hat er sich selbst am meisten über sein kurzes nächtliches Abenteuer gewundert. Zwar ist ihm, wie gesagt, ziemlich gleichgültig, was andere von dem halten, was er erlebt hat, er scheint aber zu bedauern, daß nichts weiter erfolgt ist, nachdem er berichtet hatte und die vielen Untersucher vom ersten Tage wieder abgezogen waren. Auch wundert ihn, daß von den Behörden keinerlei Echo kam, obgleich ihre Vertreter in den ersten Stunden danach massiv in Erscheinung getreten waren.

Wie bereits angemerkt, sucht der Zeuge in keiner Weise durch seine Beobachtungen Publizität zu gewinnen, und sein wenig alltägliches Erlebnis scheint sein Leben absolut nicht verändert oder negativ beeinflußt zu haben. Im Anschluß an dieses nächtliche Intermezzo wird er seinen Kopf unverzüglich wieder unter die Motorhaube eines Autos stecken bzw. die laufenden häuslichen Umbauarbeiten fortsetzen.

Wenn sich I. F. nicht derart für Mechanik begeistern würde, hätte er sich vielleicht nicht einmal die Mühe gemacht, sein Bett zu verlassen, um die Umwälzpumpe der Zentralheizung auf ihre Funktionstüchtigkeit zu prüfen. Und uns wäre eine besonders merkwürdige Beobachtung vorenthalten geblieben.

Wir haben es hier unbestreitbar mit einer wenig alltäglichen Zeugenaussage zu tun, die ein höchst fremdartiges Objekt beschreibt, vergleicht man sie mit jener Welle von Sichtungen, die Belgien ab dem 29. November 1989 überflutete.

Die Beschreibung erinnert an die folgende Schilderung. Gemeinsam mit ihrem Gatten beobachtete Frau G. am 29. Oktober 1972 gegen 23.30 Uhr am Himmel über Tirlemont ein dunkelgraues, bewegungsloses Objekt von der Form eines bauchigen Torpedos (siehe *Inforespace* Heft 26, Seite 23). An der Längsseite des Objekts befand sich eine Art breites, längliches Fenster, und – ein weiteres merkwürdiges Detail – es war hinten mit einer Art Senkrechtflosse versehen (in diesem Punkt könnte es dem Objekt von Jupille ähneln). Letztes bemerkenswertes De-

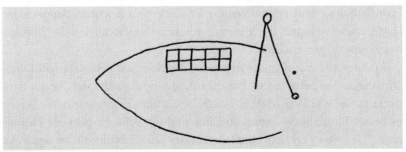

Abb. 2.35

tail: Frau G. scheint das Phänomen als Festkörper mit deutlichen Konturen aufgefaßt zu haben, das Heck kann sie aber nicht beschreiben, da es »verschwommen« gewesen sei. Dies erinnert ein wenig an die von I. F. gegebene Schilderung, in der er ebenfalls von einem verschwommenen Aussehen des Objekts spricht.

Wenn man der Erklärung des Zeugen von Jupille Glauben schenkt, daß er vor der Sichtung nie etwas Genaues über UFOs gelesen habe, kann man sich über das Auftauchen einiger typischer Details, die lediglich den gut über den ufologischen »Fuhrpark« informierten Personen bekannt sein dürften, nur wundern.

Ferner ist zu betonen, daß die Schilderung des Zeugen durch die Aussagen von Frau J. L. und Martine R. untermauert wird. Obwohl sie bedauerlicherweise nichts gesehen haben, läßt sich mit Hilfe ihrer Aussagen auf die im Lageplan eingetragene Flugbahn des nächtlichen Objekts schließen. Die Aussage von Frau J. L., die ein merkwürdiges Geräusch gehört zu haben glaubt, das sich von ihrem Schlafzimmer aus gesehen von rechts nach links fortpflanzte, führt uns zu der Vermutung, daß sie das in Bewegung befindliche Objekt gehört hat, bevor es gegen die Tannen gelehnt zum Stehen kam.

Wohingegen Martine R., die sich südlich der vermuteten Flugbahn befand, das Objekt nach dessen Zwischenstop gehört haben dürfte, als es sich in Richtung auf die Wiese, die früher einmal Frau L. E. gehört hatte, entfernte. Man beachte auch dieses weitere, charakteristische Detail aus der Zeugenaussage des jungen Mädchens, in der von einem Kettengeräusch die Rede ist. Diese Analogiebildung läßt sich mit der »einschlägigeren« Beschreibung durch I. F. vergleichen, der vom dumpfen Knarren einer Achse mit Spiel in einem Wälzlager spricht. In dem knappen Protokoll der Gendarmerie Wandre ist von einem Kochtopfklappern die Rede. Diese wenigen, doch recht typischen Details dürften die Aussage des Hauptzeugen erhärten.

Andererseits darf man die negativen Aspekte dieser Aussage nicht verschweigen. Sie betreffen in erster Linie die Spuren, die der Zeuge entdeckt haben will. Wie MDL Tromme bekräftigte, erschien ihm die Wiese in keiner Hinsicht besonders auffällig, und die RTL-Reporterin Dominique Demoulin erklärte ebenfalls, auf der Wiese absolut nichts entdeckt zu haben. Hätte es sich anders verhalten, so würde sich ihr Kameramann ganz zweifellos beeilt haben, die drei großen, kurzhalmigen Graskreise zu filmen, und noch am selben Abend hätten die Fernsehzuschauer die Spuren einer derart bemerkenswerten Landung betrachten können.

Es fällt wahrhaft schwer, eine Erklärung zu finden, warum der Zeuge diese Spuren erwähnt, die von keinem der nur wenige Stunden später eintreffenden Untersucher beobachtet werden können. Dies ist unbestreitbar der schwächste Punkt der gesamten Aussage. Ist von daher diese ungewöhnliche Beobachtung insgesamt zu verwerfen und das Objekt von Jupille in den großen Karteikasten mit der Aufschrift »Täuschungen« zu verbannen? Doch was wäre dann mit den Aussagen von Frau J. L. und Martine R.?

Schließen wir diese bemerkenswerte, von Jean-Luc Vertongen geführte Untersuchung ab und wenden wir uns den Beschreibungen von anderen, in derselben Nacht gesichteten UFOs zu.

24. Remouchamps (Lüttich)

Mitten in der Nacht (gegen 3 Uhr) will der pensionierte Staatsbeamte Frans W. ein sich ruckartig bewegendes und anscheinend über eine »enorme« Masse verfügendes Objekt gesehen haben.

25. Sambreville (Namur)

Es ist 8.30 Uhr am Morgen des 12. Dezember, und Thierry D. C. befindet sich auf der Wallonien-Autobahn Richtung Gilly (wo er arbeitet), als ihm ein helles, aus mehreren weißen Punkten zusammengesetztes Licht auffällt. Das Phänomen befindet sich unter einer (an jenem Tage dichten) Wolkendecke und ähnelt mit seiner Form eines Rugbyballs »zwei Beleuchtungsköpfen, wie man sie in Stadien findet«. Die sich anscheinend nicht bewegende Lichtquelle verschwindet plötzlich zwischen den Wolken.

26. Piétrain (Wallonisch-Brabant)

Um das Dossier für den 11. und 12. Dezember 1989 zu vervollständigen, möchten wir einen Fall anfügen, der sich zwar nicht genau datieren läßt

(10. bis 12. Dezember), sich aber durchaus am Abend des 11. Dezember abgespielt haben könnte.

Piétrain liegt in einem sehr ruhigen Landstrich, 4 Kilometer von der Brüssel und Lüttich verbindenden E 40 entfernt. Etwa 10 Kilometer nordwestlich befindet sich der Flugplatz Beauvechain. Es ist 22 Uhr, als der Rentner Claude C. P. (bei wolkenlosem Himmel) mit einem unerwarteten Vorkommnis konfrontiert wird.

Wie an jedem Abend führt der Zeuge seinen Hund aus. Kaum wieder zu Hause, vernimmt er ein anhaltendes, ohrenbetäubendes Grollen, »das einem durch Mark und Bein geht«. Gleichzeitig schlägt sein Hund an. C. P. tritt auf die Schwelle und sieht direkt über seinem Kopf eine riesige, schwarze Masse von der Form einer Zigarre (wie ein Flugzeugrumpf, ohne Flügel und weit mächtiger). Den Umkreis bilden rote und weiße Lichter. Der Zeuge stürzt ins Haus zurück und ruft seine Frau, die sich aber nicht herbeibemüht. Als er – nach einigen Problemen mit dem Hund – wieder nach draußen tritt, sieht er das Objekt hinter einer Tanne verschwinden (Azimut: 320°, Höhe: 20°). Nun bemerkt er einen gelben Kreis, mit waagerechten, orangefarbenen und wogenden (tänzelnden) Linien, den er als hintere Düse des Objekts interpretiert; sie ist jedoch weit größer als die der gelegentlich (nachts?) vorbeifliegenden Düsenflugzeuge. Der Zeuge ist Leser der Zeitschrift *Science & Vie* und wundert sich über die Ähnlichkeit mit einem UFO, dessen Foto im Heft 868 vom Januar 1990 erschien. Die Zeitspanne zwischen dem Auftauchen und dem Verschwinden des Objekts wird auf 30 bis 60 Sekunden geschätzt. Der gelbe Leuchtkreis war flach und wurde von einem dunklen Vorsprung (von der Größe des Kreisradius) überragt, der dem Seitenleitwerk eines Flugzeugs ähnelte.

Welche Schlüsse lassen sich nun aus der hier ausgebreiteten Fallsammlung ziehen? Es fällt bekanntlich trotz einer konsequenten Befragung schwer, über die von den Zeugen angegebene Uhrzeit und Beobachtungsdauer sowie die geschätzten Entfernungen und Abmessungen Gewißheit zu erlangen. Dennoch ergibt sich, wenn man die verschiedenen Zeugenaussagen insgesamt betrachtet, ein weitgehend stimmiges Bild.

Wenn man voraussetzt, daß die angegebenen Uhrzeiten zutreffen, muß man notwendigerweise davon ausgehen, daß Belgien entweder

2. CHRONIK EINER SICHTUNGSWELLE

gleichzeitig von mehreren identischen Objekten überflogen wurde, oder daß ein einziges »Gerät« an einzelnen Orten mit sehr niedriger Geschwindigkeit »spazierengeflogen« und dann in voller Fahrt zu anderen Orten »hinübergesprungen« ist.

Um 17.45 Uhr wurde das Objekt nachweislich im Süden von Lüttich (Esneux und Tilff) beobachtet. Eine Viertelstunde darauf ist es etwa 100 Kilometer weiter westlich sichtbar (La Louvière). Ein derartiger Ortswechsel wäre bei einer Geschwindigkeit von etwa 400 km/h vorstellbar. Bei der zweiten Beobachtungsserie (Fälle 4 bis 9) bleibt das UFO etwa 1 Stunde sichtbar und legt dabei höchstens 30 Kilometer zurück. Die Flugroute läßt sich rekonstruieren: Von La Louvière geht es nach Norden entlang der N 27 bis zum Anschluß an die E 19 bei Feluy-Seneffe, von dort entlang der A 54 bis Jumet, und dann nach Osten Richtung Jemeppe-sur-Sambre (entlang der E 42).

Mehr oder weniger unabgesichert gingen wir von der Annahme einer dritten Beobachtungsserie (Fälle 10 bis 16) aus, die sich im wesentlichen auf das Ortsdreieck Gembloux-Floreffe-Forville konzentriert (Seitenlänge etwa 20 Kilometer). Die Sichtungen liegen zwischen 18.15 und 19.10 Uhr und überschneiden sich zu einem Gutteil mit den Ereignissen aus der zweiten Serie. Das in Mazy (Fall 12) beobachtete Objekt ist sicher nicht mit dem gleichzeitig in Morlanwelz (Fall 5) gesichteten identisch, es sei denn, die Zeugen hätten sich bei den Zeitangaben grob vertan.

Die dritte Beobachtungsserie zeichnet sich durch ein ständiges Kommen und Gehen in ost-westlicher Richtung entlang der E 42 aus. Die vierte Serie ist weniger homogen; es handelt sich um vereinzelte Sichtungen, die möglicherweise in keiner wirklichen Verbindung zu den drei vorangegangenen Serien stehen. Die fünfte, sich auf die Nacht vom 11. auf den 12. Dezember beziehende Serie ist vermutlich die merkwürdigste, weil sie allem Anschein nach von einem am Boden befindlichen Objekt handelt.

Trotz einiger Abweichungen zeichnen sich die gegebenen Beschreibungen durch große Übereinstimmung aus. Mit Sicherheit handelt es sich um eine Art dreieckige Plattform, vermutlich mit gerundeten Enden. Dieses Gebilde hat ein bestimmtes Volumen, und an seinem Rand (so dieser sichtbar wird) lassen sich »Kabinenfenster« oder vielmehr beleuchtete rechteckige Zonen sowie eine Art Ausstülpung erkennen. Das

Objekt ist mit starken Lichtern ausgestattet, aus denen Lichtbündel austreten, die manchmal über den Erdboden streichen. Es ist zu längeren Überflügen in sehr geringer Höhe und zu mehrminütigen Halts in der Lage. Den Kurven scheint eine kurze Sinkflugphase voranzugehen, und mit den Flugmanövern gehen offenbar merkwürdige Begleiterscheinungen einher wie das Austreten selbständiger roter Lichter (siehe Fall 7). Das Objekt bewegt sich und schwebt fast völlig lautlos.

Die definitive Erklärung – aber nicht nur eine!

Zu diesem Zeitpunkt tauchten einige Hypothesen auf, die für sich beanspruchen, die Herkunft der belgischen UFOs abschließend zu erklären. Die Laser-Hypothese haben wir bereits angesprochen. Sie geht auf eine Eilmeldung der Nachrichtenagentur Belga vom 8. Dezember 1989 zurück. Bereits am nächsten Morgen stand enprechendes in der Presse zu lesen, die *Nouvelle Gazette* wartete auf ihrer ersten Seite mit der Schlagzeile auf:»UFOs am Himmel sind zweifellos Laser«, wobei der Redakteur vom Dienst nicht zögerte zu verkünden, diese Hypothese sei »die wahrscheinlichste« Erklärung. Man glaubt zu träumen! *La Dernière Heure* griff dieselbe Eilmeldung auf, indem sie unter anderem ein Interview mit einem gewissen Philippe Mottard (seines Zeichens »Käufer/Verkäufer von Lasern«) brachte.

Der für die letztgenannte Zeitung arbeitende Journalist Philippe Dautrebande hatte den Betreffenden interviewt, ohne das Beobachtungsdossier im geringsten zu kennen. Er machte allerdings auch keinen Hehl daraus, daß er das Thema UFOs für überflüssig hielt. Von daher wird es verständlicher, warum der Journalist sich von seinem bevorzugten Gesprächspartner derart viele Lügenmärchen hat auftischen lassen. Der nachstehende Auszug zeigt, wie stark sich die von Mottard gegebene Beschreibung von den tatsächlichen Beobachtungen entfernt. Wenn das Thema nicht so ernst wäre, könnte man sich vor Lachen auf die Schenkel klopfen.

> *P. Mottard:* Es ist absolut möglich, das Bild eines UFOs an den Himmel zu projizieren, sobald dafür eine Unterlage, ein ›Bildschirm‹, existiert. Das kann eine Wolke sein oder relativ dichter Nebel. Der Laser kann übrigens

auch einen dreidimensionalen Eindruck erzeugen, denn das gebündelte Licht ist sehr stark und kann den Nebel durchlöchern. Und seine Reichweite ist sehr groß, beträgt mehrere tausend Meter. Wegen der Leuchtspur sieht der Betrachter dabei immer, woher das Licht kommt, ausgenommen er befindet sich genau gegenüber.

Ph. Dautrebande: Läßt sich das Bild in Bewegung versetzen?

P. M.: Natürlich. Das Bild kann sich um die eigene Achse drehen und sich bewegen. Man kann es zerlaufen lassen, als würde sich das Objekt wegbewegen.

Ph. D.: Und das mehrfarbig?

P. M.: Selten, denn in ganz Belgien gibt es nur einen Laser, mit dem sich mehrfarbige Bilder projizieren lassen. Im allgemeinen ist das Bild grün.

Ph. D.: Kann es der Anwender schaffen, den Eindruck zu vermitteln, als würde ein Licht direkt aus dem per Laser erzeugten Bild austreten?

P. M.: Ja, man muß den Laser an bestimmten Stellen blinken lassen, um den Eindruck zu vermitteln, daß das Licht aus dem Ding austritt.

Ph. D.: Ist so ein Laser leicht zu installieren?

P. M.: Es reicht eine Steckdose und ein Wasserhahn für die Kühlung.

Ph. D.: Und der Effekt?

P. M.: Ich habe das persönlich für Demonstrationszwecke vor einigen Jahren einmal in Lüttich ausprobiert. Mit einem UFO-Bild. Die Leute sind losgerannt und haben bei den Rundfunksendern angerufen.

In *Le Soir* vom 11. Dezember 1989 wurde diese phantastische Behauptung von Michel Bougard mit Recht kritisiert:

> Diese Hypothese hat offenbar den Vorzug zu beschwichtigen, doch sie scheint mir vollkommen aus der Luft gegriffen. Um Bilder per Laserstrahl zu projizieren, benötigt man einen bewölkten oder mit einem starken Dunstschleier überzogenen Himmel. Am 29. November hingegen, als das Phänomen von zahlreichen Personen beobachtet wurde, war die Nacht besonders klar.

Heute ließe sich hinzufügen, daß es Freude bereitet, sich vorzustellen, wie der geniale Fälscher mit einem Stromkabel und einem Schlauch in der Hand herumirrt, um die erforderlichen Anschlüsse herzustellen.

In demselben Artikel von *Le Soir* war eine weit seriösere Hypothese zu finden, die ein zähes Leben haben sollte: die eines hochgeheimen Flugzeugs aus den USA. Sie geht auf André Demoulin zurück, einen Mitarbeiter der Forschungseinrichtung G.R.I.P. (Groupe de Recherche et d'Information sur la Paix; Friedensforschungs- und -informationsgruppe). Lesen wir nach, was man damals zu diesem Thema schrieb:

> Einige neigen weiterhin zur Hypothese des Überflugs dieser Grenzregion durch ein in der Erprobung befindliches, militärisches Fluggerät mit bis heute geheimer Leistungsfähigkeit. In dieser Hinsicht legt André Demoulin vom G.R.I.P. Wert darauf, die Behauptung einiger Zeugen und Mitglieder der SOBEPS zu relativieren, die davon ausgehen, daß sämtliche aerodynamischen Formen von Kampfflugzeugen heute bestens bekannt seien. Zur Untermauerung hebt er das Beispiel der F-117A hervor.
>
> »Seit 1983 testet die amerikanische Luftwaffe dieses Jagdflugzeug, das revolutionäre geometrische Formen besitzt und dessen Existenz die US Air Force erst am 10. November 1988 zugegeben hat. Zusammen mit anderen Fluggeräten ist dieses Flugzeug Teil der ›schwarzen Programme‹, für die der amerikanische Kongreß Gelder zu verabschieden hat, ohne über die technischen Details dieser Maschinen informiert zu sein. Die F-117A fliegt zumeist nachts, und dank ihrer Stealth-Technologie in geringer Höhe. Dieses Jagdflugzeug erzeugt nur wenig Lärm. Es besteht aus Materialien, die in der Lage sind, Radarwellen weitgehend zu absorbieren, und erzeugt selbst ständig rote Lichtblitze, die vermutlich der Verfolgung seiner Bewegungen vom Boden aus dienen. Dieser mysteriöse Jäger hat sehr wahrscheinlich bereits Nachtflüge über Europa unternommen, ohne daß die breite Öffentlichkeit davon wüßte, und vielleicht nicht einmal bestimmte politisch-militärische Stellen in Europa.« So weit André Demoulin, der sich jedoch davor hütet, kategorisch zu behaupten, daß es sich bei jenem UFO, das in den letzten Tagen so viele Menschen beunruhigt hat, mit Sicherheit um die berühmte F-117A handelt.

André Demoulin ist ein sehr angenehmer Gesprächspartner – so sehr er über die von ihm bearbeiteten Themen (z. B. Waffensysteme) auf dem laufenden ist, so wenig weiß er leider über die Details und Befunde Bescheid, die die Befragungen der SOBEPS ergeben haben, oder das UFO-Phänomen im allgemeinen. Was wir an solchen vorgefertigten Erklärungen bedenklich finden, ist, daß sie in jedem einzelnen Fall von »Spezialisten« in dieser oder jener Disziplin stammen, wobei diese Experten von einem »Wahrheitsthron« aus sprechen, der in einem Laien unzugänglichen Elfenbeinturm steht. Der Astronom sieht nur Verwechslungen mit Planeten und Meteoren, während sich der Techniker wundersame Laser vorstellt und der Waffenforscher meint, Belgien werde von einem geheimen Prototyp ausspioniert.

Mit André Demoulin war ein Dialog jedoch möglich. Am Donnerstag, dem 21. Dezember, wurde am Nachmittag in Lüttich eine Fernsehdiskussion für den Sender Télé-Vesdre (Verviers) aufgezeichnet. Rund um den Tisch hatte der Journalist Jacques Pauly besagten André Demoulin, Oberstleutnant Billen, Michel Bougard und Laurent d'Alès (Pseudonym eines Lütticher Physikdozenten) versammelt. Es wurde lebhaft, aber offen diskutiert. Da genau für jenen Tag von der SOBEPS in Verviers eine Konferenz angesetzt war, wurde Demoulin von Bougard im Namen der SOBEPS eingeladen, sich dort vor der Öffentlichkeit frei zu äußern und seine These des Spionageflugzeugs zu verteidigen.

Doch greifen wir nicht zu weit vor. Am Dienstag, dem 12. Dezember, hatte *La Meuse-La Lanterne* auf der Titelseite ein Foto unseres Generalsekretärs Clerebaut gebracht und geschrieben: »Außergewöhnliche UFO-Welle – der Generalsekretär der SOBEPS: ›In den letzten 30 Jahren hat sich in Europa nichts Vergleichbares ereignet‹ (...)«. *La Dernière Heure* (vom selben Tage) brachte mehrere Artikel über die UFOs im Osten des Landes. Selbstverständlich ging es dort auch um den amerikanischen Prototyp, aber ebenfalls um eine Kritik der *»plausiblen, aber sehr teuren (5 bis 10 Millionen belgische Francs)« Laser-Hypothese.*

Am Tag darauf (Mittwoch, 13. Dezember) setzte sich das Festival der definitiven Hypothesen fort. Nach dem Laser und der F-117 kehrte nun das gute alte AWACS zurück. Diesmal waren es die Äußerungen eines sehr sympathischen Gendarmen aus Amay, 1. MDL Kinet, an denen die in den letzten Tagen auf der Lauer liegenden Journalisten Gefallen fanden. *La Meuse* brachte die Überschrift: »UFO von Esneux war AWACS von Bierset auf dem Rückflug von einer Mission«, und *La Dernière Heure:* »UFO von Amay ist ein AWACS«, sowie weiter hinten: »AWACS – find' ich gut. UFO: eine neue, ernstzunehmende Version eines Gendarmen aus Amay«. Später stand zu lesen: »Ein Gendarm fand die Lösung«.

Die Sichtung, um die es in diesem Zusammenhang geht, ist die vom 11. Dezember (siehe Fall 1 in der oben gegebenen Darstellung der Ereignisse jenes Abends). Schauen wir uns die »Erklärungen« des Lütticher Gendarmen doch einmal etwas näher an:

Am Anfang steht eine vertrauliche Mitteilung, die ich vor einigen Tagen von einem Kollegen erhielt. Er sagte mir, es sei ihm unangenehm, weil er nicht von anderen verspottet werden wollte. Doch auch er hatte in der Umgebung von Amay dieses berühmte Flugobjekt gesehen, von dem man in Eupen sprach. Am Tag darauf diskutierte ich gerade mit ihm, als das Fluggerät erneut auftauchte. »Siehst du! Genau das hatte ich gesehen«, sagte mein Kollege zu mir. Das Objekt hatte tatsächlich eine merkwürdige Form. Es flog ziemlich geräuschlos und hatte große Scheinwerfer. Ich gebe zu, daß auch ich ziemlich überrascht war. Am Abend habe ich dann sogar mit meiner Frau darüber gesprochen. Auch eine Frau aus unserer Gemeinde hatte dieses Objekt bei der Dienststelle telefonisch gemeldet. Am Montag abend bin ich wieder an den besagten Ort gegangen, um eine Aufnahme zu machen, falls das Objekt wieder auftauchen würde. Und es tauchte auf. Als ich es jetzt ein zweites Mal sah, dachte ich an ein AWACS, dieses ungewöhnlich geformte Radarflugzeug der NATO, dessen Heimatflughafen in Lüttich-Bierset liegt. Unsere Region wird regelmäßig von diesem Flugzeug überflogen. Man sieht es gewöhnlich tagsüber, nachts aber nie. Ich rief also in Bierset an, wo man bestätigte, das AWACS hätte einen Nachtflug unternommen. Ich habe erreicht, daß der Pilot noch einmal aufsteigt, ausdrücklich um meine Eingebung zu bestätigen. Und es hat sich tatsächlich herausgestellt, daß es sich bei unserem Flugobjekt um ein AWACS handelte. Ich behaupte nicht, daß sich dies mit dem UFO von Eupen genauso verhielt, doch es dürfte interessant sein, dessen Flugzeiten und -routen nachzuprüfen. Denn vieles stimmt in der Tat mit den Zeugenaussagen überein. Das AWACS ist ein Flugzeug, das sehr langsam fliegen kann, und es ist besonders leise. Der aufgepflanzte Riesendiskus verleiht ihm eine besondere Form. Und wenn es nachts in einem bestimmten Winkel fliegt, sieht man nur noch die Spotlichter: eines an der Spitze und zwei an den Flügelenden. Glauben sie mir, nachts sieht das wirklich ergreifend aus.

Wir leugnen nicht, daß das AWACS der Grund für manch spektakuläre Verwechslung sein kann (hierauf werden wir später noch eingehen, wenn wir auf den Abend des 18. Oktober 1990 zu sprechen kommen); dennoch überrascht es, daß die schlichte, isolierte Kommentierung einer einzelnen, banalen Zeugenaussage sofort allgemein auf alle anderen Beobachtungen ausgeweitet wurde. Noch mehr wundert es zu erfahren, daß der Anruf eines Gendarmen in Bierset genügt, um ein AWACS der NATO starten zu lassen. Die unklugerweise von MDL Kinet kategorisch vorgetragenen Unwahrheiten über die technischen Möglichkeiten dieses Flugzeugs wollen wir einmal beiseite lassen. Das Reich des Phantastischen jedenfalls liegt nicht immer dort, wo man meint ...

An jenem 13. Dezember fand ab 17 Uhr im Lokalsender von Verviers (Radiolène) eine große Live-Diskussion statt, an der neben mehreren Zeugen der letzten Tage (darunter einige städtische Würdenträger) Oberstleutnant Billen (Chef de Corps in Glons) und Michel Bougard (als Vertreter der SOBEPS) teilnahmen. Dies war unsere erste Begegnung mit Billen (die Debatte in Télé-Vesdre fand acht Tage später statt). Mit einer Statur à la »Top Gun«, perfekt zweisprachig, intelligent, von milder Ironie, gab er einen idealen Vertreter der Luftwaffe ab. Er sollte in den ersten Wochen der UFO-Welle zum Hauptansprechpartner der SOBEPS werden, und wiederholt fand man sich hinter denselben Mikrophonen und vor denselben Kameras wieder. Was die verschiedenen Kontakte mit der SOBEPS und den Medien anging, sollte er ab Frühjahr 1990 schrittweise durch Oberst De Brouwer ersetzt werden, der vielleicht nüchterner eingestellt, aber ein Muster an Courage ist.

Der 14. Dezember 1989 ist ein weiterer Markstein der exzessiven Berichterstattung über die belgischen UFO-Ereignisse. In ihren Morgenausgaben widmeten mehrere Tageszeitungen dem Thema weiterhin viel Raum. *La Lanterne:* »UFOs im Überfluß – Sichtungen überall«; *La Nouvelle Gazette:* »UFOs – die Radars öffnen die Augen«; *La Libre Belgique:* »UFOs immer rätselhafter«. In der letztgenannten Zeitung vertrat Thierry Degives die Meinung, »daß die ›natürlichen‹ Hypothesen eine nach der anderen in sich zusammenbrechen. Vorsicht ist weiterhin angebracht, doch selbst die Experten ertappen sich beim Träumen.«

Am selben Tag veröffentlichten einige Zeitungen einen von Lucien Clerebaut verfaßten Zeugenaufruf:

> Wir bemühen uns, möglichst viele Zeugenaussagen aufzunehmen, und täglich gehen mehrere Dutzend schriftliche Aussagen bei uns ein. Am meisten beeindruckt mich, daß sie sich im allgemeinen auf denselben Zeitraum beziehen (27. November bis 3. Dezember) und daß sie von Gendarmen, Polizisten, Meteorologen und selbst von Verwaltungsbeamten und Politikern stammen. Wir werden zwar in Kürze erste Ergebnisse unserer umfassenden Untersuchungen vorstellen, doch es dürften noch Monate vergehen, bis wir eventuell Genaueres sagen können.

Der letzte Satz enthielt eine Anspielung auf die bevorstehende, für den 18. Dezember angesetzte Pressekonferenz.

Jagd nach »Exklusiv«-Bildern — Engagement der Militärs

Am Donnerstag, dem 14. Dezember 1989, fand sich in *La Dernière Heure* ein sehr interessanter, von Gilbert Dupont verfaßter Artikel. Sein Titel: »Zeugenaussagen weiterer Militärs«. Der Brüsseler Journalist verfügte über gute Kontakte zu belgischen Militärkreisen. Im Rahmen früherer Untersuchungen hatte er, seriös und energisch wie er ist, bis zu verschiedenen Stabsstellen vordringen können. In der ersten Jahreshälfte 1990 war Dupont maßgeblich an der Gewinnung von im Besitz der Militärs befindlichen Informationen beteiligt. In dem nachstehenden Artikel spielt er auf das »offizielle« Interesse an, das sich bei der Luftwaffe zu regen begann:

> Premiere bei der belgischen Luftwaffe: Ein Offizier wurde ausdrücklich damit beauftragt, eine eingehende Untersuchung der merkwürdigen Erscheinungen nicht identifizierter Flugobjekte (UFOs) vorzunehmen, die von mehreren Zeugen nahezu überall im Lande beobachtet wurden, vor allem jedoch im Ortsdreieck Eupen-Arlon-Gembloux. Dieser Offizier ist 45 Jahre alt, besitzt den Majorsrang und ist Radarspezialist sowie ein profunder Kenner von Luftverkehr und meteorologischen Phänomenen. Er bat uns aus persönlichen Gründen, seine Anonymität zu wahren – eine Bitte, der wir gern nachkommen ...
> - Wann sind Sie von der Luftwaffe beauftragt worden?
> - *Major:* Letzte Woche! Wir sind fest entschlossen zu erfahren, was am Himmel über Belgien vorgeht, wie auch immer die Erklärung lauten möge. Ehrlich gesagt, ich war bei Aufnahme der Tätigkeit skeptisch, was die Realität des Phänomens angeht. Doch seit acht Tagen begeistert mich, was ich da entdecke ...
> - Über welche Mittel verfügen Sie?
> - *Major:* Über die der Luftwaffe, d.h. Radarüberwachung und operierende Flugzeuge ...
> - Mehrere Gendarmen behaupten bekanntlich, solche Beobachtungen gemacht zu haben. Haben noch weitere belgische Militärs in allerjüngster Zeit UFOs gesehen?

2. CHRONIK EINER SICHTUNGSWELLE

– *Major:* Aber gewiß! Ich befinde mich im Besitz von zwei derartigen Zeugenaussagen. Die erste stammt von einem Heeresoffizier aus dem Raum Gembloux. Gleich zu Beginn unserer Begegnung sagte er: »Ja, so etwas habe ich tatsächlich gesehen.« Dann besitzen wir noch die Aussage eines Unteroffiziers der Luftwaffe, der von einem Wagen aus im Raum Ans ein UFO beobachtet hat. Ich bin davon überzeugt, daß diese beiden Sichtungen nicht in Frage gestellt werden können, und daß tatsächlich etwas vom Boden aus beobachtet wurde. Ich habe da überhaupt keine Zweifel mehr ...

– Wurde auf den militärischen Radars etwas beobachtet?

– *Major:* Auf diese Frage möchte ich antworten, daß nichts Genaues feststeht; wenn manchmal auf den Radarschirmen in Glons Echos aufgetaucht sind, handelt es sich sehr wahrscheinlich um Geisterechos, bedingt durch die klassischen Begleiterscheinungen einer Inversionswetterlage. Manchmal zeigen die Computer sehr merkwürdige Reaktionen ...

– Sind Ihnen ähnliche Phänomene aus Frankreich, den Niederlanden und der Bundesrepublik bekannt?

– *Major:* Bisher nicht!

– Wieviele Zeugenaussagen haben Sie?

– *Major:* Gesammelt habe ich etwa ein Dutzend. Die Beobachtungen beginnen im Raum Eupen und setzen sich über Esneux und Arlon bis nach Gembloux fort. Dienstag abend indessen konnten wir keine Aussagen gewinnen ...

– Stoßen Sie bei den Aussagen auf Konstanten?

– *Major:* Ja, und genau das verleiht den Beschreibungen zusätzliches Gewicht. Im allgemeinen ist von einem dreieckigen Objekt die Rede, dessen Konturen nicht besonders gut definiert sind, das keinerlei Geräusche von sich gibt und in der Mitte anscheinend ein rotes Blinklicht besitzt ...

– Einige vermuten, daß das gelegentlich in Bierset stationierte AWACS dahintersteckt!

– *Major:* Diese Hypothese möchte ich mit allem Nachdruck ausschließen, und dies ist im übrigen einer der Gründe dafür, warum wir uns für Aussagen militärischen Ursprungs interessieren, einschließlich die der Gendarmerie. Die Militärs, die ein UFO gesehen haben, wissen, was ein AWACS ist; sie haben mir gegenüber bekräftigt, daß ihr Objekt nichts mit einem AWACS gemein hatte. Für die Luftwaffe steht eindeutig fest, daß man die AWACS-Fährte getrost vergessen darf. Einstweilen verfügen wir nur über die Zeugenaussagen, wissen aber, daß sie glaubwürdig sind. Wir stehen nicht einmal am Anfang einer Erklärung.

Zu diesem Artikel wäre vieles anzumerken, was uns hinsichtlich der Redlichkeit der Militärs von grundlegender Bedeutung erscheint. Man wird die Anspielung auf die Aussagen von Unteroffizier Valenzano und Oberstleutnant Amond bemerkt haben, auch wenn wir uns über die genaue Identität des wunschgemäß anonym bleibenden Majors nicht sicher sind (wir ahnen da etwas). In der ersten Dezemberhälfte 1989 ging ein Rumoren durch die militärische Hierarchie. Die Ereignisse vom 29. November und mehr noch die vom 2. Dezember haben den Stab der Luftwaffe buchstäblich in Alarm versetzt; hierfür liegen mehrere Indizien vor. Daß die Militärs bereits in den ersten Tagen tatsächlich an der UFO-Welle interessiert waren, daran kann kein Zweifel mehr bestehen. Diskret haben sie sich über das Thema und vermutlich sogar über die SOBEPS informiert und greifen mit zunehmender Festigung des gegenseitigen Vertrauensverhältnisses nach und nach in das Geschehen ein.

Am Abend des 14. Dezember 1989 hatte eine weitere Episode des am audiovisuellen Himmel über Belgien geführten Kleinkriegs die UFOs zum Thema. Bekanntlich herrscht in Belgien offene Rivalität zwischen dem französischsprachigen Gemeinschaftssender RTBF und der privatfinanzierten RTL-TVi.

In den ersten Dezembertagen erhielten wir in unserem Brüsseler Büro mehrmals Besuch von Charles Neuforge. Gemeinsam mit der für Lüttich zuständigen Korrespondentin Dominique Demoulin war der ebenfalls für RTL-TVi tätige Journalist mit der Vorbereitung eines Beitrags für die Sendereihe »Enquête« beschäftigt. Das wiederum rief einen Redakteur des Nachrichtenmagazins der RTBF namens Bernard Wathelet auf den Plan, der mit Lucien Clerebaut Kontakt aufnahm und sogleich eine Sondersendung des Magazins »Autant savoir« organisierte, die knapp eine Stunde vor dem von RTL-TVi vorgesehenen Beitrag ausgestrahlt werden sollte. Am folgenden Tag stand in *La Dernière Heure* mit der Überschrift »Jagd nach Exklusivbildern« ein Artikel von Eddy Przybylski. Die Versuchung, ihn hier wiederzugeben, ist gar zu groß, denn er vermittelt die ganze Aufregung, die manchmal auch in bittere Enttäuschung umschlagende Begeisterung jener Tage.

> Nur zwei Leuchtpunkte am finsteren Himmel. Und nur dieser eine Gedanke: »Scho wieder seh i nix durch des Ding do!« Der mit diesem köstlichen ländlichen Akzent versehene Streifen bildete das als exklusiv bezeich-

nete Dokument, mit dem Yves Thirain das Nachrichtenmagazin vom Donnerstag einleitete. Ganz so exklusiv nun auch wieder nicht! Ein von derart vielen Menschen beobachtetes Himmelsphänomen ist selbstverständlich wiederholt fotografiert und gefilmt worden. Zu allem Unglück aber ist kein bis heute präsentiertes Dokument signifikanter als das im Nachrichtenmagazin ausgestrahlte. Ein Leuchtpunkt, der sich gelegentlich bewegt und sich spaltet. Er ist weit weg, und man könnte ihn leicht mit einem Flugzeuglicht oder gar einem Stern verwechseln (...).

Vierzehn Tage lang haben also die Medien in unserem Lande die ihnen angebotenen Dokumente dieses Typs verschmäht. Doch dann hat sich alles geändert. Als sei plötzlich ein Fernsehwettstreit ausgebrochen, gewissermaßen ein UFO-Krieg. Am Mittwoch kündigte RTL für Donnerstag um 22 Uhr eine Reportage von Charles Neuforge an, der fünf Tage lang recherchiert hatte. Diese Ankündigung kam nun aber RTBF zu Gehör, wo man sich just im Besitz von Bildern und Interviews zum Thema UFOs befand. Mit einem Mal wurde ohne zu zögern in letzter Minute der Aufmacher einer »Autant-savoir«-Sendung, die eigentlich dem Thema Umwelt gewidmet war, abgeändert. Da gibt es doch Interessanteres, und Aktualität zahlt sich schließlich aus! Bernard Wathelet verbrachte den Donnerstag damit, die Konkurrenz mit einem zwanzigminütigen Zusammenschnitt zu übertreffen. Und das Wunder – ein fast übernatürliches Geschenk – hatte die Form dieses Dokuments angenommen, das nebst passendem Akzent aus Stavelot eingetroffen war.

Was brachte das alles? Eine ausgezeichnete Abrundung der Situation. Die Verwunderung der Militärs, die unsere UFOs gerne mit meteorologischen Störungen verwechselt hätten, wenn nicht so viele Zeugen hoch und heilig behauptet hätten, daß die auf den Radarschirmen festgestellten Lichtblitze einem sichtbaren Gegenstand entsprächen. Und die Botschaft von Professor Meessen, Physiker an der UCL, die besagt, daß es Aufgabe des Wissenschaftlers ist, neugierig zu sein und sich um ein rationales Verständnis der Dinge zu bemühen. Selbst wenn die Dinge eventuell Vorstellungen entstehen lassen, die gemeinhin als weniger rational gelten. Ohne sich indessen festlegen zu wollen, schließt Meessen die Hypothese einer extraterrestrischen Intervention nicht aus. Und dann wären da noch die von RTL ausgestrahlten, von dem Filmemacher Marcel Thonon aufgenommenen UFO-Bilder – Bilder, die der Amateuraufnahme von Stavelot gleichen wie ein Ei dem anderen, und gleichermaßen den von einem hauseigenen Filmteam gemachten Aufnahmen von einem vorüberfliegenden Flugzeug. Da sich dies jedoch über der Gileppe-Talsperre ereignete, wurde es von sämtlichen Schaulustigen ebenfalls für ein UFO gehalten.

Bereits in jener Zeit waren wir sehr zurückhaltend, was die Verbreitung sämtlicher uns angebotener Filme angeht. Nachträglich durchgeführte Analysen zeigten zur Genüge, wie recht wir damit hatten. Verwechslungen gab es vor allem mit den Planeten Venus und Jupiter oder mit durch den Autofokus der Kameras bedingten künstlichen Erscheinungen.

Ebenfalls in der Ausgabe von Freitag, dem 15. Dezember, taucht die Unterschrift von Gilbert Dupont erneut auf, und zwar unter einem Exklusivinterview (was diesmal zutraf) mit General Terrasson, dem Befehlshaber der taktischen Luftwaffe. Am Vormittag des zurückliegenden Mittwoch (dem 13. also) hatte er an alle unter seinem Befehl stehenden Einheiten eine interne Dienstanweisung verbreiten lassen, in der sämtliche Zeugen von Himmelsphänomenen aufgefordert wurden, sich bei jener Dienststelle zu melden, die vom Stab ausdrücklich beauftragt war, möglichst viele Beobachtungen zusammenzutragen. Dies war die endgültige Bestätigung dafür, daß sich bestimmte Militärs tatsächlich für die UFO-Frage interessierten:

– *General Terrasson:* Wir möchten keine vorschnelle Einordnung dieser Phänomene vornehmen. Bestimmte Zeugenaussagen zwingen uns zur Aufgeschlossenheit. Die Luftwaffe verfügt über ein bedeutendes, menschliche wie materielle Ressourcen umfassendes Beobachtungsnetz, mit dessen Hilfe wir hoffen, möglichst viele Zeugenaussagen aufnehmen zu können.

– Haben Sie über diese Phänomene mit den Verantwortlichen anderer Luftwaffenverbände der NATO Gespräche geführt?

– *General Terrasson:* Ja, speziell mit den Amerikanern, denen zunächst ein Lächeln im Gesicht stand, als ich sie davon unterrichtete, daß Belgien mit einer Flut nicht identifizierter Phänomene konfrontiert sei. Doch meinen Gesprächspartnern ist das Lachen vergangen, als ich sie im einzelnen über bestimmte, von belgischen Militärs gemachte Beobachtungen informierte (...).

– Haben Sie eine persönliche Meinung über die Natur dieses Phänomens?

– *General Terrasson:* Nein, und das ist auch der Grund, warum ich mich weigere, mich auf das Feld der Hypothesen vorzuwagen (...).

– Können Sie denn einige der aufgestellten Hypothesen ausschließen?

2. CHRONIK EINER SICHTUNGSWELLE

    – *General Terrasson:* Zunächst einmal möchte ich ausschließen, was man als die Produkte der von den USA entwickelten Stealth-Technologie [sog. Tarnkappen-Flugzeuge; A. d. Ü.] bezeichnet, gleich ob Bomber B-2 oder Jäger F-117A. Ich kann mir nicht vorstellen, daß die Amerikaner in der Lage wären, in Westeuropas, und speziell im belgischen Luftraum eine Erprobung durchzuführen, ohne daß die militärischen Spitzen davon Kenntnis hätten. Dies ist schlichtweg unvorstellbar. Ich kann Ihnen versichern, daß uns nichts Derartiges mitgeteilt wurde. Für die Luftwaffe ist die Stealth-Hypothese ausgeschlossen (...).
    – In der Presse ist von der Laser-Hypothese die Rede ...
    – *General Terrasson:* Der Laser hält einer Analyse auch nicht besser stand. Dasselbe gilt für das in Bierset stationierte AWACS, wodurch sich die von mir gemeinten Zeugenaussagen auch nicht erklären lassen. Ich habe letzten Mittwoch verfolgt, wie der für die Militäranlagen von Glons verantwortliche Offizier in einem Interview die Hypothese der Flugspur eines hochentwickelten ULM vortrug. Die ULM-Hypothese stört mich nicht weiter und müßte erst noch geprüft werden, wobei ich mich wundere, warum dieser »Schwarze Baron« für seinen Auftritt den (ungünstigen) Dezember gewählt haben soll, und vor allem: Wie ließen sich diese Geräte mit den als lautlos und gelegentlich bewegungslos beschriebenen Phänomenen vereinbaren?
    – Und nun?
    – *General Terrasson:* Nun steht unbestreitbar fest, daß redliche Bürger etwas ungemein Beunruhigendes gesehen haben. Aber was?
    – Herr General, lassen Sie uns für einen Augenblick mit dem Gedanken an außerirdische Objekte spielen.
    – *General Terrasson:* Das ist nicht unmöglich (...). Wir müssen hinreichend aufgeschlossen sein und dürfen keine Hypothese verwerfen, solange sie konsequent erforscht wird. Außerirdische Objekte? Solange wir keine Beweise besitzen (...).

Sämtliche Aspekte dieser Kommentierung werden sich – in kaum veränderter Form – in den künftigen Verlautbarungen der Militärs wiederfinden.

Um die Publikationsgeschichte vollständig wiederzugeben, wollen wir noch darauf hinweisen, daß die Wochenschrift *Le Vif-L'Express* (ebenfalls am Freitag, dem 15. Dezember 1989) als erste einen Artikel über die jüngsten Sichtungen herausbrachte. Unter dem Titel »Die Saison der UFOs« gibt Philippe Rombaut eine zusammenfassende Darstellung der

Ereignisse und kommt dabei auch auf die Rolle der SOBEPS zu sprechen.

Während die Medien auf der Suche nach Zeugen das Land durchforsteten und Kommentare über die verschiedenen, noch zu identifizierenden merkwürdigen Flugobjekte Inflation hatten, hielten sich die UFOs im Hintergrund. Nach dem berühmten Abend des 11. Dezember und seinem sich bis in den Vormittag des 12. erstreckenden Nachspiel hatten wir bis zum 18. Dezember keine bedeutende Sichtung zu verzeichnen. Der einzige erwähnenswerte Vorfall (er hatte weitreichende Konsequenzen) bestand in dem Lichterspiel eines Lasers im Umkreis einer Halener Diskothek (Limbourg). Im Laufe des Abends hatten mehrere Zeugen bei den Polizeiwachen Diest, Hasselt, Houthalen und Halen angerufen und farbige »Kreise« am nächtlichen Himmel gemeldet. Bevor die Polizei die (durchaus irdische) Ursache des Phänomens identifiziert hatte (siehe oben), hatte man bei der ebenfalls alarmierten Luftwaffe beschlossen (gegen 23 Uhr), zwei F-16-Jäger zum Erkundungsflug starten zu lassen. Die Staatsanwaltschaft Hasselt forderte den Betreiber der Diskothek auf, die Laser-Projektionen einzustellen. Die durch dieses negative Erlebnis in ihrem Elan etwas abgekühlte Luftwaffe wird sich von diesem Tage an vorher nach allen Seiten hin absichern, bevor sie sich zum Entschluß durchringt, Maschinen zur UFO-Suche aufsteigen zu lassen.

Die Entscheidung der Militärs bestätigt jedenfalls unseren Eindruck, daß sie tatsächlich an den Sichtungen interessiert und um eine Identifizierung der unbekannten Flugobjekte bemüht waren. Von daher täte man ihnen Unrecht, wenn man über die Piloten spöttelte, die sich auf die Jagd nach Rundlichtern vor wolkigem Himmel machen. Leider sollte die von der Luftwaffe an den Tag gelegte Eile alle möglichen Konsequenzen für die Einstellung des Verteidigungsministeriums haben. Die wichtigste war die, daß die Politiker (die zu Recht einen gewissen Spott fürchteten) dem zunehmenden Interesse der Militärs an der UFO-Frage einen Riegel vorschoben. Die Stunde der Bilanzierungen und Richtigstellungen war also angebrochen, und unsere für Montag, den 18. Dezember 1989, angekündigte Pressekonferenz kam gerade recht.

Internationale Pressekonferenz

Unsere Absicht war es, der Presse die Ergebnisse unserer ersten Untersuchungen vorzustellen, besonders über die Vorkommnisse vom Mittwoch, dem 29. November; dies wollten wir für eine ernsthafte Analyse der Erklärungsversuche – ob phantastisch oder nicht – nutzen, die zu kursieren begannen.

Auch die Zeugen sollten mit dabei sein, besonders natürlich jene, die ihre Behauptungen würden glaubhaft machen können. Also setzten wir uns mit Herrn Valenzano, Meteorologe bei der Luftwaffe und – wie man sich erinnert – Augenzeuge eines Tiefflugs in der Nähe der Grand-Place in Ans, und selbstverständlich auch mit den Eupener Gendarmen N. und v. M. in Verbindung. In den letzten Tagen vor der Konferenz ergaben sich zahlreiche Kontakte zwischen den Verantwortlichen der SOBEPS und dem Stab der Gendarmerie. Am Freitag, dem 15. Dezember, fiel schließlich die Entscheidung: Die Eupener Gendarmen durften unter der Bedingung an unserer Veranstaltung teilnehmen, daß sie in Zivil erscheinen, sich nur als Privatpersonen äußern, die Fahrtkosten aus eigener Tasche bestreiten und sich für diesen Zeitraum freinehmen. Einige Führungsoffiziere hatten also noch gewisse Vorbehalte, die Gendarmerie in die Sache hineinziehen zu lassen. Letztendlich reiste nur H. v. M. an.

Am 12. Dezember hatte die SOBEPS den Pressesprecher des Verteidigungsministeriums, Oberst Tersago, benachrichtigt, um ihn offiziell über die Pressekonferenz zu informieren und Vertreter der Armee einzuladen. Eine Reaktion erhielten wir nicht. Und als wir am Vormittag des 18. Dezember das International Press Center in Brüssel betraten, wußten wir immer noch nicht, ob ein Vertreter der Armee anwesend sein würde oder nicht.

Schließlich wurden wir doch noch sehr angenehm überrascht.

Außer den zahlreichen Journalisten waren drei Angehörige des Luftwaffenstabs im Saale, und zwar Major Stas, Oberst De Brouwer sowie ein weiterer ranghoher Offizier, dessen Name uns heute nicht mehr erinnerlich ist. Major Stas war uns wohlbekannt, und wir wußten um sein Interesse an der UFO-Problematik. Er stand indessen kurz vor der Pensionierung (und sollte Mitte Januar 1990 durch Major Lambrechts ersetzt werden). Wilfried De Brouwer begegneten wir zum ersten Male. Die

»Chemie« stimmte von Beginn an. Aus heutiger Sicht haben wir den Eindruck, daß diese Pressekonferenz quasi eine Eignungsprüfung war, die die SOBEPS vor den staatlichen Stellen abgelegt hat. Wir mußten unsere Fähigkeiten unter Beweis stellen. Zum Glück befanden wir selbst uns nicht mehr in der Erprobungsphase und konnten rasch zeigen, daß die SOBEPS nichts mit bestimmten Gruppen »fideler Freizeit-Ufologen« zu schaffen hat, denen man weiterhin nur allzuoft begegnet.

Als Präsident der SOBEPS eröffnete Michel Bougard das Feuer. Er wies sofort darauf hin, daß man das Dossier gezielt auf die Ereignisse vom 29. November im Eupener Raum konzentriert habe, und daß auch davor und danach an verschiedenen anderen Orten bestimmte Phänomene aufgetreten seien. »Mit der ihm eigenen Geradlinigkeit« – so später die Zeitungen – faßte Bougard zusammen, was die vor Ort durchgeführten Befragungen ergeben hatten:

- Zwischen 17.15 und etwa 20.45 Uhr wurde der durch die Städte Lüttich, Spa und Eupen sowie die Landesgrenze abgesteckte Raum vermutlich von mehreren Objekten überflogen.
- Diese Objekte werden als dreieckige, ziemlich flache Plattformen beschrieben, über denen eine Art Kuppel ragt, von der sich nach Aussage mehrerer Zeugen einige Kabinenfenster absetzen.
- Die Anzahl der Leuchtpunkte liegt in der Regel bei drei (seltener vier) weißen Lichtern an der Unterseite des Objekts, bzw. bei zwei Scheinwerfern vorne; beide Systeme scheinen nicht gleichzeitig zu funktionieren. Weiterhin ist ein orangerotes Licht zu erkennen, das meist im Zentrum der Masse plaziert ist.
- Dieser Gerätetyp fliegt langsam, kann bewegungslos schweben und sich daraufhin mit einer Geschwindigkeit von 60 bis 100 km/h weiterbewegen; diese Bewegung vollzieht sich lautlos, mit Ausnahme eines von mehreren Zeugen deutlich wahrgenommenen Turbinengeräuschs (Pfeifen, Zischen, ventilatorartiges Surren).
- Flugmanöver des Objekts erfolgen niemals ruckartig (180°-Kehren mit Schräglage). Da die Intensität der Lichter von der Fluggeschwindigkeit abhängt, ist davon auszugehen, daß Antrieb und Beleuchtung von derselben Energiequelle gespeist werden. Erwähnt sei ferner, daß unseres Wissens beim Vorbeiflug des Objekts keine elektromagnetischen Störungen festgestellt wurden.
- Das oder die Objekte haben die gesamte Region durchkämmt und folg-

ten dabei meist stark beleuchteten Straßen; sie hielten sich ebenso an abgelegenen Orten wie über Ballungsräumen auf, sie bemühten sich also nicht, sich zu verbergen.
- Für wenigstens eines der Objekte steht fest, daß es von Deutschland (bzw. den Niederlanden) kam und dorthin zurückkehrte.
- Beim derzeitigen Stand der Dinge, d.h. zwanzig Tage nach den Ereignissen, ist das Phänomen weiterhin nicht identifiziert.

Soweit in Kurzform die vom Präsidenten der SOBEPS gezogenen Schlüsse.Viele Vermutungen, fügte er an, könnten mit Bestimmtheit ausgeschlossen werden: Eine Verwechslung mit astronomischen (Mond, Jupiter) oder atmosphärischen (Luftspiegelung, Inversionserscheinung) Phänomenen, mit Laserstrahlen oder Hologrammen, mit konventionellen (AWACS) oder geheimen Flugzeugen (Stealth F-117) sei auszuschließen. Bougard erinnerte daran, daß seitens des Verteidigungsministeriums bestätigt worden sei, daß mit derartigen Flugzeugen derzeit keine Übungen stattfänden (hochentwickeltes ULM oder ferngelenktes Fluggerät, mit dem im Konfliktfall das Schlachtfeld »diskret« ausgespäht werden könnte). Die gesichteten Objekte hatten in keiner Weise versucht, sich zu verbergen! Bereits jetzt könne man sagen, daß es sich um materielle und artifizielle Objekte handle, die sich intelligent verhalten.

Daß es üblich sei, »UFO« von vornherein mit »außerirdisch« zu identifizieren, merkte Michel Bougard an, sei fatal und müsse konsequent vermieden werden.

> Ein UFO ist ein Phänomen, das auch nach einer Untersuchung nicht identifiziert werden kann. Hiervon ausgehend werden einzelne Hypothesen untersucht: extraterrestrischer Ursprung, ungewöhnliche Naturerscheinungen oder Verwechslung mit schwer identifizierbaren Flugobjekten, nebst einer kulturabhängigen mentalen Rekonstruktion. In dieser Sache ist nichts unmöglich.

Im Anschluß daran wurden verschiedene, von mehreren Zeugen aufgenommene Video-Sequenzen gezeigt. Patrick Ferryn kommentierte diese Dokumente, auf denen minutenlang eine oder mehrere Leuchtkugeln zu sehen waren – wahrhaft nichts besonders Spektakuläres. Danach hatten mehrere Zeugen Gelegenheit, ihren Standpunkt zu vertreten und ihre Beobachtungen eingehender zu schildern. Abschließend stellte August

Meessen die derzeit kursierenden physikalischen Modelle vor, mit deren Hilfe Verhalten und Fähigkeiten der UFOs gedeutet werden sollen. Obwohl nichts dergleichen vorgesehen war, willigte Oberst De Brouwer gegen Ende der Veranstaltung ein, im Namen der Luftwaffe das Wort zu ergreifen.

Le Soir vom Dienstag, dem 19. Dezember, gab auf der Titelseite bekannt: »UFOs – merkwürdige Geräte, die sich nicht versteckten«. In dem weiter hinten stehenden Artikel kam der Journalist Marc Metdepenningen auch auf die Äußerung des Obersts zu sprechen:

> Oberst De Brouwer bestätigte seinerseits, daß die Luftwaffe vom Verteidigungsministerium aufgefordert worden sei, Untersuchungen über die in den letzten Wochen aufgetretenen Phänomene anzustellen. Die Möglichkeit des Eindringens eines amerikanischen Spionageflugzeugs vom Typ F-117 in den belgischen Luftraum wurde von ihm verworfen. Dieses dreieckförmige Flugzeug ist nicht durch Radar zu orten. »Es kann nicht einfach anhalten und ist auch nicht lautlos«, fügte er hinzu. »Diese Art von Flügen über Belgien sind außerdem ohne vorherige Erlaubnis untersagt. In dem Zeitraum, da die leuchtenden Dreiecke aufgetaucht sind, wurde kein entsprechender Antrag gestellt.«

Aus denselben Gründen lehnen die Militärs die Hypothese ab, daß die Eupener Region von einer Anti-Radar-Drohne (bzw. einem ferngelenkten Fluggerät) überflogen wurde. Bei diesem etwa 2,25 Meter langen Gerätetyp handelt es sich um ein ferngelenktes Flugzeug, das der Zerstörung feindlicher Radaranlagen dient. Es fliegt maximal 250 km/h, kann jedoch die kritische Schwelle von 60 km/h nicht unterschreiten. Wie Oberst De Brouwer hinzufügte, seien am Samstagabend, am 16. Dezember, zwei F-16-Abfangjäger der Luftwaffe aufgestiegen, nachdem Hunderte von Zeugen einen »Flugkörper« am Himmel über der Region Diest gemeldet hatten, weshalb Alarm ausgelöst worden sei. Hierbei handelte es sich bekanntlich um einen Laserstrahl, der von einer in der Nähe einer Diskothek betriebenen Anlage stammte ... »Die Luftwaffe beabsichtigt, die Kosten für diesen Einsatz den Betreibern der Laseranlage in Rechnung zu stellen. Der Betrieb derartiger Anlagen müßte gesetzlich geregelt werden«, so Oberst De Brouwer weiter.

Das war ganz eindeutig eine Warnung an die Adresse von »Scherzbolden«, die ihren Spaß daran haben, die Öffentlichkeit auf den Leim zu führen, und eines möglichen »Schwarzen Barons«. Wie dem auch sei, wir gingen mit einem guten Gefühl aus dieser Pressekonferenz, deren Resultate selbst unsere optimistischsten Prognosen übertroffen hatten. Die Mehrzahl der belgischen Tageszeitungen und Wochenblätter war vertreten, auch bestimmte ausländische Zeitungen und einige Fernsehsender, welche die Teilnehmer nach Belieben interviewen konnten. In den Fernsehnachrichten vom Abend wurde sehr objektiv über die Veranstaltung und unsere vorläufigen Schlüsse berichtet.

Die sehr dezidierte Stellungnahme De Brouwers war mit Sicherheit nicht das unbedeutendste Ereignis dieses Tages. Endlich hatte sich ein Vertreter des Verteidigungsministeriums offiziell zur belgischen UFO-Thematik geäußert und dabei sogar – zu unserer Überraschung – alle Hypothesen, auch die »gewagtesten«, für prinzipiell denkbar erklärt.

Drei Tage später sollte ein weiterer dramatischer Coup für eine bestimmte Zeit von der Hypothese der amerikanischen Stealth-Flugzeuge am Himmel über Belgien ablenken. Am Donnerstag, dem 21. Dezember 1989, um 14.40 Uhr veröffentlichte die Kanzlei des Verteidigungsministers Guy Coëme folgendes Kommuniqué:

> In Beantwortung einer mündlichen Anfrage des Abgeordneten Charles Janssens bezüglich der seit einigen Wochen im belgischen Luftraum beobachteten UFO-Phänomene gab Verteidigungsminister Guy Coëme heute, am 21. Dezember, folgende, sich aus der von der Luftwaffe durchgeführten Untersuchung ergebenden Erkenntnisse bekannt:
> - Die der Gendarmerie von den Zeugen gemeldeten Sichtungen entsprechen nicht bestimmten, von den Kontrollzentren des Luftverteidigungssystems beobachteten Radarechos. Zwischen diesen verschiedenen Beobachtungen besteht also kein Zusammenhang.
> - Am 5. Dezember kehrten die F-16-Piloten aus Beauvechain von einem Einsatz zurück, ohne im angegebenen Luftraum irgend etwas beobachtet zu haben. Dies spricht für die Hypothese von möglicherweise aufgrund einer Inversionswetterlage entstandenen Geisterechos.
> - Zu dem Zeitpunkt, da die Zeugenaussagen beim Stab der Luftwaffe eingingen, befand sich kein Radarflugzeug des Typs AWACS im belgischen Luftraum.
> - Nach Erkundigung beim Head Quarter der US Air Force in Washington wurde seitens der US-Botschaft in Brüssel jegliche Präsenz von »Stealth aircrafts« im belgischen Luftraum dementiert.

- Im fraglichen Zeitraum gab es vom Stützpunkt Elsenborn aus keine Übungsflüge mit ferngelenkten Aufklärungsflugkörpern (»Drohnen«) der Landstreitkräfte.

Verteidigungsminister Guy Coëme geht infolgedessen davon aus, daß sämtliche Hypothesen, betreffend die Präsenz von militärischen Fluggeräten in unserem Luftraum, definitiv auszuschließen sind.

In Anspielung auf dieses Dementi des in seinem Ehrgefühl verletzten Verteidigungsministeriums brachte *Le Soir* sogleich die Überschrift: »Eure UFOs sind nicht unsere F-117, sagen die Amerikaner«.

Der von der Ministerialkanzlei veröffentlichte Text glänzte nicht gerade durch Klarheit. Einige Dinge wurden bunt durcheinandergeworfen, und man hütete sich sehr, zum eigentlichen Problem – Hunderten von belegten Sichtungen eines weiterhin nicht identifizierten Flugobjekts – Stellung zu beziehen. Insofern ein Musterbeispiel für die hohe Kunst der Politik ...

Das ministerielle Dementi orientierte sich an einem Kommuniqué der US-Botschaft vom Mittwoch, dem 20. Dezember, in dem man behauptete, »daß das belgische Staatsgebiet von keiner F-117 überflogen wird bzw. wurde«. Die Botschaft fügte noch hinzu, man habe sich beim Hauptquartier der US Air Force in Washington informiert. Das im deutschen Ramstein befindliche Hauptquartier der amerikanischen Luftstreitkräfte in Europa (USAFE) zeigte eine noch vagere Reaktion auf die gestellten Fragen.

Einer ihrer Sprecher hatte sich nämlich tatsächlich geweigert, auch nur die geringste Information über eine eventuelle Verbreitung von Flugzeugen dieses Typs in Europa zu geben. »Wir von der USAFE verfügen über keinerlei Maschinen dieses Typs«, behauptete er und verweigerte jede Auskunft, ob in der »Alten Welt« mit der F-117 bereits Erprobungsflüge durchgeführt worden seien. Im übrigen seien alle dieses Flugzeug betreffenden Fragen an das Pentagon zu richten.

Im Dezember 1989 war überhaupt häufig von der F-117 die Rede. Erstmals waren in einigen einschlägigen Fachzeitschriften wie *Aviation Week* und *Jane's Defence Weekly* gute Aufnahmen von dem Tarnkappen-Fighter erschienen. Anhand dieser Publikationen ließ sich bestätigen, was wir seit Tagen ständig wiederholten: Trotz ihrer Spitzentechnolgie ist und bleibt die F-117 ein Flugzeug, mit all den daraus folgenden aerodynami-

2. CHRONIK EINER SICHTUNGSWELLE

schen, kinetischen und akustischen Beschränkungen. Das war immer noch himmelweit vom Leistungsprofil der beobachteten UFOs entfernt ...

Die UFOs kehren zurück

Zu weiteren interessanten Sichtungen kam es erstmals wieder am Abend des 18. Dezember, einem Montag, und zwar hauptsächlich in der Gegend westlich von Hainaut, also einer von dem Phänomen bislang noch nicht betroffenen Region. Hören wir die Aussage des in Mourcourt bei Tournai lebenden Friseurs Martial S.:

> Es war 21.20 Uhr. Ich verließ die Garage, um die Nebengebäude (Stallungen) abzuschließen, als ich einen sehr hellen Lichtspot und eine dunkle Form sah, die teilweise von der Stallwand verdeckt wurde. Ich ging näher und konnte das Objekt jetzt ganz sehen. Die Spotlichter waren sehr stark, und jeder einzelne Spot hatte die Leistung von drei großen Scheinwerfern, mit denen man nachts die Kirchen anstrahlt. Das Flugobjekt hatte die Form einer Linse und wies an den Enden zwei Spots mit zwei nach unten strahlenden Lichtbündeln auf. Dieses Licht war weiß, und in der Mitte der

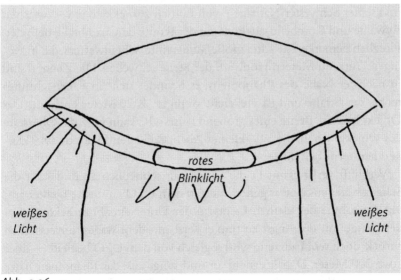

Abb. 2.36

Unterseite war ein weiteres, rotes Licht zu erkennen. Es war weniger intensiv und pulsierte, d. h., es wurde zunehmend heller und ging dann plötzlich ganz aus. Dieses Pulsieren ging mit einer relativ niedrigen Frequenz vonstatten, ein- bis zweimal pro Sekunde. Die von den Spots angestrahlte Fläche wirkte metallisch, wie Aluminium; die obere Seite des Fluggeräts lag jedoch im Dunkeln, seine Form, die sich gegen den Himmel abzeichnete, war nur zu erahnen.

Als ich es erblickte, hielt sich das Objekt etwa 400 Meter von mir entfernt in einer Höhe von schätzungsweise 70 Meter auf. Es bewegte sich Richtung Mourcourt, und ich konnte es bis über der Kirche mit den Augen verfolgen. In diesem Augenblick wurde das Licht irgendwie verschwommen. Wie wenn man jemanden betrachtet, der mit einer Taschenlampe herumschwenkt, und dann ist da nichts mehr. Ich habe während der Beobachtung weder irgendwelche Geräusche gehört, noch Windstöße oder eine Rauchentwicklung festgestellt.

An diesem 18. Dezember, nur wenige Stunden nach unserer Pressekonferenz, kam es am anderen Ende Belgiens, in Comblain-au-Pont, zu einer weiteren, für die Zeugen noch aufregenderen Sichtung. In einem langen Telefongespräch zwischen Lucien Clerebaut und den Zeugen erfuhren wir, wie sie sich in den nachfolgenden Tagen fühlten.

Es ist 19 Uhr, als sich Joël D. in Begleitung seiner Verlobten Fabienne R. und seiner Schwester Nathalie – von Lüttich zurückkehrend – zwischen Aywaille und Comblain-au-Pont auf der Route de Chambralle befindet. Plötzlich bemerken sie »drei große, aufgereihte Scheinwerfer«, die in wenigen Dutzend Metern Höhe auf der Stelle schweben. Die Zeugen sind in nächster Nähe des Phänomens, es befindet sich (in Fahrtrichtung) rechts der Straße und ist vielleicht weniger als 20 Meter entfernt! Das Objekt hat »die Breite eines großen Hauses«. R. kann kurz die Oberseite des Objekts sehen, die aus »kleinen, dichtstehenden Lichtern, wie kleinen Fenstern« besteht.

Verblüfft verlangsamt D. die Fahrt, hält schließlich an und stellt die Scheinwerfer aus. Sofort gehen auch an dem UFO sämtliche Lichter aus, mit Ausnahme des kleinen Lichts an der Unterseite. Nun bekommt es der Zeuge mit der Angst zu tun; er setzt mit dem Wagen unverzüglich zurück, doch sein Fahrzeug wird sogleich von dem UFO begleitet – über etwa 200 Meter. D. hält erneut an und steigt aus; das Phänomen hatte zwischenzeitlich an Höhe gewonnen. Der Zeuge beschließt also, die

Fahrt fortzusetzen, bekommt es aber nochmals zu Gesicht und meint zu erkennen, daß das Objekt dem Wagen im Zickzackkurs weiter folgt.

Noch ganz unter dem Eindruck ihres Erlebnisses stehend, verbringen die Zeugen einen Gutteil des Abends damit, den Himmel in ihrer Umgebung abzusuchen. Gegen Mitternacht werden sie auf Lichter ganz dicht über dem Boden aufmerksam, mitten auf dem Lande und weniger als 1 Kilometer von ihrem Haus entfernt. Sie steigen schnell in den Wagen, um näher heranzufahren, doch als sie endlich (eine Viertelstunde später) eintreffen, ist nichts mehr zu sehen, nur eine Art »weißer Rauch«, der ganz allmählich verfliegt. Bei der Abfahrt bemerken sie am Himmel noch »zwei sehr helle, aufeinander folgende Blitze« und kurz danach »auseinanderliegende Lichter«.

Ab dem 21. Dezember tauchten im Tournaisis und in den benachbarten Regionen des westlichen Hainaut erneut UFOs auf. Die folgende Beobachtung fand im nördlichen Teil von Basècles statt, einer kleinen, zwischen Tournai und Mons in der Nähe von Beloeil gelegenen Gemeinde. Von insgesamt fünf Zeugen wurde am Morgen des 21. (einem Donnerstag) zwischen 7.15 und 7.50 Uhr ein großes, quasi dreieckiges Objekt gesichtet, das sich zunächst nicht bewegte und dann schräg in südöstliche Richtung aufstieg, bevor es verschwand. Es ist ein ländlich geprägtes Gebiet, und ein an eine Reihe von etwa dreißig Pappeln angrenzendes, kleines Wäldchen gibt einen markanten Orientierungspunkt ab. In den Beobachtungen der beiden Hauptzeugen gibt es überraschend große Übereinstimmung – vor allem, wenn man berücksichtigt, daß sie ja nicht wußten, daß nicht nur sie selbst das Phänomen gesehen hatten. Beide befanden sich weniger als 100 Meter voneinander entfernt und haben zur gleichen Zeit fast am selben Ort dieselbe Sache gesehen, jedoch aus verschiedenen Perspektiven.

An jenem Morgen – der Tag ist noch nicht angebrochen – ist der Himmel fast wolkenlos, ein leichter Wind geht, und einige Sterne sind noch zu sehen. Gegen 7.10 Uhr begeben sich der Sohn (18 Jahre) und die Tochter (15 Jahre) von Michel S. (einem der beiden Hauptzeugen) zu einem Nachbarn, der sie zur Schule fahren soll. Jenseits eines kleinen Wäldchens bemerken beide einen großen, orangeroten Leuchtpunkt, der etwa 15 bis 20 Meter hoch (geschätzt nach in der Nähe stehenden Pappeln) über dem Boden schwebt. Geräusche sind nicht zu hören, und nach einigen Sekunden verschwindet – als ob man eine Lampe ausschaltet – das große Licht, das die »Größe eines Ampellichts aus 1 Meter Entfernung« hat! Die beiden jungen Leute sind darüber derart verwundert, daß sie ihr Erlebnis für sich behalten.

Interessantes Detail: Die beiden jungen Zeugen werden gegen 7.15 Uhr von Léopold A. (dem zweiten Hauptzeugen) dabei gesehen, wie sie in Richtung auf das Wäldchen etwas beobachten. Gewöhnlich winkt ihm Gaëlle S. sonst kurz zu, doch diesmal nicht. A. geht wieder zum Haus zurück, ohne weiter darüber nachzudenken. Erst eine halbe Stunde später sieht er dann hinter dem Haus das Phänomen selbst. Gegen 7.45 bis 7.50 Uhr wird das Phänomen gleichzeitig plötzlich von Michel S. (dem Vater der beiden) und Léopold A. bemerkt. Beide Zeugen wohnen weniger als 100 Meter voneinander entfernt und kennen sich nur vom Sehen.

Hier nun der Bericht von Herrn S., der sich nahe bei seinem Haus aufhielt, und dessen Blickfeld durch einige feststehende Orientierungspunkte gut abgesteckt ist (sein Haus, eine Tannenreihe und, weiter entfernt, die Pappelallee zwischen dem Wäldchen und einem Feld):

> Über den letzten Pappeln bemerkte ich ein orangerotes, unbewegliches Leuchten. Es war eindrucksvoll, denn es hob sich stark von der Dunkelheit ab. (...) Seine genaue Form konnte ich zu keinem Zeitpunkt erkennen. Es war höher als breit, vielleicht wie ein umgestülpter Eimer oder ein Clownshut. Das Phänomen schwebte etwa zwei Minuten auf der Stelle.

Die Entfernung wird vom Zeugen auf 400 bis 800 Meter geschätzt. S. geht zur Straße vor, steigt auf eine niedrige Mauer und will gerade weitergehen, als das Phänomen aufzusteigen beginnt.

> Das Phänomen begann sich zu bewegen, und zwar nach oben, anfangs nur langsam, dann immer schneller und durchweg in einem Winkel von 50 bis 60°. Unten konnte ich zwei gelbe Lichter erkennen, die sich weder vorne noch hinten an dem Objekt befanden, wie eine Brille, die sich davonmacht. (...) Das ist ein bleibender Eindruck für mein ganzes Leben. Die gelben Lichter standen Seite an Seite, und ihre Helligkeit verringerte sich während des Aufstiegs nie.

Dieses für S. zum Objekt gewordene Leuchten bewegte sich über die

2. CHRONIK EINER SICHTUNGSWELLE

Rue de Quevaucamps hinweg und entfernte sich Richtung Südost. Der Zeuge bemerkte eine kleine Wolke und glaubte ein drittes kleines – orangefarbenes – Licht zu erkennen. Die Steigphase dauerte nach Angaben des Zeugen etwa eine Minute, die gesamte Beobachtung drei bis vier Minuten. Zum Verschwinden des Phänomens merkt er an: »Als es sehr weit oben war, habe ich nichts mehr gesehen.«

Der Zeuge meint, daß es sich um ein großes Objekt handelte. Kein Lichtblitz, kein Pulsieren, kein Laut und auch kein Geruch war vernehmlich. Dieselbe Sichtung machte auch Herr A., der sich morgens gern an die frische Luft begibt. Hinter seinem Haus stößt er plötzlich auf das Phänomen. Er berichtet:

> Jenseits der Tannen und in nicht sehr großer Höhe sah ich ein orangegelbes Leuchten. Dieses Leuchten ist dann offen über dem Wäldchen hervorgetreten, und ich konnte ein Objekt, das sich sofort neigte, gut erkennen. Ich dachte, dieses Fluggerät sei gerade vom Boden aus gestartet! Es neigte sich auf 45–50° und blieb sieben bis acht Minuten lang in dieser Stellung. Zu erkennen war es gut: Ich sah drei im Dreieck angeordnete, orangegelbe Lichter (weniger hell als eine Autobahnlaterne). Sie blendeten mich nicht. Die Lichter nahmen fast zwei Drittel der Oberfläche des Objekts ein. In der Mitte jedes Lichts befand sich ein hellerer, senkrecht stehender Glühfaden [siehe die fotografische Rekonstruktion im gesonderten Bildteil]. Das Phänomen veränderte seine Farbe zu keinem Zeitpunkt. Gegen 7.50 Uhr rief ich meine Frau, die das Phänomen ebenfalls beobachten konnte. Die Lichter schienen keine flachen Scheinwerfer zu sein, sondern traten aus der Struktur des Fluggeräts, dessen Rumpf eine dunkle Farbe hatte, heraus (wie eine Kugel). Dieses durchaus materielle Objekt hatte die Form eines Dreiecks, doch die linke Ecke war ein wenig abgeschnitten. Es gab eine Art Anhängsel.

Diese Beschreibung weist große Parallelen mit der von Herrn S. auf. A. gibt an, am Ende seiner Beobachtung habe sich das Objekt Richtung Südosten bewegt und sei dabei langsam und dann schneller werdend aufgestiegen. A. beendet seinen Bericht wie folgt:

> Auch in der größten Höhe, in der ich das Objekt noch erkennen konnte, sah ich die orangegelben Lichter, die mit zunehmender Entfernung zurückgingen. Das Objekt flog in eine hellere Wolkenschicht [der Sonnenaufgang stand bevor; M.B./L.C] und verschwand dann hoch oben am

Himmel. Es war höher als breit und etwas länger als breit. Es war so groß wie ein Haus!

Yves Leterme, Journalist bei *Nord-Eclair* und Interviewer bei der SOBEPS, hält die Zeugen, denen er begegnet ist, für glaubwürdig und meint, daß die Sichtungen einen starken Eindruck bei ihnen hinterlassen haben. Léopold A., ein versierter Bastler, hat im übrigen ein Modell des von ihm genau beobachteten Objekts angefertigt. Im Rahmen einer vertiefenden Befragung vor Ort konnte der Interviewer weitere interessante Einzelheiten über Entfernung und Abmessungen des Phänomens in Erfahrung bringen. Angesichts der verschiedenen Standorte der Zeugen war es in der Tat möglich, genauere Werte mittels Triangulation zu ermitteln. Die Entfernung des UFOs zum Zeugen betrug 350 bis 420 Meter, seine Flughöhe 43 bis 52 Meter. Das UFO hatte eine Länge von 50 Meter an seiner Basis, und jedes der Leuchtfeuer hatte einen Durchmesser von 14 bis 18 Meter. Diese Schätzwerte stimmen absolut mit den unter vergleichbaren Beobachtungsbedingungen gewonnenen Angaben anderer Zeugen überein.

Am nächsten Tag erhielt das Tournaisis erneut Besuch, denn wir befinden uns in dem weniger als 5 Kilometer nördlich von Tournai gelegenen Kain, wo sich ein ungewöhnlicher Vorfall abspielte. Hierzu erhielten wir von Anne-Marie D. folgenden Brief:

> An jenem 22. Dezember 1989, ein Datum, das ich nie vergessen werde, es ist frühmorgens, 6.45 Uhr, wälzt sich mein Sohn unruhig im Bett hin und her. Das Bett steht in einer Mansarde, direkt unter einem Kippfenster (Velux). Plötzlich wacht er auf und wird von einem hellen Licht geblendet. Er denkt an einen Flugzeugabsturz oder an einen Einbrecher auf dem Dach, der ihn mit seiner Taschenlampe anleuchtet. Das Licht dringt stark durch die vor das Fenster gespannte Gardine hindurch. Ein oder zwei Minuten später steht mein ältester Sohn David (13 Jahre) auf, um endlich das Fenster zu öffnen. Er ruft: »Jérémy, eine fliegende Untertasse!« Wenige Sekunden später springt sein jüngerer Bruder aus dem Bett, der sich nicht entgehen lassen will, was da vor sich geht. Jérémy sieht Lichter in vielen Farben (blaue, rote, gelbe und weiße). Auch ich springe aus dem Bett, um dem Klamauk ein Ende zu bereiten. Doch nun sehe ich es selbst und traue, gerade aufgestanden und kaum aus dem warmen Bett, meinen Augen nicht (...). »Ja, Kinder, es ist wahr«. (...) Es ist weder ein Flugzeug, noch ein Hubschrauber oder Heißluftballon. (...) Dort sehe ich in 500 Meter

2. CHRONIK EINER SICHTUNGSWELLE

Entfernung (vielleicht auch weniger) diese metallisch-graue Untertasse, wie sie in geringer Höhe lautlos am Himmel schwebt. Ich sah sie zehn Sekunden; sie drehte sich um die eigene Achse und vollzog dabei von rechts nach links kreisförmige Bewegungen. Dreimal sah ich, daß diese Drehbewegung von einem gelblichweißen Licht begleitet wurde.

Ich meine, einige lichtdurchlässige, runde Kabinenfenster gesehen zu haben, will das aber nicht mit Sicherheit behaupten. Dann verschwand die Untertasse im Nebeldunst. Es war noch dunkel draußen, und es regnete.

Am Abend desselben Tages (22. Dezember), doch am anderen Ende Belgiens, in dem bei Bastogne (Provinz Luxembourg) gelegenen Moinet, wurde ebenfalls ein nicht identifiziertes Flugobjekt gesichtet. Wie an jedem Tag ist der Landwirt Michel L. gegen 18.25 Uhr beim Stallausmisten. Als er den Mist gerade nach draußen, zum Misthaufen schaffen will, sieht er über dem Gebäude ein riesiges, unbewegliches Dreieck, von dem ein rotes, den Zeugen nicht blendendes Licht ausgeht, in das die nähere Umgebung getaucht ist. An den Ecken des Gebildes befinden sich drei weiße Lichter, es dominiert jedoch das in der Mitte plazierte rote Licht. Das UFO ist so breit wie der gesamte Stall (25 Meter). Verblüfft und von seiner Neugier angetrieben, nähert sich der Zeuge und stellt sich unter das Dreieck. Dort will er die Selbstkontrolle verloren haben. Er vergleicht dies mit einem zurückliegenden Arbeitsunfall: »Ich habe mir bei der Arbeit mal in den Fuß geschnitten und bin dann auf allen Vieren ins Haus zurück. Ich hatte aber dabei noch alles unter Kontrolle, doch hier nicht ...!« Und noch mehr: »Wenn ich einen Fotoapparat gehabt hätte, ich hätte ihn nicht bedienen können. Über mir war so ein schönes Ding, es wirkte metallisch und hatte eine graue Farbe.«

Plötzlich setzt sich das Objekt ohne jedes Geräusch in Bewegung, und der Zeuge folgt ihm ungefähr 100 Meter zu Fuß: Das UFO entfernt sich mit etwa 50 km/h, taucht die Umgebung in ein rotes Licht und steigt langsam auf, um über eine Tannenanpflanzung hinwegzufliegen, hinter der es schließlich verschwindet. Obwohl er mutig genug war, sich unter das Objekt zu stellen, hatte der Zeuge, wie er zu erkennen gab, auch Angst. Seine Frau erzählt, daß er an diesem Abend nichts gegessen, schlecht geschlafen und überhaupt ein ziemlich merkwürdiges Verhalten an den Tag gelegt habe. Ohne genauer zu sagen, was sie damit meinte, bemerkte die Frau uns gegenüber: »Er war nicht mehr derselbe«. In der besagten Nacht stand L. des öfteren auf und ging zum Fenster, um sich zu vergewissern, daß das Objekt fort war.

Zwei Tage später, am Sonntag, dem 24. Dezember 1989, als man vor dem Weihnachtsessen saß, sollten die UFOs in einem größeren Teil Belgiens erneut von sich reden machen.

Der Weihnachtsmann war mit von der Partie

Es wird behauptet, daß in der verschlüsselten Sprache der amerikanischen Astronauten der Ausdruck »Ich bin dem Weihnachtsmann begegnet« bedeute, jemand habe ein nicht identifiziertes Himmelsphänomen beobachtet. Wenn die UFOs, wie wir hier einmal annehmen wollen, extraterrestrischen Ursprungs sind, so kann man sich vorstellen, daß ihnen daran gelegen sein mag, uns zu zeigen, daß sie diese Anspielung durchaus verstanden haben.

Es steht jedenfalls zweifelsfrei fest, daß Belgien an jenem Abend des 24. Dezember, an dem der Weihnachtsmann an die braven Kinder Geschenke verteilen soll, von einem kleinen UFO-Geschwader überflogen wurde. Doch sehen wir uns dies im einzelnen an.

Alles hatte bereits am frühen Morgen begonnen, als Charles G., Aufseher im Fort de Liers (der Erprobungsstelle der Fabrique Nationale, FN), gegen 5.30 Uhr von der Arbeit zurückkommt. Er ist erst wenige hundert Meter gefahren, als er vor sich ein Objekt wie eine »Untertasse« erblickt, eine Art länglichen Diskus mit zwei starken Scheinwerfern vorne (dem Zeugen gegenüber) und einer Menge grüner, orangefarbener und roter Lichter außen herum. Das Objekt bewegt sich lautlos in geringer Höhe, fliegt über den Bahnübergang bei Milmort hinweg und schwenkt ab, um seinen Flug entlang den Gleisen fortzusetzen. Als G. das UFO im Profil sieht, bleiben nur die kleinen Lichter sichtbar, wobei die Masse eine »tiefbraune« Farbe aufweist.

Am frühen Abend treffen zunächst aus dem Westen des Hainaut (Regionen Mons und Tournai) zahlreiche Zeugenaussagen ein. Gegen 18.20 Uhr erblickt Alphonse D. über Tournai eine leuchtende, sehr dicke »Kugel«. Immer wieder leuchtet unter der Kugel für kurze Zeit ein roter Lichtpunkt auf. Das zunächst regungslose Phänomen bewegt sich schließlich langsam Richtung Frankreich. In Nimy bei Mons kehrt Jacqueline D. zwischen 18.30 und 18.45 Uhr mit ihrer Tochter nach Hause zurück. Sie berichtet:

> Wir waren einkaufen gewesen. Als wir nur noch wenige hundert Meter von unserem Haus entfernt waren, wurden wir auf einen festen Leuchtpunkt über dem Grand Large [ein bestimmter Kanalabschnitt; A. d. Ü.] in Mons aufmerksam. Dieser begann, sich sehr rasch um sich selbst zu drehen. Ich hatte gerade noch Zeit, den Wagen abzustellen und mich auf meine Videokamera zu stürzen. Von UFOs war ja in der Presse damals viel die Rede. Ich hatte nicht wirklich daran geglaubt, doch heute bin ich fest davon überzeugt!

Auf dem von der SOBEPS begutachteten Filmdokument ist leider nur ein dicker, sich langsam am Himmel bewegender Leuchtpunkt zu sehen, mit der Autobahnbeleuchtung im Hintergrund – nicht mehr und nicht weniger überzeugend als die anderen Filme, in deren Besitz wir uns bisher befanden. Am Abend des 24. sind das Ehepaar Gilbert G., das Ehepaar Gustave G. und deren Kinder mit drei Wagen auf der Route d'Aviscourt (Lavacherie) in der Nähe von Bastogne (Provinz Luxembourg), etwa 130 Kilometer südöstlich der Region Mons, unterwegs.

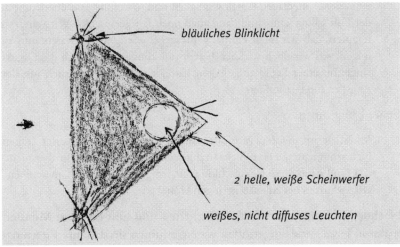

Abb. 2.37

Gegen 19.15 Uhr haben sie gerade die N4 Richtung Lavacherie verlassen, wo sie den Heiligabend im Kreise der Familie verbringen wollen.
Die Zeugen werden auf einen sehr hellen Leuchtpunkt (von der Größe des Mondes) aufmerksam. Ohne sich abzustimmen, halten die drei Fahrer an, und nur Gilbert G. stellt den Motor seines Fahrzeugs nicht ab. Das Licht steigt senkrecht zu ihnen hinab, bis es ungefähr 200 Meter von ihnen entfernt und in etwa 100 Meter Höhe stehenbleibt. Die Zeugen steigen aus und können eine große, dreieckige, zweifellos materielle Masse erkennen, die vorne zwei starke, weiße Scheinwerfer aufweist; an den Enden befinden sich zwei violette Blinklichter, und ein Drittel der Unterseite wird von einer weiß leuchtenden Kugel eingenommen (Abbildung 2.37). G., der fest überzeugt ist, ein Flugzeug vor sich zu haben, kehrt zum Wagen zurück, um den Motor abzustellen und seinen Fotoapparat zu holen. Ihm fällt auf, daß das Objekt keinerlei Geräusche von sich gibt, allenfalls ein leichtes Zischen oder Surren, und trotz seiner enormen (mit der einer Boeing vergleichbaren) Größe fliegt es mit extrem niedriger Geschwindigkeit: ungefähr 30 km/h!
Das Objekt fliegt nun waagerecht vor den Zeugen her, Richtung N 4. Schließlich verschwindet es hinter einem Wäldchen. Gilbert G. betont folgendes:

> Am meisten verwundert hat mich, daß sich ein Objekt dieser Größe bei einer derart niedrigen Geschwindigkeit und so tief fliegend überhaupt in der Luft halten kann, und dann auch noch fast geräuschlos. Wir waren so frappiert, daß wir nicht einmal geistesgegenwärtig genug waren, ihm zu folgen, was wir doch wirklich hätten tun können. Wenn sich das Objekt länger an einer Stelle aufgehalten hätte, hätte ich es sicherlich mit der Angst zu tun bekommen.

Frau G. fügt hinzu:

> Mich hat am meisten verblüfft, daß die vorderen Scheinwerfer keinen Lichtsaum hatten. Das Objekt strahlte wie ein Stern, blendete aber nicht. (...) Und dann diese Geräuschlosigkeit, lediglich ein leichtes, maschinenartiges Surren bei einer so geringen Höhe!

Nachdem sie ihre Fahrt fortgesetzt hatten und fünf bis zehn Minuten später in Lavacherie eingetroffen waren, erfuhren sie, daß ihre Eltern das Phänomen ebenfalls gesehen hatten, und zwar vom Fenster aus, als es ge-

2. CHRONIK EINER SICHTUNGSWELLE

rade über ihr Haus hinwegflog. Die älteren Leute begnügten sich mit der Anmerkung: »Aha, das wird das UFO sein, von dem alle reden ...«. Dann wandten sie sich wieder den Vorbereitungen für das Abendessen zu und kümmerten sich nicht weiter um das, was sie gesehen hatten!

Etwa eine Viertelstunde später befindet sich André L., Ingenieur beim Bauministerium, in Begleitung seiner Frau und seines Sohnes auf der N4. Die Stelle liegt auf der Höhe von Sénonchamps, einige Kilometer nordwestlich von Bastogne und etwa 12 Kilometer südöstlich des vorigen Sichtungsortes. Auch diesen Zeugen fällt schlagartig ein großer Leuchtpunkt am Himmel auf. Beim Näherkommen spaltet sich der Punkt in vier einzelne Lichter, die genau von Lavacherie kommen und sich Richtung Bastogne bewegen.

Damit ist aber das Schauspiel, das am Himmel über dieser Region an diesem Abend gegeben wird, noch nicht zu Ende. Gegen 22.45 Uhr, weniger als 20 Kilometer westlich von Bastogne in Saint-Hubert, kommt Jacky Matagne gerade nach Hause. Matagne ist Segelflieger und ein bekannter Motorradrennfahrer der 750-ccm-Klasse. Er schrieb uns folgenden Brief:

> Gegen 22.45 Uhr, während ich mit meiner Familie und einigen Freunden zum Weihnachtsfest zusammensitze, beschließe ich, mit meinem deutschen Schäferhund einen Spaziergang zu unternehmen. Ich sehe zum Himmel auf, der sternenübersät ist. Die Temperatur dürfte fast den Gefrierpunkt erreichen. Bei so klarem Himmel, geht es mir durch den Kopf, werde ich Glückspilz hier in Saint-Hubert jedenfalls kaum eines dieser UFOs zu Gesicht bekommen, von denen im Moment so viel geredet wird. Plötzlich sehe ich eine Art Feuerwerksrakete, in kräftigem Weiß und Gelb. Ich erwarte natürlich, daß die Rakete ihren höchsten Punkt erreicht und beim Fall zur Erde eine bestimmte Kurve beschreibt. Doch nein, die »Rakete« – oder zumindest das, was ich für eine Rakete halte – fliegt waagerecht von Nordosten nach Südwesten, mit einem Farbwechsel an den Rändern und an ihrem Schweif. Man hätte sie auch für einen Kometen halten können. Die Farbe der Ränder und des Schweifs gleicht jener Farbe, die man erhält, wenn man die Flamme eines Schweißbrenners reguliert – mit einem blauen, orangefarbenen und grünen Lichtschein. Das Objekt beleuchtet den Himmel stark und bewegt sich etwa zwei- bis dreimal so schnell wie eine F-16 oder eine Mirage. Geräusche sind überhaupt keine zu hören, doch mein Hund, der eine panische Angst vor Flugzeu-

gen hat, rennt wie verrückt los und bellt in Richtung auf das Objekt. Ich bekomme eine Gänsehaut und bin wie am Boden festgenagelt, so sehr bin ich beeindruckt.

Zur Vervollständigung unseres Dossiers über den Heiligabend hier noch ein weiterer, ebenso präziser Brief. Wir erhielten ihn von dem Handelsvertreter und ULM-Piloten Jean-Pierre D.:

> Mit diesem Schreiben möchte ich Ihnen meine persönliche Zeugenaussage und die meiner Familie übermitteln, betreffend die Sichtung eines UFOs.
>
> Die Beobachtung fand in einer sehr geringen Entfernung statt. Ich möchte betonen, daß ich als ULM-Pilot und mit fast 500 Flugstunden in der Lage bin, Flughöhe und Geschwindigkeit eines Fluggeräts recht genau zu schätzen. Das Objekt, das wir zwei bis drei Minuten lang beobachten konnten, flog mit etwa 50 km/h in 100 bis 200 Meter Höhe über uns hinweg. Es erzeugte nicht das geringste Geräusch, ausgenommen in dem Augenblick, als das Objekt, das eine Spannweite von etwa 30 Meter hatte, über uns war. Dabei hörten wir ein Grollen, das – wie meine Frau meint – dem Düsenlärm einer in großer Höhe fliegenden Linienmaschine glich. Nach meinem Dafürhalten glich es dem Geräusch, das man hört, wenn man sich in der Nähe einer Umspannstation oder einer Fahrleitung aufhält.
>
> Damit Ihnen meine Aussage von Nutzen ist, will ich Ihnen unsere Beobachtung in allen Einzelheiten schildern, die im übrigen eine gewisse Zeit zurückliegt [der Brief datiert vom 3. Januar 1990; M. B./L. C.]. Sie fand am Abend des 24. Dezember, einem Sonntag, genau um 23.40 Uhr statt. Meine Aussage erreicht Sie erst jetzt, weil ich gedacht hatte, Ihnen nichts mitteilen zu können, was Sie nicht ohnehin bereits wüßten. Auf Anraten einiger Freunde – darunter ein Amateurastronom, der mich von der Wichtigkeit der Aussagen überzeugen konnte – habe ich mich entschlossen, Ihnen zu schreiben.
>
> Wir wohnen in Aische-en-Refail, einer Ortschaft zwischen Perwez und Eghezée, am Rande der Autobahn Brüssel-Namur. Wir warteten auf unsere älteste Tochter (23), die – mit dem Wagen aus Brüssel kommend und die Autobahn benutzend – gegen 23.30 Uhr bei uns eintreffen sollte. Um 23.20 Uhr kam sie an und berichtete uns, ein beleuchtetes Fluggerät gesehen zu haben, das fast direkt über einer Autobahntankstelle in der Luft stand. Ich dachte zunächst an einen Hubschrauber bei einem Unfalleinsatz. Meine Tochter aber, die die Autobahn bei Thorembais/St-Trond/

Gembloux verlassen hatte, konnte das Objekt noch weitere zehn Minuten von der bis zu uns entlang der Autobahn verlaufenden Straße aus beobachten. Da das Objekt weiterhin über der Stelle schwebte, scheidet die Vermutung aus, es könne sich um einen Notfallhubschrauber gehandelt haben. Um 23.40 Uhr ging ich in den Garten, um das Gartentor zu schließen. Als ich Richtung Tankstelle schaute, sah ich das UFO ankommen. Es flog sehr langsam in etwa 100 Meter Höhe und folgte einem Kurs, der direkt über mein Haus führte. Ich sah, daß angesichts seiner geringen Geschwindigkeit genug Zeit blieb, meine Frau und meine beiden Töchter zu holen. Sie kamen dann auch und schalteten die Außenbeleuchtung aus, um mehr sehen zu können.

Ich würde dieses Fluggerät als einen großen Manta-Rochen, allerdings mit starren Flügeln, beschreiben. Es folgte einem stetigen Kurs (90-110°) Richtung Lüttich-Verviers. Neben dem Fehlen von Geräuschen frappierte mich, daß das Objekt absolut unempfindlich gegenüber Turbulenzen und Windböen schien. An der Flügelvorderkante befanden sich drei Lichtquellen beträchtlicher Größe, viel größer als Positionslichter. Dennoch schienen es keine Scheinwerfer zu sein, denn die Dunkelheit wurde von keinerlei Lichtbündeln durchdrungen. Die drei Lichtquellen waren in einer waagerechten Linie angeordnet und merkwürdig stabil.

Als das Objekt genau über uns flog, konnten wir außer den drei Lichtern vorne in der Mitte dieses Nurflügelflugzeuges einen anscheinend grünlichen Scheinwerfer erkennen. Er war kleiner als die drei weißen Lichter an der Flügelvorderkante. Als sich das Objekt entfernte, sahen wir hinten einen vierten Leuchtpunkt, der den drei vorderen ähnelte. Merkwürdigerweise sahen wir immer noch die drei vorderen Lichter, es ist also anzunehmen, daß sie überstanden. Das UFO entfernte sich lautlos und folgte weiterhin seinem Kurs mit derselben niedrigen Geschwindigkeit. Was uns beim Überflug frappierte, war dieses Grollen, hinter dem eine enorme Kraft zu stecken schien und das – ein wichtiger Umstand – aus dem Inneren der Zelle zu kommen schien. Eine Abgasflamme haben wir nicht sehen können, das Objekt war »hermetisch dicht«.

Ich gebe zu, daß das Gesehene mich immer noch verfolgt und ich es wirklich gern verstehen würde. Was ist vor allem die Antriebskraft, die einer derartigen Masse dazu verhilft, sich mit solch geringer Geschwindigkeit in der Luft zu halten? Jedes bekannte »irdische« Fluggerät hätte einen Strömungsabriß erlitten.

Dieser Text ist in mancherlei typisch für viele andere Briefe, die wir bekommen haben: Oft sind es gute und genaue Beobachtungen, über die erst verspätet berichtet wird, weil sie angeblich unbrauchbar seien.

Das Jahr 1989 ging mit einigen wenigen, jedoch ungemein signifikanten Einzelfällen zu Ende.

Ein Fall etwa handelt von einer Art »Luftballett« im Raum Verviers. Er spielt am Mittwoch, dem 27. Dezember, in Jehanster-Polleur, einem angenehm ländlichen Ort, 4 Kilometer südöstlich von Verviers. Dort wohnt der Chemielehrer André F. mit seiner Familie. Um 17.20 Uhr ist Herr F. im Schafstall beschäftigt. Seine Frau und die Kinder halten sich im Wohnzimmer auf. Draußen ist es noch nicht ganz dunkel, der Himmel ist frei, und es herrscht leichter Frost.

Plötzlich ruft der junge Alain nach seiner Mutter und seiner Schwester. Durch das nach Süden weisende Fenster hat er soeben eine Art »dikken Stern« gesehen, der sich langsam bewegt und näher zu kommen scheint. Frau F. behält einen klaren Kopf und geht ein Fernglas holen, während das in südsüdöstlicher Richtung recht dicht über dem Horizont (10 bis 15°) erkennbare Objekt immer näher kommt.

Durchs Fernglas ist zu sehen, daß das eigenartige Objekt dem Betrachter seine Vorderseite zuzuwenden scheint. Frau F. meint, so etwas wie rötliche »Bullaugen« zu erkennen, vielleicht drei an der Zahl. Sie scheinen ihr von innen beleuchtet zu sein und heben sich von einer unbestimmten, dunklen und recht langen Form ab, auf der sich einige Lichter befinden (siehe Abbildung 2.38, eine nach den Angaben der Zeugen an-

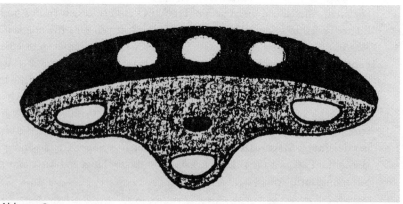

Abb. 2.38

gefertigte Rekonstruktion). Nun stürzt man sehr aufgeregt los, um Herrn F. zu alarmieren, dann beobachten alle zusammen draußen im Freien das zunehmend stärker leuchtende Objekt gemeinsam weiter. Kein Zweifel, es kommt immer näher!

Bald können sie – während nun merkwürdigerweise die Leuchtkraft nachläßt – mit bloßem Auge die eigenartige, dunkle Form ausmachen, die sich von dem noch nicht gänzlich finsteren Himmel abhebt. An der Unterseite des Objekts werden drei große, weiße und im Dreieck ange-

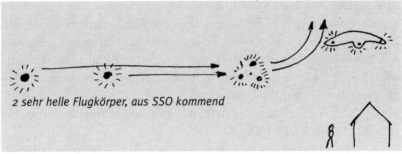

Abb. 2.39

ordnete Lichter sichtbar, zwei an den Seiten und eines hinten, wo das Gebilde in einer festen Ausbuchtung eine Verlängerung zu haben scheint. Diese nach unten weisenden Lichter sind deutlich schwächer als das anfänglich beobachtete Leuchten, das nach Meinung der Zeugen mehr von vorne stammen müßte. In der Mitte des von den drei weißen Lichtern gebildeten Dreiecks befindet sich ein weitaus kleineres, rotes Blinklicht. Zugleich entdecken die Zeugen ein zweites, identisches Objekt, das sich viel weiter Richtung Westen und auch etwas weiter entfernt aufhält; mit mehrminütigem Abstand folgt es anscheinend demselben Kurs.

Als sich das Hauptobjekt fast über ihnen befindet, können die Zeugen seine Silhouette besser erkennen. »Es glich einem Nurflügelflugzeug, mit einer Art hinterer Ausbuchtung oder Verlängerung, etwa wie eine Boeing, nur ganz ohne den Rumpf«, führte F. aus. Die Bewegung ist weiterhin langsam und verläuft von Südsüdost nach Nordnordwest. Die – schwer zu bestimmende – Flughöhe scheint 500 bis 1000 Meter zu betragen. Plötzlich rast das Objekt mit schlagartiger Beschleunigung praktisch senkrecht nach oben und dreht dabei leicht ab (nach Nordwesten; vgl. die von dem Zeugen angefertigte Skizze, Abbildung 2.39). Nach wenigen Sekunden ist das Objekt aus dem Blickfeld der von dem unglaublichen Flugmanöver völlig verblüfften Zeugen verschwunden. Einige Augenblicke später verschwindet das zweite, weiter entfernte Objekt ebenfalls wie von einem Katapult abgeschossen auf dieselbe Weise senkrecht nach oben. Die Beobachtungsdauer betrug insgesamt nicht mehr als fünf Minuten, und Familie F. hat zu keinem Zeitpunkt auch nur das geringste Geräusch vernommen.

Weiterhin wachsam setzt F. die Suche am Himmel fort. Eine halbe Stunde später, gegen 17.50 Uhr, sieht er im Südwesten ein drittes, den beiden ersten ähnelndes Objekt, das jedoch weiter entfernt ist. Es bewegt sich parallel zum Horizont von Osten nach Westen und ist anscheinend schneller als die beiden anderen. Mehrere Tage steht F. unter dem Bann dieses merkwürdigen Phänomens. »Ich fühlte mich wie ein Bauer aus dem Mittelalter, den man an den Rand einer Autobahn gestellt hat«, beschreibt er seine Seelenlage.

Der Tag hatte im übrigen mit einer anderen eigenartigen UFO-Sichtung begonnen, und zwar am Morgen in Vedrin bei Namur.

Gegen 7.30 Uhr begibt sich Frau G. mit einer Freundin, Frau H., auf den Weg zur Arbeit. Kurz nach dem Aufbruch fällt ihnen Richtung Namur, direkt über dem Hospital Saint-Luc, ein helles Leuchten auf. Das Licht bewegt sich plötzlich auf den Wagen der Zeuginnen zu und fliegt kurz darauf mit etwa 80 km/h neben ihnen her. Als sie bei der Gemarkung Le Transvaal eintreffen, um weitere Mitfahrerinnen, Frau C. und ihre Tochter Christine, abzuholen, ist das Objekt nicht mehr zu sehen. Als sie jedoch eine Minute später aus dem Haus treten, ist das Licht wieder da – ganz nah, riesig und nur wenige Dutzend Meter über der Straße. Das Gebilde ist rundum mit Lichtern versehen, »wie Scheinwerfer oder Bullaugen, mit einem kräftigen Licht, das von innen zu kommen schien«. Einige der Lichter blinken. Christine C. spricht von einem blauen Licht rechts, einem roten links und von weißen Lichtern vorne und hinten. Frau G. meint, an den Seiten des Gebildes »Gelenkarme« bzw. »Landekufen« gesehen zu haben (siehe die Skizzen, Abbildung 2.40). Das UFO »von der Größe zweier Häuser« erzeugt ein dumpfes, schwer zu beschreibendes Geräusch. Da die Zeit drängt, die Arbeit wartet, stei-

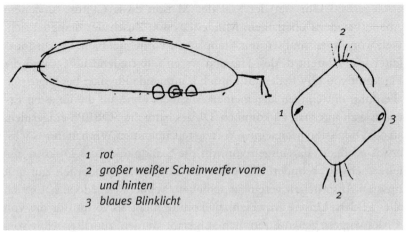

Abb. 2.40

1 rot
2 großer weißer Scheinwerfer vorne und hinten
3 blaues Blinklicht

gen sie aber ins Auto, und Frau G. fährt los. Genau in diesem Augenblick setzt sich auch das Objekt in Bewegung. Frau G. ist der Ansicht, das Objekt habe sein Verhalten eindeutig dem des Autos angepaßt: Es kam auf das in Bewegung befindliche Fahrzeug zu, blieb während des Zwischenhalts bei Frau C. stehen und setzte sich erneut in Bewegung, als der Wagen mit eingeschalteten Scheinwerfern losfuhr.

»Science & Vie« – überflüssige Gefechte?

Bei den Medien sollten sich die Dinge Ende 1989 etwas beruhigen. *La Dernière Heure* zog am Freitag, dem 22. Dezember, unter den Schlagzeilen »UFOs – aus und vorbei« und »Coëme schließt UFO-Akte« Bilanz. Hierbei handelte es sich selbstverständlich um eine etwas mißbräuchliche Auslegung des vom Verteidigungsministerium herausgegebenen, oben zitierten Kommuniqués. *Le Soir* gab in der Ausgabe vom Mittwoch, dem 27. Dezember, bekannt: »UFOs – die Stars von Verviers am Ende dieses Jahrzehnts«. Dort fand sich die Zusammenfassung einer am Donnerstag, dem 21. Dezember, in Verviers auf Initiative von Philippe Andrianne, einem aus der Region stammenden Botaniker, veranstalteten Konferenz.

Gegen 20 Uhr war der Saal der Maison de la Culture an jenem Abend geradezu überlaufen: Mindestens 400 Zuschauer drängten sich, viele von ihnen mußten mit Stehplätzen vorliebnehmen. Diskussionsleiter war Laurent d'Alès, Themen waren selbstredend UFOs und die Herkunft von UFOs; der aus Lüttich kommende Physiker begnügte sich allerdings mit einigen allgemeinen Angaben, ohne auf die jüngsten Ereignisse zu sprechen zu kommen. D'Alès hatte die SOBEPS eingeladen, an der Diskussion nach seinem Vortrag teilzunehmen. Wir hatten zunächst etwas gezögert, da einigen von uns die Standpunkte des Diskussionsleiters etwas absonderlich vorkamen und nicht sonderlich gut mit unseren Ansprüchen vereinbar schienen. Schließlich jedoch hatte sich alles geklärt: Unsere Anwesenheit konnte nicht als Votum für die von d'Alès vorgetragenen Positionen aufgefaßt werden, zumal er selbst vorweg klar und deutlich darauf hingewiesen hatte. Er war er, und wir waren wir!

Inhaltlich verlief die Konferenz jedoch zweifellos weniger spektakulär, als sich dies einige Zuhörer gewünscht haben mögen. Keine wirklich neue Information und auch keine definitive Erklärung wurde gegeben. Die Schlußdiskussion wurde zum Glück etwas lebhafter. Michel Bougard war es gelungen, André Demoulin vom G.R.I.P. dazu zu bewegen, sich das Exposé von d'Alès anzuhören und mit seiner Hypothese eines Spionageflugzeugs über Belgien als Gegenredner aufzutreten. Mehrere Verantwortliche der SOBEPS saßen auf dem Podium des Orchestersaals, um die oft ungeduldigen Fragen Dutzender angereister Zeugen zu beantworten. »Was haben wir eigentlich gesehen?«, »Ist das gefährlich?« oder »Was unternimmt die Armee?«.

Dieser verständlichen Ungeduld konnten wir noch nicht besonders viele gesicherte Erkenntnisse entgegensetzen. Im Laufe der Diskussion wurde Michel Bougard von einem Journalisten die Eilmeldung der Nachrichtenagentur Belga zugeschoben, in der das Kommuniqué von Minister Coëme über die Schlußfolgerungen der von der Luftwaffe angestellten Untersuchung wiedergegeben wurde. Der Präsident verlas diesen Text und setzte die Öffentlichkeit somit als erster darüber in Kenntnis, daß es während der UFO-Sichtungen vom Boden aus weder AWACS noch F-117 am Himmel über Belgien gab, und daß die aufgezeichneten Radarechos in den Augen der Militärs nur durch Störeinflüsse

2. CHRONIK EINER SICHTUNGSWELLE

entstanden sein konnten, die mit einer Inversionswetterlage einhergingen. Kurzum: Das Rätsel bestand unvermindert fort ...

An Silvester war in der 19.30-Uhr-Ausgabe des RTBF-Nachrichtenmagazins erneut – eigentlich eher unerwartet – von UFOs die Rede. Der Redakteur vom Dienst, Yves Thiran, der in den letzten Wochen immer mit einer Art skeptischem Grinsen aufgetreten war, sobald er das Thema anschnitt, zeigte an jenem Abend eine weit ernstere Miene, als er die Reportage ankündigte. Gebracht wurde jedoch nur eine Zusammenfassung der Ereignisse des abgelaufenen Monats und Bilder unserer Pressekonferenz.

Für kurze Zeit war uns diese plötzliche Wiederaufnahme der UFOs in die Nachrichten schleierhaft (zumal keine einzige wirklich interessante Zeugenaussage bei der SOBEPS eingegangen war), vor allem aber der unvermittelt wechselnde Tonfall bei der Präsentation. Des Rätsels Lösung fand sich schnell: Einige Stunden zuvor hatten zwei Assistentinnen der Nachrichtenredaktion (Béatrice D. N. und ihre Tochter) am Himmel über Brüssel eine ungewöhnliche Beobachtung gemacht. Wochenlange, konsequente Nachforschungen hatten nicht ausgereicht, um Thiran vom Ernst der Frage zu überzeugen, doch die – zudem vage – Aussage zweier enger Mitarbeiterinnen hatte ihn »angesprochen«.

Auch die ersten Januartage des Jahres 1990 verliefen sehr ruhig. Erst zur Monatsmitte gab es wieder untersuchenswerte Zeugenaussagen. Die Journalisten der Tagespresse wurden von ihren für die Wochen- und Monatsblätter schreibenden Kollegen abgelöst, die sich nun mit dem Rätsel der belgischen UFOs befaßten.

Beginnen möchten wir mit der »unvermeidlichen« französischen populär»wissenschaftlichen« (?) Zeitschrift *Science & Vie,* die in jenem Monat einleitete, was wir einen »Anti-UFO-Kreuzzug« nennen wollen. In der Nummer 868 vom Januar 1990 stand (unten auf Seite 79) unter der Rubrik »Optique & Poésie« ein mit den Initialen H.-P. P. unterzeichneter Kurzartikel mit der Überschrift: »Es war nicht das göttliche Auge ...«. Unter dem Foto eines verschwommenen Leuchtflecks fand sich der folgende Text, den wir zitieren wollen, um die Lektüre etwas aufzulockern:

> Obiges am 1. Dezember von einem unserer Mitarbeiter am nächtlichen Himmel über Lüttich aufgenommene Objekt hat die poetische Ader eini-

ger Beobachter stark angeregt. Es handelte sich dabei – »offensichtlich« – um eine fliegende Untertasse. Oder aber um ein geheimes, irdisches Fluggerät mit bisher unbekanntem Leistungsvermögen. Doch leider leistet das Objekt auch den gewöhnlichsten Erklärungen nur wenig Widerstand. Europa lag unter starkem Hochdruckeinfluß. Die Luft war also kalt und vor allem extrem trocken – es herrschten also ideale Voraussetzungen für elektrostatische Erscheinungen. Ein Wetterballon, wie ihn die Meteorologen regelmäßig aufsteigen lassen, erreicht sehr große Höhen, da er mit Helium gefüllt ist. Diese Wetterballons sind mit elektronischen Geräten ausgestattet, die sich in Metallgehäusen befinden. Helium aber läßt sich ionisieren, d. h. es kann unter der Einwirkung der unter den beschriebenen Bedingungen entstehenden elektrostatischen Aufladung zu lumineszieren beginnen. Lumineszierendes Helium erscheint weißgelb, während die Luft bläulich strahlt. Auf hochempfindlichem Farbfilm, wie er für lichtschwache Nachtaufnahmen verwendet wurde, erscheint das Helium somit orange, und die grünlichen Punkte sind die Beschläge und das Metallgehäuse. Diese Erklärung verträgt sich mit der relativen Stabilität des Objekts. Nicht das göttliche Auge hatte demnach Kain aus dem Grabe heraus angeschaut.

Da schau mal einer an! Was meint dieser (später als Henri-Pierre Penel identifizierte) H.-P. P. eigentlich?

Dreimal-darfst-du-raten?

Aber nein! Wir haben es »schlicht« mit der etwas überdrehten, sich wissenschaftlich gerierenden Interpretation der ziemlich banalen Sichtung eines einfachen, hoch am Himmel stehenden Leuchtpunkts zu tun, die sich ein Journalist zurechtgelegt hat. Physiklehrer könnten daraus eine Hausaufgabe für ihre Schüler machen. Frage: Wieviele Fehler und Fehlschlüsse gibt es im Text? Doch hinter diesem recht lächerlichen Aspekt des Artikels verbirgt sich vielleicht noch etwas anderes ...

Am 10. Dezember, also an dem Wochenende, an dem die SOBEPS in den Büros des Eupener *Grenz-Echo* mit der Sammlung von Zeugenaussagen befaßt war, begegneten wir einem Journalisten von *Science & Vie*, dessen Namen wir nicht nennen wollen. Dieser Herr hatte sich Lucien Clerebaut vorgestellt, um ihm ein »außergewöhnliches UFO-Foto« anzubieten, bei dem es sich womöglich um das im folgenden Monat von dieser französischen Zeitschrift veröffentlichte Dokument gehandelt hat. Einige Stunden vorher hatte ein Redakteur des *Grenz-Echo* berichtet, auch er sei von demselben »Journalisten« bedrängt worden:

2. CHRONIK EINER SICHTUNGSWELLE

Reporter von *Science & Vie* waren mit sehr imposanten Teleobjektiven gekommen und erhielten ihr Traumfoto. Ganz stolz haben sie es mir für unsere Zeitung angeboten. Ich aber habe abgelehnt, denn es war nichts als ein Leuchtpunkt am finsteren Himmel. Es tat mir leid, ihrem Glücksgefühl einen Dämpfer verpassen zu müssen.

Das mindeste, das man hierzu anmerken kann, ist, daß das Drängen der Mitarbeiter von *Science & Vie* merkwürdig, wenn nicht suspekt erschien, und daß ihr Enthusiasmus irgendwie deplaziert wirkte. Wir werden das dumpfe Gefühl nicht los, daß man versucht haben dürfte, die SOBEPS und alle an den in der Region beobachteten UFO-Phänomenen interessierten Personen »hereinzulegen«. Lückenlos läßt sich ein solcher Verdacht natürlich nicht belegen; die Hartnäckigkeit jedenfalls, mit der die Zeitschrift versucht, eine »UFO-Demontage« zu betreiben und die Ufologen zu verunglimpfen, sollte in den kommenden Monaten eher noch zunehmen; nicht wenige vermuten darin Ausläufer jener Großkampagne der »rationalistischen Säuberung gegenüber neuen Obskurantismen«, eines Kampfs, in dem bekanntlich alle Schläge erlaubt sind ...

Im Januar 1990, einige Tage nach Erscheinen der obigen Zeitschrift, erhielt Lucien Clerebaut einen Anruf von Jacky Barbier, der für die Pariser Fotoagentur G.M.L.R. auftrat. Die in *Science & Vie* veröffentlichte Aufnahme stammte aus ihrem Archiv, und darüber wollte er sich mit uns unterhalten. Zusammen mit einigen Mitarbeitern kam Barbier wenig später nach Brüssel. Clerebaut und Bougard empfingen sie in der Hoffnung, das Geheimnis endlich lüften zu können. Wir konnten jedoch nur wenig Neues in Erfahrung bringen. Barbier erklärte uns und hatte dafür Belege, daß eines seiner Teams am 1. Dezember 1989 gegen 20 Uhr in der Tat bei der Gileppe-Talsperre gewesen war, um das berühmte belgische UFO zu fotografieren. Mit einem 100-ASA-Film und einer 300er Telebrennweite (Lichtstärke 2,8) konnten sie den entfernten Vorbeiflug einer »Leuchtkugel« aufnehmen. Dank der automatischen Filmtransporteinrichtung konnten in etwa zehn Sekunden acht Aufnahmen gemacht werden. Barbier hat uns die Aufnahmeserie anvertraut, auf der man die Ortsveränderungen des Leuchtpunkts genau erkennen kann. Bevor er uns verließ, versicherte er uns, daß er in keiner Weise über die Geschichte der Veröffentlichung eines seiner Fotos in *Science & Vie* informiert worden sei. An seiner Glaubwürdigkeit fanden wir nichts zu deuteln, und im übrigen hat seither nie wieder jemand von diesen Aufnahmen geredet (sie liegen noch heute in einer Schublade des SOBEPS-Sekretariats).

In Heft 2574 vom 4. Januar 1990 des (in niederländischer Sprache erscheinenden) Magazins *Humo* stand ein ausgezeichneter Artikel von Jan Hertoghs mit der Überschrift »UFO's boven België« [UFOs über Belgien]. In der kommenden Woche war dessen französischsprachiger Partner *Télé-Moustique* (Heft 3337 vom 11. Januar) an der Reihe, dem Thema der belgischen UFOs einen Artikel (aus der Feder des Journalisten Yves Rasir) zu widmen. Hertoghs und Rasir leisteten ausgezeichnete journalistische Arbeit, Lichtjahre von dem zweideutigen Verhalten einiger ihrer Kollegen entfernt. Beide kamen mehrmals in unser Büro, zogen Dutzende von Untersuchungsberichten zu Rate und begaben sich vor Ort, um die Zeugen unmittelbar zu befragen oder verschiedene Fachleute zu konsultieren.

Auf Seite 29 seines »UFOs – das große Rätselraten« überschriebenen Artikels geht Rasir der offensichtlichen Apathie staatlicher Instanzen nach:

> Schimpfen wir nicht auf unsere tapferen Soldaten: Ihre lasche Reaktion gleicht der Trägheit jener, die uns regieren. Die Öffentlichkeit konnte feststellen, daß keine offizielle Institution in der Lage war, an Ort und Stelle weitreichende Untersuchungen einzuleiten (parlamentarische Untersuchungsausschüsse sind bekanntlich schon aus weit unbedeutenderen Anlässen eingerichtet worden). In Frankreich existiert eine subventionierte Institution, die mit der Sammlung von Zeugenaussagen beauftragt ist. Bei uns in Belgien mußte diese gewaltige Arbeit durch eine kleine Gruppe von Freiwilligen bewältigt werden. (...) Die einzige ermutigende Reaktion stammt von seiten der Gendarmerie, die nunmehr Weisung erteilt hat, die SOBEPS schnellstmöglich zu informieren und auf die neuesten Fährten zu setzen.

In der nächsten Woche erschien der zweite Teil des Artikels (ebenfalls von ihm), diesmal mit der Überschrift »E. T., bist Du's?«. Auf Seite 35 findet sich ein kürzerer, eingerahmter Text mit der Titelzeile »Der umstrittene Spürsinn unserer Radars«. Hier ein Textauszug:

> Zum anderen müssen wir auf die Ablenkungsmanöver der Streitkräfte in all diesen Angelegenheiten zurückkommen. Das Gewirr einander widersprechender Erklärungen wird die Öffentlichkeit letztlich zu dem Schluß

verleiten, daß die Radarstationen nichts Beunruhigendes geortet haben. Man muß aber wissen, daß die Radarschirme an Rechner angeschlossen sind, die als Filter fungieren und nur »normale« Echos durchlassen, d. h. jene, die von den herkömmlichen Flugzeugen stammen (...). Wie verhält es sich mit den berühmten »falschen Echos«, die einer Inversionswetterlage zuschreibbar sind? Für Oberstleutnant Billen taugt diese Erklärung nichts, da von den drei Radarstationen Gent, Maastricht und Glons gleichzeitig identische Echos geortet wurden, was niemals eintritt, wenn das Wetter verrückt spielt. Gegenüber dem Sender Télévesdre erklärte Billen ferner, daß ihm diese Echos relativ deutlich zu sein schienen, und daß sie wie durch ein Wunder wieder verschwanden. Die Geschwindigkeit dieser Flugobjekte müsse zu bestimmten Zeiten im Bereich von 900 km/h liegen. Der Luftwaffenstab hat sich indessen hinter der bequemen Wendung »nichts gesehen, nichts gehört, nichts begriffen« verschanzt. Wirklich nichts?

Rasir stand mit diesem Kommentar nicht allein. Mehrere Mitglieder der SOBEPS sowie andere Journalisten hatten ähnliche Überlegungen angestellt und etwas besorgt an den Widersprüchlichkeiten und oberflächlichen Vereinfachungen der Militärs herumgerätselt. Einige mehr als andere zur Paranoia tendierende Leute hegten gar den Verdacht, auf Betreiben der Armee könne möglicherweise eine Manipulation der Bevölkerung im Rahmen eines beispiellosen soziologischen Experiments stattfinden. All diese unbeantworteten Fragen und eine Menge mehr oder weniger gerechtfertigter Gerüchte machten eine Reaktion der Militärs erforderlich.

Die »große Mauer des Schweigens« wird durchlässig

Am Mittwoch, dem 10. Januar 1990, erhielt Lucien Clerebaut einen Anruf von Major Stas, in dem er erfuhr, daß der Stab der Luftwaffe beschlossen hatte, einige Mitglieder der SOBEPS zu einem Besuch der NATO-Radaranlagen in Glons einzuladen. Das überraschte uns um so mehr, als wir um nichts Derartiges nachgesucht hatten!

Unsere Fragen bezogen sich lediglich auf die Art der im Dezember 1989 (besonders am Abend des 2. Dezember) tatsächlich von den Radars aufgenommenen Signale.

Major Stas stand damals fünf Tage vor seiner Pensionierung. Am 15. Januar zog Major Lambrechts als Nachfolger in sein Büro ein. Ihn hatte der persönlich am UFO-Thema hochinteressierte Major Stas über diesen Fragenkomplex informiert und über die Verdienste der SOBEPS in Kenntnis gesetzt. Gegen Ende seines Telefonats mit unserem Generalsekretär bekräftigte der Major einmal mehr, daß die Armee keine besonderen Radarechos registriert habe, »außer einigen ›falschen Echos‹ am 2. Dezember, die durch die Inversionswetterlage bedingt sein dürften«.

Einige Tage später nahm Oberst De Brouwer einen offiziellen Kontakt mit der SOBEPS auf und teilte mit, daß die von der Luftwaffe ausgesprochene Einladung für fünf Mitglieder unserer Vereinigung gelte.

Am frühen Vormittag des 22. Januar 1990 (einem Montag) mußten sich Lucien Clerebaut, Michel Bougard, Jean-Luc Vertongen und August Meessen sowie Major a. D. J. Laurent (einer unserer Interviewer) beim Wachposten des Control Reporting Center von Glons (CRC Glons) einer peniblen Eingangskontrolle unterziehen. Der Chef de Corps des CRC, Oberstleutnant Billen, stand schon bereit und machte uns mit den verschiedenen, für unseren Besuch abkommandierten Offizieren bekannt: Major Lambrechts, der Nachfolger von Major Stas beim Stab, Major Franssen (vom TAF-Kommando) und die Majore Devisser, Leclercq und Gillen vom CRC. Mit dem Briefing begann Major Leclercq.

Er erläuterte die Organisation des CRC im Rahmen der nationalen Befehlskette und der gestuften NATO-Aufsicht. Die belgische Luftabwehr hat die Aufgabe, jegliche mögliche Gefahrenquelle aufzuspüren, zu identifizieren und zu analysieren, und notfalls die aktiven wie passiven Verteidigungsmittel zu alarmieren. Die »passiven« Mittel bestehen im NATO Air Defence Ground Environment (NADGE) in Form von etwa 80 MPR-Radars (Multi-purpose Radars), die von Norwegen bis in die Türkei verstreut sind. Angesichts eines zunehmenden Bedrohungspotentials in den bodennahen Bereichen sind in den 80er Jahren luftgestützte Erfassungssysteme hinzugekommen, die berühmten AWACS (Airborne Warning and Control System), also Flugzeuge des Typs Boeing E-3 A mit einem nach dem Doppler-Effekt arbeitenden Radaraufbau, eine Ausrüstung, die ein Echo nur dann aufspüren kann, wenn das Ziel eine bestimmte Radialgeschwindigkeit gegenüber dem Flugzeug aufweist. Die »aktiven« Mittel der Erfassung bestehen aus Abfangjägern und Lenkflugkörpern.

2. CHRONIK EINER SICHTUNGSWELLE 207

Die Aufgabe des CRC Glons läßt sich im Rahmen der NATO folgendermaßen definieren:
1. Aufspüren und Überwachen sich im belgischen Luftraum aufhaltender Luftfahrzeuge;
2. Freund/Feind-Identifizierung;
3. bei Feind-Kennung: abfangen und je nach Alarmstufe unschädlich machen.

Diesem Vorgang liegt die sogenannte Track Production zugrunde, d. h. die Aufspürung, Initiierung und Identifizierung zwecks Erzeugung einer deutlichen und vollständigen Luftbilddarstellung. Das MPR (ein Impulsradar) hat wegen der Erdkrümmung und der Bodenerhebungen nur eine begrenzte Wirkung. Die eingehenden Radardaten werden von einem Rechner aufbereitet, der eine Korrelation zu den Daten anderer Radars herstellt.

Als nächstes besuchten wir mit Oberstleutnant Billen das eigentliche Kontrollzentrum; dort konnten wir die – von der Ortung bis zur vollständigen Identifizierung reichende – Abfolge der Identifizierungsschritte auf mehreren Bildschirmen mitverfolgen.

Mit diesem »Tag der offenen Tür« verfolgte man offenbar das Ziel, die Vertreter der SOBEPS davon zu überzeugen, daß die Radars bisher nichts Ungewöhnliches registriert hatten, mit Ausnahme der gewohnten »Engel« oder Geisterechos. Mehrmals hatten wir die anwesenden Militärs an jenem Vormittag gefragt: Ist es möglich, daß bestimmte Echos der Aufmerksamkeit des Radaroperateurs entgangen bzw. durch das EDV-Filter geschlüpft sein könnten?

Wir erhielten stets dieselbe Antwort: Wir haben nichts zu verbergen, das müssen Sie uns einfach glauben; es gibt technische Beschränkungen (vom Boden reflektierte Echos, Parameterwahl, zu geringe Höhe, meteorologische Phänomene), und wir garantieren, daß nichts Besonderes festgestellt wurde!

Wir hatten das Gefühl, daß sich die Sache festzufahren drohte – daß es zum einen legitime Fragen angesichts sich wiederholender und weiterhin unerklärter, rätselhafter Ereignisse gab und zum anderen einen hierarchischen Druck und die gewohnte Geheimhaltung und Zurückhaltung gegenüber Zivilisten, die einen echten Dialog nicht aufkommen ließen. Nach dem Mittagessen in der Offiziersmesse ergab sich eine spontane

Zusammenkunft, Wortführer war Major Lambrechts. Angesichts unserer eindringlichen Fragen zog der Vertreter des Luftwaffenstabs erstmals den Gedanken an eine eventuelle »offizielle« Zusammenarbeit mit der SOBEPS in Erwägung.

Professor Meessen bat um Zugang zu den Radardaten, speziell zu den Computer-Listings mit den Rohdaten. Major Lambrechts schränkte ein, hierfür könne unmöglich Personal abgestellt werden; die SOBEPS müsse, wenn Anträge gestellt würden, sehr präzise Angaben machen und sich auf wenige Fälle (maximal fünf) beschränken. Am Ende unseres Besuchs stand fest: Wenn die SOBEPS mehr erfahren wollte, hätte sie sich an den Verteidigungsminister zu wenden, ihr Vorhaben darzulegen und die Mitwirkung der Luftwaffe zu beantragen.

In den Tagen darauf haben wir dieses Schreiben aufgesetzt und noch eine Frage über das Manöver »Reforger« angeschlossen, das die NATO im Dezember 1989 durchgeführt hatte und in dessen Verlauf bestimmte Regionen (unter ungewöhnlichen Bedingungen) möglicherweise von Hubschraubern überflogen wurden, was zu Verwechslungen geführt haben könnte. Der Brief wurde am 31. Januar abgeschickt. Einige Tage später erhielten wir von André Bastien, dem persönlichen Referenten des Verteidigungsministers Guy Coëme folgendes Antwortschreiben:

> Sehr geehrter Herr,
>
> Ihr Schreiben vom 31. Januar 1990, betreffend die in den letzten Monaten in BELGIEN registrierten Himmelsphänomene, stieß beim Herrn Minister auf große Aufmerksamkeit.
>
> Ich freue mich, Ihnen mitteilen zu können, daß die Luftwaffe nach besten Kräften zur Zusammenarbeit im Rahmen Ihrer Forschungsarbeiten bereit ist, wie dies im übrigen bereits zuvor der Fall war.
>
> Die Luftwaffe ist im einzelnen angehalten, Ihnen die gewünschten Auskünfte hinsichtlich der Positionen und Flugbahnen von sich in unserem Luftraum bewegenden militärischen und zivilen Flugzeugen zu erteilen. Angesichts der bei einer derartigen Suche anfallenden Arbeitsbelastung wird jedoch nur eine begrenzte Zahl von Überprüfungen vorgenommen werden können. Vom Stab der Luftwaffe wurde vorgeschlagen, diese Überprüfungen auf fünf von Ihnen präzise anzugebende Fälle zu beschränken.
>
> Bezüglich der im Rahmen der Übung REFORGER durchgeführten Helikopter-Flüge erging seitens der befragten Stellen der Hinweis, daß

MINISTERE
DE LA DEFENSE NATIONALE

1000 BRUXELLES, le
Boulevard du Régent 45-46   Tél : 02/507 66 11

LE CHEF DE CABINET

A Monsieur M. BOUGARD
Président
SOBEPS a.s.b.l.
Avenue Paul Janson 74

1070   BRUXELLES

N/Ref : MM/AM/2400/5249

Cher Monsieur,

    Votre lettre du 31 janvier 1990, relative aux phénomènes aériens enregistrés ces derniers mois en BELGIQUE, a retenu la meilleure attention de Monsieur le Ministre.

    Il m'est agréable de vous préciser que la Force Aérienne est prête à collaborer à vos travaux de recherches, dans toute la mesure de ses possibilités, comme cela fut d'ailleurs déjà le cas précédemment.

    La Force Aérienne est plus précisément disposée à vous fournir les renseignements que vous souhaitez obtenir sur les positions et les trajectoires d'avions civils et militaires évoluant dans notre espace aérien. Toutefois la charge de travail que suppose une telle recherche est telle que seul un nombre limité d'examens pourront être entrepris. L'Etat-Major de la Force Aérienne a suggéré de limiter cet examen à cinq cas précis qu'il vous appartiendra de définir.

    En ce qui concerne les vols hélicoptères effectués dans le cadre de l'exercice REFORGER, les autorités consultées ont précisé que ces vols se sont déroulés de jour uniquement, et qu'ils n'ont pas eu lieu dans la région d'EUPEN ni de VERVIERS.

    L'enquête approfondie menée par la Force Aérienne, suite à l'apparition de certains échos radar particuliers, a révélé que ceux-ci étaient plus que certainement imputables aux conditions météorologiques. Néanmoins, l'Etat-Major de la Force Aérienne a pris les dispositions nécessaires afin de pouvoir à l'avenir éviter toute ambiguïté à cet égard.

    Afin de compléter vos investigations, il vous est donc autorisé de prendre contact avec la Section Opérations de l'Etat-Major de la Force Aérienne, seul organisme compétent en la matière.

    En espérant par la présente avoir pu vous convaincre de la bonne volonté de la Défense nationale vis-à-vis de vos travaux de recherche, je vous prie d'agréer, cher Monsieur, l'assurance de ma considération distinguée.

André BASTIEN

Abb. 2.41

diese Flüge ausschließlich am Tage durchgeführt wurden und weder im Raum EUPEN noch im Raum VERVIERS erfolgten.

Die im Anschluß an das Auftreten einiger besonderer Radarechos von der Luftwaffe durchgeführte, eingehende Untersuchung ergab, daß diese mit größter Sicherheit auf die herrschenden Witterungsverhältnisse zurückzuführen sind. Dessen ungeachtet wurden vom Stab der Luftwaffe die erforderlichen Vorkehrungen getroffen, um künftig in diesem Punkt jegliche Uneindeutigkeit auszuschließen.

Zur Vervollständigung Ihrer Untersuchungen sind Sie daher autorisiert, mit der – auf diesem Gebiet alleinig zuständigen – Operativen Sektion des Luftwaffenstabes Kontakt aufzunehmen.

In der Hoffnung, Sie mit vorliegendem Schreiben von der wohlwollenden Einstellung des Verteidigungsministeriums gegenüber Ihren Forschungstätigkeiten überzeugt haben zu können, verbleibe ich

hochachtungsvoll

André Bastien

»Premieren« aller Art

Dieser Brief markiert zweifellos einen Wendepunkt im Verhältnis zwischen Armee und SOBEPS. Nach dem klassischen »gegenseitigen Abtasten« entstand nach und nach gegenseitiges Vertrauen, und es ergaben sich Formen der Zusammenarbeit, die wir nie zu erträumen gewagt hätten.

Am 23. Januar 1990 erwartete uns eine weitere »Premiere«. An diesem Tag nämlich war in der französischen Tageszeitung *Libération* ein Artikel ihres Benelux-Korrespondenten Sylvain Ephimenco erschienen. Die SOBEPS in der »Libé« – das kam ziemlich unerwartet. Die Überschrift wirkte suggestiv: »Belgier sehen überall Flugobjekte«, doch später wurde es ernsthafter:

> Seit dem 29. November haben im Osten Belgiens mehrere hundert Personen – darunter auch fünfzehn Gendarmen – UFOs gesichtet. Sämtliche Zeugenaussagen stimmen miteinander überein, doch das Phänomen bleibt unerklärt. (...) In der Avenue Paul Janson 74 in Brüssel, dem Sitz der SOBEPS, gehen ständig die Telefone, und per Anrufbeantworter wurden bereits zwanzig Kassetten voller Namen und Adressen von Zeugen aufge-

2. CHRONIK EINER SICHTUNGSWELLE

nommen. Der Generalsekretär der SOBEPS, Lucien Clerebaut, weiß nicht mehr, wo ihm der Kopf steht. »Seit November sind wir ständig im Einsatz. Noch letzten Freitag wurde um 3.30 Uhr von einer sechsköpfigen Gruppe ein nicht identifiziertes Flugobjekt von der Größe eines Fußballplatzes gesichtet. Diese UFO-Welle ist die größte, die je in den letzten dreißig Jahren in Europa registriert wurde.« (...) Nach dem Neujahrstag hatte die belgische Presse aus einem Gefühl der Übersättigung heraus das Ende des Phänomens verkündet, was jedoch von der SOBEPS, wo weiterhin Zeugenaussagen eingehen, dementiert wird. (...) In drei bis sechs Monaten wird die SOBEPS alle Informationen verarbeitet haben, diese in einem der Sache angemessenen Bericht zusammenfassen, und dann – so behauptet Clerebaut – »wird unsere Pressekonferenz wie eine Bombe einschlagen!«

Dieser letzte Satz war nicht zufällig formuliert worden. Nur zu viele Fakten stimmten miteinander überein, und das Phantombild nahm von Tag zu Tag deutlichere Züge an. Außerdem hofften wir auf zahlreiche neue Kontakte zu den Militärs.

Doch wir waren weit davon entfernt, uns vorstellen zu können, wie prophetisch diese Äußerung Clerebauts sein sollte, und daß der zwei Monate später einsetzende UFO-Frühling mit einer spektakulären Aufheiterung einhergehen und uns weltweit einzigartige Dokumente an die Hand geben sollte. Doch der Winter ist noch nicht vorbei ...

Nur allzuoft wurde behauptet, in Flandern seien überhaupt keine UFOs gesichtet worden. Zwar sind die erfaßten Zeugenaussagen nicht so zahlreich, dafür gibt es aber einige bemerkenswerte. Die folgende Aussage ist ein gutes Beispiel. Die Ereignisse spielten sich am Montag, dem 15. Januar 1990 (bzw. am folgenden Dienstag), in Hedersem (Aalst) in Ostflandern ab. Um 7.40 Uhr verläßt Dirk D. das Haus; er ist auf dem Weg zur Arbeit. Wie an jedem Tag bevorzugt er die kleineren Nebenstraßen, um den Verkehrsstaus auszuweichen. Am Ortseingang der Gemeinde Hedersem sieht der Zeuge etwa auf Höhe der Baumwipfel ein stark glänzendes Licht. Die Straße verläuft schnurgerade, und das Licht scheint auf den Wagen zuzukommen. Der Vordermann des Zeugen hält an, so als wolle er das Phänomen eingehender beobachten.

D. überholt dieses Fahrzeug und fährt weiter, ein Auge ständig auf das helle Leuchten gerichtet. An einer Kreuzung angelangt, stellt der Zeuge fest, daß sich das Licht nun fast direkt über ihm befindet. Es ist riesengroß! Eine Art Dreieck mit drei hervorstehenden Lichtern vorne und einem roten Licht an einer der Seiten. Das Objekt hat eine Spannweite von schätzungsweise 20 bis 25 Meter und eine dunkle Farbe; die aus der Masse hervortretenden Lichter müssen wenigstens 1 Meter breit sein. Der Zeuge fährt weiter (Richtung Aalst), will aber an der nächsten geeigneten Stelle anhalten. Dies tut er dann auch, steigt aus und stellt fest, daß das Objekt soeben auf die Seite gekippt ist, wodurch seine Unterseite gut sichtbar wird; auch sie scheint in der Mitte einen »Vorsprung« zu besitzen, eine Art dunkle Kuppel, auf die von den Ecken aus einige Erhebungen zuzulaufen scheinen (Abbildung 2.42), was dem Gebilde ein gewisses Volumen verleiht. Beim Betrachten der Unterseite des Objekts kann der Zeuge außerdem feststellen, daß die drei vorne plazierten Lichter besonders hell leuchten. Die Beobachtung endet, nachdem sich das UFO Richtung Osten entfernt und sich in der Ferne verloren hat.

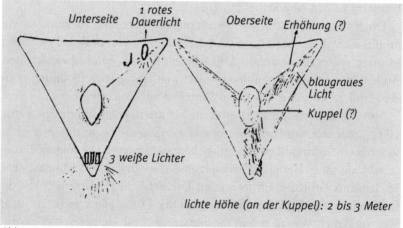

Abb. 2.42

Am 18. Januar setzte abrupt eine neuerliche Zunahme der Anrufe aus Hainaut ein. Jedesmal handelte es sich um die Bewegungen von »Leuchtkugeln« am Himmel, interessante Details wurden aber kaum gemeldet. Allein die auf der N 56 in Brugelette (zwischen Lens und Chièvres) gemachte Beobachtung schien uns wichtiger zu sein.

Zwischen 18.30 und 19 Uhr fährt Frau X. ihren Schwiegersohn

2. CHRONIK EINER SICHTUNGSWELLE

Serge D. nach Hause (er wohnt in Ath). Plötzlich macht sie ihren Beifahrer auf ein über der rechten Straßenseite schwebendes, merkwürdiges Objekt aufmerksam. Zuerst denkt D. an einen Hubschrauber, ein recht

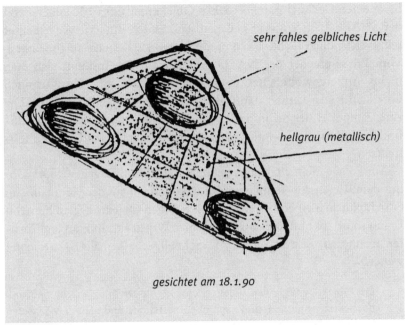

Abb. 2.43

alltäglicher Anblick in der Nähe des Luftwaffenstützpunkts Chièvres und des NATO-Hauptquartiers SHAPE. Doch sein erstes, übereiltes Urteil macht schnell der Verblüffung Platz, als er sehen muß, daß das wenige hundert Meter von ihnen entfernte Objekt nur eine sehr geringe Ähnlichkeit mit einem Hubschrauber oder irgendeinem anderen bekannten Luftfahrzeug aufweist.

Das Objekt, dessen Größe der Zeuge mit der der »Grand-Place von Ath« vergleicht – das wären 100 Meter! –, hat die Form eines Dreiecks mit gerundeten Ecken, und vom Auto aus ist nur seine Unterseite sichtbar. D. beschreibt uns eine hellgrau-metallische Oberfläche, die von einer ganzen Reihe von »Rippen« oder »Fugen« durchzogen ist (Abbildung 2.43). In den einzelnen Ecken ist je eine Art undurchsichtige »Kuppel«

zu erkennen, deren Form an einen der Länge nach halbierten Rugbyball erinnert. Aus den Kuppeln fällt ein sehr fahles und sehr schwaches, gelbliches Licht.

Im Auto, das weiterhin ungefähr 60 km/h schnell fuhr, waren keine besonderen Geräusche zu hören. Das Objekt muß etwa 1 Kilometer von der SHAPE-Basis entfernt gewesen sein. Unsere Interviewer haben es selbstverständlich nicht versäumt, mit der Basis Kontakt aufzunehmen. Vom Pressesprecher der NATO erhielten sie die Auskunft, daß man nichts Außergewöhnliches festgestellt habe, da »die Basis nämlich über kein Radar verfügt und täglich ab 17.30 Uhr geschlossen ist«. Die zum Zeitpunkt der Sichtung auf der Basis Chièvres anwesenden Luftwaffenangehörigen konnten nicht die geringsten Besonderheiten feststellen ...

Am Freitag, dem 19. Januar, befindet sich Bruno D. gegen 18.45 Uhr mit dem Wagen von Templeuve-Mitte kommend auf der Heimfahrt, als er sich plötzlich einem »riesigen, mehrfarbigen Objekt« gegenübersieht. Er rast sofort los und stellt am Haus seinen Wagen ab, um Frau und Tochter abzuholen. Er ruft ihnen zu: »Schnell, schaut mal!« D. berichtet weiter:

> Das Objekt bewegte sich, indem es eine leichte Drehung vollzog und sank noch weiter hinunter, bis knapp über die Bäume und Häuser. Wir waren keine 50 Meter entfernt! Das Objekt flog mit einer Geschwindigkeit von weniger als 10 km/h, und ich dachte, es würde die Bäume streifen oder auf die Häuser abstürzen!

Frau D. blickt instinktiv nach oben und sieht ebenfalls »ein Flugobjekt, dessen Form an einen *Hundeknochen* erinnerte«, fast genau über sich. Von ihr erhielten wir weitere Details:

> Ich sah zwei gerundete Teile, die durch eine mehr rechteckige Partie verbunden waren. Die beiden rundlichen Teile waren rot bzw. gelb; das Verbindungsstück war dunkel – mausgrau oder schwarz. Ich weiß nicht warum, aber ich wurde auf den Rand aufmerksam, auf den ich mich während der nur wenige Sekunden dauernden Beobachtung konzentrierte. Das Objekt flog sehr dicht über die Häuser und die Straße hinweg und hätte beinahe die Stromleitungen gestreift! Als ich Bruno so sah, mußte ich lachen, und ich sagte zu mir: »Man wird uns für verrückt halten! Das hier

2. CHRONIK EINER SICHTUNGSWELLE

ist entweder ein Scherz oder ein Versuch der Armee!« (...) Ein Geräusch habe ich nicht bemerkt, und auch keinen Windhauch. [Abbildung 2.44]

Bruno D. will einen speziellen Laut vernommen haben:

> Etwa zwanzig Sekunden lang hörte ich so etwas wie ein Turbinengeräusch, ein Brummen wie von einem ULM oder einem ferngelenkten Modellflugzeug. Als das Objekt mit einer Kurve aufstieg, steigerte sich dieses Brummen zu einem Beschleunigungsgeräusch (...).

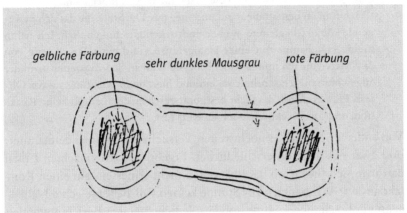

Abb. 2.44

Im Januar und Februar 1990 zogen starke Unwetter über Belgien hinweg. Besonders betroffen waren die Ardennen und der Osten des Landes, wo mehrere Hektar Wald zerstört wurden. Am 29. Januar befindet sich Auguste L. gegen 20.10 Uhr in Werbomont (Provinz Lüttich). Hier seine Schilderung, wie er sie einem unserer Interviewer gab:

> Das große Unwetter, das die Wälder der Region verwüstete, war am 26. gewesen. Ich befand mich auf dem Nachhauseweg, als ich bei Chevron rechts von mir auf ein grelles, weißes Licht aufmerksam wurde, das sich auf Höhe der Wipfel einer etwa 100 Meter von der Straße entfernten Tannenreihe befand. Ich dachte, das müßte ein Hubschrauber sein, der sich die Schäden an der Hochspannungsleitung (700 kV) ansieht, die an dieser Stelle entlang der Straße zwischen Coo und Tihange verläuft.
> Der sichtbare Durchmesser dieses Lichts entsprach dem des Mondes oder lag knapp darunter. Ich fuhr ganz langsam weiter, und als ich mich

der besseren Sicht halber nach vorne beugte, merkte ich, daß das Licht, die Straße schneidend, sehr langsam in meine Richtung kam. Links und rechts wurde es von zwei weniger hellen, in sehr hübschem Blaugrün gehaltenen Lichtern begleitet. Mich überraschte der Abstand der beiden Seitenlichter zu dem mittleren Licht, denn das, was ich da nicht sehen konnte, mußte ein einzigartiges Fluggerät sein, etwa doppelt so groß wie ein AWACS (das ich gut kenne). Die beiden türkisgrünen Lichter blinkten im Takt der Positionslichter eines Flugzeugs, doch da ich in Spa-Sauvenière selber aktiv geflogen bin, weiß ich, daß diese Farbe nicht verwendet wird.

Ich fuhr an den Straßenrand und stieg aus: Die Stille, die das sich bewegende Objekt begleitete, war beeindruckend, ja unheimlich. Ich nahm meine Handlampe mit einer Halogenbirne und einer Reichweite von 300 Meter, die ich immer dabei habe; sie wird an den Zigarettenanzünder angeschlossen. Ich schaltete sie ein und hielt sie in Richtung auf das Objekt. Piloten hätten das Licht bestimmt gesehen, doch es gab keine Reaktion, und das Objekt setzte seinen Kurs fort.

Von anderer Seite gab es noch weitere Versuche der »Kontaktaufnahme«, und zwar mit ganz unterschiedlichen Ergebnissen. In einzelnen Fällen darf man sich fragen, ob das Phänomen nicht seinerseits auf einen Kontakt aus war. Wir besitzen zur Stunde keinen Fall, der eine echte Nahbegegnung beschreiben würde, sondern lediglich einige Berichte wie den folgenden, die zu bestimmten Fragen berechtigen ...

Am 24. Februar 1990 entschloß sich Frau M.-C. P., uns zu schreiben. Im einzelnen:

> Ich möchte Ihnen mitteilen, daß mein 16jähriger Sohn am späten Abend des 2. Februar ein Flugobjekt am Himmel gesehen hat, das in seinem mehrere Minuten lang gezeigten, ungewöhnlichen Verhalten dem in einem Zeitungsartikel vom heutigen Tage beschriebenen gleicht. Eine u. a. von einem Arzt durchgeführte Untersuchung der Augen meines Sohnes bestätigte, »daß er etwas Helles gesehen hat, das ihn zutiefst erschreckte« (maximale Pupillenweitung).

Am 10. März konnte Lucien Clerebaut Frau P. telefonisch erreichen und einige zusätzliche Erläuterungen erhalten. Ort der Ereignisse ist Gelbressée in der Nähe von Namur. An jenem Abend hielt sich der junge Mann in Begleitung eines Freundes in seinem Zimmer auf. Am frühen Morgen des nächsten Tages hat Frau P. einen verstörten und sehr blassen Sohn vor sich, der aussieht, als sei er völlig betrunken. Deshalb vermutet sie zu-

2. CHRONIK EINER SICHTUNGSWELLE

nächst, daß die beiden Jugendlichen am Vorabend »einige Bierchen zuviel« getrunken hätten. Der Zustand ihres Sohnes bleibt jedoch im Laufe des Tages unverändert schlecht. Er hat geweitete Pupillen und verhält sich, als sei er in einer Art Delirium: Er spricht mit den Blumen, als habe er seine Mutter vor sich, und wendet sich an den Garderobenständer, als spräche er mit seiner Schwester. Nun befürchtet Frau P., daß Drogen für seinen Zustand verantwortlich seien.

Sie beschließt also, einen Arzt zu konsultieren, dann noch einen zweiten; beide beruhigen sie mit der Feststellung, daß ihr Sohn nicht unter Drogeneinfluß stehe. In den nächsten Stunden kommt der junge Mann allmählich wieder zu Sinnen und erzählt, daß er in jener Nacht kurz vor zwölf zum Wasserlassen nach draußen gegangen sei. Am Himmel habe er dann ein sehr helles Licht gesehen, das er eine Zeitlang konzentriert beobachtet habe. Drei im Dreieck angeordnete weiße Lichter habe es gegeben und an der Seite außerdem zwei kleine, rote Blinklichter. Das Gebilde war ziemlich nah und unbeweglich. Plötzlich habe sich ihm das Objekt genähert, woraufhin er den Eindruck hatte, daß »man ihn holen kommt«!

Für die Zeit danach herrscht in der Erinnerung des Zeugen ein vollständiger »Blackout«.

Dieser Fall hätte einer ernsthaften Nachprüfung bedurft. Doch es fehlte uns die Zeit – und außerdem, was darf man sich noch von medizinischen Gutachten erhoffen, die sechs Wochen nach den Ereignissen erstellt würden?

Man wird einwenden: Und wie steht es mit Hypnose? Aber Hypnose wird hierzulande noch kaum praktiziert und ist außerdem bei einem Heranwachsenden keineswegs zu empfehlen.

Auf jeden Fall steht unbestreitbar fest – selbst wenn weniger zahlreiche Zeugenaussagen bei uns eingingen –, daß Belgien weiterhin sehr merkwürdigen Besuch erhielt. Am 7. Februar 1990 befindet sich der Student Bernard V. zusammen mit einer Freundin (Vinciane T.) in Saive. Zwischen 19.30 und 20 Uhr sind die beiden Zeugen auf dem Weg nach Wandre, als sie rechts von sich auf der Höhe der Gemarkung Haute Saive plötzlich auf ein bizarres Objekt treffen, das sich weniger als 100 Meter von ihnen entfernt langsam Richtung Osten bewegt. Seine Flughöhe dürfte etwa 50 Meter betragen, die Geschwindigkeit etwa 50 km/h.

Es ist genau 19.30 Uhr, als die beiden jungen Leute nach kurzem Zögern beschließen, nach Jupille zurückzufahren, um den Vater von T. zu holen, von dem sie wissen, daß er sich für UFOs interessiert. Sie hoffen außerdem, dort einen Fotoapparat auftreiben zu können. Zehn Minuten später ist man – nun zu dritt – wieder an Ort und Stelle; zu sehen gibt es indessen nichts mehr. Der Vater macht sich enttäuscht wieder auf den Heimweg, und die beiden jungen Leute setzen ihre Fahrt nach Wandre fort. Gegen 19.45 Uhr, ganz in der Nähe der Gemarkung La Xhavée, sehen sie ein anderes (oder dasselbe) Flugobjekt – wieder an der rechten Straßenseite –, das zwischen zwei Strommasten deutlich sichtbar ist und sich mit etwa 10 km/h fortbewegt. In dem Moment, als das UFO in seiner geradlinigen Flugbahn an einer Straßenbiegung anlangt, geht es sehr tief hinunter. T beschreibt bildhaft: »Wenn sich drei Personen auf das Wagendach gestellt und – der eine auf den Schultern des anderen stehend – eine Pyramide gebildet hätten, würde der oberste das Objekt wohl berührt haben können.« Das Objekt fliegt so langsam, daß V. den Motor abstellt und bremst, um zu verhindern, daß ihr Wagen auf der abschüssigen Straße das Objekt nicht noch überholt. In diesem Moment sind keine Geräusche und keine besonderen Turbulenzen wahrnehmbar. Gegen 19.55 Uhr wird das Objekt schneller und wendet sich Richtung E 40 (nach Norden); es scheint zunächst einige Augenblicke über der Autobahn zu schweben und verschwindet dann, wie auf einen Schlag, endgültig aus dem Blickfeld der beiden Zeugen (Abbildung 2.45).

Der 9. Februar war für die Amateurastronomen ein besonderer Tag: In den Ephemeriden war eine schöne Mondfinsternis angekündigt. Leider haben stellenweise sehr starke Bewölkung, Wind und einzelne Schauer manche Beobachter um ihr Vergnügen gebracht, aber jedenfalls gab es an jenem Abend mehrere hundert potentielle Zeugen, die den Himmel absuchten. In unserem Register für dieses Datum findet sich indessen nur eine einzige untersuchenswerte Aussage. Überlassen wir das Wort Frau Carine G. Sie schrieb uns folgendes:

> Nachdem ich mir im Fernsehen das RTBF-Nachrichtenmagazin angesehen habe, wo man auf die unmittelbar bevorstehende Mondfinsternis hingewiesen hatte, gehe ich zusammen mit meiner Mutter und meinem Bruder ins Badezimmer, von wo aus wir das Ereignis beobachten können. Schon bald bemerken wir unterhalb des Mondes einen dicken Leucht-

punkt, der anfängt, sich ziemlich schnell von oben nach unten und von rechts nach links zu bewegen. Nach mehrminütigen seltsamen Bewegungen fliegt der zunächst im Osten befindliche Punkt mit rasanter Geschwindigkeit nach Norden. Um weiter beobachten zu können, rennen wir durch mehrere Zimmer, um das Objekt an der Hausvorderseite einzuholen. Mein Bruder und ich kommen rechtzeitig an und können ein dreieckiges Flugobjekt deutlich erkennen, das mit drei roten Scheinwerfern und an den Rändern mit so etwas wie kleinen, weißen Glühbirnen ausgestattet ist. Die Masse zwischen den Lichtquellen erschien beige [Abbildung 2.46]. Irgendwelche Geräusche hörten wir nicht. Das Objekt flog sehr schnell und hoch.

Am 15. Februar spielten sich zwei interessante Vorfälle ab. Da wäre zunächst die Beobachtung von Stany Box (zusammen mit seiner Frau und einigen Nachbarn) im südwestlich von Lüttich gelegenen Flémalle-Grande. Um 20.22 Uhr sieht Box von seinem Haus aus einen sich nähernden, orangefarbenen Leuchtpunkt, der immer deutlicher erkennbar wird und dabei drei Lichter sichtbar werden läßt; die beiden äußeren pulsieren regelmäßig im Sekundentakt. Während das Gebilde senkrecht über sie hinwegfliegt, können die Zeugen deutlich eine »dreigeteilte, verglaste Öffnung, die sich von der Vorderseite bis zur Unterseite des Objekts erstreckt«, erkennen, sowie eine Art Ring aus kleinen, weißen Lichtern

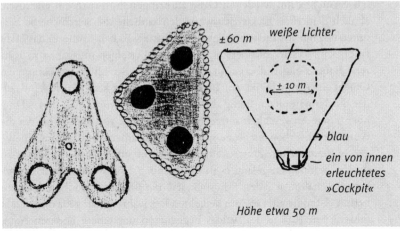

Abb. 2.45, 2.46, 2.47

an der Unterseite der Masse, deren dreieckige Form und Eckenrundungen sie deutlich sehen (Abbildung 2.47). Box gelingt es, eine etwa 30 Sekunden lange Filmsequenz vom Überflug des Objekts aufzunehmen, das lautlos in nordwestlicher Richtung davonzugleiten scheint (von Boncelles nach Waremme).

Vom selben Abend wurde uns noch ein weiteres, sehr eingehend beobachtetes und besonders merkwürdiges Ereignis gemeldet. Einmal mehr wollen wir es dem jeweiligen Zeugen überlassen – in diesem Fall Didier C. aus Petit-Thier bei Vielsalm –, seine Beobachtungen zu schildern:

> Etwa um 22 Uhr erblickte meine Mutter vom Fenster meines Zimmers aus eine leuchtendrote, runde oder ovale Form, die abwechselnd ein starkes, dann wieder ein schwächeres Licht abgab. Meine Mutter rief uns herbei, und ich nahm mir ein Fernglas (20 x 50), um das sich unbeweglich über dem Wald aufhaltende Phänomen besser beobachten zu können. Nachdem ich mir diese Sache gemeinsam mit meiner Verlobten und meinen Eltern angesehen hatte, sagte ich mir, es dürfte interessant sein, näher heranzugehen. Zusammen mit meiner Verlobten fuhr ich also mit dem Wagen auf den Wald zu. Nach gut einem Kilometer befanden wir uns auf einem schmalen Waldweg genau unterhalb des Phänomens.
>
> In diesem Augenblick wurden das gesamte Fahrzeug und der Waldweg auf einer Länge von mindestens 10 Meter von einer Art grellem, weißem Flutlicht angestrahlt. Mit einem Mal ging der Motor unseres Wagens aus, doch ich dachte, daran sei vielleicht meine eigene Panik schuld. Während ich versuchte, ihn wieder in Gang zu bringen, hörte ich ein Geräusch, ähnlich dem eines Elektrizitätswerks. Ich kurbelte die Seitenscheibe herunter, um mir das Licht anzusehen. Ich hatte wirklich Mühe, in das Licht zu blicken, so stark blendete es; der Himmel erschien mir ganz rot, während Bäume und Erdboden in weißem Licht erstrahlten. Ich konnte das Objekt einfach nicht fixieren. Im selben Augenblick kam starker Wind auf, der die Tannenspitzen heftig durchschüttelte, als würde sich dieses Ding über unsere Anwesenheit aufregen; am Boden war von dem Wind, der die Baumwipfel verbog, nichts zu spüren. Das Flimmern wurde immer heftiger. In meiner Aufregung schaffte ich es nicht auf Anhieb, den Motor zu starten. Schließlich gelang es mir doch noch, und während wir davonbrausten, hatten wir den Eindruck, daß das Objekt uns folgte: Um uns herum erstrahlte alles wie am hellichten Tag, während wir ganz ohne Licht fuhren! Am Rande des Waldes begegneten wir einem anderen Auto. Nachdem wir es durch Winkzeichen angehalten hatten, fragte uns der

Fahrer, ob wir das starke Licht über dem Wald auch gesehen hätten. Von ihm erfuhren wir außerdem, daß er es seit einer Viertelstunde beobachtete und daß er weitere Personen benachrichtigen wolle. Einige Minuten später flog das Objekt nach oben davon.

Aus der vor Ort durchgeführten Befragung ergibt sich, daß das Objekt in etwa 20 Meter Höhe geflogen sein muß, dicht über dem Wald von Blanche-Fontaine. Mehrere Einzelaussagen sind von Bedeutung: die Bewegungslosigkeit des Objekts mit stark lokalisiertem Windeffekt, das – mehrfach gemeldete – charakteristische Geräusch (»Elektromotor«) und ein Zusammenspiel sehr heller Farblichter (stark blendendes Weiß am Boden, jedoch Rot an den Baumwipfeln und unter dem Objekt).

Wir könnten Ihnen noch Hunderte weiterer Zeugenaussagen zu lesen geben, um die Übereinstimmungen in den Beschreibungen zu belegen. Hierzu jedoch fehlt uns der Platz, und die Auflistung wäre zudem sicherlich ermüdend. Der folgende Bericht enthält zwar keinen entscheidend neuen Aspekt mehr, aber er bestätigt zum einen in gewissen Punkten andere Aussagen, und zum anderen wird an ihm anschaulich, welch komplizierten Weg eine Zeugenschilderung gelegentlich nimmt, bevor sie dann auf unserem Schreibtisch landet.

Suzy G. wohnt in Lambermont bei Lüttich. Am Abend des 20. Februar 1990, einem Dienstag, fährt sie gegen 19.15 Uhr in Begleitung ihres

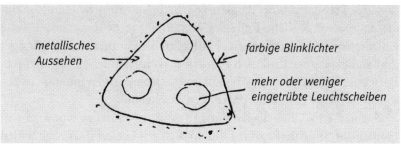

Abb. 2.48

Sohnes David auf der Autobahn Lüttich-Antwerpen. Etwa 20 Kilometer vor Antwerpen bemerken beide plötzlich dicht über dem Horizont und ihnen direkt gegenüber ein stark blendendes Leuchten. Beim Näherkommen stellen sie fest, daß es sich hierbei um eine metallisch wirkende, dreieckige Masse handelt, die mit drei großdimensionierten Lichtern ausgestattet und von blinkenden Farblichtern umsäumt ist (Abbildung 2.48). Das Gebilde fliegt über das Fahrzeug der beiden hinweg und verschwindet hinter ihnen.

Wir hätten diese Aussage sicher nie erhalten, wenn Suzy G. nicht eine Tochter gehabt hätte – Dr. G., die als Tierärztin in Südfrankreich arbeitet –, und wenn diese nicht die deutsche Dogge unseres Freundes Michel Figuet, einem bekannten Ufologen und Interviewer, ärztlich versorgt hätte. Und Dr. G. muß erst noch das Dossier über die belgische UFO-Welle bemerken, das Michel Figuet in seiner Bibliothek liegen hatte, um zu ihm über die von ihrer Mutter in der Nähe von Antwerpen gemachte Beobachtung sprechen zu können.

Die genaue Zahl der Zeugen dieser Sichtungswelle läßt sich schlecht angeben. Zwar hätte die Mehrzahl der Personen in den ersten Dezembertagen des Jahres 1989 von ihren Beobachtungen berichten können, doch haben sich viele von ihnen später damit begnügt, nur Freunden und Bekannten davon zu erzählen,»da die SOBEPS bereits über eine ausreichende Zahl derartiger Fälle verfügt«! Diese Einstellung veranlaßte uns übrigens, regelmäßig in verschiedenen Tageszeitungen Aufrufe zu veröffentlichen.

Am Ende dieses Überblicks über die Sichtungen vom Februar 1990 soll ein letztes, eigenartiges Vorkommnis stehen. Zwischen dem 26. und dem 28. Februar wurde Belgien von heftigen Stürmen heimgesucht, die das meteorologische Ende des Winters auf recht spektakuläre Weise einläuteten. Vom 28. Februar, jenem Tag, an dem in Bierset eine Windgeschwindigkeit von 151 km/h registriert wurde, erhielten wir mehrere Berichte über merkwürdige Flugobjekte, allesamt in Verbindung mit besonderen Licht- bzw. atmosphärischen Erscheinungen.

Gegen 22.15 Uhr schaut Frau O., sie ist alleinstehend und lebt in Houtain-St-Siméon (Provinz Lüttich), aus dem Fenster ihres nach Süden liegenden Badezimmers.

Auf halber Höhe bemerkt sie einige in vier oder fünf Gruppen angeordnete, rote und grüne pulsierende Lichter, die eine Art Halbkreis mit abgeschnittenen Ecken bilden. Auch fällt ihr ein rosafarben leuchtender Bodennebel auf. Frau O. beobachtet die Lichter ein bis zwei Minuten lang, fühlt sich dabei aber unwohl und merkwürdig beunruhigt. Die

Lichter wandern langsam gen Osten und verschwinden hinter einigen Bäumen. In der Hoffnung auf bessere Sicht begibt sich die Zeugin ins Wohnzimmer, kann aber nichts mehr erkennen. Sehr beunruhigt, einer Panik nahe, flüchtet sie sich in ihre Küche. Wenig später beschließt sie, zusammen mit ihrem Hund (einem stattlichen Boxerrüden) draußen im Garten nachzuschauen. Als sie die nach Westen liegende Haustür öffnet, sieht sie das weiterhin pulsierende Lichtphänomen erneut. Auf der Straße bewegt sich ein leuchtend rosafarbener Nebel in weiten Bögen vorwärts. Ihr Hund, der daran gewöhnt ist, um diese Zeit ausgeführt zu werden, verhält sich merkwürdig, er läuft kurz hinaus, will aber sofort wieder zurück. So mulmig ihr zumute ist, Frau O. setzt die Beobachtung der Lichter fort, die sich einen Augenblick später langsam Richtung Norden zu bewegen beginnen und hinter einigen Häusern verschwinden.

In den Schlagzeilen: vom Besten zum Schlimmsten

Die Presse wartet im Februar nur mit wenigen einschlägigen Meldungen auf. Haben die UFOs etwa keine Presse mehr?

Dies macht uns etwas Sorge – allerdings nicht weil L. Clerebaut und M. Bougard darunter litten, von den Journalisten nicht mehr als die einschlägigen Experten befragt zu werden, sondern weil wir fürchten, daß uns zahlreiche Zeugenaussagen nicht erreichen, weil die Leute nicht informiert werden. Aus guten Gründen sind wir der Auffassung, daß es viele gibt, die ihre Beobachtungen, weil sie mit so viel Ungewöhnlichem konfrontiert wurden, für Halluzinationen hielten, da ja »von UFOs in den Zeitungen nicht mehr die Rede ist«. Um diese einzigartigen Informationen sicherzustellen, haben wir in regelmäßigen Abständen einige der SOBEPS näherstehende Journalisten gebeten, ohne ihre Ausführungen mit Details zu überfrachten, der Öffentlichkeit bewußt zu machen, daß die Sichtungswelle immer noch anhält.

In *La Meuse* vom 9. Februar 1990 brachte Anne-Marie Culot einen langen Artikel, der auch ein Interview mit dem SOBEPS-Präsidenten enthielt:

> »Unter dem schlechten Wetter«, so Bougard, »leiden die Beobachtungen kaum, da sie in sehr geringer Höhe gemacht werden. Trotzdem können

wir bei unbewölktem Himmel wiederum vermehrte Anrufe registrieren. (...) Wir sind jetzt davon überzeugt, daß wir es mit einem konstruierten Flugobjekt zu tun haben, das sich intelligent zu verhalten scheint und zu Leistungen fähig ist, über die kein bekanntes Fluggerät verfügt. Außerdem verhalten sich diese Objekte in einigen Fällen sicherlich diskret, zögern aber auch nicht, sich über dichtbesiedelten Regionen zu zeigen. Dies macht die Hypothese einer geheimen Erprobung wenig plausibel.«

Am 12. Februar fand sich in der deutschen *Bild* ein offenkundig den belgischen UFOs gewidmeter Artikel, und am 20. Februar strahlte der deutsche Sender RTL Plus eine im Rahmen der Sendung »Explosiv« gebrachte Reportage aus. Sie war ausgezeichnet recherchiert, die deutschen Fernsehreporter hatten uns in Brüssel aufgesucht und ihre Hausaufgaben sorgfältig absolviert. Am folgenden Tag (dem 21. Februar) gelangte die Nummer 2093 der Zeitschrift *Télérama* an die Kioske; auf Seite 10 wurde ein unmißverständlicher Ton angeschlagen: »Untertasse – es war einmal ein UFO. Letzte Meldung: Die Belgier sehen überall UFOs. Was macht die Polizei? Sie ist völlig durcheinander, denn die Zeugen sind Gendarmen. Wissenschaftliche Erhebung unseres außerquiévrainischen Sonderkorrespondenten« [Quiévrain: Ort nahe der belgisch-französischen Grenze; A.d.Ü.]. Neben diesem ein wenig provozierenden Text befand sich eine hervorragende Illustration, welche die am 29. November von den Eupener Gendarmen gemachte Sichtung darstellen sollte. Leider ist sie etwas amerikanisiert, aus ihrem Mannschaftswagen ist ein flotter Flitzer geworden, und das UFO ähnelt ein bißchen einer von Spielberg zusammengebastelten Stehlampe.

Der von Patrick Duval verfaßte Artikel bringt wenig Erhellendes über die belgischen Sichtungen. Aber er vermittelt die Atmosphäre fieberhafter Tätigkeit ziemlich gut, die bei der SOBEPS herrscht, und charakterisiert die verschiedenen Rollen recht feinsinnig, die die einzelnen Mitglieder der Organisation spielen:

> Exklusiv belgische UFOs! Das trifft auf Spott ... den der Franzosen nämlich. Doch Michel Bougard erinnert schlicht daran, daß die letzte Sichtungswelle (aus dem Jahre 1983) in der Nähe von New York auf einer noch kleineren Fläche stattfand, ohne daß dies jemanden amüsiert hätte!
> Natürlich würde auch er gern einmal ein UFO sehen (und wir erst!), doch immer wenn er hinfuhr – er ist so ehrlich, dies zuzugeben –, war

2. CHRONIK EINER SICHTUNGSWELLE

überhaupt nichts mehr da. (...) Michel Bougard, ein leicht ergrauter Mittvierziger, scheint es mit der Auflösung des Eupener Rätsels nicht besonders eilig zu haben. »Wir müssen den Mut haben, mit rätselhaften Erscheinungen zu leben«, wiederholt er philosophisch, den Eifer seines überschäumenden Generalsekretärs etwas dämpfend. Für Lucien Clerebaut steht die außerirdische Herkunft der UFOs »nahezu zweifelsfrei« fest. Der Briefmarken-Großhändler (die SOBEPS rekrutiert sich ausschließlich aus ehrenamtlichen Mitgliedern) muß seit zwei Monaten fast ganz ohne Schlaf auskommen und vernachlässigt sein Geschäft völlig, um sich ganz der SOBEPS zu widmen. Angesichts dieser Welle von Sichtungen, die er als »die wichtigste, seit 30 Jahren in Europa je registrierte« bezeichnet, fällt es ihm sichtlich schwer, die Ruhe zu bewahren, und er fühlt sich in eine echte Mission eingebunden. Unermüdlich pendelt er zwischen Telefon und Aktenordnern hin und her, jongliert mit tausend Beweisstücken, tausend Zahlen und wirft dem Skeptiker einen Stapel Fotos im Format 18 x 24 auf den Tisch. Jedoch selbstverständlich keine UFO-Aufnahmen, denn die seltenen, bei der SOBEPS eingehenden Dokumente (Fotos und Videos) »werden derzeit einer Laboranalyse unterzogen« und sind laut SOBEPS-Präsident Bougard ohnehin »nicht sehr überzeugend«.

Dieses Porträt ist wohl etwas überzogen, doch wir müssen anerkennen, daß die Karikatur sitzt. Am darauffolgenden Tag (Donnerstag, dem 22. Februar) sollten wir es mit einer anderen Art von Übung zu tun haben. Am Abend veranstaltete die Société Astronomique de Liège (S.A.L.) im großen Hörsaal des Zoologischen Instituts der Universität Lüttich eine Diskussionskonferenz zum Thema »Extraterrestrisches Leben und UFOs«. Teilnehmer waren: André Koeckelenbergh (Lehrbeauftragter an der Université Libre de Bruxelles und Astronom am Observatoire Royal de Belgique in Uccle), Dr. José Gridelet (in Lüttich praktizierender Neurologe und Spezialist für Raumfahrtmedizin) sowie Michel Bougard als Vertreter der SOBEPS. Von den beiden Erstgenannten war bekannt, daß sie sich – wenn auch oft sehr kritisch – für die Ufologie interessierten. Die Diskussionsleitung hatte André Lausberg (Gruppenleiter an der Universität Lüttich und Präsident der S.A.L.).

Auf den Stufenbänken des Hörsaals drängten sich die Zuhörer, auch mehrere Zeugen der letzten Wochen waren anwesend. Vom außerirdischen Leben war nur in Einzelvorträgen die Rede, das Gros des Publikums war gekommen, um endlich »die« Wahrheit über die UFOs zu hören, die seit drei Monaten gesichtet wurden. Es ging lebhaft hin und her, Michel Bougard mußte sich fast als einziger den hereinprasselnden Fragen stellen. Zwar erlaubten es der Humor und das Talent von André Lausberg, längere Monologe abzukürzen, doch um *eine* peinliche (?) Feststellung kam niemand herum: Die UFOs blieben nach wie vor ein Rätsel!

Le Soir vom 24. und 25. Februar 1990 wiederum brachte einen Artikel, der den Lesern zeigen sollte, daß die UFOs unseren Himmel immer noch nicht geräumt hatten. Marc Metdepenningen schrieb:

> Nicht eben einfach, den Ehrenamtlichen von der SOBEPS in den letzten Tagen einige Minuten ihrer kostbaren Zeit zu »stehlen«. Ihr feines Büro in der Anderlechter Avenue Paul Janson hat sich seit Ende November in ein wahres »Krisenzentrum« verwandelt, wo man trotz extrem eingeschränkter Finanzmittel versucht, die am wallonischen Himmel sichtbare Invasion riesiger Flugapparate weiterhin rätselhafter Herkunft festzuhalten. »Seit den ersten Sichtungen am Eupener Himmel vor neunzig Tagen«, so Lucien Clerebaut, »hat es praktisch keine Unterbrechungen gegeben. Jeder Tag bringt neue Zeugenaussagen. (...)«

> Auch ein in *La Lanterne* vom 5. März 1990 erschienener, von Anne-Marie Culot verfaßter Artikel ging auf die emsige, bei der SOBEPS herrschende Betriebsamkeit ein. Sie brachte die Rede darauf, daß wir dringend Geld brauchten, um die sich türmenden Untersuchungsakten aufarbeiten zu können; der Artikel wollte aufrütteln: »UFO-Welle: mehr als 2 000 Aussagen! In dieser Ausgabe: der Stand der Dinge; emsige Arbeit der überlasteten SOBEPS und ihr Appell an Freiwillige und pensionierte Wissenschaftler. (...)« Im *Nord-Eclair* wurde von Yves Leterme zur selben Zeit ins gleiche Horn gestoßen (»Den UFO-Jägern fehlt es an Mitteln«).

Wir hatten damals tatsächlich gleich mit mehreren schwierigen Problemen zu kämpfen: zu viele noch durchzuführende Befragungen und zu wenige qualifizierte Interviewer; sich anhäufende Daten, die dringend über Computer ausgewertet werden mußten; die sich abzeichnende Zusammenarbeit mit den Militärs; ein immer offenkundiger werdendes Interesse einiger Wissenschaftler; viel zu wenige Mitstreiter und – vor allem – hoffnungslos leere Kassen. Die SOBEPS haben wir immer nach dem Vorbild eines gewissenhaften Haushaltsvorstandes geführt: Jede Investition muß sich rentieren und durch absehbare Einnahmen gedeckt werden. Trotz der weiten Verbreitung der Ereignisse durch die Medien und einer systematischen Werbekampagne für unsere Vereinigung konnten wir nur wenige neue Beitragszahler gewinnen (insgesamt kaum 1 000 Mitglieder), während sich die Ausgaben vervielfacht hatten.

Diese schwierige Lage hatte uns dazu geführt, in einer Pressemitteilung auf die Pauke zu schlagen, was dann auch in einigen Zeitungen seinen Niederschlag fand. Im *Nord-Eclair* vom 9. März 1990 heißt es etwa:

> Falls es der SOBEPS in den kommenden Wochen nicht gelingt, ausreichend Geldmittel sowie Menschen für sich zu gewinnen, die guten Willens und bereit sind, auf ehrenamtlicher Basis mitzuwirken, wird man eine sich nur extrem selten bietende Gelegenheit verstreichen lassen, nämlich einen Teil des sich hinter den UFOs verbergenden Geheimnisses zu lüften, das seit Jahrzehnten die Wissenschaftler herausfordert. (...) Dank der eingehenden Spenden wäre es nicht nur möglich, Tausende bereits vorliegender Berichte zu bearbeiten, sondern auch (in Zusammenarbeit mit einigen belgischen Universitäten) verschiedene wissenschaftliche Meßgeräte zu installieren, um verläßliche und unwiderlegbare Informationen über die nach mehr als dreimonatiger Aktivität an unserem Himmel immer noch nicht identifizierten Fluggeräte zu erhalten. Eine immense Herausforderung!

Anfang März sollten wir mit einem weiteren Presse-»Ereignis« konfrontiert werden. Wir waren bereits mehrfach dem ständigen Korrespondenten der *Prawda* in Brüssel, Wladimir Peressada, begegnet; er hatte ein starkes Interesse an den von der SOBEPS zusammengetragenen Beobachtungen bekundet. Man darf nicht vergessen, daß einige Wochen vor Einsetzen der belgischen Welle in den osteuropäischen Zeitungen lang und breit von den in Woronesch (Rußland) eingetretenen Ereignissen die Rede gewesen war. Im September 1989 nämlich waren einige Kinder Zeugen einer UFO-Landung geworden und hatten einige humanoide Wesen gesehen. Peressada berichtete also am 4. März 1990 in der *Prawda* über die belgische UFO-Welle. Am selben Ort erschienen dazu später noch weitere Artikel.

Während wir – von einigen seriösen Journalisten unterstützt – noch versuchten, die Öffentlichkeit für eine konsequente, wissenschaftliche und kritische Erforschung des UFO-Geheimnisses zu interessieren, wartete das Team von *Science & Vie* mit einem weiteren »Tiefschlag« auf. Doch urteilen Sie selbst!

In Heft 13 (März 1990) von *Science & Vie Junior*, einem Monatsblatt mit einer gegenüber dem großen Bruder eigenständigen Redaktion, jedoch zu derselben Verlagsgruppe gehörend, fand sich ein Artikel, der im Bereich der populärwissenschaftlichen Wissensvermittlung Epoche machen wird. Unten auf dem Umschlag des Heftes stand: »UFOs – Wetterlaunen oder Invasoren?« Auf Seite 94 ist dann ein wahres Meisterstück der Desinformation zu bewundern, ein literarisches Monument, an dem zu studieren ist, wie man einen Stoff *nicht* populärwissenschaftlich aufbereiten sollte, und das im übrigen nicht von chauvinistischen belgienfeindlichen Untertönen frei ist. Wer sich hinter dem Namen »Anna Alter« versteckt hält, haben wir bis heute nicht erfahren.

Nach dem Haupttitel »OVNI soit qui mal y pense« [Anspielung auf »Honni soit qui mal y pense!« – »Ein Schurke, wer Schlechtes dabei denkt!«, Wahlspruch des Hosenbandordens; A. d. Ü.] kommt man dann zur Sache: »Wenn man die gefälschten Fotos, optischen Täuschungen, Meteoriten, Polarlichter, linsenförmigen Wolken und jedes X, das in Wahrheit ein U ist, wegnimmt, bleiben nicht mehr viele seriöse UFO-Beobachtungen übrig. (...)« Dann wird, überspringen wir einige Gemeinplätze, mit dem Humor des allwissenden Stammtischpolemikers das Geschehen – weit ausholend – gleich in den Weltrahmen gestellt:

> »Am 21. September 1989 vollzieht sich im Land der Sowjets eine Revolution: Eine Banane fliegt über den Woronesch-Park hinweg, (...) sollte ein leerer Magen die Einbildungskraft beflügeln?«

Dieser Humor ist entschieden vom Feinsten! Aber vielleicht noch steigerungsfähig:

> Die Ufomanie wütet auch im Westen, in Belgien nämlich. Am 30. November 1989 [sic!, dies spricht für die Qualität ihrer Informationen] wurde ein nicht identifiziertes Flugobjekt von zahlreichen Personen beobachtet, u. a. von den Beamten einer ganzen Polizeidienststelle. Es hatte die Form einer dicken, leicht gewölbten Fritte und flog 300 Meter über einigen Kartoffelfeldern hinweg. (...) Ein unterer Dienstgrad behauptet, ein zweites Objekt habe eine Dreiviertelstunde über einer Talsperre geschwebt, bevor es gemeinsam mit der ersten, hinzugekommenen Fritte davonflog. Frust für die sofort alarmierte, für Lüttich zuständige Flugüberwachung. Das Flughafenradar kann nicht die geringste stärke-

haltige außerirdische Substanz orten, wenn sie dicht über der Grasnarbe fliegt.

Aus der populärwissenschaftlichen Aufbereitung des Themas wird eine Möchte-gern-Satire, die auch dann nicht sachhaltiger wird, wenn sie schließlich die eigene Lösung präsentiert. Es mußte so kommen: Plädiert wird für die absurde, mehrfach widerlegte, aber doch so beruhigende Hypothese von MDL Kinet, wonach es sich bei dem Eupener UFO um ein AWACS handle. Genug ist genug; sich mit solcher «Aufklärung» zu befassen, ist wirklich überflüssig!

Als Marginalie sei aber doch noch notiert: Im Erscheinungsmonat des zitierten Heftes von *Science & Vie Junior* hat der Verlag einen Werbezettel drucken lassen. Und was war dort wohl in voller Größe zu sehen? Ein reißerisches »UFO«-Bild. Was macht es schon, daß man sich sonst die »Ufo-Demontage« auf die Fahnen schreibt, Geschäft ist schließlich Geschäft.

Merkwürdige »Luftschiffe« und Flugzeuge, die in der Luft stehen können

Lassen wir für einen Augenblick die Machenschaften einer solchen Propagandapresse auf sich beruhen, um uns der Frage zuzuwenden, ob Anfang März 1990 bei der SOBEPS weiterhin interessante Zeugenaussagen eingingen. Im auf dem Plateau Brabançon gelegenen Ort Perwez (etwa 15 Kilometer südöstlich von Wavre) wurde jemand Zeuge, wie ein äußerst merkwürdiges Fluggerät nur etwa 20 Meter über ihn hinwegflog. Dies geschah Anfang März, vermutlich in der ersten Märzwoche.

Ungefähr um 20.15 Uhr geht Gaston J. an jenem Abend aus dem Haus, um einen in seiner Nachbarschaft wohnenden Verwandten zu besuchen. Als er um eine Straßenecke biegt, bemerkt er ein weißes, rundes Licht, das etwa 100 Meter von ihm entfernt über einem Bauernhaus schwebt. Das Licht hat die Größe des Vollmondes und scheint sich kaum mehr als 2 Meter über dem Schornstein des Gebäudes zu befinden.

»Es war wie ein Scheinwerfer, doch matt und ohne Leuchtkraft (...)«, berichtet er. Verblüfft geht er einige Schritte in Richtung auf das Phänomen, das sich nun in Bewegung setzt – direkt auf ihn zu und absolut lautlos. J. hat das Gefühl, daß diese Bewegung mit seinem Entschluß zusammenhing, sich selbst dem Objekt zu nähern. Und weiter: »Es war nicht sehr schnell; mit dem Fahrrad hätte man den gleichen Weg genauso schnell zurückgelegt.« Als sich das Phänomen in etwa 45° Höhe ganz in seiner Nähe befindet, kann der Zeuge »große, hellblaue Lampen unter dem Objekt« erkennen, »deren Durchmesser gut und gerne 1 Meter beträgt, bei einem Abstand von 2 Meter zueinander«. Die »Lampen« waren kreisförmige, ganz flache Flächen, die nichts anstrahlten. »Es leuchtete matt, ohne daß es einen Lichtstrahl gab«, wie der Zeuge mehrfach wiederholte. Die drei oder vier im Kreis angeordneten Lichter bilden eine weitläufige, horizontale Ebene und lassen nichts weiter erkennen. Der zu Beginn der Beobachtung sichtbare »weiße Scheinwerfer« war verschwunden.

Erst in diesem Augenblick hört J. ein deutliches, dumpfes Surren, das er mit dem Geräusch eines großen Ventilators vergleicht, und das aus dem Inneren des Objekts zu kommen scheint. Bald befindet sich das Ganze in weniger als 20 Meter Höhe direkt über ihm. Die Gesamtbreite des Objekts dürfte bei 15 Meter liegen. Seit Sichtungsbeginn sind etwa 45 Sekunden vergangen. Der durch den spektakulären Anblick dieser derart nahen Masse wie versteinerte Zeuge versucht so gut es geht, deren Abmessungen zu schätzen (die Befragung zeigte, daß J.s Längenschätzungen ziemlich verläßlich sind). Plötzlich dreht sich das aus den beeindruckenden, fahlblauen »Lampen« bestehende Gebilde quasi auf der Stelle und setzt sich Richtung Westen, auf die Autobahn Brüssel-Namur zu, in Bewegung (es dürfte von Ostsüdost gekommen sein, also aus Aische-en-Refail). Diese unerwartete Bewegung geht mit keinerlei Geräusch- oder Lichtveränderungen einher. Das einzige, was der Zeuge – flüchtig, aber doch sehr deutlich – erkennen kann, ist »ein gläsernes Cockpit«, das von einem hellen weißen Licht erfüllt ist und erst gegen Ende des Flugmanövers sichtbar wird. »Es befand sich vorne, mehrere Meter vor den blauen Lampen, und überragte sie.« Er bekräftigte dieses Detail: Ja, es bestand ein deutlicher Niveauunterschied. Das »Cockpit« schien ihm nicht flach zu sein, sondern aus zwei Ebenen zu bestehen, die möglicherweise durch eine Art schmale »Einfassung« von etwa 1 Meter Höhe getrennt waren.

Nachdem sich das Objekt entfernt hat, bleibt J. stehen und sagt sich,

2. CHRONIK EINER SICHTUNGSWELLE

daß eine Art Luftschiff über ihn hinweggeflogen sein müsse, denn – so versicherte er uns – »ich glaube nicht an UFOs!« Er ist weiterhin überzeugt, die ganze »belgische UFO-Welle« sei von einigen Personen inszeniert worden, um eine leichtgläubige Öffentlichkeit zu täuschen. Diese Erklärung ist zwar nicht weniger wert als andere auch, doch man muß sich wirklich einmal bildlich vorstellen, wie unsere millionenschweren Betrüger sich nachts abwechselnd hinter die Steuerknüppel von Luftfahrzeugen setzen, die immer verwegenere Formen haben.

Am 2. März 1990 ist Nadine E. mit ihrem Wagen auf dem östlichen Autobahnring von Brüssel unterwegs. Gegen 6.20 Uhr befindet sie sich etwa 100 Meter von der Ausfahrt Waterloo-Argenteuil entfernt, als sie am Rand des Forêt de Soignes ein eigenartiges Himmelsphänomen bemerkt, das sich 70 Meter zu ihrer Linken auf zwei Drittel der Höhe der die Straße säumenden Bäume aufhält. Die Zeugin kehrt alleine von einer Abendveranstaltung in Antwerpen zurück. Müde, doch im Vollbesitz ihrer Kräfte (sie hat weder Alkohol noch Tabletten zu sich genommen), fährt sie mit etwa 80 km/h, als sie jenseits einer Baumreihe ein helles, weißes Licht erblickt. Sie hält es zunächst für den Kopf eines Flutlichtmasts, aber da sie die Gegend sehr gut kennt, kommt ihr das doch spanisch vor. Sie verlangsamt die Fahrt bis auf etwa 30 km/h und läßt die Seitenscheibe herunter, um mehr erkennen zu können. Das Phänomen besteht aus zwei sehr hellen, weißen Lichtern, darüber ein drittes, schwächeres Licht; zwischen den beiden weißen sind drei kleine, rote und weit schwächere Lichter verteilt. Das gesamte Phänomen steht vollkommen bewegungslos in der Luft, und zwar ohne daß die Stärke der Lichter Schwankungen unterworfen wäre. Quasi zur selben Zeit (6.40 Uhr) fährt Jean-Claude C., technischer Mitarbeiter in einem Pharmalabor, nach Gosselies zur Arbeit. Er schrieb uns folgendes:

> Mein Arbeitsplatz ist ein großer Kontrollraum mit einer großflächigen Außenverglasung direkt an der Einflugschneise des Flughafens Gosselies. In den letzten zwanzig Jahren habe ich von dort aus zahllose Flugzeuge am Tag wie in der Nacht starten und landen sehen, kleine, größere und ganz große. Als ich am Freitag, dem 2. März, um 6.40 Uhr morgens zur Arbeit fuhr – es gab einzelne, starke Schneeschauer –, hörte ich ein Geräusch, als ginge gleich ein Autoreifen kaputt. Ich fuhr also langsamer, drehte mich nach links um, und dann sah ich es durch die hintere Seitenscheibe: ein

herrliches, dreieckiges Fluggerät mit seinen drei riesigen, weißen Lichtern und einem roten Licht, oben am Ende einer sehr dünnen Antenne, wobei ich nicht den Eindruck hatte, als sei das Licht an dieser Antenne befestigt. Das Fluggerät unserer auswärtigen Gäste hatte insgesamt eine dreieckige Form mit gerundeten Kanten und Ecken. Das Metall war schwarz und poliert, daß es glänzte. Es gab weder irgendwelche Unebenheiten noch irgendeine Kennung. Als ich sah, wie sich dieses Wunderwerk (langsamer als mein Auto) bewegte, so ganz ohne Geräusche und in derart geringer Höhe, fühlte ich mich wie im Traum. Die Wolkendecke lag sehr tief, ich schätze 250 Meter, und das Objekt wurde von den Wolken verschluckt. Während meiner Beobachtung konnte ich keine Lichtstrahlen oder Signale erkennen, außer den drei weißen Lichtern mit einem Durchmesser von 2 Meter. Ich war von Marbais gekommen und fuhr Richtung Heppignies, und am Ortseingang von Mellet war mir das Objekt aufgefallen. Es wäre schön, wenn ich Ihnen mit diesen Angaben behilflich sein könnte, zumal mir die Aufregung eine Migräne eintrug, die 48 Stunden anhielt. Das Reifengeräusch war übrigens durch nichts anderes als am Radlauf klebenden Schnee verursacht worden. Da ich fürchtete, den Reifen gänzlich zu ruinieren, fuhr ich nur noch mit 40 km/h. Dennoch war ich schneller als das Objekt, jedenfalls zu diesem Zeitpunkt.) [Abbildung 2.49].

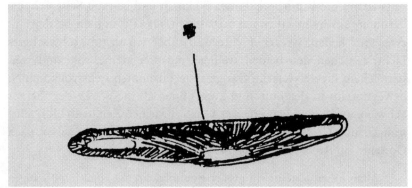

Abb. 2.49

Einige Tage später, und zwar am Abend des 12. März (Montag), haben zwei dieser dreieckigen UFOs mit ziemlicher Wahrscheinlichkeit die Ardennen überflogen. Um 20.24 Uhr sieht Bruno L. aus Lierneux, wie im Südosten ein »helles, weißgelbes und sich dem Ort näherndes Licht«

auftaucht. Als das Gebilde über den Zeugen hinwegfliegt, bemerkt er drei starke, im Dreieck angeordnete Lichter; acht Minuten später vollzieht sich dasselbe Spiel. Um 20.35 Uhr befindet sich André G. mit seinem Bus zwischen Libramont und St-Hubert. Auf der Höhe der (etwa 5 Kilometer von St-Hubert entfernten) Ortschaft Bras wird er auf fünf verschiedenfarbige Leuchtfeuer aufmerksam, die bumerangförmig angeordnet sind und aus nordwestlicher Richtung auf den Bus zukommen. G. bemerkt zu seinem einzigen Fahrgast (Rita J.): »Schau mal, das sind die berühmten UFOs, von denen so oft die Rede ist!« Daraufhin verlangsamt er die Fahrt (auf etwa 20 km/h) und kurbelt die Seitenscheibe herunter, um besser hinsehen und hinhören zu können.

> Das Ding machte überhaupt keinen Lärm und flog wirklich zu langsam und zu tief (in 50 bis 60 Meter Höhe) für ein Flugzeug. Ich sagte sogar noch zu meinem weiblichen Fahrgast, daß es noch in die Bäume abstürzen wird, so tief war es.

Das Objekt strich dicht über die Tannen hinweg und war in Gesellschaft eines zweiten, gleichartigen UFOs (mit fünf farbigen Lichtern), das ihm in etwa 50 Meter Abstand folgte. Der Zeuge weiter: »Die Scheinwerfer glichen den Spotlichtern, wie man sie im Theater verwendet; sie dürften einen Durchmesser von 0,70 bis 1 Meter gehabt haben.« Die beiden Objekte (Abbildung 2.50) flogen über die Straße hinweg, nach Südosten, Richtung Arlon. Ihre Spannweite wurde auf 25 Meter geschätzt, sie flogen sehr langsam und völlig geräuschlos.

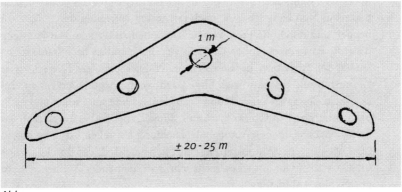

Abb. 2.50

Nahezu sicher ist, daß dasselbe Objekt zehn Minuten später (um 20.45 Uhr) von Alain C. über Attert (in Schockville, dicht bei Arlon) gesichtet wurde. Auf der Heimfahrt wird dieser auf zwei Gruppen von je drei Lichtern aufmerksam, die im Dreieck angeordnet sind (mit der Spitze nach unten). Die beiden oberen Lichter sind weiß, das untere ist rot. Eine tragende Struktur ist nicht zu erkennen. Am meisten überrascht, daß sich die beiden Lichtergruppen stoßweise fortbewegen: Sie sind zwei bis drei Sekunden in Bewegung, bleiben ebenso lange stehen, setzen sich erneut in Bewegung usw. Abstand und Geschwindigkeit der Objekte blieben konstant.

Drei Tage darauf, am Donnerstag, dem 15. März 1990, hat auch Jean-Pierre D. (Pfarrvikar im Raum Lüttich) ein befremdliches Erlebnis. Sein Abenteuer schilderte er uns folgendermaßen:

> Die von mir gemachte Beobachtung erfolgte am 15. März um 19.35 Uhr. Es war bereits dunkel, als ich mich mit dem Wagen auf dem Rückweg von Louvain-La-Neuve [Neu-Löwen] nach Lüttich befand, und zwar auf der Autobahn in Höhe Flémalle. Meine Fahrgeschwindigkeit betrug etwa 120 km/h. Ich hatte die Autobahnbrücke für die Ausfahrt Flémalle in größerer Entfernung bereits vor mir (bzw. die nächste Brücke, das weiß ich nicht mehr genau), als ich über ihr zwei Lichter bemerkte.
>
> Ich sagte mir, daß auf der Brücke womöglich gearbeitet wird, und daß dort beleuchtete Kräne stehen könnten. Beim Näherkommen erkannte ich, daß sich 30 bis 40 Meter über der Brücke ein riesiges Flugzeug befand. Ich hatte eine Schrecksekunde lang den Eindruck, es werde direkt vor mir auf der Autobahn landen oder aufschlagen. Dann nahm ich aber überrascht wahr, daß es über mir in der Luft schwebte, fast ohne sich zu bewegen! Nun hatte ich Zeit, mich rasch nach vorn über das Lenkrad zu beugen und durch die Frontscheibe nach oben zu blicken. Das Flugzeug hatte die Form eines großen Dreiecks, mit drei blendfrei nach unten strahlenden Scheinwerfern, in jeder Ecke einer. Die Spitze des Dreiecks wies zu mir hin und die Basis nach hinten. Ich konnte deutlich erkennen, daß es jenseits der Spitze einen Rumpf gab, dessen Ende spitz zulief und nicht beleuchtet war. Das Objekt hatte eine dunkelgraue Farbe, soweit man das bei der orangefarbenen Autobahnbeleuchtung feststellen kann. Es war so breit wie die ganze Autobahn, einschließlich eines Teils der Böschung. Das Objekt war bis auf ein leises, nicht schrill zu nennendes Zischen nahezu geräuschlos. [Abbildung 2.51].

2. CHRONIK EINER SICHTUNGSWELLE 235

Dieser Zeugenaussage ist eine Sichtung an die Seite zu stellen, die einige Minuten später (zwischen 19.54 und 19.58 Uhr) von Pierre C. aus Magnée (Fléron) gemacht wurde. Lassen wir auch diesen Zeugen selber zu Wort kommen:

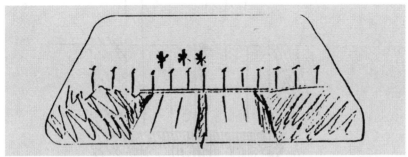

Abb. 2.51 - Schema 1

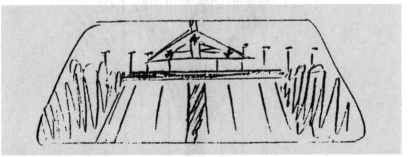

Abb. 2.51 - Schema 2

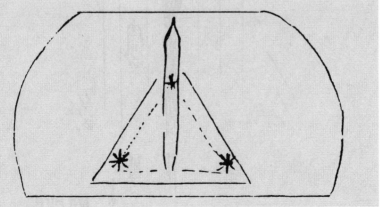

Abb. 2.51 - Schema 3

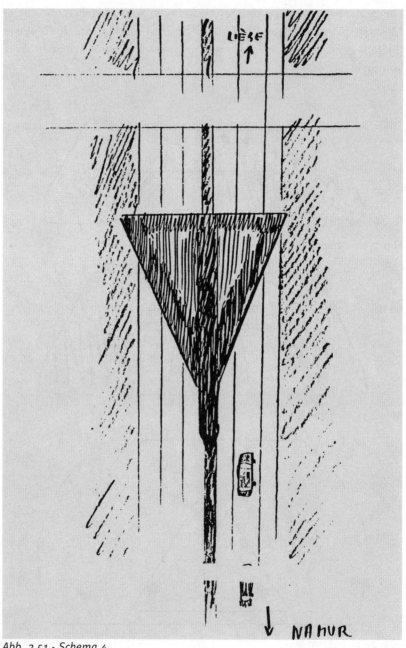

Abb. 2.51 - Schema 4

2. CHRONIK EINER SICHTUNGSWELLE

Ein sehr ruhiger Abend. Ich gehe wie gewöhnlich mit meinen Hunden spazieren und betrachte den Himmel, wie ich dies von Jugend auf zu tun pflege. Keinerlei Motorengeräusche von Autos (hier ist es noch ländlich) und auch nicht von Motor- oder Düsenflugzeugen (die über dieser Region nicht eben selten zu hören sind). Ich werde auf eine Formation von Leuchtpunkten aufmerksam, die aus östlicher Richtung kommen (genauer: von Ostsüdost). Ich wundere mich über die »vernehmliche Stille«, einmal wegen der Höhe von schätzungsweise 400 Meter (ich beziehe mich hierbei auf die Mirage und F-16, die oft am Himmel zu sehen sind) und wegen des Betrachtungsabstands. Das Objekt befand sich praktisch direkt über Ayeneux. Es handelte sich um eine kompakte, dunkle und dreieckige Masse, mit imposanten Abmessungen (größer als eine Boeing) und drei im Dreieck angeordneten hellen, weißgelben Dauerlichtern. In ihrer Mitte war ein starkes, rötlichgelbes Blinklicht plaziert. Das Objekt flog langsam, mit der Geschwindigkeit eines kleinen, einmotorigen Passagierflugzeugs. Es hielt an seinem westlichen Kurs fest und änderte auch seine Flughöhe nicht. Nach vier Minuten verlor ich das Objekt aus den Augen, da es mein Blickfeld verließ, das bis zum oberen Teil der Ortschaft Magnée und der Kirche reichte. Auch jetzt hörte ich nicht das geringste Motorengeräusch, auch Kondensstreifen waren nicht zu sehen.

Kann die UFO-Jagd beginnen?

Die letzten Zeugenaussagen, die uns erreichten, wiesen deutlich auf eine ununterbrochene Abfolge von UFO-Aufenthalten im Raum Lüttich und im Süden Belgiens (Provinz Luxembourg) hin. Zu Jahresbeginn war Léon Brenig, Gruppenleiter an der Université Libre de Bruxelles, Physiker und Mitglied des Teams von Professor Ilya Prigogine, zu uns gestoßen. Er hatte einige Monate zuvor in Südfrankreich selbst ein UFO gesehen, was sein Interesse an den rätselhaften, in Belgien gesichteten Objekten beflügelt hatte. Er wunderte sich, weshalb seine Kollegen kaum reagierten, und ihm ist alles daran gelegen, die wissenschaftliche Gemeinschaft dazu zu bringen, aktiv zu werden und die ständig wachsende Datenmenge zur Kenntnis zu nehmen und auszuwerten.

Brenig wollte versuchen, das Phänomen »einzufangen«, d. h. objektive Einzelinformationen in Erfahrung zu bringen: diverse Meßdaten, Fotos und Filme guter Qualität etc. Bougard, Clerebaut und Brenig schwebte vor, mit Hilfe der Öffentlichkeit und des Mitarbeiterstamms der SOBEPS ein Wochenende der allgemeinen Himmelsbeobachtung zu organisieren. Es war vorgesehen, die Bevölkerung der Regionen Lüttich und Verviers aufzufordern, vom Abend des 16. März (Freitag) bis zum Abend des 18. März (Sonntag) den Himmel systematisch zu beobachten. Mobile Befragungsteams sollten diese Gegenden durchstreifen und jederzeit von Brüssel aus, wo eine rund um die Uhr erreichbare Kontaktstelle eingerichtet würde, alarmiert werden können.

Lucien Clerebaut hatte hierzu sämtliche verfügbaren Mitarbeiter zusammengetrommelt. Die Teams fanden selbst zusammen; einige wollten in unserem Brüsseler Büro abwechselnd den Telefondienst übernehmen und die Außenteams auf dem Laufenden halten, die zwischen Eupen und Lüttich und zwischen der Maas und der belgisch-niederländischen Grenze unterwegs sein würden. Vier mobile Teams kamen zusammen, in jedem Wagen saßen erfahrene Interviewer, sie hatten ein Mobiltelefon mit und sollten die Gegend abfahren in der Hoffnung, eines jener Phänomene zu sichten, über die uns seit Monaten Hunderte von Zeugen berichtet hatten.

Nach seinem persönlichen Sichtungserlebnis von Mitte Februar hatte Stany Box ein kleines Amateurteam zusammengestellt, das sich auf den Höhenzügen von Flémalle-Grande (Fort de Flémalle) regelmäßig auf Beobachtungsposten begab.

Hier wurde von der SOBEPS ein fester Sammelpunkt eingerichtet: Man hat einen freien Blick über das Maastal bis weit nach Osten, Richtung Eupen und Deutschland.

Von der Lokalpresse war über diese erste »UFO-Treibjagd« korrekt berichtet worden. In *Le Jour, Vers l'Avenir* und *L'Avenir du Luxembourg* vom 16. März fand sich folgende Titelzeile: »Was tun am Wochenende? UFOs aufscheuchen!« Weiter unten stand folgender bezeichnender Text (in Auszügen):

> Die SOBEPS hat angesichts einer Flut von Zeugenaussagen beschlossen, eine systematische Beobachtungskampagne zu organisieren. (...) Das Führungsteam wird aus Wissenschaftlern verschiedener Universitäten und aus Mitarbeitern der SOBEPS bestehen, die auf bestimmte, abhängig von der Häufigkeit der jüngsten Beobachtungen, ausgewählte Zonen verteilt sind.

2. CHRONIK EINER SICHTUNGSWELLE

> Was auch immer sich hinter den seit drei Monaten beobachteten Objekten verbirgt: Die Verantwortlichen der SOBEPS gehen davon aus, daß die anstehende Untersuchung entscheidend zur Vermehrung der objektiven Kenntnisse und zur Entkräftung einiger hierzulande laut gewordener Gerüchte beitragen könnte. Allerdings ist angesichts des höchst zufälligen Charakters der bislang registrierten Ereignisse (die UFOs sind nicht unbedingt auf ein Rendezvous aus) der Erfolg der Beobachtungskampagne keineswegs garantiert. (...) Im übrigen wird es sehr auf die Mithilfe der CB-Funker ankommen. Es muß nämlich gelingen, jedes ungewöhnliche Himmelsphänomen ohne Zeitverzug zu orten in der Hoffnung, es filmen und durch Einsatz verschiedener Meßinstrumente genauer analysieren zu können.

In *La Dernière Heure* und *Le Soir* (Wochenendausgaben vom 17. und 18. März 1990) fanden sich folgende Überschriften: »SOBEPS jagt UFOs« und »Zweitägige UFO-Jagd«. In der erstgenannten Tageszeitung ging Gilbert Dupont erneut auf unser Problem ein, finanzielle Mittel aufzutreiben, um unsere Arbeit effizienter anpacken zu können. In *Le Soir* setzte Daniel Conraads noch eins drauf:

> Die Leute von der SOBEPS wissen nicht mehr, wo ihnen der Kopf steht. Die Verantwortlichen des »e.V.« werden mit neuen Zeugenaussagen überschüttet, die aus allen Ecken Walloniens, speziell aus der Provinz Lüttich, eintreffen (weitere freiwillige Mitstreiter sind von daher besonders willkommen).

Die Situation war in der Tat unhaltbar geworden. Wir hatten den Journalisten gegenüber nicht übertrieben: Weder verfügten wir über neue Geldmittel noch über genügend Hilfskräfte – die Aktenberge türmten sich immer höher. Wir hofften daher insgeheim, mit diesem Mobilisierungswochenende einen Treffer landen zu können. Am Freitag, dem 16. März, waren alle auf ihren Posten. In dieser und der folgenden Nacht wurden die SOBEPS-Teams wiederholt aus Kelmis, Heusy, Vaux-sous-Chèvremont und Ans herbeitelefoniert. Auf der Anhöhe von Flémalle postiert, erhielten Michel Bougard, Patrick Vidal und Stany Box plötzlich einen »aufgeregten« Anruf von der Brüsseler Zentrale: Ein Zeuge war gerade dabei, von seinem Haus in Glons aus einige ungewöhnliche Dinge zu beobachten. Alle Anwesenden setzten sich unverzüglich in

Marsch, und ein Autokorso raste gen Norden davon. Nach einer langwierigen, kurvenreichen Fahrt stellte sich jedoch heraus, daß offensichtlich alles bereits vorbei war. Trotz der Aufregung des Zeugen erkannten wir bald, daß er nur einige Flugzeuge an einem besonders klaren Himmel gesehen hatte. Eine wilde, sinnlose und enttäuschende Verfolgungsjagd.

Am Sonntag abend sollte unsere Geduld schließlich doch noch belohnt werden: Eines unserer Teams (zu dem auch Léon Brenig gehörte) konnte den Überflug des berühmten »Dreiecks« beobachten. Von Gilbert Dupont interviewt, erklärte Brenig wenige Stunden später (*La Dernière Heure* vom 20. März 1990):

> Ich hatte mich im Raum Beaufays postiert, östlich von Lüttich, auf der von Aywaille und Chaudfontaine kommenden Straße an der Ardennenautobahn. (...) Am Sonntag gegen 20.30 Uhr erblickte ich ein leuchtendes Objekt, das sich mir von Norden her näherte. Es glich in keiner Weise einem herkömmlichen Flugzeug. Durch mein Fernglas, und weil es sich gut vom Himmel abhob, konnte ich erkennen, daß es sich um ein dreieckiges Gebilde aus einem Stück handelte, an dessen Unterseite sich weißgelb leuchtende Platten befanden und in der Mitte eine runde, rötliche Leuchtzone unterschiedlicher Helligkeit. Das Objekt bewegte sich langsam. Es war so groß wie ein Tischtennisball auf der ausgestreckten Hand, vielleicht noch etwas kleiner. Es fällt mir schwer, die Flughöhe des Objekts zu schätzen. Wenn es die Größe eines konventionellen Flugzeugs gehabt hat, dürfte es in 500 bis 1000 Meter Höhe geflogen sein. Verblüfft hat mich, daß das Objekt später eine für ein Flugzeug ungewöhnliche Bewegung vollzogen hat, nämlich eine Drehung um sich selbst (...), und zwar auf gleicher Höhe. Ich rechnete damit, Geräusche zu hören, doch das Objekt blieb lautlos. Da ich mich im Wagen befand, versuchte ich, ihm zu folgen; das war jedoch nicht möglich. Ich benachrichtigte daher das Team von Stany Box in Flémalle (14 Kilometer entfernt). Er rief mich zwanzig Minuten später an und teilte mir mit, daß er das Objekt selbst auch gesehen habe. Das Objekt konnte übrigens im etwas weiter entfernten Stokai-St-Georges von Jean-Luc Momont fotografiert werden, dessen Kamera mit einem Zoom-Objektiv und einem 400-ASA-Film bestückt war. Der Himmel war sternenklar, absolut wolkenlos und frei von Dunst; daher kann es sich beispielsweise nicht um Hologramme handeln, die ja gegen eine Wolke projiziert werden. Das Objekt wurde übrigens in der Gegend von Tihange, Bierset und Stokai nicht zum ersten Mal gesichtet. Ich bin davon überzeugt, daß ich es mit einem materiellen Objekt zu tun hatte. Es

2. CHRONIK EINER SICHTUNGSWELLE 241

> wies sehr weitgehende Entsprechungen zu den im November gesichteten Objekten auf. Ein Flugzeug konventioneller Bauart ist absolut auszuschließen. Wohl aber könnte es sich um ein Erprobungsfluggerät der Luftwaffe handeln. Oder aber um ein sogenanntes UFO.

Diese letzte Äußerung von Léon Brenig konnte die Neugier des Autors nur anstacheln; er beendete seinen Artikel mit den folgenden Sätzen:

> Daraufhin haben wir Kontakt mit Generalleutnant Terrasson aufgenommen. Der Kommandant unserer taktischen Luftwaffe war sehr interessiert und bestätigte klipp und klar, daß die belgische Luftwaffe keinerlei Erprobungsfluggeräte testet und nicht einmal über welche verfügt, mithin über kein Fluggerät, das jenen Eigenschaften entsprechen würde, die von dem Physiker an der U.L.B. zu Beginn seiner beunruhigenden Zeugenaussage beschrieben wurden.

Am nächsten Tag (dem 21. März) veröffentlichte *La Dernière Heure* auf der Titelseite das Foto unseres Freundes Léon Brenig mit dem Zusatz: »Dieser Physiker ist ein glaubwürdiger Zeuge«. Im Innenteil wurde er gebeten, seine Beobachtung nochmals zu kommentieren.

> Ich habe meinen Augen nicht getraut und bleibe zurückhaltend, was eine Interpretation angeht; es steht aber ganz ohne Zweifel fest, daß ich unter idealen Sichtbedingungen ein Objekt gesehen habe, das über eine materielle Konsistenz und eine dreieckige Form verfügt, sich lautlos zu bewegen scheint, fähig ist, um die eigene Achse zu schwenken, und damit ungewohnte Eigenschaften aufweist. Ich behaupte nicht, daß dieses Flugobjekt außerirdischen Ursprungs sei, doch alles in allem kann ich dies auch nicht ausschließen. Für den Physiker ist die Möglichkeit eines Lebens außerhalb der Erde eine geläufige Vorstellung. Es wäre vergleichsweise unwahrscheinlich, wenn so etwas wie das Leben im Universum einzigartig wäre und nur auf der Erde vorkäme ...

Dieser Bericht fand einigen Widerhall, und alles wartete ungeduldig auf die von Momont gemachten Aufnahmen. Die Fotos lagen erst am Abend des 21. März (Mittwoch) vor und waren eine große Enttäuschung: Lediglich eine kurze, einer eingehenderen Analyse nicht zugängliche Leuchtspur ist vage zu erkennen. Uns wurde klar, daß man zu Filmen höherer Empfindlichkeit und weit besserer Leistungsfähigkeit würde greifen müssen, wenn man das ablichten wollte, was Dutzende von Personen seit November gesehen zu haben behaupteten. Die Bildberichterstatterin für

La Dernière Heure, Etienne Ansotte, wunderte sich nicht über die enttäuschenden Ergebnisse:

> Ohne professionelles Material durfte man sich keine Wunder erhoffen. Die nächtliche Aufnahme eines leuchtenden Objekts ist mit dem Versuch zu vergleichen, eine hinter einer eingeschalteten Lampe stehende Person zu fotografieren. Auf Ihren Fotos werden Sie die Lampe wiederfinden, nicht aber die Person. Bei Amateuraufnahmen war damit zu rechnen, daß man nur einen Leuchtpunkt erkennen konnte.

Das erste Wochenende der »UFO-Jagd« hinterließ bei allen von uns einen bitteren Nachgeschmack. Wir hatten wirklich den Eindruck gehabt, daß nur wenig gefehlt hätte, um die »Begegnung des Jahrhunderts« zustande zu bringen. Deshalb wollten wir möglichst rasch einen neuen Versuch starten, diesmal mit allen für den Erfolg erdenklichen und notwendigen Vorkehrungen. Aus dem erzielen Teilerfolg mußten die Lehren gezogen werden. So etwa hatten wir gemerkt, daß wir durch das Einschalten der Presse und mit dem Appell an die Öffentlichkeit, zu unserer Recherche beizutragen und Sichtungen gleich zu melden, Gefahr liefen, daß der wirklich entscheidende Hinweis in einem Ozean von Meldungen versank, die auf Verwechslungen beruhten. Auch mußten wir feststellen, daß die Zeugen, die uns rasch anriefen (d. h. noch während der Sichtung), genau jene waren, die verschiedenen Mißdeutungen zum Opfer gefallen waren. Die von uns gesuchten Zeugen, also jene, die das Glück hatten, ein wirklich ungewöhnliches Phänomen zu beobachten (häufig auch noch aus der Nähe), zogen es offenbar vor, lieber ihre Beobachtung fortzusetzen (um ja nichts zu verpassen) als zum Telefonhörer zu greifen. Diese Personen benachrichtigten uns erst einige Minuten, Stunden, wenn nicht gar Tage später; sie entschlossen sich dazu erst, wenn sich die Aufregung gelegt hatte und sie ihr Erlebnis so vernünftig wie eben möglich analysiert hatten.

Die zweite Lektion betraf die Organisation der mobilen Teams. Da Straßenkarten fehlten und die Aktionsbereiche nicht genau festgelegt waren, mußte gelegentlich umständlich improvisiert werden. So ist etwa wiederholt vorgekommen, daß alle vier Teams, telefonisch von Brüssel aus alarmiert, an der gleichen Stelle zusammentrafen, anstatt an ihren jeweiligen Standorten zu bleiben.

Die folgende Woche bot Gelegenheit, darüber nachzudenken, welche

2. CHRONIK EINER SICHTUNGSWELLE

Voraussetzungen erfüllt sein müßten, bevor eine neue Beobachtungskampagne gestartet werden könnte. Diesmal sollten mehrere Universitätsangehörige miteinbezogen werden, die Léon Brenig ihre Mitarbeit zugesagt hatten und wissenschaftliches Gerät mitbringen wollten. Auch die Luftwaffe, die sich taub gestellt hatte, wollten wir stärker einbinden. Wir wußten, daß man bei verschiedenen Stellen würde anklopfen müssen, um die schwerfällige Militärhierarchie zu irgend etwas zu bewegen.

Wir hofften, daß die auch General Terrasson zu Ohren gekommene Zeugenaussage von Brenig uns dabei von Nutzen sein würde, und wir zählten stark auf einige Journalisten, um unserem Ziel einer Teilnahme der Militärs näher zu kommen.

Gilbert Dupont war in dieser Hinsicht ein wichtiger Bundesgenosse. Seinen Artikel vom 22. März 1990 *(La Dernière Heure)* schloß er wie folgt:

> Ein Objekt, das im November zu Polemiken führte, dessen Geheimnis jedoch auch heute noch nicht enträtselt ist. Es ist vielleicht an der Zeit, daß man sich wirklich dafür interessiert. Und zwar ernsthaft!

In derselben Woche veröffentlichte die (heute nicht mehr existierende) Wochenschrift *Parce Que!* die Ergebnisse einer gemeinsam mit der ICSOP durchgeführten Umfrage. Titel: »Wenn die Außerirdischen morgen einträfen ...« Man hatte zwischen dem 13. und 16. März eine repräsentative Gruppe von 250 volljährigen Brüsselern und 250 Wallonen am Telefon befragt. Obwohl die Zeitschrift einen gewissen Sarkasmus pflegt, und alles ein wenig ironisch formuliert war, förderte die Befragung Bemerkenswertes zu Tage. So hatten 33,8 Prozent der Befragten den Eindruck, daß zur damaligen Zeit tatsächlich etwas Unerklärliches am Himmel über Belgien vor sich ging; 29,3 Prozent meinten, daß es sich in der Mehrzahl der Fälle um optische Täuschungen handle. Was andere Erklärungen angeht: Eine Mehrheit (50,5 Prozent) war nicht der Meinung, daß es sich um private Täuschungsmanöver handle; auch die Vermutung, geheime russische Fluggeräte würden erprobt, fand kaum Glauben (von 40,5 Prozent der Befragten abgelehnt); 34,5 Prozent verwarfen die Hypothese, es seien außerirdische Flugobjekte. Allgemein hielten sich die Leute mit Erklärungen eher zurück, und die einzige relative Mehrheit zeichnete sich für das Stereotyp des »kaum bekannten atmosphärischen Phänomens« ab (17,3 Prozent).

Während sich die SOBEPS intensiv darum bemühte, die neue, wissenschaftliche Beobachtungskampagne auf die Beine zu stellen, wurden die gemeldeten Sichtungen paradoxerweise seltener. Allein ein sehr interessanter Fall ließ uns aufhorchen. Die Ereignisse fanden in Xhoris-Ferrières (bei Lüttich) statt. Im Umkreis von etwa 400 Meter um das Haus der Zeugin liegen in westlicher Richtung Wiesen und Wälder. Weit und breit gibt es keine Straßenbeleuchtung. Es ist Montag, der 22. März 1990, gegen 22 Uhr. Yvette B. sieht gerade fern, als sich ihr ältester Sohn (11 Jahre) beklagt, wegen der großen Helligkeit in seinem Zimmer nicht einschlafen zu können. Als Frau B. feststellt, daß in das Zimmer tatsächlich trotz zugezogener Vorhänge helles Licht dringt, schaut sie neugierig aus dem Fenster und sieht drei starke, weiße Lichter, die in ihre Richtung strahlen. Die Landschaft ist deutlich zu erkennen. Die Lichter sind im Dreieck angeordnet, und das mittlere ist bei weitem das hellste. Hinten (bzw. unten) befindet sich ein orangefarbenes Blinklicht. Das Phänomen scheint sich in einer Entfernung von 300 bis 400 Meter aufzuhalten, und zwar ein gutes Stück über den Bäumen in etwa 40 Meter Höhe. Es bewegt sich sehr langsam zur Seite (von rechts nach links) und legt innerhalb von zehn Minuten eine Strecke von 400 Meter zurück, wobei die Lichtbündel auf die Zeugen gerichtet bleiben.

Als das Phänomen plötzlich anhält, bemerken die Zeugen neben einer veränderten Helligkeit unterhalb der Lichter einige Aufbauten, die »an ein *Baugerüst* erinnerten«. Kurz darauf löst sich eine senkrecht angeordnete zylindrische Form von der Hauptstruktur und kommt auf Frau B. und ihren Sohn zu. Die Form wirkt metallisch und wird von drei Lichtern beleuchtet. Nachdem sie sich zunächst langsam auf die Zeugen zu bewegt, bleibt sie etwa 200 Meter von ihnen entfernt stehen und kehrt dann rasch zu den Lichtquellen zurück, in die sie sich zu integrieren scheint. Kurz darauf vollzieht die zylindrische Form eine neuerliche Hin- und-zurück-Bewegung. Diese zweite Phase dauert zwanzig Minuten. Während der gesamten Beobachtung herrscht absolute Stille. Frau B. bekommt es mit der Angst zu tun. Sie beschließt, das Haus mit ihren beiden Kindern zu verlassen. Sie begibt sich zu zwei Kilometer entfernt lebenden Verwandten. Als sie gegen 23 Uhr zurückkehrt, ist alles verschwunden.

Jean-Marie Nicolik, ein Journalist bei der RTBF in Lüttich, entschloß

2. CHRONIK EINER SICHTUNGSWELLE

sich, unter Verwendung dieser Zeugenaussage einen diesem Thema gewidmeten Sendebeitrag zu verfassen. Michel Bougard und Oberstleutnant Billen wurden zu einer Diskussion ins Studio eingeladen. Thema sollte sein: Wer sind sie, woher kommen sie, und warum ausgerechnet Belgien? Die Diskussion wurde (am Freitag, dem 23. März 1990) im Rahmen des Magazins »Ce Soir« gesendet, das ab 19 Uhr von dem französischsprachigen Gemeinschaftssender ausgestrahlt wird. Die Talk-Show brachte aber keine neuen Aspekte. Interessanter war da schon ein Interview mit dem Verteidigungsminister. Als Michel Bougard bei den Fernsehstudios im Lütticher Palais des Congrès eintraf, war ihm der im Gehen begriffene Minister Coëme über den Weg gelaufen. Zu diesem Zeitpunkt konnte der Präsident der SOBEPS noch nicht ahnen, welche kleine »Bombe« der Minister – vielleicht unvorsichtigerweise – bei seinem Gespräch mit Jean-Marie Nicolik soeben angebracht hatte. Im Studio zu den UFO-Sichtungen über Belgien befragt, hatte der Minister nämlich zunächst (einmal mehr!) das Fehlen jeglicher Gefahr betont: Von den gemeldeten Fakten gehe keinerlei Bedrohung für die belgischen Bürger aus – womit er die offenkundige Apathie der Militärs zu rechtfertigen suchte. Zum Schluß jedoch fiel dieser für uns entscheidende Satz: »Ich habe die Luftwaffe soeben autorisiert, der SOBEPS alle verfügbaren Informationen zur Verfügung zu stellen.« Er erinnerte erneut daran, daß das Problem – da das Phänomen laut SOBEPS keinerlei Feindseligkeiten zeige – gleichermaßen in den Zuständigkeitsbereich des Kommunikations- und des Innenministeriums falle wie in den des Verteidigungsministeriums.

Dies war eine elegante Art, anderen den Schwarzen Peter zuzuschieben; für uns war es jedoch vor allem eine unerwartete Anerkennung. Aus dieser neuen Lage mußten wir um jeden Preis Nutzen ziehen, um vielleicht doch noch die Grundlagen für eine wirklich effiziente Zusammenarbeit zu legen. Wir waren fest entschlossen, auf alle Angebote einzugehen. Weniger als 48 Stunden nach diesem Interview sollte uns eine weitere Fernsehdiskussion Gelegenheit geben, die Militärs (zumindest jene, die sich jeglicher Form der Zusammenarbeit entgegenstellten) dazu zu bewegen, das, was eigentlich ihre Pflicht war, auch wirklich ernst zu nehmen. Diese Diskussion wurde von RTL-TVi im Rahmen des Magazins »Contrepoint« veranstaltet, das im allgemeinen politischen Fragen vorbehalten ist. Am Sonntag, dem 25. März, hatte der Moderator Baudoin Cartuyvels für den frühen Abend folgende mit der UFO-Frage befaßten Gesprächspartner eingeladen: Michel Bougard und Léon Brenig als Vertreter der SOBEPS, Oberst Wilfried De Brouwer und – aus Gründen der Ausgewogenheit – den Astronom André Lausberg.

In der Sendung bekräftigte Oberst De Brouwer zunächst das Interesse der Armee an der Frage:

> Es liegt auf der Hand, daß die Luftwaffe die gesammelten Zeugenaussagen über die Präsenz nicht identifizierter Flugobjekte im belgischen Luftraum ernst nimmt. Zweimal wurden von uns F-16-Jäger eingesetzt, um die von den Zeugen vom Boden aus gemachten Beobachtungen zu verifizieren. Beim ersten Mal, und zwar im Raum Lüttich, sind unsere Piloten zu spät gekommen. Beim zweiten Mal, in der Nähe von Diest, konnten wir feststellen, daß die Beobachtungen von Laserstrahlen herrührten, die von einer Diskothek aus projiziert wurden. Es ist auch vorgekommen, daß wir zivile Piloten um Überprüfungen gebeten haben, wir haben sogar einmal die Besatzung einer C-130 aufgefordert, einen anderen Kurs zu nehmen. Die Männer konnten zwar an der von uns angegebenen Stelle ein deutliches Licht erkennen, waren jedoch nicht in der Lage, sich ihm zu nähern. Daß bisher keine einzige Sichtung mit Radar verifiziert werden konnte, mag daran liegen, daß unsere Radars lediglich für die Ortung bestimmter Typen von Fluggeräten konzipiert sind, für andere wiederum nicht!

Der Gruppenleiter an der Universität Lüttich, André Lausberg, erhob die Forderung, daß man sich vor übereilten Schlüssen hüten und die Aussagen durchsieben müsse, da bekanntlich einer bestimmten Zahl von Beobachtungen eine Verwechslung mit dem Stern Sirius oder aber falsch eingestellte Ferngläser (bzw. Videokameras) zugrunde lägen. Léon Brenig erinnerte an die bei seiner Beobachtung vom vorangegangenen Sonntag herrschenden Bedingungen:

> Die Beobachtungen sind eine Herausforderung an die Wissenschaft, unsere Streitkräfte und die Öffentlichkeit. Dieser Herausforderung müssen wir uns stellen. Bislang haben wir immer nur mit sehr dürftigem, von Amateuren gehandhabtem Material gearbeitet. Da es zunächst einmal darum geht, zu seriösen und verläßlichen Zeugenaussagen zu kommen, streben wir eine neue Beobachtungskampagne sowie die Mithilfe staatlicher Stellen an, speziell die der Luftwaffe.

Diesmal stand eines unmißverständlich fest: Wir wollten schlichtweg eine klare Antwort der verantwortlichen Stellen. Am Ende der Diskussion ließ sich Michel Bougard die Gelegenheit nicht entgehen, den von Léon Brenig ausgesprochenen Gedanken mit größtem Nachdruck weiterzuführen:

> Uns bietet sich eine phantastische Gelegenheit. Wenn wir sie verpassen, werden viele dies später noch sehr bereuen. Wir haben die einzigartige Chance, endlich in Erfahrung zu bringen, worum es sich bei dem UFO-Phänomen wirklich handelt. Ich gebe den Ball an die staatlichen Stellen und speziell an das Verteidigungsministerium weiter. Was können sie uns außer Informationen noch geben? Wir brauchen Mittel, und diese Mittel möchten wir jetzt haben!

Oberst De Brouwer folgte diesen Ausführungen mit größter Aufmerksamkeit und begnügte sich damit, sich einverstanden zu zeigen, während der Nachspann der Sendung ablief.

Bereits am nächsten Tag wurden die positiven Aspekte dieser Diskussion von der Presse betont. *La Dernière Heure* brachte die Überschrift: »Luftwaffe nimmt Affäre ernst«, und in *Le Soir* sprach Daniel Conraads von der »dreifachen Herausforderung durch die belgischen UFOs«. Sollte endlich Bewegung in die Sache kommen?

Michel Bougard hatte in seiner Schlußbemerkung in »Contrepoint« die Sache klar und deutlich auf den Nenner gebracht: Die SOBEPS erwartete nunmehr logistische Mittel, um weiterarbeiten zu können – und diese Unterstützung konnte nur von den Militärs kommen. Da der Minister quasi grünes Licht gegeben hatte und die Mehrheit der ranghohen Militärs einem solchen Vorhaben nicht feindselig gegenüberstand, war nur noch ein kleiner Anstoß nötig, um den Dingen eine positive Wendung zu geben. Dieser Wink des Schicksals, den wir uns nicht zu erhoffen gewagt hatten, ließ nicht einmal besonders lange auf sich warten: Bereits Ende März sah sich die Armee mit einem weiteren Rätsel konfrontiert, als auf mehreren ihrer Radars Echos auftauchten, die sich äußerst ungewöhnlich verhielten. Davor konnte nun niemand mehr die Augen verschließen.

Eine verrückte Nacht für die F-16

Wir wollen versuchen, die Chronologie dieses Hauptereignisses, wie es von der SOBEPS erlebt wurde, so genau (und objektiv) wie möglich nachzuzeichnen. Die berühmte Nacht vom 30. März 1990 war mit Sicherheit die letzte ruhige Nacht für unseren Generalsekretär. Die folgenden vierzehn Tage sollten für Lucien Clerebaut und seine Mitarbeiter zu den verrücktesten Wochen seit Beginn der Sichtungswelle werden.

Samstag, 31. März, Avenue Paul Janson, Anderlecht. Wie immer am Samstag geht es ab Mittag in unseren Büros wie in einem Taubenschlag zu: Verwaltungsarbeiten und die Post der vergangenen Woche sind zu erledigen, Mitarbeiter und Besucher geben sich die Klinke in die Hand, Akten werden geordnet etc. Doch dieser Tag verläuft um einiges hektischer, als wir es gewohnt sind. Innerhalb weniger Minuten nämlich gehen zwei ziemlich unglaubliche Meldungen bei uns ein.

Das Telefon steht nicht still, aber einer der Anrufe läßt bei Lucien Clerebaut die Alarmglocken klingeln: Der Dienststellenleiter der Gendarmerie von Wavre, Hauptmann Pinson, überschüttet ihn mit dem, was sich in Wallonisch-Brabant nur wenige Stunden vorher ereignet hat: Sichtungen durch mehrere seiner Männer, Einsatz von F-16, nicht identifizierte Echoimpulse auf den Radarschirmen von Glons. Kaum hat er aufgelegt, gehen mehrere Anrufe von Mitgliedern und Interviewern aus dem Raum Wavre ein, die ebenfalls von diesem unglaublichen nächtlichen Ballett berichten.

Wir sind gespannt und voller Erwartung. Wir möchten Kontakt mit dem Militär aufnehmen, um mehr zu erfahren, aber es ist Wochenende, und die Sache scheint hochbrisant. Außerdem besteht keine Möglichkeit, mit Oberst De Brouwer zu sprechen, der in offizieller Mission in einer C-130 der Luftwaffe über dem Atlantik unterwegs ist.

Während wir noch an einer Strategie für eine Untersuchung vor Ort arbeiten, erhält Lucien Clerebaut einen weiteren unerwarteten Anruf: In derselben Nacht meldet sich ein gewisser Marcel Alfarano aus Brüssel, der angeblich gegen 2 Uhr morgens eine Videoaufnahme von einem dreieckigen UFO mit drei weißen Lichtern und einem roten Blinklicht in der Mitte gemacht hat. Im Gegensatz zu den bisherigen Filmen sei seiner von außergewöhnlicher Qualität, versichert Alfarano am anderen

2. CHRONIK EINER SICHTUNGSWELLE

Ende der Leitung. Unser Generalsekretär bittet den neuen Zeugen, uns den Film nach Möglichkeit persönlich zu bringen, was dann am Nachmittag auch geschieht.

Am Abend suchen Lucien Clerebaut, Patrick Ferryn und José Fernandez den Gendarm Renkin in Ramillies auf. Nach eingehender Befragung beschließen die drei SOBEPS-Mitarbeiter, am Ort zu bleiben, um den Himmel weiter zu beobachten. Gegen 1.05 Uhr, in den ersten Stunden des Monats April 1990, werden auch sie Zeugen eines merkwürdigen Himmelsphänomens, das sich in wenigen hundert Metern Höhe über sie hinwegbewegt. Auf ihre Aussage kommen wir später, im Zusammenhang mit den Fotos zu sprechen, die vom Überflug des UFOs gemacht wurden. Sie zeigen Dinge, auf die unsere Freunde nicht gefaßt waren und die von Professor A. Meessen als mögliches Resultat des Herschel-Effekts interpretiert werden.

Im späteren Verlauf dieses Sonntages, dem 1. April, finden sich die SOBEPS-Mitarbeiter wieder in Brüssel ein, um den von Alfarano vorgelegten Videofilm zu begutachten. Am selben Abend wurde von RTL-TVi ein der Situation angemessener Aprilscherz ausgestrahlt. Es ging um die Landung eines UFOs, doch das Ganze war ziemlich grob gestrickt. Dennoch stellen uns gelegentlich Leute noch heute zu dieser Geschichte Fragen, die sie für bare Münze genommen hatten.

Das Video des Brüsselers schien sich in der Tat von allen anderen bisherigen Aufnahmen abzuheben. Erstmals ist das »Phantombild« des UFOs, wie es Hunderte von Malen beschrieben wurde, gut zu erkennen: drei im Dreieck angeordnete Lichter und in der Mitte ein Blinklicht. Eine tragende Konstruktion freilich ist nicht zu erkennen. Das Ganze ist in einer langsamen Bewegung in mittlerer Höhe begriffen. Endlich hielten wir »den« Film und »den« entscheidenden Fall in Händen.

Montag morgen stürzten wir uns auf die Tageszeitungen und durchforschten sie nach Meldungen zu den Ereignissen. In *La Dernière Heure* schrieb Gilbert Dupont:

> Neue besorgniserregende Episode der UFO-Jagd: In der Nacht von Freitag auf Samstag gegen 0.15 Uhr starteten zwei F-16 vom Luftwaffenstützpunkt Beauvechain, nachdem über mehreren Orten, speziell im Raum Wavre, Beobachtungen gemacht und offenbar auch auf den Radarschirmen registriert worden waren. Nach Auskunft des Pressesprechers des

Verteidigungsministeriums, der den Vorgang bestätigt, haben die beiden Piloten nichts entdeckt und sind wenig später unverrichteterdinge zu ihrem Stützpunkt zurückgekehrt. Der genaue Ablauf der Ereignisse ließ sich am Sonntag nicht in Erfahrung bringen.

Le Soir brachte die Schlagzeile: »UFO durch Jäger nicht aufgespürt« und präzisierte die Kurzmeldung der Nachrichtenagentur Belga folgendermaßen:

> Die beiden zum 1. Jagdgeschwader gehörigen Flugzeuge starteten gegen 0.15 Uhr auf Geheiß des Radarzentrums Glons (bei Tongres), wo man – so der von Belga befragte Informationsdienst des Verteidigungsministeriums (SID) – ein nicht identifiziertes »Echo« entdeckt hatte. Die Piloten der beiden F-16 hätten allerdings nichts entdecken können und seien wenig später unverrichteterdinge zum Stützpunkt zurückgekehrt. Das für die Überwachung des belgischen Luftraums zuständige Radarzentrum Glons erhielt vom Verteidigungsminister die Weisung, im Bemühen, das Geheimnis der UFOs zu enträtseln, die sich seit November im Osten des Landes zeigen, mit der SOBEPS zusammenzuarbeiten. Vom Radarzentrum Glons wurden in den vergangenen Monaten wiederholt nicht identifizierte Echoimpulse geortet. Seitens des SID äußerte man am Samstag, das »sensiblere« Radar von Glons habe die Aufspürung des in der Nacht aufgezeichneten Echos ermöglicht.

»Unverrichteterdinge«! Was sollte das bedeuten?

Die langen Gespräche, die wir eben erst mit den Gendarmen Renkin und Pinson geführt hatten, ließen das genaue Gegenteil vermuten. Für sie stand fest, daß sich in der knappen Stunde, die der Flug der beiden F-16 gedauert hatte, »gewisse Dinge« ereignet hatten: Der Funkverkehr mit der Radarstation Glons und die Kursvorgaben an die Flugzeuge ließen offensichtlich auf punktuelle Berührungen mit nicht identifizierten Echos schließen.

Wir tappten ziemlich im Dunkeln. Konfusion und übereiltes Handeln mußten zwar um jeden Preis vermieden werden, doch die Zeit drängte. Lucien Clerebaut beschloß, das Eisen zu schmieden, solange es noch heiß war. Er setzte sich mit der Leitung der Gendarmerie in Verbindung und bat um den vollständigen Bericht der verschiedenen Streifendienste, in deren Zuständigkeitsbereich die Sichtung in Wallonisch-Brabant fiel. Dem wurde entsprochen, die SOBEPS erhielt diese wichtigen Unterlagen mit

2. CHRONIK EINER SICHTUNGSWELLE 251

Sonderkurier. Sobald er das kostbare, mehrseitige Dokument in Händen hielt, griff Clerebaut zum Telefonhörer und benachrichtigte den soeben zurückgekehrten Oberst De Brouwer. Jetzt mußte gehandelt werden!

Am Mittwoch, dem 4. April, kommt De Brouwer unserer Einladung nach und sucht uns in unserem Brüsseler Büro auf. Er wird von Lucien Clerebaut, Léon Brenig und Michel Bougard begrüßt; dies ist der erste Besuch des Leiters der operativen Abteilung Luftwaffe. In den letzten Tagen davor mußten sich demnach wichtige Dinge ereignet haben. Die Tagesordnung hatte es denn auch in sich: Planung eines gemeinsamen Vorgehens mit Gendarmerie, Militär und Wissenschaftlern, um – wie wir alle insgeheim hoffen – endlich zuverlässige Informationen über das belgische UFO-Phänomen zu erhalten.

In diesem Zusammenhang erfuhren wir, daß eine interministerielle Gruppe noch am selben Tage auf die Anregung von Oberst De Brouwer eingegangen war, der SOBEPS bei der Organisation eines Wochenendes der »wissenschaftlichen UFO-Jagd« unter die Arme zu greifen. Diese auf den Namen »UFO-IDENTIFIZIERUNG« getaufte Operation sollte Mitte April, über Ostern, stattfinden. Am Mittwoch, dem 11. April, fanden sich beim taktischen Stab der Luftwaffe die Hauptverantwortlichen der Aktion ein, diesmal aus einem offizielleren Anlaß. Vertreten waren Lucien Clerebaut und Léon Brenig für die SOBEPS, die Obersten De Brouwer, Nuyts und Huybens, der Kommandant des Flughafens Bierset, Philippe Dumonceaux, Leutnant Delpierre (als Vertreter der Gendarmerieführung), die Oberstleutnants Kerkhofs und Billen, sowie die Besatzungen der beiden uns für das Unternehmen zur Verfügung gestellten Flugzeuge. Folgendes wurde schriftlich festgehalten:

> Aufgrund der zahlreichen, in den vergangenen Monaten im belgischen Luftraum beobachteten Phänomene, der vielfältigen eingegangenen Zeugenaussagen und der möglichen Existenz von UFOs in diesem Luftraum wird von der Belgischen Gesellschaft zur Erforschung von Weltraumphänomenen (SOBEPS) vom 13. bis 17. April 1990 ein verlängertes Beobachtungswochenende ausgerichtet. Die belgischen Streitkräfte sind beauftragt, die für den reibungslosen Ablauf dieser vom Flugplatz Lüttich-Bierset ausgehenden Aktivitäten erforderliche Unterstützung zu gewähren. Eine Hawker-Siddeley (HS 748) vom 15. WTptAé und eine Islander von der SchLtAvn werden zwischen dem 13. April, 17 Uhr, und dem

17. April, 2 Uhr, in Bierset auf Abruf bereitgehalten, um eventuell zu Beobachtungszwecken eingesetzt zu werden (...). Im Fall einer Sichtung vom Boden aus muß eine Bestätigung durch die örtliche Gendarmerie oder durch ein mobiles Team der SOBEPS vorliegen, bevor die Maschinen über das CRC Glons zu aktivieren sind. Nur das CRC ist befugt, Startbefehle für die HS 748 und die Islander zu erteilen. Das CRC wird umgehend das ADNC (Air Defense Notification Center) und das TCC/RP Semmerzake (Traffic Center Control/Reporting Post) benachrichtigen. Der Start der F-16 darf erst bei Vorliegen eines Radarkontakts (scramble) und ausschließlich dann erfolgen, wenn Glons eine weitergehende Identifizierung für notwendig erachtet.

(...) An Bord der bereitgehaltenen Maschinen wird sich folgende Ausrüstung befinden: Nachtgläser, OIP HNV (Holographic Night Vision), monokulares Fernrohr, Infrarotsystem (FLIR) TI-CN II (...). Die SOBEPS ist befugt, eine begrenzte Zahl von Mitarbeitern zu bestimmen, die für die Beobachtung an Bord genommen werden.

Abbildung 2.52 zeigt das Deckblatt des Protokolls der vorbereitenden Sitzung vom 11. April 1990. Es hat folgenden Wortlaut:

BETREFF: UFOs

Bezug: Vorbereitende Sitzung vom 11. April 90

1. Hinsichtlich eines von der Belgischen Gesellschaft zur Erforschung von Weltraumphänomenen (SOBEPS) vom 13. bis 17. Apr. 90 organisierten Beobachtungswochenendes fand am 11. Apr. 90 im QG Comdt TAF eine Sitzung statt.
2. Beiliegend finden Sie die im Anschluß an die Sitzung ergangene Dienstanweisung zur Unterstützung der SOBEPS durch die Streitkräfte.

gez. W. DE BROUWER

Der Kommandeur der taktischen Luftwaffe, General Terrasson, hatte schon zuvor sein Interesse an der UFO-Frage bekundet. Auch er war zu der Sitzung eingeladen worden. In seinem Beisein dankte Lucien Clerebaut der Luftwaffe in Person von Oberst De Brouwer für ihre Aufgeschlossenheit und ihre Bereitschaft zu einer wirklichen Zusammenarbeit. In seiner Antwort verlieh der Oberst seiner Freude über die Seriosität der SOBEPS Ausdruck. Unser Generalsekretär hatte eine Kopie des Alfarano-Films mitgebracht und bat darum, ihn den anwesenden Militärs noch vor Beginn der eigentlichen Sitzung zeigen zu dürfen. Das

2. CHRONIK EINER SICHTUNGSWELLE

FORCES ARMEES

Le **12-04-1990**
YS3/Ctl-Met/90-*1414*
Annexe (s) : *9*

ETAT-MAJOR GENERAL

Etat-Major de la Force Aérienne

Quartier Reine ELISABETH
Rue d'EYERE
1140 BRUXELLES
Tf. : EYERE SUD 4951

Liste des destinataires : voir Ann G

OBJET : OVNI.

Ref : Réunion préparatoire du 11 Avr 90.

1. En vue d'un week-end d'observation organisé par la Société Belge d'Etude de Phénomènes Spatiaux (SOBEPS) du 13 au 17 Avr 90, une réunion a eu lieu au QG Comdt TAF le 11 Avr 90.

2. Suite a cette réunion veuillez trouver ci inclus un Ordre d'Opération concernant le support des Forces Armées à la SOBEPS.

W. DE BROUWER
Col Avi BEM
YS3

Abb. 2.52

Urteil der Militärs war einstimmig: Was da über Brüssel gefilmt worden war, war kein Flugzeug!

Am Tag darauf (Donnerstag, 12. April) fuhr Lucien Clerebaut zum Flughafen Bierset, um mit dem Kommandanten Dumonceaux die Einzelheiten über die Räumlichkeiten, die der SOBEPS zur Verfügung gestellt werden sollten, und deren Ausstattung zu besprechen: Telefonanschlüsse, verfügbare Büros, Unterbringung der anwesenden Mitarbeiter und Nutzung der sanitären Anlagen usw. Währenddessen war Michel Bougard damit beschäftigt, Teams aus Mitarbeitern und Mitgliedern zusammenzustellen, die als mobile oder stationäre Gruppen die unerläßlichen Schaltstellen zwischen dem zentralen Posten in Bierset, den Zeugen und (gegebenenfalls) den Gendarmen bilden sollten. Glücklicherweise hatten mehrere Dutzend unserer Mitglieder ihre Anwesenheit zugesagt, und so konnten zahlreiche Teams gebildet werden, die sich über den gesamten französischsprachigen Teil des Landes verteilen sollten. Es ist dem unermüdlichen Einsatz der Herren Recollet und Goffart zu verdanken, daß die SOBEPS außerdem auf die tatkräftige Mithilfe der Amateurfunker zurückgreifen konnte. In der Nähe unserer Zentrale in Bierset sollte überdies ein fester Posten eingerichtet werden, um so den Erkundungsbereich zu erweitern und unser »Fangnetz« zu vergrößern.

Während wir unsere ganze Energie auf die Vorbereitung dieser Operation konzentrierten, auf die wir noch wenige Tage zuvor nicht zu hoffen gewagt hatten, ereignete sich zu unserem Ärger eine weniger glückliche Episode. Die Nachricht von der Existenz des Alfarano-Films war schließlich auch den Journalisten zu Ohren gekommen, und am Dienstag, dem 3. April, berichtete Gilbert Dupont in *La Dernière Heure* darüber und beklagte sich, daß er ihn noch nicht habe sehen können. Clerebaut und Bougard nämlich waren zu dem Schluß gekommen, daß dieses Dokument nicht zum Gegenstand einer Sensationsmeldung werden dürfe. Wir wußten, daß nicht wenige Journalisten nach dem »Foto des Jahrhunderts« auf der Lauer lagen. Von daher beabsichtigten wir, möglichst bald eine Pressekonferenz anzusetzen und an die anwesenden Journalisten kostenlos Kopien dieses Films zu verteilen. Wir hatten Patrick Ferryn das Originaldokument anvertraut, um A.D.O.-Vergrößerungen anzufertigen [Ampex Digital Optics; ermöglicht Einzelbildbetrachtung und Ausschnittsvergrößerungen; A. d. Ü.]. Wir schirmten somit diesen Film, dessen Urheber uns die Exklusivrechte zugesichert hatte, nach besten Kräften ab.

Doch bereits am nächsten Tag (dem 4. April) kündigte *La Dernière Heure* auf der Titelseite an: »Exklusiv (auf Seite 2): Foto vom UFO über Brüssel«. Im Innenteil fand sich ein schlechtes (offenbar von einem Fernsehbildschirm abgenommenes) Foto, das jedoch als »exklusiv« dargeboten wurde. Damit war eingetreten, was wir so sehr befürchtet hatten! Der Begleittext trug die Unterschrift von Gilbert Dupont; also hatte auch er den Film gesehen, der angeblich nur von dem Zeugen und einigen Mitgliedern der SOBEPS begutachtet worden war.

Wer war der »Verräter«? Wir hielten es für ausgeschlossen, daß es in unseren eigenen Reihen eine »undichte Stelle« geben könnte. Wie unwohl wir von der SOBEPS uns in den folgenden Stunden in unserer Haut fühlten, kann man sich leicht ausmalen. War es möglich, daß sich unter uns ein »Maulwurf« verbarg? Marcel Alfarano, der Verfasser des Films, schwor bei allen Heiligen, daß er seinen Verpflichtungen nachgekommen sei: Er habe der SOBEPS das Original anvertraut, und niemand sonst habe den Film seitdem gesehen, da er nicht einmal selbst eine Kopie besitze. Gilbert Dupont (der bisher viel und meist positiv über unsere Arbeit berichtet hatte) hielt sich bedeckt, verschanzte sich hinter seinem Berufsethos und wollte seine Quelle nicht preisgeben. Wir wollten das unbedingt klären, da die Atmosphäre unerträglich wurde. Schließlich gelangten wir in einem letzten Gespräch mit Dupont, bei dem der Journalist von *La Dernière Heure* freilich auch nicht mit der Sprache herausrückte, zu der fast hundertprozentigen Gewißheit, daß es Alfarano selbst gewesen sein mußte, der dem Brüsseler Journalisten den Film gezeigt hatte. Vermutlich hatte er, mit Geld geködert, nachgegeben und später die Wahrheit verdrängt. In den folgenden Wochen und Monaten legte Alfarano ein Verhalten an den Tag, das diese Vermutung bestätigte. Wegen seiner späteren Haltung, seiner widersprüchlichen Behauptungen und direkten finanziellen Forderungen sehen wir sein Filmdokument heute in einem weit schlechteren Licht als damals.

Die Ereignisse überstürzten sich. Um über alle aktuellen Aspekte zu informieren, beschlossen wir, für den Vormittag des 9. April (Montag) eine Pressekonferenz einzuberufen. In unserem Anderlechter Büro sollten die folgenden drei Punkte abgehandelt werden:

- Vorführung des Alfarano-Films;
- Erläuterungen zum Vorfall in der Nacht vom 30. auf den 31. März 1990;
- Planung des Beobachtungswochenendes über Ostern in Bierset.

Neben Hauptmann Pinson und MDL Renkin hatten wir auch Alfarano eingeladen. Dieser zögerte aber im letzten Moment und bemühte sich, aus seiner Anwesenheit und der Verbreitung des Films Kapital zu schlagen. Die von ihm vorgebrachten Argumente waren jedoch so irrational, daß ihn Michel Bougard rasch überzeugen konnte, uns zu vertrauen und sein Filmdokument für die zahlreichen Vertreter der belgischen und ausländischen Presse und des Fernsehens zu kommentieren.

Michel Bougard leitete die Pressekonferenz mit einer Zusammenfassung der Ereignisse in der Nacht vom 30. auf den 31. März ein. Mit Hilfe der Gendarmen Pinson und Renkin hatten wir versucht, die zeitliche Abfolge quasi Minute für Minute zu rekonstruieren. Danach führte Patrick Ferryn Alfaranos Film vor, und Léon Brenig kam im einzelnen auf das für Ostern geplante Unternehmen »Ufo-Identifizierung« zu sprechen. An jenem Abend brachten sämtliche belgischen Fernsehsender Ausschnitte aus dem Videodokument, das entsprechend unserem Beschluß kostenlos an alle anwesenden Journalisten verteilt worden war. Am Tag darauf waren die Tageszeitungen an der Reihe. *Le Soir*: »UFO – beunruhigender Film, Armee auf der Jagd«. *La Dernière Heure*: »UFO-Geheimnis im Schlaglicht«. In der Ausgabe der letztgenannten Zeitung vom 11. April ging Gilbert Dupont auf ein Interview ein, das er kurz zuvor mit Oberst De Brouwer geführt hatte. Dieser hatte ihm gegenüber folgendes geäußert:

> Anfangs waren unsere Piloten natürlich skeptisch, doch wir fangen an, uns an diesen Gedanken zu gewöhnen. Für uns steht fest, daß in den letzten Wochen bestimmte Dinge registriert wurden, speziell beim Radarkontrollzentrum Glons, Dinge, die in einem Bericht zusammengefaßt sind, der an verschiedene militärische Stellen weiterzuleiten und dem Verteidigungsminister vorzulegen ist, bevor er dann eventuell veröffentlicht wird.

Erstmals war damit offiziell bei den Militärs von einem »Bericht« die Rede. Die beiden F-16-Piloten waren also doch nicht so »unverrichteterdinge« zurückgekehrt, wie man uns glauben machen wollte. Von jetzt an würden wir nicht mehr lockerlassen, die Veröffentlichung des Berichts zu fordern und zu versuchen, etwas über seinen Inhalt zu erfahren.

Ebenfalls am 11. April 1990 brachte die *Prawda* einen zweiten Artikel über die belgische UFO-Welle; *Libération* hatte am Vortage berichtet. Was das Fernsehen angeht, brachte »La Cinq« eine wichtige Reportage über die belgischen UFO-Sichtungen. Der Beitrag wurde im Rahmen des Magazins »Reporters« ausgestrahlt und von Patrick de Carolis kommentiert; es handelte sich um eine bemerkenswerte Untersuchung von Agnès und Jean-Pierre Bartol, die das Problem in seinen verschiedenen aktuellen Facetten beleuchtete.

Ein neues »Ding« in Wallonisch-Brabant

Ganz vom Strudel der sich überstürzenden Begegnungen und Gespräche ergriffen und in dem Bewußtsein, eine wichtige ufologische Phase zu durchleben, hätten wir beinahe vergessen, dem Leser zu berichten, was die ganze Aufregung überhaupt rechtfertigte: nämlich die nicht abreißende Flut von Nahsichtungen (Überflügen) weiterhin unidentifizierter Flugobjekte.

Zunächst wäre eine Chronologie der Phänomene zu erstellen, die in jener berühmten Nacht vom 30./31. März 1990 beobachtet worden waren. Wir möchten jedoch gleich zu Beginn einige Dinge betonen. Die Vorkommnisse werden nicht von allen gleich beurteilt. Die einen sehen darin einen bemerkenswerten Fall, in dem Dutzende von vereidigten Zeugen an verschiedenen Orten durch Radar bestätigte Sichtungserlebnisse hatten. Andere wiederum weisen auf den atypischen Charakter der Beobachtungen hin (sehr weit entfernte Leuchtpunkte anstelle von als Festkörper ausmachbaren Objekten in geringer Höhe), ja sogar auf die reale Gefahr einer Verwechslung mit astronomischen Körpern (Sterne, Jupiter). Dominique Caudron treibt diese Hypothese übrigens in einem Artikel des Oktoberhefts von *Science & Vie* auf die Spitze, der »Stimmt! Ich hab's gesehen!« überschrieben ist. Ohne sich den gänzlich negativen Schlußfolgerungen des aus Lille gebürtigen »Ufologen« anzuschließen, kann man nach Ansicht einiger SOBEPS-Mitarbeiter nicht ausschließen, daß – zumindest für einen Teil der gemeldeten Fakten – eine solche astronomische Verwechslung vorliegen könnte. Wie dem auch sei, die Erlebnisse der Gendarmen aus

Wallonisch-Brabant haben für uns jedenfalls eher strategische Bedeutung, ufologischen Erkenntnisgewinn erbringen sie weniger. Der Vorfall war höchstwahrscheinlich ausschlaggebend für das Verhalten des Militärs, das schließlich in die aktive Zusammenarbeit von Luftwaffe und SOBEPS mündete.

Nun also zur Chronologie der Ereignisse, wie sie sich aus den Berichten der verschiedenen beteiligten Gendarmen ergibt.

Am Abend des 30. März 1990 leitete Hauptmann Pinson, der Dienststellenleiter der Gendarmerie Wavre, im östlichen Teil der Stadt einen Einsatz, bei dem Alkoholkontrollen durchgeführt wurden.

Um 23.08 Uhr erfährt er von MDL Chef Vossem, der den Einsatz der Streifenwagen koordiniert, daß MDL A. Renkin, der an jenem Abend keinen Dienst hat, von zu Hause (Ramillies) angerufen und am westlichen Himmel einige Leuchtphänomene gemeldet habe. Hierzu MDL Renkin später:

> Ich war mit meiner Frau und einem befreundeten Ehepaar, Herrn und Frau I., zusammen. Meine Frau berichtete mir, daß draußen am Himmel eine unbewegliche Lichtquelle zu sehen sei, und fragte mich, ob ich das für ein Flugzeug hielte. Nachdem ich an das Westfenster getreten war, konnte ich in etwa 70° tatsächlich einen anscheinend unbeweglichen Leuchtpunkt erkennen, der etwa dreimal so groß war wie ein Stern. Seine Farbe wechselte zwischen Weiß, Gelb, Grün oder Blau sowie Rot. Nachdem ich der besseren Sicht halber nach draußen gegangen war, konnte ich feststellen, daß sich das Objekt ruckweise zur Seite bewegte und dabei von Zeit zu Zeit Kreise beschrieb. Aus diesen Bewegungen und angesichts des schnellen Hin und Her von links nach rechts habe ich geschlossen, daß es sich nicht um ein Flugzeug handeln konnte. Alle vier waren wir draußen und haben das Phänomen einige Augenblicke lang beobachtet und versucht, seine Bewegungen zu analysieren. Es bewegte sich mit geringer Geschwindigkeit hauptsächlich in westliche Richtung, von Osten nach Westen.
>
> Ich habe daraufhin beim Stützpunkt Beauvechain angerufen, um nachzufragen, ob denn auf den Radarschirmen nichts zu sehen sei. Man sagte mir, die Radaranlage sei am Wochenende nicht in Betrieb, doch man wolle sich beim CRC Glons erkundigen. Ich konnte nicht nur die stoßweisen seitlichen Bewegungen des Phänomens beobachten, sondern auch, wie es sich anscheinend im Schwebeflug über Perwez und Aische-en-Refail auf-

hielt. Zu einem bestimmten Zeitpunkt, gegen 23.05 Uhr, nahm der Leuchtpunkt eine rote Färbung an und setzte sich Richtung Gembloux in Bewegung; er flog dabei zunehmend höher bzw. entfernte sich zumindest von unserem Standort. Ich habe dann nochmals in Beauvechain angerufen, um ihnen die Ortsveränderung mitzuteilen. Von der Telefonzentrale wurde ich direkt mit Glons verbunden, und ich schilderte meinem neuen Gesprächspartner nochmals meine Beobachtungen. Ich erhielt die Antwort, daß man vielleicht zwei Flugzeuge hochschicken würde. Ich legte auf, und als ich gerade wieder nach draußen ging, trafen Hauptmann Pinson und der 1. MDL Jamotte ein, die auf Betreiben von Glons geschickt worden waren.

Ich habe ihnen die grobe Richtung gezeigt, und nachdem wir das Phänomen lokalisiert hatten, entdeckten wir zwei weitere, weniger helle und kleinere Lichtpunkte, die zusammen mit dem ersten ein gleichschenkliges Dreieck bildeten. Das erste (hellere) Phänomen entfernte sich weiterhin nach Westen, Richtung Gembloux, und die beiden anderen hatten folgende Positionen: das eine, das die Spitze des Dreiecks bildete, befand sich in 60° auf der Achse Thorembais-St-Trond, und das zweite weiter rechts zwischen 40° und 50° auf der Achse Chaumont-Gistoux. Abschließend möchte ich betonen, daß mir das als erstes gesichtete Phänomen weit größer und heller schien als die beiden anderen. Der Farbwechsel war identisch, ohne daß es allerdings einen erkennbaren Rhythmus oder eine festgelegte Reihenfolge gab. Zu einem gewissen Zeitpunkt, den ich nicht genau angeben kann, flog eine Linienmaschine über das von den drei Phänomenen gebildete Dreieck hinweg. Die Lichter nahmen einen intensiven Rotton an und schienen sich in raschen, weiten Hüpfern zur Seite zu entfernen. Nachdem das Flugzeug vorbeigeflogen war, hatten wir den Eindruck, daß sich die Lichter ungefähr an ihre vorigen Positionen zurück bewegten und dabei wiederum das Dreieck bildeten. Daraufhin wurde das Dreieck zunehmend flacher, weil sich das linke Phänomen weiterhin Richtung Gembloux-Auvelais auf den Horizont hin entfernte, bis wir es schließlich aus den Augen verloren. Diese Phänomene wurden zwischen 23 und 1.30 Uhr beobachtet. Das Licht, das sich auf der Achse Thorembais-St-Trond entfernte, blieb bis zuletzt schwach sichtbar.

Um 23.05 Uhr hatte Leutnant Van Hauwermeiren vom Radarzentrum Glons die Einsatzleitung Wavre über MDL Renkins Anruf informiert. Hauptmann Pinson, von MDL Chef Vossem unverzüglich in Kenntnis gesetzt, hatte sich in Begleitung seines Fahrers, 1. MDL Jamotte, sofort zum Ort des Geschehens begeben. Nachdem sie die N91 zwischen Glimes und Noville-sur-Mehaigne in beiden Richtungen abgefahren waren und dabei nichts Ungewöhnliches hatten feststellen können, treffen die beiden Männer gegen 23.15 Uhr zu Hause bei MDL Renkin ein. Hauptmann Pinson schildert seine Beobachtungen folgendermaßen:

> Von unserem Beobachtungspunkt aus zeigt uns MDL Renkin drei Leuchtpunkte mit den Abmessungen eines großen Sterns. Die Punkte ändern ständig ihre Farbe und sind deshalb von den anderen Himmelskörpern unterscheidbar. Der Farbwechsel erfolgte, ausgehend von einem kräftigen Rot (vorherrschende Farbe), nach Blau, Grün, Gelb und/oder Weiß, aber nicht immer unter Einhaltung dieser Reihenfolge. Der teilweise sehr helle Widerschein dieser Leuchtsignale unterscheidet sie von den anderen Gestirnen, die nicht in der genannten Weise bestimmte Teilspektren des Lichts abstrahlen. Einer der Leuchtpunkte befindet sich in westlicher Richtung ziemlich niedrig über dem Horizont (±15°), Richtung Perwez-Gembloux. Die beiden anderen Punkte stehen höher am Himmel (±40° bis 50°); sie scheinen sich in geringerer Entfernung zum Betrachter zu befinden, obwohl sie im Vergleich zum ersten Punkt weniger intensiv leuchten. Die drei Punkte bilden ein perfektes gleichschenkliges Dreieck mit zum Betrachter weisender Basis.
>
> Für jeweils kurze Zeit entfernen sich die Punkte schnell und ruckartig ein kleines Stück voneinander und zwar, wie wir meinen, in unterschiedliche Höhen. Dann aber schweben sie für längere Zeit auf der Stelle. In der Bewegung verändern sich ihre Positionen zueinander nahezu unmerklich, und es entsteht ein gleichseitiges Dreieck. Während des Positionswechsels werden die Farbsignale, vor allem bei dem am weitesten westlich plazierten Lichtpunkt, leuchtender und bunter. Höhe und Abstand der Lichter zum Betrachter sind schwer zu schätzen, Geräusche können wir keine vernehmen. MDL Renkin teilt uns mit, daß er auf das Phänomen aufmerksam wurde, als er sich im Haus befand und von einem nach Westen zeigenden Fenster aus einen der Leuchtpunkte erblickte, der zum damaligen Zeitpunkt dreimal so groß war wie ein Stern. Hierbei handelt es sich um den am dichtesten über dem Horizont gelegenen, hellsten Punkt. Den Stützpunkt Beauvechain hat er persönlich über seine Beobachtung telefonisch informiert.

Gegen 23.25 Uhr beschließt Hauptmann Pinson, die diensttuenden

2. CHRONIK EINER SICHTUNGSWELLE

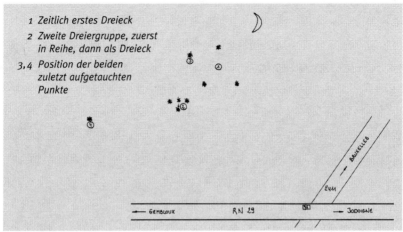

Abb. 2.53

Streifen aufzufordern, den Himmel zu beobachten. Wachtmeister Baijot wird mit zwei Kollegen von der Gendarmerie Perwez und zwei weiteren von Orp-Jauche an der N 29 in Thorembais-les-Béguines postiert. Aus dem Dienstbericht von Baijot erfahren wir folgendes:

> Wir begaben uns zunächst zur Route d'Aische-en-Refail; am Ortsausgang hielten wir an. Nachdem wir den Mond als Orientierungspunkt genommen hatten, konnten wir drei Leucht-»Punkte« feststellen, die ein anscheinend unbewegliches, gleichschenkliges Dreieck bildeten. Die Spitzen des »Dreiecks« flackerten in unregelmäßigen Abständen und gaben einen grünen und roten Lichtschein ab. Dann näherten sich drei gleiche »Punkte« in einer Linie langsam von links, bis sie unterhalb der Dreiecksbasis, etwas nach links versetzt, anhielten. Bei ihnen war ebenfalls das rote und grüne Flackern zu beobachten. In einer zweiten Phase bezogen wir bei Thorembais-St-Trond auf der Brücke über die E 411 Stellung. Nach unserer Schätzung hatte das »Dreieck« seinen Standort nicht verändert. Wir konnten jedoch feststellen, daß der zentrale »Punkt« der »Linie« etwas nach unten gewandert war, wodurch die drei »Punkte« nun ein auf dem Kopf stehendes Dreieck bildeten, das deutlich kleiner war als das erste. Gegen 23.45 Uhr beobachteten wir das Auftauchen eines siebten ähnlichen Punkts, dann das eines achten; die Positionen der Leuchtpunkte sind aus der Skizze ersichtlich, die wir diesem Bericht beifügen [Abbildung 2.53]. Wir sehen uns nicht in der Lage, die Höhe dieser Lichtphänomene und

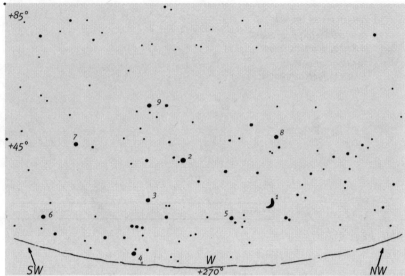

Abb. 2.54: Himmelskarte für einen Punkt mit den geographischen Koordinaten 50°37' nördlicher Breite und 4°52' östlicher Länge (Region Perwez-Ramillies). Eintragungen für 21.15 Uhr Greenwich Mean Time (d.h. 23.15 Uhr Ortszeit; Umstellung auf »Sommerzeit« am 25. März 1990) für Freitag, den 30. März 1990. Dargestellt sind Sterne bis zur Größe M +3; der Blickwinkel beträgt 100° (entsprechend dem Focus eines 21-mm-Weitwinkelobjektivs). Auffälligste Himmelskörper: 1. Mond, 2. Jupiter, 3. Beteigeuze, 4. Rigel, 5. Aldebaran, 6. Sirius, 7. Procyon, 8. Capella, 9. Castor und Pollux.

ihren Abstand zu uns auch nur annähernd zu bestimmen. Wir hatten aber den Eindruck, daß sich die Punkte in großer Höhe und Entfernung befanden.

Kann man annehmen, daß sämtliche Zeugen durch Sterne getäuscht wurden? Der Vergleich der von Wachtmeister Baijot angefertigten Skizze mit einer Karte des in dieser Region zur besagten Stunde sichtbaren Himmels ist irritierend genug, doch die von sämtlichen betroffenen Gendarmen gemeldeten Positionsveränderungen sind ganz und gar nicht mit der Verwechslungstheorie vereinbar, zumal zur gleichen Zeit in diesem Sektor ein merkwürdiges, nicht identifiziertes Radarecho geortet wurde! Hierzu im einzelnen später mehr. Wenden wir uns nun den übrigen Zeugenaussagen zu.

Außer den genannten Personen sind der 1. MDL Chavagne und MDL Heyne in dieser Gegend unterwegs; auf der N29 bei Jodoigne-Souveraine hören sie über den Polizeifunk von den merkwürdigen Himmelsphänomenen und fahren deshalb nach Jauchelette, wo die Straße etwas höher verläuft. Um 23.20 Uhr können sie von dort aus fünf Leuchtpunkte beobachten, die, mit bloßem Auge betrachtet, blaurot und grün funkeln. Zwei der Punkte beginnen sich auf und ab zu bewegen, die übrigen verändern ihre Position nicht. Nach Auskunft der Gendarmen sind die beiden Punkte leicht von den Sternen zu unterscheiden. Einem der beiden fällt ein, daß er ein Fernrohr auftreiben könnte, und sie fahren los, um es zu holen. Nach der Rückkehr zu ihrem Beobachtungspunkt gelingt es ihnen leider nicht, das Fernrohr korrekt einzustellen, und sie beschließen, eine Streife aufzusuchen, die auf der Höhe von Thorembais-les-Béguines Dienst tut. Dort halten sie sich jedoch nicht länger auf, sondern fahren weiter zur Gendarmerie von Jodoigne, wo ihnen der 1. MDL Marteau begegnet, der ebenfalls damit beschäftigt ist, die eigenartigen nächtlichen Besucher zu beobachten.

Gegen 0.30 Uhr bemerkt die Polizeistreife auf der N29 ein sternenartiges Licht (Richtung Eghezée/Namur), das zu blinken oder vielmehr zu »flackern« scheint. Es sind fünf Gendarmen, die 1. MDL Callebaut,

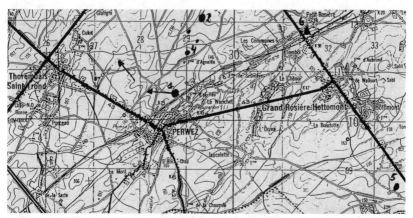

Abb. 2.55a: Position der von Ramillies aus beobachteten Leuchtpunkte: 1. hellster Leuchtpunkt, 1.-3. gleichseitiges Dreieck, 4. gleichschenkliges Dreieck, 5. Punktpaar über Eghezée, 6. Standort der Beobachter. Die Pfeile zeigen die Ortsveränderung des 1. Punkts beim dritten Vorbeiflug der F-16.

Jochmans und Remy sowie MDL Vigneron und MDL Chef Vandenbosch, der in seinem Dienstbericht folgendes festhält:

> Wir beobachteten zwei Flugzeuge (erkennbar an ihren weißen Blinklichtern), die aus Richtung Jodoigne kamen. Sie stiegen weiter auf und bewegten sich auf das »Licht« zu. Eine der Maschinen (die vordere) flog unter dem »Licht« vorbei, die zweite knapp darüber (die Einschätzung bezieht sich auf eine zu unserem Beobachtungsposten senkrechte Ebene). Nachdem die Maschinen vorbeigeflogen waren, hatten wir den Eindruck, als würde das »Licht« absinken und sich dann weiter nach rechts bewegen. Das »Licht« wurde danach anscheinend schwächer bzw. entfernte sich Richtung Namur.

Bei den beiden beobachteten Flugzeugen handelt es sich offensichtlich

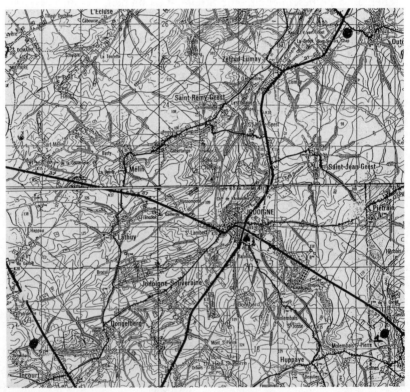

Abb. 2.55b: Position der von Jodoigne aus beobachteten Leuchtpunkte: 1. hellster Punkt, 2. Standort der Beobachter.

2. CHRONIK EINER SICHTUNGSWELLE

um die beiden F-16-Jäger, die der Kommandant von Glons schließlich doch noch von Beauvechain aus losgeschickt hatte. Dies konnten die Gendarmen aber noch nicht wissen. Zur selben Zeit registrieren auch die in Ramillies Gebliebenen, daß sich die »Leuchtpunkte« bewegen. Die Aussage von MDL Renkin haben wir bereits erwähnt. Hier nun der Bericht von Hauptmann Pinson:

> Während unserer Beobachtungen fällt uns zweimal ein hell erleuchtetes Flugzeug auf, das in geringer Höhe langsam von Nord nach Süd vorbeifliegt. Die Flugbahn verläuft etwas östlich der N91 und des gesichteten Phänomens. Wir sind uns nicht ganz sicher, meinen aber, daß es sich um ein Flugzeug vom Typ AWACS handelt.
>
> MDL Chef Vossem (Chef PMob) informiert uns, daß er in ständiger telefonischer Verbindung mit dem CRC Glons steht, von wo aus man uns bittet, unsere Beobachtungen in Echtzeit weiterzuleiten. Zwischen 23.30 und 23.45 Uhr bemerken wir an der nördlichen Ecke des ersten, gleichseitigen Dreiecks drei dicht beieinander stehende, neue Leuchtpunkte. Sie bilden eine Linie und scheinen sich unterhalb des ersten Dreiecks zu befinden. Während sie sich ruckweise je ein kurzes Stück bewegen, nehmen die drei Punkte die Form eines kleinen, auffallend stumpfwinkligen gleichschenkligen Dreiecks an.
>
> Wir beobachten die sechs Leuchtpunkte zwischen 23.45 und 0.15 Uhr. Ihre Formation bleibt unverändert, obwohl wir den Eindruck haben, daß sie sich in Relation zu den Sternen geringfügig am Himmel bewegen. Von Zeit zu Zeit geben sie kurze, sehr helle Lichtsignale ab. Irgendwann zwischendurch fällt uns auf, daß südlich von unserem Beobachtungsposten direkt (?) über Eghezée zwei weitere Leuchtpunkte erscheinen, die sich ruckartig auf und ab bewegen. Sie sind weniger hell als die ersten sechs Lichter. Gegen 0.30 Uhr tauchen zwei Flugzeuge (vom Typ F-16?) auf und fliegen dreimal an dem Phänomen (den sechs Leuchtpunkten) vorbei. Die beiden ersten Vorbeiflüge erfolgen in zu geringer Höhe und zu weit östlich. Beim dritten Passieren kreisen die Maschinen um das große gleichseitige Dreieck, während wir gleichzeitig feststellen, daß die drei Punkte, die das kleine gleichschenklige Dreieck gebildet haben, verschwinden. Gleichzeitig bewegt sich der westlichste und am niedrigsten über dem Horizont befindliche Leuchtpunkt rasch nach oben und gibt dabei hellere und häufiger aufeinander folgende rote Lichtsignale ab. Die beiden anderen Leuchtpunkte (des gleichseitigen Dreiecks) sind nun verschwunden (oder vielleicht erloschen?), ebenso das über Eghezée beob-

achtete Phänomen, und es bleibt nur noch der größte, im Westen liegende Leuchtpunkt übrig.

Gegen 0.45 Uhr scheint sich dieser letzte Punkt nach rechts zu entfernen (bzw. schwächer zu werden) und nähert sich dem Horizont. Er befindet sich zu diesem Zeitpunkt in der Richtung Chaumont-Gistoux oder Louvain-la-Neuve (Nordwest bis Nordnordwest). Gegen 1 Uhr ist er ganz verschwunden. Als wir zusammen mit MDL Chef Marteau und den 1. MDL Chavagne und Jamotte um 1.18 Uhr wieder zur Gendarmerie von Jodoigne zurückgekehrt sind, können wir ein ähnliches Phänomen beobachten. Vier Leuchtpunkte bilden ein perfektes Quadrat, in dessen Zentrum Jodoigne zu liegen scheint. Die vier Eckpunkte liegen offenbar direkt über Orp-Jauche, Incourt, Beauvechain und Hoegaarden. Der Punkt über Orp-Jauche ist der hellste und blinkt von Zeit zu Zeit rotgelb auf. Auch diese Punkte bewegen sich in kurzen Sprüngen voran. Da die Leuchtkraft der vier Punkte gegen 1.30 Uhr abnimmt, ist eine genaue Beobachtung nicht mehr möglich. Auf Betreiben des CRC Glons erhält das mobile Team von Jodoigne (östlicher Sektor) den Auftrag, alle Informationen zu diesem Phänomen zu sammeln und weiterzuleiten. (...)

Der Himmel war unbewölkt, und es gab keinen Nebel. Die Temperatur lag um den Gefrierpunkt. Die Sterne waren deutlich sichtbar, und nordwestlich von uns stand der klar konturierte Mond im ersten Viertel. Es fiel uns schwer, genaue Angaben über den zeitlichen Ablauf der Ereignisse zu machen und genau zu bestimmen, wann ein bestimmter Leuchtpunkt auftauchte, verschwand oder seine Position veränderte. Da wir nicht über die entsprechende Ausrüstung verfügten, konnten wir keine Aufnahmen machen. Durchs Fernglas (x50) sahen wir einen Kreis mit einem halbmondförmigen Segment, das heller leuchtete als der Rest [Abbil-

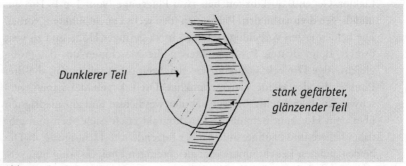

Abb. 2.56

dung 2.56]. Zeitweilig hatten wir den Eindruck, es handle sich um eine leuchtende Kugel in einem leuchtenden, gleichschenkligen und sehr stumpfwinkligen Dreieck von uneinheitlicher Helligkeit. Die während des gesamten Dienstes ansonsten ausgezeichnete Funkverbindung war während der Beobachtungen von Ramillies wiederholt für kurze Zeit gestört (Prasseln, Knacken).

Wir haben ein wenig gezögert, so ausführlich aus den Polizeiberichten zu zitieren. Schließlich schien es uns doch wichtig genug, da die Ereignisse ja bekanntlich nicht unwesentlich zur Zusammenarbeit zwischen Armee und SOBEPS beitrugen. Zum anderen läßt das Ganze einige Fragen offen. Die Gendarmen beschreiben Leuchtpunkte, die zweifellos stark an Sterne denken lassen, deren Bewegungsverlauf jedoch vollkommen unabhängig von dem der Gestirne ist. Außerdem wäre da noch die Sache mit dem »großen Flugzeug, das lautlos und sehr langsam fliegt« und das von den Gendarmen, die es gegen 1.30 Uhr sichteten, für ein AWACS gehalten wurde.

MDL Chef Vossem, der mit dem CRC Glons ständig in Verbindung stand, fragte die Leute am Radar unmißverständlich danach. Für sie gab es aber nicht den geringsten Zweifel: Nein, zur Zeit befinde sich kein AWACS in der Luft!

Dank der Telefonverbindung mit Glons waren die Gendarmen in Ramillies in der Lage, die Luftwaffe über die Flugbahnen der F-16 zu informieren und die Maschinen mit bloßem Auge »einzuweisen«. MDL Chef Vossem bot sich die Gelegenheit, sich eine halbe Stunde lang mit Major Leclercq, in jener Nacht Dienstverantwortlicher der Radarstation Glons, am Telefon zu unterhalten.

Zur Vervollständigung der Darstellung dieser »verrückten Nacht« in Wallonisch-Brabant wäre es möglicherweise angebracht gewesen, an dieser Stelle auch den im Mai 1990 vom Stab der Luftwaffe veröffentlichten Bericht wiederzugeben. Dies hätte es dem Leser ermöglicht, den Ablauf der F-16-Operation mit den Aussagen der Gendarmen zu vergleichen. Wir haben es aber schließlich doch vorgezogen, bei der Präsentation der Fakten an der gewohnten Chronologie festzuhalten. Den offiziellen Bericht – ein weiterer wichtiger Bestandteil der Dokumentation – werden wir den Leserinnen und Lesern später vorlegen. Lassen Sie uns zuvor sehen, ob sich damals noch andere Zeugen zu Wort gemeldet haben.

Bestätigungen und UFOs in Hülle und Fülle

In jener Nacht vom 30. auf den 31. März 1990 geht der in Jodoigne wohnende Bewegungstherapeut Jean-Marie P. kurz nach Mitternacht mit dem Hund in den Garten. Draußen fällt ihm sogleich ein sehr heller Punkt auf mittlerer Höhe des westlichen Himmels (der ihm vollkommen sternenlos erscheint) ins Auge. Der im Umgang mit dem astronomischen Fernglas geübte Zeuge stellt fest, daß der Leuchtpunkt, durchs Fernrohr gesehen, aus drei klar abgegrenzten, leuchtenden weißen Scheiben besteht, die ein gleichseitiges Dreieck bilden. In ihrer Mitte befinden sich zwei weitere Lichter, links ein weißes und rechts ein rotes. Außerdem scheint etwas, das er mit einem blaßweißen »Laserstrahl« vergleicht, in regelmäßigen Abständen aus dem Objekt hervorzutreten und dann dorthin wieder zurückzukehren (Abbildung 2.57).

Am Abend des 31. März (Samstag) werden uns zunächst aus dem Osten des Landes UFOs gemeldet. Robert C. hält sich mit seinen beiden Kindern und zwei Gästen in seinem Restaurant in Sart-lez-Spa auf. Gegen 23.15 Uhr bemerkt das Grüppchen in etwa 200 Meter Höhe zunächst drei im Dreieck angeordnete Dauerlichter und dann ein massiges Objekt »von der Größe eines Jumbo-Jets«. Es bewegt sich lautlos und mit etwa 60 km/h von Spa auf die Gileppe-Talsperre zu. Hinter der Plattform erkennt C. eine »zarte, kurze, rosafarbene Leuchtspur, die halb so lang wie das Dreieck ist«. Am selben Abend sind Rosalie M. und die pensionierte Lehrerin Thérèse L. von Eupen kommend gegen 23.30 Uhr mit dem Auto in der Gemeinde Herbesthal unterwegs. Als sie sich in der Nähe der Kirche befinden, fällt Frau M. plötzlich senkrecht über ihr in etwa 500 Meter Höhe ein Leuchtobjekt auf, das sich langsam Richtung Nordnordost bewegt. Das massiv wirkende Objekt

Abb. 2.57

2. CHRONIK EINER SICHTUNGSWELLE

scheint eine nach vorne schlanker werdende, ovale Form zu haben und ist gesäumt von abwechselnd weißen und roten Lichtern. Hinten ist eine Art Aufbau oder Vorsprung mit einem Bündel von ungefähr sieben roten Lichtern zu erkennen. Als die beiden Frauen anhalten und aussteigen, nehmen sie ein leises »Grollen« wahr. Das Phänomen bewegt sich sehr langsam und folgt dabei einem Kurs von Südsüdwest nach Nordnordost. Nach fünf Minuten setzen die beiden Beobachterinnen die Fahrt fort. Als sie in der Rue des Prairies erneut halten, sehen sie das Objekt wieder; es entfernt sich und verschwindet schließlich Richtung Kelmis bzw. Deutschland.

An dieser Stelle möchten wir an die Sichtung in der Nacht vom 31. März auf den 1. April erinnern, von der L. Clerebaut, P. Ferryn und J. Fernandez berichteten. Auf ihre Zeugenaussagen werden wir im einzelnen im Kapitel über die Foto- und Videodokumente eingehen. Soviel sei gesagt: Der Himmel war auch in dieser Nacht sehr klar, und unsere Kollegen konnten zu keinem Zeitpunkt auffällige »Himmelskörper« beobachten. Eine Verwechslung schien unmöglich, die Sterne sahen aus wie Sterne. Es fällt schwer, sich vorzustellen, daß sich die Gendarmen in diesem Punkt getäuscht haben sollten. Ein weiteres Ereignis mit unerwarteten Konsequenzen soll hier nur aus Gründen der Chronologie kurz erwähnt werden. Es handelt sich um die Beobachtung von Patrick M. und Frau Sabine M., in deren Verlauf ein außergewöhnliches Foto aufgenommen wurde. Hierzu ebenfalls später mehr. Diese Beobachtung datiert vom 4. oder 7. April.

Auch bei der folgenden Zeugenaussage steht das Datum nicht fest, es ist der 7. April oder 31. März; mit Sicherheit weiß der Zeuge nur noch, daß es an einem dieser beiden Samstage gewesen sein muß. Serge H. ist mit dem Auto von Perwez, wo er wohnt, nach Gistoux unterwegs. In der Nähe der Gendarmerie von Chaumont-Gistoux bemerkt er gegen 7.15 Uhr plötzlich ein »riesiges, metallisches Luftschiff, so breit wie ein Doppelhaus«. Das Objekt fliegt über einem Wäldchen und verschwindet plötzlich, als H. anhält, um genauer hinzusehen. Lichter waren bei diesem UFO, das aus »mattem Metall« zu sein schien, nicht zu sehen. »Es bestand aus Facetten und erinnerte an eine traditionelle fliegende Untertasse« (sic). Die Abbildung 2.58 vermittelt einen Eindruck davon, was H. an diesem Samstagmorgen sah.

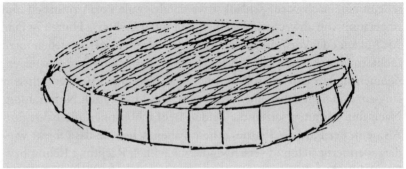

Abb. 2.58

Am Montag, 9. April 1990, dem Tag der SOBEPS-Pressekonferenz, fahren Gérard L., ein Lehrer, und seine Frau Marie-Madeleine W. zwischen 22.30 und 22.45 Uhr auf der N4, Richtung Gembloux. L. schrieb uns folgendes:

> Auf Höhe des Gewerbegebiets von Louvain-la-Neuve (Richtung Wavre-Gembloux) bemerkte ich zu meiner Linken zwei Leuchtpunkte, die nicht durch ihre Helligkeit, sondern wegen ihrer Größe auffielen. Wir hielten an, und das Objekt flog über uns hinweg. Auf Bitten meiner Frau, die ausgestiegen war, stellte ich den Motor ab. Ihr Blick war vor allem auf die beiden Lichter gerichtet. Geräusche waren nicht zu hören. Das Objekt bewegte sich Richtung Waterloo-Brüssel. Wir fuhren weiter und bogen nach 500 Metern auf die Autobahn ab, Richtung Genappe. Dabei behielten wir die Lichter dieses Fluggeräts, das sich auf unserer Rechten befand, im Auge. (...) Etwas weiter entfernt entdeckten wir ein zweites, gleichartiges Objekt (zwei weiße, zum Boden gerichtete Lichter und kleinere Blinklichter), das mit etwa 50 km/h flog. Vor allem fiel mir sein hübscher, blauer Farbton auf.

In den vor unserem Bierset-Wochenende liegenden Tagen wurden uns vornehmlich Fälle aus dem Raum Namur gemeldet. Am Abend des 10. April (Dienstag) beispielsweise erhielten wir einen Anruf der Gendarmerie Namur, in dem es um eine Sichtung durch MDL Robert B. ging. Nach Dienstschluß begibt sich B. gegen 21.20 Uhr auf den Nachhauseweg nach Spy, als er auf der nach Charleroi führenden Straße Richtung Autobahn zwei große, weiße, von einem kleineren Licht gefolgte

2. CHRONIK EINER SICHTUNGSWELLE

Scheinwerfer erblickt. Die Formation scheint unbeweglich am Himmel zu stehen. B. verlangsamt die Fahrt (ein Fahrzeug befindet sich hinter ihm) und stellt fest, daß das Objekt zu einem Wendemanöver ansetzt und an Höhe verliert. An der hinteren Partie des Gebildes »sprühten die Funken wie bei einer Wunderkerze«. Bei seinem 200 Meter weiter gelegenen Haus angelangt, kann B. das Objekt immer noch sehen, wenn auch in größerer Entfernung. Er erzählt alles sofort seiner Frau und seinem Schwiegervater, die das Objekt noch kurz beobachten können, bevor es Richtung Charleroi verschwindet. Beide teilen B. mit, daß sie kurz vor seinem Eintreffen ein merkwürdiges Zischen, »wie das von einem alten Wasserkessel«, gehört hätten. Am selben Abend sieht ein SOBEPS-Mitarbeiter um 21.49 Uhr zwei weiße Lichter, die größer wirken als der Vollmond und sich an der Autobahn E 411 auf Höhe von Hoeilaart Richtung Namur bewegen.

Zwei Tage später (am Gründonnerstag, dem 12. April) werden andere Beamte der Gendarmerie Namur Zeugen eines ungewöhnlichen Ereignisses. Erster Zeuge einer Sichtung ist an jenem Abend der 1. MDL Léopold L. Er berichtet:

> Für mich steht fest, daß es kein Flugzeug war. Kurz vor halb zehn abends fuhr ich auf der Chaussée de Charleroi; ein Wagen war hinter mir. Plötzlich bemerkte ich zwei große, weiße Leuchtfeuer. Im ersten Moment hielt ich sie, ohne zu überlegen, für Straßenlaternen. Doch dann merkte ich, daß es etwas anderes war und hielt an. Mein Hintermann hatte ebenfalls angehalten, und ich sagte zu ihm: »Gut, daß Sie da sind! Wenn ich allein wäre, würde ich glauben, ich träume (...).« Die beiden großen Lichter gehörten zu einem dreieckförmigen Objekt, das wir längere Zeit beobachtet haben. Es war so groß wie ein 5 Zentimeter großer Gegenstand, den man auf Armeslänge vor sich hat. Es war ein Objekt von beträchtlicher Masse. Es ist mir allerdings absolut unmöglich, seine Abmessungen zu schätzen. Ich sehe öfters AWACS, die in Temploux, in der Nähe meines Wohnorts, landen, und eines weiß ich sicher: Ein AWACS war das nicht. Das Objekt muß sich, von unserem Standort aus zu schließen, bei Suarlée befunden haben. Schier unglaublich fand ich die Art, wie sich das Objekt entfernte. Es verschwand wie der Blitz, mit einer unglaublichen Geschwindigkeit, und hinterließ eine Art Leuchtspur. Das ganze vollzog sich völlig geräuschlos. Ich dachte, ich träume. Ich habe darüber sogar vergessen, mir Namen und Adresse des anderen Autofahrers geben zu lassen.

Zur selben Zeit hat MDL Chef Marc P. aus Floreffe Bereitschaftsdienst bei der Gendarmerie Namur. Er berichtet folgendes:

> Ich hielt mich in meinem Büro auf, als die ersten Anrufe eingingen. Mehrere Kollegen vom Streifendienst berichteten, Objekte gesehen zu haben, die in keinem Fall Flugzeuge sein könnten. Da ich selber nichts gesehen habe, kann ich kein Urteil fällen. Ich bin jedoch überzeugt, daß es tatsächlich kein Flugzeug gewesen ist, wenn meine Kollegen das behaupten! Ich habe sowohl mit der SOBEPS in Brüssel wie auch mit der Radarstation Glons Kontakt aufgenommen. Das war genau um 22.36 Uhr. Die in Glons betriebenen Nachforschungen fielen negativ aus.

Ein weiterer Zeuge, der 1. MDL M., teilte uns mit:

> Die Sichtung begann um 21.23 Uhr, als wir uns auf der in Flawinne über die Sambre führenden Brücke befanden. Sie dauerte bis 21.55 Uhr. Es stimmt, daß wir die Ortsveränderungen des Objekts nicht ununterbrochen verfolgt haben, doch ich habe den Eindruck, daß sich das UFO fortbewegte, indem es gegen den Uhrzeigersinn weite Kreise beschrieb. Was mir schließlich noch sonderbar vorkam, war, daß wir die dreieckförmige Anordnung der Lichter zwar ganz deutlich erkennen konnten, nie aber das eigentliche Objekt.

Aktion »UFO-Identifizierung«

Alle Vorbereitungen für diese »Weltpremiere« waren getroffen. Die meisten Tageszeitungen kündigten in ihrer Ausgabe vom Freitag, dem 13. April, die SOBEPS-Aktion an. Einen Tag, bevor der Startschuß für unser – wie sich herausstellen sollte, sehr anstrengendes – Vorhaben fiel, wurde der wissenschaftliche Projektkoordinator Léon Brenig von *Le Peuple* interviewt. Das Interview führte Jean-Pierre Trousson, und die Worte unseres Kollegen bringen die Stimmung, die bei uns in jenem Frühjahr 1990 herrschte, ganz gut zum Ausdruck.

> ?: Léon Brenig, Sie werden sich das gesamte Osterwochenende über vor Ort aufhalten, um sich als Wissenschaftler an der von der SOBEPS auf die Beine gestellten UFO-Jagd zu beteiligen. Warum?
>
> !: Als im November 1989 die ersten UFO-Sichtungen aus dem Raum Eupen und Verviers gemeldet wurden, war ich verblüfft über die Präzision

und Seriosität der Aussagen vieler Zeugen, besonders der Eupener Gendarmen und der Ingenieure. Seitdem haben sich die Beobachtungen gehäuft, und die Informationen überschneiden sich. Deshalb habe ich beschlossen, mich ernsthaft mit der Problematik zu befassen, dies um so mehr, als die Armee zu den Vorgängen damals keinerlei Stellungnahmen abgeben wollte. Ich bin beileibe kein Spezialist auf diesem Gebiet. (...) Ich stelle mich der Herausforderung und mache den Versuch, als Wissenschaftler, in meinem Fall als Physiker, ein rätselhaftes Phänomen zu begreifen. Es ist eine heikle Sache! Wer das Tabuthema »UFO« anschneidet, erntet in wissenschaftlichen Kreisen immer noch sarkastisches Lächeln und bissige Kommentare. Ich möchte mich dem stellen, selbst wenn ich damit Gefahr laufe, bei bestimmten Kollegen als verschroben zu gelten. Die Wissenschaft muß diese Gelegenheit einfach wahrnehmen.

?: Wird dieses einzigartige Phänomen nicht womöglich zur Entstehung einer wissenschaftlichen Spezialdisziplin führen?

!: Das glaube ich nicht. Bisher ist an keiner belgischen Universität beabsichtigt, einen derartigen Forschungsbereich einzurichten. Die derzeit durchgeführten »Studien« sind Initiativen von einzelnen und sind unorganisiert. »Extraterrestrische« Manifestationen werden ausschließlich von Einzelpersonen und auf eigene Faust analysiert. Dies trifft etwa für die ULB zu, doch durch die jüngsten Ereignisse ist die Zahl der »Neugierigen« beträchtlich gewachsen. An meiner Fakultät sind es heute etwa zwanzig Forscher, die sich für das Thema interessieren, in der Mehrzahl Physiker. (...)

?: Könnte es sich um ein Flugzeug unbekannten Typs handeln?

!: Diese Frage beschäftigt mich auch. (...) Ich weiß nicht, wie es möglich sein sollte, eine solche Maschine zu bauen. Die Techniker wären insbesondere nicht (oder nur sehr bedingt) imstande, eine derartige Lärmreduzierung zu erreichen und atmosphärische Turbulenzen zu vermeiden. Es ist ebenfalls rätselhaft, weshalb es nicht zu Luftbewegungen und Vibrationen während des Schwebeflugs dicht über dem Boden kommt. (...) Anfangs dachte ich noch an eine revolutionäre flugtechnische Neuentwicklung des Militärs, vor allem weil mir das Schweigen der Streitkräfte am Anfang ziemlich spanisch vorkam. Doch inzwischen beteiligt sich ja die Armee aktiv an den Untersuchungen und wird auch an dem bevorstehenden Wochenende eng mit der SOBEPS zusammenarbeiten. Vom Generalstab wurde die Möglichkeit geheimer Erprobungsflüge kategorisch verneint. Zumindest von der belgischen Armee, die NATO hat sich dazu noch nicht geäußert. (...) Ein solches Flugzeug würde jedenfalls bei so niedriger Geschwindigkeit abstürzen, einen ohrenbetäubenden Lärm und unglaubliche Luftströmungen erzeugen. Ein extraterrestrischer Ursprung würde mich sehr wundern. Ich bin nach wie vor zu 95 Prozent davon überzeugt, daß wir es mit einem irdischen Phänomen zu tun haben.

?: Wenn es also irdisch, aber nicht militärisch, jedenfalls nicht vom belgischen Militär wäre, worum könnte es sich dann handeln?

!: Ich habe, ehrlich gesagt, keine Ahnung. Es ist allerdings unbestritten, daß die Militärs seit Jahren auf diesem Gebiet geheime Forschungen betreiben. Sie sind dabei keineswegs die einzigen. Auch von privaten oder halbprivaten Unternehmen werden Studien betrieben und unbekannte Prototypen getestet, ebenfalls zu militärischen Zwecken. (...) Hiervon ist selten die Rede, doch es geht dabei um enorme Summen. Absichten werden manchmal auf ziemlich krummen Wegen verfolgt.

?: Wären Sie sehr enttäuscht, wenn es bei diesem Erkenntnisstand bliebe?

!: Natürlich. Ich hoffe sehr, daß wir das Geheimnis am nächsten Wochenende lüften. Aus wissenschaftlicher Sicht wird es uns das eingesetzte Material jedenfalls erstmals ermöglichen, eine Vielzahl von Fragen zu beantworten und die Hauptmerkmale des Flugobjekts mit Hilfe von Meßgeräten zu erfassen: seine Masse, die materielle Beschaffenheit, die Antriebsart, bewirkt es eine Ionisierung der Luft oder nicht, erzeugt es magnetische oder elektrische Felder, ist es möglicherweise radioaktiv? Ich halte die Wahrscheinlichkeit einer extraterrestrischen Herkunft für äußerst gering. Hier bietet sich eine Gelegenheit, die sich die Wissenschaft nicht entgehen lassen darf. Sollte sich herausstellen, daß die UFOs irdischer Herkunft sind, habe ich eben meine Zeit verschwendet, und ich werde meine Forschungsaktivitäten abbrechen. Sollte indessen etwas Unerklärliches oder gar (!) Außerirdisches dahinterstecken, wird die weitere Forschung sehr spannend, und ich werde bei weitem nicht der einzige Wissenschaftler sein, der sich dafür interessiert. Aber warten wir es ab!

Léon Brenigs Vorbehalte waren gerechtfertigt. Auch andere machten sich über die Möglichkeit einer »militärischen« Erklärung Gedanken. Die tatkräftige Mitwirkung der Luftwaffe an unserer Aktion entzog dieser Vermutung aber zunehmend den Boden. (Seit diesem Interview ist inzwischen mehr als ein Jahr vergangen, Léon Brenig arbeitet nach wie vor mit uns zusammen, und das Rätsel ist noch immer nicht gelöst.)

Die verschiedenen Telefonnummern, unter denen Sichtungen gemeldet werden konnten, waren von allen belgischen Tageszeitungen veröffentlicht worden. Die Bühne war gerichtet; alle Akteure waren auf ihrem

Platz und warteten auf ihren Auftritt. Der Vorhang konnte sich nun auf das verabredete Zeichen hin öffnen.

Nichts war unmöglich! Michel Bougard hatte noch, kurz bevor die Aktion anlief, erklärt: »Wenn sich trotz des Netzes, das wir gespannt haben, um das UFO einzukreisen, nichts ereignet, wäre auch dies eine wichtige Information!« Natürlich, denn ein »Schwarzer Baron« wäre wohl kaum verrückt genug, über einem Gebiet, das so gut überwacht und so alarmiert war, seine Kabinettstückchen aufzuführen.

Freitag, 13. April 1990, 19 Uhr. In der Halle des zivilen Flughafens Bierset herrscht ein ungewohnt reges Treiben. Dutzende von Menschen mit Fernsehkameras, Fotoapparaten und Mikrophonen drängen sich vor einer improvisierten Tribüne. Mehrere im letzten Augenblick aufgestellte Stuhlreihen sind mit Journalisten besetzt, die mit gezücktem Bleistift darauf warten, diesen »historischen« Augenblick zu dokumentieren. Der Präsident der SOBEPS richtet die einleitenden Worte an die Presse. Von überall her sind Journalisten angereist; nicht nur die belgischen Tageszeitungen, Wochen- und Monatsmagazine sind vertreten, anwesend sind auch Journalisten aus den Niederlanden, aus Deutschland, Frankreich, Italien und Schweden. Nicht zu vergessen das sowjetische Fernsehen.

Nachdem Michel Bougard der Luftwaffe und namentlich Oberst De Brouwer herzlich für die materielle Unterstützung gedankt hat, erläutert er den Ablauf der geplanten Aktion und geht auf ihren außergewöhnlichen Charakter ein: Diese Ermittlungen im Fall »UFO« sind eine »Weltpremiere«. Als Vertreter der Luftwaffe nimmt nun Oberst De Brouwer das Wort und stellt klar, daß die Verantwortung für das Unternehmen ausschließlich bei der SOBEPS liege und das Militär ihr nur »logistisch« unter die Arme greife. Er fährt fort:

> Für die Armee handelt es sich hier um ein technisches Kuriosum und nicht um eine militärische Operation, denn bislang wurden durch die Erscheinungen keinerlei Schäden verursacht, und in keinem Fall waren feindliche Absichten erkennbar.

In der Wartehalle waren zwei Personen, die möglicherweise noch aufmerksamer zuhörten als die anderen: Pierre Couchard, Pressereferent im Ministerium Guy Coëme, und der Europaabgeordnete Elio di Rupo. Der erste verfolgte die ganze Aktion in Bierset aus unmittelbarer Nähe, und letzterer, den die Erfahrungen und die Arbeit der SOBEPS ebenfalls interessierten, setzte sich später dafür ein, die UFO-Forschung auf europäischer Ebene auszubauen.

Gleich nach der Pressekonferenz begibt sich jeder auf seinen Posten. Zwei Telefonleitungen werden für uns freigehalten. Dutzende mobiler Teams verteilen sich in west-östlicher Richtung über ein Gebiet, das von Wallonisch-Brabant bis zur deutschen Grenze reicht; Hunderte von Beobachtern an festgelegten Positionen suchen den Himmel ab. Der Himmel ist wolkenverhangen, und es ist kalt. Hier und dort werden Schauer gemeldet.

Die erste durchwachte Nacht verlief sehr ruhig: Bei unserem Zentralposten in Bierset gingen einige Meldungen ein, die allerdings in keinem Fall bestätigt wurden. Die Maschinen blieben am Boden, und ihre Besatzungen wurden kurz nach Mitternacht »ins Bett« geschickt. Auch der nächste Abend (Samstag, der 14. April) begann ziemlich gemütlich. Viele Journalisten, die am Vorabend dagewesen waren, hatten beschlossen, über Ostern nach Hause zu fahren; sie waren bestimmt auch ein wenig enttäuscht, das »Rendezvous mit der Untertasse« versäumt zu haben, wie einer von ihnen ironisch anmerkte.

Auch in der Abfertigungshalle halten sich nur wenige Neugierige auf, als die Operation um 19 Uhr wieder anläuft. Gegen 21.30 Uhr gehen plötzlich mehrere Anrufe ein, und unsere beiden Telefonleitungen sind schnell ausgelastet. Lucien Clerebaut wendet sich an den Vertreter von Kommandant Dumonceaux, und wir bekommen zwei weitere Anschlüsse – die kaum ausreichen: Nahezu gleichzeitig erhalten wir fünf Anrufe von verschiedenen Gendarmeriedienststellen. Doch es kommt noch schlimmer: Auch die zivile Leitung nach Bierset ist ständig besetzt. Die Telefonnummer hatten wir nicht über die Presse bekanntgegeben, da wir über diese Leitung mit dem Radar in Glons bzw. dem Kontrollturm, von dem aus die Maschinen dirigiert wurden, in Verbindung bleiben wollten. Von Major Lambrechts, der an jenem Abend mit vor Ort ist, bekommen wir sofort die Erlaubnis, den Militäranschluß zu benutzen; dank dieser Leitung können wir von nun an mit einem in der Luft befindlichen Flugzeug in Verbindung bleiben.

Gegen 23 Uhr fällt einem unserer beim Fort de Flémalle postierten Teams etwas Merkwürdiges auf. Patrick Vidal, der dieses Team leitet,

2. CHRONIK EINER SICHTUNGSWELLE

benachrichtigt umgehend das CRC Glons und unsere Zentrale in Bierset. Zu den Dutzenden von Beobachtern in Flémalle zählen neben Vidal auch Stany Box und Joël Mesnard, der Herausgeber der französischen UFO-Zeitschrift *Lumières dans la Nuit*. Mesnard war auf Einladung von P. Vidal, dem damaligen Chefredakteur unserer Zeitschrift *Inforespace*, angereist. Lesen wir nach, wie Mesnard diesen Abend schildert (Auszug aus Heft 301, Januar/Februar 1990, S. 22-25; Anschrift: 5 rue Lamartine, F-91220 Brétigny-sur-Orge, Frankreich):

> Ich gebe zu, daß ich vielmehr »aus Prinzip« und um ein wenig mit den Leuten von der SOBEPS zu plaudern hingefahren bin als in der Hoffnung, das berühmte Dreieck beobachten zu können. Trotzdem hatte ich für alle Fälle einen Camcorder dabei; ich hatte ihn mir ausgeliehen und noch nie damit gearbeitet. In ein oder zwei Minuten hatte ich mir seine Bedienung erklären lassen, noch nicht einmal Probeaufnahmen hatte ich gemacht, so eilig war alles gewesen. Ich wünschte mir also fast, nichts Interessantes zu Gesicht zu bekommen, so sehr fürchtete ich, den Camcorder im Ernstfall nicht korrekt handhaben zu können. In Flémalle schloß ich mich Patrick Vidal an, der mich zusammen mit einer Gruppe sehr sympathischer Belgier bereits erwartete; unter ihnen befand sich auch Stany Box, der Augenzeuge vom 15. Februar. Wir fuhren gleich zu einem kleinen Hügel, der höchsten Erhebung in dieser Region. Ich sage bewußt »zu« dem und nicht »auf« den Hügel, denn der Weg endet etwa 50 Meter unterhalb der höchsten Stelle, und dort ließen wir die Autos stehen. Durchschnittlich waren zwölf bis fünfzehn Personen anwesend. Ständig fuhren Wagen vor und andere ab.
>
> Bei milderen Temperaturen wäre es uns vielleicht in den Sinn gekommen, die restlichen 50-100 Meter zu Fuß zurückzulegen. Es war jedoch so kalt und unangenehm im Freien, daß sich alle des öfteren vor dem eisigen Wind ins Auto flüchteten. Gegen 23.10 Uhr hörten wir das Motorengeräusch einer in mittlerer Höhe über uns hinwegfliegenden Linienmaschine. Ihre Positionslichter konnten wir ganz genau erkennen. Die Maschine flog nach Osten, Richtung Seraing. Daraufhin sahen wir südlich davon auf einer fast parallelen Flugbahn etwas entgegenkommen, das wir zunächst für ein zweites Flugzeug hielten. Plötzlich tauchte vorne ein weißes, ziemlich helles Licht auf. Ich spreche lieber von einem »Licht« als von einem »Scheinwerfer«, da im Gegensatz etwa zu den Landescheinwer-

fern eines Flugzeugs keine Lichtbündel erkennbar waren. Ich begann zu filmen, allerdings nur der Übung wegen. Erst jetzt fiel mir auf, daß es zwei Möglichkeiten gibt, wenn man ein bewegtes Objekt filmt: Entweder man richtet die Kamera auf einen Punkt aus und läßt das Objekt durchs Bild ziehen, oder man führt die Kamera so nach, daß sich das Objekt ständig in der Bildmitte befindet. Da ich auf diesem Gebiet überhaupt keine Erfahrung besaß und mich mit dieser Frage nie beschäftigt hatte, konnte ich mich nicht recht entscheiden. Genauer gesagt, ich ließ das Objekt zunächst passieren und versuchte dann instinktiv, die Kamera mitzuziehen.

Nach wenigen Sekunden setzte ich die Kamera ab und lief los, um mich auf einem Wagendach abzustützen. Dort hätte ich von Anfang an stehen müssen! Zu diesem Zeitpunkt hatte ich den Eindruck, daß alle anwesenden 12-15 Personen noch meinten, es mit einem Flugzeug zu tun zu haben. Die Flugbahn verlief geradlinig und horizontal, die Geschwindigkeit war konstant, und es gab also kaum einen Grund, etwas anderes anzunehmen. Allerdings hörten wir keine Motorengeräusche. Dies fiel uns aber erst auf, als ich wieder zu filmen begann. (Dabei befand sich das Objekt im Süden, und der Wind kam aus derselben Richtung, was wir jedoch erst später bemerkten). Hinter dem hellen, weißen Licht konnten wir bereits seit einigen Sekunden ein rotes Blinklicht erkennen. Es ist auf meiner zweiten Filmsequenz sichtbar, und man kann etwa zehn Helligkeitsmaxima feststellen. Sie sind kürzer als die jeweilige Ausschaltperiode, und der Übergang vom einen in den anderen Zustand scheint nach und nach zu erfolgen. Dieses eher pulsierende als aufblinkende Licht läßt demnach auf eine Kreiselleuchte schließen. (...)

In den letzten Sekunden der zweiten Filmsequenz verblaßt das helle, weiße Licht zusehens, und es erscheinen zwei weitere, allerdings weniger intensive weiße Lichter. Am Ende hört man jemanden aus der Gruppe sagen, daß sich das, was wir da sehen, »aus drei weißen Lichtern und einem pulsierenden roten Licht zusammensetzt und man nichts hört«. (Ein Dreieck mit einem roten Licht darunter – !!!). Schlagartig wird allen klar, daß an diesem »Flugzeug« etwas merkwürdig ist. Leider verschwindet es im gleichen Augenblick hinter den wenigen Bäumen auf dem Hügel, die uns in südwestlicher Richtung die Sicht nehmen.

Während ich filmte, beobachteten Patrick Vidal und Stany Box das Objekt durchs Fernglas. Sie konnten einige Details erkennen, die auf dem Videofilm nicht zu sehen sind. Patrick meinte, das Objekt gleiche einem »Deltaflügel mit zwei gekrümmten Seitenleitwerken am Heck«. [Abbildung 2.59]

2. CHRONIK EINER SICHTUNGSWELLE

> Selbstverständlich tauschten wir in den nächsten Minuten unsere Beobachtungen aus, und gegen 23.15 Uhr riefen Stany und Patrick bei der Radarstation in Glons an und meldeten die Sichtung. Patrick schätzte, als die Militärs die ungefähre Flughöhe wissen wollten, nach kurzem Überlegen die Höhe auf 10 000 Fuß (3 048 Meter). Ich halte diesen Wert für zu hoch. (...) Das Objekt dürfte meiner Ansicht nach 2 Kilometer entfernt und 1 000 Meter hoch geflogen sein, aber derartige Schätzungen sind natürlich problematisch, vor allem wenn es dunkel und die Beschaffenheit des betreffenden Objekts unbekannt ist. (...) Jedenfalls erreichte uns wenig später die Antwort der Radarstation Glons: Die Bildschirme dort hatten nichts gezeigt, das unserer Beobachtung entsprochen hätte. Nun fragten wir uns erst recht, was wir da wohl gesehen hatten!

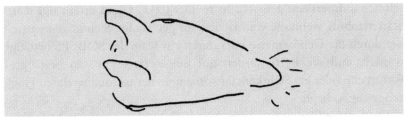

Abb. 2.59

Diese Darstellung wird durch einen kurzen Bericht bestätigt, den uns Stany Box nur wenige Stunden nach der Sichtung zukommen ließ. Allein die Abfolge: Sichtung, Anruf in Glons/Anruf in Bierset ist anscheinend eine andere, zumindest im Hinblick auf die Dauer. Stany Box schreibt:

> Das Fluggerät kam rasch näher, und nachdem er mit einigen Anwesenden Rücksprache über die Beschaffenheit des Objekts, das sie zu sehen bekamen, gehalten hatte, rief Patrick bei der Radarstation Glons an. Die Radaroperateure teilten mit, daß es kein optisches Echo gegeben habe. Bereits zu diesem Zeitpunkt traten wir mit dem SOBEPS-Team auf dem Flughafen Bierset in Verbindung.

Zwar wissen wir bis heute nicht, was unsere Leute in jenem Augenblick beobachteten, aber nun lag ein Fall vor, der die mit den Militärs vereinbarten Voraussetzungen für den Einsatz der HS 748 erfüllte. Clerebaut, Bougard und Brenig beschließen also zu handeln und fordern die diensttuende Besatzung zum sofortigen Start auf. Neben den Militärs gehen mit L. Brenig fünf bis sechs Physiker an Bord, und L. Clerebaut nimmt in der Pilotenkanzel Platz. Schon bald steht die HS mit laufenden Motoren startbereit auf der Piste.

Doch sie muß mehr als dreißig Minuten in dieser Warteposition ausharren!

M. Bougard, der über die militärische Direktleitung, die man für uns schließlich geschaltet hatte, immer noch mit dem Kontrollturm von Bierset Kontakt hält, versteht nicht, was los ist. Den vielen Schaulustigen in der Abflughalle geht es nicht anders. Schließlich kommt die Klärung: Glons gibt kein grünes Licht, solange keine Radarbestätigung vorliegt. Es sei daran erinnert, daß man Brenig und Clerebaut in der Vorbesprechung vom 11. April deutlich auf die Voraussetzungen für einen Einsatz der Maschinen aufmerksam gemacht hatte: Das CRC Glons erteilt nur dann Starterlaubnis, wenn die vom Boden aus gemachten Sichtungen entweder durch die Gendarmerie oder durch ein Team der SOBEPS bestätigt werden, und die F-16 werden nur eingesetzt, wenn ein bestätigtes Radarecho oder ein Sichtkontakt von einem der patrouillierenden Flugzeuge aus vorliegt.

Die Startbedingungen waren also erfüllt, und uns war rätselhaft, warum die Verantwortlichen in Glons so lange untätig blieben. Es gab Vermutungen, dahinter stehe die Absicht, unser Projekt zum Scheitern zu bringen, um ein wie auch immer geartetes »Militärgeheimnis« zu schützen. Einen derartigen Machiavellismus darf man hierin nicht sehen. Die Instruktionen waren von den diensthabenden Offizieren in Glons schlichtweg nicht richtig verstanden worden, und im Laufe der Nacht wurden uns auf Oberst De Brouwers Intervention hin sämtliche Einrichtungen zur Verfügung gestellt.

Um 23.55 Uhr hebt die HS 748 der Luftwaffe schließlich von der Startbahn Bierset ab. L. Clerebaut, der nahe beim Piloten sitzt, hat einen Restlichtverstärker zur Hand genommen, mit dem er auch die schwächste Lichtquelle am Himmel noch orten kann. Leider (?) ist Belgien, aus der Luft betrachtet, ein einziger Lichterteppich, und es fällt wirklich schwer, die UFO-Nadel in diesem funkelnden Heuhaufen auszumachen. Die Infrarotkamera wird von Major Van Rijckevorsel bedient, und das Physikerteam hat an den wenigen noch freien Kabinenfenstern Platz genommen.

2. CHRONIK EINER SICHTUNGSWELLE

Die Maschine nimmt zunächst Kurs auf den Raum Lüttich (von wo der Anruf von P. Vidal gekommen ist) und dreht dann Richtung Eupen ab. An Bord herrscht allgemeine Spannung, jeder hofft darauf, »es« zu sehen. Die Piloten gehen gelegentlich bis auf 900 Fuß herunter, obwohl die zulässige Mindestflughöhe bei 1 500 Fuß (500 Meter) liegt. Die Maschine befindet sich eine Viertelstunde in der Luft, als Michel Bougard den Anruf des von Jean Debal geleiteten mobilen Teams der SOBEPS erhält, das in der Nähe von Ramillies (Wallonisch-Brabant) Stellung bezogen hat. Es meldet ein beständiges, merkwürdiges orangegelbes Leuchten, das plötzlich aufgetaucht ist und einen festen Punkt am Horizont anstrahlt. Michel Bougard und Michel Rozencwajg (der ihm assistiert) beschließen sofort, das Flugzeug in diese Region, die etwa 100 Kilometer südwestlich seiner momentanen Position liegt, Kurs nehmen zu lassen. Rozencwajg steht mit unserem Bodenteam in Verbindung und leitet die Informationen über die Position des gesichteten Phänomens an Michel Bougard weiter, der seinerseits mit dem Kontrollturm Bierset Kontakt hält. Dieser wiederum kann über die Radarstation Glons mit der Besatzung der HS kommunizieren. Die Verständigung funktioniert hervorragend, und die Verantwortlichen der SOBEPS können die Maschine so gut wie möglich Kurs auf das gemeldete mutmaßliche UFO nehmen lassen.

Gegen 0.40 Uhr trifft die HS über Ramillies ein. Nachdem die Maschine den Punkt, von dem das Leuchten auszugehen scheint, mehrfach überflogen hat und sich keine neuen Hinweise ergeben, beschließt man, mit der HS nach Bierset zurückzukehren. Inzwischen waren die »Buschtrommeln« aktiv, und die Abfertigungshalle, die eine Stunde zuvor wie ausgestorben war, ist voller Betriebsamkeit und Hektik. Die Journalisten sind zurückgekehrt, die Kameras aufgebaut und die Mikrophone angeschlossen.

Kaum haben sie die Landebahnabsperrung hinter sich gelassen, werden Brenig und Clerebaut buchstäblich überrannt. Sie erläutern der Presse die jüngsten Ereignisse und betonen, daß man nichts habe beobachten können. »Wir haben nichts gesehen, absolut nichts!« wiederholt Léon Brenig gegenüber den Journalisten, die darüber ebenso enttäuscht sind wie er selbst.

Über die Gründe für den verzögerten Start informiert, beschließt Lucien Clerebaut, Oberst De Brouwer anzurufen, der sich in Ramstein

(Deutschland) aufhält. De Brouwer kehrt sofort nach Belgien zurück und landet noch in der Nacht in Bierset. Unmittelbar nach seinem Eintreffen halten die Verantwortlichen der SOBEPS, die Piloten und die Vertreter des Luftwaffenstabs eine allgemeine Lagebesprechung ab. Am nächsten Morgen interveniert De Brouwer beim CRC Glons, damit dort solche »Fauxpas« künftig nicht mehr vorkämen. Außerdem wird den Piloten und vor allem der SOBEPS größere Entscheidungsfreiheit eingeräumt, was die Einschätzung der Notwendigkeit eines Flugzeugeinsatzes betrifft.

Die Piloten und Wissenschaftler, die mit an Bord der HS gewesen waren, berichten, ihnen sei beim Überflug der Region Jodoigne nichts aufgefallen, das einem der vom Boden aus beschriebenen Phänomene geähnelt habe, lediglich einige unerklärliche Lichtblitze hätten sie bemerkt. Später werden wir erfahren, daß das in Ramillies postierte Team einem Irrtum unterlag: Das orangefarbene Leuchten, das ihnen merkwürdig vorkam, war durch die Beleuchtung einer gefährlichen Kreuzung entstanden, die wegen plötzlich aufgezogenen Bodennebels verstärkt worden war und einen breiten, diffusen Lichtsaum bildete. Bei den Lichtblitzen handelte es sich um nichts anderes als die starken Taschenlampensignale, mit denen man versucht hatte, dem Flugzeug die Richtung des verdächtigen Lichts zu zeigen.

Nach dieser ereignisreichen Nacht und einigen Stunden wohlverdienter Ruhe begaben sich die Mitarbeiter der SOBEPS am späten Nachmittag des 15. April, des Ostersonntags, wieder auf ihren Posten. Durch die Berichterstattung der Medien angelockt, machten viele Menschen den Flughafen Bierset zum Ziel ihres Sonntagsspaziergangs. Das Durcheinander in der Abfertigungshalle war nahezu vollkommen. Einen Ordnungsdienst gab es nicht, und in der von Schaulustigen aller Altersstufen belagerten Cafeteria kletterten die Leute auf die Tische, um eine bessere Sicht zu haben. Sicht worauf eigentlich? Für die Mitarbeiter der SOBEPS war in einer Ecke der Abfertigungshalle eine Glaskabine reserviert worden. In diesem »Aquarium« musterten uns neugierige Augen, die die »Jäger der Untertassen« bestaunten.

Sylvain Ephimenco gab diese atmosphärische Mischung aus sonntäglichem Jahrmarkt und wissenschaftlicher Forschung in der Ausgabe von *Libération* vom 17. April treffend wieder:

2. CHRONIK EINER SICHTUNGSWELLE

Sonntag, später Nachmittag. Noch dämmert der Flughafen Bierset unter prasselndem Regen dahin. In dem Glaskäfig, in dem die Telefone installiert sind und zahlreiche Belgien-Karten hängen, die mit den Positionen der »mobilen Teams« bespickt sind, bereitet sich SOBEPS-Präsident Michel Bougard auf eine weitere Nacht der Abenteuer vor. Seit Freitag ertönte in dem Glaskäfig mehrere hundert Mal zu nächtlicher Stunde das Telefon. »In der Tat viele Verwechslungen«, räumt Bougard ein. Flugzeuge, von den Wolken reflektierte Laserstrahlen, der Widerschein eines Kirmeskarussells oder einer stark beleuchteten Straßenkreuzung waren Ursachen, weshalb so mancher Beobachter den Kopf verlor.

Am Samstag gegen Mitternacht startete eine mit Infrarotkamera ausgerüstete, zweimotorige Hawker Siddeley in aller Eile, nachdem der Beobachtungsposten in Waremme Alarm geschlagen hatte. Die Physiker an Bord starrten sich am blanken Sternenhimmel die Augen aus dem Kopf. »Die Starterlaubnis gab man uns erst 40 Minuten nach der Sichtung durch unseren Beobachtungsposten am Boden«, beklagt sich Lucien Clerebaut, die Nummer Zwei bei der SOBEPS. Bougard, mit dem Lineal hämmernd: »Unsere Aufgabe ist es, einen kühlen Kopf und klaren Blick zu bewahren. Dieses Thema, das für nebensächlich gehalten wird, haben sich allzuoft Spaßvögel angeeignet und es ins Lächerliche gezogen.« Mit höchst offizieller Unterstützung durch die Armee hat sich die SOBEPS, achtzehn Jahre nach ihrer Gründung, auf jeden Fall die Sporen verdient. (...)

Da das wilde Treiben der Leuchtdreiecke nicht vor Sonnenuntergang einsetzt, taucht der Flughafen Bierset erst nach Verschwinden dieses Himmelskörpers in das Dunkel einer gespannten Erwartung. Der Glaskäfig, der das Hauptquartier der SOBEPS bildet, verwandelt sich in einen Taubenschlag. Die Telefone schrillen, die Wandkarten werden strapaziert, Fragen und Rufe überschneiden sich: »Was seht Ihr? Wo seid Ihr? Wie sieht das aus? Weiter beobachten!« Vor dem Glaskasten steht eine mit Ferngläsern behängte Hundertschaft von Freiwilligen, Gaffern und Lütticher Familien im Sonntagsstaat und drückt sich die Nasen platt, um die komischen Vögel von der SOBEPS zu beobachten. Zum Glück ist da noch der Posten der Amateurfunker, der die Halle mit einem Knistern erfüllt. In der Menge summt und brodelt es. »Sie sind in Stokai. Sichtung in Namur.« Um 21.30 Uhr steigt die kleine zweimotorige Islander auf. An Bord befindet sich der Physikprofessor Meessen, mit weißer Mähne und in mausgrauem Anzug. Die Maschine wird fünf Stunden lang das Maastal abfliegen und jeder Sichtungsmeldung eines Postens folgen. Die Lage auf dem Flughafen spitzt sich bedrohlich zu. Ein Strom von Autos aus Richtung

Lüttich reißt nicht ab und verstopft den bereits überfüllten Flughafenparkplatz. Menschen, Ferngläser in den Händen, drängen sich hier, offensichtlich in der Überzeugung, daß sie am Flughafen die besten Chancen haben, ein Dreieck ins Visier zu bekommen.

Auf dem Parkplatz recken sich die Nasen in die Luft, und ein Raunen erhebt sich, wenn nur der kleinste Zipfel einer Linienmaschine zu sehen ist. Mitternacht ist vorüber, und in der Halle kocht es. Ein SOBEPS-Mitarbeiter, durch die neue landesweite Begeisterung aus dem Gleichgewicht gebracht, schwirrt vorbei: »Alle stehen entweder am Fenster oder halten am Rande von Autobahnen an, um den Himmel zu beobachten.« Belgien, der französischsprachige Teil jedenfalls, hat eine verrückte Nacht. Am Telefon und im Radio überschlagen sich die Meldungen von »großen Leuchtpunkten« und falschem Alarm. Da ist sogar ein Armeeangehöriger, der der Gendarmerie berichtet, er habe einem Dreieck mit seiner Taschenlampe Zeichen gegeben und das UFO habe ihm mit seinen großen Scheinwerfern geantwortet. Um 1.40 Uhr nachts kehrt die Islander zurück, ohne auch nur die Spur eines UFOs geortet zu haben.

Um 2 Uhr beginnt man das Funkgerät, aus dem nur noch einige übermüdete Stimmen tönen, einzupacken, doch plötzlich kehrt in Bierset für eine Stunde wieder hektische Betriebsamkeit ein. »Sichtung in Oneux, Meldung aus Wavre!« Doch die Menge schenkt dem eiligst wieder aufgestellten Gerät kein Gehör mehr. Man drängt zu den Ausgangstüren und reißt die Verantwortlichen der SOBEPS mit nach draußen auf den Parkplatz, zu einer sensationellen Beobachtung: Dort unten zwischen zwei Bäumen schwebt ein geheimnisvolles Licht, auf das zahllose Ferngläser gerichtet sind. Die etwa fünfzig noch anwesenden Personen können das mutmaßliche UFO zehn Minuten lang beobachten; aber der Blick durch das inzwischen aufgestellte Fernrohr zeigt, daß es sich lediglich um einen trügerischen Lichtreflex an einer Hochspannungsleitung handelt.

Bliebe noch das Funkgerät, das um Punkt 3.12 Uhr die schier unglaubliche Nachricht des bei Wavre postierten mobilen Teams »Zulu« ausspuckt: »Es bewegt sich nicht!« Der Schrei, der aus dem Lautsprecher dröhnt, läßt jeden hochfahren. Die letzten noch verbliebenen Journalisten kritzeln die folgenden, mit vor lauter Aufregung zitternder Stimme gesprochenen Worte mit: »Eine riesige, rote Scheibe kommt auf mich zu!« Jemand schnappt sich das Mikro und gibt dem Team die Anweisung, sofort Aufnahmen zu machen. Am Beobachtungsposten ist man hörbar beeindruckt: »Einfach toll!« – »Sie stehen unter Schock«, kommentiert ein Verantwortlicher. »Zulu« aber zögert plötzlich: »... Ich glaube, das ist der Mond.«

»Bestätigen, ob Mond.« Eine Hand bemächtigt sich des Mikrophons: »Der Mond geht im Osten auf.« Vom anderen Ende Belgiens kommt die kleinlaute Antwort: »Es ist der Mond!« Und es ist 4 Uhr morgens. Bierset leert sich, die Telefone dämmern ungenutzt dahin, und das Geheimnis um die Dreiecke wird immer undurchdringlicher.

Damit wäre alles oder fast alles gesagt.

Auf Anregung des Piloten, Hauptfeldwebel Legros, sowie von Lucien Clerebaut beschloß man, um das Mißgeschick vom Vortag zu vermeiden, am Sonntag ohne vorherige Meldung mit der Islander aufzusteigen und die Maschine über den überwachten Regionen »auf Abruf« bereitzuhalten. Gegen 21 Uhr startete die kleinere der uns zur Verfügung gestellten Maschinen, und zwar mit reduzierter »Belegschaft«: Professor August Meessen, Léon Brenig, Lucien Clerebaut, Patrick Ferryn und dem für die SOBEPS tätigen Kameramann Claude Cubat. Den Hinweisen der einzelnen Anrufe folgend, war die Maschine über verschiedenen Regionen unterwegs.

Am Montag, dem 16. April, nochmals das gleiche Spiel, jedoch nur zwei Flugstunden lang, da sich die Kerosintanks der Islander zu leeren begannen. Der wichtigste Anruf kam gegen 23.15 Uhr von der Gendarmerie Marche. Mehrere Einwohner der Gemeinde hatten eine halbe Stunde zuvor das berühmte Dreieck gesehen. Eine halbe Stunde! Diese Zeitspanne mag lächerlich kurz scheinen, ist jedoch in Wahrheit bereits so lang, daß man nicht mehr hoffen konnte, noch etwas zu sehen. Der 17. April verlief deutlich ruhiger, die Flugzeuge blieben am Boden. Bei der SOBEPS machte sich Verdrossenheit breit. Einmal mehr wurden uns die Grenzen der Aktion deutlich, und die Enttäuschung über die vielen unvermeidlichen Mißverständnisse und Verzögerungen stand uns in den übermüdeten Gesichtern geschrieben.

Gilbert Dupont lieferte am Dienstag, dem 17. April 1990, in *La Dernière Heure* folgenden bitteren Kommentar:

> Die Beobachtungen vom vergangenen Wochenende waren sicher nicht mit den Sichtungen vergleichbar, von denen einige Augenzeugen seit Ende November berichtet haben. Dies bedeutet mitnichten, daß die Aktion ein Fehlschlag war. Doch wenn fast alles Erdenkliche für ein UFO gehalten wird, besteht die Gefahr, daß die bisherigen Aussagen an Glaubwürdigkeit einbüßen. Die Menschenmengen, die am Sonntagabend den

Straßenrand säumten, waren einer Massenpsychose nahe, und man darf sich fragen, ob nicht die Beteiligung der breiten Öffentlichkeit mehr geschadet als genutzt hat. Die SOBEPS wird nun versuchen müssen, neue Ansätze zu finden, die einen Fortschritt bei der Untersuchung des Phänomens ermöglichen.

In *Télé-Moustique* für die Woche vom 4. bis 10. Mai gab Yves Raisir eine treffliche Beschreibung des Rummels, den die Medien um die Aktion veranstaltet hatten. Sein bissiger Artikel trug die Überschrift: »UFOmanie und Medien, (...) impressionistische Jagdszenen unserer Fernsehsender ...«. Darin hieß es:

> Zu den Heerscharen von Journalisten zählten auch Mitarbeiter von gut einem Dutzend Fernsehsender spanischer, britischer, französischer, flämischer, sowjetischer ... Provenienz. Was fehlte, waren nur die Kameras der RTBF, die es anscheinend für gut befindet, erst morgen zu besorgen, was sich heute ereignet. Der öffentliche Sender glänzte insgesamt durch längere Abwesenheit und vage Informationen. Der diensthabende Journalist verdankt es allein dem Zufall, daß er auf wundersame Weise in einem wichtigen Moment am Samstagabend zugegen war, als nämlich am Himmel über Flémalle ein mysteriöses Licht vorüberzog. Ansonsten stachen nur die RTBF-spezifischen Mängel ins Auge: Im Nachrichtenjournal werden zwei anstelle von vier Beobachtungsnächten angekündigt, von dem in Brüssel gedrehten Amateurfilm heißt es, daß er Sichtungen in Brabant zeigt, und das hysterische Klima, das am Sonntag und Montag im Raum Lüttich herrschte, wird nicht einmal erwähnt. Kurzum, eine, gelinde gesagt, oberflächliche »Berichterstattung« unseres Gemeinschaftssenders.
>
> Weit mehr Dynamik legte die Chefreporterin von RTL-TVi an den Tag. Bereits am Freitagabend hatte das Team von Dominique Demoulin Exklusivaufnahmen der Maschine, in der die SOBEPS ihre wissenschaftlichen Geräte aufgebaut hatte, im Kasten. Am Samstag dann, als die höchste Alarmstufe des Wochenendes ausgelöst wurde und die Überwachungsmaschine von Bierset aus startete, war Charles Neuforge vor Ort. Leider traf sein Kameramann wegen eines fehlerhaften Eisenbahnsignals nicht rechtzeitig ein und konnte nicht die ganzen, »Top-Gun-reifen« Schlachtvorbereitungen filmen. Aber das Hauptthema vom Sonntagabend ließ sich der Privatsender nicht entgehen: den kollektiven Wahn; die Menschen, die mit Fingern auf irgendwelche Sterne deuteten und zu Hunderten zum Flughafen strömten, wo die Irrationalität von allen Besitz ergriffen hatte

(die Reporterin eines auswärtigen Rundfunksenders interviewte sogar eine Hellseherin, die den Kurs der UFOs weissagte ...). Nach drei nahezu schlaflosen Nächten sahen sich die Jäger von RTL-TVi nicht mehr in der Lage, die Aktion bis zum Schluß zu verfolgen, hatten aber vorsorglich darum gebeten, man möge sie wecken, wenn eine seriöse Meldung eingehe. Das Interesse der ausländischen Sender an dieser belgischen Angelegenheit erstaunte uns allerdings. FR 3 hatte als einziger alle vier Nächte ausgeharrt und war offensichtlich entschlossen, über seine bisher praktizierte anekdotische Berichterstattung hinauszugehen und im Falle einer Sichtung ernsthaft über das Auftauchen der Dreiecke in der Region zu berichten. La Cinq und BBC harrten 48 Stunden standhaft aus und brachten kilometerlange Filmreportagen nach Hause. Mehrere deutsche und niederländische Sender hatten sich Hotelzimmer reservieren lassen. TF 1 kam einen Abend zu spät, doch dafür pendelte der eiligst nach Bierset entsandte Reporter zweimal zwischen Bierset und Brüssel hin und her, um in beiden Ausgaben des Nachrichtenmagazins live auftreten zu können.

Der sowjetische Journalist Kipras Majeika dokumentierte das gesamte Wochenende in einer 40minütigen Reportage, die im Sommer ausgestrahlt werden sollte. Die beste Arbeit unter den französischsprachigen Presseorganen lieferte zweifellos das *Figaro-magazine*. Zusammen mit dem ausgezeichneten Fotografen Claude François hatte der Journalist Pierre Fliecx alle Höhepunkte des Wochenendes eingefangen. In Heft 519 vom 21. April 1990 erschien ihre ausgezeichnete Bildreportage. Das letzte Wort in unserem Pressespiegel zur Aktion »UFO-Identifizierung« wollen wir Yves Rasir lassen, der die SOBEPS-Aktivitäten an den fünf Abenden des verlängerten Osterwochenendes so kommentiert:

> Dieser kleine, mittellose »e.V.«, der das Phänomen nun seit fünf Monaten untersucht, erteilt den Medienprofis ständig Lektionen. Ausdauernd bis zur Erschöpfung und extrem geduldig mit einer Presse, die sie unablässig mit törichten Fragen behelligt, haben uns diese hochengagierten Freiwilligen zumindest eines gezeigt: Wenn denn der Schlüssel zum Geheimnis eines Tages gefunden werden sollte, haben wir das nicht zuletzt ihrem Wissensdurst zu verdanken.

Wo waren die UFOs über Ostern?

Bereits auf der Pressekonferenz der SOBEPS vom 18. Dezember 1989 hatte Michel Bougard die möglichen Probleme einer massiven Sichtungswelle angesprochen:

Die Erfahrung lehrt, daß sich derartige Ereignisse häufig in vier Phasen vollziehen:

1. Am Anfang stehen Sichtungen, die für die nichtsahnenden und damit absolut glaubwürdigen Zeugen vollkommen überraschend sind.

2. Die Presse berichtet tatsachengetreu, objektiv und kritisch über die Ereignisse (wobei Unseriositäten denkbar sind, wenn einige um jeden Preis zu erklären versuchen, was unerklärlich bleibt).

3. Die Berichterstattung führt zu stärkerer Beobachtungsbereitschaft in der Öffentlichkeit, was gelegentlich echte Massenhysterie auslöst, in der es leicht zu Verwechslungen und bewußten Täuschungsmanövern kommt.

4. Diese »Überspanntheiten« führen rasch zu einer Verfälschung der bisher gewonnenen, wirklich verläßlichen Fakten, und die gedankliche Vermengung beider Ereignisreihen führt dazu, daß der geduldig zusammengetragene Informationsbestand ins Lächerliche gezogen und von den Medien vernachlässigt wird.

Wir wußten also, was wir für ein Risiko eingingen, als wir die Osteraktion an die große Glocke hängten, um mit Hilfe der Medien eine größere Zahl von Zeugenaussagen zu gewinnen. Eine solche Erfahrung hatten wir im übrigen bereits bei unserer ersten vergleichbaren Aktion Mitte März gemacht: Einige wenige wichtige Sichtungen gingen in einem Meer überflüssiger Anrufe, absurder Mißverständnisse und offensichtlicher Verwechslungen unter. Als noch die Hysterie hinzukam, die sich in bestimmten Kreisen zunehmend breitmachte, waren sämtliche Voraussetzungen erfüllt, daß sich ein wirklich interessantes Signal im maßlosen Hintergrundrauschen verlieren würde. Und es gibt noch einen Aspekt, auf den wir bereits mehrfach hingewiesen haben: Zeugen von Nahsichtungen rufen nie gleich nach ihrer Beobachtung an. Sie nehmen sich erst »Bedenkzeit« – mehrere Minuten bis Stunden, in einigen Fällen sogar Tage oder Monate. Dies war an unserem berühmten Osterwochenende nicht anders.

Am Freitag, dem 13. April 1990, als wir uns auf die Überwachung des

Großraums von Wallonisch-Brabant bis Ostbelgien konzentrierten, ereignete sich viel weiter im Westen, im Raum Tournai nämlich, ein interessanter Fall. In Orcq kommt Michel G. gegen 22.15 Uhr in Begleitung seiner Frau nach Hause zurück. Frau G. hat das Haus bereits betreten, und ihr Mann will gerade den Wagen in die Garage neben dem Haus fahren, als er deutlich ein lautes und anhaltendes Brummen vernimmt, das ihm rätselhaft vorkommt. Er schaut sich um und erkennt die Geräuschquelle sofort. Es handelt sich um ein Leuchtphänomen, das sich ziemlich dicht über dem Horizont langsam nach links bewegt. Zu dem Geräusch merkt G. an:

> Es war ein tiefer und ziemlich lauter Ton, eine Art Brummen, wie man es an einem E-Werk oder unter einer Hochspannungsleitung hört. Es war ein gleichförmiger Dauerton. Nachdem das Phänomen verschwunden war, konnte ich den Ton noch weitere 15-20 Sekunden wahrnehmen, und seine Stärke verringerte sich mit zunehmender Entfernung.

Zwar kann der Zeuge zu keinem Zeitpunkt die Form des Objekts ausmachen, er hält es jedoch für etwas Materielles:

> Ich konnte drei große, weiße Lichter erkennen, die im Dreieck angeordnet waren und nach unten strahlten. Das Objekt bewegte sich in geringer Höhe über der »Résidence Lelubre«. Ein Licht befand sich vorn, die beiden anderen weiter hinten. Ich konnte nur die drei Lichter erkennen, doch die »Scheinwerfer« hoben sich von dem Objekt ab, das ich nicht genau ausmachen konnte. Sie waren »kugelartig« und hatten einen ziemlich großen Durchmesser, schätzungsweise 1-1,5 Meter. Ich bin überzeugt, daß es sich um ein materielles Objekt handelte, denn die Lichter waren ganz symmetrisch angeordnet.

Das Phänomen dürfte sich von Marquain-Froyennes (Nordnordwest) genähert haben und Richtung Ere-Froidmont (Südsüdost) weitergeflogen sein.

Am Sonntag, dem 15. April, hatte Pascal H., ein SOBEPS-Interviewer, beschlossen, in Waremme, nicht weit von der Autobahn, auf Beobachtungsposten zu gehen. Er schreibt in seinem Bericht:

> Da ich enttäuscht war, nichts Verdächtiges gesehen zu haben, und langsam

die Geduld verlor, machte ich kehrt und fuhr nach Brüssel zurück. Gegen 22.05 Uhr wurde ich mit einem Mal auf einen ungewöhnlichen Stern aufmerksam. Dieser bewegliche »Stern« wurde zusehends größer und ließ deutlich zwei strahlende Lichter erkennen, vergleichbar mit den Landescheinwerfern eines Flugzeugs. Als ich in die Autobahnauffahrt einbog, verlor ich ihn für einen Moment aus den Augen. Verblüfft warf ich einen letzten Blick durch die Frontscheibe, und zu meiner großen Verwunderung sah ich, daß genau in diesem Augenblick ein »Dreieck« direkt über mich hinwegflog. Es hatte drei leuchtende »Teller« (die mir als Randmarkierungen dienten) und in der Mitte einen pulsierenden, roten Scheinwerfer. Ich hielt an und stieg sofort aus, doch das Dreieck verschwand hinter einem Wäldchen; die hintere Struktur war noch zu erkennen.

Die Kindergärtnerin Michelle S. und ihr Mann Marc S. machten an jenem Abend in Xhoris bei Lüttich ebenfalls eine ungewöhnliche Beobachtung. Frau S. schrieb uns einige Tage später:

> Am Sonntag, dem 15. April, sah ich um 22.30 Uhr vom Eßzimmer aus nochmals dieses merkwürdige, weiße Licht auf das Haus zukommen. Ich rief meinen Mann, und zusammen gingen wir in den Garten hinaus. Wir waren wie versteinert, als wir ein großes, dreieckförmiges Fluggerät erblickten. Die uns zugewandte »Unterseite« war von grünen, fluoreszierenden Lichtern umsäumt, die Vorderfront selbst war grünlich und hatte an jedem Ende einen Wulst, als würden dort Flügel ansetzen. Es war schwer, in dem fluoreszierenden Lichtsaum an der Unterseite etwas deutlich zu erkennen. Von dem Objekt ging ein anhaltendes, dumpfes »Surren« aus. Es dürfte in etwa 100 Meter Höhe geflogen sein, und zwar gemächlich. Soweit wir dies beurteilen können, kam es von Les Batis in Xhoris und bewegte sich Richtung Comblain-la-Tour.

In der Nacht vom 15. auf den 16. April gab es eine weitere interessante Sichtung, die viel zu spät bekannt wurde. Die Beobachtung erfolgte gegen 2 Uhr nachts durch Frau P. Als Frau P. am Montag, dem 16. April (gegen 11 Uhr), Lucien Clerebaut anrief, wurde er gerade von Reportern der BRT (dem Fernsehsender der flämischen Gemeinschaft) interviewt. Einem Team des Senders TF 1 dicht auf den Fersen, machten sich die Journalisten in aller Eile zum Stadtrand von Lüttich auf, um die Aussage der jungen Frau als erste aufzunehmen. Das Interview wurde noch am selben Abend gebracht. Seither möchte die Zeugin nicht mehr Aus-

2. CHRONIK EINER SICHTUNGSWELLE

kunft geben, und wir konnten die Befragung nie zu Ende führen. In dem Sendebeitrag schilderte Carine P., wie sie mitten in der Nacht aufgewacht sei, weil ihr Zimmer hell erleuchtet war (»es war so hell wie am Tage«). Nachdem sie aufgestanden war, sah sie drei offenbar senkrecht übereinander angeordnete, sehr helle, weiße Lichter, die nach etwa zehn Minuten plötzlich verschwanden.

Dann wäre da natürlich noch die Sichtung von José Olette in Marche. Diese Zeugenaussage, die offenbar durch weitere, von der örtlichen Gendarmerie gemeldete Berichte untermauert wurde, hatte den Start der Islander mit dem SOBEPS-Team an Bord ausgelöst. Die Sichtung erfolgte am Abend des 16. April. Der Zeuge ist Hauptfeldwebel in Elsenborn und gehört zur 255. Kompanie eines leichten Kampfgeschwaders. Gegen 22.30 Uhr beschließt er, mit seinen Hunden in den Garten zu gehen. Er hat wie gewohnt eine Taschenlampe dabei. »Plötzlich sah ich ein rotes Licht am Himmel, in etwa 100 Meter Entfernung

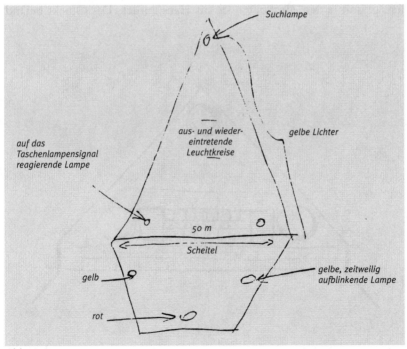

Abb. 2.60

und etwa 300 Fuß Höhe.« Da er dahinter ein Flugzeug vermutet, schenkt er dem Phänomen keine besondere Aufmerksamkeit. Doch an der Stelle, an der er den roten Punkt gesehen hat, tauchen am Himmel gleich darauf drei weitere große, weißgelbe Leuchtpunkte auf, die ein Dreieck bilden. Als er sie erblickt, richtet Olette das Dauerlicht seiner Stablampe auf das Phänomen. Zu seiner großen Überraschung beginnt jetzt der linke hintere Leuchtpunkt des mit der Spitze zu ihm weisenden Dreiecks allmählich zu erlöschen und geht dann wieder an. Olette läßt nun die Taschenlampe etwa zehnmal aufblinken. Als »Antwort« auf dieses Signal verblaßt – dies dauert etwa zwanzig Sekunden – der Leuchtpunkt und wird dann allmählich wieder heller.

Das Phänomen bleibt etwa zwanzig Minuten lang in derselben Position und fliegt dann senkrecht nach oben davon, nachdem die drei Lichter schwächer geworden sind. Olette kann im Umfeld der Scheinwerfer deutlich eine Masse erkennen: »Von unten her sah es wie Metallblech aus.« Der Zeuge gab an, daß seine Hunde zu Beginn der Sichtung ängstlich gejault hatten, als wollten sie ins Haus zurück. Das Objekt befand

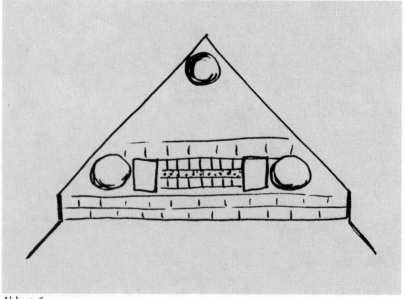

Abb. 2.61

2. CHRONIK EINER SICHTUNGSWELLE 293

sich zunächst im Osten und bewegte sich dann in südliche Richtung. Als es sich entfernte, hörte der Zeuge »ein leises Surren, wie von einem schallgedämpften Elektromotor«. Mit zunehmender Entfernung wurden die Scheinwerfer allmählich schwächer. Olette registrierte hinten etwas »Trapezförmiges«, das zum Fluggerät selbst gehörte (Abbildung 2.60), und woran sich vermutlich die anfangs sichtbare rote Lampe befand.

Im Mai 1991 erhielten wir einen Brief von Armand G. aus Hamoir, in dem er uns eine mehr als ein Jahr zurückliegende Sichtung beschrieb. Sie datiert genau vom 17. April 1990:

> Ich konnte die Struktur und den Unterbau eines riesigen, dreieckigen Fluggeräts sehen, das sehr langsam in geringer Höhe über mir flog. Es hatte drei große Scheinwerfer bzw. drei sehr starke, weiße Leuchtkugeln. Die seitlichen Scheinwerfer gingen insgesamt dreimal aus. Neben den beiden seitlichen Scheinwerfern befanden sich zwei sehr große Rechtecke, und zwischen diesen verliefen zwei parallele Reihen mit kleinen Rechtecken (oder Platten), die durch einen ziemlich tiefen Spalt getrennt waren, in dem unzählige kleine Leuchtpunkte wie Funken flackerten, die durch Strom entstehen. Der hintere Teil des Unterbaus bestand ebenfalls aus Rechtecken aller Größen, die durch breite, sehr dunkle Fugen getrennt waren. Die hinteren Spitzen des UFOs waren abgeschnitten, und es gab zwei lange, nach außen gebogene (antennenartige) Stangen bzw. Leitwerke.

Die vom Zeugen angefertigte Skizze (Abbildung 2.61) veranschaulicht die Details, die mit den Beobachtungen einiger anderer Augenzeugen in dieser Sichtungswelle übereinstimmten.

Da die UFO-Hysterie in der Öffentlichkeit noch einige Tage nach Abschluß der Bierset-Aktion andauerte, behandelten wir Zeugenaussagen, die uns bis Ende April 1990 erreichten, mit besonderer Vorsicht. Nachstehend einige wegen bestimmter hochgradiger Eigentümlichkeiten besonders bemerkenswerte Aussagen.

Der Flugschüler Stefan V. wohnt in Petegem (Wortegem, Ostflandern). Am 18. April 1990 sieht er gegen 22.45 Uhr durch das Fenster seiner Wohnung ein helles Licht, das sich in sehr geringer Höhe und Entfernung von Osten her nähert. Das UFO gleicht einem »Viereck mit gerundeten Ecken«. Das Gerät fliegt anfangs auf der Seite und vollzieht dann eine 90-Grad-Drehung um die eigene Achse. Seine Lichter sind nun zum Boden gerichtet: ein weißes, rundes Licht vorn und ein sehr großes, rotes in der Mitte.

Im Juni 1990 erreichte uns ein Brief, der uns, obwohl wir in den zurückliegenden Monaten so manchen spannenden Augenblick erlebt hatten, in Aufregung versetzte. Pino B. berichtete uns von einer Sichtung, die seine Schwiegereltern am 22. April 1990 gegen 8.25 Uhr von ihrem Haus in Pont-de-Loup (Hainaut) aus gemacht hatten. Als erstes war für uns selbstverständlich die Tatsache interessant, daß sich das Ereignis am Tage abgespielt hatte. Doch auch Beschaffenheit und Verhalten des Objekts waren von Interesse: ein dreieckiges, metallisch-graues Ding mit gerundeten Ecken, das sich aufrecht (Spitze nach unten) fortbewegte und sich dabei »gegen den Uhrzeigersinn« um die eigene Achse drehte. Das Objekt hielt Kurs auf Châtelet, und als die Sonne auf die Vorderseite des UFOs traf, so der Verfasser des Briefs weiter, »leuchteten Scheinwerfer in allen Regenbogenfarben auf, wobei ein orangeroter Ton dominierte«.

Selbstverständlich schickten wir unverzüglich einen unserer Mitarbeiter los, um diesen einmaligen Fall zu prüfen und bestimmte Fragen zu klären. Pont-de-Loup ist ein Vorort von Charleroi. Die Straße, in der die Zeugen wohnen, ist von kleinen Häusern mit Gärten gesäumt. Die Beobachtung wurde durch mehrere Sichthindernisse (Halde, Dächer, Bäume) beeinträchtigt. Die Befragung gestaltete sich schwierig, da die beiden Augenzeugen, italienische Einwanderer, um die Sechzig waren, und nicht so gut französisch sprechen konnten. An jenem Morgen war Romano T. kurz vor acht Uhr aufgestanden und hatte ein Tasse Kaffee getrunken. Als er das Haus verläßt, um die Tiere im Garten hinterm Haus zu versorgen, fällt ihm in nordnordwestlicher Richtung ein sonderbares Phänomen auf. Der Himmel ist noch klar, doch nach der Sichtung senkt sich rasch eine Dunstglocke herab. Lassen wir T. selbst zu Wort kommen:

> Ich geh also raus und seh eine Turteltaube auf dem kleinen Dach vom Schuppen, und die Vögel schrein, und ich seh, daß sie in die Luft gucken. Ich geh also weiter, dann wieder zurück und dreh mich um ... Ach, das ist es also, sag ich mir. Ich renn schnell ins Haus und ruf meine Frau: »Komm mal her, sieh dir das an, los!« Sie kriegt's mit der Angst. »Sieh mal, da ist was in der Luft!« Sie kommt raus, und zusammen sehen wir, wie sich das Ding nach links dreht, näher kommt und sich dreht, sehen Lampen, die blinken; und gleichzeitig sehen wir noch ein Viereck wie aus Kastanien-

holz, und die ganze Zeit dreht es sich so und kommt näher; und nach fünf Minuten fliegt weiter hinten ein Personenflugzeug vorbei, ich sage das, weil Nebel war. (...) Ist wirklich was zu sehen? Doch ich sag zu meiner Frau, daß die Leute bestimmt lachen. Das Flugzeug fliegt in dieselbe Richtung, nicht groß, wie ein Personenflugzeug. Danach war ich im Garten, mich um die Tiere kümmern, und dann telefonier ich mit meinem Sohn, der mir sagt: »Warum hast du nicht sofort angerufen?« Was sollen wir davon halten? (...) Höhe etwa 600-700 Meter, wie ein ausgestreckter Arm so. (...) Lärm war keiner zu hören. Ist aber komisch, weil, ich guck hin, danach nicht mehr, doch dann plötzlich guck ich wieder hin und seh die Lampen, wie sie sich drehen, tack, tack ...

Es drehte sich und ging dabei vorwärts. Zu sehen war nur eine Seite von dem Viereck, so. [Der Mann zeigt dem Interviewer einen Zinnaschenbecher]. Das ganze Ding glänzte, als das Sonnenlicht drauffiel. (...) Komisch war, daß es sich beim Drehen auch vorwärts bewegte, nicht schnell, und auf der Vorderseite dann die Lampen: tack, tack. Dann waren die Lampen aber weg, und die andere Seite war zu sehen. Die hatte drei runde Punkte wie ein Peperoni und drei große Scheinwerfer.

Seine Frau, Silvana C., erzählte uns folgendes:

Am 22. April um 8.20 Uhr morgens ruft mich mein Mann und sagt: »Komm mal schnell!« – »Was gibt's denn?« sage ich. »Komm gucken, da ist etwas Merkwürdiges am Himmel!« Ich gehe also nach draußen und sehe ein herzförmiges Ding, wie man sagen könnte, mit drei Scheinwerfern. Diese drei Scheinwerfer strahlten in der aufgehenden Sonne ein Licht aus, ja, wie soll ich sagen, wie von einem Regenbogen. Dann drehte sich das Ding um sich selbst und kam näher. Ich sagte mir: »Ein Drachen mit Scheinwerfern, das ist doch nicht möglich! Oder es ist ein Satellit.« Ja, das war mein erster Gedanke, aber komisch war es trotzdem. (...) Ich sah mich um, ob Nachbarn da sind, aber es war niemand zu sehen, um diese Zeit schliefen alle noch. Dann flog das Ding weg, und mein Mann ging in den Garten. Ich sagte: »Warte mal, ich sehe vorne nach, ob es noch da ist!« Doch da war nichts mehr, und ich hätte es auch nicht mehr sehen können, weil Nebel aufkam. Das war's also, doch es beschäftigte mich, und ich sagte zu mir: Ich werde trotzdem mal meine Tochter anrufen, um es ihr zu sagen und sie zu fragen, ob sie nichts gesehen hat. Sie hat mir vorgeworfen, daß ich es nicht früher getan habe, dann hätten wir ein Foto. Aber wir haben keinen Apparat und konnten nichts tun. Wenn ich es gewußt hätte, hätte ich genauer hingesehen.

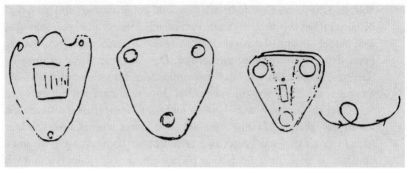

Abb. 2.62

Die beiden äußern übereinstimmend, daß sie weder Geräusche noch Rauch oder Gerüche wahrgenommen haben und daß die Konturen des Objekts scharf abgegrenzt waren. Das Gerät drehte sich um die eigene Achse, wobei eine Umdrehung ungefähr neun Sekunden dauerte. Die von den Zeugen genannten sichtbaren Abmessungen sind beeindruckend: 40 cm (H) x 30 cm (B) x 20 cm (T), bezogen auf einen mit gestrecktem Arm gehaltenen Gegenstand. Die Scheinwerfer blinkten im Sekundentakt. Herr T. sagt von der Vorderseite des UFOs, daß sie wie aus Holz gemacht aussah, konnte das aber nicht genauer erläutern. Wenn man die Zeichnungen der beiden Leute (Abbildung 2.62: links die Skizze von Herrn T., in der Mitte die seiner Frau, rechts die ihres Schwiegersohnes) mit derjenigen von Pino B. vergleicht, wird man mit Sicherheit einige Unterschiede feststellen, doch alle drei Skizzen entsprechen genau dem beschriebenen Objekt.

Die Sichtung in Pont-de-Loup trug sich nur wenige Stunden vor einer Reihe anderer äußerst merkwürdiger Ereignisse zu, die sich in der Nacht vom 22. auf den 23. April zwischen Ellezelles und Basècles abspielten. Die SOBEPS hatte in dieser Nacht wirklich alle Hände voll zu tun. Gegen 3 Uhr nachts versuchte Lucien Clerebaut noch, einen Gesprächspartner am anderen Ende der Leitung davon zu überzeugen, daß der am Himmel gesichtete Leuchtpunkt nur ein Stern sei und kein Anlaß bestehe, die Gendarmerie zu benachrichtigen ... War das – für die Sichtungswelle in Belgien – eine typische Nacht? Eigentlich nicht. In dieser Nacht wurde unser Generalsekretär, etwas übermüdet und blaß

2. CHRONIK EINER SICHTUNGSWELLE

wegen der vielen durchwachten Nächte, durch einige besonders bemerkenswerte Fälle belohnt: Zunächst von Anderlecht und Wallonisch-Brabant, dann bis ins westliche Hainaut und bis zum SHAPE in Maisières – fast ununterbrochen wurden ungewöhnliche Beobachtungen gemeldet.

Der erste Anruf dieses Abends kam von der Brüsseler Gendarmerie: Frau P. aus Anderlecht hatte berichtet, daß ihr Wohnhaus am Parc Peterbosch von einem Objekt überflogen wurde. Die etwas ältere Dame hatte nacheinander beim Wetteramt, der SABENA und der Gendarmerie angerufen; die wiederum benachrichtigte dann die SOBEPS.

Gegen 20.50 Uhr sieht sie von ihrer in der 6. Etage gelegenen Wohnung aus, wie sich ein Objekt in Fensterhöhe der Hausfassade nähert. Völlig verdutzt kann sie zunächst vier Lichter erkennen: rechts zwei weiße und links zwei leicht rötliche. Von vorn betrachtet, scheint das Objekt aus zwei übereinanderliegenden Scheiben zu bestehen. Es kommt langsam näher, zu langsam für ein gewöhnliches Flugzeug. Das Objekt stürzt aber nicht auf das Dach, wie die Beobachterin aus ihrer Perspektive zunächst annehmen muß, sondern fliegt über das Haus hinweg; dabei ist seine Unterseite zu erkennen. Deutlich hebt sich ein Dreieck gegen den Himmel ab. Frau P. nimmt lediglich ein leises Geräusch wahr. Das UFO fliegt in südwestlicher Richtung davon. Zur selben Stunde beobachtet ein weiterer Augenzeuge in der Nähe der Porte de Namur in Brüssel drei weiße, im Dreieck angeordnete Lichtquellen, die langsam und lautlos unter der (an jenem Abend sehr niedrigen) Wolkendecke dahingleiten. Der Mann erklärt, beim Anblick des Phänomens ein starkes Befremden empfunden zu haben. Er benachrichtigt die Gendarmerie, die bereits eine Flut ähnlicher Anrufe erhalten hat.

In La Hulpe bemerken Herr A. und seine Freundin gegen 22 Uhr ein metallisch-graues, dreieckförmiges Objekt, das unterhalb der Wolken Richtung Wavre fliegt. Das Objekt ist ziemlich flach und hat »senkrechte Wände«. An der Unterseite und an den Spitzen des gleichseitigen Dreiecks befinden sich drei weiße Lichter. Möglicherweise sitzt irgendwo auf der Oberseite des Objekts ein Scheinwerfer, da die Wolken beim Vorbeiflug angeleuchtet werden. Gegen 21.10 Uhr beobachten Philippe D. und einige junge Leute oberhalb des Friedhofs von Ellezelles ein Objekt, das sehr langsam, lautlos und in geringer Höhe (genau in Höhe der

Wolken) fliegt. Das Objekt weist drei weiße Leuchtzonen und ein kleineres, rotes Licht auf. Schräg nach unten tritt ein Lichtbündel aus, das »stehenbleibt«, noch bevor es den Boden erreicht. Plötzlich verschwindet der Lichtstrahl, und das Objekt entfernt sich langsam, bis es nicht mehr zu sehen ist. Die überraschendsten Beobachtungen aber stehen noch aus.

Schauplatz der ersten dieser Sichtungen ist die Düngemittelfabrik »Bataille« in Basècles, in der Nähe der Straße von Mons nach Tournai. In seiner Nachtschicht, zwischen 23.45 Uhr und Mitternacht, fallen J. D. zunächst zwei sehr helle, sehr große Scheinwerfer auf, die sich dem Fabrikhof nähern, in dem er gerade zu tun hat. Die Lichter kommen aus Richtung Mons, scheinen sich Richtung Tournai zu bewegen und fliegen knapp über dem (45 Meter hohen) Fabrikschornstein »rechts« vorbei. Ihre Geschwindigkeit muß zwischen 30 und 40 km/h betragen haben. Wenige Sekunden später merkt der Zeuge, daß sich die beiden Scheinwerfer an der Vorderseite einer breiten Plattform befinden, die nach und nach die gesamte Fläche des Fabrikhofs überdeckt. Der Hof hat einen trapezförmigen Grundriß (größte Länge: etwa 100 Meter, lange Basis: 50 Meter, kurze Basis: 30 Meter). Bei den Scheinwerfern handelt es sich offenbar um zwei kreisrunde, senkrecht stehende Lichtquellen mit einem Durchmesser von jeweils etwa 3-4 Meter. Sie sind dicht beieinander plaziert und weisen in »Fahrtrichtung«. Sie strahlen ein weißes, grelles, aber nicht blendendes Licht ab, das von innen zu kommen scheint. Dicht unter den beiden Scheinwerfern erkennt der Zeuge zwei große, kreisförmige und orangefarbene Lichtquellen, die waagerecht angeordnet sind (geschätzter Durchmesser: 1,50 Meter). Sie scheinen die vordere Randbegrenzung der Unterseite einer breiten, quadratischen oder rechteckigen Plattform zu bilden.

J. D. holt seinen Arbeitskollegen H. K. herbei. Das Material, aus dem das Gebilde besteht, hat eine metallisch-graue Farbe. Von der Unterseite des Objekts, das jetzt den ganzen Hof überdeckt, heben sich rechteckige Platten ab, deren Dicke an der Schattenbildung auf der Unterseite des Objekts zu erkennen ist (siehe die Illustration im Bildteil). Es sind insgesamt vielleicht ein Dutzend unterschiedlich ausgerichtete Platten. Ihre Maße betragen schätzungsweise 20 Meter (L) x 10 Meter (B). In Randnähe befindet sich eine große, kreisförmige Platte, die nahezu die gesamte

2. CHRONIK EINER SICHTUNGSWELLE

Breite des Objekts einnimmt, dessen Ende von zwei weiteren orangefarbenen Lichtern markiert wird. Die Zeugen bemerken weder Geräusche noch Luftwirbel. Das Objekt bewegt sich Richtung Tournai; der Vorbeiflug dauert etwa einhundert Sekunden.

Die Abmessungen dieses merkwürdigen fliegenden Gebildes müssen sehr groß gewesen sein; allein seine Länge dürfte hundert Meter betragen haben! Noch zwei weitere, sehr ähnlich geartete Fälle wurden uns gemeldet. Der erste soll sich in der Nacht vom 29. auf den 30. November 1989 in der Nähe der Fabrik »Edel« in Jupille zugetragen haben und der zweite etwas später in Villers-le-Bouillet. Da wir in diesen Fällen keine eingehenden Nachforschungen betreiben konnten, wurde darüber nichts veröffentlicht. Bezeichnenderweise schilderten die Arbeiter der Fabrik »Edel«, die an der Sichtung beteiligt waren, ihre Eindrücke mit den gleichen Worten wie ihre Kollegen aus Basècles: »Das Ding sah aus wie ein umgedrehter Flugzeugträger!«

Nicht viel später und weniger als zwei Kilometer von dort entfernt werden zwei Polizisten der Gendarmerie Beloeil ebenfalls Zeugen eines UFO-Überflugs. Gegen 1.45 Uhr befinden sie sich auf der N 50 in Stambruges bei der Gemarkung Le Nouveau Rond auf Streife. Plötzlich entdecken sie ein Leuchtobjekt, das sich weniger als einen Kilometer von ihnen entfernt in 100–200 Meter Höhe bewegt. Es hat die Größe eines kleinen Passagierflugzeugs und kommt aus südwestlicher Richtung. Den beiden fallen gleich zwei weiße Scheinwerfer auf; der eine ist horizontal ausgerichtet, und der Lichtstrahl des anderen streicht ruckartig den Boden ab, »als suche er nach etwas«. Nach Bekunden eines der Gendarmen wirkt das Licht »materiell«. Über den beiden Scheinwerfern erhebt sich eine dunkle Ausbuchtung in Form einer gewölbten Untertasse. Der Rest wird erst sichtbar, als das Objekt mit Kurs auf das Industriegebiet von Baudour mit etwa 40–80 km/h vorbeifliegt. Sie sehen jetzt drei weiße, in einer horizontalen Ebene befindliche Scheinwerfer, die die Spitzen eines gleichseitigen Dreiecks bilden. Von dem Objekt geht ein schwaches, dumpfes Geräusch aus, ähnlich einem Haarfön. Zeitweise können die beiden Beobachter metallische Reflexe ausmachen.

Als sich das Objekt Richtung Mons entfernt, versuchen die beiden Gendarmen, nachdem sie ihrer Dienststelle Meldung erstattet haben, ihm zu folgen. Sie beobachten, ungefähr als es die Fabrik »Carbochimique«

in Tertre überfliegt, wie nochmals ein sich ruckartig bewegender Lichtstrahl nach unten austritt. Schließlich müssen sie die Verfolgung abbrechen und sehen, wie das Objekt allmählich über dem hell erleuchteten Industriekomplex von Baudour verschwindet. Drei bis vier Minuten später ruft einer der Wachmänner der Fabrik »AKZO-Chimie« (Baudour) bei der Gendarmerie in Beloeil an und meldet, daß das Fabrikgelände von einem sonderbaren Gerät überflogen worden ist. Insgesamt fünf Menschen (darunter drei Mitarbeiter des privaten Wachdienstes »Securitas«) können den Vorbeiflug eines dreieckförmigen Objekts bezeugen, das mit drei Lichtquellen versehen ist und zwei Lichtkegel ausstrahlt, die sich ruckartig bewegen (der eine in waagerechter Richtung, der andere nach unten). Nach Aussage von S., einem der Wachmänner, »schien das nach unten gerichtete Lichtbündel aus dem Zentrum des Dreiecks zu kommen; es reichte nicht bis zum Boden, sondern schien vorher stehenzubleiben«. Das Objekt fliegt sehr langsam über die Fabrik, dabei ist ein leises Surren wie von einem Elektromotor zu hören. Der Zeuge S. weiter: »Die Lichter befanden sich an einem Objekt, das sich aufgerichtet haben muß wie ein Flugzeug, wenn es vom Piloten hochgezogen wird.« Das Objekt entfernt sich Richtung Maisières. Fünf Minuten später, gegen 1.55 Uhr, beobachtet der Zeuge S. S. im weniger als 1 Kilometer von Baudour entfernten Ghlin ein völlig gleichartiges Fluggerät, das sich Richtung SHAPE entfernt.

Wie man sieht, stimmen die meisten Beobachtungen und Schilderungen in dieser Nacht miteinander überein, sowohl was die Form wie auch das Verhalten des Flugobjekts anlangt. Auch die zeitliche Abfolge der einzelnen Sichtungen ist in sich sehr stimmig. Man kann sich allerdings auch fragen, ob sich in jener Nacht nicht mehrere UFOs in der Region aufhielten, was die Hypothese eines riesigen, rechteckigen »Mutterschiffs«, aus welchem kleinere dreieckige Gebilde austraten, voraussetzen würde.

In der Nacht vom 24. auf den 25. April wird Roger D. K. zwischen 2.30-3 Uhr durch einen ohrenbetäubenden Lärm, der die Wände erzittern läßt, aus dem Schlaf gerissen. »Ich verspürte einen gewaltigen Druck, als würde das Haus gleich von einer Dampfwalze zermalmt.« Er steht auf, schaut aus dem Fenster und sieht in etwa 500 Meter Entfernung und weniger als 100 Meter Höhe zwei sehr helle Lichter, die sich

2. CHRONIK EINER SICHTUNGSWELLE 301

Richtung Huy entfernen. Im Nebeldunst scheint das Phänomen von einem rosafarbenen Lichtsaum umgeben zu sein. Am 27. April sieht René L. gegen 23 Uhr in Bastogne ein ovales Objekt mit einer nach unten weisenden »Lichtglocke«. Im Vorbeiflug verursacht es ein Geräusch wie »raschelndes Papier« und fliegt in einer leichten Kurve Richtung Stadtzentrum. Das UFO vollführt über einem Steinbruch eine Schleife, bleibt stehen und fliegt dann mit voller Kraft weiter. Der Zeuge glaubt, in diesem Augenblick gesehen zu haben, wie »eine Art glühender Staub herabfiel und erlosch, bevor er den Boden erreichte«.

Am Abend des 28. April 1990 (Samstag) und bis in die ersten Stunden des folgenden Tages ereigneten sich mehrere Nahsichtungen in zwei etwa 25 Kilometer voneinander entfernten Orten der Provinz Hainaut. Ihre wichtigste Gemeinsamkeit besteht in den sehr ähnlich lautenden Ortsnamen: La Bouverie und La Louvière. Hat das etwas zu bedeuten?

Mehrere Einwohner der erstgenannten Ortschaft beobachten nach 22 Uhr das ständige Hin und Her einiger großer, weißer Leuchtkugeln am Himmel und sind beunruhigt. Schließlich benachrichtigt man die Gendarmerie, die zwei Beamte, die MDL U. und L., losschickt. Als sie um 23.30 Uhr eintreffen, finden sie drei den Himmel beobachtende Paare vor. Es sind die Ehepaare S., G. und M. Auch die Gendarmen werden Zeugen, wie etwa alle zehn Minuten mehrere weiße Leuchtkugeln vorbeifliegen. Um 0.45 Uhr fliegt dann plötzlich, ganz langsam und mit einem dumpfen Geräusch, ein ausladendes, dreieckförmiges Gebilde über die Zeugen hinweg. Frau M. läuft rasch durchs Haus, um die Beobachtung auf der gegenüberliegenden Seite fortzusetzen, doch es ist nichts mehr zu sehen!

Um 1.05 Uhr beginnt das gleiche Spiel von neuem. Während Maurice M. durchs Fernglas eine Doppelreihe aus sechs weißen Leuchtfeuern betrachtet, läuft Frau M. Schutz suchend ins Haus zurück. Einer der Gendarmen, dem es auch nicht ganz geheuer ist, folgt ihr! »Wenn das Ding aufs Haus gestürzt wäre, hätte es alles zerschmettert«, bemerkt einer der Zeugen. Das Gebilde fliegt ein zweites Mal in der gleichen Richtung, von Süd nach Nord, vorüber. Seine Spannweite entsprach einem auf Armeslänge entfernten, 30 Zentimeter großen Gegenstand. Auch dieses Objekt fliegt langsam, begleitet von einem dumpfen Grollen.

Am selben Abend werden am Himmel über La Louvière ebenfalls

merkwürdige Dinge beobachtet. Gegen 22.30 Uhr sehen Bewohner der Gemarkung Fonds Gaillard einige helle Lichter auf Höhe einer Halde. Später fliegt ein Objekt – »so groß wie vier Häuser« – langsam über die Straße hinweg und gibt dabei ein »Turbinengeräusch« von sich. Das Objekt ist grau oder schwarz und sendet Lichtblitze aus. Im Haus eines der Zeugen ist zur gleichen Zeit der Fernsehempfang gestört (das Gerät ist an einer Außenantenne und nicht ans Kabelnetz angeschlossen). Das gleiche Phänomen wird mitten in der Nacht, gegen 4.30 Uhr, noch einmal gesichtet. Auch in diesem Fall wird die Gendarmerie alarmiert, eine Polizeistreife aus La Louvière ist in den frühen Morgenstunden zur Stelle. Da das Objekt sehr dicht über eine Halde hinwegflog, beschließen die Gendarmen, dort nach Spuren zu suchen. Sie finden einen zersplitterten Stein und einige angesengte Zweige; im Zusammenhang mit der einige Stunden zurückliegenden Sichtung steht das aber sicher nicht.

Offizielles Stillschweigen und »Landungen« – Unklarheiten

Während unseres Wochenendes in Bierset war viel von dem offiziellen Bericht über die Ereignisse in der Nacht vom 30. auf den 31. März und dem Einsatz der F-16 die Rede gewesen. Hinter vorgehaltener Hand bestätigte Oberst De Brouwer die Existenz unerklärter Radarechos, und Major Lambrechts erwähnte gegenüber P. Vidal und M. Bougard die Aufzeichnung eines »Störeinflusses« [Jamming], d. h. einer möglichen elektronischen Gegenmaßnahme zwecks Irreführung der Radars. Gleich nach Abschluß der »Operation UFO-Identifizierung« drang L. Clerebaut bei Oberst De Brouwer darauf, diesen Bericht so rasch wie möglich der SOBEPS zuleiten zu lassen. Gilbert Dupont von *La Dernière Heure* zeigte sich über einige Punkte dieses Berichts besonders gut informiert. Auch er hegte die Befürchtung, daß dieses Dokument auf dem gewohnten Dienstweg »unglücklicherweise« unter einem Stapel von Akten verschwinden und so für unbestimmte Zeit »verlorengehen« würde. Am Dienstag, dem 24. April, veröffentlichte er einen Artikel mit der Überschrift »UFO von zwei Radars geortet – Luftwaffe direkt betroffen«. Darin hieß es, daß Minister Coëme in Kürze ein Bericht der Luftwaffe

2. CHRONIK EINER SICHTUNGSWELLE

zugehen werde, in dem von überraschenden Aufzeichnungen der Radarstationen Glons und Semmerzake die Rede sei; speziell gehe es um ungeheure Beschleunigungen.

Am Donnerstag, dem 26. April, während man allseits davon ausgeht, daß der Druck, den sowohl die SOBEPS als auch einige Journalisten (wie Y. Rasir und G. Dupont) ausüben, Früchte tragen wird und der so sehnlich erhoffte Bericht endlich die Schublade verläßt, bringt uns ein weiterer »Coup« zur Ernüchterung. Einzelheiten erfahren wir erst später, doch am 27. April können wir der Presse folgendes entnehmen (Auszug aus *La Wallonie*):

> UFOs – Intervention der Luftwaffe ausgesetzt. Auf eine Anfrage des Abgeordneten Daems (PVV) erklärte Minister Coëme am Donnerstag im Parlament, daß die Luftwaffe grundsätzlich nicht mehr, wie am vergangenen Osterwochenende, an Beobachtungsaktionen unerklärter Weltraumphänomene teilnehmen werde. Wie der Minister betonte, werde die Luftwaffe nur dann an Aktionen der SOBEPS teilnehmen, wenn dies seitens des Kommunikations- und des Innenministeriums, deren Ressorts »stärker betroffen« seien, ausdrücklich verlangt werde. Der Minister weigerte sich, zum Inhalt des Berichts der Luftwaffe (der noch nicht fertiggestellt sei) Stellung zu nehmen; er begnügte sich damit einzuräumen, daß die beobachteten Phänomene tatsächlich nach wie vor unerklärt seien.

Die im *Moniteur Belge* (Nr. 45, S. 2096) veröffentlichten »Annales Parlementaires de la Chambre des Représentants de Belgique« liefern eine genaue Zusammenfassung dieser neuen Entwicklung, die zu einer schlagartigen Abkühlung unserer Beziehungen zum Verteidigungsministerium führte. Die Parlamentsdebatte verlief nach amtlicher Darstellung im einzelnen wie folgt:

> Anfrage des Abgeordneten Daems an den Herrn Verteidigungsminister über die in Belgien gesichteten UFOs, betreffend die von der Landesverteidigung ergriffenen Maßnahmen.
> – Präsident: Das Wort erhält der Abgeordnete Daems für seine Frage.
> – Abgeordneter Daems: Herr Präsident, Herr Minister, liebe Kollegen! Dies mag als Scherz über scheinbar unseriöse Dinge gelten, Tatsache aber ist, daß in den vergangenen sechs Monaten in Wallonien, Wallonisch-Brabant und einem Teil Limbourgs von Hunderten von Personen nicht identifizierte Flugobjekte gesichtet wurden. Mein persönliches Interesse

an diesen Dingen ist sehr beschränkt, doch angesichts der Tatsache, daß wiederholt F-16 aufgestiegen sind, um nach diesen Objekten zu suchen, stellt sich die Sache anders dar, vor allem wenn man daran denkt, daß es zu einer Massenhysterie kommen könnte. Das Phänomen beschäftigt zur Zeit die gesamte Bevölkerung, jeder ist erpicht darauf, mit eigenen Augen etwas Ungewöhnliches zu sehen zu bekommen, und es gehen zahlreiche Zeugenaussagen ein. Die ganze Angelegenheit ist nicht gut für die Armee.

Erstens: In welcher Weise haben Sie sich in den letzten sechs Monaten mit den UFOs befaßt?

Zweitens: Es existiert anscheinend ein Bericht der Luftwaffe – den Sie heute vorlegen werden –, in dem eingehend dargelegt wird, worum es sich bei den UFOs zu handeln scheint.

Drittens, Herr Minister, ist es meiner Ansicht nach an der Zeit, daß die Armee aufhört, Flugzeuge und Material für die Suche nach diesen UFOs einzusetzen, die überhaupt nicht existieren.

– Präsident: Das Wort erhält Minister Coëme.

– Verteidigungsminister Coëme: Herr Präsident, liebe Kollegen! Muß ich feststellen, daß die PVV aus dieser Sache eine Gesinnungsfrage zu machen sucht? [Protest von den Bänken der PVV]. Das ist doch lächerlich!

– Abgeordneter Verhofstadt: Es geht schließlich ums Geld!

– Minister Coëme: Ich möchte dem Abgeordneten Daems schlicht mitteilen, daß ich diese Antwort in Ansätzen bereits unserem Kollegen Janssens gegeben habe, der zu diesem Punkt schon einmal eine Frage gestellt hatte; ich habe dabei eine ganze Reihe von Hypothesen ausgeschlossen. In den Wochen und Monaten danach mußte ich freilich feststellen, daß in der Öffentlichkeit und sogar von einigen Wissenschaftlern nicht nur die Möglichkeit erwogen, sondern auch behauptet wurde, daß angeblich unser Luftraum der Erprobung geheimer Flugzeuge der NATO diene. Dies ist eine Tatsache. Es trifft zu, daß speziell in Wallonien über Wochen und Monate hinweg Beobachtungen gemacht wurden, über deren Natur ich mich an dieser Stelle verständlicherweise nicht auslassen kann. Dies ist weder meine Aufgabe, noch fällt es in meinen Zuständigkeitsbereich.

Jedenfalls wurde, nachdem man im Dezember letzten Jahres eingewilligt hatte, zwei F-16 einzusetzen (ich habe diesem Hause darüber Bericht erstattet), im Raum Limbourg eine Reihe von Phänomenen gesichtet. Es handelte sich dabei jedoch nicht um UFOs, sondern um Laserstrahlen, die von einer Diskothek im Campine [Kempenland] stammten. Seither wurden etliche Beobachtungen registriert. Ich bin wie Sie davon überzeugt, daß wir es hier mit einem sich wiederholenden Masseneffekt zu tun ha-

2. CHRONIK EINER SICHTUNGSWELLE

ben, und daß es in Wirklichkeit nichts Besonderes zu sehen gibt. Andererseits wurden von angesehenen Bürgern – Gendarmen und Offizieren der belgischen Armee – rätselhafte Phänomene festgestellt. Ich habe daher auf Bitten der SOBEPS, der Gesellschaft also, die sich mit derartigen unidentifizierten Phänomenen befaßt, einer Beteiligung militärischer Einheiten an einer Beobachtungsaktion über das Osterwochenende zugestimmt. Hierbei wurden eine Hawker Siddeley und eine Brittan Norman eingesetzt, also eine Luftwaffen- und eine Heeresmaschine. Ich kann Ihnen auf der Grundlage unseres derzeitigen Kenntnisstands versichern, daß nichts Außergewöhnliches festgestellt wurde, außer daß in mindestens einem Fall vom Boden- und vom Luftradar gleichzeitig bestimmte Signale registriert wurden.

Ein erklärungsbedürftiges Phänomen haben wir also immer noch. Herr Präsident, liebe Kollegen, es versteht sich von selbst, daß es nicht Sicherheitserwägungen waren, die die Landesverteidigung zur Teilnahme an der Beobachtungsmission bewogen haben. Dieser Aktion wurde im übrigen, um die erforderliche Koordination sicherzustellen, eine Konferenz vorangestellt, an der drei Ministerien beteiligt waren, nämlich das Kommunikations-, das Innen- und das Verteidigungsministerium. Ich betone: Mein Ressort hat sich hieran lediglich beteiligt, um Klarheit in einen Bereich zu bringen, in dem einige mit demselben Lächeln, das ich jetzt auf Ihren Lippen bemerke, meine Herrn, den Eindruck erwecken, der Landesverteidigung würden Forschungsgelder gewährt, die der zivilen Forschung vorenthalten blieben. Ich darf Ihnen sagen, daß sich mein Ressort künftig nur noch dann an solchen Forschungsunternehmen beteiligen wird, wenn dies auch von den Ressorts verlangt wird, die weit stärker betroffen sind.

– Präsident: Das Wort erhält der Abgeordnete Daems.

– Abgeordneter Daems: Herr Präsident, Herr Minister, ich stelle mit Verwunderung fest, daß der Herr Verteidigungsminister eine Stange Geld aufgewandt hat, und zwar nicht aus Sicherheitsgründen, sondern aus Gott weiß welchen Erwägungen, vielleicht um Gespenster zu vertreiben. So stellt sich die Sache dar. Außerdem, Herr Minister, haben Sie drei Ministerien zu einer Gemeinschaftskonferenz zum Thema UFOs zusammengerufen! Ich frage mich langsam, wie weit man in Belgien noch gehen will. Bei allem Respekt, Herr Minister, erlaube ich mir die Bemerkung, daß sie, zumindest finanziell, eine Portion zuviel »abheben«.

– Präsident: Hiermit schließe ich diesen Fragenkomplex.

Es waren also politische Erwägungen, die der Offenheit der Militärs einen

Dämpfer verpaßt haben. Was uns vor allem Sorgen bereitete, war das anhaltende Stillschweigen, das den »geheimnisumwitterten« Bericht über den Einsatz der F-16 umgab. Dieser von Mutmaßungen, aber auch Hoffnungen gekennzeichnete Zustand sollte noch mehr als einen Monat andauern.

Doch kommen wir auf die UFO-Sichtungen zurück, die sich in dieser Zeit an verschiedenen Orten ereigneten. Anfang Mai 1990 notierten wir einige Fälle, die sich im Norden Frankreichs abgespielt hatten. Am 2. Mai fand über dem von Renaix bis Ath reichenden Hainaut in der Nähe der belgisch-französischen Grenze ein unglaubliches Flugspektakel mehrerer Objekte am Himmel statt. Michel H. und seine Frau Chantal hatten an jenem Tag ein befreundetes Ehepaar (Herrn und Frau L.) eingeladen, den Abend bei ihnen auf dem Lande (Gemeinde Ellezelles) zu verbringen. Wegen des schönen Wetters hatten die beiden Paare beschlossen, sich auf die Terrasse zu setzen, von wo der Blick über den Garten hinaus bis zu den Wäldern von Antoing und Hubermont reicht. Es ist ungefähr 22.30 Uhr. Der Himmel ist sternenklar, es herrscht Windstille, und im Südwesten scheint der Mond. In größerer Höhe sind im Laufe des Abends einige deutlich erkennbare Flugzeuge vorbeigekommen.

Herr H. wird plötzlich auf eine dunkle, mit Lichtern versehene Masse aufmerksam, die gerade in südsüdwestlicher Richtung über einem Baum aufgetaucht ist. Mit einem überraschten Ausruf erregt er die Aufmerksamkeit der anderen, und sie beobachten nun ein dreieckförmiges Objekt, an dessen Unterseite sich zwei rote Blinklichter befinden; vorne ist außerdem ein weißes Dauerlicht. Das offenbar ziemlich große Objekt vermittelt den Eindruck eines »dreistöckigen Gebildes«, was besagen soll, daß sich die Lichter anscheinend auf verschiedenen Ebenen unterhalb des Objekts befinden. Ein leichter Widerschein läßt die untere Partie als eine hellgraue, metallisch wirkende Oberfläche erkennen. Von Südsüdwest bewegt sich das Objekt langsam, mit etwa 40 km/h, Richtung Nordnordost und erzeugt dabei einen leisen, »gedämpft« wirkenden Ton. Und als es über dem Haus aus dem Blickfeld verschwindet, eilen die Zeugen sofort um das Haus herum und können von einer an die Straße grenzenden Wiese aus verfolgen, wie das Objekt Kurs auf die Telegrafenmasten des 5 Kilometer entfernten La Houppe nimmt. Als es noch etwa 2 Kilometer davon entfernt ist, schwenkt es um 90° nach rechts, gleich

2. CHRONIK EINER SICHTUNGSWELLE

darauf wieder in die Gegenrichtung, um dann seinen ursprünglichen Kurs wieder zu verfolgen.

Die Augenzeugen stellen fest, daß das Objekt zwar in insgesamt gleichbleibender Höhe fliegt, jedoch in einer Art Wellenbewegung laviert. Sie begeben sich zu den Gemüsebeeten ganz hinten im Garten – wegen der besseren Sicht, die bis zu dem etwa 3 Kilometer in südsüdwestlicher Richtung entfernten Wald von Antoing reicht, jener Stelle also, wo sie das Objekt zuerst gesehen hatten. Nun geschieht das Unglaubliche: Eine ganze Reihe von Objekten, die dem ersten gleichen, defiliert vorbei und folgt demselben Kurs, jedoch in größerer Höhe. Zunächst sind es zwei, dann drei weitere, insgesamt folgen in fünf- bis sechsminütigem Abstand schließlich dreizehn dreieckige Objekte in Zweier- oder Dreiergruppen aufeinander! Merkwürdigerweise scheinen die zu einer Gruppe gehörigen Objekte weder in derselben Höhe zu fliegen, noch in einer bestimmten Formation. Staunend beobachten die vier Menschen das Schauspiel eine halbe Stunde lang. Die beiden Männer laufen zu einer nahe gelegenen Wiese, um weiter nach Norden und Süden blicken zu können. Nach einiger Zeit bemerkt Herr L. einen feststehenden, hellen Punkt, der rasch schwächer wird und dann verschwindet. Im selben Augenblick tauchen in Nordnordost die Flugobjekte wieder auf und bewegen sich in der gleichen Formation und den gleichen zeitlichen Abständen nach Südsüdwest, als wollten sie zu ihrem Ausgangspunkt zu-

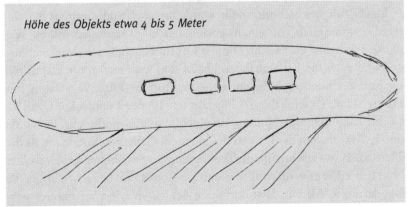

Abb. 2.63

rückkehren! Insgesamt sind es diesmal etwa zwanzig Objekte, die sich Richtung Leuze-en-Hainaut entfernen. Die Sichtung dürfte insgesamt knapp eineinhalb Stunden gedauert haben. Die von diesem nicht gerade alltäglichen Erlebnis beeindruckten Menschen hatten das Gefühl, mit etwas Unbekanntem und Unbegreiflichem konfrontiert worden zu sein.

Auch der Abend des 4. Mai (Freitag) verlief besonders ereignisreich. In Ave-et-Auffe (Gemeinde Rochefort) sehen Edouard Y. und seine Gattin gegen 22 Uhr eine Gruppe von sechs roten Leuchtfeuern, die in waagerechter, dreieckförmiger Anordnung auf die Sendeanlage der RTT [Régie des Télégraphes et Téléphones] in Lessive weist. Das Gebilde fliegt einen Augenblick später schräg nach oben davon. Am selben Abend bestätigt ein Anruf von Herrn Danny G. aus Marloie gegen 22.30 Uhr, daß über den Antennen der Fernmeldestation Lessive sechs rote Lichter zu sehen sind. Etwa zwanzig Minuten später, um 22.50 Uhr, bemerkt Frau M. aus Rochefort, die gerade fernsieht, draußen einen »fluoreszierenden« Lichtschein. Sie stellt fest, daß die Helligkeit von drei Lichtstrahlen stammt, die aus einem riesigen, dicht über den Bäumen schwebenden Fluggerät nach unten heraustreten. Das Objekt bewegt sich sehr langsam vorwärts, etwa mit 20 km/h, und hat an der Seite so etwas wie vier »Kabinenfenster«: weiße, von innen beleuchtete Rechtecke (Abbildung 2.63). Frau M. rechnet wegen der ungemein geringen Flughöhe jeden Augenblick damit, daß das Objekt abstürzt. Das Phänomen entfernt sich Richtung Norden und gewinnt zu einem bestimmten Zeitpunkt leicht an Höhe, um einen Hügel zu passieren.

Im Verlaufe der Sichtungswelle wurde uns auch von »Spuren« berichtet, die womöglich von einem gelandeten UFO stammen sollten. Wir wurden jedesmal enttäuscht: Die vor Ort durchgeführten Untersuchungen und auch die Laboranalysen ließen stets auf einen unspektakulären Ursprung schließen (»Hexenringe« bestimmter Pilze, Vegetation mit Frostschäden, Chemikalien). Ungefähr am 10. April entdeckte Louis D. aus Flémalle »seltsame Spuren« auf einem seiner Grundstücke. Er wurde durch das Verhalten des Damwildes in einem Gehege aufmerksam, als die Tiere das Brot verschmähten, das er ihnen wie gewöhnlich geben wollte. Nun bemerkte er verdächtige Spuren am Boden und benachrichtigte die Gendarmerie. Als wir davon erfuhren, schickten wir zwei unserer wissenschaftlichen Berater, Dr. Jean-Pierre Auquière (vom Labor für medi-

2. CHRONIK EINER SICHTUNGSWELLE

zinische und pharmazeutische Botanik der Universität Löwen) und Dr. Claude Gillet (vom Fachbereich Botanik der Universität Namur) dahin. Beide Experten stellten zweifelsfrei fest, daß die Spuren von einer noch zu identifizierenden chemischen Substanz herrühren mußten, vermutlich von einem Herbizid.

Am 3. Mai 1990 wurde der in Waimes (bei Malmedy) lebende Joseph D. von der Bütgenbacher Gendarmerie aufgesucht. D. hatte auf seiner Wiese einen (20 cm tiefen) Kreis mit einem Durchmesser von 11 Meter entdeckt; das dortige Gras war »halb abgestorben«. Innerhalb des Kreises befanden sich drei kleinere, ebenfalls kreisförmige Zonen mit einem Durchmesser von 1,10 Meter. An der bezeichneten Stelle fanden die Gendarmen einige angesengte Tannennadeln, die von den Feuern stammten, die in der Nähe von einigen Forstarbeitern entfacht worden waren, um abgestorbenes Holz, das letzte Überbleibsel der Winterstürme, zu verbrennen. Am 7. Mai suchte einer unserer Mitarbeiter diese Stelle auf, um Bodenproben zu entnehmen. Man kann sich seine Überraschung vorstellen, als er feststellen mußte, daß der Bauer auf dem gesamten Gelände Jauche ausgebracht hatte, »um Neugierige abzuhalten«.

Am 4. Mai wurde eine der wenigen »Landungen« (wenn nicht die einzige) dieser Sichtungswelle registriert. Gegen 23 Uhr geht Georges D. aus St-Georges (bei Lüttich) kurz nach draußen zu seinem Gewächshaus. Als er es wieder verläßt, hört er in der Nähe einige Hunde anschlagen. Er merkt auf, dreht sich um und sieht zu seinem Feld hinüber, wo er, etwa 100 Meter entfernt, ein merkwürdiges Lichtphänomen erblickt. Es sei auf jeden Fall etwas Materielles gewesen, von der Form eines Konus, an dessen Spitze sich eine Einbuchtung wie ein »kleiner Krater« befindet. Die gesamte Oberfläche des Objekts leuchtet, und es scheint nur wenige Meter über dem Boden zu schweben. So verblüfft D. auch ist, er will sich dem Phänomen nähern. Nachdem er auf etwa 50 Meter herangekommen ist, kommt er wegen einer Einfriedung nicht weiter. Er sieht sich das lautlose Objekt noch einige Minuten lang an, als sich dessen oberer Teil plötzlich wie eine Kuppel anhebt und das Licht, das von dem Objekt (Abbildung 2.64) ausgeht, von Weiß nach Orange umschlägt. D. ist fassungslos; als sich die kleinere Oberpartie wieder senkt, beschließt er, zum Haus zurückzukehren und seine Frau zu benachrichtigen. Auch sie kann das merkwürdige Objekt beobachten, an dem sie »oben so etwas wie zwei Antennen« zu erkennen glaubt. Beide gehen nun ihren Sohn holen, der das Schauspiel filmen soll. Dieser ist aber leider nicht zu Hause, und als sie zurückkommen, ist das Objekt bereits verschwunden. Am nächsten Tag begeben sich die beiden zu der Wiese, wo sie deutliche Spuren entdecken: An vier Kreisen von etwa 1 Meter Durchmesser ist das Gras flachgedrückt, als sei es Luftwirbeln ausgesetzt gewesen. Einige Grashalme sind mit einem feinen, gelblichen Pulver bedeckt. Als unsere Mitarbeiter die Stelle eine Woche später ansehen wollen, sind die Spuren nicht mehr zu sehen, da es inzwischen stark geregnet hatte.

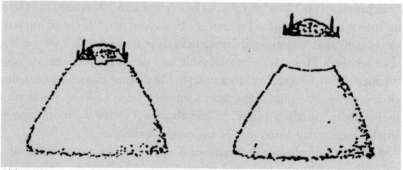

Abb. 2.64

Im Mai sollten wir übrigens noch mehrere Beschreibungen erhalten, die von den bisherigen abweichen. Am 25. Mai 1990 schickt sich Frau Malika M. gerade an, eine Freundin nach Hause zu fahren, die in Schaerbeek/Brüssel wohnt. Die jungen Frauen, beide Schauspielerinnen am Theater, sitzen kaum im Auto, als sie zwei sehr helle Lichter bemerken, die sich ihnen zu nähern scheinen. Beide steigen sofort wieder aus und beobachten mit großer Verwunderung zwei riesige Scheinwerfer, die – wie sie es ausdrückten – wie durch eine »Streuscheibe« gefiltert zu sein schienen. Hinter den Scheinwerfern ist ein rechteckiges Objekt zu erkennen, das hinten einen äußerst merkwürdigen Aufbau hat. Es sieht fast aus wie ein »fliegendes Bett«! Hier und dort blinken rote Lichter, die sich wie die Zacken eines »Elektrokardiogramms« bewegen. Als es die Häuser erreicht hat, verschwindet das Fluggerät innerhalb weniger Sekunden mit einem mächtigen Grollen wie von einem Strahltriebwerk.

2. CHRONIK EINER SICHTUNGSWELLE

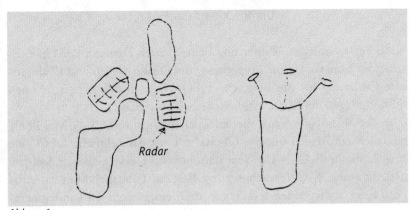

Abb. 2.65

Am nächsten Tag beobachten in Heyd (Barvaux) verblüffte Bürger ein Flugobjekt, das den elementarsten Gesetzen der Aerodynamik Hohn spricht. An diesem Abend ist Louis V. bei seinen Freunden, dem Ehepaar B. zu Gast. Man befindet sich zu dritt im Wohnzimmer, durch dessen große Glastür das Tal zu überblicken ist. Exakt um 22.02 Uhr sieht Herr B. plötzlich ein dunkles Objekt, das aus dem Aine-Tal kommend aufsteigt und sich »nach Art eines Hubschraubers« fortbewegt. Daß es höchst ungewöhnlich aussieht, fällt sofort auf: Es wirkt »unförmig«, hat keinen scharf begrenzten Rand und weder Lichter noch ein »Cockpit«. Das von allen drei Anwesenden beobachtete Fluggerät wird von drei undeutlichen Strukturen überragt, die sich langsam drehen, »wie Radarantennen« (Abbildung 2.65). Das Objekt selbst bewegt sich langsam vorwärts. Als sich die Zeugen der besseren Sicht wegen auf die Terrasse begeben, vollzieht das UFO einen Schwenk (90°) um die eigene Achse und fliegt nun in westlicher Richtung weiter. Es hat die Größe eines »in der Vertikalen stehenden Citroen 2 CV« und gibt nicht das geringste Geräusch von sich. Es folgt dem eingeschlagenen Kurs, fliegt über zwei etwa 100 Meter von den Zeugen entfernte Häuser hinweg und weicht dabei einigen Hochspannungsleitungen aus. Herr und Frau B. sind beide Lehrer, und ihre Beschreibungen sind besonders detailgenau. Jeder Unvoreingenommene wird uns zustimmen, daß es sich bei diesem Objekt unmöglich um einen Hubschrauber und noch weniger um eine F-117 gehandelt haben kann ...

Die Rückkehr der F-117

Nach einem frostigen Winter und dem scharfen Dementi der US-Botschaft im Januar sollte die Hypothese vom Stealth-»Jäger« F-117 als globale Erklärung für die belgische UFO-Welle in den ersten schönen Frühlingstagen des Jahres 1990 wiederbelebt werden.

In der Nr. 661 der französischen Wochenschrift *VSD* (3.-9. Mai 1990) fand sich ein Artikel mit der Überschrift »Ist das belgische UFO eine amerikanische F-117?« Der Text stammte von Hervé Gallet und stützte sich auf eine US-Untersuchung von Bernard Thouanel. Man hatte das Foto einer anfliegenden F-117 mit (drei) eingeschalteten Landescheinwerfern abgebildet und einem Standbild aus dem Alfarano-Film gegenübergestellt. Die beiden abgebildeten Formen stimmten kaum überein. In dem Artikel hieß es:

> Die Chancen stehen gut, daß es sich bei dem belgischen UFO in Wahrheit um ein ultramodernes Jagdflugzeug handelt, um die von der amerikanischen Luftwaffe am 21. April offiziell vorgestellte F-117. (...) Woher aber käme(n) dann die über Belgien gesehene(n) F-117? Von dem unter amerikanischer Hoheit stehenden Gelände in Chièvres bei Mons, oder, was wahrscheinlicher ist, von den amerikanischen Stützpunkten Lakenheath und Upper Eyford in Großbritannien, wo – soviel steht fest – sechs F-117 stationiert sind, deren Auftrag in Flügen über die Sowjetunion besteht. Auffällig ist, daß von den UFO-Zeugen bis zu 6 Fluggeräte gezählt wurden! Indem sie das Territorium eines ihrer NATO-Verbündeten überfliegen, könnten die Amerikaner die Effizienz und Diskretion ihres Tarnkappenflugzeugs testen. Verwundern mag an der Affäre der belgischen UFOs, daß die Geräte häufig entlang den Autobahnen angetroffen wurden, die in Belgien die ganze Nacht hindurch beleuchtet werden. Man erzählt sich gar, daß eines dieser UFOs beim Eintreffen an der Grenze zu Deutschland (dessen Autobahnen wie die französischen unbeleuchtet sind) kehrtgemacht hat, um über belgischem Staatsgebiet und seinen Hauptverkehrsadern zu bleiben, die wegen der Millionen von Straßenlaternen angeblich sogar vom Mond aus zu sehen sind.
>
> Merkwürdige Koinzidenz: Die amerikanischen Testpiloten der F-117 pflegen der nicht weit von ihrer Basis in Tonopah (Nevada) entfernten Verbindungsachse zwischen den Ortschaften Lancaster und Palmdale zu folgen, einem die ganze Nacht über beleuchteten Highway. Ein Zeuge

behauptet außerdem, im Juni vergangenen Jahres in Kalifornien, also nicht weit von Nevada und der Basis Tonopah entfernt, bei Anbruch der Nacht »eine bizarr geformte, zischende Maschine mit sehr hellen, an einem Flugzeug noch nie gesehenen Lichtern« beobachtet zu haben. Ist nun die F-117 wirklich mit den belgischen UFOs identisch? Wir glauben schon, auch wenn die US-Botschaft in Brüssel jeglichen Zusammenhang zwischen der F-117 und UFO-Sichtungen bestreitet. Unsere Annahme wird durch die eigenartige Erklärung von Oberst Tom Tolin gestützt, Kommandant des aus 59 Maschinen des Typs F-117 bestehenden Geschwaders der US Air Force: »F-117 sind in Europa im Nachteinsatz und werden gelegentlich von englischen Piloten der Royal Air Force gesteuert, wir sagen aber nicht, in welchen Ländern.«

Das gesamte Problem schien in der Tat darauf hinauszulaufen, daß sich zwei Aussagen gegenüberstanden: die eines amerikanischen Offiziers (Oberst Tom Tolin) und die eines belgischen Offiziers (Oberst Wilfried De Brouwer). Pierre Lagrange vom Pariser Zentrum für Entwicklungssoziologie, sicherlich einer der intelligentesten und kompetentesten »Ufologen« seiner Generation, schrieb an Michel Bougard im September 1990 folgenden Brief:

> Zur Auseinandersetzung De Brouwer versus Tolin: Die Äußerungen Tolins sind sehr interessant und weisen ausdrücklich in die gleiche Richtung wie die Gerüchte um eine Erprobung der F-117 in England. In diesem Zusammenhang würde ich gerne ein kleines Rätsel auflösen. Die fraglichen Äußerungen fielen während der Pressekonferenz vom April auf der Air Force Base Nellis. Thouanel sagte mir, er habe diese Äußerungen auf Kassette. Da er jedoch als guter Journalist an seinen Informationen hängt, schlug er mir auch nicht vor, sie mir einmal anzuhören, oder mir davon eine Kopie zu machen. Selbstverständlich waren damals noch weitere Journalisten in Nellis. Ich denke insbesondere an Bill Sweetman, der auf dem Stealth-Gebiet wirklich kein Laie ist (er hat ein Buch zu dem Thema veröffentlicht). Von ihm stammt auch ein Beitrag, der nach der Konferenz in *Jane's* abgedruckt wurde, aber nichts zum Thema möglicher Testflüge in Europa enthält. Ich vermute, daß er sich derartige Äußerungen nicht hätte entgehen lassen. Daher die Frage: Hat Thouanel seine Informationen aus einem Privatgespräch außerhalb der Konferenz?

In dem französischen Luftfahrtmagazin *Carnets de Vol* (Nr. 68 vom Mai 1990) geben Jacques Balaes und Aldo-Michel Mungo die zu diesem Thema gefallenen Äußerungen wie folgt wieder (die vielbeachtete Pressekonferenz hatte den Autoren zufolge das Ziel, »die nicht als geheim eingestuften technischen Daten des Flugzeugs offenzulegen, mit Ausnahme jeglicher Informationen über einsatzspezifische Belange«):

> F: Ist die F-117A außerhalb Europas eingesetzt worden?
> A: Wir sind nicht befugt, derartige Fragen zu beantworten.
> F: Sind mit der F-117A auch ausländische Piloten geflogen?
> A: Wie bei jeder anderen Einheit gibt es auch bei uns manchmal Gastpiloten; beispielsweise nimmt ein Pilot der Royal Air Force an unseren Übungen teil.

Diese Äußerungen wurden durch die Reportagen zweier Fachjournalisten bestätigt, die am 21. April ebenfalls auf der Nellis AFB waren, Michael Dornheim von der *Aviation Week* und Bill Sweetman von *Jane's Defence Weekly*, den Pierre Lagrange bereits erwähnte.

Die Frage bleibt also offen, und bei der in *VSD* gegebenen Information handelt es sich möglicherweise nur um ein Gerücht oder um »Militärlatein«, das sich schlecht nachprüfen läßt. Nachdem der Artikel von einigen belgischen Tageszeitungen nachgedruckt worden war, ließ unsere Reaktion nicht lange auf sich warten. In *La Nouvelle Gazette* vom 8. Mai 1990 äußerte sich Lucien Clerebaut in einem Interview mit Michel Delwiche:

> Sie sind drei Monate im Verzug, denn diese Möglichkeit wird bereits seit längerem erwogen, stimmt aber nicht mit den vielen und in sich stimmigen Zeugenaussagen überein, die wir aufnehmen konnten und die weiterhin tagtäglich bei uns eintreffen. Das fragliche UFO bleibt häufig auf der Stelle stehen, gelegentlich in senkrechter Position bzw. mit einer Neigung von 45 Grad. Eine F-117 kann so etwas nicht. Überdies berichten die Zeugen in keinem Fall von Turbulenzen unterhalb des UFOs.

Dem wäre noch hinzuzufügen, daß einige »Details«, die in dem *VSD*-Artikel über die belgische Welle berichtet werden, ziemlich albern wirken (an der Grenze kehrtmachende UFOs oder Ähnliches).

Einen Tag darauf, am Mittwoch, dem 9. Mai, beginnt auch *Le Monde* sich mit dem Thema der belgischen UFOs zu beschäftigen. Ein von Jean-François Augereau verfaßter Artikel war folgendermaßen überschrieben:

2. CHRONIK EINER SICHTUNGSWELLE 315

»Himmelsbesucher. Nicht identifizierte Flugobjekte von zahlreichen Zeugen am Himmel über Belgien gesichtet. Wissenschaftler mahnen zu Vorsicht und Genauigkeit.« Immer wieder wird die Seriosität dieser französischen Tageszeitung gelobt. Nach dem Artikel von Augereau zu urteilen, sind Zeifel angebracht. Weder machte er sich die Mühe, die SOBEPS zu kontaktieren, noch hat er an Ort und Stelle recherchiert. Am Schreibtisch in seinem Pariser Büro fragte er sich:

> Was nun? Handelt es sich um belgische Zeitgeschichte, um eine Massenhysterie, die durch die ersten, aufsehenerregenden Presseberichte ausgelöst wurde, oder einfach um meist ehrliche Zeugenaussagen, die man jedoch streng wissenschaftlich und differenziert untersuchen müßte? Hierzu ein Experte: »Bei den belgischen Vorkommnissen hapert es vor allem beim letztgenannten Punkt. Nicht immer hat man sich einer konsequenten Logik bedient; als Beleg möchte ich anführen, daß sich oft diejenigen, die sich ihrer gerühmt haben, sehr eigenartiger Mittel bedienten, als wüßten sie bereits vorher, was sie erwartete.«

Bravo, wie einfach sich das für den anonymen Experten alles darstellt! Aber genug davon!

Die kommenden Wochen sollten noch viele, nicht minder definitive Erklärungen und Eindrücke für uns bereithalten. Zum Glück waren die aus belgischen Wissenschaftlerkreisen stammenden Reaktionen um einiges klüger und ausgewogener. Léon Brenig war es dank seiner guten Kontakte zu verschiedenen Universitäten des Landes nach und nach gelungen, daß uns Meßgeräte zur Verfügung gestellt wurden. Das Interesse der Wissenschaftler trat immer deutlicher zutage. *Le Soir* veröffentlichte in der Wochenendausgabe vom 12. und 13. Mai 1990 einen Gastkommentar von Michel Wauthelet, einem Physiker von der naturwissenschaftlichen Fakultät der Universität Mons (Hainaut). Wauthelet vertrat einen persönlichen Standpunkt, der wesentlich differenzierter war:

> Die wissenschaftliche Gemeinschaft verhält sich dem UFO-Phänomen gegenüber merkwürdig schweigsam. Was stört die Wissenschaftler eigentlich? Die Antwort fällt leicht: Sie haben Angst, sich lächerlich zu machen! Was man ihnen nicht verübeln darf, denn die meisten sind sich sehr wohl der Tatsache bewußt, daß noch nicht alle Hypothesen nachgeprüft worden sind und daß die exakten Wissenschaften bei weitem noch nicht alles erklären können.

Wauthelet gab ferner zu bedenken, daß Spezialisierung Wissenschaftler knebelt und verhindert, daß sie noch in Debatten eingreifen, die zu dem, was sie tun, keinen unmittelbaren Bezug haben.

Unterdessen begann die Diskussion, die die Wissenschaftler verweigerten, in der Öffentlichkeit. Am 21. Mai veröffentlichte *Le Soir* beispielsweise einige Auszüge aus Briefen, die anläßlich der belgischen Sichtungswelle bei der Brüsseler Tageszeitung eingegangen waren. Die Leserbriefe waren geschrieben worden, um der Öffentlichkeit zu zeigen, wie eingehend und kritisch sich die Unterzeichneten mit der Sache beschäftigt hatten: Da war von einem »äolischen« Antrieb die Rede, mit dem UFOs fliegen sollten, oder es wurde die Hypothese diskutiert, ein Lütticher Spaßvogel habe »eine Laserkanone gebaut und auf einem Pritschenwagen, unter einer Plane versteckt, montiert«; andere hielten dagegen, daß sich kein vernünftiger Außerirdischer ausgerechnet Belgien ausgesucht haben würde, um die Erde zu erforschen ...

Luftwaffenbericht endlich veröffentlicht

In *La Dernière Heure* vom 19. Mai 1990 brachte Gilbert Dupont die Militärs erneut in Bedrängnis. Er erinnerte noch einmal an den Einsatz der F-16 in der Nacht vom 30./31. März und an die Existenz eines dem Verteidigungsminister vorgelegten Berichts. In den letzten Maitagen stand Lucien Clerebaut wiederholt in Kontakt mit Oberst De Brouwer und Major Lambrechts. Es kristallisierte sich heraus, daß der Bericht in allernächster Zeit erscheinen würde; man wartete nur noch auf eine letzte zusammenfassende Überarbeitung des weiterhin als »geheim« eingestuften Luftwaffenberichts. Am Montag, dem 4. Juni, kam von Major Lambrechts die ungeduldig erwartete Nachricht: »Der Bericht ist fertig, er wird Ihnen noch heute zugeschickt!«

Der von Major Lambrechts verfaßte Brief trug das Datum des 31. Mai 1990 und war an Léon Brenig (für die SOBEPS) adressiert. In der Anlage fand sich ein sechsseitiges Schriftstück in niederländischer Sprache (»Verslag van de UFO waarnemingen tijdens de nacht van 30-31 maart 1990«, Bericht über die UFO-Sichtungen in der Nacht vom 30. auf den 31. März 1990) sowie eine Landkarte. Wir erhielten das Dokument am

2. CHRONIK EINER SICHTUNGSWELLE 317

Vormittag des 6. Juni (Mittwoch), also knapp eine Woche nach seiner Fertigstellung. Bougard und Clerebaut ließen es umgehend ins Französische übersetzen, und noch am selben Abend lag, vielleicht etwas übereilt, die Übersetzung vor. Am frühen Donnerstagmorgen benachrichtigte Lucien Clerebaut Hauptmann Pinson, und am Abend fand man sich bei der SOBEPS zu einer Sitzung zusammen. Sie verfolgte das Ziel, den Bericht der Luftwaffe durchzusehen und dessen Chronologie mit dem Bericht der Gendarmen zu vergleichen. Im Anschluß daran konnten wir gleich noch letzte Hand an ein Pressekommuniqué legen, das bereits am Tag darauf (am Freitag, dem 8. Juni) verbreitet wurde.

Zuvor hatten wir Major Lambrechts um eine Stellungnahme gebeten (Oberst De Brouwer hielt sich damals gerade nicht in Belgien auf), um zu erfahren, ob der Inhalt des Berichts weitergegeben werden könne. Lambrechts Antwort erschien uns deutlich: Ja, wir seien befugt, den Bericht nach Belieben zu verwenden. Später jedoch rückte die Luftwaffe von dieser Aussage etwas ab und behauptete, die SOBEPS habe die Entscheidung, den Bericht zu veröffentlichen, allein getroffen. Tatsache ist allerdings, daß wir zwar keine offizielle Genehmigung zu dessen Verbreitung erhalten hatten, aber auch kein förmliches Verbot. Außerdem herrschte eine so gespannte Erwartung, daß wir einfach nicht glauben konnten, diese Informationen nur für den internen Gebrauch der SOBEPS erhalten zu haben. Renaud Marhic von der Vereinigung SOS-OVNI hatte im Rahmen der Vorbereitung eines Artikels (»Belgische UFOs – die Wende«) Verbindung zum Verteidigungsministerium aufgenommen, wo man ihm folgendes erklärt hatte (*OVNI-Présence*, Nr. 45, Januar 1991, S. 19-20):

> Es handelt sich nicht um einen offiziell von der Luftwaffe vorgelegten Bericht. Er wurde der SOBEPS zugeleitet. Die SOBEPS ist im Besitz dieses Berichts und hat ihn auch verbreitet. Wir haben dieser Organisation den Bericht nur deshalb zugeleitet, weil wir zugesagt hatten, ihr sämtliche brauchbaren Informationen an die Hand zu geben. Die SOBEPS hat diesen Bericht, den wir nicht offiziell der Presse vorgestellt haben, in der Ihnen bekannten Weise verwendet.

Wie man sieht, erzielte man mit einer derartigen »jesuitischen« Unverbindlichkeit eine optimale Wirkung.

Am Montag, dem 11. Juni, kamen die meisten Zeitungen auf das Dokument zu sprechen und veröffentlichten unsere Presseerklärung. In *La*

Dernière Heure brachte Gilbert Dupont die Nachricht an prominenter Stelle; er hat viel dazu beigetragen, daß die Neuigkeit bekannt wurde.

Vielerorts hält man es für höchste Zeit, daß sich internationale Experten in Brüssel zusammenfinden, um das Geheimnis der belgischen UFOs zu entschlüsseln, deren Identifizierung mehr denn je aussteht!

Wir nutzten nun die Gelegenheit, anläßlich unserer Presseerklärung noch einmal auf unser größtes Handikap aufmerksam zu machen, den ständigen Mangel an Geldern:

> Die SOBEPS hält es für dringend geboten, das Unmögliche zu versuchen, um objektive Informationen (Meßdaten) über die berühmten UFOs zu erhalten. Die SOBEPS hat in Zusammenarbeit mit Wissenschaftlern verschiedener belgischer Universitäten ein Programm erarbeitet, um dem Phänomen besser begegnen zu können. In Ermangelung ausreichender Gelder und technischer Mittel ist dieses Projekt derzeit an einem toten Punkt angelangt.

Was aber hatte die Militärs letztlich überhaupt bewogen, diese besonders überraschenden Informationen preiszugeben? Der von der SOBEPS im Mai ausgeübte Druck oder die Hartnäckigkeit einiger Journalisten, die auf Informationsfreiheit pochten? Oder war es die neuerliche Kritik am Eingreifen der Luftwaffe und die öffentliche Vermutung, ausländische Flugzeuge operierten, mit oder ohne Einwilligung des Verteidigungsministeriums, im belgischen Luftraum? Fest steht jedenfalls, daß wir den Bericht des belgischen Militärs (aus Zufall?) erst erhielten, als Heft 873 (Juni 1990) von *Science & Vie* bereits seit einigen Stunden an den Zeitungskiosken erhältlich war.

In dieser Ausgabe hatte die Zeitschrift wieder einmal simple Analogien als »wissenschaftliche Analyse« im Dienst scheinrationaler »Aufklärung« präsentiert. Auf der Umschlagseite ist ein furchterregendes »Monstrum« abgebildet: die Silhouette einer F-117 mit ihren drei Landescheinwerfern, die (im Prinzip) auf dem Fahrgestell montiert sind. Das Bild vermittelt indessen den Eindruck, als schwebe die Maschine in einiger Entfernung über dem Boden auf der Stelle – eine beeindruckende, aber verfälschende Abbildung, da nicht einmal die Flügel zu sehen sind. Titel: »UFO enttarnt«. Der Artikel von Bernard Thouanel beginnt auf Seite 84 und trägt den Titel »Dies ist das UFO!« Es ist wohl keine Haarspalterei, aber

2. CHRONIK EINER SICHTUNGSWELLE

zwischen irgend »einem« unidentifizierten Flugobjekt und dem Phänomen der UFOs überhaupt besteht wohl ein himmelweiter Unterschied. Der Untertitel klingt verlockend:

> Unglaublich! Die Amerikaner haben es geschafft, die Existenz eines Flugzeugs, das täglich im Einsatz war, mehr als zehn Jahre lang geheimzuhalten ... Ein wahrhaft »unsichtbares« Jagdflugzeug! Hier nun die außergewöhnliche Geschichte des Stealth-Fighters, jener Maschine, die man bis vor wenigen Tagen für ein UFO hielt.

Der elf Seiten lange Artikel referiert die Entwicklungsgeschichte der amerikanischen Stealth-Technologie. Von UFOs ist indessen kaum die Rede. Erst auf den Seiten 92 f. findet man einen Textkasten, mit dem Titel: »Handelt es sich bei den belgischen UFOs um die F-117?« Der kurze Text strotzt vor Fehlern, auf die wir an anderer Stelle eingehen wollen. Doch verschieben sich nicht merkwürdigerweise und ganz unter der Hand die Zielsetzungen des Artikels? Die Überschrift kommt mit dem Anspruch einer definitiven Erklärung daher, der Text berührt aber das Thema gar nicht, das er vorgeblich behandelt; die eigentliche Frage bleibt am Ende offen. In puncto Wissenschaftlichkeit können wir von *Science & Vie* kaum etwas lernen.

Natürlich ist es möglich, zur gewünschten Schlußfolgerung zu gelangen, wenn man Unwahrheiten und Halbwahrheiten sammelt und diejenigen Aspekte verschweigt, die den anvisierten Schlußfolgerungen im Wege stehen. In wissenschaftstheoretischer Hinsicht haben einige Mitarbeiter dieser französischen Zeitschrift noch einiges zu lernen.

Der Artikel blieb nicht ohne Folgen. Zunächst waren es Leserbriefe, die in einer der folgenden Ausgaben in der Rubrik »Forum« auszugsweise abgedruckt wurden. Der verantwortliche Redakteur wiederholte aber nur, statt auf erhobene Einwände einzugehen, eine Art vereinfachtes Glaubensbekenntnis, das besagt, daß jedes Ding, das drei im Dreieck angeordnete Lichter hat und fliegen kann, eine F-117 sein muß! Das liest sich dann so:

> Die fraglichen UFOs hatten eine dreieckige Form, so auch die F-117. Sie verfügten über drei helle Lichter, so auch die F-117. Die Fotos zeigten ein rotes, zentrales Blinklicht; dies entspricht genau dem FLIR-System [Forward-Looking Infra-red Camera] der Maschine. Die Augenzeugen

wiesen auf die sehr geringe Geräuschentwicklung der mysteriösen Fluggeräte hin; dies trifft auch auf die F-117 zu. Die Objekte flogen mit niedriger Geschwindigkeit; die F-117 ist offenbar durchaus zu schubfreien Flugphasen in der Lage.

Darum ist die Banane krumm! Was kümmert es schon, daß die drei hellen Lichter auf dem Fahrwerk plaziert sind und deshalb nur in der Start- bzw. Landephase sichtbar sind (hierbei verliert die Maschine nahezu sämtliche Stealth-Eigenschaften, da das Fahrwerk einen beträchtlichen Teil der auftreffenden Radarwellen reflektiert). Was kümmert es, daß die F-117 ein Düsenjäger mit einer Mindestgeschwindigkeit von etwa 300 km/h ist. Das ist ein erbärmliches Trauerspiel! Erst der Golfkrieg und damit die Gewißheit, daß die F-117 in Saudi-Arabien stationiert waren (während sich die UFO-Sichtungen in Belgien fortsetzten), ließ die Hypothese vom amerikanischen Spionageflugzeug aus dem Arsenal der Reduktionisten verschwinden. Auf eine Richtigstellung seitens *Science & Vie* warten wir noch heute.

Ungekürzte Fassung des zusammenfassenden Berichts der Luftwaffe

Bericht über die UFO-Sichtung in der Nacht vom 30. auf den 31. März 1990

1. *Einleitung*

A. Der vorliegende Bericht faßt die Berichte der betroffenen Luftwaffeneinheiten und die Augenzeugenberichte von Gendarmeriestreifen zusammen, die sich auf die Beobachtung unbekannter Luftraum-Phänomene (nachstehend UFOs genannt) südlich der Achse Brüssel-Tirlemont in der Nacht vom 30. auf den 31. März 1990 beziehen.
B. Aufgrund der Beschaffenheit der Sicht- wie der Radarbeobachtungen wurde der Einsatz zweier Maschinen vom Typ F-16 des 1. Jagdgeschwaders mit dem Auftrag zur UFO-Identifizierung veranlaßt.
C. Der Bericht wurde von Major Lambrechts (VS 3/Ctl-Met 1) erstellt.

BILDTEIL ZUM 2. KAPITEL

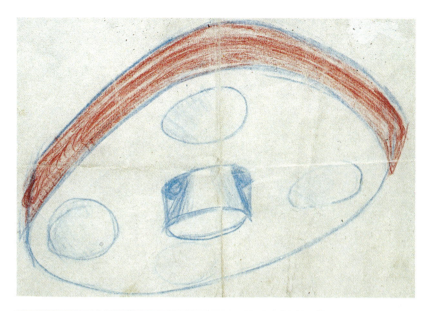

Brüssel, 1. Dezember 1989: Farbskizzen des von Frau Moralès und Frau Robert beobachteten Objekts: Skizze der Zeugen (oben), Reinzeichnung von Benoît Vierin (unten). (Seite 96f.)

BILDTEIL ZUM 2. KAPITEL

Profondeville bei Namur, Anfang Dezember 1989: Frau C. beobachtet, wie ein Objekt über ihr Haus fliegt, das einem wenige Stunden zuvor in Brüssel gesichteten gleicht. Die Skizze veranschaulicht die Perspektive des Beobachtungsstandpunktes und die Flugrichtung. (Seite 98f.)

BILDTEIL ZUM 2. KAPITEL

IPC Brüssel, Pressekonferenz der SOBEPS, 18. Dezember 1989: Wichtige Zeugen vom Beginn der Sichtungswelle erklären, was sie beobachtet haben: Gendarm v. M. (stehend) und Francesco Valenzano (unten rechts). – Bei dieser Veranstaltung gibt Oberst W. De Brouwer erstmalig eine offizielle Stellungnahme für die belgische Luftwaffe ab. (Seite 177 ff.)

Basècles (Hainaut), am Morgen des 21. Dezember 1989: Mehrere Personen beobachten ein lautlos auf der Stelle schwebendes Objekt von riesigem Ausmaß. Indem die verschiedenen Beobachtungsstandorte als Triangulationspunkte genommen wurden, konnte näherungsweise die Basislänge des Dreieck-UFOs ermittelt werden: 50 Meter. (Seite 185 ff.)

BILDTEIL ZUM 2. KAPITEL

Radarzentrum Glons, 22. Januar 1990: Vertreter der SOBEPS besichtigen die Radaranlagen. Das Militär ist zur Zusammenarbeit bereit. (Seite 206ff.) – Oben: (von links nach rechts) Oberst Jacques Laurent im Gespräch mit Major De Visscher; Lucien Clerebaut, Michel Bougard, Jean-Luc Vertongen und August Meessen hören den Erklärungen eines Radaroperateurs zu. Unten: vor einem Radarschirm.

BILDTEIL ZUM 2. KAPITEL

Brüssel, 9. April 1990, zweite Pressekonferenz der SOBEPS: Ankündigung der für das Osterwochenende geplanten Aktion »UFO-Identifizierung«, öffentliche Vorführung des Alfarano-Films und Beobachtungsberichte der Gendarmen von Wavre über die Sichtung in der Nacht vom 30./31. März 1990. – Oben: (von links nach rechts) Vertreter der SOBEPS, Lucien Clerebaut, Jean-Luc Vertongen, Léon Brenig, Michel Bougard. Unten: Gendarm Renkin (Mitte) und Hauptmann Pinson stellen sich den Journalisten. (Seite 257–267)

BILDTEIL ZUM 2. KAPITEL

Aktion »UFO-Identifizierung«, Ostern 1990, Flughafen Bierset: Im für die SOBEPS eingerichteten Büro herrscht Hochbetrieb; (von links nach rechts) Michel Bougard, Lucien Clerebaut, Marc Valckenaers, Serge Delporte. (Seite 268)

Aktion »UFO-Identifizierung«, Fort de Flémalle: Das stationäre SOBEPS-Team, das Samstagabend, am 14. April 1990, das Signal zum ersten Erkundungsflug auslöste. (Seite 276ff.)

BILDTEIL ZUM 2. KAPITEL

Aktion »UFO-Identifizierung«, im Flugzeuginnern einer Hawker Siddeley 748: (von links nach rechts) Major Van Rijckevorsel, Michel Rozencwajg, Lucien Clerebaut, Michel Bougard.

Aktion »UFO-Identifizierung«, Flughafen Bierset: (von links nach rechts) Major Van Rijckevorsel (der die Infrarotkamera bediente), Lucien Clerebaut, die beiden Piloten sowie Michel Bougard; im Hintergrund die von der Luftwaffe bereitgestellte Hawker Siddeley 748.

BILDTEIL ZUM 2. KAPITEL

Aktion »UFO-Identifizierung«: Lucien Clerebaut gibt nach dem ersten Erkundungsflug mit der HS 748 eine improvisierte Pressekonferenz. (Seite 281)

Aktion »UFO-Identifizierung«: Léon Brenig, Leiter des wissenschaftlichen Teams, wird vor einem Erkundungsflug von dem sowjetischen Journalisten Kipras Majeika interviewt.

Nahe bei Flémalle: Im Lauf der belgischen Sichtungswelle sind in keinem Falle irgendwelche überzeugenden UFO-»Spuren« gefunden worden. Die Botaniker Gillet und Auquière, wissenschaftliche Berater der SOBEPS, nehmen eine erste Pflanzenprobe; die Laboranalyse ergibt keine Anhaltspunkte für außergewöhnliche Einwirkungen. (Seite 308f.)

BILDTEIL ZUM 2. KAPITEL

Basècles, in der Nacht vom 22./23. April 1990: Skizze. Aus Räumlichkeiten der Düngemittelfabrik »Bataille« beobachten Augenzeugen den langsamen Überflug eines Fluggeräts, das wie ein »umgedrehter Flugzeugträger« ausgesehen habe. Das Objekt aus mehreren aneinandergefügten, rechteckigen Platten war vermutlich etwa 100 Meter lang. (Seite 298f.)

Paris, Flugschau in Le Bourget: Fotografien einer F-117A, aufgenommen von Jacques Antoine. (Seite 355f.)

BILDTEIL ZUM 2. KAPITEL

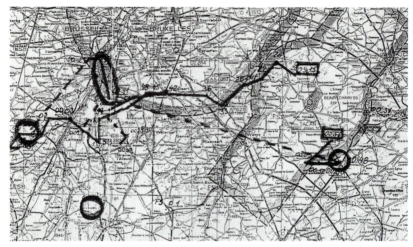

Kartenbeilage aus dem Luftwaffenbericht: Dargestellt wird ein nicht identifiziertes Echo (30. März 1990; ab 23.15 Uhr); es bewegte sich mit etwa 40 km/h in westliche Richtung. Die Zonen, in denen die Signale vom F-16-Bordradar im Betriebsmodus »lock-on« (Kontakthalten mit einem nicht identifizierten Ziel) aufgefangen wurden, sind eingekreist. — Der SOBEPS wurde der Bericht im Juni 1990 zugänglich gemacht. (Seite 320–327)

Im Büro der SOBEPS: Sichtungsbefunde werden diskutiert. J. M. Polard, Gaetano Rotolo (2.v.l.) und Ehepaar G. (Seite 402 f.) – Im Büro der SOBEPS: Vertreter des sowjetischen Fernsehens recherchieren vor Ort in Belgien.

Im Büro der SOBEPS: Während einer der der zahlreichen Interviewerkonferenzen. Fernand Bonnecompagnie referiert über die Untersuchungen im Raum Lüttich. – Im Büro der SOBEPS: Das Sekretariat.

BILDTEIL ZUM 3. KAPITEL

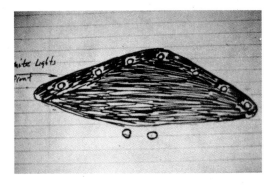

3.1: Connecticut, USA,
zwischen Pound Ridge und
Waterburg, 19. Juli 1984:
Skizze eines von John Dorazio
gesichteten Objekts. –
Zwei offensichtliche Parallelen
zu den in Belgien gesichteten
UFOs fallen ins Auge:
die dreieckige Form
und der beleuchtete Rand.
(Seite 423f.)

Copyright Imbrogno & Pratt

3.3: Magnolia Bay, USA,
26. November 1984: Skizze eines
von Ana und Peter Hoel gesichteten dreieckigen Objekts, das
die Wasseroberfläche anstrahlte.
(Seite 426f.)

Copyright MUFON UFO Journal

3.4: DeForest, Wisconsin,
USA, 22. November 1985:
Skizze eines dreieckigen Objekts
mit abgerundeten Ecken,
das beim langsamen Überflug
über ein Farmhaus
gesichtet wurde. –
Auch hier sind die Ähnlichkeiten
zu Sichtungen in Belgien
unübersehbar.
(Seite 427f.)

Copyright International UFO Reporter

BILDTEIL ZUM 3. KAPITEL

3.6: Lima, Ohio, USA, 11./12. August 1986: Skizze einer Sichtung, bei der Frau L. nachts ein fremdartiges dreieckiges Objekt beobachtet hatte, das regungslos über einem Haus schwebte. – Position und Verhalten dieses Objekts erinnern an das im Dezember 1989 in Basècles gesichtete UFO. (Seite 429)

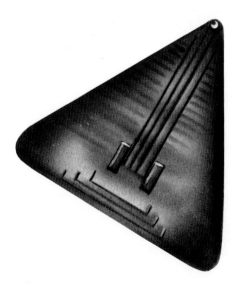

3.5: Lodi, Wisconsin, USA; Sommer 1974: Skizze eines wiederholt gesichteten riesigen Dreiecks. Es besaß keine Lichter; an seiner Unterseite waren »Kühlrohre« zu erkennen — ein Detail, das auch belgische Augenzeugen fast mit den gleichen Worten beschrieben haben. (Seite 428f.)

Copyright International UFO Reporter

2. CHRONIK EINER SICHTUNGSWELLE

2. Hintergründe

Seit Anfang Dezember 1989 wurden im belgischen Luftraum regelmäßig merkwürdige Phänomene beobachtet. Der Luftwaffe liegen zahlreiche Aussagen von Augenzeugen vor, die größtenteils von der Gendarmerie bestätigt wurden. Die Sichtbeobachtungen konnten bis zum 30./31. März in keinem Fall von den Radarstationen der Luftwaffe bestätigt werden, und die Anwesenheit von UFOs haben Jagdflugzeuge bei ihren Einsätzen in dieser Gegend nie festgestellt. Der Führungsstab der Luftwaffe hat über den Ursprung dieser UFOs bestimmte Hypothesen aufgestellt. Es kann ausgeschlossen werden, daß zur Zeit der Vorkommnisse im belgischen Luftraum Maschinen der Typen B-2 bzw. F-117A (Stealth), RPV (Remotely Piloted Vehicles), ULM (Ultra Light Motorized) und AWACS erprobt wurden. Das Verteidigungsministerium erhielt hierüber Mitteilung (Anlagen 1, 2). Das Ministerium war zwischenzeitlich von der SOBEPS (Société Belge d'Etude des Phénomènes Spatiaux) um Unterstützung bei der Untersuchung des Phänomens gebeten worden. Dem wurde nachgekommen, und die Luftwaffe arbeitete in der Folge regelmäßig mit der SOBEPS zusammen.

3. Chronologische Zusammenfassung der Ereignisse in der Nacht vom 30. auf den 31. März 1990

Hinweis: Sämtliche Zeitangaben erfolgen in Ortszeit.

30. März:
23.00 Uhr: Der verantwortliche Leiter (MC) des CRC Glons erhält einen Anruf von A. Renkin (MDL der Gendarmerie), der angibt, von seinem Haus in Ramillies aus drei ungewöhnliche Lichter in Richtung Thorembais-Gembloux gesehen zu haben. Die Lichter sind deutlich heller als die Fixsterne und Planeten, bewegen sich nicht und sind in Form eines gleichseitigen Dreiecks angeordnet. Ihre Farben wechseln zwischen Rot, Grün und Gelb.
23.05 Uhr: Das CRC Glons bittet die Gendarmerie Wavre um die Entsendung einer Streife, die die Beobachtung bestätigen soll.
23.15 Uhr: In einem zweiten Anruf meldet MDL Renkin ein neues Phänomen: drei weitere Lichter, die sich auf das erste Dreieck zu bewe-

gen. Eines der Lichter ist wesentlich heller als die übrigen. Das CRC Glons registriert inzwischen einen nicht identifizierten Radarkontakt in 5 Kilometer Entfernung, etwas nördlich vom Flugplatz Beauvechain. Der Kontakt bewegt sich mit einer Geschwindigkeit von etwa 25 Knoten in westliche Richtung (siehe Karte, Anlage A) [Anm. d. Hg.: die Karte ist im Bildteil abgebildet].

23.28 Uhr: Eine Gendarmeriestreife, der u. a. Hauptmann Pinson angehört, ist vor Ort eingetroffen und bestätigt die von MDL Renkin gemachte Beobachtung. Hauptmann Pinson beschreibt das gesichtete Phänomen wie folgt: Die Leuchtpunkte haben die Abmessungen eines großen Sterns und wechseln ständig ihre Farbe. Das dominierende Rot schlägt in Blau, Grün, Gelb und Weiß um, dabei wird keine bestimmte Reihenfolge eingehalten. Die Lichter sind sehr klar, als handele es sich um Signale; hierdurch sind sie von den Sternen unterscheidbar.

23.30-23.45 Uhr: Die drei neuen Lichter haben sich inzwischen dem zuerst gesichteten Dreieck genähert. Nachdem sie eine Reihe scheinbar zielloser Bewegungen vollzogen haben, formieren sie sich in gleicher Weise zu einem Dreieck. Das Phänomen wird währenddessen vom CRC Glons per Radar verfolgt.

23.49-23.59 Uhr: TCC/RP Semmerzake bestätigt seinerseits einen deutlichen Radarkontakt in derselben Position, wie sie vom CRC Glons gemeldet wurde.

23.56 Uhr: Nach erfolgter Absprache mit SOC II und weil sämtliche Voraussetzungen für einen Einsatz der QRA (I) erfüllt sind, erteilt das CRC Glons dem 1. Jagdgeschwader Startbefehl (scramble order).

23.45-00.15 Uhr: Die Leuchtpunkte sind weiterhin deutlich vom Boden aus zu erkennen. Ihre Stellung zueinander bleibt unverändert. Die gesamte Formation scheint sich, bezogen auf die Position der Sterne, langsam zu bewegen. Den Augenzeugen am Boden fällt auf, daß die UFOs von Zeit zu Zeit kurze, hellere Lichtsignale abgeben. Inzwischen wurden Richtung Eghezée zwei schwächere Leuchtpunkte entdeckt. Auch sie vollziehen kurze, unregelmäßige Bewegungen.

31. März:

00.05 Uhr: Zwei F-16 – QRA (I) des 1. JW, AL17 und AL23 – starten. Zwischen 00.07 und 00.54 Uhr werden von den Jagdflugzeugen

2. CHRONIK EINER SICHTUNGSWELLE

unter Aufsicht des CRC insgesamt neun Versuche unternommen, die UFOs abzufangen. Die Maschinen hatten mehrfach kurze Radarkontakte mit den vom CRC zugewiesenen Zielen. In drei Fällen gelang es den Piloten, die automatische Zielverfolgungseinrichtung (»lock-on«) für einige Sekunden zu aktivieren; dies führte jedesmal zu einer drastischen Veränderung im Verhalten der UFOs. Die Piloten hatten in keinem Fall einen Sichtkontakt zu den UFOs.

00.13 Uhr: Erster »lock-on« auf das vom CRC zugewiesene Ziel. Position: »on the nose«, 6 NM [Anm. d. Hg.: NM steht für nautische Meile, also 1 609 Meter], 9 000 Fuß, Kurs: 250. Die Geschwindigkeit des Ziels ändert sich in kürzester Zeit von 150 auf 970 Knoten, die Höhe von 9 000 auf 5 000 Fuß, geht dann wieder hoch auf 11 000 Fuß, um plötzlich auf Bodenhöhe abzusinken. Dies führt nach einigen Sekunden zu einem »break lock« (Abbruch des Radarkontakts). Vom CRC Glons wird zum Zeitpunkt des »break lock« gemeldet, daß sich die Maschinen über der Zielposition befinden (Anlage 1).

00.19–00.30 Uhr: TCC Semmerzake und CRC Glons haben den Kontakt mit dem Ziel verloren. Von Zeit zu Zeit werden in der Region zwar kurze Kontakte registriert, deren Zahl aber zur Kursbestimmung nicht ausreicht. Die Piloten gehen zeitweise auf die VHF-Funkfrequenz der zivilen Luftfahrt, um ihre Flugbewegungen mit dem TMA Brüssel abzustimmen. Der UHF-Funkkontakt zum CRC Glons wird weiter aufrechterhalten.

00.30 Uhr: Radarkontakt durch AL17 in 5 000 Fuß, Position 255, 20 NM von Beauvechain (Nivelles) entfernt. Sehr hohe Geschwindigkeit des Ziels (740 Knoten). Das »lock-on« kann für sechs Sekunden aktiviert werden, und gleichzeitig mit dem »break lock« taucht auf dem Bildschirm das Signal eines Störeinflusses (jamming) auf.

±00.30 Uhr: Die Zeugen am Boden verfolgen den dreimaligen Vorbeiflug der F-16. Beim dritten Vorbeiflug sehen sie, wie die Maschinen im Zentrum der zuerst gesichteten großen Formation kreisen. Gleichzeitig stellen die Zeugen fest, daß das kleine Dreieck verschwunden ist, während sich der hellste, westlichste Punkt des großen Dreiecks sehr schnell fortbewegt, vermutlich nach oben, und dabei wiederholt intensive, rote Lichtsignale abgibt. Daraufhin verschwinden auch die beiden übrigen Punkte des großen Dreiecks. Auch die hellen Punkte über

Eghezée sind nicht mehr sichtbar, lediglich der hellste Punkt westlich des großen Dreiecks kann noch beobachtet werden.

00.32 Uhr: Die Radarstationen von Glons und Semmerzake haben einen Kontakt auf 110, 6 NM von Beauchevain entfernt, der sich in 7 000 Fuß und mit hoher Geschwindigkeit Richtung Bierset bewegt. Die registrierten Geschwindigkeiten liegen zwischen 478 und 690 Knoten. Der Kontakt bricht über Bierset ab. Das Radarkontrollzentrum Maastricht hatte keinen Kontakt zu diesem UFO.

00.39 - 00.41 Uhr: Das CRC Glons meldet einen möglichen Kontakt in 10 000 Fuß Höhe, 10 NM von den Militärmaschinen entfernt. Die Piloten haben einen Radarkontakt ab 7 NM. Erneut wird eine Beschleunigung des Ziels von 100 auf 600 Knoten festgestellt. Das »lock-on« hat nur wenige Sekunden Bestand, und die Maschinen wie auch das CRC verlieren den Kontakt.

00.47 Uhr: RAPCON Beauvechain meldet einen Radarkontakt in 6 500 Fuß Höhe, Position ab Beauvechain: 160/5 NM. Das CRC Glons hat ebenfalls einen Kontakt mit derselben Position, welcher bis 00.56 Uhr besteht.

00.45 - 01.00 Uhr: Es werden weitere Versuche unternommen, die UFOs abzufangen. Die Bordradars registrieren lediglich einige sehr kurze Kontakte. Die Bodenzeugen sehen, wie sich das letzte noch sichtbare UFO Richtung Louvain-la-Neuve (NNW) entfernt. Gegen 01.00 Uhr ist das UFO vollkommen verschwunden.

01.02 Uhr: AL17 und AL23 verlassen die Funkfrequenz des CRC Glons und kehren zu ihrem Stützpunkt zurück.

01.06 Uhr: Die Gendarmerie Jodoigne meldet dem CRC Glons die eben erfolgte Sichtung eines Phänomens, das dem von MDL Renkin um 23.15 Uhr beobachteten gleicht.

01.10 Uhr: Landung von AL17.

01.16 Uhr: Landung von AL23.

01.18 Uhr: Hauptmann Pinson, der sich inzwischen zur Gendarmerie Jodoigne begeben hat, beschreibt seine Beobachtung wie folgt: Vier weiße Leuchtpunkte bilden ein Quadrat mit Jodoigne als Mittelpunkt. Am hellsten ist das Richtung Orp-Jauche (südöstlich von Jodoigne) sichtbare UFO; es hat eine rotgelbe Farbe. Die Leuchtpunkte vollziehen kurze, ruckartige Bewegungen.

±01.30 Uhr: Die vier UFOs verlieren an Leuchtkraft und scheinen in vier verschiedene Richtungen zu verschwinden.

4. *Allgemeine Angaben*

A. Wetterlage. Der Wetterdienst der Luftwaffe meldete für die betreffende Zone und die Nacht vom 30. auf den 31. März 1990 folgende Wetterlage:
Sicht: 8-15 Kilometer bei unbewölktem Himmel. Windgeschwindigkeit in 10 000 Fuß Höhe: 50-60 Knoten. Leichte Inversionswetterlage am Boden und in 3 000 Fuß Höhe. Diese Angaben werden durch den Bericht von Hauptmann Pinson bestätigt. Der Bericht erwähnt außerdem, daß die Sterne gut sichtbar waren.

B. In Ermangelung der dazu notwendigen Ausrüstung konnten die Bodenbeobachter das Phänomen weder fotografieren noch filmen.

C. Das durch ein astronomisches Doppelfernrohr beobachtete UFO wird wie folgt beschrieben: eine Art Kreis mit einer sehr hellen Partie; außerdem war eine dreieckige Form zu erkennen (weitere Einzelheiten sind dem Bericht von Hauptmann Pinson zu entnehmen, Anlage H 1).

5. *Befund*

A. Im Gegensatz zu anderen gemeldeten UFO-Sichtungen erfolgte hiermit erstmals ein positiver Radarkontakt, der eine Übereinstimmung verschiedener Meldeeinrichtungen der Luftwaffe aufweist (CRC, TCC, RAPCON, EBBE und Bordradar der F-16), dies in einer mit den Sichtbeobachtungen übereinstimmenden Zone. Grund hierfür ist die Tatsache, daß die UFOs vom 30./31. März in einer Höhe von ±10 000 Fuß festgestellt wurden, wohingegen in den bisher bekannten Fällen durchweg von Sichtkontakten in sehr geringer Höhe die Rede war.

B. Die diesem Bericht teilweise zugrunde liegenden Sichtbeobachtungen stammen von Gendarmen im Dienst, deren Objektivität nicht in Zweifel gezogen werden kann.

C. Die UFOs, die (nach dem Abfangen) im Modus »Target Track« sogleich auf den Radars der F-16 erschienen, änderten ihre Verhaltensmuster drastisch. Die zu diesem Zeitpunkt gemessenen Geschwindigkeiten und die festgestellten Höhenveränderungen schließen die Hypothese aus, wonach es sich um eine Verwechslung mit Flugzeugen handeln könnte. Auch die in anderen Phasen gezeigten, langsamen Bewegungen sind nicht flugzeugtypisch.

D. Die Piloten der Jagdmaschinen hatten zu keiner Zeit Sichtkontakt zu den UFOs. Dies läßt sich durch die unbeständige Leuchtkraft und mehr noch dadurch erklären, daß die UFOs verschwanden, als die F-16 dort erschienen, wo die UFOs vom Boden aus beobachtet wurden.

E. Die Hypothese, wonach es sich um eine optische Täuschung, eine Verwechslung mit Planeten oder um irgendein meteorologisches Phänomen handeln würde, steht im Widerspruch zu den Radarbeobachtungen; dies gilt speziell für die Flughöhe von etwa 10 000 Fuß und die Gesamtformation der UFOs. Die geometrische Anordnung läßt die Annahme zu, daß ihr ein Plan zugrunde liegt.

F. Die erste Langsambewegung von UFOs, die beobachtet wurde, entsprach der ungefähren Richtung und Geschwindigkeit des Windes. Die Bewegungsrichtung weicht um 30° von der Windrichtung ab (260° anstelle von 230°). Die Vermutung, es handle sich um Wetterballons, ist vollkommen unwahrscheinlich. Die UFOs hielten sich in dieser Phase in höchstens 10 000 Fuß Höhe auf, wohingegen Wetterballons bis 100 000 Fuß Höhe aufsteigen und dann zerplatzen. Die hellen Lichter und ihre wechselnden Farben ließen sich durch Wetterballons schwer erklären. Es ist absolut unwahrscheinlich, daß sich Ballons länger als eine Stunde in derselben Höhe aufhalten und dabei auch noch eine bestimmte Formation wahren. In Belgien herrschte zum Zeitpunkt der Radarbeobachtungen keine meteorologisch relevante Inversionswetterlage. Die Hypothese, wonach es sich um andere Ballons handeln könnte, ist absolut auszuschließen.

G. Obwohl mehrfach Geschwindigkeiten im Überschallbereich gemessen wurden, konnten keine Stoßwellen festgestellt werden. Auch dieser Punkt bleibt nicht erklärbar.

H. Obwohl die einzelnen Bodenzeugen insgesamt acht Leuchtpunkte am Himmel beobachteten, registrierten die Radarschirme zum gleichen Zeitpunkt lediglich einen Kontakt. Die einzelnen gesichteten Punkte waren weit genug voneinander entfernt, um auch vom Radar differenziert werden zu können. Hierfür läßt sich keine plausible Erklärung finden.

I. Ebenfalls auszuschließen ist die Hypothese von Himmelsphänomenen, die aus einer Projektion von Hologrammen herrühren: Solche Laserkanonen wären für die Piloten normalerweise aus der Luft zu sehen gewesen. Hologramme können überdies nicht per Radar geortet werden, und eine Laser-Projektion ist nur dann sichtbar, wenn es dafür einen »Schirm« gibt, beispielsweise Wolken. Im vorliegenden Fall war der Himmel indessen unbewölkt, und es bestand keine nennenswerte Inversionswetterlage.

Verzeichnis der Anlagen

A. Landkarte. B. Ablaufprotokoll des MC vom CRC Glons. C. Bericht des TCC/RP Semmerzake. D. Analyse der Videoaufnahmen von AL17. E. Niederschrift des operativen Funkverkehrs auf den Operationsfrequenzen zwischen QRA und CRC Glons. F. Aussagen der Piloten. G. Aussage des Funkoperateurs (Operationsfrequenz). H. Aussagen der Augenzeugen (1. Hauptmann Pinson; 2. MDL Chef Vossem; 3. Wachtmeister Baijot; 4. MDL Vandebosch; 5. MDL Chavagne, MDL Chef Marteau; 6. MDL Renkin). I. Details zum »lock-on« des Bordradars der F-16 von 00.13 Uhr.

Der F-16-Radarfilm: Zufall und Notwendigkeit*

Die oben genannten Anlagen lagen den Dokumenten, die wir erhalten hatten, nicht alle bei. Wir besaßen die Dokumente A und H und kannten den wesentlichen Inhalt der Anlagen B, C und E. Natürlich hätten wir gern mehr darüber erfahren, was die Piloten nach ihrer Rückkehr zu berichten hatten, doch unsere Aufmerksamkeit galt vor allem den Dokumenten D und I, in denen es um die Videoaufzeichnungen des F-16-Bordradars ging. Von nun an zielten alle unsere Kontakte zur Luftwaffe,

---

* Anspielung auf das gleichnamige Buch von Jacques Monod (Le hasard et la nécessité); A. d. Ü.

insbesondere zu Oberst De Brouwer, darauf ab, die berühmte Videoaufzeichnung untersuchen zu können, die genaue Angaben über jene Parameter enthielt, die während der Kontakte mit einem nicht identifizierten »Ziel« registriert wurden.

Zur selben Zeit hatte unser Freund Jean-Pierre Petit – Forschungsleiter beim C.N.R.S. und sehr an der Erforschung nicht identifizierter Flugobjekte interessiert – beim Verlag Albin Michel gerade ein Buch mit dem Titel »Enquête sur les OVNI« veröffentlicht. Im Rahmen der Werbekampagne für dieses Buch in Belgien wurde zwangsläufig eine enge Verbindung zu den Tausenden, seit Ende 1989 in Belgien registrierten Sichtungen hergestellt, und Jean-Pierre Petit machte in diesem Zusammenhang mehrere Reisen nach Brüssel. Philippe Rombaut veröffentlichte in *Le Vif-L'Express* vom 8. Juni 1990 eine glänzende Rezension (»Bonnes feuilles«), aus der wir einige aufschlußreiche Passagen zitieren:

> Gerüchte? Zwischen Lüttich und Tournai berichten zahlreiche Menschen von bizarren »Begegnungen« mit Leuchtkugeln und dreieckigen UFOs, so die gängigste Beschreibung. Handelt es sich um den amerikanischen, 20 Meter langen und 13 Meter breiten, Prototyp F-117A? »Angesichts all dieser Berichte, die echt zu sein scheinen und in denen beispielsweise von Scheiben mit Kuppelaufbauten die Rede ist, müssen wir uns nun entscheiden«, äußert Petit. »Ist es ein irdisches Objekt oder nicht? Sollte die erste Hypothese zutreffen, müßte es sich um das berühmte Tarnkappenflugzeug handeln. Dies ist aber nicht möglich, da die von den Zeugen beschriebenen ›Objekte‹ fast lautlos und mit einer außergewöhnlichen Geschwindigkeit fliegen. Außerdem scheinen sie besonderen Flugbahnen zu folgen!« Also was nun?
>
> Es gibt dafür »keine zufriedenstellende Erklärung«, bemerkt Michel Bougard, Präsident der SOBEPS, zu einer Gruppe belgischer Ufologen. »Diese Phänomene rütteln den Wissenschaftler in mir auf«, fügt Petit hinzu. (...) Aber warum ausgerechnet Belgien? Petit schlägt eine mögliche Erklärung vor: »Sehen Sie sich eine nächtliche Weltkarte, beispielsweise aneinandergefügte Satellitenaufnahmen, an. An verschiedenen Stellen konzentrieren sich weiße Flecke: der Lichtschein großer, städtischer Ballungsgebiete, wie es sie etwa in Japan gibt. Hierzu kommt in Belgien das Licht der die gesamte Nacht über beleuchteten Autobahnen. Stellen Sie sich eine Crew von Außerirdischen auf einer Erkundungsmission in unserer Galaxie vor. Sie würde unweigerlich von diesen ›Leuchtzonen‹ ange-

zogen werden.« Science-fiction? »Ich bin Wissenschaftler – ein Ermittler, der sich mit einem Fall beschäftigt. Das abschließende Urteil wird von der ganzen Menschheit gefällt«, erwidert Petit.

Am Mittwoch, dem 13. Juni, treffen sich Lucien Clerebaut und Michel Bougard mit Jean-Pierre Petit, der sich gerade auf einer Promotion-Reise durch Belgien befand, im Hotel Amigo in der Nähe der Grand-Place von Brüssel. Petit hielt sich wie gesagt im Rahmen einer groß angelegten Pressekampagne in Belgien auf. Mehrere Interviews mit ihm wurden veröffentlicht, außerdem trat er als Gast in einem RTBF-Fernsehmagazin auf. Wir setzten ihn über die Einzelheiten des Luftwaffenberichts in Kenntnis, an denen er großes Interesse hatte. Es war nicht eigentlich Petit, der Licht in die F-16-Affäre brachte, wir hatten ihm bei verschiedenen Gelegenheiten die Informationen zugespielt.

Zur gleichen Zeit bereitete Marie-Thérèse de Brosses von *Paris Match* einen Artikel über Jean-Pierre Petits neuestes Buch vor, der dann zusammen mit einem langen Interview in Heft 2150 vom 9. August 1990 erschienen ist. Bei einer ersten Begegnung mit der Pariser Journalistin kam Petit auch auf die berühmten Vorfälle in der Nacht vom 30./31. März und die aufgezeichneten Radarechos zu sprechen. Um den 20. Juni herum rief Petit Lucien Clerebaut an, um ihm den Besuch von Marie-Thérèse de Brosses anzukündigen. Am Dienstag, dem 26. Juni, trafen beide dann auch ein, um sich mit uns über die belgische Sichtungswelle zu unterhalten. Nachdem man die bisher zusammengetragenen Unterlagen gesichtet hatte, wurde am späten Abend ein Gespräch der Journalistin mit Oberst De Brouwer vorgeschlagen. Bereits am nächsten Tag rief Lucien Clerebaut beim Führungsstab der Luftwaffe an. De Brouwer, liebenswürdig wie immer, hatte noch für denselben Tag einen Termin frei. Einige Stunden später fanden sich Petit, Clerebaut und de Brosses im Dienstzimmer von Oberst De Brouwer in Evere (Brüssel) ein.

Das Interview selbst verlief ziemlich klassisch: altbekannte Fragen und ebensolche Antworten. Gegen Ende des Gesprächs sagte der Oberst fast beiläufig: »Ich habe hier die Videokassette der F-16. Wenn Sie wollen, kann ich sie Ihnen vorführen.«

Peng! Dort, wo manche immer noch ein Spiel mit verdeckten Karten vermuten, können wir nur das aufrechte Bemühen erkennen, Klarheit zu schaffen – und einen Zufall, dessen Konsequenzen in dem Augenblick, als De Brouwer den Videorekorder einschaltete, niemand vorausahnen konnte.

Die ersten Zivilisten, die dieses Video zu Gesicht bekommen, sind buchstäblich überwältigt von dem, was da zu sehen und zu hören ist. M.-Th. de Brosses behält ihre Ruhe und fragt De Brouwer, ob sie vom Bildschirm Aufnahmen machen und diese veröffentlichen dürfe. Wir sind der festen Überzeugung, daß De Brouwer, als er das erlaubte, keine Ahnung hatte, welchen Wirbel er damit einige Tage später auslösen würde.

Am Tage nach dieser denkwürdigen Begegnung, am Donnerstag, dem 28. Juni, hatten Lucien Clerebaut, Michel Bougard, August Meessen, Léon Brenig und Patrick Ferryn ihrerseits Gelegenheit, das Videodokument in De Brouwers Büro anzusehen und ihre Fragen zu stellen. Mehrere Stunden lang konnte die SOBEPS die Aufnahmen auf Herz und Nieren prüfen und – mit Hilfe von Standbild, Zeitlupe, Zeitraffer, Rückwärtslauf, Vergleich von Tonmitschnitt und Bildverlauf etc. – studieren. De Brouwer gestattete uns außerdem, die wichtigste (mehr als zwanzig Sekunden lange) »lock-on«-Sequenz, die in Sekundenintervalle unterteilt wurde, aufzunehmen.

Endlich hatten wir, was wir wollten. Brenig und Meessen erkannten in dem Videofilm sofort ein unersetzliches Forschungsinstrument. Annahmen mußten verifiziert, Flugbahnen erkundet und Meßwerte überprüft werden, alles in allem eine Arbeit für Monate, wenn nicht Jahre. Professor Meessen, der sich fast von Anfang an, seit die Sichtungswelle in Belgien begonnen hatte, auf das Problem der Radarortung (von UFOs und ganz allgemein) konzentriert hatte, stand mit dem Film eine außergewöhnliche Arbeitsgrundlage für weitere Forschungen zur Verfügung. Oberst De Brouwer hatte sich weit vorgewagt. Teilweise durch seine Vorgesetzten »gedeckt«, war er bis an die Grenzen seiner Möglichkeiten gegangen. Hoffte er, damit die letzten Stabsoffiziere, die sich gegen eine Öffnung sträubten, in die Knie zu zwingen? Möglicherweise. Vor allem aber mußte nun der Verteidigungsminister dazu bewegt werden, mehr Transparenz zu schaffen und es der SOBEPS zu gestatten, die im Besitz der Militärs befindlichen Aufzeichnungen direkt zu bearbeiten.

Einige Stunden später erschien die Nr. 2145 von *Paris Match* (vordatiert auf den 5. Juli 1990) mit dem Beitrag von Marie-Thérèse de Brosses. Vorne auf dem Umschlag: ein aufreizendes Foto des Popstars

Madonna. Was aber die Aufmerksamkeit zahlreicher Ufologen erregte, war eine kleine, unauffällige Überschrift in der rechten unteren Ecke: »UFO-Dokument der Luftwaffe – ›es‹ erscheint auf dem Radar einer F-16 und kann nicht vom Menschen geschaffen sein«. Der vierseitige (S. 48-51) Exklusivartikel hatte den folgenden provozierenden Titel, unter dem die Radaraufzeichnung eines nicht identifizierten Echos abgebildet war: »UFO auf dem Radar der F-16. Das belgische Verteidigungsministerium autorisiert uns zur Veröffentlichung dieser Dokumente.«

Das Erscheinen der französischen Wochenschrift löste in den belgischen Medien einen Sturm der Entrüstung aus. Journalisten von RTL-TVi und RTBF liefen Sturm und kritisierten die Luftwaffe, die es vorgezogen hatte, den Erstabdruck dieses sensationellen Dokuments der französischen Konkurrenz zu überlassen. Es gab einige herbe Kommentare. Bereits einen Tag nach Erscheinen von *Paris Match* traf Dominique Demoulin (für RTL-TVi) mit De Brouwer zusammen und konnte diesmal eine Filmsequenz von zwei bis drei Sekunden vom Bildschirm aufnehmen, in der das Radarecho des von den F-16 verfolgten UFOs zu sehen ist. Man wollte nun nichts mehr dem Zufall überlassen, denn eine unkontrollierte Verbreitung der Dokumente konnte Konsequenzen haben. Es war an der Zeit, eine unmißverständliche Stellungnahme abzugeben. Die Militärführung mußte bestimmte Informationen preisgeben, wenn die Situation nicht aus dem Ruder laufen sollte. Die Armee, so munkelte man bereits, sei zur Identifikation der Eindringlinge in den belgischen Luftraum nicht in der Lage, und außerdem wurde spürbar, daß einige Journalisten, die von dem »Kuchen« nichts abbekommen hatten, ihrem Unmut Luft machten.

Ungefähr am 10. Juli erfuhr Lucien Clerebaut in einem Telefongespräch mit Oberst De Brouwer, zu welcher Überzeugung man inzwischen bei der Armee gekommen war: Die aufgezeichneten Echos rührten nicht von elektromagnetischen Interferenzen her. Eine Pressekonferenz hierzu war für Mittwoch, den 11. Juli, geplant. Am 12. Juli berichteten alle Nachrichtenmedien über diese beispiellose Pressekonferenz. Der von Gilbert Dupont für *La Dernière Heure* verfaßte Artikel trug die Überschrift »Die offiziellen Geständnisse der Luftwaffe«. Im Text hieß es:

> Drei surreale Sekunden. Drei Sekunden, in denen eine Raute auf einem F-16-Radarschirm herumtanzt. Die Raute stellt das Echo eines bis heute

nicht identifizierten Flugobjekts dar. Den Bildschirmangaben zufolge wurde für das Objekt zunächst eine Geschwindigkeit von 1 067 km/h ermittelt. Und plötzlich springt es dann auf 1 890 km/h, und selbst der Rechner ist nicht in der Lage, die Beschleunigung zu ermitteln. Das Ganze spielt sich am Himmel über Tubize ab. Innerhalb von drei Sekunden fällt das Echo von 3 000 auf weniger als 1 400 Meter ab. Gestern erläuterte Oberst De Brouwer, Chef des Führungsstabs der belgischen Luftwaffe, vor einer großen Gruppe von Journalisten:»Hätte das Echo tatsächlich von einem materiellen Objekt hergerührt, so hätte es bei einem Flug über Tubize in dieser Höhe am Boden Schäden verursachen müssen. Gemeldet wurde jedoch nichts, absolut nichts.« Auch mehr als drei Monate nach jener berühmten Nacht vom 30. auf den 31. März, in der von Beauvechain aus zwei F-16-Abfangjäger eingesetzt worden waren, sieht sich Major Lambrechts, der Verantwortliche der militärischen Luftüberwachung, nicht in der Lage, eine plausible Erklärung der Phänomene abzugeben, die von mehreren Radarsystemen, einschließlich der Bordelektronik der beiden F-16, unabhängig voneinander registriert wurden.

Drei Monate lang warteten Journalisten auf eine Stellungnahme der Luftwaffe zu diesen Phänomenen, die ganz Belgien in Aufregung versetzt haben. Ende Juni war es dann so weit: Oberst De Brouwer brach das Schweigen, indem er *Paris Match* zwei Dokumente überließ, und zwar, wie er selbst einräumt, um einigen Journalisten den Wind aus den Segeln zu nehmen. Sie hatten in ihren Artikeln die belgische Luftwaffe lächerlich gemacht und behaupteten, diese sei unfähig, eines der in den USA entwickelten Stealth-Flugzeuge (wie etwa die F-117) zu identifizieren – eine Hypothese, die man in Brüssel vollkommen ausschließt. Doch unsere Militärs gehen noch weiter. Wie Oberst De Brouwer durchblicken ließ, hatten die Radaroperateure in Glons bereits vor jener berühmten Nacht vom 30./31. März ein Echo geortet, das stabil genug war, um einen Fliegereinsatz zu rechtfertigen. Als die Maschinen eintrafen, verschwanden die Echos auf den Radarschirmen des Kontrollzentrums; sie tauchten wieder auf, nachdem sich die Flieger wieder entfernt hatten. Punktum!

Dann die berühmte Nacht, über die an dieser Stelle bereits ausführlich berichtet wurde, in der zwei F-16-Abfangjäger der 349. und 350. Staffel eingesetzt wurden. Die Piloten waren ein Hauptmann und ein Leutnant. Während des siebzigminütigen Flugeinsatzes konnten sich beide Maschinen den Echos zu keinem Zeitpunkt auf weniger als 7 Kilometer nähern. Doch damit nicht genug. Nach Auskunft von Oberst De Brouwer war die Bordelektronik überfordert, speziell die Beschleunigungswerte des ver-

2. CHRONIK EINER SICHTUNGSWELLE

folgten Echos konnten nicht ermittelt werden. Niemand hat dies bisher erwähnt, doch das Objekt wurde bis über Bierset verfolgt, wo das CRC Glons plötzlich den Kontakt verlor. Hierzu Oberst W. De Brouwer: »Wenn ich von ›verlieren‹ spreche, meine ich damit, daß sich das Objekt so schnell bewegt, daß es vom Radar nicht mehr als Flugzeug erkannt wird.« Das gleichzeitig mit den Bordinstrumenten der beiden F-16 verfolgte UFO vollführte Bewegungen in sämtliche drei Raumdimensionen, zu denen kein existierender Flugzeugtyp in der Lage ist; während einer Flugsequenz, die aufgezeichnet werden konnte, beschleunigte es im Sinkflug innerhalb von wenigen Sekunden von 280 auf mehr als 1 800 km/h. Die Piloten selbst konnten aus der Luft nichts erkennen (was vor allem auf die schwierigen Sichtverhältnisse in einer so stark beleuchteten Region zurückzuführen ist), aber ihr Radar registrierte sehr erstaunliche Phänomene bei der Verfolgung des UFOs, das sich in bestimmten Augenblicken zu vervielfachen schien. Kein Kontakt dauerte länger als zwanzig Sekunden, und nach diesem unglaublichen Katz-und-Maus-Spiel mußten die F-16 in Beauvechain heruntergehen, weil ihnen der Treibstoff ausging. Ein hoher Offizier der Luftwaffe traf folgende Feststellung: Jedesmal, wenn es den Abfangjägern gelungen war, ihr Radar auf das Ziel aufzuschalten (lock-on), setzte das UFO zu einem Ausweichmanöver mit geänderter Flugbahn und Geschwindigkeit an.

In welcher Stimmung waren die Piloten, als sie von ihrem Einsatz zurückkehrten? »Sie waren überzeugt, etwas absolut Außergewöhnliches erlebt zu haben«, faßt Oberst De Brouwer zusammen, der es vorzieht, bestimmte Möglichkeiten auszuschließen, anstatt mit Mutmaßungen aufzuwarten. »Wir sind da sehr vorsichtig und wollen keine Hypothesen in den Raum stellen, indem wir etwa von außerirdischen Erscheinungen sprechen«, erklärte der Offizier, schloß aber Flugzeuge, Wetterballons, Laserstrahlen und eine Inversionswetterlage (wodurch die Ausbreitung von Wellen gestört wird) aus. Zur Möglichkeit befragt, ob vielleicht elektromagnetische Störungen die Ursache sind, trifft De Brouwer die Feststellung, daß solche Phänomene in diesem Ausmaß und von solcher Dauer noch nie beobachtet worden seien, seit es eine Luftraumüberwachung gibt. Es ist weltweit das erste Mal, daß ein hoher Verantwortlicher der Luftwaffe eine derartige Äußerung getan hat. Was die Luftwaffe nun zu unternehmen beabsichtige? Sie wird die Aufzeichnungen genauer wissenschaftlich untersuchen. Der Oberst hatte bereits versichert, daß bei erneuten Sichtungen dieser Art wieder Maschinen zum Einsatz gelangen würden. Seitdem hat die Luftwaffe jedoch keine derartigen Beobachtungen mehr gemacht, und die SOBEPS erklärt, daß die Sichtungsfälle seit Winter und Frühjahr erheblich zurückgegangen seien.

In *Le Soir* schrieb Joëlle Meert (»Die große Schweigsame erklärt sich«):

> Das Verteidigungsministerium hatte zunächst versichert, die beiden Maschinen hätten weder Informationen noch Dokumente mitgebracht. Wie vom Stab der Luftwaffe erläutert wurde, habe man die Zielsetzung verfolgt, das Phänomen möglichst objektiv zu erfassen und sich nicht von Emotionen und dem affektgeladenen Klima, das durch die Welle der UFO-Sichtungen am Himmel über Belgien entstanden war, anstecken zu lassen. Dies war auch geboten, wollte man Gewißheit erlangen und eine Beziehung zwischen den zusammengetragenen Einzelaspekten herstellen. Das Ergebnis der Untersuchungen ließ jedoch keine definitive Aussage über die Beschaffenheit des Objekts zu. Damit harren alle Fragen weiter einer Antwort.

Uns war bewußt, daß diese Pressekonferenz für den Führungsstab der Luftwaffe ein entscheidender Schritt war. Für einige höhere Offiziere bedeutete sie eine weitere Etappe auf dem Weg zur Veröffentlichung aller verfügbaren Informationen und zu einer engeren Zusammenarbeit mit den Wissenschaftlern der SOBEPS. Für andere war es die definitive Stellungnahme, der nichts Weiteres mehr zu folgen hätte, sozusagen ein »Begräbnis erster Klasse«.

Während also die Erklärungen der Militärs einige außergewöhnliche und unerwartete Tatsachen zu Tage förderten, bestand die Gefahr, daß die vorsorglich nur halb geöffneten Türen plötzlich wieder zugeschlagen würden. Wir mußten daher so rasch und effizient wie möglich handeln. Bereits am 12. Juli richteten Michel Bougard und Lucien Clerebaut folgenden Brief an Verteidigungsminister Coëme:

> Sehr geehrter Herr Minister,
>
> seit Beginn der UFO-Sichtungen in Belgien unterhalten wir die besten Beziehungen zu den Ihnen unterstehenden Stellen, inbesondere zu Oberst De Brouwer, dessen Mut und Aufgeschlossenheit wir lobend erwähnen möchten. Sie waren vor einigen Wochen so liebenswürdig, uns verschiedene technische Einzelheiten und Informationen zugänglich zu machen, die im Zusammenhang mit den Radaraufzeichnungen stehen. Wir erlauben uns, heute mit einer ähnlichen Bitte nochmals an Sie heranzutreten.
>
> Um die wissenschaftliche Analyse der Ereignisse in der Nacht vom 30. auf den 31. März diesen Jahres fortsetzen zu können, würde die SOBEPS

gern in Zusammenarbeit mit der Brüsseler Universität (L. Brenig) und mit der Unterstützung der Radaroperateure die vom F-16-Radar stammende Videoaufzeichnung bearbeiten. Diese ausschließlich wissenschaftlichen Arbeiten würden in Lokalitäten der Luftwaffe stattfinden (wir bitten also nicht um Überlassung der Dokumente) sowie unter Wahrung der Verschwiegenheit, wo es um geheime Daten geht.

Im Interesse der inzwischen begonnenen seriösen wissenschaftlichen Erforschung dieser heiklen Materie wagen wir, darauf zu hoffen, daß Sie uns weiterhin Ihre tatkräftige Unterstützung zuteil werden lassen. Wir möchten Ihnen daher bereits im voraus danken und verbleiben hochachtungsvoll ...

Am 27. Juli erhielten wir von André Bastien, dem persönlichen Referenten des Ministers, folgendes Antwortschreiben:

Sehr geehrter Herr Präsident,

Ihr Schreiben vom 12. Juli 1990, betreffend die in der Nacht vom 30. auf den 31. März gemachten UFO-Sichtungen, stieß beim Herrn Minister auf großes Interesse. Ich darf Ihnen mitteilen, daß der Führungsstab der Luftwaffe ermächtigt wurde, Ihnen die gewünschten Auskünfte zu erteilen, sobald die derzeit von einem Radarspezialisten der Luftwaffe durchgeführte Untersuchung abgeschlossen ist.

Zur Abstimmung dieses Informationsaustauschs werden Sie gebeten, mit dem Büro des Führungsstabs der Luftwaffe, Quartier Reine Elisabeth, Rue d'Evere in 1140 Brüssel, Kontakt aufzunehmen.

Hochachtungsvoll ...

Dieser Brief eröffnete die offizielle Zusammenarbeit zwischen einem wissenschaftlichen Berater der SOBEPS – nämlich August Meessen von der Universität Neu-Löwen – und den Experten der Luftwaffe. In den folgenden Monaten wurden bemerkenswerte Fortschritte erzielt, auf deren erste Resultate wir später zu sprechen kommen werden.

Die UFOs vom Sommer

Wenn die Zahl der gemeldeten Sichtungen in den Monaten Juni, Juli und August 1990 auch rückläufig war, so gab es doch einige sehr interessante Beobachtungen, auf die wir hier etwas näher eingehen möchten.

Am 26. Juni 1990 nahm die Brüsseler Gendarmerie mitten in der Nacht die Aussage des in Ixelles (Brüssel) wohnenden Biologen Jean-François T. zu Protokoll. MDL Binot notierte:

Am 26. Juni 1990 um 04.26 Uhr erklärte besagter T., Jean-François, Zeuge eines außergewöhnlichen Phänomens geworden zu sein. Seine Aussage wurde aufgenommen. Er gab folgendes zu Protokoll: »Hiermit erkläre ich (...), daß ich am heutigen 26. Juni 1990 gegen 00.10 Uhr auf der Autobahn Brüssel-Namur, Richtung Namur, eine Serie sehr heller Lichtblitze beobachtet habe (Frequenz: etwas mehr als ein Blitz pro Sekunde). Der Schein der bläulich-weißen Blitze erfüllte den halben Himmel und blendete mich trotz der Autobahnbeleuchtung. Ich verlangsamte die Fahrt und beobachtete über einen längeren Zeitraum (bis etwa 02.50 Uhr) drei übereinander angeordnete Lichtquellen, die sich in einer Höhe von knapp 200 Meter Richtung Brüssel bewegten. Die drei Lichtblitze waren von einigen dunkleren, roten ›Lampen‹ flankiert, die ständig leuchteten. Die Lampen befanden sich – in Bewegungsrichtung gesehen – rechts von den drei Lichtblitzen. Sie schienen sich im Gänsemarsch und nur geringfügig vorwärts zu bewegen und schienen nicht Teil einer festen Struktur zu sein. Nach mehreren Minuten folgte ich dem Phänomen mit einer Geschwindigkeit von 40-60 km/h und fuhr auf den einzelnen Autobahnausfahrten ab, um die Beobachtung bei abgestelltem Motor in aller Ruhe fortsetzen zu können. Während einer dieser Beobachtungsphasen steigerte sich die Blitzfrequenz für zwei bis drei Sekunden schlagartig auf ungefähr zehn Blitze pro Sekunde und ging dann wieder in den gewohnten Rhythmus über – als sollte systematisch der Boden abgetastet werden. Das Objekt hielt kurz hinter Overijse an und verharrte etwa zehn Minuten lang im ›Schwebeflug‹ (könnte sich jedoch möglicherweise auch entfernt haben); dies konnte ich von der Abfahrt Jésus-Eik aus beobachten. Trotz des abgestellten Motors vernahm ich keine Geräusche. Das Licht schien von ungewohnter Beschaffenheit, so als trete es etwas langsamer aus als bei einem Fotoblitz, und als gebe es bei jedem Blitz eine zentrifugale Wellenfront. Seine Helligkeit ließ eher an ein Flutlicht denken. Die Färbung der drei Lampen stimmte nicht genau überein: Die oberste war am bläulichsten, die unterste ging mehr ins Weiße. Die kleinste Lampe verschwand nach zehn Minuten. Um 3.30 Uhr konnte ich vom Dach meines Hauses aus ebenfalls einen Lichtblitz mit derselben Frequenz beobachten, der in ostsüdöstlicher Richtung und großer Entfernung aufleuchtete und seine Position nicht zu verändern schien.

2. CHRONIK EINER SICHTUNGSWELLE

In der Nacht des 14. Juli 1990 (Samstag) wird eine Gendarmeriestreife aus Braine-le-Comte, bestehend aus den MDL Pirson und Leclerc, an einen Unfallort gerufen. Als sie um 23.25 Uhr beim Wald von La Houssière eintreffen, fällt den beiden Männern im Westen am Waldrand in der Nähe des Landguts »Mon Plaisir« am Boden ein heller Lichtschein auf. Bald darauf werden in etwa 100 Meter Höhe drei sehr helle, weiße Lichter sichtbar, deren Leuchtkraft bis zum Boden reicht. Die Gendarmen schätzen den Durchmesser der Scheinwerfer auf 3-4 Meter und ihren Abstand voneinander auf etwa 20 Meter. Diese Lichter sind von einem roten Licht umgeben, das um die Peripherie einer nicht sichtbaren Masse kreist. Das Objekt bewegt sich sehr langsam und lautlos von Osten nach Süden. MDL Pirson: »Man hätte es auch für eine Flutlichtanlage halten können.« Die Gendarmen beschließen, näher heranzufahren, um das Phänomen besser beobachten zu können; doch als sie wieder im Wagen sitzen und den Motor anlassen, ist das Ganze bereits verschwunden. In der Woche darauf, und zwar in der Nacht vom 19. auf den 20. Juli, melden mehrere Einwohner von La Louvière der örtlichen Polizei kurz nach Mitternacht die Sichtung eines dreieckigen Objekts mit drei hellen, weißen Leuchtfeuern. Die Polizisten, die dort auf Streife sind, können gerade noch »ein unregelmäßiges, weißes Licht, das sich – scheinbar aufsteigend – nach Westen entfernt«, erkennen. Am 26. Juli be-

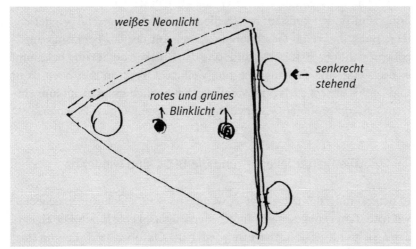

Abb. 2.66

finden sich Herr und Frau H. um 22.35 Uhr auf der Höhe von Grâce-Hollogne auf dem Autobahnzubringer Seraing-E 42, Fahrtrichtung Seraing, als sie ein bewegungslos am Himmel stehendes Dreieck erblicken. Es ist ein gleichseitiges Dreieck mit nach vorn weisender Basis. Das dunkle Objekt ist von einem weißen – wie eine »Neonröhre« – Leuchthof umgeben. Herr H. kann nur zwei der Schenkel sowie drei weiße Scheinwerfer an der Unterseite erkennen, die sich deutlich von dem Objekt absetzen und durch einen »Träger« miteinander verbunden sind. An der Unterseite befinden sich außerdem zwei Blinklichter (ein rotes und ein grünes). Die Seitenlänge beträgt schätzungsweise 12 Meter.

Herr H. staunt und meint zu seiner Frau: »Es ist zwar zum Lachen, aber ich werde mal die Lichthupe betätigen!« – »Es ist ein UFO!« erwidert Frau H., während ihr Mann zweimal kurz auf die Lichthupe tippt. In diesem Augenblick schwenken die beiden Lichter an der Vorderseite des Objekts zu den beiden Zeugen hin und geben ihrerseits drei nicht blendende Lichtsignale ab. Dann bewegt sich das Objekt auf das Fahrzeug zu und geht rechts von ihnen, in einer Entfernung von etwa 100 Meter und auf einer Höhe von 60-100 Meter in Position (Abbildung 2.66). Die Scheinwerfer sind weiterhin auf das Auto gerichtet, als das UFO zunächst eine Pendelbewegung ausführt und dem Fahrzeug entgegen seiner ursprünglichen Fahrtrichtung hinunter nach Seraing folgt. Trotz des ziemlich starken Gefälles behält das Objekt seine Entfernung zum Boden konstant bei. Es fliegt weiterhin mit nach vorn gerichteter Basis, und seine Geschwindigkeit scheint der des Fahrzeugs angepaßt zu sein (60-70 km/h). Auf Höhe der Brücke von Seraing bekommt es der Zeuge mit der Angst zu tun, weil das Objekt immer noch da ist und lautlos über die Maas hinwegfliegt. Schließlich steigt es auf und entfernt sich mit größerer Geschwindigkeit Richtung Grâce-Hollogne.

Die Blätter fallen — und die UFOs sind wieder da

In den Sommermonaten hatte es wenige markante Sichtungen gegeben, wir hatten aber einige interessante Zeugenaussagen gewonnen. Die eigentliche Sichtungswelle setzte erst wieder im Oktober 1990 ein, diesmal hauptsächlich in der Provinz Luxembourg und speziell im Raum Arlon.

2. CHRONIK EINER SICHTUNGSWELLE

Am 5. Oktober befindet sich Eric G. mit seinem Wagen im Großherzogtum Luxemburg. Er beschreibt seine Erlebnisse, die er ab 20.30 Uhr hatte:

> Ich wollte meine Schwester besuchen. Sie wohnt in Winseler, knapp 15 Kilometer von Bastogne entfernt. Als ich gerade die kleine Landstraße hinunterfuhr und noch 1 Kilometer von Winseler entfernt war, wurde ich auf einige sehr hell strahlende Lichter aufmerksam, die den Talgrund im Nordosten erleuchteten. Ich war mit Abblendlicht gefahren und bremste, weil ich wissen wollte, was da vorging; *zuerst* hatte ich gedacht, es sei ein Verkehrsunfall. Intuitiv schaltete ich, als der Wagen zum Stehen gekommen war, Scheinwerfer und Motor aus. Die vorher sehr hellen Lichter gingen daraufhin aus. Nun konnte ich eine riesige, dreieckige Form erkennen, deren Durchmesser mindestens 100 Meter betrug. Das Flugobjekt war so dunkel, daß sich sein Umriß vom Himmel abhob. Es stieg sehr langsam auf. Als es seine großen Scheinwerfer eingeschaltet hatte, dürfte es in einer Höhe von nicht mehr als 10 Meter – ohne sich von der Stelle zu bewegen – geschwebt sein. Während des sehr gemächlichen Aufstiegs neigte es sich etwas, und nun konnte ich auf der Unterseite des Objekts einen weiten Kranz aus grünen Blinklichtern erkennen. Das Phänomen setzte sich nun mit einer Geschwindigkeit von mehr als 40 km/h nach Südosten in Bewegung und verschwand hinter einem Tannenwäldchen.

Knapp eine Woche ist vergangen, und wir befinden uns nicht weit vom Schauplatz der eben beschriebenen Sichtung in Messancy. Am Donnerstag, dem 11. Oktober, sind Patrick L. und Isabelle T. zwischen 22.45 und 23 Uhr auf der A 28 Richtung Arlon unterwegs. Nach Nordwesten blickend, werden sie auf zwei große, weiße Scheinwerfer aufmerksam, die sich langsam vorwärts bewegen. Die beiden Zeugen schätzen ihre Geschwindigkeit auf etwa 70 km/h, da L. den Fuß vom Gas nehmen muß, um die Vorgänge am Himmel genauer beobachten zu können. Das Objekt fliegt in so großer Nähe über ihren Wagen, daß sich die Zeugen weit zur Windschutzscheibe vorbeugen müssen, um es nicht aus den Augen zu verlieren. Sie machen sich wieder auf den Weg und stoßen, nachdem sie am sogenannten »Carrefour du Juge« rechts auf die N 883 abgebogen sind, erneut auf das Objekt, das diesmal etwa 300 Meter von ihnen entfernt Position bezogen hat. L. hält den Wagen an, und die beiden steigen aus. Das metallisch wirkende dreieckige Objekt ist von mattschwarzer Farbe und hat sehr deutliche Konturen. Seine Kanten sind sehr gut erkennbar, da das Objekt von sechs grünen Scheinwerfern, die sich an der Unterseite in »Kapseln« befinden, gut ausgeleuchtet wird. Letztere sind »wie beim Autoskooter von einem dicken Wulst« umrandet. Die Scheinwerfer sind zwar sehr hell, blenden aber nicht und strahlen keine Lichtbündel nach unten ab; sie pulsieren ungefähr einmal in drei Sekunden. Das Objekt ist für die Beobachter im Profil zu sehen. Bevor es seine statische Position bezog, hatte es sich »krebsartig« leicht in Querrichtung fortbewegt. Nach einer Minute schwenkt das Objekt um die eigene Achse, entfernt sich und verschwindet hinter einer Häusergruppe.

Am Abend des 18. Oktober 1990 (Donnerstag) häuften sich die Sichtungen, dabei kam es zu Besonderheiten, auf die wir später zurückkommen. Zwischen dem 21. und dem 23. Oktober kam es zu einer neuen Flut von Nahbegegnungen innerhalb eines eng umgrenzten geographischen Gebiets. Herr B. arbeitet als Gendarm in Lasne (Wallonisch-Brabant). Er berichtet:

> Am Sonntag, dem 21. Oktober, war ich gegen 20.30 Uhr mit dem Auto Richtung Lasne unterwegs. In Ohain bemerkte ich auf Höhe des »Messager de Bruxelles« ziemlich dicht über dem Horizont einen intensiven, weißen Lichtpunkt. Ich fuhr über Renipont-Plage weiter und konnte das Licht, wann immer das Gelände das zuließ, weiter beobachten. Es schien eine feste Position zu halten. In Lasne angelangt (also nach etwa 3 Kilometer bei etwa 60 km/h), hielt ich an und stieg aus, ließ den Motor aber laufen. Das Objekt flog mit einer Geschwindigkeit von 10-20 km/h dicht über die Bäume. Ich konnte es etwa eine Minute lang beobachten, bis es aus meinem Blickfeld verschwand. Außer dem großen, weißen Spot, dessen Licht aber nicht bis zum Boden reichte, bemerkte ich drei kräftig rote, deutlich kleinere und im Dreieck angeordnete Lichter (die nicht blinkten). Die Entfernung zwischen dem großen, weißen Spot und den roten Lichtern schien mir weit größer als der Abstand der Positionslampen an den Flügelenden eines großen, sehr tief fliegenden Flugzeugs. Außer dem Motor meines Wagens hörte ich kein Geräusch. Ich konnte weder eine Kontur gegen den Himmel erkennen noch ein massives Objekt. Der Anordnung der Lichter nach zu schließen, könnte es sich um ein dreieckiges Objekt gehandelt haben.

Nur wenig später erfolgen nahezu gleichzeitig zwei weitere Nahsichtungen, jedoch an Orten, die etwa 120 Kilometer voneinander entfernt

2. CHRONIK EINER SICHTUNGSWELLE

sind. Um 22.10 Uhr ist Frau H. mit ihrem 15jährigen Sohn Stéphane auf der Route de Houffalize Richtung Bastogne unterwegs. Am wolkenlosen Sternenhimmel bemerken die beiden einen »riesigen, gelblich-weißen Schein«. Frau H. berichtet:

> Je näher ich kam, desto tiefer sank das Licht, und ich hatte den Eindruck, daß es zu mir herunterkäme! Während es tiefer kam, konnte man erkennen, daß das Licht von zwei großen Scheinwerfern ausging, die viel größer waren als Autoscheinwerfer.

Frau H. kann nicht sagen, ob sich die Position des Lichts veränderte oder nicht, als sie an einer einsamen Kreuzung rechts abbog. Gleich, nachdem sie abgebogen war, bemerkte sie aber, daß ein einzelner Scheinwerfer den Wagen noch begleitete, und zwar gleich hinter einer drei bis vier Meter hohen Hecke auf der anderen Straßenseite, in einer Entfernung von etwa 30 Meter. »Er befand sich auf Augenhöhe, ich brauchte nur nach links zu sehen, ohne hochzuschauen.« Wie Frau H. sofort bemerkte, war die Geschwindigkeit des Flugobjekts der ihres Fahrzeugs angepaßt. Sie wollte sich eigentlich die Sache genauer ansehen, doch ihr Sohn hatte Angst und drängte sie weiterzufahren. Sie fuhr jetzt fast Schrittempo und wurde weiterhin von dem »Scheinwerfer« begleitet. Frau H. fand an dieser Lichtquelle befremdlich, daß sie, anders als das ein Autoscheinwerfer getan hätte, die Hecke nicht beleuchtete. »Ich sah nur einen weißgelben Scheinwerfer, dessen Licht nicht blendete und auch den Augen nicht weh tat.«

Frau H. beschleunigte, und auch der Scheinwerfer wurde schneller. Als sie 60-70 km/h fuhr, kurbelte sie die Seitenscheibe hinunter, »um sicherzugehen, daß mich nicht irgendwelche Spiegelungen in die Irre führen«. Der Scheinwerfer verschwand nun, und das Objekt, zu dem er gehörte, vollzog »einen rasanten Senkrechtstart, wobei sichtbar wurde, daß es eine große, schwarze Masse war, etwa so groß wie ein Fußballplatz, umgrenzt von einem Ring roter Dauerlichter«.

Da der Motor ihres Wagens lief, weiß sie nicht, ob es vielleicht doch andere Geräusche gegeben hat. Die Zeugin beschloß anzuhalten, um das UFO, das sich jetzt direkt über dem Wagen befand, näher zu betrachten. Das Objekt kam in einer Höhe von etwa 500 Meter zum Stillstand, dann flog es waagerecht Richtung La Roche und St-Hubert nach Nordwesten davon. »Auch als es sich entfernte, waren die roten Lampen [mindestens acht] ständig sichtbar. Seine Geschwindigkeit [etwa 80 km/h] war niedriger als beim Aufstieg, und es waren, obwohl ich mittlerweile den Motor abgestellt hatte, keine Geräusche zu hören.«

Frau H. glaubt fest, »daß das Objekt ein entgegenkommendes Fahrzeug bemerkt haben muß und daß es sicherlich gestartet ist, weil es von dem sich nähernden Fahrzeug von vorne gesehen wurde. Davon bin ich überzeugt!« Wie die Zeugin außerdem erklärt, sei ihr, als sie sich zwischen Houffalize und Bastogne auf der E 25 befand, der Gedanke gekommen, eine frühere Abfahrt zu nehmen als gewöhnlich:

> Es war unlogisch, diese Abfahrt nach Bastogne zu nehmen, denn normalerweise bleibe ich auf der Autobahn und fahre direkt nach Bastogne. Ich hatte eine Art Vorahnung, die mich dazu brachte, früher von der Autobahn abzufahren und die Landstraße zu nehmen. Mein Sohn hatte denselben Gedanken; später sagte er mir, er habe die Absicht gehabt, mich genau darum bitten zu wollen – ohne daß er dafür eine Erklärung gehabt hätte! Es war wirklich unsinnig, einen solchen Umweg zu fahren.

In den ersten neun Tagen nach der Sichtung hatte Frau H. den Eindruck, ständig »beobachtet« zu werden. Sie fühlte sich unwohl, hatte Angstzustände und traute sich nicht, abends aus dem Haus zu gehen.

Am selben Abend, am Sonntag, dem 21. Oktober 1990, hat Jacques D. um 22.13 Uhr seine Arbeit in einem Aufnahmestudio in Leval-Trazegnies, Hainaut, beendet und will nach Hause fahren, um sich vor seinem nächsten Auftritt um 1 Uhr auszuruhen. Auf der Heimfahrt nach Carnières wird er auf einen Diskus aufmerksam, der sich langsam am Himmel bewegt. D. berichtet:

> Ich war mit dem Wagen auf der Fahrt nach Hause. Nachdem ich etwa 900 Meter zurückgelegt hatte, bemerkte ich etwa 400 Meter vor mir ein Fluggerät. Ich verlangsamte die Fahrt auf 15-20 km/h, um besser erkennen zu können, was es war, und weil mich ein heller Lichtstrahl aus dem Gerät blendete. Ich hielt nicht an und weiß auch nicht, woher das Ding kam. Es kam jedenfalls in der Nähe der Kirche von Mont-Ste-Aldegonde auf mich zu und schien Richtung Carnières, Chapelle-lez-Herlaimont, Trazegnies etc. zu fliegen. Es hatte die Form eines Tellers oder eines runden Aschenbechers (unbestimmter Größe), etwa so mächtig wie ein Flugzeug. Aus dieser Form trat ein helles, weißes und stark blendendes Lichtbündel, ähnlich einem Flutlicht. Das Objekt war von blaugrauer Farbe,

wie eine Kartäuserkatze, vielleicht ein bißchen heller. Außer dem hellen Scheinwerfer gab es noch drei Lichter: ein dunkles orangegelbes, ein sehr schwach blaues und ein mattgrünes. Diese drei Lichter blendeten nicht, wohingegen mich das Scheinwerferlicht beim Fahren störte. Das Ding bewegte sich mit konstanter Geschwindigkeit und nicht schneller als mein Wagen, also etwa mit 25 km/h. Da es derselben Richtung folgte wie ich auch, kam mir der Gedanke, daß es mir den Nachhauseweg zeigt! Bei der Gemarkung Le Waressaix verlor ich es dann aus den Augen. An dieser Stelle stehen auf beiden Straßenseiten Häuser, deshalb habe ich es wohl aus den Augen verloren.

 Zu Hause wollte ich gerade zur Hintertür hinein, als ich ein dumpfes Geräusch hörte wie von einem Traktor oder einer Gartenfräse, ein wirklich dumpfes, entferntes Geräusch, kein Knattern. Es mag etwa halb elf gewesen sein. Ich habe mich sogar gefragt, wer da wohl noch um diese Zeit arbeitet. Das Geräusch machte mich unruhig und nervös. Als ich mich umdrehte, sah ich das Objekt in 60-70 Meter Höhe. Hinter meinem Haus liegt ein Wasserschloß, fast genau über ihm schwebte das Objekt. Die von mir herbeigerufenen Nachbarn konnten das Objekt ebenfalls beobachten. Es hatte die Form einer Jakobsmuschel, eine blaugraue Farbe und regelmäßige Konturen; die Umgebung wurde von seinen Lichtern nicht erhellt. Auf der Unterseite des Objekts konnte ich eine rechteckige Tür (6 Meter breit und 2 Meter hoch) oder eine Art Schleuse (wie beim Gepäckraum eines Flugzeugs) erkennen, die sich weder öffnete noch schloß. Der Durchmesser des Objekts entsprach ungefähr den Schmalseiten von zwei Häusern, also etwa 15 Meter. Es schwebte auf der Stelle und gab dabei ständig dieses dumpfe Geräusch von sich. [Abbildung 2.67].

 Ich ging schnell ins Haus, um die Gendarmerie anzurufen, es war 22.31 Uhr. Ich war bestimmt zehn Minuten am Telefon, bis ich ein Revier hatte, das besetzt war. Ich ging nach draußen, um dort auf die Gendarmen zu warten. Kurze Zeit später stieg das Objekt schräg nach oben auf, zunächst langsam (10-15 km/h) und dann sehr schnell (350-400 km/h), bis es eine Höhe von etwa 600 Meter erreicht hatte. Mit konstanter, hoher Geschwindigkeit flog es Richtung Chapelle-lez-Herlaimont davon. Die ganze Zeit über war weder eine Rauch- noch eine Geruchsentwicklung feststellbar, und die Lichter haben weder changiert noch geblinkt. Ich muß zugeben, daß mich dieses Erlebnis in Panik versetzt und mich einige Nerven gekostet hat. Die Gendarmen sind um 22.45 Uhr eingetroffen und gegen 0.15 Uhr wieder aufgebrochen. Sie haben bestätigt, das Objekt ab Manage auch gesehen zu haben.

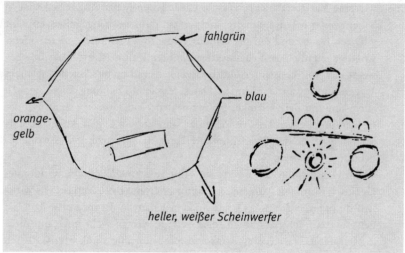

Abb. 2.67, 2.68

Diese Zeugenaussage wurde indirekt durch die von Herrn S. in Morlanwelz gemachte Beobachtung bestätigt. Ungefähr zur gleichen Zeit bemerkte dieser einige große Lichter (»starke Scheinwerfer«), die von einigen kleineren Lichtern umsäumt waren. Die kleineren Lichter zeichneten ein unbeweglich am Himmel stehendes Dreieck. Das Gebilde setzte sich plötzlich in Bewegung und entfernte sich.

Frau S. ist eine eloquente junge Frau, die fünf Sprachen fließend beherrscht. Hier ihr Bericht:

> Am Montag, dem 22. Oktober 1990, fuhr ich von Waterloo nach Rixensart zum Musikunterricht. Bei der Ausfahrt Ohain-Ransbèche bemerkte ich gegen 18.05 Uhr plötzlich etwa 500 Meter vor mir auf der anderen Straßenseite ein helles, weißes Licht. Ich hielt an, um herauszufinden, worum es sich handelte, denn meines Wissens befand sich an dieser Stelle keine Straßenlaterne. Ich fuhr etwa noch 300 Meter weiter, lenkte an den Straßenrand und stellte den Motor ab. Dann stieg ich aus und setzte mich auf die Motorhaube, um mir das Schauspiel genauer anzusehen. Es war nicht windig, der Himmel war klar, und ich kann mich nicht erinnern, Mond oder Sterne gesehen zu haben. Es dämmerte soeben. Vor mir hatte ich ein intensives, weißes Licht, das nicht direkt blendete. Es war von ovaler Form, entsprach in seinen Abmessungen ungefähr der Breite einer etwa

150 Meter entfernt stehenden Villa und hob sich scherenschnittartig vom Himmel ab. Das Licht stand über dem Dach der Villa, vermutlich etwas dahinter, da weder das Dach noch die Umgebung erhellt waren. Es schwebte unter Wipfelhöhe der weiter hinten auf einer kleinen Erhebung stehenden Bäume. Ich war fasziniert und rätselte, was es war: Ein Flugzeug war es nicht, ein Hubschrauber auch nicht ...

Das große Licht befand sich immer noch an der gleichen Stelle, und mit halb zugekniffenen Augen konnte ich fünf oder sechs andere weiße Lichter ausmachen, die die Größe von Autoscheinwerfern hatten und ellipsenförmig angeordnet waren. Diese kleineren Lichter blinkten, und ganz rechts außen leuchtete ein orangefarbenes Licht im Abstand von einigen Sekunden auf. Rechts von dem großen weißen und zwischen den kleineren Lichtern konnte ich außerdem eine dunkelgraue, metallisch wirkende Oberfläche ohne sichtbare Konturen erkennen. Sie glänzte wie ein schwach beleuchtetes Auto. Zunehmend verblüfft, beschloß ich, näher heranzufahren. Ich wollte gerade zurücksetzen, als ich verwundert feststellen mußte, daß sich das Objekt in Bewegung setzte und seine Position im Schrittempo und auf gleichbleibender Höhe nach rechts verlagerte. Ich hatte das Gefühl, daß es tatsächlich meine Absicht, mich ihm zu nähern, verstanden hatte! Das UFO überflog vor mir die Straße, und mir war klar, daß es gleich hinter dem Wäldchen rechts der Straße aus meinem Blickfeld verschwinden würde. Ich brauste also wie der Blitz los, um das Wäldchen hinter mir zu lassen, aber als nach ungefähr 100 Meter wieder freie Sicht war, war das Objekt bereits verschwunden.

Gegen 19 Uhr wurde im Umkreis der Autobahn Charleroi-Mons bei Chapelle-lez-Herlaimont von mehreren Zeugen ein sehr tief und langsam fliegendes, strahlend hell erleuchtetes Gebilde am Himmel gesichtet. Das Phänomen hielt Kurs auf Nivelles. Marie-Christine C. befährt gerade die E10 zwischen der E42 und Brüssel, als sie zu ihrer Rechten in der Nähe des Motels Nivelles-Süd sehr dicht über dem Boden ein helles Leuchten bemerkt, »als ob ein Flugzeug landen wollte«. Das Problem ist nur – man ahnt es bereits –, daß es an dieser Stelle nie einen Flughafen gegeben hat. Das Phänomen verschwindet schließlich hinter einer dichten Baumreihe, und als sich Frau C. nach einigen Metern umdreht, sieht sie etwas, das aussieht, als sei es auf dem Boden abgestellt und »voller weißer und roter Lichter, ein wenig wie ein hell erleuchtetes altmodisches Pferdchen-Karussell« (Abbildung 2.68).

Etwas später sind am anderen Ende Belgiens, dicht bei Arlon, einige

Abb. 2.69

höchst eigenartige Himmelsphänomene zu beobachten. Es ist 22.25 Uhr, als der Fabrikarbeiter Michel M. mit dem Bus nach Hause fährt. Kurz hinter der Ortschaft Useldange, bei der Kreuzung nach Rippweiler, bemerkt M. zwei gelbe Scheinwerfer am Himmel. Die Lichter kommen allmählich näher, während der Bus mehrere Ortsteile durchfährt. Die Lichter kommen näher, jetzt werden auch andere Fahrgäste und der Busfahrer auf sie aufmerksam. Als sie sich noch weiter nähern, können die Zeugen erkennen, daß das gelbe Licht von einer dreieckförmigen, metallisch-grauen Masse reflektiert wird, an deren hinterem Ende sich mehrere kleine blaue und rote Lichter befinden (Abbildung 2.69). Plötzlich tritt an der Unterseite des Objekts für eine Sekunde ein »punktierter Lichtstrahl« aus.

Zur gleichen Zeit, etwa um 22.35 Uhr, ist Catherine C. mit ihrer kleinen Tochter Emerence auf der N81 zwischen Aubange und Arlon unterwegs. Frau C. bemerkt ein großes Licht am Himmel und beschließt, es sich genauer anzusehen. Sie biegt auf die Route de Turpange ab und fährt auf ein Bauernhaus zu, über dem das »Licht« zu schweben scheint. Doch bevor sie dort angelangt ist, taucht plötzlich zu ihrer Linken ein Fluggerät auf, das abdreht und auf sie zukommt. Mit einer Vollbremsung bringt sie den Wagen zum Stehen, nachdem das Objekt abrupt angehalten hat. Frau C. flucht, und als ihre Tochter erschrocken zu weinen und in Panik zu geraten beginnt, versichert sie resolut »gleich geht's weiter«, kurbelt aber erst einmal das Seitenfenster herunter. Obwohl sie angestrengt lauscht, kann sie nicht das kleinste Geräusch hören. »Ich fühlte mich echt beobachtet«, erzählt sie. Vorne an dem Fluggerät glaubt sie, eine Art »Windschutzscheibe« zu erkennen und eine Vielzahl kleiner roter, grüner, blauer und weißer Lichter, die blinken (Abbildung 2.70). Das Objekt befindet sich in einer Entfernung von 40 Meter und in einer Höhe von 20 Meter; es ist 20 Meter breit und 12 Meter hoch. Während Frau C. den Wagen zurücksetzt, ruft ihre Tochter: »Mama, es bewegt sich wieder. Paß auf! Es kommt hinter uns her!« Auf der Auffahrt zu der über Differt führenden Route de Wolkrange dreht sich Frau C. nach links und kann das Objekt nochmals im Profil sehen.

    In derselben Nacht (vom 22. auf den 23. Oktober) wird auch Régine J. mit etwas Unerklärlichem konfrontiert. Diesmal befinden wir uns in dem zu Messancy gehörigen Longeau, ganz in der Nähe des von Belgien, Frankreich und dem Großherzogtum Luxemburg gebildeten Dreiländerecks. Wie an jedem Morgen wird Frau J. um 5.30 Uhr von ihrem Radiowecker aus dem Schlaf gerissen. Um 5.40 Uhr öffnet sie das Fenster, um das Schlafzimmer zu lüften. Sie wird sogleich auf zwei große »Scheinwerfer« aufmerksam, die nach ihrer Schätzung etwa 400 Meter entfernt sind. Sie geht zunächst in die Küche, um Kaffee zu kochen, geht dann aber aus Neugierde gleich wieder ins Schlafzimmer zurück: Die beiden Scheinwerfer sind immer noch da. Sie steigen plötzlich (aber sehr langsam) auf und beginnen sich dem Haus der Zeugin zu nähern. Frau J. befällt panische Angst, und sie sagt sich: »Wenn ich sie sehe, sehen die mich auch.« Hastig löscht sie das Licht, geht wieder zum Fenster und bestaunt die sich weiter nähernden Scheinwerfer. Nach und nach kann sie eine große, fast schwarze Masse von größerer Höhe als Breite erahnen, die schließlich genau über das Haus hinwegfliegt. Hierbei kann sie die Unterseite des, wie sie sagt, »runden« Gebildes deutlich erkennen. Vorne befinden sich die beiden weißen Lichter, die ihr zuerst aufgefallen sind; auf der Unterseite sieht sie ein rotes und ein blaues Licht. Frau J. läuft durchs Haus und kann das Objekt von der anderen Seite aus, die nach Süden geht, wieder sehen. Es hält nach etwa 200 Meter kurz an und setzt sich dann plötzlich mit rasanter Geschwindigkeit Richtung Osten in Bewegung. Als die Zeugin ins Zimmer zurückkehrt, um auf die Uhr zu sehen, zeigt der Wecker 5.54 Uhr. Während der Sichtung war, auch beim Überflug über das Haus, kein Fluggeräusch zu hören.

    Am 8. November 1990 hat es sich die Krankenschwester Marie-José V. in Mainvault (Hainaut) auf einem Sofa bequem gemacht, das dem großen Panoramafenster ihres Hauses gegenübersteht. Gegen 19 Uhr sieht sie, wie ein weißes, helles Licht in gerader Linie von West nach Ost vorüberfliegt. Wenige Sekunden später folgt ein weiteres weißes, noch helleres Licht zunächst derselben Bahn, schwenkt dann von Osten nach Norden und dann wieder nach Südosten. Intensität und Größe dieses Lichtes nehmen zu, und die Zeugin erkennt eine Art großen Scheinwerfer, unter dem sich so etwas wie »eine Kuppel, ähnlich einer Scheinwerferabdeckung« befindet (Abbildung 2.71, Zeichnung A). Das Phänomen nähert sich, und Frau V. nimmt einen »etwas gelblicheren, beleuchteten Abschnitt« wahr. Die Kuppel ist nun zwar nicht mehr zu sehen, dafür aber »regelmäßige senkrechte Unterteilungen auf dem beleuchteten Abschnitt«. Frau V. geht zur Haustür, nachdem sie ihren Mann gerufen hat, der auch gleich zur Stelle ist. Das von dem »Abschnitt« ausgehende Licht blendet nicht. Das Phänomen schwenkt »links um die eigene Achse« (sic), wobei die Zeugen drei im Dreieck angeordnete, weiße Leuchtpunkte erkennen können. Die vollständig erleuchtete Unterseite (Abbildung 2.71, Zeichnung B) des Objekts hatte eine mehr ins Gelbliche gehende Farbe. Das UFO gibt ein sehr leises Geräusch von sich, vergleichbar mit dem »Summen eines Elektrorasierers«. Es setzt seinen südöstlichen Kurs fort und verschwindet aus dem Blickfeld der Zeugen.

Etwas später, um 22 Uhr, ist Serge F. in Begleitung seiner Tochter Jessica mit dem Wagen im Raum Soignies unterwegs. Was er erlebte, schilderte er damals folgendermaßen:

> Es war gegen 22 Uhr, und ich war mit meiner Tochter mit dem Auto unterwegs. Bei der Ausfahrt Braine-le-Comte fiel uns oberhalb der Hauptstraße ein sehr heller, faustgroßer Leuchtpunkt auf, der sich Richtung Soignies bewegte. Dieser Punkt ging abrupt in eine zickzackförmige Be-

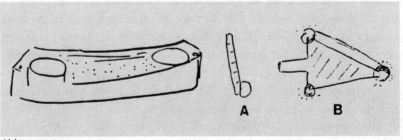

Abb. 2.70, 2.71

wegung über, und wir konnten ihn etwa über eine Distanz von 4 Kilometer mit den Augen verfolgen. Wir befanden uns nun in Soignies, an der Kreuzung gegenüber der Chaussée d'Enghien. Ich hielt an, und nachdem wir ausgestiegen waren, stellten wir fest, daß das Objekt jetzt eine Rautenform hatte und zehn- bis zwölfmal so groß war wie vorher. Es blieb zunächst zwei bis drei Minuten lang unbeweglich, setzte dann in gerader Linie zurück und war nun wieder als weißer Punkt zu sehen, bevor es mit hoher Geschwindigkeit Richtung Braine-le-Comte davonflog. Inzwischen war es 22.09 Uhr.

Und was meint die Presse dazu?

Am 6. Oktober 1990 veröffentlichte das *Wall Street Journal Europe* einen von Tom Walker verfaßten Artikel über die belgische Sichtungswelle. Dort hieß es: »Wimmelt es vielleicht von Marsbewohnern, die nur darauf warten, 1992 mit von der Partie zu sein – Belgische UFOs sind schuld daran, daß die Luftwaffe seltsame Dinge sieht; werden wir bald mehr wissen?«.

In der Nr. 877 vom Oktober 1990 setzte die Zeitschrift *Science & Vie* ihr leidenschaftliches Plädoyer für eine rationale Wissenschaft, die keine Rätsel kennt, fort. Unter der neuen Rubrik »Ufologie« erschien ein Artikel von Dominique Caudron. Caudron, der früher einmal engagierter Ufo-Forscher gewesen ist, hat sich zum Reduktionisten gewandelt, der sich der Aufgabe verschrieben hat, alles Unbekannte und Unerklärliche zu »entmystifizieren« – getreu dem Sprichwort, wonach der ehemalige Wilderer den besten Jagdhüter abgibt. Der Vorspann faßt unter dem Titel »Stimmt, ich hab's gesehen!« den nachfolgenden längeren Artikel zusammen:

> Bei dem UFO, das im letzten Frühjahr die belgischen Nächte unsicher gemacht hat, handelt es sich nicht nur, wie von uns bereits vorgetragen, um eine Spielart des amerikanischen Tarnkappenflugzeugs F-117, sondern auch um ein unmögliches Phantombild, das von überzeugten Ufologen erstellt wurde – ein aus bunt zusammengewürfelten Informationen erbautes Konstrukt, bei dem keine Einzelheit für sich genommen eine befriedigende Erklärung liefern kann. Nächtliche Lichter der F-117 oder wohl eher des geheimen Nachfolgemodells, bestimmte Sternenkonstellationen,

simulierte Radarechos, offizielle Erklärungen der belgischen Luftwaffe, die in der Hauptsache darauf abzielen, den Eindruck zu erwecken, daß nur ein außerirdischer Pilot, und auch nur ganz ausnahmsweise, ihrer Wachsamkeit entgangen sein konnte: All dies, in die Aura des Geheimnisvollen und Fremdartigen gehüllt, hat ein Gerücht in Umlauf gesetzt, das offenbar nicht mehr aus der Welt zu schaffen ist.

Dominique Caudron wußte von den belgischen Sichtungen nur das, was er den Dokumenten entnehmen konnte, die den Weg auf seinen Schreibtisch gefunden hatten. Er hat sich nie die Mühe gemacht, die 90 Kilometer von seiner Wohnung in Lille bis zu unseren Büros in Brüssel zu fahren. Seine Überlegungen stützen sich im wesentlichen auf den zusammenfassenden Bericht der Luftwaffe, wie wir ihn veröffentlicht hatten. Er geht von einer simplen Hypothese aus: In der Nacht vom 30./31. März 1990 sahen die Polizisten der Gendarmerie Wavre ein paar Sterne am Himmel tanzen, und die zur Klärung der Lage hochgeschickten F-16 konnten nicht umhin, sich auf ein Katz-und-Maus-Spiel mit F-117-Jägern einzulassen, die dort zufällig unterwegs waren. Ultrarationalismus und zwanghafter Reduktionismus können etwas Bigottes haben: Sie sind dann unfähig, die Lage zu durchschauen, in die sie sich selbst verstrickt haben.

Im November 1990 erschien in Heft 6 der Zeitschrift *Sciences & Nature* ein Artikel (S. 16-21) aus der Feder von Evelyne Simonnet, dessen Titel sich an eine Überlegung von Jean-Pierre Petit anlehnt: »UFOs? Eine gewaltige Herausforderung für die Wissenschaft«. Die französische Journalistin war zuvor mit Petit nach Brüssel gekommen, um die SOBEPS zu besuchen und L. Clerebaut und M. Bougard zu interviewen. Letzterer hatte speziell folgende Erklärung abgegeben:

> Wir meinen, daß das UFO-Phänomen ein Thema ist wie jedes andere. Es betrifft Ereignisse, die sich am Boden oder am Himmel abspielen, die unerklärt sind und die es deshalb zu erforschen gilt. Wir haben wissenschaftlich ausgewiesene Methoden und Fachleute, um das zu analysieren und zu verstehen. Unser Hauptproblem besteht darin, den Forschungsgegenstand glaubwürdig zu machen. Wir sind nicht naiv, wir verfügen nicht über die Mittel, sehr weit vordringen zu können, und wir haben auch nicht die Absicht, den Wissenschaftlern ihren Platz streitig zu machen. Unser Tätigkeitsgebiet sind die von uns durchgeführten Befragungen. Um das übrige müssen sich die Universitäten kümmern.

2. CHRONIK EINER SICHTUNGSWELLE

Für Dienstag, den 13. November, war Michel Bougard auf Anregung von Philippe Deguent und Alexandre Wajnberg zu der RTBF-Livesendung »Babel« eingeladen. Die Wissenschaftsredaktion hatte drei Beiträge zum Thema »außerirdisches Leben« zusammengestellt: einen über die belgische UFO-Welle, einen zweiten über die Möglichkeit von Leben außerhalb der Erde und einen dritten über die Programme zur Aufspürung intelligenter Signale aus dem Weltall. Auf dem Podium, das in einer der Kugeln des Atomiums errichtet worden war, saßen neben M. Bougard, als Vertreter der SOBEPS, die französischen Astronomen Jean-Claude Ribes und François Biraud vom Observatorium Meudron sowie der Chemiker Jacques Reisse und der Biologe Raymond Rasmont, beide Professoren der Université Libre de Bruxelles. Alle Gesprächsteilnehmer würdigten die Seriosität und Sachkunde der von der SOBEPS entfalteten Aktivitäten. Während der Diskussion zeichnete sich deutlich ab, daß das UFO-Phänomen ein ernstzunehmender Gegenstand wissenschaftlicher Forschung sei.

Zufällig war die SOBEPS am selben Abend noch bei einer weiteren Fernsehsendung vertreten, nämlich dem von TF 1 ausgestrahlten, von Christophe Dechavanne moderierten und inzwischen berühmten »Ciel, mon mardi!« An diesem Abend sollte unter anderem die UFO-Problematik zur Sprache kommen. Der eigentlich für 23 Uhr vorgesehene Beitrag wurde dann leider erst am nächsten Tag von 0.10-1 Uhr ausgestrahlt. Von den Diskussionsteilnehmern seien besonders erwähnt: Jean-Pierre Petit, Physiker am C.N.R.S., Pellet, der Direktor des CNES (Centre National d'Etudes Spatiales) sowie Perrin de Brichambaut, ehemaliger Leiter der Météorologie Nationale Française und Gründungsmitglied der früheren GEPAN (Groupe d'étude des phénomènes aérospatiaux non identifiés), die heute als SEPRA (Service d'expertise des phénomènes de rentrées atmosphériques) firmiert. Lucien Clerebaut war als Generalsekretär der SOBEPS eingeladen worden, um über die jüngsten Entwicklungen der belgischen UFO-Welle zu referieren. Wie immer bei solchen Gelegenheiten war auch Raël mit dabei [Raël, mit bürgerlichem Namen Claude Vorilhon, ist ein ehemaliger französischer Sportjournalist, der einen ausgeprägten Hang zum Mystizismus hat; A. d. Ü.]. Auch hier wurde im Laufe der lebhaften Diskussion deutlich, für wie wichtig die anwesenden Wissenschaftler die Arbeit der SOBEPS halten.

18. Oktober 1990: AWACS or not AWACS?

Am 18. Oktober, einem Donnerstag, hatte unser Anrufbeantworter abends in kurzer Zeit Dutzende von Anrufen aufzuzeichnen, das ging so weiter bis zum Wochenende. Bilanz: Gesprächsmitschnitte von etwa zehn Stunden Gesamtlänge und mehr als einhundert registrierte Sichtungen. Nach einigen Wochen relativer Ruhe wunderten wir uns über dieses plötzliche Fieber, nahmen die Sache aber sehr wichtig, da sich die gemeldeten Beobachtungen auf ein Gebiet von wenigen Quadratkilometern konzentrierten, auf ein Rechteck von 18 x 13 Kilometer, dessen Eckpunkte die Orte Gembloux, Eghezée, Jemeppe-sur-Sambre und Bouge (Namur) markieren. Die Übereinstimmung der Beschreibungen ließ keinen Zweifel an der Realität des Erlebten zu: Zwischen 18.30 Uhr und 20.30/21 Uhr hatte ein mit sehr hellen Lichtern versehenes Flugobjekt in recht geringer Höhe über der angegebenen Region seine Schleifen gezogen.

Anfangs waren wir nach mehreren Sichtungsmeldungen aus dem Raum Meux noch überzeugt, daß wir es wieder mit den berühmten dreieckigen UFOs zu tun hätten. Die Lehrerin Isabelle D. ist beispielsweise an jenem Abend mit ihrem Wagen Richtung Eghezée unterwegs, als sie gegen 19.20 Uhr auf der Höhe des Waldes von Gennevaux im Innenspiegel das Licht von drei riesigen, weißen Scheinwerfern bemerkt. Gleich darauf fliegt das Gebilde über ihr Fahrzeug hinweg. Die Zeugin: »Die hellen Lichter blendeten mich, der Schein reichte bis zum Boden.« Nachdem sie unweit der E 411 angehalten hat und ausgestiegen ist, überfliegt das Objekt sie erneut: »Es neigte sich plötzlich, nahm mit starker Beschleunigung Kurs auf Brüssel. Ich schaute ihm nach und sah, daß es dann anhielt, auf der Stelle kehrtmachte und Richtung Namur zurückflog.« Olivier N. ist ebenfalls Lehrer und wohnt in Meux. Zwischen 19 und 21 Uhr beobachten er und seine Frau die Flugmanöver von einer Art »Bumerang, so groß wie eine Boeing«. Dieses Objekt hat vorne ein starkes Licht, »zwei Lampen an den Flügelenden und einen breiten, nach oben gerichteten Lichtstrahl«. Es pendelt insgesamt etwa zehnmal zwischen Gembloux und Meux hin und her. N. berichtet, daß von dem Objekt ein Geräusch wie das »Säuseln« des Windes ausging, daß es sich wie ein Flugzeug fortbewegte und gegen Ende einen »Lärm wie ein starkes Strahltriebwerk« machte. Hiermit liegen uns zwei Beschreibungen vor, die sich auf denselben Zeitpunkt beziehen und von gleichermaßen glaubwürdigen Personen stammen. Während die eine Beobachtung auf etwas Außergewöhnliches hindeutet, läßt die andere sofort auf ein Flugzeug schließen.

Gegen 19.25 Uhr sind Christian L. und seine Frau von Namur aus auf dem Heimweg nach Meux, als er ein helles, weißes Licht bemerkt, das sich am Himmel bewegt. Zu hören ist ein »Flugzeuggeräusch, das jedoch nicht von dem Objekt zu kommen scheint«. Zu Hause erfährt L., daß seine achtzehnjährige Tochter Peggy-Lee kurz zuvor eine ähnliche Beobachtung gemacht hat. Während sie mit dem Rad nach Hause fuhr, erblickte sie vier rautenförmig angeordnete Leuchtfeuer, mit einem roten Blinklicht in der Mitte. Das Gebilde flog in geringer Höhe über einen benachbarten Fußballplatz hinweg, und zwar langsam (»Ich hätte ihm mit dem Rad folgen können«) und lautlos Richtung St-Denis. Ihre Mutter, die mit ihrem Mann das Phänomen ebenfalls beobachtet hat, vermutet darin ein Flugzeug. Herr L. äußert sich mit größerer Bestimmtheit als seine Frau: »Da oben keine Radareinrichtung zu sehen war, kann es kein AWACS sein.« Gegen 18.45 Uhr joggt José W. zwischen Warte-la-Chaussée und Cognelée, als ihm drei weiße Leuchtpunkte auffallen, die sich seinem Eindruck nach zunächst nicht bewegen, schließlich aber doch über ihn hinwegfliegen. W. erklärt, daß er »von vier hellen Lichtbündeln, die senkrecht zum Boden strahlten« umgeben war. Das Objekt verhielt sich weitgehend lautlos und gab lediglich ein leises Zischen von sich, als es sich in südliche Richtung entfernte.

Berücksichtigt man nur die erwähnten Zeugenaussagen, so sind Zweifel angebracht, und es fällt schwer, eindeutige Schlüsse zu ziehen. Es liegen indessen noch weitere, zeit- und ortsgleiche Beobachtungen vor, aus denen deutlicher hervorgeht, daß das Objekt starke Parallelen zu einem AWACS aufweist. So beobachtete Paul G. um 20 Uhr in St-Denis-La-Bruyère, knapp 2 Kilometer südwestlich von Maux, ein Objekt, das unter »schrecklichem Lärm sechs Schleifen flog, als wolle es in Gosselies landen«. Auch Thierry L. aus Cortil-Noirmont sieht zwischen 19.30 und 20.30 Uhr dieses Gebilde aus drei hellen Lichtern; gleichzeitig hört er ein starkes Geräusch, das »in Relation zur optischen Wahrnehmung des Objekts versetzt« ist. Frédéric L. beobachtet zwischen

18.30 und 20.30 Uhr die Flugmanöver einer Maschine, die 25-30 Kilometer über der Region ihre Schleifen zieht. Angesichts der großen Entfernung nimmt der Zeuge keine Geräusche wahr; er räumt ein, daß der Eindruck, das Phänomen verharre bei frontaler Betrachtung auf der Stelle, auf einer optischen Täuschung beruht.

Heute steht fest, daß sich zum Zeitpunkt der Sichtungen tatsächlich ein AWACS in einem »touch-and-go«-Einsatz am Flughafen Gosselies aufhielt (dies wurde vom Stab der Luftwaffe bestätigt). Hierbei geht es um eine Reihe von Starts und Landungen mit kurzen, zwischengeschalteten Platzrunden. Aus bisher ungeklärten Gründen hatte der Pilot an jenem Abend viel weitere Runden geflogen als gewöhnlich, weshalb die Maschine einige Gebiete überflog, über denen sie gewöhnlich nicht auftaucht. Zudem war der Himmel teilweise mit tiefen Wolken verhangen, und durch den sporadischen Eintritt und Wiederaustritt aus der Wolkendecke entstanden einige spektakuläre Lichteffekte, durch die sich viele Beobachter in die Irre führen ließen. Wir sind außerdem im Besitz eines Films, auf dem der Flug des besagten Objekts über dem Raum Malonne am 18. Oktober festgehalten ist. Was man da sieht, ist in der Tat verwirrend, doch die Analyse führte schon bald zu dem eindeutigen Resultat: Es ist ein Flugzeug!

Man hat die SOBEPS beschuldigt, sich an einem Vertuschungskomplott zu beteiligen und die Ereignisse vom 18. Oktober totzuschweigen. Am 29. Oktober fanden sich in einigen Zeitungen Schlagzeilen wie: »SOBEPS auf Abwegen – ›Eurufon‹ fordert ernsthaftere Beschäftigung mit UFOs«. Unter der Federführung von Patrick Vidal und Michel Rozencwajg, zweier ehemaliger Mitstreiter der SOBEPS, war soeben eine neue Gruppierung entstanden, die wir in keiner Weise bewerten wollen. In dem Artikel vertrat der Präsident von Eurufon die Auffassung, »daß die SOBEPS, indem sie die wichtigsten Zeugenaussagen für sich behält, nicht die Politiker und Militärs gegen sich aufbringen will«. Aha! Man wird Palastrevolutionen nicht verhindern und auch niemanden davon abbringen können, seine Wunschvorstellungen für Wirklichkeit zu halten. Wenn wir die Presse nicht auf die Ereignisse des 18. Oktober angesetzt haben, so geschah das deshalb, weil uns die Gefahr, Irrtümern zu unterliegen, zu groß erschien und wir erst alle erforderlichen Auskünfte einholen wollten, bevor wir unser Urteil fällten. Doch auch Monate spä-

ter und trotz zahlreicher Befragungen waren wir zu keiner entscheidenden Schlußfolgerung gelangt, wenn auch die Theorie der Verwechslung mit einem AWACS weiterhin die plausibelste Erklärung bleibt.
Das angesprochene Problem ist in der Tat von großer Bedeutung. Die Haltung der SOBEPS erscheint manchem ambivalent, der die Zielsetzungen der Ufologie im allgemeinen und die der SOBEPS im besonderen falsch einschätzt. Wir sind nicht angetreten, um UFOs, koste es, was es wolle, mit irgendwelchen außerirdischen Heilsbringern in Verbindung zu bringen. Nicht alles, was sich am Himmel bewegt und von einem Beobachter nicht identifiziert werden kann, erhält automatisch die Bezeichnung »UFO«. Die Reputation der SOBEPS gründet sich gerade auf ihre Sachlichkeit und Unvoreingenommenheit gegenüber Sichtungsberichten. Das mag »Integristen« aller Schattierungen – jene, die eine Existenz von UFOs kategorisch verneinen, oder jene, die überall welche sehen – mißfallen. Auch zur Paranoia mancher Ufologen wäre so manches anzumerken: zum Mythos der unter Verschluß gehaltenen Geheimakte, zur Zensur und zu Strategien der Verdunkelung oder Desinformation. Der quasi-offizielle Status, den die SOBEPS neuerdings erhalten hat, konnte bestehende Ressentiments nur schüren. Die zum bevorzugten Gesprächspartner der Behörden aufgerückte SOBEPS galt als »Verräter an der eigenen (UFO-)Sache«. Inwieweit das zutrifft, mag man an den großen Fortschritten messen, die seit Beginn der belgischen Sichtungswelle im Umgang mit der UFO-Problematik erzielt wurden.
Im Heft 80 von *Inforespace* (April 1991, S. 8-15) legt Jacques Antoine eine interessante Analyse derjenigen Sichtungen vor, bei denen Verwechslungen und echte UFO-Sichtungen ineinander verwoben sind (»Stealth contra AWACS«). Er entwickelt die Theorie, die Verwechslungen seien allein durch die Intervention extrahumaner Intelligenzen zustande gekommen, die ihre Fluggeräte als irdische Flugzeuge tarnen und dabei so weit gehen, die Formen, Lichter und gelegentlich auch die Geräusche all der Geräte zu imitieren, die der Mensch fliegen läßt bzw. von denen er träumt, daß er sie irgendwann fliegen lassen kann. Bei der Entwicklung seiner Hypothese kommt Antoine auf unser Dilemma zu sprechen, wenn der nachweislich reale Überflug eines AWACS gegen die Aufrichtigkeit von Zeugen steht, die etwas vollkommen anderes gesehen zu haben behaupten. Im Anschluß an eine Konferenz in Perwez vertrau-

te ein Zuhörer Michel Bougard an, daß auch er am Abend des 18. Oktober in geringer Höhe ein seltsames Objekt am Himmel gesichtet und mit dem Wagen verfolgt habe. Am Rand des Flughafens Gosselies angelangt, sei er dann tatsächlich auf ein AWACS gestoßen, doch er halte eine Verwechslung mit dem zuvor gesichteten Objekt für ausgeschlossen!

Am Donnerstag, dem 22. November, sind Francine G. und ihre Tochter Nathalie gegen 17.50 Uhr mit einem Lieferwagen auf der E 42 unterwegs. Es wird allmählich dunkel. Das Fahrzeug hat eine Geschwindigkeit von etwa 80 km/h. Bei Kilometer 87 (Richtung Mons-Charleroi) wird das junge Mädchen plötzlich auf einige helle Scheinwerfer aufmerksam, die zu einem Objekt gehören, das auf die Autobahn zukommt. Es handelt sich um ein sehr tief fliegendes Objekt, es hat die Form eines Dreiecks, dessen Basis nach vorn weist (Abbildung 2.72). Zwei sehr helle Lichtstrahlen gehen von der Vorderseite aus, »als kämen sie von innen«; ihr Licht ist nicht gestreut, sondern bleibt scharf gebündelt, so als werde es durch zwei unsichtbare Röhren kanalisiert. Hinten befindet sich ein dritter – gelblicher und schwächerer – Scheinwerfer, der nach unten weist. An der Unterseite, etwa im Zentrum der imposanten Dreiecksfläche, befinden sich kleine, rote Lichter, die unregelmäßig aufblinken. Ein bereits von anderen Zeugen beschriebenes Detail wird auch von Nathalie G. erwähnt: Die roten Lichter scheinen nicht an dem Gerät befestigt, sondern darunter »aufgehängt« zu sein.

Das Objekt kreuzt schließlich die Autobahn und begleitet das Fahrzeug der beiden Frauen einige Sekunden lang. Es fliegt so dicht neben dem Transporter, daß Nathalie sich im Fahrerhaus aufrichtet und mit

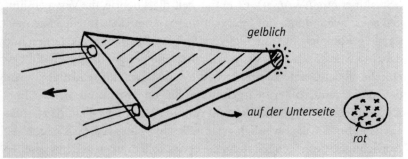

Abb. 2.72

2. CHRONIK EINER SICHTUNGSWELLE

den Händen an die Seitenscheibe klopft, so als wolle sie das Gerät »berühren«. Das Objekt dreht sich zunächst ein wenig um seine senkrechte Achse, fliegt – weiterhin in sehr geringer Höhe – über die Autobahn hinweg und verschwindet sehr rasch aus dem Blickfeld der Frauen. Nathalie erzählt, sie habe später (in der Gegend von Charleroi) ein AWACS in der Luft gesehen, zu verwechseln sei das bestimmt nicht gewesen: Tragflächen und Positionslichter des AWACS waren deutlich zu erkennen, und sein Lärm übertönte das Autoradio. Das Objekt, das sie am 22. November beobachtete, flog – wie nicht anders zu erwarten – völlig lautlos!

Am selben Tag, jedoch viel früher (um 1.15 Uhr), blickt Fernand P., da er nicht einschlafen kann, aus dem Südfenster seines Schlafzimmers. Wir befinden uns in Orgeo (Gemeinde Bertrix, Provinz Luxembourg). Plötzlich bemerkt P. auf Baumwipfelhöhe im Obstgarten vier in einer Reihe befindliche Scheinwerfer (weiß – orange – blau – weiß). Da sich

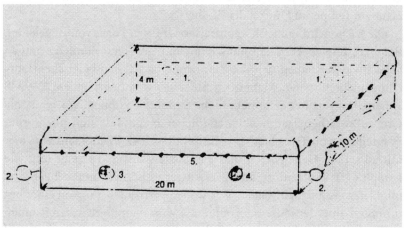

Abb. 2.73: 1. hinteres weißes Licht; 2. vorderes weißes Licht; 3. orangefarbenes Licht; 4. blaues Licht; 5. Nietenreihe.

die Lichter nähern, kann der Zeuge auch das Objekt, zu dem sie gehören, erkennen. P. weckt seine Frau, geht dann aber allein nach draußen, da sie nicht aufstehen will, und stellt fest, daß das Objekt soeben über sein Haus hinwegfliegt.

Es nahm die gesamte Breite des Hauses ein, befand sich in etwa 30 Meter Höhe und hatte die Form eines Quaders (20 Meter x 10 Meter x 4 Meter). Die Scheinwerfer hatten einen Durchmesser von 2 Meter, und die äußeren (weißen) ragten über die Masse hinaus und schienen kein Teil von ihr zu sein. Hinten befanden sich zwei weitere Scheinwerfer. Sämtliche Lichter pulsierten. Die äußeren Scheinwerfer erinnerten mich an große Kreisel. Das Objekt [Abbildung 2.73] war grau, wirkte aber irgendwie verschmutzt und fleckig.

Verdutzt fragt sich der Mann, was er tun soll. Zuerst denkt er sogar daran, sein Gewehr zu holen und auf das Ding zu schießen. Doch er besinnt sich eines Besseren und beobachtet nur den langsamen (»im Schrittempo«) und lautlosen Flug. Der Kontrast zwischen der Leichtigkeit der Bewegung und der augenscheinlich schweren Masse ist verblüffend. Die Oberseite des Gebildes beschreibt er als eine Art »Haube«, die über der Unterseite sitzt und mit »dicken Nieten« an ihr befestigt ist. Als es sich etwa 100 Meter entfernt hat, schwenkt es um 90° nach rechts (nach Osten); die Scheinwerfer erlöschen, und schließlich verschwindet es mit rasantem Tempo im Dunkel der Nacht.

Die Sache wird immer komplizierter. UFOs in Form von Bügeleisen, Rochen, Dreiecken, Jakobsmuscheln und großen, schmutzig-grauen Schachteln vertreiben sich die Zeit damit, nachts den belgischen Luftraum zu durchstreifen. Mehr noch: Sie sollen womöglich einem AWACS ähneln, um uns besser hinters Licht führen zu können. Wo ist da die Grenze zwischen Traum, abenteuerlicher Hypothese und nüchterner Feststellung von Tatsachen? Das Rätsel des UFO-Phänomens tritt hier mit all seinen Gegensätzen und Paradoxien zutage. Es zeigt uns, wie komplex das Problem ist, und wie schwer es ist, sich ihm sachlich und mit klarem Kopf zuzuwenden. Wir wollen vermeiden, uns von einer bestimmten absurden oder schizophrenen Vorstellungswelt vereinnahmen zu lassen, die Realität systematisch verfälscht oder falsch auslegt und zwanghaft jedes Phänomen am Himmel, das etwas Ungewöhnliches zu haben scheint, entweder banalisieren oder als Invasion extraterrestrischer Weltraumsonden interpretieren muß.

2. CHRONIK EINER SICHTUNGSWELLE

Krieg der Welten vertagt ...

In belgischen Ufologen-Kreisen kursiert ein Scherz über unsere französischen Freunde, der besagt, daß die französische Welle der Sichtungen dreieckiger UFOs am 5. November 1990 genau drei Minuten gedauert hat. Das ist nicht böse gemeint, doch der beharrliche Glaube bestimmter französischer »Ufologen«, an jenem Abend seien gegen 19 Uhr Dutzende, wenn nicht Hunderte nahezu identischer UFOs in Frankreich buchstäblich eingefallen, verblüfft uns immer noch. Der Ursprung dieses Phänomens, das eine Flut von Sichtungsmeldungen auslöste, ist nämlich seit langem wohlbekannt. Wenden wir uns indessen erst einmal den Anfängen zu.

Am Abend des 5. November 1990 (Montag) klingelte bei der SOBEPS, wie vor einem halben Monat schon einmal, über Stunden hinweg ununterbrochen das Telefon. Während die Sichtungen vom 18. Oktober ein begrenztes Gebiet und einen Zeitraum von etwa zwei Stunden betrafen, hatten wir es hier mit dem umgekehrten Fall zu tun: Viele weit auseinanderliegende Beobachtungspunkte, aber große zeitliche Übereinstimmung – in allen Aussagen war mit Abweichungen von 1-2 Minuten von 19 Uhr die Rede. Für uns, die wir so etwas vor einigen Jahren schon einmal erlebt hatten, war der Fall klar: Wir hatten es offenbar mit dem Eintritt eines Meteoriten oder Satelliten in die Erdatmosphäre zu tun. Da sich dieses Ereignis in großen Höhen abspielt (etwa 100 Kilometer), ist es von einem mehrere tausend Quadratkilometer umfassenden Gebiet aus sichtbar, sofern die Witterungsbedingungen dies zulassen (was am Abend des 5. November der Fall war).

M. Bougard und L. Clerebaut, von Journalisten bestürmt, äußerten sich beide im gleichen Sinne:

> Wir sind nicht gleich mit UFOs zur Hand, wenn erst andere Erklärungen nachgeprüft werden müssen. Die Zeugen haben sich möglicherweise mit den Entfernungen verschätzt oder sich geirrt, wenn sie behaupten, ein dreieckförmiges Objekt gesehen zu haben. Was sie nämlich sahen, sind drei Leuchtpunkte, die der Bahn von drei Fragmenten eines Satelliten entsprechen, der einen sanften Wiedereintritt in die Erdatmosphäre vollzieht. [*La Dernière Heure* vom 7. November 1990].

Was uns überraschte, war die ehrliche Überzeugung der Augenzeugen, ein Objekt gesichtet zu haben, das sich nur wenige hundert Meter von ihnen entfernt am Himmel bewegt hatte. Nichts ist jedoch schwieriger, als die Flughöhe, Entfernung und Abmessungen eines unbekannten Objekts zu schätzen. Zwar haben unsere Interviewer Erfahrung darin, im Gespräch mit den Zeugen Schätzwerte zu ermitteln, doch die Angaben bleiben mit einem sehr großen Unsicherheitsfaktor behaftet.

Die Erklärung, die wir bereits wenige Stunden nach den Ereignissen vorschlugen, bestätigte sich bald. In Frankreich war es die von J.-J.Velasco geleitete SEPRA (Service d'expertise des phénomènes des retombées atmosphériques), die sich dieser Frage annahm und die Daten zusammentrug. Am 27. November erhielten diejenigen, die sich für die Sache interessierten, von Jack Muller, Direktor beim CNES (Centre National d'Etudes Spatiales), Aufschluß über die jüngsten Erkenntnisse. In diesem Zusammenhang muß man wissen, daß wir dank der tatkräftigen Mitwirkung von Pierre Temmerman, einem Amateurastronom, der sich besonders mit dem Problem der Satellitenrückkehr befaßt hat, keine 48 Stunden nach Ablauf der Ereignisse über sämtliche technischen Details informiert waren. Das beobachtete Phänomen korrespondierte mit dem Wiedereintritt der 3. Stufe einer sowjetischen Rakete (PROTON SL12) in die Erdatmosphäre. Die Rakete war am 3. November gestartet worden, um einen Nachrichtensatelliten (GORIZONT 21) zu befördern. Das Objekt war um 19 Uhr über Spanien in die Erdatmosphäre eingedrungen und einer horizontalen, quer über Frankreich verlaufenden und vom Golf von Biscaya bis in den Raum Nürnberg reichenden Bahn gefolgt. Zwischen 120 und 60 Kilometer Höhe verlangsamte das Objekt seine Geschwindigkeit von 30 000 auf 3 000 km/h. Dies ist auf den Reibungseffekt zurückzuführen, der außerdem stärkere Erhitzung und explosionsartige Auflösung der Konstruktion zur Folge hat. Da die Materialien bei unterschiedlichen Temperaturen verbrennen, treten bei der Verbrennung verschiedene Farben auf. Der Wiedereintritt dauerte ein bis zwei Minuten (er verläuft bei Meteoriten in weit kürzerer Zeit), dies bei einer mittleren Winkelgeschwindigkeit von 1-5 Grad/Sekunde. Die dritte Raketenstufe (Ident.-Nr. 20925/1990/94C) bestand aus einem 6,5 Meter langen Zylinder mit einem Durchmesser von etwa 4 Meter. Ihr Wiedereintritt wurde von den Radars des Systems US-SPACECOM verfolgt. Das Objekt dürfte zwischen Pau und der französisch-deutschen

2. CHRONIK EINER SICHTUNGSWELLE 361

Grenze mit bloßem Auge sichtbar gewesen sein (Kurs: WSW-ONO). Der abschließende Auseinanderfall erfolgte in etwa 81 Kilometer Höhe. Hierbei verglühen sämtliche brennbaren Materialien (einschließlich der metallischen), und am Boden sind lediglich Keramikteile bzw. nicht brennfähige, kompakte Massen zu finden.

Der subjektive Eindruck einer niedrigen Geschwindigkeit ist entfernungsbedingt, und der einer relativ geringen Höhe ist auf den Umstand zurückzuführen, daß die Beobachter in Belgien bereits so weit von der Flugbahn entfernt waren, daß sich das Phänomen für sie ziemlich dicht über dem Horizont befand. Dies führte zu dem Eindruck, daß sich Lichter scheinbar hinter den Bäumen oder vor den Wolken bewegten. Daß teilweise ein riesiges Objekt beobachtet wurde, ist ganz einfach damit zu erklären, daß sich das explodierende Objekt beim Auseinanderfallen auffächerte. Da jedes der Einzelteile seine Anfangsgeschwindigkeit beibehält, bleibt die einmal eingenommene geometrische Form der glühenden Trümmer erhalten.

Nun behaupten manche Leute weiterhin beharrlich, am Abend des 5. November 1990 habe es gleichzeitig mit dem Wiedereintritt der sowjetischen Raketenstufe echte UFOs gegeben, die »die Gelegenheit beim Schopf packten und so taten, als würden sie in die Erdatmosphäre eintreten«. Nein, Sie träumen nicht! Blinder Glaube führt immer wieder zu derartigen Absurditäten: Mal sind es religiöse Glaubensfanatiker, die den Namen Gottes aus den Wolken herauszulesen vermeinen, mal sind es leichtgläubige Ufologen, die jede Sichtungsmeldung für bare Münze nehmen, sofern sie in das Raster ihrer Erwartungen paßt.

Die menschliche Wahrnehmung ist ein gründlich erforschtes Gebiet, und man weiß, zu welchen Verwechslungen, Täuschungen und bildhaften Rekonstruktionen sie führen kann (siehe das 1. Sonderheft von *Inforespace*, Oktober 1977, das sich ausschließlich den Zeugen und Zeugenaussagen widmet, sowie *Inforespace 8* vom Dezember 1984, ein Sonderheft über die »Fallstricke der Unkenntlichkeit«). In der letztgenannten Ausgabe ging Michel Bougard auf eine Studie der SOBEPS ein, die der Überprüfung verschiedener Zeugenaussagen galt, die sich auf den am 25. April 1975 erfolgten Wiedereintritt eines amerikanischen Militärsatelliten über belgischem Gebiet bezogen. Wie in dem Fall, der uns hier beschäftigt, fiel auch damals die weitgehende Übereinstimmung der ge-

	SOBEPS	BIDU	LDLN	Anteil in Prozent
Zeitraum				
vor 18.55 Uhr	3	10	2	6,3
18.55 - 19.00	4	24	2	12,5
19.00 - 19.05	34	99	19	63,6
19.05 - 19.10	6	18	2	10,9
nach 19.10 Uhr	3	10	3	6,7
Dauer				
0 - 10 Sek.	7	6	3	6,7
10 - 30 Sek.	8	19	4	13,0
30 - 60 Sek.	11	20	4	14,7
1 - 3 Min.	14	37	6	23,8
mehr als 3 Min.	5	10	2	7,1
ohne Angabe	5	69	9	34,7
Richtung				
S ➤ N	3	5	–	3,3
W ➤ O	18	53	3	30,9
SW ➤ NO	15	53	12	33,5
WSW ➤ ONO	1	20	4	10,5
Gesamtabweichung	3	7	–	4,2
ohne Angabe	10	23	9	17,6
Höhe	(50 Fälle)			
ohne Angabe	21			
»niedrig«	8			
0 - 100 m	4			
100 - 500 m	12			
500 - 1000 m	3			
höher als 1 km	2			

Abb. 2.74: Die Tabellen vermitteln eine kurzgefaßte Übersicht über einige Parameter. Quellen: 50 von der SOBEPS zusammengetragene Fälle, 161 von der BIDU (Banque Internationale de Données Ufologiques) veröffentlichte Fälle sowie 28 der Zeitschrift »Lumières dans la nuit« (LDLN) entnommene Fälle. Zwei von drei Zeugen ordnen das Ereignis dem korrekten Zeitabschnitt zu (19-19.05 Uhr), und einem von vier Zeugen gelingt eine adäquate Abschätzung der Zeitdauer. Die allgemeine Bewegungsrichtung geben drei von vier Zeugen korrekt an. Hinsichtlich der mutmaßlichen Flughöhe ist anzumerken, daß sich die Zeugen in diesem Punkt sehr vorsichtig verhalten, da sich fast die Hälfte von ihnen außerstande erklärt, eine Schätzung abzugeben, oder sie sogar für unmöglich hält.

2. CHRONIK EINER SICHTUNGSWELLE

meldeten Zeitangaben und Flugrichtungen besonders auf. Eine flüchtige Prüfung der für den 5. November 1990 verfügbaren Daten (Abbildung 2.74) reicht aus, um deutlich zu zeigen, daß sich die Parameterwerte unabhängig von der Datenquelle genauso verhalten, wie man dies von einer statistischen Verteilung erwartet. Sogenannte »Ausreißer« wird man nie verhindern können; in diesem Fall sind das Zeugen, die entweder keine oder eine falsch gehende Uhr dabeihatten, die Ost und West verwechselten etc.

Zitieren wir zu diesem Punkt abschließend eine Passage aus der *L'Humanité* vom 7. November 1990. Man urteile selbst:

> Auch der Luftraumüberwachung einiger Flughäfen fielen diese merkwürdigen Lichter auf, doch ihre Radars registrierten nichts. Im März hatte man in Belgien eine ähnliche Vision. Bis zu dem Tag, als diejenigen, die das Phänomen untersuchten, zu der nahezu hundertprozentigen Gewißheit kamen, daß es sich nicht um UFOs handelte, sondern um Maschinen des Typs F-117, die »unsichtbaren« amerikanischen Flugzeuge. Sollte der US-Präsident etwa beschlossen haben, sie ohne die geringste Genehmigung der örtlichen Behörden über Frankreich auszusetzen? Wenn ja: wozu? Und warum das in Paris festzustellende Schweigen? Im Fernsehen war gestern abend von Meteoriten die Rede.

Wesentlich ernsthafter äußerte sich am selben Tag die belgische Presse:

> Der Europaabgeordnete Elio Di Rupo schlug vor, ein europäisches UFO-Beobachtungszentrum einzurichten, in dem alle Beobachtungen, die einzelne Bürger und militärische oder wissenschaftliche Institutionen melden, gesammelt werden und das wissenschaftliche Beobachtungsprojekte organisieren soll. Wie Di Rupo abschließend vorschlug, sollten dem Zentrum die EG-Kommission und ein Ständiger Ausschuß, der sich aus Experten der zwölf Mitgliedstaaten zusammensetzt, vorstehen. Dieser Vorschlag soll in Kürze dem Europaparlament unterbreitet werden. [*La Nouvelle Gazette* vom 7. November 1990, Auszug]

Dezember/Januar: Die Welle schlägt wieder hoch

Am 26. Dezember 1990 verläßt Etienne C. aus Neupré gegen 5.15 Uhr das Haus und macht sich auf den Weg zur Arbeit. Nach einem Kilometer muß er, nachdem er auf die N 63 abgebogen ist, an einer Ampel anhalten. Durch die Windschutzscheibe bemerkt er ein helles, deutlich erkennbares Licht über einem nahegelegenen Schuppen. Obwohl die Natriumdampflampen der Straßenbeleuchtung sehr hell sind, können sie dieses kräftige Licht nicht überstrahlen. Der Beobachter denkt zunächst an ein Flugzeug, das zur Landung ansetzt, möglicherweise ein AWACS (dessen Aussehen ihm bekannt ist). Der nächste Flughafen, Bierset, ist jedoch 30 Kilometer entfernt. Das Objekt bewegt sich mit einer Geschwindigkeit von schätzungsweise 5-10 km/h langsam auf den Augenzeugen zu. Schon bald kann C. ein riesiges Dreieck mit gerundeten Ecken erkennen, an dessen Schenkeln sich zahlreiche »mattweiße« Lichter befinden; vorne ist ein rotes, pulsierendes und an den beiden hinteren Enden je ein blaues, pulsierendes Licht plaziert (Abbildung 2.75). Herr C. steigt aus dem Wagen, es herrscht absolute Stille. Hinter ihm hält ein

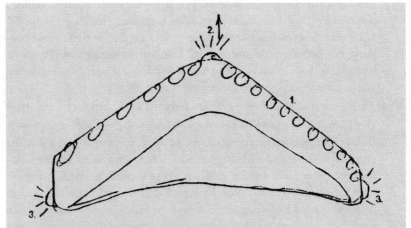

Abb. 2.75: 1. eine Vielzahl nicht blendender, mattweißer Dauerlichter (heller als die Straßenbeleuchtung); 2. rotes Licht (Typ Umlauflicht, sich innen drehend, etwa 1x pro Sek.); 3. blaues, pulsierendes Licht.

weiteres Fahrzeug an, dessen Fahrer ebenfalls aussteigt. Beide Männer beobachten das Phänomen zwei bis drei Minuten lang. Als das Objekt aufsteigt, sind die weißen Lichter nicht mehr zu sehen. Die Unterseite des Objekts ist schwarz oder braun – »wie aus Blech« – und wird durch die Straßenlaternen schwach beleuchtet. Das Objekt dürfte nach Schät-

2. CHRONIK EINER SICHTUNGSWELLE

zung des Zeugen ein größeres Sichtfeld einnehmen, als er es beim Blick durch das transparente Sonnendach seines Wagens haben würde. Es setzt seinen Kurs entlang der Route d'Engis zunächst fort und dreht dann plötzlich »auf der Stelle« Richtung Tihange ab.

Am 30. Dezember 1990 sind Herr und Frau V. H. gegen 17.45 Uhr auf der Route de Tohogne (in Durbuy) Richtung Barvaux unterwegs. In einer Kurve treffen sie auf ein abgestelltes Fahrzeug, dessen drei Insassen gespannt den Himmel betrachten.

> Wir hielten ebenfalls an. Am Himmel sahen wir ein unglaublich helles, weißes Scheinwerferlicht mit einem Durchmesser von vielleicht 12 cm! Danach geschah etwas Aufregendes. Der helle Lichtstrahl wurde irgendwohin abgesaugt. In diesem Augenblick wurde das Licht matt. Dann tauchte das Phänomen aus dem »Nichts« wieder auf, verfärbte sich zunächst orange, dann rot und verschwand mit atemberaubender Geschwindigkeit Richtung Norden.

Die Eheleute brechen sofort auf; sie wollen zum Altersheim »Véronique« fahren, beschließen aber unterwegs, bei der nächsten Gendarmerie den Vorfall zu melden. Dort werden sie gebeten, im Laufe der Woche noch einmal vorstellig zu werden. Gegen 18.30 Uhr sieht Frau V. H. in Begleitung zweier Altenheimbewohnerinnen, Frau H. und Frau K., das sehr helle Licht noch einmal am Himmel. Am Heim angelangt, wird diesmal ein dreieckiges Fluggerät sichtbar, das vorne mit einem blauen und hinten mit zwei roten Lichtern versehen ist. Hierzu die Zeugen:

> Die Lichter blinkten nicht direkt, eher könnte man sagen, daß sie Funken aussandten. Sie waren durch drei dicke, schwarzgraue Röhren miteinander verbunden. Dazwischen war nichts.

Der letzte Teil der Ereignisse wird durch die Aussage von Herrn und Frau T. bestätigt, die gegen 18.45 Uhr von Barvaux aus ein dreieckförmiges Objekt mit einem blauen und einem roten Licht beobachten, das von gelben Lichtern umsäumt ist. Das Objekt verschwindet völlig geräuschlos Richtung Durbuy.

Kurz zuvor, um 17.55 Uhr, sind Christine A. und ihr Verlobter mit ihrem Auto in Wépion (Richtung Namur) unterwegs, als sie durch einen unfallbedingten Verkehrsstau aufgehalten werden. Beim Warten bemerken sie in Fahrtrichtung ein Licht am Himmel, das heller ist als ein Stern.

Da sich das Licht bewegt und größer wird, nehmen sie an, daß es sich um die Landescheinwerfer eines Flugzeugs handelt. An dem von Norden nach Süden fliegenden Objekt sind nun vorne zwei helle Lichter gut zu erkennen. Als es sich jedoch im Winkel von 50° zum Horizont neigt, sehen sie verdutzt, daß dieses Objekt sich als ein Quadrat mit einer nach vorn weisenden Ecke (Abbildung 2.76) entpuppt! Zur gleichen Zeit sind

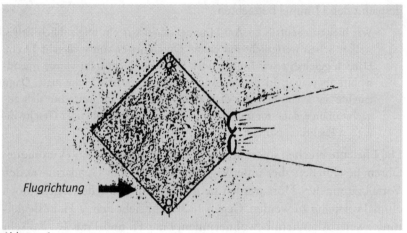

Abb. 2.76

Albert C. und Monique P. auf der E411 zwischen Arlon und Namur unterwegs, als ihnen auf der Höhe von Spontin ein helles Licht am Himmel auffällt, das auch sie für das Licht eines zur Landung ansetzenden Flugzeugs halten. Das Objekt scheint jedoch auf der Stelle zu schweben, und als die beiden ihre Fahrt fortsetzen, befinden sie sich nach einer Weile unmittelbar darunter. Aus dieser Perspektive erkennen sie drei weiße, sehr helle, im Dreieck angeordnete Lichter und dazwischen drei rote, die weniger hell sind.

Die Sichtungen solcher ungewöhnlichen Lichter setzten sich in den ersten Januartagen des Jahres 1991 fort; die interessantesten Beobachtungen wurden jedoch in der zweiten Januarhälfte, vor allem am Abend des 21. Januar, einem Montag, gemacht.

An jenem Abend ist die RTBF-Journalistin Martine Matagne gegen 19.50 Uhr in Begleitung ihres Freundes, Herrn McMillan, auf der E411

2. CHRONIK EINER SICHTUNGSWELLE

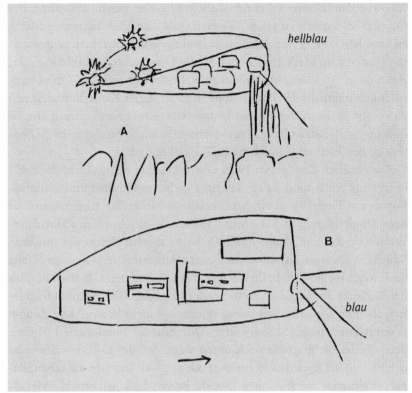

Abb. 2.77

Richtung Namur unterwegs. Sie beabsichtigen, den Abend bei Freunden zu verbringen. Die Fahrgeschwindigkeit beträgt etwa 100 km/h. Zwischen Hoeilaart und Overijse bemerkt Frau Matagne, weniger als einen Kilometer entfernt, zunächst ein hell erleuchtetes Objekt. Anfangs hält sie es für »ein Flugzeug, das abzustürzen droht«, doch das Objekt bewegt sich offenbar nicht von der Stelle. Sie verlangsamt die Fahrt auf etwa 60 km/h, um das imposante Gebilde genauer beobachten zu können, dessen Form sich beim Näherkommen als rund erweist und dem scheibenförmigen Aufbau des RTBF-Sendeturms am Boulevard Reyers in Brüssel ähnelt. Erkennbar sind gleichzeitig die Unterseite, die Oberseite und der Konstruktionsteil, an dem sich zwei große, blaue, sehr helle und nach unten gerichtete Scheinwerfer befinden. Die Zeugin glaubt, so etwas wie »Bullaugen« erkennen zu können. Die gesamte Struktur des Objekts ist deutlich zu sehen; es scheint aus mattem, blaugrauem Metall zu bestehen – einer Art »Bolzenkonstruktion« mit einzelnen »aufgesetzten Platten«; am Heck trägt es drei weiße Dauerlichter (Abbildung 2.77, Zeichnung A). Nach McMillans Ansicht bewegt sich das Objekt gemächlich oberhalb der Baumwipfel, und an seiner Kante befinden sich zwei sehr große, himmelblaue Lichter sowie »neonartige Lampen«. Er spricht von »Kästen« bzw. »Lego-Steinen«, um die Struktur des Seitenteils zu beschreiben (Abbildung 2.77, Zeichnung B).

Zur gleichen Zeit (gegen 19.55 Uhr) ist Frau G. ebenfalls auf der E 411 unterwegs. Auch sie sieht ein kräftiges Licht am Himmel und denkt sofort an ein Flugzeug in einer kritischen Situation. Sie fährt zwar unter dem Objekt durch, ist jedoch mit 130 km/h zu schnell, um Details erkennen zu können. Auch Jeanne S. ist zu diesem Zeitpunkt mit dem Wagen in Overijse auf einer parallel zur Autobahn verlaufenden Straße unterwegs. Ihr kommt beim Anblick des beleuchteten Objekts ebenfalls der Gedanke an ein gleich abstürzendes Flugzeug. Gleich darauf fragt sie sich allerdings, warum sich dieses »Flugzeug« nicht bewegt. Die Zeugin erkennt zwei riesige Scheinwerfer (Durchmesser mindestens 1 Meter), deren helles Licht schräg nach unten weist. Auf der Unterseite bzw. an der Seite des Objekts sind mehrere kleine, rote Lampen zu sehen, daneben ein paar merkwürdige Details: Etwas, das aussieht wie »Metallstreben«, verbindet die beiden »Flügel«paare eines Gebildes, bei dem es sich um einen »Doppeldecker« handeln könnte, und an bestimmten Stellen werden »Beschläge« sichtbar. Plötzlich hört Frau S. ein Geräusch. Sie dreht sich um und stellt fest, daß das Objekt verschwunden ist. Man vergleiche diesen Bericht mit dem von Marcel V. (Sichtung vom 20. November 1989, Abbildung 2.4, S. 81f.).

Ebenfalls am 21. Januar 1991 (diesmal gegen 23.30 Uhr) kommt der Vertreter Camille M. von einer Tagung zurück. Er ist noch 500 Meter von seinem Haus in Moxhe entfernt, einer Ortschaft etwa 30 Kilometer westlich von Lüttich und 11 Kilometer östlich von Ramillies. Der Himmel ist sehr klar. Plötzlich wird das Fahrzeug von einem hellen Licht erfaßt. Zuerst kann Herr M. die Quelle des Lichts, das von hinten rechts zu kommen scheint, nicht ausmachen. Als er kurz darauf anhält, um dann nach links abzubiegen, hat er den Eindruck, als würde das Objekt, von dem das Licht ausgeht, dem Fahrzeug folgen und sich direkt über ihm befinden. Das wird ihm unheimlich, und er startet durch, um so schnell wie möglich zu seinem nur noch etwa 100 Meter entfernten Haus zu gelangen. In diesem Augenblick überholt das Objekt sein Fahrzeug, wendet schlagartig und kommt mit rasender Geschwindigkeit auf ihn zu. M. kann sechs weiße, extrem helle Scheinwerfer erkennen, »die die gesamte Gegend taghell erleuchteten«. In der Mitte befindet sich ein großer, gelber und weniger heller Scheinwerfer. Die Form des Objekts kann er zwar nicht direkt erkennen, spricht aber von »einem runden Etwas, so groß wie ein Haus«. Daheim ist M. buchstäblich von Panik ergriffen (seine Frau: »So aufgeregt habe ich ihn noch nie gesehen«). Er blickt noch einmal zum Himmel, doch es ist nichts mehr zu sehen.

Im ersten Halbjahr 1991, das einen gewissen Abschluß bringt, ist der Abend des 12. März unbestreitbar ein spektakulärer Höhepunkt. Was die Zahl der gemeldeten Sichtungen, die Kohärenz der Beschreibungen und den (rekonstruierten) Ablauf angeht, ist er mit anderen markanten Daten der belgischen Sichtungswelle – etwa dem 29. November und dem 11. Dezember 1989 – auf eine Stufe zu stellen. Dank der gewissenhaften Befragung Dutzender von Zeugen durch mehrere Interviewer können wir uns heute ein genaueres Bild von den Ereignissen machen, die sich an jenem Abend an verschiedenen Orten in Belgien, speziell im Condroz, abgespielt haben. Das nachfolgende Dossier wurde von Patrick Ferryn zusammengestellt und verfaßt.

Das Karussell vom 12. März 1991

Während die Zahl der Sichtungen deutlich zurückgegangen war, und sich die Aufmerksamkeit der ganzen Welt auf den Mittleren Osten und den Golfkrieg konzentrierte, kam es am 12. März 1991 zu einem neuerlichen Höhepunkt UFO-typischer Erscheinungen. An diesem Dienstag und den folgenden Tagen waren die Telefonleitungen der SOBEPS wieder einmal ständig besetzt. Die meisten Anrufe kamen aus dem Condroz, jener schönen, hügeligen und noch weitgehend ländlichen Region zwischen Maas und Ourthe. Es wurde sehr schnell deutlich, daß sich in der Umgebung von Marchin etwas Ungewöhnliches abspielte. Marchin ist eine großflächige, am Südhang des Hoyoux-Tales gelegene Gemeinde südlich der Maas, etwa 5 Kilometer von der Stadt Huy und 7 Kilometer Luftlinie vom Kernkraftwerk Tihange entfernt. Die mittlere Höhe der Region bewegt sich zwischen knapp 200 und 260 Meter. An jenem Abend erhielten aber auch andere Gegenden, das Namurois und das nördliche Hainaut, »Besuch«. Das Wetter war mild, ein wolkenloser und sternenklarer Himmel, fast Windstille, niederschlagsfrei und mit Temperaturen um etwa 10 Grad Celsius. Was wissen wir nun über die alles andere als alltäglichen Minuten dieses Abends, die Dutzenden, wenn nicht Hunderten von Menschen Rätsel aufgegeben haben?

FALL 1:
20.19 Uhr (genaue, von den Zeugen festgestellte Zeit): Charles M. und zwei seiner Kollegen, die auf der Autobahn Namur-Lüttich unterwegs sind, werden bei Villers-le-Bouillet von einem gelinde gesagt bizarren Leuchtphänomen überrascht.

Zu ihrer Rechten (also Richtung Huy) scheint ein Objekt am Himmel zu schweben, das mit drei weißen und an den seitlichen Enden mit zwei roten, abwechselnd blinkenden Lichtern ausgestattet ist. Der Eindruck, daß sich das Objekt nicht bewegt, täuscht möglicherweise, denn nicht einmal eine Minute später sehen sie, wie es über die Autobahn hinwegfliegt und jenseits der Gegenfahrbahn verschwindet. Die Männer fahren an den Straßenrand, können aber nichts, nicht einmal ein auffälliges Geräusch feststellen. Obwohl keinerlei Ähnlichkeit besteht, reden sich die Zeugen ein, ein Flugzeug im Landeanflug auf den nahegelegenen Flughafen Bierset gesehen zu haben. Einige Minuten später taucht das Objekt erneut auf, überfliegt noch einmal die Autobahn (diesmal von links nach rechts) und entfernt sich in Richtung Maastal.

FALL 2:
20.20-20.25 Uhr (Zeitangabe der Zeugen): Knapp 2 Kilometer weiter in Donceel haben die Eheleute W. und ihre beiden Kinder hinter dem Weiler Jeneffe gerade die Straße erreicht, die von Amay nach Tongres führt, als der jüngere Sohn ruft: »Mama, hast du das in der Luft gesehen? Das ist doch ein UFO!« Sie halten an, um sich die Sache genauer

2. CHRONIK EINER SICHTUNGSWELLE

anzusehen. Die Eltern und der ältere Bruder meinen zuerst, es müsse sich, da Bierset ja schließlich ganz in der Nähe liegt, um ein Jagdflugzeug handeln.

Frau W., die hinten sitzt, blickt sich um und hat den Eindruck, daß das höchstens 150 Meter entfernte Objekt in sehr geringer Höhe (etwa 50 Meter) direkt über einem Bauernhaus schwebt. Es ist noch nicht ganz dunkel, und die Konturen einer länglichen dreieckigen Form mit einem Licht in jeder Ecke sind gut zu erkennen. Daran, welche Farbe die Lichter hatten, ob blau, rot oder grün, können sie sich später nicht mehr genau erinnern. Die einzige Erhebung besteht aus einer flachen »Glaskuppel« an der den Beobachtern zugewandten Unterseite.

Ihr Sohn Jean-Pierre, der Publizistik studiert und sich auf seinen cartesianischen Rationalismus etwas zugute hält, erklärte die Bewegungslosigkeit des Objekts für eine optische Täuschung, die auf die Fortbewegung ihres eigenen Fahrzeugs zurückzuführen sei. Er ist vielmehr der

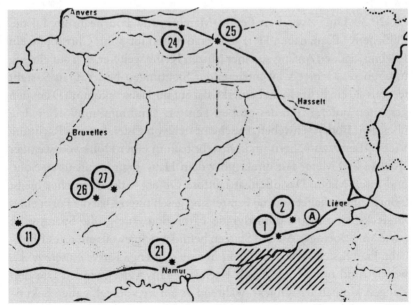

Die Zahlen bezeichnen die verschiedenen Sichtungsorte vom Abend des 12. März 1991. An Punkt A befindet sich der Flughafen Bierset. Die im Bereich der schraffierten Fläche liegenden Sichtungen sind nachstehend in einer detaillierteren Karte wiedergegeben (S. 375).

Meinung, das Objekt habe sich sehr langsam bewegt. Verblüfft hat ihn allerdings, daß weder Geräusche zu hören, noch Flügel, Seitenleitwerk, Cockpit oder Abgasflammen aus einem Antrieb zu sehen sind.

Herr W. parkt den Wagen vor dem Bauernhaus und steigt aus, um das Objekt in aller Ruhe in Augenschein nehmen zu können. Das Fahrzeug steht so dicht an einer Mauer, daß die darin Sitzenden nichts erkennen können. Auch W. stellt fest, daß sich das Objekt nicht oder nur unmerklich bewegt. Daß es eine »Kuppel« gehabt habe, hat auch er gesehen; seinem Eindruck nach ist sie beleuchtet gewesen und nahm ungefähr ein Fünftel der Gesamtbreite (schätzungsweise 15-20 Meter) des Objekts ein. Das Objekt schwenkt nun ganz langsam um, pendelt sich in die Horizontale ein und entfernt sich Richtung Tongres. W. kann ihm mühelos noch einige Kilometer mit dem Wagen folgen, bis er an der Kreuzung Momalle auf die Autobahn Richtung Lüttich einbiegt.

Fall 3:

20-20.30 Uhr: Zwischen Grand-Marchin und Fourneau, im Tal des Flüßchens Lileau, haben Herr und Frau S. und ihr Sohn Christophe ein Erlebnis, das den Anfang zu einer ganzen Reihe weiterer, sich auf ein eng umgrenztes Gebiet konzentrierender Sichtungen bildet. Frau S. sieht fern, als sie ein helles Licht bemerkt, das auf ihr Haus zukommt. Da es den gesamten unteren Teil des großen Fensters einnimmt, muß es niedrig über dem Boden schweben. Es scheint sich von Osten her, aus Richtung Vierset-Barse, zu nähern und schwebt bald in einer Höhe von weniger als etwa 300 Meter fast direkt über dem Haus. Frau S. ruft ihren Sohn und ihren Mann. Das offenbar lautlose Objekt – der Fernseher bleibt freilich eingeschaltet und die Fenster sind geschlossen – hat die Form eines Dreiecks, eine matte, dunkelgraue Farbe und eine große Spannweite (»wie eine Boeing«). An den Spitzen befindet sich jeweils ein rotes Blinklicht. Frau S. sieht, wie das Objekt in eine sehr enge Kurve einschwenkt, wendet und hinter dem Dach Richtung Huy verschwindet. Die drei Zeugen können das Objekt, während es auf sie zufliegt, einige Sekunden lang im Profil sehen. Frau S. bemerkt eine Reihe von weißen Leuchtrechtecken, die höher sind als breit und dicht nebeneinander stehen, »wie die beleuchteten Fenster eines Flugzeugs«. Sie zählt zehn bis zwölf Fenster, ihr Sohn sieben oder acht. Das Licht kommt ihrem Dafürhalten nach von innen, und sie versucht, allerdings vergeblich, in dem hellen Schein irgendwelche Einzelheiten zu erkennen. Für einen kurzen Augenblick sieht sie vorn auf der Oberseite des Objekts ein weißes Licht. Christophe wiederum bemerkt im unteren Teil die Silhouette eines zweiten und längeren Körpers, eine zusätzliche »Fläche«. Das bringt ihn auf den Gedanken, daß es sich in Wahrheit um zwei übereinanderliegende Dreiecksgebilde unterschiedlicher Größe handeln könne (Abbildung 2.78). Außerdem fallen ihm an der Unterseite des Gebildes drei rote Lichter auf. In der Zwischenzeit hat sich Herr S. zum Hauseingang begeben, von wo aus er beobachten kann, wie sich das Objekt entfernt. Das Objekt, meint er, habe wie zwei V-förmig angeordnete »Leuchtrampen« ausgesehen, die ein Dreieck mit nach vorn gerichteter Spitze bilden. Das Objekt fliegt so tief, daß ihm der Absturz zu drohen scheint, als es Richtung Huy dicht über die den Talkessel begrenzende Anhöhe hinwegfegt. Ein leises, monotones und turbinenartiges Geräusch ist zu hören. Das Schauspiel, das nicht länger als 15-20 Sekunden dauert, weckt in dem Beobachter den Gedanken, womöglich sei es ein Flugzeug, das ins Trudeln geraten ist. Allen Einwohnern von Marchin ist der einige Jahre zurückliegende Absturz einer Mirage der belgischen Luftwaffe in der Nähe des Athénée Prince Baudouin (Fourneau) noch in lebhafter Erinnerung, der wie durch ein Wunder mehr Schrecken als Schaden verursacht hatte.

FALL 4:

20.15-20.30 Uhr: Kaum einen Kilometer weiter östlich und ebenfalls unten im Tal des Flüßchens Lileau fand eine weitere Sichtung statt. Es

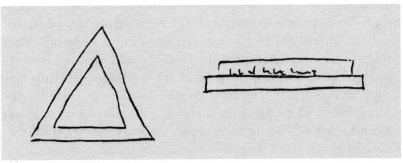

Abb. 2.78

steht nicht genau fest, ob sie sich vor oder nach dem obigen Ereignis abgespielt hat.

Von einem anhaltenden »Höllenlärm« über dem Haus aufgeschreckt – einem Brausen, das lauter ist als das einer Boeing –, eilt Frau P. zum Wohnzimmerfenster, das auf die Straße und die dahinter gelegenen Wiesen hinausgeht. Von dort sieht sie im oberen Fensterteil eine »riesige«, weiß leuchtende Masse auftauchen, die gerade in ost-westlicher Richtung und in »ungewöhnlich geringer Höhe« über das Haus hinweggeflogen sein muß. Sie denkt sofort an AWACS, die in dieser Gegend häufig eingesetzt werden; es fliegt so niedrig, daß sie es – in heller Aufregung – schon auf das gegenüberliegende Feld aufschlagen sieht! Doch die erwartete Explosion bleibt aus, und verblüfft beobachtet sie, wie das Objekt, das keinerlei Ähnlichkeit mit einem Flugzeug hat, eine enge Kurve zieht (»dabei aber absolut in der Horizontalen bleibt«), um ungefähr 100 Meter von ihr entfernt über einem hohen freistehenden Baum eine Kehrtwendung zu vollziehen. Während dieses völlig unerwarteten Manövers kann sie die untere und eine seitliche Partie des Objekts erkennen. Das intensive Leuchten des gesamten Gebildes geht von der Unterseite aus. Es ist eine Art Krone, so als seien eine Reihe starker Spots zu einer kreisförmigen »Leuchtrampe« angeordnet worden (wie wir noch sehen, wird dieser Vergleich noch von mehreren Zeugen der Ereignisse des 12. März verwendet).

Perspektivisch bedingt hat die »Rampe« die Form einer großen Ellipse. Unmittelbar darüber hebt sich vom nächtlichen Himmel das Profil eines Überbaus ab, eine dunkle, horizontale und flache (jedoch etwas weniger ausladende) Masse. Es sieht so aus, als bestünde das Objekt aus zwei Etagen, aus zwei ungleichen »Abschnitten«. Während der Richtungsänderung zu dem abschüssigen Teil der Anhöhe hin, den Gemarkungen Belle-Maison und Fourneau, ändert sich offenbar weder die (relativ geringe) Geschwindigkeit noch die Flughöhe oder Geräuschentwicklung des Objekts. Bei einer Rekonstruktion der Ereignisse schätzt Frau P., daß die Beobachtung insgesamt etwa 30 Sekunden gedauert hat. Von seiner Lebensgefährtin gerufen, eilt Herr D. zur Hintertür, wo er gerade noch sieht, wie sich das im Seitenprofil sichtbare Objekt zum Athénée Prince Baudouin (Fourneau) hin, also ungefähr östlich, entfernt.

Genau in diesem Augenblick sieht eine Nachbarin, Michèle B., durch

2. CHRONIK EINER SICHTUNGSWELLE

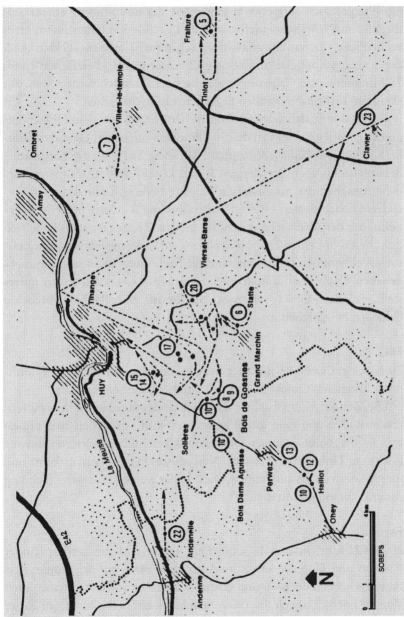

Lokalisierung der Sichtungen im Condroz, mit den von den verschiedenen Zeugen angegebenen Flugbewegungen

ein Fluggeräusch aufmerksam geworden, das sie instinktiv einem tieffliegenden AWACS zuschreibt, wie die Leuchtkrone hinter ihrem Haus vorbeifliegt. »Es war ein großartiges Schauspiel«, sagte sie rückblickend, doch zunächst mißt sie ihm keine größere Bedeutung bei. Bereits 10 bis 15 Minuten vorher hatte sie ein gleichartiges Geräusch vernommen, war allerdings nicht nach draußen gegangen, um nachzusehen.

Interessant ist, daß der nach Angabe der Zeugen von dem Objekt eingeschlagene Kurs direkt zu dem 1 Kilometer entfernten Haus der Familie S. führt. Das heißt jedoch nicht, daß diese Sichtung die Fortsetzung der Beobachtungen der Zeugen P. und D. sein muß. Das unterschiedliche Aussehen der geschilderten Objekte ließe sich notfalls durch veränderte Leuchtphasen erklären. Auch über die sehr verschiedene Wahrnehmung der Geräusche durch die beiden Zeugengruppen ließe sich diskutieren (im einen Fall »Höllenlärm«, im anderen »leise« und »monoton«). Vollkommen unstimmig wird die Sache aber, wenn man die angegebenen Flugbahnen miteinander vergleicht – es sei denn, man unterstellt, daß das Objekt (sofern es dasselbe ist) eine Reihe zusätzlicher Schleifen beschrieben hat.

FALL 5:
20.40 Uhr: Etwa 12 Kilometer östlich von Marchin wird ein voluminöses, längliches Objekt über dem Dörfchen Fraiture gesichtet.

Die Zeugin G. beobachtet das Objekt, das von vier Scheinwerfern (zwei weißen und zwei roten) beleuchtet wird, von denen zwei pulsieren. Es fliegt mit geringer Geschwindigkeit über das Viertel hinweg Richtung Tinlot (nach Westen). Nun schwenkt es ab, macht kehrt und nimmt wieder Kurs auf Fraiture. Diese leider wenig informative Sichtung dauerte nur einige Minuten.

FALL 6:
20.40 – 21 Uhr: Francis J., seine Frau Linda und die beiden Kinder Renaud und Florence sitzen im Auto und fahren auf der Route de la Basse zwischen Fourneau und Grand-Marchin, wo sich die Straße durch Wiesen hochschlängelt. Plötzlich bemerkt J. ein helles Licht, auf das er seine Familie aufmerksam macht. Das Licht bewegt sich mit relativ niedriger Geschwindigkeit und in geringer Höhe links der Straße über den

Feldern. Es scheint das Fahrzeug in einer Entfernung von etwa 150 Meter zu begleiten und folgt dabei ungefähr einem Nord-Süd-Kurs. Da die Autoscheinwerfer in diesem Augenblick weit und breit die einzigen Lichtquellen sind, nimmt J. an, ein Hubschrauberpilot habe beschlossen, ihm zu folgen. Als sich die Sichtbedingungen wenig später verbessern, erkennt er etwas, das er als »einen großen Leuchtbalken« beschreibt, »eine Art Rampe, die aus zehn oder mehr nebeneinander stehenden Lichtern zusammengesetzt ist«. In der Mitte befindet sich ein größerer Scheinwerfer, der einen um etwa 45° geneigten Lichtstrahl nach unten projiziert. Darunter ist ein rotes Blinklicht erkennbar.

Auf der Hügelkuppe in der Nähe der ersten Häuser von Grand-Marchin verlieren sie wegen des Verlaufs der Straße das Objekt kurze Zeit aus den Augen. Nachdem sie einige Kurven passiert haben, kommt es wieder in ihr Blickfeld. Es ist jetzt, wie die Familie von einer an einem Feld entlang führenden Seitenstraße aus bemerkt, über dem ausgedehnten Brachland hinter ihrem eigenen Haus zum Stillstand gekommen. Frau J. hält das Objekt für kreisförmig, ein Eindruck, den ihr eine weiße »Krone aus Punktlichtern mit kleinen Zwischenräumen« vermittelt, innerhalb derer sie noch etwa zehn kleine, rote Lampen erkennen kann.

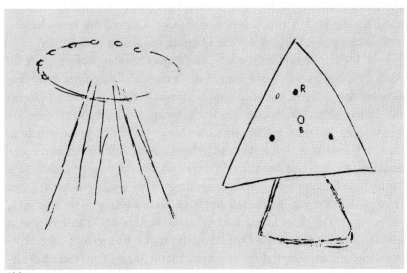

Abb. 2.79

Aus dem Zentrum des Leuchtrings tritt senkrecht nach unten ein starker, gelblicher Lichtstrahl hervor, der den Boden erleuchtet (Abbildung 2.79, linke Zeichnung). Die übrigen Familienmitglieder erinnern sich eher an eine dreieckige Form mit drei roten Punktlichtern, in deren Mitte sich ein viertes weißes Licht befindet (Abbildung 2.79, rechte Zeichnung).

Herr und Frau J. begeben sich eilig zu ihrem Haus, lassen dort den Sohn Renaud zurück und fahren gleich weiter. Sie schlagen diesmal einen Weg ein, auf dem sie näher an das Objekt herankommen können. Doch als sie nach nur wenigen Minuten dort ankommen, wo sie das Objekt vermuten, ist nichts mehr zu sehen. In der Zwischenzeit hat Renaud Nachbarn alarmiert, Alice S. und ihren Sohn Laurent F.; die beiden Jugendlichen laufen zum Ende der Straße, wo sie das Objekt von einem unbebauten Grundstück aus beobachten können. Laurent stellt sich auf ein Mäuerchen und sieht gerade noch, wie das Objekt Kurs auf das Tal (Richtung Fourneau) nimmt, dann Richtung Vierset-Barse abdreht und rasch hinter einem Wäldchen verschwindet. Renaud kann nicht mehr als drei große, weiße Scheinwerfer erkennen, die ein gleichschenkliges Dreieck bilden, sowie ein rotes Umlauflicht, das sich in der Mitte der Fläche befindet, die er für die Unterseite des Objekts hält. Er schätzt die Entfernung auf ungefähr 1000 Meter. Fluggeräusche nimmt er keine wahr. Als die beiden zurückgehen, treffen sie dort auf die Erwachsenen und diskutieren mit ihnen vor der Haustür, was sie gesehen haben.

Fünf bis zehn Minuten später – alle sechs Personen stehen noch auf der Straße und suchen den Himmel ab – taucht plötzlich über den Häusern auf der anderen Seite der Rue Grand-Marchin ein weiteres Objekt auf. Es hat, so zumindest ihr Eindruck, kaum Ähnlichkeit mit dem ersten Objekt und wird anfangs von ihnen sogar für ein Flugzeug gehalten. Francis J. und sein Sohn Renaud erkennen die Silhouette eines sehr dunklen Dreiecks mit drei roten Lichtern und einem weißen Licht in der Mitte. Bei näherem Hinsehen scheint ihnen das Objekt größer als selbst ein großes Flugzeug. Renaud glaubt, hinten ein Anhängsel zu erkennen, »etwa einen Teil eines kleineren Dreiecks«. Frau S. und Laurent achten stärker auf das helle, weiße Licht, das zwei starke, waagerecht ausgerichtete Scheinwerfer abstrahlen. Laurent meint sogar, für einen Sekundenbruchteil die Vorderfront eines Flugzeugs gesehen zu haben. Alle stimmen aber darin überein, daß es sich bei dem Objekt weder um ein Flugzeug noch um einen Hubschrauber gehandelt haben kann. Dafür flog das Objekt in viel zu geringer Höhe, maximal 50 Meter, und verur-

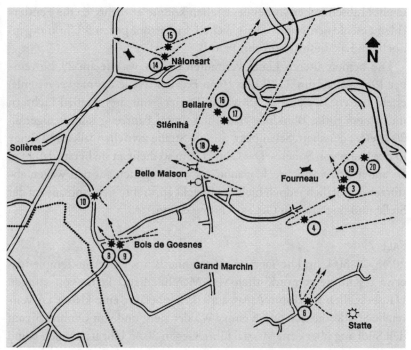

Detaildarstellung des »Luftballetts«, wie es von zahlreichen Zeugen im Raum Marchin beobachtet wurde.

sachte kaum Geräusche, lediglich ein leises Sirren wie von einem Segelflugzeug, an dessen Tragflächen die Luft vorbeiströmt. Auch die Langsamkeit, mit der es sich fortbewegt (»man hätte ihm mit dem Rad hinterherfahren können«), ist nicht mit ihrer ursprünglichen Annahme, sie hätten es mit einem Flugzeug zu tun, zu vereinbaren. Das offenbar aus Richtung Statte kommende Objekt fliegt direkt über die Beobachter hinweg, überquert die Straße, neigt sich und dreht Richtung Grand Bois de Barse und Tihange ab. Es scheint fast die Tannen hinter dem Haus zu streifen, als es wegfliegt und sich im Dunkel der Nacht verliert.

Auch wenn es vielleicht eher nebensächlich ist, sei erwähnt, daß Herr und Frau B. – ihr Haus liegt unmittelbar neben jenem großen Feld, über dem das von Familie J. gesichtete Objekt geschwebt hatte – zweimal einen ungewohnten Lärm gehört haben. Zunächst horcht Herr B., vor dem Fernseher sitzend, auf, als draußen, wie er glaubt, mit lautem Getöse ein Hubschrauber vorbeifliegt; sehen konnte er nichts, da die Fensterläden geschlossen waren. Der gleiche Lärm ertönt gegen 3 Uhr morgens noch einmal, diesmal hört ihn Frau B.

Die beiden älteren Leute vertrauten uns an, was sie am 29. November 1989 genau um 23.10 Uhr (Frau B.: »Ich werde das nie vergessen!«) erlebt hatten: Ein großes, schwarzes Dreieck mit drei weißen Lichtern und einem roten Blinklicht hatte sich ihrem Fahrzeug »auf weniger als 20 Meter« genähert. Schauplatz war die Straße zwischen Jallet und Ohey in der Nähe von Solières. Das Objekt kam so dicht an sie heran, daß Frau B., außer sich vor Schreck, glaubte, es werde »gleich auf den Wagen abstürzen«! Plötzlich jedoch hielt das Objekt an, drehte sich langsam auf der Stelle und flog rasch in Gegenrichtung davon.

FALL 7:

20.45–20.50 Uhr: Die Tierärztin Claudine B. aus Villers-le-Temple (das etwa 8 Kilometer nordöstlich von Marchin liegt) kehrt von einigen Hausbesuchen im Raum Amay zurück. Sie befährt eine kleine, kurvenreiche Straße, die sich durch einige Wälder zieht und von Ombret bis auf den Südhang über dem Maastal führt. Gegen 20.45 Uhr hat sie den Rand des Bois de France erreicht und befindet sich am Anfang einer langen geraden Strecke, die durch weite Feldgebiete führt. Sie fährt gemächlich vor sich hin, als ihr plötzlich links der Straße und über den Feldern drei große, weiße Scheinwerfer auffallen, die ein gleichschenkliges, waagerechtes Dreieck bilden. Im Zentrum der drei Lichter blinkt in regelmäßigen Abständen eine größere, rote Lampe auf. Die Lichter sind, soweit sie das beurteilen kann, 100–150 Meter von ihrem Fahrzeug entfernt und fliegen kaum höher als die von Tihange kommenden Hochspannungsleitung, die hier durch die Felder verläuft, schätzungsweise etwa 50 Meter hoch. Obwohl sie das Objekt, zu dem die Lichter gehören, zu keinem Zeitpunkt erkennen kann, hat sie den Eindruck, ein massives Etwas vor sich zu haben. Da das Autoradio eingeschaltet ist, kann Frau B. nicht sagen, ob Fluggeräusche zu hören waren oder nicht. Einige hundert Meter weit begleitet das Objekt über der Rue Tour au Bois das Fahrzeug von Claudine B., bis es merklich beschleunigt und sie überholt. Es überfliegt die Stromleitungen und dreht dann nach rechts, Richtung Südwesten, ab. Nicht einmal eine Minute später sieht Frau B., nachdem sie auf die schmale Rue Frérissart abgebogen ist, wie das Objekt unmittelbar über ihrem Haus schwebt! Sie verliert es jedoch bald wieder aus den Augen, als die Straße in eine schmale Talsenke eintaucht. Doch zufällig werden ausgerechnet in diesem Augenblick ihr Mann, ebenfalls ein Veterinärmediziner, und ihr Sohn Antoine andernorts auf das Phänomen aufmerksam.

Der 11jährige Antoine befindet sich in seinem Zimmer, das im Obergeschoß des Hauses und nach hinten zum Tal liegt, als er ein immer lauter werdendes (näherkommendes) Geräusch hört (»wie von einer Feuerwerksrakete«). Der Junge sieht das Objekt kurze Zeit später etwa 20 Meter entfernt in 30-40 Meter Höhe über dem Garten schweben. Antoine öffnet das Fenster und erblickt ein großes, dunkles, dreieckiges Fluggerät mit drei weißen und einem größeren, in der Mitte plazierten roten Licht. Die Lichter befinden sich an der Unterseite des Objekts und erhellen einen Teil des Gartens. Die dem Jungen zugewandte Profilseite leuchtet nicht. Sie erscheint als ebene, etwa eineinhalb Meter hohe Fläche bzw. als eine Reihe hellerer Linien, die mehrere schmale, horizontale »Felder« begrenzen (Abbildung 2.80). Der Junge ruft seinen Vater, der sich im Nebenraum aufhält. Als Dr. B. hinzukommt, hat sich das Objekt, nachdem es zehn bis fünfzehn Sekunden auf der Stelle schwebte, in Be-

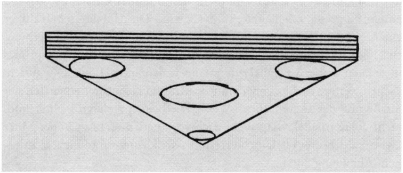

Abb. 2.80

wegung gesetzt und entfernt sich, zunehmend schneller werdend, Richtung Südwesten. Herr B. hört noch ein dumpfes Brausen (das er mit dem Geräusch eines Flugzeugs kurz vor dem Abheben vergleicht) und sieht die drei Lichter, die aus seiner Perspektive ein senkrecht stehendes gleichschenkliges Dreieck bilden. Das Objekt dreht nach Westen ab und verschwindet rasch hinter einem Hügelkamm, in Richtung auf die Stadt Huy.

In diesem Augenblick betritt Frau B. das Haus und will ihrer Familie gleich erzählen, was sie erlebt hat. Aber Antoine rennt ihr schon entgegen und ruft: »Sie haben mich gesehen, sie haben mich gesehen!« Seiner festen Überzeugung nach kann es kein Zufall gewesen sein, daß das Objekt mitten in dem einsamen, dunklen Tal, von den nächsten Häusern ziemlich weit entfernt, genau vor dem erleuchteten Fenster seines Zimmers angehalten hatte.

FALL 8:
Eine Bauernfamilie, die an jenem Abend noch auf dem Hof arbeitete, schilderte uns die folgenden, besonders merkwürdigen Beobachtungen. Gegen 20.45 Uhr verläßt Benoît S. den Stall seines Gehöfts, das beim Bois de Goesnes in Solières auf der anderen Seite der Route de Belle-Maison liegt. Sein Blick wandert von der nach Belle-Maison führenden Landstraße über die umliegenden Felder. Hierbei bemerkt er dicht über dem Horizont drei große, weiße »Scheinwerfer« (zwei oben, einer unten), die ein auf der Spitze stehendes Dreieck bilden und langsam auf das Haus zukommen. Trotz der noch relativ großen Entfernung verursacht das Phänomen ein lautes Geräusch, »ein dumpfes Grollen – wie von einem Flugzeug, nur lauter«, so der Zeuge. Das Gebilde scheint über einem großen Baum zu schweben, der in etwa 150 Meter Entfernung auf einer Wiese am Straßenrand steht. Das Objekt fliegt langsam und in gerader, nahezu parallel zur Straße verlaufender Linie. Der untere »Scheinwerfer« strahlt schräg zum Boden und beleuchtet einen Teil der Straße und der angrenzenden Wiese. Die beiden anderen Lichter sind, nicht völlig parallel, waagerecht nach vorn gerichtet. Etwa in der Mitte zwischen den drei Hauptlichtern sind zwei kleinere, rote Lichter zu sehen (Abbildung 2.81).

Félicie S., der ihr Sohn Benoît gerufen hatte – »Komm mal, deine

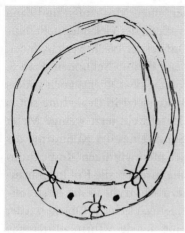

Abb. 2.81

Marsmenschen sind da!« (sic) –, verläßt die Scheune und beobachtet zusammen mit ihm den Überflug des Objekts. Sie erkennt sofort, daß es einem Objekt gleicht, das sie bereits am 26. November 1990 gesehen hat; damals war es auf die gleiche Weise aufgetaucht, nur vollkommen geräuschlos, und hatte, nachdem es über das Haus weggeflogen war, direkt Kurs auf Tihange genommen.

Dieses Mal zieht das Objekt in sehr geringer Höhe, etwa 3-4 Meter über den Dächern, eine enge Kurve über dem Haus, und zwar ohne dabei – wie ein Flugzeug – in Schräglage zu gehen. Es überquert die Straße und fliegt über die Zeugen hinweg. Die Geräuschentwicklung dabei ist enorm. Benoît kann vorn den vom unteren »Scheinwerfer« auf den Boden projizierten kreisförmigen Lichthof genau erkennen, der sich langsam vor dem Objekt her bewegt. Die angestrahlten Bodenzonen werden so hell ausgeleuchtet, daß die winzigsten Einzelheiten der Bodenbeschaffenheit zu erkennen sind. In diesem Augenblick können die Zeugen das Gebilde sehen, zu dem die Lichter gehören: Es ist fast rund, verjüngt sich nach hinten – ist also etwa eiförmig – und bewegt sich auf einer waagerechten Ebene. Obwohl das massive Gebilde sehr dunkel ist, hebt es sich deutlich vom nächtlichen Himmel ab. Benoît kann auch eine der Seiten erkennen und schätzt deren Höhe auf die eines kleinen Hauses, das wären also etwa 4-5 Meter! Die Spannweite des Objekts ist imposant: Benoît zeigte bei der Befragung eine Spanne von etwa 50 cm (bei gestrecktem Arm); dies entspräche einer realen Breite von 12 Meter, wenn man eine Flughöhe von nur 15 Meter voraussetzt.

Während sich das Objekt von den Zeugen zu entfernen beginnt, beschleunigt es für einige Sekunden, wird wieder langsamer und nimmt weiter Kurs auf Solières. Von hinten betrachtet, setzt sich nur eine dunkle Masse gegen den von den vorderen »Scheinwerfern« erzeugten Lichtsaum ab. Frau S. und ihr Sohn sehen noch, wie der Leuchtkegel am Boden nach und nach eine niedrige Mauer, einen Misthaufen und dann eine stattliche Edelkastanie erfaßt, die am Ende des Geländes steht, hinter dem das eigenartige Phänomen im Dunkel der Nacht verschwindet. Die Beobachtung dauerte schätzungsweise dreißig Sekunden. Frau S. kehrt in den Stall zurück, in dem das Dröhnen des Objekts noch widerhallt. Etwa zehn Minuten später sieht Benoît, jetzt in Begleitung seines Vaters, Albert S., das Objekt abermals: Es schwebt jetzt wenige Meter über dem Kranz roter Lichter auf der Spitze eines der Kühltürme des Kernkraftwerks Tihange! Während dieser merkwürdigen »Inspektion« bestreicht das Licht eines der großen »Scheinwerfer« die Kühlturmmauer, während ein anderer Lichtstrahl nahezu senkrecht in die Auslaßöffnung gerichtet ist! Nach etwa einer Minute setzt sich das Objekt wieder in Bewegung, durchfliegt die dichte weiße, aus dem Turm austretende Dampfsäule und verschwindet in der Dunkelheit.

FALL 9:

Wäre es möglich, daß William H. und seine zwölfjährige Tochter Catherine, die unweit (südwestlich) davon wohnen, den Vorbeiflug desselben Objekts beobachtet haben? Die genaue Uhrzeit steht zwar nicht fest, es muß gegen 21 Uhr gewesen sein, doch der Kurs des Objekts scheint mit dem übereinzustimmen, den die Familie S. beschrieben hat. Catherine stürzt ins Haus und holt ihren Vater, weil sie am Himmel ein »Flugzeug« sieht, das »ihr Angst macht«. Herr H. sieht aber nur zwei oder drei weiße und ein rotes Licht, die sich in etwa 200 Meter Höhe zunächst von Osten nach Westen bewegen und dann nach Nordwesten abschwenken.

Er meint, dabei das Geräusch eines AWACS zu hören, einer Maschine, die er gut kennt, weil er sie häufig in der Gegend von Marchin bei Tiefflügen beobachten konnte, bei denen die Piloten, wie H. berichtet, die vorgeschriebene Mindestflughöhe oft nicht einhielten. Herr H. räumt jedoch ein, die Ereignisse vom 12. März nicht weiter ernstgenommen zu haben, eben weil sich ihm von vornherein eine sehr rationale Erklärung aufdrängte.

FALL 10:

Gegen 20.40 Uhr: Richard Rodberg, ein erfolgreicher und in der Region bekannter Kfz-Vertragshändler, seine Frau Gilberte, sein Schwager

2. CHRONIK EINER SICHTUNGSWELLE

Maurice N., sein Sohn Patrick und ein Freund (Grégory D.) werden Zeugen eines Ereignisses, in dem wir eine Fortsetzung dessen erblicken, was die Bauernfamilie S. beobachtet und berichtet hat. Herr Rodberg ist im Hof vor seinem Haus an der Route de Huy in Haillot, als er in südöstlicher Richtung – wo sich flaches unbebautes Land erstreckt – ein kräftiges, weißes Licht dicht über dem Horizont bemerkt. Es bewegt sich auf einer Höhe mit dem Leuchtfeuer am Mast der militärischen Relaisstation (Richtfunkverbindung) von Solières, einem guten Orientierungspunkt, nach links. Die fünf Personen beschließen, sich das Ganze näher anzusehen und brausen mit dem Wagen in Richtung Huy. Nachdem sie Perwez hinter sich gelassen haben, legen sie beim Bois Dame Aguisse einen kurzen Halt ein, um das seltsame Phänomen genauer zu orten. Nun fahren sie an der Relaisstation Solières vorbei und biegen rechts in eine Nebenstraße ein, die nach Bois de Goesnes führt. Dort halten sie an und steigen aus. Das Objekt schwebt sehr tief über den Baumgruppen und hält direkt auf sie zu. Herr Rodberg greift zu seinem Camcorder und filmt das Objekt von seinem Anflug bis zu dem Moment, wo es sich entfernt und nicht mehr zu sehen ist (dieses Filmdokument werden wir an späterer Stelle in diesem Buch kommentieren). Ein wichtiger und leider nur allzu seltener Umstand: Die Zeugen sind geistesgegenwärtig genug, auf die Uhr zu sehen (im vorliegenden Fall genügt ein Blick aufs Armaturenbrett). Als sie aussteigen, um das Objekt zu beobachten, ist es 20.53 Uhr.

Sie schätzen die Entfernung des Phänomens auf ungefähr 150 Meter, die Flughöhe auf etwa 30 Meter. Das eigentliche Objekt, zu dem die Lichter gehören, können die fünf Zeugen zu keinem Zeitpunkt erkennen. Die Anordnung der Hauptlichter läßt auf eine »V«-Form schließen. In der Mitte scheinen kleinere, weiße und rote Lichter unregelmäßig zu kreisen, die »eine Art Lichterkette« bilden. Darunter pulsiert ein rotes Licht. Das Objekt nähert sich den Zeugen bis auf ungefähr 60 Meter und hält für einige Sekunden an. (Während der vor Ort durchgeführten Befragung geben die Zeugen, nach der Spannweite des Objekts gefragt, übereinstimmend einen »Armlängenwert« von 50 Zentimeter an). Vorn befinden sich zwei größere Scheinwerfer. Eines dieser Lichter gibt insgesamt zweimal für den Bruchteil einer Sekunde einen hellen Lichtblitz ab, der schräg auf das Feld trifft, an dessen Rand die Beobachter stehen.

»Es war einfach unglaublich: Das gesamte Feld war in ein weißes Licht getaucht, wie ich es noch nie gesehen habe. Man hätte eine Nadel im Heuhaufen finden können!« berichtet einer der Augenzeugen. Und ein zweiter: »Man hätte wirklich meinen können, es hätte uns gesehen!« Daraufhin schwenkt das Objekt um seine eigene Achse (Frau Rodberg beschreibt die Bewegung als »Gleiten«), vollzieht eine nahezu vollständige Kehrtwendung und entfernt sich in Richtung Tihange, wo am Horizont die rötlichen Begrenzungslichter der Kühltürme zu erkennen sind. Das merkwürdige Schauspiel hinterläßt bei den Zeugen einen starken Eindruck. Zu hören ist lediglich ein leises Grollen, »schwächer als das eines Flugzeugs, das in sehr großer Höhe vorbeifliegt«. Im übrigen liegt der Standort, von dem aus Herr Rodberg seinen Film aufnahm, in jener Richtung, in die das von Frau S. und ihrem Sohn Benoît gesichtete Objekt *gegen* 20.45 Uhr in Bois de Goesnes davongeflogen ist; die Entfernung der beiden Gruppen voneinander betrug 700 Meter. Außerdem wurde das Objekt, das Herr Rodberg und seine Begleiter kurz nach 20.53 Uhr in Richtung auf das Kernkraftwerk fliegen sahen, genau an dieser Stelle von Benoît S. und seinem Vater beobachtet, als es über einem der Kühltürme schwebte.

FALL 11:

20.40 Uhr: In Braine-le-Comte (Hainaut), 25 Kilometer südwestlich von Brüssel, begleitet Herr R.G. seinen Hausarzt zur Tür, als beiden tief am nächtlichen Himmel in westnordwestlicher Richtung ein ungewöhnliches, weißliches Leuchten auffällt.

Da er in Eile ist, hält sich der Arzt nicht länger auf, und G. hastet ins Obergeschoß, holt seinen Camcorder und macht eine Filmaufnahme. Es ist genau 20.45 Uhr. Der Film zeigt im wesentlichen drei weiße Lichtquellen, die eine dreieckige, flache Form erahnen lassen, sowie ein viertes, kleineres Licht, das in größeren Abständen pulsiert.

Der Wert dieser Aufzeichnung liegt darin, daß hier erstmals ein deutlicher Vordergrund zu erkennen ist. Da zwischen dem Augenzeugen und dem Phänomen zwei Gebäude zu sehen sind, läßt sich die Feststellung treffen, daß das Phänomen während der gesamten – mehr als zwei Minuten langen – Filmsequenz an einer Stelle verharrt.

G. schätzt die Entfernung des völlig lautlosen Objekts auf 1-2 Kilo-

2. CHRONIK EINER SICHTUNGSWELLE

meter. Als er die Kamera absetzt, um die Beobachtung mit bloßem Auge fortzusetzen, bewegen sich die Lichter leicht nach rechts, nehmen eine gelbliche Färbung an und verschwinden rasch hinter einem der beiden erwähnten Häuser.

Das Dokument erschien uns vielversprechend. Sollten wir endlich etwas in der Hand haben, mit dessen Hilfe wir die von einigen französischen Journalisten so vehement vorgebrachte Erklärung widerlegen könnten, die belgischen UFOs seien Verwechslungen mit Flugzeugen oder Maschinen des Typs F-117? Auf die Lehren, die wir aus dieser Sache zu ziehen haben, werden wir in Kapitel 7 näher eingehen.

FALL 12:

Erwähnen wir auch die kurze, aber interessante Sichtung durch Dominique N., der nicht weit von den Rodbergs entfernt in Haillot wohnt. Als N. mit seinem Wagen am Hause der Rodbergs vorbeifährt, sieht er, daß Herr Rodberg und einige andere Personen gerade irgend etwas aufmerksam beobachten. Auch N. entdeckt das Leuchtphänomen, doch da er es für ein Flugzeug hält, mißt er ihm kein besonderes Interesse bei und fährt nach Hause. Seine Skizze (Abbildung 2.82) verdient es dennoch, hier abgebildet zu werden, weil sie die ihm noch erinnerlichen Details deutlich wiedergibt: eine räumlich unbestimmte, rechteckige Masse, von der sich vier »von innen beleuchtete Fenster« und drei rote Lichter abhe-

Abb. 2.82

ben, deren größtes oben plaziert ist und pulsiert. N. ist nicht sicher, ob sich das Objekt tatsächlich bewegte; es stand ganz dicht über dem Horizont, seiner Schätzung nach 1 Kilometer entfernt in nordöstlicher Richtung.

FALL 13:

Eine weitere Bestätigung erhalten wir von Frau Christiane R., die ebenfalls vor 21 Uhr auf der uns mittlerweile bekannten Straße zwischen Haillot und Perwez mit dem Wagen unterwegs ist. Linker Hand, Richtung Solières, sieht sie über abschüssigem Gelände etwa eine Minute lang eine, wie sie betont, »riesige« Masse mit drei großen, gelblich-weißen Lichtern, verlängert »durch eine Reihe weißer Lichter, die das Objekt zu umgürten scheinen, und an der 'Oberseite ein rotes (blinkendes?) Licht«. Die Anordnung der einzelnen Lichter ließ bei Frau R. die Vermutung entstehen, daß die »Vorderseite« des Objekts dreieckig, und der Körper ein Quader war (Abbildung 2.83). Diese Beschreibung ist natürlich subjektiv und lediglich aus der Anordnung der gesehenen Lichter abgeleitet,

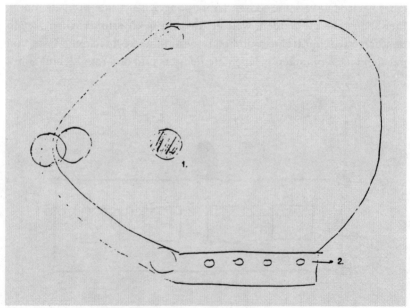

Abb. 2.83: 1. rotes Licht (Blinklicht?); 2. gelblich-weiße Lichter.

mit der eigentlichen Struktur des Objekts muß das nichts zu tun haben. Das Objekt schien sich zu Beginn der Beobachtung nicht zu bewegen, später hat Frau R. aber den Eindruck, daß es langsam auf sie zukommt und dabei »schräg zur Seite zu gleiten« scheint. Frau R., die das Objekt zuerst für ein havarierendes Flugzeug hält, verliert es wegen einiger Bodenwellen aus dem Gesichtsfeld.

FALL 14:

Gegen 21 Uhr: Jean Q., seine Frau Agnès und ihr Sohn Samuel sehen sich die RTBF-Sendung »Double Sept« an. Die Familie bewirtschaftet einen Bauernhof, der zwischen ausgedehnten Feldern in Nâlonsart, nördlich von Marchin, liegt. Als Frau Q. aus dem Fenster neben dem Fernseher sieht, fällt ihr Blick auf ein eigenartiges Leuchtobjekt am Himmel. Sie geht ans Fenster und sieht eine Vielzahl grüner und roter Lichter; sie umsäumen eine metallisch wirkende, sehr dunkle, dreieckförmige Masse, die ihr riesengroß zu sein und auf der Oberseite so etwas wie eine Kuppel zu tragen scheint. Das Objekt kommt aus Richtung Huy, fliegt in etwa 200 Meter Entfernung und etwa 50 Meter Höhe langsam über die Scheune des Gehöfts hinweg und dreht schließlich Richtung Westen bzw. Nordwesten ab. Überzeugt, daß es sich nicht um ein Flugzeug handeln kann, will Frau Q. dem auf den Grund gehen und öffnet das Fenster; ihr schlägt aber ein so ohrenbetäubender Lärm entgegen, daß sie es erschrocken gleich wieder schließt! Sie vergleicht das Geräusch mit dem eines »Staubsaugers einer schrecklich hohen Leistungsstufe« (sic).

Als sich das Objekt langsam aus dem Blickfeld entfernt, läuft Samuel ins obere Stockwerk und kann es noch kurz von hinten sehen. Von seinem erhöhten Beobachtungspunkt aus erkennt er, daß sich an der Oberseite tatsächlich eine »Kuppel« befindet. Auch ihm fiel auf, daß sich das Objekt äußerst langsam bewegte, »wie eine Velosolex«. Herrn Q. dagegen wird erst im Nachhinein klar, wie merkwürdig dieses Fluggerät war. Ihm fiel auf, daß die Enden des »Dreiecks« gerundet und nicht etwa spitz waren.

FALL 15:

Auch der Nachbar Jean H. hat gesehen, wie das Objekt in 100-200 Meter Höhe über seinen Bauernhof geflogen ist – lautlos allerdings und in nordöstliche Richtung, also auf Tihange zu. Wie die Lichter angeordnet waren, vermag der Zeuge nicht genau zu sagen; er erinnert sich nur noch daran, daß sie rosa waren. Auch die genaue Uhrzeit der Sichtung ist nicht mehr festzustellen (es sei zwischen 20 und 22 Uhr gewesen).

FALL 16:

Gegen 21 Uhr: Anne S. steht vor der Tür ihres Hauses in dem Örtchen Bellaire, als sie dicht über dem Horizont einen Leuchtpunkt bemerkt; er schwebt offenbar ziemlich nahe über den Türmen des Kernkraftwerks Tihange und setzt sich nach etwa fünfzehn Sekunden auf die Zeugin zu in Bewegung. Der Leuchtpunkt überquert das Hoyoux-Tal, den Bois de Sandron und den Weiler Fourneau, zieht einige Kurven über Belle-Maison und fliegt dann über das Wohnhaus von Frau S. hinweg. Während sich das Objekt nähert, kann die Zeugin einen schräg nach unten gerichteten Scheinwerfer erkennen; sein Lichtstrahl streicht über die Wipfel der Tannen eines Wäldchens gegenüber, über ein am Waldrand stehendes Haus, über den dahinter liegenden Friedhof und schließlich über die Bäume, die den Friedhof säumen. Als das Objekt über ihr Haus hinwegfliegt, bemerkt die Zeugin mehrere kleine rote und weiße Lichter, von denen einige blinken. Sie kann keine bestimmte Form ausmachen; es prägt sich ihr lediglich das Bild einer dunklen, ziemlich großen Masse ein. Das langsam fliegende Objekt gibt ein dumpfes Geräusch von sich.

Frau S. beobachtet, wie das Objekt in gerader Linie nach Tihange fliegt, wendet und wieder zurückkehrt. Als das Objekt wieder über dem Wäldchen neben dem Friedhof schwebt, bricht sie die Beobachtung ab. Sie ist sich im übrigen nicht sicher, ob sich das Objekt zu Beginn ihrer Sichtung tatsächlich *senkrecht* über dem Kernkraftwerk befand, sie weiß nur, daß sie in diesem Augenblick diesen Eindruck hatte. Ein noch verwirrenderes Erlebnis hatte Frau S. übrigens bereits im November 1989 gehabt (das genaue Datum weiß sie nicht, aber es war *vor* dem Fernsehbericht über die Beobachtungen der Eupener Gendarmen vom 29.). Als sie damals in Begleitung ihrer Schwester am frühen Abend in Bellaire aus einem Gebäude trat, verfinsterte sich die Umgebung plötzlich (Hausfassade, angrenzender Hof und Straße). Über ihnen befand sich ein riesiges, dunkelgraues Dreieck, das sich sehr langsam und lautlos dicht über den Gebäuden (in etwa 15 Meter Höhe) bewegte. An der Unterseite des

Objekts sahen die beiden Frauen drei oder vier schwach leuchtende Lämpchen. Das Objekt, das sie etwas später auch im Profil und von hinten zu sehen bekamen, wirkte flach und ohne räumliche Tiefe. Es entfernte sich ebenfalls Richtung Tihange.

FALL 17:
Gegen 21 Uhr: Herr und Frau W., die ganz in der Nähe von Frau S. in Bellaire wohnen, sehen einige Sekunden lang ein sonderbares Leuchtphänomen vorbeifliegen, »zwei oder drei rosafarbene Lichter«, die aussahen wie eine (umlaufende) Radkante, die einen Strich bildet. Das Phänomen scheint sich von Grand-Marchin Richtung Solières zu bewegen. Kurze Zeit später hören die beiden etwas, das sie für das Motorengeräusch eines Flugzeugs halten. Frau W. geht zum Küchenfenster und sieht in etwa 200 Meter Höhe eine dunkle, unbestimmte und ausladende Masse mit blinkenden Lichtern. Das Gebilde bewegt sich sehr langsam in die genannte Richtung. Das Geräusch, das sie hört, vergleicht Frau W. mit dem eines AWACS.

FALL 18:
Gegen 21 Uhr: Nicht weit vom letzten Sichtungsort entfernt, beobachtet der Schulleiter Michel D. aus Belle-Maison einen großen, schräg nach unten gerichteten und von Blinklichtern umkränzten Scheinwerfer. Das Phänomen kommt aus Richtung Huy, fliegt langsam und in geringer Höhe, zu hören ist das »für ein AWACS typische« Geräusch. Als es sich ungefähr über Belle-Maison befindet, dreht das Objekt Richtung Stiénihâ ab (in dieser Richtung liegt auch Bellaire) und verschwindet hinter einer dichtstehenden Baumreihe.

FALL 19:
Gegen 21 Uhr: Wir befinden uns in Fourneau, einem Örtchen, das tiefer liegt als die anderen, ein ebenfalls zu Marchin gehörender Weiler. Dort bemerkt Familie D. in beträchtlicher Entfernung ein Leuchten, das sich, von Barse kommend, über dem Bois d'Ereffe Richtung Grand-Marchin bewegt. Wenig später hören sie einen ohrenbetäubenden Lärm und ein Brausen, wie sie es von den Tiefflügen her kennen, die die AWACS in der Region öfters üben. Die Familie (Jacques D., seine Frau und ihre

Tochter Nathalie) begibt sich auf die Terrasse, wo sie den Überflug eines Gebildes mitverfolgen, das sie als einen »hellen Scheinwerfer mit einem leicht nach unten geneigten, weißen Lichtstrahl und zahlreichen (?) roten und weißen (oder gelben) Lichtern« beschreiben. Das Gebilde verschwindet Richtung Bois de Sandron. Das eigentliche Objekt konnten sie nicht erkennen, doch die Gesamtheit der Lichter bildet ungefähr die Form eines großen Dreiecks. Nach Aussage von Frau D. waren die weißen Lichter zahlreicher als die roten, die unterhalb der weißen leuchteten (Abbildung 2.84, links). Herr D. ist im ersten Augenblick davon überzeugt, ein AWACS vor sich zu haben, da Flugbahn, Flughöhe und Größe des Objekts darauf hindeuten (Abbildung 2.84, rechts). Bei näherer Überlegung kamen dem Zeugen allerdings Zweifel.

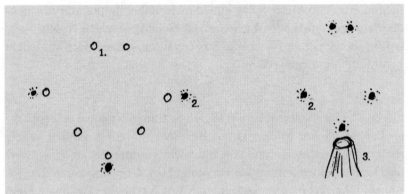

Abb. 2.84: 1. weiße Lichter; 2. rote Lichter; 3. weißer Scheinwerfer.

FALL 20:

Gegen 21 Uhr: Jean-Marc A., der im unteren Abschnitt der Rue Fourneau (nordöstlich von Marchin) wohnt, sichtet vier weiße, im Quadrat angeordnete Scheinwerfer, in deren Mitte ein großes, rotes Licht blinkt. Das Gebilde fliegt langsam und niedrig, etwa in 100 Meter Höhe, von Südwesten nach Nordosten über das Viertel Senanes hinweg. Durch das geöffnete Fenster vernimmt der Zeuge ein Geräusch, das ihn an die Düsentriebwerke eines AWACS erinnert. So kurz, wenige Sekunden lang, er das Objekt auch gesehen habe, eine Maschine dieses Typs könne es auf keinen Fall gewesen sein, meint der Zeuge, da er AWACS genau kenne.

2. CHRONIK EINER SICHTUNGSWELLE

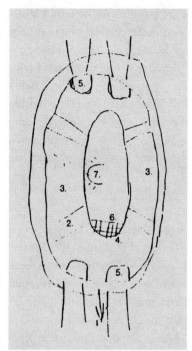

Abb. 2.85: 1. Flugrichtung; 2. graue Röhren; 3. Abschnitte, in denen der Himmel sichtbar ist; 4. »Leuchtgitter«; 5. weiß; 6. grün; 7. rot.

FALL 21:

21-21.15 Uhr: In Rhisnes, nordwestlich von Namur, etwa dreißig Kilometer von Marchin, macht Jean-Luc T. vom Werkschutz in der Nähe einer Fabrik seinen Dienst, als er einige große Scheinwerfer am Himmel bemerkt, die sich aus Richtung Namur nähern. Zusammen mit zwei Kollegen beobachtet er, wie ein graues, ovales Gebilde (»so groß wie zwei Häuser«) in einer Höhe von schätzungsweise 50 Meter langsam und geräuschlos näher kommt. Herr T. staunt, wie groß das Objekt ist, und stellt fest, daß es sich um eine komplizierte Konstruktion handelt (Abbildung 2.85): »ein großes, gräuliches Oval mit Röhren, in deren Mitte eine Art Gondel befestigt ist«. Hinter dem Röhrensystem ist der Himmel stellenweise zu sehen. Vorne und hinten befinden sich je zwei helle, waagerecht leuchtende Scheinwerfer. Die vordere Partie der mit einem roten Scheinwerfer versehenen Gondel leuchtet grünlich und ist von einer Art »Leuchtgitter« durchzogen. Das Objekt dreht Richtung Andenne bzw. Marchin ab und verschwindet in der Ferne. Die Beobachtung dauerte etwa fünf Minuten.

FALL 22:

21-21.30 Uhr: Albert M., der in Andenelle (zwischen Namur und Lüttich) auf einem erhöhten, entlang der Maas verlaufenden Weg spazierengeht, bemerkt – als er Richtung Namur zum Himmel schaut – zwei große Leuchtpunkte, die sich auf die Gegend südlich von Huy (10 km südöstlich von Marchin) zubewegen. Einer der beiden Punkte ist etwas nach hinten versetzt. M. hat den Eindruck, daß sie sich mindestens in

1 000 Meter Höhe und mit 200-300 km/h bewegen. Als sie näher kommen, bemerkt Albert M., daß es sich bei den Punkten eher um zwei sehr helle, nach unten gerichtete Scheinwerfer handelt, die er mit Halogenspots vergleicht. »Ich mußte die Augen zukneifen, so grell war das Licht, als sie direkt über mir waren.« Der Abstand zwischen den beiden Scheinwerferpaaren beträgt mindestens 200-300 Meter, und auch die beiden zusammengehörigen Scheinwerfer sind relativ weit voneinander entfernt. Während sie ihren Kurs Richtung Huy fortsetzen, verschwinden sie nach einigen Kilometern so plötzlich, als seien alle vier gleichzeitig verloschen.

FALL 23:

Gegen 21.45 Uhr: Zwei merkwürdige Objekte ziehen bei Clavier (etwa 10 Kilometer südöstlich von Marchin; höchste Erhebung: 300 Meter) über den ländlichen Himmel. Frau M. und ihre Tochter sehen eine orangerote, sehr langsam pulsierende »Leuchtkugel«. Die beiden Frauen halten sich im Garten auf, als sie bemerken, wie das Phänomen herankommt. Es fliegt sehr tief und schwebt nun in nächster Nähe, im hinteren Abschnitt des Gartens über einem 10 Meter von den Zeuginnen entfernten Baum. Lautlos und sehr langsam hält es geradewegs auf Tihange zu. Was die Flugrichtung angeht, ist sich Frau M. ganz sicher, ihre Tochter und sie hatten gerade die roten Abstandssignale des Kernkraftwerks am Horizont betrachtet, und die »Leuchtkugel« folgte exakt dieser von Südosten nach Nordwesten verlaufenden Blickachse.

Die Zeuginnen können das Phänomen einige Minuten lang beobachten, bis es sich, wie es scheint, direkt über dem Kernkraftwerk befindet. Ohne seine Geschwindigkeit zu ändern, dreht es plötzlich nach links ab und fliegt ungefähr in Richtung Solières weiter, bis es in den Augen der Beobachterinnen mit der Umgebung verschmilzt. Keine fünf Minuten später taucht zur Überraschung der beiden ein mächtiges dunkles Objekt, dessen Dreiecksform von Blinklichtern umgeben ist, auf und folgt exakt demselben Kurs wie das erste. Das zweite Objekt zieht schließlich über Tihange eine Kurve und verschwindet irgendwo über Marchin, ohne daß zu irgendeinem Zeitpunkt auch nur das leiseste Geräusch zu hören gewesen wäre! Die gleiche Veranstaltung sollte am folgenden Abend ein weiteres Mal zur Aufführung gebracht werden.

2. CHRONIK EINER SICHTUNGSWELLE

FALL 24:
21.30-22 Uhr: Zwei leider nur dürftig dokumentierte Sichtungsmeldungen erreichen uns aus der Provinz Antwerpen. Schauplatz der ersten Beobachtung ist der Marktflecken Olen, südöstlich von Herentals. Paula H. bemerkt von ihrem Wagen aus in sehr geringer Höhe und in einer Entfernung von 200-300 Meter ein äußerst merkwürdiges Leuchtphänomen am Himmel. Das merkwürdige Objekt (Abbildung 2.86) ist von goldener Färbung und hat ein metallisches Aussehen. Oben an den Seiten befindet sich je ein weißes Licht, und die drei sichtbaren unteren »Elemente« sind mit leuchtenden kleinen Öffnungen (»Fenster«) übersät. Als Frau H. kurz danach anhält, stellt sie fest, daß das Objekt inzwischen verschwunden ist.

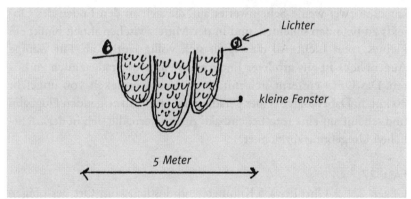

Abb. 2.86

FALL 25:
21.45 Uhr: Unweit vom Ort der letztgenannten Sichtung, wenige Kilometer von Geel (Provinz Antwerpen), bemerken Mark P. und sein Bruder ein Leuchten über der Autobahn Hasselt-Antwerpen, das sich ihnen rasch nähert. Nachdem sie angehalten haben und ausgestiegen sind, erkennen sie ein metallisch-graues, dreieckiges Objekt mit je einem fahlen, weißen Licht an den Enden. Das Objekt schwebt etwa eine Minute lang bewegungslos über den beiden Brüdern und fliegt dann, der Autobahn folgend, mit rasender Geschwindigkeit Richtung Hasselt davon.

Fall 26:

22.50 Uhr: In einem Wohnviertel von Ohain (Wallonisch-Brabant) werden Christophe und Annick D. durch das Weinen ihres Säuglings wach und bemerken einen intensiven, weißen Lichtschein über einer Villa am Rande ihres Grundstücks in etwa 100 Meter Entfernung. Durch das offene Fenster beobachten sie eine rechteckige, weiße, sehr helle und völlig unbewegliche Masse. Die Helligkeit stammt von einem einzigen Dauerlicht (meint Frau D.) bzw. von einer Reihe sehr dicht aufeinanderfolgender Lichtblitze (meint ihr Mann). An der Oberseite des Objekts befindet sich eine dunkelgraue Kuppel, die Frau D. zu der Bemerkung veranlaßt, daß dies eine »fliegende Untertasse« sei.

Das Objekt beginnt sich sehr langsam Richtung Südosten zu bewegen. Dabei »erlischt« das große Leuchtrechteck. Im selben Moment leuchten zwei weiße Scheinwerfer auf, die sich an den Enden des Objekts zu befinden scheinen, und in der Mitte zwischen ihnen blinkt ein kleines, rotes Licht. All dies spielt sich völlig lautlos ab. Für wenige Augenblicke ist aus größerer Entfernung ein Motorradgeräusch zu hören. Das UFO entfernt sich mit einer Geschwindigkeit von ungefähr 30 km/h. Dabei folgt es einer geradlinigen, leicht ansteigenden Flugbahn und scheint auf eine rote Leuchtbake zuzusteuern, die sich in der nächtlichen Umgebung abzeichnet.

Fall 27:

Gegen 22.55 Uhr: Etwa 5 Kilometer nordöstlich vom Ort der obigen Beobachtung wohnt Jean-Pierre D. Er ist auf dem Heimweg, als er im Rückspiegel drei im Dreieck angeordnete Scheinwerfer mit einem roten Blinklicht in der Mitte bemerkt, die über der Ortschaft Rixensart schweben. Pierre D. hält auf einer Brücke in der Nähe des Bahnhofs an, kurbelt die Seitenscheibe herunter und kann beobachten, wie ein Objekt sehr niedrig, in weniger als 100 Meter Höhe und kaum 500 Meter entfernt langsam und lautlos von Westnordwest nach Ostsüdost vorbeifliegt.

Bewertung der Ereignisse

Patrick Ferryn, der das Dossier über die Sichtungen vom Abend des 12. März 1991 zusammengestellt hat, formulierte einige Überlegungen zu den gesammelten Informationen. Gleich zu Beginn sei festgestellt, so schreibt er, daß einige Augenzeugen einen alten Bekannten erwähnen, dem wir im Verlauf der belgischen Sichtungswelle bereits wiederholt begegnet sind. Gemeint ist natürlich das AWACS. Anfangs waren einige Zeugen sicher, das Objekt als AWACS identifiziert zu haben, andere redeten sich dies nur ein. Von beiden Gruppen wurde das Objekt jedoch zu *keinem* Zeitpunkt als AWACS *beschrieben*. Lediglich aufgrund der wahrgenommenen Geräusche ordneten sie ihre Beobachtung so ein. Muß da noch betont werden, daß die Mehrzahl der übrigen Zeugen, die *das gleiche* hörten, diese Interpretation kategorisch ablehnten? Ferner sei darauf hingewiesen, daß erstere Zeugen mit weitaus weniger Informationen aufwarten konnten, da ihre Neugier durch die einmal getroffene Annahme ja schon befriedigt war.

Dies alles erinnert durchaus an den 18. Oktober 1990, mit dem *einen* Unterschied, daß uns der Stab der Luftwaffe an jenem Abend die Flugaktivität eines AWACS in dem betreffenden Luftraum bestätigen konnte, während wir auf dreimaliges Nachfragen zum 12. März 1991 von demselben Militärsprecher, W. De Brouwer, jedesmal erfuhren, daß sich *sämtliche* sonst über Belgien zu sehenden Maschinen dieses Typs – na? – in der Türkei befanden! Natürlich, zu diesem Zeitpunkt herrschte Krieg am Golf. Wie die SOBEPS bei dieser Gelegenheit ebenfalls in Erfahrung bringen konnte, waren die letzten Militärflugzeuge, die sich an jenem berühmten 12. März in der Luft befanden, gegen 19 Uhr wieder auf dem Stützpunkt Beauvechain gelandet. Wie dem auch sei, jedenfalls erscheinen diese möglichen Erklärungen besonders schwer mit den in den Fällen 3, 4, 6, 7 und 11 getroffenen Aussagen (um nur diese zu zitieren) vereinbar. Und was taugt diese Hypothese für die Fälle, in denen das Objekt direkten Kurs auf das Kernkraftwerk Tihange nahm? Oder nehmen wir Fall 8, als die Zeugen das Objekt direkt über einem der drei Kühltürme der Anlage *schweben* sahen?

Diese mächtigen Anlagen ragen (bei einem unteren Durchmesser von 125 Meter und einem oberen von etwa 60 Meter) 160 Meter über den

Talgrund und sind von einem erhöhten Standort aus meilenweit zu sehen. Da die Anlage nur etwa 20 Kilometer vom Flugplatz Bierset entfernt ist und in wichtigen Flugschneisen liegt, sind die Kühltürme oben von starken, rot blinkenden Signallampen umsäumt, die Tag und Nacht in Betrieb sind. Aus Sicherheitsgründen dürfen sie weder von militärischen noch von zivilen Maschinen in Höhen unter 6 000 Meter überflogen werden. Die beim Kühlen anfallenden Wasserdämpfe (das Wasser wird der Maas entnommen – 600 Liter pro Sekunde!) erzeugen, wenn sie freigesetzt werden und aus den Kühltürmen austreten, eine mächtige Luftströmung und heftige Turbulenzen. Das war auch am 12. März der Fall. Jedes herkömmliche Flugzeug, das zu nahe vorbeifliegt, riskiert daher dramatische Folgen; für einen Hubschrauber, ein ULM oder ein Luftschiff etwa ist dies noch weit gefährlicher.

Sofern man nicht die Berichte der Zeugen als unwahr abtut (wofür unserer Meinung nach nichts spricht) oder unterstellt, sie seien Opfer einer perspektivischen Täuschung geworden (was immerhin plausibel wäre), hält die AWACS-Erklärung einer Prüfung nicht stand. Der Sicherheitsdirektor des Kernkraftwerks hat uns freundlicherweise bestätigt, daß vom Wachpersonal keinerlei ungewöhnliche Beobachtungen oder Vorkommnisse gemeldet wurden. Hierzu sei angemerkt, daß die Wachmannschaft vorwiegend im Inneren der Gebäude tätig ist und daß die Außenteams nicht angewiesen sind, den Himmel zu beobachten.

Gab es nun am 12. März 1991 ein oder mehrere nicht identifizierte Objekte am Himmel über Belgien? Geht man nicht gerade von der Hypothese einer möglichen Allgegenwart aus, so kann man nur feststellen, daß es *mindestens* zwei Objekte gewesen sein müssen. Die Videofilme nämlich wurden nur wenige Minuten nacheinander gemacht, und zwar in den Orten Marchin und Braine-le-Comte, die etwa 80 Kilometer auseinander liegen (Fälle 10 und 11). In Fall 23, der sich gegen 21.45 Uhr in Clavier abspielt, ist außerdem von zwei Objekten die Rede. Die anderen Sichtungen, die zwischen 20 und 21 Uhr im Raum Marchin gemacht wurden, liefern uns keine schlüssigen Beweise für oder gegen die Annahme, daß es mehrere Objekte gegeben habe. Den Zeugenaussagen liegt möglicherweise ein einziges Phänomen zugrunde, das sich aber auf verschiedene Weise manifestiert. Es wurden dabei zweifellos mehrere

2. CHRONIK EINER SICHTUNGSWELLE

Vorbeiflüge beobachtet, bevor es an anderer Stelle auftauchte – ein Gedanke, der durch Fall 16 gestützt wird.

Wir müssen nun gestehen, daß wir, naiverweise vielleicht, im Laufe des Monats März 1991 gehofft hatten, mit der Auswertung der gesammelten Daten die Flugbewegungen des Phänomens für diesen Abend rekonstruieren zu können. Leider kamen wir trotz zahlreicher Ortstermine und vielfacher Zeugenbefragungen damit nicht voran. Das liegt hauptsächlich daran, daß in zu wenigen Fällen der genaue Zeitpunkt der Sichtung zu ermitteln ist. Meistens sind die Zeitangaben eher vage; die exakte Abfolge zu bestimmen, ist deshalb unmöglich.

Die Gesamterscheinung des Phänomens bietet für eine *globale* Rekonstruktion des Geschehens auch keine größere Hilfestellung als die von den Beobachtern genannten Einzelmerkmale. Zwar wurden von mehreren Personengruppen *bestimmte* gemeinsame Merkmale wahrgenommen, doch deren unterschiedliche Beschreibungen machen das Unterfangen schwieriger, als man annehmen mag. Dieser Aspekt ist uns wohlbekannt, und wir sind inzwischen daran gewöhnt, mit folgenden Schwierigkeiten zu rechnen: Die Geschehnisse verlaufen so, *als ob* sich innerhalb eines engeren raumzeitlichen Rahmens dasselbe ursächliche Phänomen in Form verschiedener Wirkungsvarianten manifestieren würde, die einander auf den ersten Blick sogar gelegentlich widersprechen (z. B.: drei weiße, im Dreieck angeordnete Lichter mit einem vierten – roten – Licht in der Mitte, und das Gegenteil – Fall 6; oder ein »Höllenlärm«, der die Zeugen ans Fenster eilen läßt, und dann, nur 1 000 Meter entfernt, ein »kaum merkliches Sirren«: Fälle 4 und 6).

Von daher erscheint es nicht unvernünftig, einige Sequenzen miteinander zu verknüpfen, in denen sich interessante Gemeinsamkeiten abzeichnen: heller, schräg nach unten strahlender Scheinwerfer, »Rampe aus Spotlichtern« bzw. »Leuchtkrone« oder »Lichterkette« aus kleineren, das Objekt umsäumenden Lichtern, anscheinend übereinander angeordnete Strukturebenen, ganz zu schweigen von den in der Nähe der Zeugen unvermittelt einsetzenden Richtungsänderungen, den Phasen des Stillstandes und den wahrgenommenen Geräuschen, und mehr noch von dem – meist dreieckförmigen – allgemeinen Erscheinungsbild.

Wir können nicht umhin, anzunehmen, daß es das Phänomen an jenem 12. März 1991 darauf angelegt hatte, die Beobachter (oder sollte man besser sagen: die *Beobachteten?*) aus ganz besonders geringer Nähe zu narren, auch wenn weniger Zeugen an den Sichtungen beteiligt waren als an dem schon historischen Abend des 29. November 1989. Außerdem fällt auf, daß keinem der Zeugen der Gedanke kam, eine der Polizeiwachen der Region Marchin zu benachrichtigen. Die meisten Aussagen verdanken wir der systematischen Nachforschung durch Frau Michèle Bragard, einer Mitarbeiterin der SOBEPS, die in Marchin wohnt und dank ihrer persönlichen Kontakte zur dortigen Bevölkerung von Beobachtungen erfuhr, die sonst wahrscheinlich noch lange im dunkeln geblieben wären. Die Voruntersuchungen wurden hauptsächlich von Lucien Clerebaut durchgeführt. Der Generalsekretär der SOBEPS befragte unermüdlich Dutzende von Zeugen am Telefon (der Mitschnitt dieser Gespräche hat eine Gesamtlänge von knapp 100 Stunden), einzelne Abschnitte des Dossiers hat ebenfalls er vor Ort zusammengetragen.

Patrick Ferryn fragt, was man heute aus all diesen Beobachtungen schließen kann. Eigentlich nicht besonders viel. Doch gemeinsam mit ihm kann man es wagen, diese eine Frage zu stellen: Wollte sich irgend etwas *gezielt* und bewußt *zeigen?* Wenn ja, so hätte es dieses »Etwas« kaum anders angestellt ...

Frühjahr 1991: erneute Zunahme der Sichtungen

Nur wenige Tage später, am Sonntag, dem 17. März 1991, ist Karine M. kurz nach 20 Uhr auf der Route du Condroz von Lüttich Richtung Marche unterwegs. In der Nähe von Sart-Tilman sieht sie plötzlich ein kräftiges weißes und unbewegliches Licht. Wenig später trifft sie zu Hause in Ougrée ein. Von ihrem Zimmer aus kann sie, zusammen mit ihrer Mutter, das Licht nochmals sehen (20.23 Uhr). Durchs Fernglas erkennt sie, daß das Licht aus drei im Dreieck angeordneten Einzellichtern besteht; die beiden unteren Lichter projizieren weiße Lichtbündel Richtung Boden und strahlen auf einige Baumwipfel. Das Phänomen bewegt sich sehr langsam von Süden nach Südwesten. Nach 45 Minuten verschwindet das UFO Richtung Seraing.

Am selben Abend beobachten Kris und Frank V. E. in Mol gegen 21 Uhr ein »dreieckiges Objekt mit gerundeten Ecken«. Nachts

2. CHRONIK EINER SICHTUNGSWELLE 401

(17./18. März) hört Frau H. gegen 3.30 Uhr ein Geräusch »wie von einem Staubsauger im Schongang«. Ohne davon sonderlich beunruhigt zu werden, lauscht Frau H. dem leisen Geräusch, auf das ein zwei Sekunden dauerndes gedämpftes Zischen folgt, »ungefähr wie ein Beschleunigungsgeräusch, und dann war nichts mehr zu hören«. Frau H. steht auf, um ins Bad zu gehen, und als sie aus Neugierde einen Blick nach draußen wirft, sieht sie »durch den Vorhang eine dunkle, ziemlich große, quadratische oder rechteckige Wolke, die sich langsam entfernte«. Die in weniger als 30 Meter Höhe fliegende »Wolke« ist ohne Lichter und nimmt Kurs von Tournai im Südosten nach Froyennes und Templeuve im Nordwesten.

Am Montag, dem 18. März 1991, kommt das Rentnerehepaar B. gegen 22.30 Uhr nach Hause. Die beiden wohnen in dem Örtchen Vien bei Anthisnes in der Provinz Lüttich. Nachdem er den Wagen in die Garage gefahren hat, wird Herr B. auf drei weiße Lichter aufmerksam, die in dreieckförmiger Anordnung lautlos von Osten nach Nordwesten fliegen. In der Nacht vom 23./24. März sind die Eheleute B. in Begleitung ihrer Tochter gegen 0.20 Uhr auf einer Straße unterwegs, die zu den SHAPE-Militäranlagen führt, wo Herr B. arbeitet. Lassen wir beide zu Wort kommen, zunächst Herrn B.:

> Auf der Straße beim Hotel Amigo, in der letzten Kurve, bemerkte ich vor mir ein extrem tief fliegendes Objekt. Man hätte meinen können, es würde in der Luft stehen, so langsam war es; doch es bewegte sich mit gleichbleibender Geschwindigkeit Richtung Mons. Das Objekt bestand aus zwei übereinanderliegenden Dreiecken von etwa 30 Meter Seitenlänge. Die untere Partie war kleiner als die obere, und beide waren durch Rippen miteinander verbunden, deren Höhe ich auf einen Meter schätze. Die Flughöhe lag unter 120 Meter (Vergleichsmöglichkeit: die SHAPE-Antennen). Das Objekt war sehr dunkel – dunkelbraun oder rotbraun – und nicht etwa metallisch wie ein Flugzeug. (...)
>
> Was mich vor allem faszinierte, waren die Lampen an dem Objekt; hinten war nämlich je eine blaue, ein weiße und eine rote Lampe, und vorn gab es ein rotes Blinklicht.

Der Leser wird die Ähnlichkeiten zwischen den Beschreibungen des Herrn B. und früheren Beobachtungen bemerkt haben; wiederholt war von »Rippen« und zwei offenbar übereinanderliegenden »Dreiecken« etc.

die Rede. Einige Stunden später (am Sonntag, dem 24. März) verläßt Béatrice D.M. gegen 20.20 Uhr gemeinsam mit ihrer Schwester deren Haus. Sie befahren die Route de Châtelet Richtung Mettet. Bei der Gemarkung La Sarte bemerken sie eine kompakte, rechteckige Masse, die über den Bäumen am Straßenrand schwebt. Das Phänomen wirkt massiv, hat eine dunkelgraue, matte Farbe und an der Seite kleine rote Lichter. Es schwebt lautlos in etwa 40 Meter Höhe auf der Stelle. Die Abmessungen des Objekts betragen nach Schätzung der beiden Frauen: 6-7 Meter (B), etwa 15 Meter (H) und 90 Meter (L). Als sich ihr Wagen unmittelbar unter dem UFO befindet, erkennt Frau D.M. an der Unterseite drei große, weiße und im Dreieck angeordnete Lichtkreise. Vor einem dieser weißen Lichter wird ein viertes – kleineres und blaues – Licht sichtbar, das dann und wann aufblinkt. Die Zeuginnen können zu ihrem Bedauern an dieser Stelle nicht anhalten und lassen die nach wie vor unbewegliche, teilweise vom Mondlicht erhellte Masse hinter sich. Als Frau D.M. etwa 500 Meter weiter anhalten kann, ist das Gebilde verschwunden.

Ungefähr eine halbe Stunde später (21 Uhr) befindet sich die Erzieherin Joëlle N. mit dem Wagen in der Nähe des Hauses der Soeurs de Fichermont (Waterloo) bei der Gemarkung La Marache. Sie hält an, um ein dreieckförmiges Objekt in Augenschein zu nehmen, an dessen Ecken sich Lichter befinden, die »wie die Lichterkette eines Weihnachtsbaums funkelten«. Außerdem bemerkt sie einen breiten Lichtstrahl, der über den Himmel streicht, »so als *suche* er etwas«. Das Objekt bewegt sich auffallend langsam fort und gibt keinerlei Geräusche von sich.

Zwischen dem 24. März (Sonntag) und dem Monatsende brachte jeder Abend eine Reihe von Sichtungen. Am Montag, dem 25. März, ist Frau L. auf der Autobahn Brüssel-Nivelles unterwegs. Um nach Clabecq zu gelangen, wo sie zu Hause ist, nimmt sie die Ausfahrt Wauthier-Braine. Sie befindet sich noch auf der Abfahrtspur, als sie vor sich am Himmel ein riesiges, mattgraues, metallisch wirkendes (gänzlich reflexfreies) Dreieck sieht, an dessen Enden sich je ein weißes, nach unten strahlendes Dauerlicht befindet. Im Zentrum des Dreiecks ist überdies ein rotes Blinklicht zu sehen. Das Objekt fliegt in etwa 100 Meter Höhe langsam Richtung Osten und nimmt Kurs auf Braine-l'Alleud. Es ist jetzt 19.35 Uhr. Gegen 21.30 Uhr befährt Gaetano R. in Begleitung des

2. CHRONIK EINER SICHTUNGSWELLE

Ehepaares G. eine kleine Verbindungsstraße zwischen Ittre und Clabecq, als er links der Straße eine Gruppe kleiner Lichter bemerkt, die ihn irritieren. Beim Näherkommen nimmt er das Phänomen als einen mit vielfarbigen Lichtern bedeckten »Würfel« wahr. Gaetano R. hält an, und die drei bemerken am Himmel über der anderen Straßenseite ein helles Licht, das sich dem würfelförmigen Gebilde nähert. Die Bahnen der sich nicht verändernden Objekte kreuzen sich. Plötzlich dreht das weiße Licht ab und kommt auf die Zeugen zu. Zwei Scheinwerfer werden sichtbar: Einer leuchtet waagerecht, der zweite deutlich erkennbar nach unten; sein Lichtstrahl wirkt »stumpfkegelig« und durchstreicht den Raum. Die drei Zeugen steigen erschrocken wieder ins Auto und fahren eilends davon. Als sie sich ein Stück von den beiden wenig vertrauenerweckenden Scheinwerfern entfernt haben, beschließen sie, nochmals anzuhalten, um die kleinen, immer noch sichtbaren Lichter weiter zu beobachten. Sie steigen aus und sehen direkt über sich ein riesiges Dreieck, das vollkommen unbeweglich in der Luft schwebt. Im Zentrum der dunklen Masse befindet sich ein Lichterkranz und an der Spitze ein großer, weißer Scheinwerfer. Erneut von Panik ergriffen, machen sich die drei davon und fahren jetzt weiter nach Tubize. Dort angekommen, wird ihr Wagen noch einmal von einem dreieckigen Objekt überflogen. Die Spitze dieses Gebildes erstrahlt in leuchtendem Orange, das noch die Straße, auf der sie angehalten haben, erhellt.

Am gleichen Abend – wir befinden uns in Anderlecht, nur wenige Dutzend Meter vom Sitz der SOBEPS entfernt – verlassen Katty C. und Jean-Marie N., nachdem sie den Abend im Kino verbracht haben, um 21.55 Uhr gerade die Metrostation St-Guidon, als sie auf ein Objekt aufmerksam werden, das in etwa 100 Meter Entfernung und 20 Meter Höhe von Nordosten nach Südwesten über die Dächer hinwegfliegt. »Das ist doch ein UFO!«, ruft da Frau C., woraufhin ihr Begleiter sie eines Besseren belehrt: »Nein, das ist eine Boeing, die bestimmt gleich abstürzt!« Ihm wird aber bald klar, daß es sich nicht um ein Flugzeug handeln kann. Frau C. nimmt das Objekt als Dreiecksform wahr, während uns Herr N. seine Beobachtung wie folgt schildert:

> Das Objekt hatte die Form einer abgeflachten Halbkugel; es wirkte grau, nebelhaft und hatte undeutliche Konturen. Oben befanden sich zwei rote Lampen, die abwechselnd blinkten. An der Unterseite konnte ich zwei völ-

lig flache Leuchtscheiben erkennen, die wie zwei Klingen aussahen, aber nichts anstrahlten. Sie hatten eine weißliche, leicht ins Gelbe gehende Farbe. Jean-Marie N. läuft weiter die Straße hinunter, um einen besseren Beobachtungspunkt zu finden. Er verliert das Objekt kurz aus den Augen und sieht es an einer Stelle wieder, an der etwas niedrigere Häuser stehen. Das

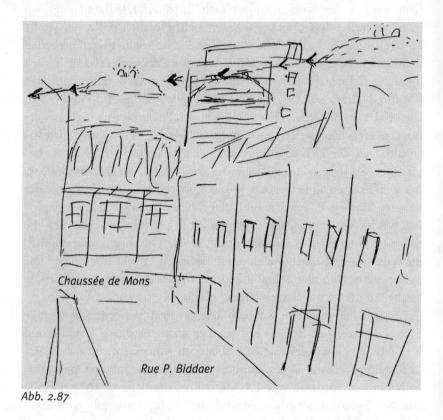

Abb. 2.87

unverändert langsam, etwa 20-30 km/h fliegende UFO passiert ein Hochhaus, nimmt Kurs auf den Kanal und schließlich auf Forest, wo es etwas aufsteigt, um einen Erdhügel zu überfliegen (Abbildung 2.87). Herr N. wundert sich, daß die Sicht auf das Objekt undeutlich bleibt:

> Die Nacht war stockdunkel, aber die Form des Objekts war irgendwie flauschig, weißlich, phantomhaft, nicht begrenzt, obwohl wir durchaus den Eindruck einer – wenn auch nebelhaften – Masse hatten! Ich werde

2. CHRONIK EINER SICHTUNGSWELLE

die Trägheit und absolute Lautlosigkeit nie vergessen, mit der diese gigantische Masse geflogen ist.

Am Dienstag, dem 26. März 1991, trifft der Konditor Pascal S. gegen 21.40 Uhr in Quenast ein, als eine dreieckige Masse mit gerundeten Ecken über ihn hinwegfliegt. Eine Spitze des grauen und glanzlosen Objekts ist nach vorn gerichtet, und zwei Scheinwerfer strahlen ein schwaches, weißliches Licht aus. Beim Näherkommen stellt der Zeuge an der Unterseite eine Art Kuppel fest, die schwach leuchtet und anscheinend durch ein »Maschengitter« geschützt wird. Während sich das UFO Richtung Rebecq entfernt, wird hinten, in der Mitte der Dreiecksbasis, ein langsam pulsierendes, türkisblaues Licht sichtbar. Als das Objekt am Horizont verschwindet, bemerkt Herr S., wie ein zweites dreieckiges Gebilde auftaucht, das Kurs auf den Steinbruch von Quenast nimmt.

Vom Donnerstag, dem 28. März, liegen für den Raum La Louvière mehrere übereinstimmende UFO-Meldungen vor. Um 19.40 Uhr sieht François D. zwei blaßgelbe, bewegungslos nebeneinander stehende Lichter am Himmel über Manage. Als sie sich nach ungefähr zehn Sekunden nach links neigen, kann der Zeuge eine Anordnung von vier Lichtern (davon zwei weiße Strahler) erkennen, die sich Richtung Feluy-Arquennes bewegen. Um 19.45 Uhr beobachtet Sandra C. in Besonrieux (La Louvière) das gleiche Phänomen, als es sich zu den nördlich liegenden Raffinerieanlagen von Feluy hin entfernt. »Es war ein Dreieck, mit drei großen Scheinwerfern an den Enden – ein riesiges, ziemlich flaches Ding. Bevor es sich entfernte, gab es zahlreiche Lichtblitze.« Zum selben Zeitpunkt beobachten Herr und Frau H. in Richtung Bois-d'Haine, unmittelbar neben Besonrieux, »drei große, weiße und sehr helle Scheinwerfer, die ein Dreieck bildeten«. Dasselbe Objekt sichtet Marc V. zwei Minuten später oberhalb von Ittre: eine Dreiergruppe von hellen, weißen Lichtern, die in hoher, übereinstimmender Frequenz blinken. Die Geschwindigkeit des Gebildes beträgt etwa 50 km/h, und seine Bewegungsrichtung verläuft von Süden nach Norden.

Der Pensionär und Kunstmaler Jacques F. lebt in Froyennes bei Tournai. Im folgenden Brief schildert er uns ausführlich seine Beobachtungen:

Am Freitag, dem 29. März 1991, wachte ich um 4.25 Uhr ohne besonderen Grund, ohne Lärm oder sonstige Störung von außen auf. Ich stand auf und ging zur Toilette, als ich auf ein leises Geräusch aufmerksam wurde (das aber keinesfalls laut genug war, jemanden zu wecken). Ich dachte, daß die Zentralheizung angesprungen sei, doch das Leitungsrohr war kalt. Als ich die Tür zur Veranda öffnete (einen Raum, den wir wegen seiner großen Dachkuppel so nennen), stellte ich fest, daß die Kühltruhe angesprungen war; in der Überzeugung, dieses Geräusch gehört zu haben, schloß ich die Tür. Nun aber schien mir das Geräusch eher lauter zu sein. Ich fand das merkwürdig und wiederholte den Vorgang. Diesmal gab es keinen Zweifel mehr: Das Geräusch war bei geschlossener Tür deutlicher zu hören. Da ich nun annahm, es könnte ein Dieselfahrzeug mit laufendem Motor vor dem Haus stehen, ging ich zum vorderen Fenster und zog den Vorhang etwas zur Seite: Dort war aber nichts. Als ich auf dem Weg zur Toilette an der Eingangstür vorbeikam, wurde mir klar, daß das Geräusch von draußen kam. Aus Vorsicht habe ich die Haustür nicht sofort geöffnet, sondern ging erst in die angrenzende Loggia und blickte auch dort, hinter dem Vorhang stehend, nach draußen: Nun bemerkte ich in geringer Höhe eine sehr große, dunkle Masse am Himmel.

Ich wußte nicht gleich, was ich davon halten sollte, aber als ich sie genauer musterte, merkte ich erst, wie groß sie tatsächlich war. Ich nahm meinen Mut zusammen und öffnete die Haustür. Ganz ohne Zweifel kam das staubsaugerähnliche Geräusch von diesem Ding. Ich war wie gelähmt, doch die Neugier siegte schließlich über die Angst, und ich trat ein Stück auf die Straße, bis sich das Objekt direkt über mir befand. Dennoch konnte ich nicht den geringsten Luftsog oder Lufthauch feststellen. Aus Angst, mich ganz unnötig womöglich irgendwelchen Risiken auszusetzen, ging ich ins Haus zurück und schloß die Tür. Ich war so durcheinander, daß ich nicht einmal auf die Idee kam, meine Frau zu wecken. Ich trat wieder in die Loggia, von wo aus ich durch die Vorhangöffnung sehen konnte, wie sich dieses bislang vollkommen reglose Ding sehr langsam mit etwa 20 km/h in Richtung Norden oder Nordosten entfernte. Die Flughöhe war kaum der Rede wert, und sobald das Objekt die etwa hundert Meter entfernten, zehn Meter hohen Bäume hinter sich gelassen hatte, konnte ich es nicht mehr sehen. Ich denke, daß das Objekt ungefähr zwei Minuten, bevor es wieder abflog, wieder zum Stillstand gekommen ist, denn danach habe ich das Geräusch nicht mehr gehört.

Wie Herr F. hinzufügt, schien der Mond in dieser Nacht sehr hell (Vollmond am Tag darauf), weshalb er die Konturen des Objekts sehr deutlich erkennen konnte. Er schreibt:

2. CHRONIK EINER SICHTUNGSWELLE

Es handelte sich um eine dunkelgraue Masse, offenbar ein fester Körper, es sah jedoch nicht aus, als sei er aus Metall. Ich würde die Oberfläche mit dem dunkelgrauen Unterbodenschutz eines Autos vergleichen. Sie schien nicht glatt, sondern leicht körnig zu sein.

Lichter konnte er keine sehen. Gleich nachdem sich das Objekt in Bewegung gesetzt hatte, bemerkte Herr F., daß die Rückseite des Gebildes eine viereckige oder elliptische Form hatte. Es folgte der Straße und nahm, weiterhin mit niedriger Geschwindigkeit, Kurs auf Kain.

Im gegenüberliegenden Haus wohnt Frau E. M., die zwischen vier und fünf Uhr aufwachte, weil ihre drei Hunde unruhig geworden waren. Auch sie hörte nun »ein monotones, anhaltendes Motorengeräusch«. Sie vergleicht es mit dem »Geräusch, das ein Tankwagen beim Füllen eines Öltanks verursacht, oder vielmehr umgekehrt, als würde etwas abgesaugt«.

In der Nacht vom Mittwoch auf Donnerstag, vom 3./4. April 1991, befindet sich das Gastwirtsehepaar F. mit Tochter Karin kurz nach Mitternacht auf dem Heimweg nach Ciney. Sie werden zunächst auf ein helles Licht am Himmel aufmerksam und stellen dann fest, daß es sich um drei weiße Scheinwerfer handelt, die ungefähr über Waret-la-Chaussée schweben. Frau F. schildert das Erlebnis:

> Als das Fluggerät direkt über uns schwebte, sahen wir, daß es von imposanter Größe und mindestens 30 Meter lang war. An der abgerundeten Vorderseite der Maschine befanden sich drei weiße Scheinwerfer mit einem Durchmesser von jeweils mindestens 2 Meter. Die vordere Partie schien in Facetten unterteilt zu sein. Um die gesamte dreieckförmige Umrißlinie herum zogen sich kleine, weiße Dauerlichter. Die Unterseite des Geräts hatte eine kräftige dunkelgraue Farbe, anthrazitgrau etwa. Mehr konnten wir an dem sehr metallisch wirkenden Gebilde nicht erkennen. Von der Unterseite gingen zwei Lichtbündel aus, die den Boden in einen schwachen Lichtschein tauchten; man sah aber nicht direkt, woher das Licht kam. Die hintere Partie des Geräts trat deutlich hervor und hatte eine rechteckige Form. Nachdem eine Minute vergangen war, setzte sich das Objekt sehr langsam in Bewegung und gab dabei ein fahrstuhlähnliches Geräusch von sich. Als es sich entfernte, sah man nur noch die hintere Partie. Dann muß ein Verbrennungsvorgang stattgefunden haben, denn man konnte eine Flamme erkennen, die sich in eine Art leichten, glimmenden Staub verwandelte, der erlosch, bevor er den Boden erreichte. Das Gerät flog mit etwa 30 km/h in nördlicher Richtung davon. Wir

wollten ihm mit dem Wagen hinterherfahren, doch wir waren kaum wieder eingestiegen, als es plötzlich verschwand.

Da wir uns nun dem Ende unserer Chronik der belgischen Sichtungswelle nähern, möchten wir ausdrücklich noch einmal auf die Übereinstimmungen zwischen den Schilderungen hinweisen. Bei Lektüre der zahllosen, in diesem Buch präsentierten Fälle werden den Leserinnen und Lesern verschiedene Merkmale aufgefallen sein, die eines Tages vielleicht dazu beitragen, daß das Geheimnis gelüftet werden kann. Einige ungewöhnliche Details wurden zu verschiedenen Zeitpunkten und an verschiedenen Orten beobachtet: die fahle, körnige, ja »verschmutzte« Oberfläche, das Vorhandensein von Außenstrukturen in Form von Aufbauten mit »Rippen« sowie verschachtelte Bleche und vernietete Platten. Ein weiteres Charakteristikum tauchte wiederholt auf: der Ausstoß glimmender Substanzen (vergleiche etwa die letzte Beschreibung).

»Leuchtkugeln« (ob im Zusammenhang mit anderen Flugobjekten oder nicht) sind ein weiteres Phänomen, das uns in den Beschreibungen öfter begegnet. Derartige Gebilde wurden insbesondere in Sichtungsmeldungen aus den ersten Wochen des Frühjahrs 1991 erwähnt. So berichteten einige Augenzeugen, daß sie am Abend des 17. April in Brüssel eine rosarote Kugel »von der Größe eines Fußballs« gesichtet hatten. Hierzu Carol A., eine Kunstmalerin:

> Innerhalb einer Sekunde schrumpfte die Kugel auf Punktgröße, stürzte – eine rötliche Spur hinterlassend – im Zickzack ein kurzes Stück nach unten und zerstob dann in leuchtende rosafarbene Funken. Gleichzeitig tauchte das Objekt in Form einer goldgelben, von innen heraus leuchtenden, nebelhaften Kugel wieder auf und entfernte sich mit hoher Geschwindigkeit. Beim Wegfliegen stieß das Gebilde ebenfalls rosarote Strahlen aus.

Am 23. April spielte sich ein ähnliches Ereignis in der Nähe von Binche ab. Viviane V. D. aus Ressaix ist zu Hause, als sie gegen 23.35 Uhr ein ziemlich lautes Getöse (»wie von fünf oder sechs Flugzeugmotoren gleichzeitig«) hört. Hunde schlagen an. Frau V. D. geht vors Haus und sucht die Gegend mit den Augen nach der Geräuschquelle ab. Sie bemerkt am Himmel zwei »Lichtkreise, die sehr schnell an Höhe verlieren und sich dabei immer näher kommen«. Sie berichtet weiter:

> Ich fürchtete sogar, sie würden zusammenstoßen. Dann begannen sie, sich

2. CHRONIK EINER SICHTUNGSWELLE

am Himmel zu drehen. Die Objekte ähnelten Tellern mit einem Durchmesser von 15-20 cm. Sie leuchteten weiß, blendeten aber nicht.

Wir sind bei Zeugenaussagen über »Leuchtscheiben«, die am Himmel kreisen, eher skeptisch. Immer häufiger werden von Diskotheken oder für private Feiern Laserprojektoren eingesetzt. Derartige Verwechslungen sind in unseren Dossiers mehrfach belegt. Solche Fälle lassen sich jedoch relativ leicht klären: In den Beschreibungen ist stets von Leuchtflecken die Rede, die sich mehr oder weniger gleichmäßig vor einer Wolkendecke bewegen. Zu Verwechslungen dieser Art kam es zum Beispiel am 8. März 1991 in Walhain und am 13. Mai 1991 in Thuin. In letzterem Fall handelte es sich um eine Laser-Show (Châtelet, Place St-Roch) mit einem »Space Tracer« von 4 000 Watt. Der Betreiber der Anlage, J.-P. Sebrechts, erklärte der Presse (*La Nouvelle Gazette* vom 14. Mai 1991) am folgenden Tag:

> Die Strahlen sind im Umkreis von 6-7 Kilometer um die Lichtquelle sichtbar. Ein entfernter Betrachter sieht nur noch ein Licht am Himmel (...). Bei klarer Sicht kann man das Schauspiel bis zu 30 oder 35 Kilometer weit sehen. Und da man erst ab einer Leistung von 7 000 Watt eine Genehmigung der Luftfahrtbehörden benötigt (...).

Am (vorläufigen) Ende unserer Falldarstellungen soll eine Beobachtung stehen, die am Freitag, dem 17. Mai 1991, gemacht wurde. Auch in dieser Beschreibung kommen einige bereits bekannte Merkmale vor – besonders die Tatsache, daß es Orte gibt, an denen sich Sichtungen häufen. Hierzu zählt unbestreitbar auch die petrochemische Anlage in Feluy-Arquennes. Von Roeulx kommend, nehmen Michel D. und seine Familie die Autobahn Paris-Brüssel. Gegen 22.30 Uhr biegen sie auf die von Seneffe nach Nivelles führende Straße ab. Auf der abschüssigen Ausfahrt, die an einem Kanal entlangführt, fallen den Autoinsassen zwei weiße Lichter auf, die sich dicht nebeneinander von Norden nach Süden bewegen. Dahinter entdecken sie zwei weitere, diesmal rote Lichter. Herr D. hält an und setzt bei laufendem Motor seine Beobachtung fort:

> Die Lichter waren jetzt nicht mehr zu sehen, dafür aber eine mehr oder weniger geometrische Figur, die aber eher leuchtete wie eine Metall- oder Kunststoffoberfläche, die das Sonnenlicht reflektiert. Einen Augenblick lang war eine quadratische Form zu erkennen, aber da sich das Bild stän-

dig veränderte, ist eine genaue Formbestimmung schwierig. Die »Reflexion« verlor sich dann, und man konnte deutlich vier rote Punkte erkennen; sie bildeten eine Raute mit zwei weißen Lichtern in der Mitte, die unregelmäßig an- und ausgingen. Ich mußte dabei an Leute denken, die mit starken Taschenlampen ein Gerüst abgehen und dabei mal in unsere und mal in andere Richtungen leuchten. Die Lichter bewegten sich ziemlich langsam und gleichmäßig, bis sie fast über der Raffinerie schwebten, und kein Geräusch deutet darauf hin, daß es ein Düsen- oder ein Motorflugzeug sein könnte. Die Lichter folgten nun einer leicht gekrümmten Flugbahn, und ich nahm eine eher rechteckige Form wahr, die ich für eine Fläche hielt, von der das Licht reflektiert wurde. Dieses rechteckige Gebilde befand sich zwischen den vorderen roten und den mittleren Lichtern. Dieselbe Form wurde dann auch zwischen den mittleren Lichtern und dem hinteren roten Licht sichtbar. Lichter und Lichtreflexe verschwanden schließlich hinter den Bäumen. Das Objekt hatte, von Feluy kommend, Kurs auf den Raffineriekomplex genommen und war dann Richtung La Louvière abgeschwenkt.

Stimmungsumschwung in den Medien und »Offizialisierung« der Forschung

In *Le Soir* vom 24. Januar 1991 lasen wir einen Artikel mit der Überschrift: »UFOs können Wissenschaftler inspirieren«. Dies ist durchaus auch unsere Ansicht, doch im anschließenden Text ging es um nichts anderes als eine Hypothese des Physikers Michel Wauthelet von der Universität Mons-Hainaut, wonach UFOs mit einem leistungsfähigen Laser und einem anpassungsfähigen optischen Gerät »erzeugt« werden könnten. Geschätzte Kosten des Projekts: 15-20 Millionen Belgische Francs. So billig sind also ein paar kleine bewegte oder unbewegte Lichter zu haben. Großartig!

Wir hatten eigentlich schon eher eine andere Vorstellung vom Interesse der Wissenschaft an den Fragen, die die zahlreichen UFO-Sichtungen der vergangenen Monate aufgeworfen hatten. Für Samstag, den 23. Februar 1991, hatte die SOBEPS auf Anregung von Léon Brenig etwa vierzig akademische Forscher und Ingenieure aller Fachrichtungen zu einer wissenschaftlichen Tagung mit den folgenden Zielsetzungen eingeladen:

2. CHRONIK EINER SICHTUNGSWELLE

1. Information der wissenschaftlichen Gemeinschaft über die von der SOBEPS erarbeitete Erhebung und Dokumentation von mehr als tausend Fällen, um Auswertungsprobleme und Methodenfragen erörtern zu können.
2. Diskussion von angewandten Erhebungsmethoden, mit denen objektive, wissenschaftlich auswertbare Daten (Radar, Satelliten-Fernaufklärung, Beobachtungskampagne) gewonnen werden können.
3. Einrichtung eines Koordinationsausschusses aus Wissenschaftlern, der den Meinungs- und Informationsaustausch zu der belgischen Sichtungswelle organisiert.

Seit März 1990 verfolgten wir das Ziel, möglichst schnell eine systematische Beobachtungskampagne zu organisieren, die allerdings auf einer anderen Grundlage beruhen sollte als diejenige in Bierset, Ostern 1990. Es konnte nicht mehr darum gehen, die Aktion in der Öffentlichkeit bekanntzumachen, denn wir waren nicht an einer Massenhysterie vom Typ »UFO-Jagd« interessiert. Uns ging es vor allem darum, die Aktion auf einen längeren Zeitraum auszuweiten. Die Realisierung dieses Projekts sollte durch einige besondere Umstände begünstigt werden.

Sobald wir von den Sichtungen vom Abend des 12. März 1991 erfahren hatten, bemühten wir uns, die von den Herren Rodberg (in Haillot) und Gettemans (in Braine-le-Comte) gemachten Videoaufnahmen in die Hände zu bekommen. Diese aufsehenerregenden Dokumente wurden von vielen europäischen Fernsehanstalten gesendet, von RTBF und RTL-TVi selbstverständlich, aber auch von der italienischen RAI sowie in Deutschland und Frankreich. Im 13-Uhr-Nachrichtenmagazin vom 25. März brachte TF 1 ein Interview mit L. Clerebaut; die »äußerst seriöse SOBEPS« geriet in den Blickpunkt des Interesses. Ein Pressekommuniqué veranlaßte mehrere Journalisten zur Veröffentlichung weiterer Artikel über die belgische Sichtungswelle. *Figaro-magazine* vom 13. April 1991 (Heft 564) brachte einen von Pierre Fliecx verfaßten Artikel »Alle sahen dieses UFO!« Neben der Titelzeile war ein großartiges, von dem Illustrator Jégou gezeichnetes »Phantombild« des in Belgien seit November 1989 gesichteten UFOs zu sehen. In dieser Zeit erschien auch ein neunseitiger Artikel von Wim Daems in der Zeitschrift *Eos*; er war »Niet alles is (nu al) te verklaren« [Nicht alles ist (schon heute) erklärbar] überschrieben. Ebenfalls aus Flandern kam ein ausgezeichneter Artikel von

Jan Hertogs für die Zeitschrift *Humo* (Heft 2643 vom 2. Mai 1991): »Nieuwe UFO-Golf« [Neue UFO-Welle]. Außerdem wäre ein Artikel von Joseph Scheppach zu erwähnen, der in der deutschen Illustrierten *Stern* (8. Mai 1991) erschienen ist: »UFO-Notruf 524 28 48«.

Parallel zur Berichterstattung über die Ereignisse vom 12. März hatten die Verantwortlichen der SOBEPS, nachdem die Sichtungen auch an den folgenden Tagen andauerten, beschlossen, eine neue Beobachtungskampagne auf die Beine zu stellen. Zu diesem Zweck nahm Lucien Clerebaut Verbindung mit dem (inzwischen beförderten) General De Brouwer auf. Seine Gespräche waren ein voller Erfolg, die Luftwaffe erlaubte uns, ihre Richtfunktürme in ganz Belgien zu belegen. Es sind dies acht Fernmelde-Relaisstationen, die ein vom zivilen Fernmeldewesen völlig unabhängiges Netz der Informationsübermittlung bilden. Einer der Türme steht in Solières, in unmittelbarer Nähe zu dem Gebiet, aus dem viele der bekannten Sichtungen vom 12. März gemeldet worden waren. Diesen Turm wählten dann auch die SOBEPS-Mitarbeiter als zentralen Standort. Bougard, Brenig und Clerebaut beriefen für Mittwoch, den 17. April 1991, ein Arbeitstreffen ein, bei dem es um die Organisation dieser systematischen nächtlichen Überwachungsaktion gehen sollte.

Knapp einen Monat lang lösten sich einige Dutzend Mitstreiter – in der Mehrzahl Interviewer oder Wissenschaftler – in sechs Türmen regelmäßig ab. L. Clerebaut hatte gleichzeitig mit der Genehmigung, an diesen außergewöhnlichen Punkten Posten beziehen zu dürfen, einiges Material aus Militärbeständen als Leihgabe erhalten. Unsere Beobachter verfügten damit über neun Stablampen mit großer Reichweite (Typ DRAGON) und über neun Nachtsichtgeräte (Restlichtverstärker vom Typ LUNOS MTM-427 x6). Diese Geräte kosten mehrere hunderttausend Belgische Francs und sind in der Lage, das Nachtlicht um den Faktor 1 000 zu verstärken. Das Material wurde der SOBEPS für die Dauer von sechs Monaten zur Verfügung gestellt.

Mitte April, kurz bevor die Kampagne anlief, informierten wir die zuständigen politischen Stellen über die jüngste Entwicklung. Am 10. April 1991 setzten wir Verteidigungsminister Coëme über die zuletzt im Condroz gemachten Sichtungen in Kenntnis. In dem Schreiben hieß es unter anderem:

2. CHRONIK EINER SICHTUNGSWELLE

Wir sehen uns durch die erwähnten Ereignisse ermutigt, nochmals ein nächtliches Beobachtungsnetz einzurichten. Nach den Erfahrungen des ersten Versuchs in Bierset, April 1990, haben wir jedoch beschlossen, den Medien gegenüber strengstes Stillschweigen über die neuerliche Aktion zu bewahren. Zu unserem Mitarbeiterstamm werden etwa fünfzig Wissenschaftler verschiedener belgischer Universitäten gehören, die uns ihre Mitwirkung bereits zugesichert haben. In diesem Zusammenhang möchten wir Sie um Unterstützung bitten, um während der Operation einen größeren Aktionsradius des Radars in Glons zu erzielen.

Am Tag darauf wandten wir uns in einem weit ausführlicheren Brief an Premierminister Wilfried Maertens. Er lautete:

Sehr geehrter Herr Premierminister,
wir möchten Sie mit diesem Schreiben auf die Ereignisse aufmerksam machen, die sich seit nunmehr achtzehn Monaten in Belgien abspielen, nämlich die äußerst zahlreichen Sichtungen von Phänomenen des UFO-Typs (Unbekannte Flugobjekte), die von unserer Gesellschaft registriert und untersucht werden.

Bei der Prüfung des umfangreichen Untersuchungsdossiers, das wir zusammentragen konnten und das wir Ihren Dienststellen gern zur Verfügung stellen, deutet alles darauf hin, daß wir es hier nicht mit einem inkonsistenten Phänomen, dem Produkt von Verwechslungen, zu tun haben, sondern vielmehr mit Objekten, die sämtliche Zeichen technisch hochentwickelter Fluggeräte aufweisen und eine intelligente Steuerung vermuten lassen.

Charakteristisch für die derzeitige Sichtungswelle ist, daß Phänomene großer Fremdartigkeit auftreten, die von vielen Zeugen (mehrere tausend) beobachtet werden, deren Berichte bis in Einzelheiten miteinander übereinstimmen. Jeder aufgeschlossene Wissenschaftler, der gewillt ist, sich mit diesem Dossier näher zu befassen – was viele bereits getan haben –, wird über den Reichtum und die Stichhaltigkeit der vorgelegten Informationen erstaunt sein.

Wir sind ebenso von der materiellen Beschaffenheit wie vom fremdartigen Äußeren der Objekte überzeugt. Aufgrund des gemeldeten Flugverhaltens läßt sich in einer Vielzahl von Fällen eine Verwechslung mit allen bekannten Typen und Arten von Luftfahrzeugen ausschließen. Es mehren sich die Anzeichen dafür, daß die Objekte über einen eigenständigen Antrieb verfügen, der die modernste uns bekannte Luftfahrttechnologie übertrifft.

Wir sind uns der Tragweite unserer Behauptung, daß der belgische Luftraum immer wieder durch extrem tief fliegende Geräte verletzt wird, bewußt. Die Objekte fliegen häufig in einer Höhe von wenigen Dutzend Metern und mit einer Geschwindigkeit unter 50 km/h, so daß sie in der überwiegenden Zahl der Fälle der Radarerfassung entgehen.

Diese Hypothese wird durch unsere Nachforschungen, die jüngsten Ereignisse und auch durch eine beeindruckende Zahl von Sichtungen untermauert, die wir als Nahsichtungen bezeichnen, weil sie in weniger als 200 Meter Entfernung stattfanden. In einigen Fällen waren es sogar nur 10–50 Meter.

Diese Schilderungen sind in Form von Befragungsberichten in unseren Dossiers enthalten; sie ermöglichen die Erstellung eines zuverlässigen Phantombilds, das konstruktive Einzelheiten wie auch verschiedene Leuchtphasen wiedergibt. Diese Details, die grundsätzlich nicht an die Presse weitergeleitet werden, wurden von Bürgern aller Gesellschaftsschichten und von vielen Beamten der Gendarmerie bestätigt.

Wir sind der Auffassung, daß die Ereignisse verdienen, ernstgenommen zu werden. Die Vorkommnisse vom 12. März d. J. bestätigen dies. Von mehreren Zeugengruppen wurde übereinstimmend gemeldet, daß sie Flüge in sehr geringer Höhe über dem Kernkraftwerk Tihange beobachtet haben. Wir halten noch weitere, mehr oder weniger damit vergleichbare Berichte zu Ihrer Verfügung, etwa den über eine Sichtung durch drei Beamte des NATO-Sicherheitsdiensts oder von Flügen über Industrieanlagen wie z. B. der AKZO-CHEMICAL (Hainaut) in der Nacht vom 22. auf den 23. April 1990.

Solche Beispiele gibt es viele, sie belegen zur Genüge, daß die in Belgien geltenden Flugsicherheitsbestimmungen verletzt worden sind. Wir möchten Ihnen bereits an dieser Stelle drei Vorschläge unterbreiten.

1. Einsetzung eines offiziellen Untersuchungsausschusses
Dieser könnte sich aus qualifizierten Bevollmächtigten zusammensetzen, die gemeinsam und in enger Zusammenarbeit mit unserer Gesellschaft tätig werden. Wir gehen davon aus, daß einige Dutzend der wichtigsten Sichtungsfälle innerhalb von drei Monaten untersucht werden könnten. Wir stellen uns vor, daß die Ausschußmitglieder von den Interviewern der SOBEPS begleitet werden, von deren Erfahrung und Kenntnissen der Merkmale des Phänomens sie profitieren könnten.

2. Erarbeitung einer Interventionsstrategie
Wir schlagen die Einrichtung eines Beobachtungsnetzes vor, durch das die

2. CHRONIK EINER SICHTUNGSWELLE

Arbeit der Streitkräfte und der Gendarmerie mit den Aktivitäten der SOBEPS und ihrer wissenschaftlichen Mitarbeiter koordiniert werden könnte. Aus der Analyse der »Operation UFO-Identifizierung« in Bierset leiten wir die folgenden dringenden Empfehlungen ab:

A. Rasches und effizientes Handeln ist erforderlich, um zu einer Identifizierung zu gelangen.

B. Das Netzwerk darf erst aktiviert werden, wenn zahlreiche zuverlässige Sichtungsmeldungen vorliegen.

C. Über die Intervention soll in den Medien nicht begleitend berichtet werden.

D. Das Netzwerk muß so lange Bestand haben, daß man Aussicht auf Erfolg haben kann.

3. Verstärkte Sensibilisierung der Gendarmerie

Wir würden eine systematischere Anwendung der geltenden Weisungen begrüßen sowie die regelmäßige Weitergabe von Informationen an die SOBEPS.

Die bestehende Infrastruktur dürfte es mit etwas Flexibilität gestatten, adäquate Strategien zu entwickeln, die keine allzu hohen Kosten verursachen.

Die SOBEPS hat es schon immer als ehrenvolle Aufgabe angesehen, in ihren Kontakten zum Verteidigungsministerium ein Klima des Vertrauens zu pflegen. Wir möchten Ihnen hiermit unser in zwanzig Jahren des Bestehens erworbenes praktisches Wissen zur Verfügung stellen.

Das UFO-Phänomen stellt ein internationales Problem dar. Belgien ist verpflichtet, hierzu seinen spezifischen Beitrag zu leisten. Die SOBEPS hat über die Medien weltweit auf die Ereignisse, die sich über unserem Territorium abspielen, aufmerksam gemacht und weiß die beispiellose Unterstützung durch die belgischen Behörden zu schätzen. Wir sind überzeugt, daß es dringend notwendig ist und ein vorrangiges Ziel sein muß, das Identifizierungsproblem umfassend anzugehen.

Hochachtungsvoll

für die SOBEPS
(gez.) L. Clerebaut, Generalsekretär

Je eine Kopie des Briefs ging an die Minister Coëme (Verteidigungsministerium) und Louis Tobback (Innenministerium). Von letzterem erhielten wir am 19. April ein Antwortschreiben, in dem er anmerkte, er werde es nicht versäumen, »innerhalb meines Kompetenzbereichs die eventuellen, seitens der Dienststellen des Premierministers ausgesprochenen Vorschläge aufmerksam zu prüfen«.

Eine Reaktion der Staatskanzlei erhielten wir erst zwei Monate später, am 13. Juni 1991. Dieser, von J. Clément – einem der Berater von W. Maertens – unterzeichnete Brief bestätigte den Eingang unseres Schreibens vom 11. April. Und weiter:

> Ich erlaube mir, Sie darauf aufmerksam zu machen, daß die von Ihnen hinsichtlich der UFO-Phänomene gemachten Vorschläge in den Zuständigkeitsbereich des Verteidigungs- und/oder Innenministers fallen.

Mit einem Wort: Der Premierminister schickte uns zu Adam und Eva zurück. Nach dieser Antwort blieb uns nichts anderes übrig, als erneut Verbindung mit dem Innenministerium aufzunehmen, an das wir uns ja laut Stellungnahmen des Premier- und des Verteidigungsministers zu halten hatten. Als wir dieses Kapitel Ende Juni 1991 abschlossen, lag unsere einzige Hoffnung, endlich Bewegung in die Sache zu bringen, in einer Kooperationsbereitschaft von Innenminister Tobback. Die meiste Arbeit liegt noch vor uns, und die SOBEPS ist weiterhin bereit, sich allen Herausforderungen zu stellen. Für uns hat das ufologische Abenteuer eben erst begonnen ...

Aufgrund bestehender Sachzwänge mußten wir die einzelnen, in diesem Kapitel vorgestellten Sichtungsberichte stark kürzen. Auf den Vorbehalt, es lägen zu wenig konkrete Einzelbefunde vor, möchten wir entgegnen, daß interessierte Forscher in den vollständigen Befragungsberichten alle Einzelheiten finden werden, auf die sie in der vorliegenden Zusammenfassung verzichten müssen.

Bevor wir auf die spezifischen Aspekte der belgischen Sichtungswelle eingehen, möchten wir die Frage zu beantworten versuchen, welche Validität dem erhobenen Datenkorpus zukommt. Im April 1991 hatte Nancy Ferroni, Reporterin für *La Dernière Heure*, den Astronomen André Koeckelenbergh auf diesen Punkt angesprochen. Seine Antwort lautete:

> Wir verfügen derzeit über ein zusammenhängendes und sich ergänzendes Geflecht von Zeugenaussagen, dem man – leider! – nur wenig kohärente Information entnehmen kann, wobei die Möglichkeit einer Massenhalluzination im übrigen auszuschließen ist. (...) Man kann sagen, daß die

Phänomene gewissermaßen eine uralte Erwartung des Menschen ansprechen. (...) Von daher kann alles mögliche zum UFO werden: der Mond, ein Flugzeug, ein Hubschrauber oder Katzenaugen im Dunkeln. Wir haben das Bedürfnis, an etwas zu glauben. UFOs sind so etwas wie die Feen und Drachen der Neuzeit.

Da sind wir allerdings etwas anderer Meinung. Die Menschen, vor allem Wissenschaftler, neigen nur allzuoft dazu, in Gegensätzen zu denken: Ordnung und Chaos, das Schöne und das Häßliche, Vergangenheit und Zukunft, wahr und falsch, das Reale und das Imaginäre. Diesem manichäistischen Weltbild setzen wir das Gleichgewicht zwischen einer unablässig sich selber überholenden Ratio und einer fantasiereichen Vorstellungskraft entgegen. In dem Maße, in dem die Wissenschaft den Anspruch erhebt, das Unbekannte zu erforschen und zu suchen, muß sie dem Erfindungsgeist, der Fantasie und der Freiheit des Geistes breiten Raum lassen. Entdecken heißt nicht nur, einen Text zu entschlüsseln, der in einer bislang unbekannten Sprache verfaßt ist, sondern neue Gedanken und Konzepte hervorzubringen. Und daran sind alle intellektuellen Kräfte des einzelnen und der Gesellschaft beteiligt.

Es wäre an der Zeit, das Denken des französischen Philosophen Gaston Bachelard wiederzuentdecken. In seinen dichten und reichen Texten begegnen und durchdringen sich Wissenschaftsgeschichte und Poesie. Bachelard hat die Aufkündigung fertiger Wahrheiten betrieben, sie alle sind nichts als Illusionen. Fantasie an die Macht und methodische »Unvernunft« waren die Losungen (man lese hierzu sein Buch »L'activité rationaliste de la physique contemporaine«), mit denen er zur Revolte gegen jene aufrief, die zu wissen vermeinen und doch das Wesentliche nicht wissen. Dem berühmten cartesischen »cogito sum« zog er ein »singo sum« – ein »ich stelle mir vor, also bin ich« vor. Die bildhafte Vorstellung kommt immer vor dem Gedanken. Die Bedeutung des Irrealen und der Schöpfung aus dem Nichts ist für die Zukunft der Menschheit möglicherweise wichtiger als der Zwangsaufenthalt in ideologischen Gefängnissen, deren Hüter nur über falsche Wahrheiten und Einsichten verfügen. Von Bachelard stammen auch die folgenden Sätze (»Recherches philosophiques, 1934-1935«): »Die Wahrheit nimmt erst am Ende einer Polemik ihren vollen Sinn an. Eine Grundwahrheit sollte es nicht geben. Es gibt nur Grundirrtümer.«

Eine Gesellschaft, die sich der Wissenschaft verpflichtet weiß, hat nicht das Recht, bestimmte Forschungen als unmöglich oder unnütz abzutun. Sicher, der einzuschlagende Weg ist beschwerlich und manchmal auch gefährlich, und das Unvorhersehbare erzeugt Unbehagen, denn wir ertragen es schlecht, mit grundlegend neuartigen Situationen konfrontiert zu werden. Aber es ist ungemein fruchtbar, in der Physik der Metaphysik, in der Mathematik der Poesie und in der Geschichte dem Wunsch zu begegnen, sich auf eine Gratwanderung an den Abgründen der Torheit und der Tollheit einzulassen, wie es der französische Mathematiker René Thom ausdrückt. Und letztlich: einen neuen Rationalismus zu leben, der vor allem eine Deontik des Imaginären verkörpern würde.

Glaube kann manchmal an die Stelle des Wissens treten und die Welt der Allmacht des Verlangens unterwerfen – eines Verlangens, das das Reale verhöhnt und dessen Gesetze nicht kennt. Der Glaube des Wissenschaftlers steht dem Glauben der Jünger des ersten Propheten um nichts nach. »Die Menschheit benötigt ihr Quantum an echten oder falschen Ungewißheiten – nicht um ihre Zweifel zu vertiefen, sondern um sich ihrer Grundannahmen zu vergewissern«, schreibt Jean-François Kahn über die Rätsel der Gegenwart und Zukunft (in: *L'Evénement du Jeudi*, Heft 304, 30. August 1990). Er fährt fort:

> Das grundlegende Rätsel ist das Symbol des niemals erreichten Wissens, der immer nur relativen Wahrheit. Dies ist zugleich die immer wieder neu begonnene Revanche an den Beweisen, den materiellen Fakten, die Revolte gegen das Gültige.

Die Wissenschaftsgeschichte zeigt, wie viele »absurde Glaubensvorstellungen« und »unmögliche Konzepte« am Anfang von wissenschaftlichen Revolutionen standen. Kepler war häufiger Astrologe als Astronom, und die »alchemistischen« Schriften Newtons sind umfangreicher als seine physikalischen.

Die streng wissenschaftliche Disziplin verfolgt den Anspruch, im Idealfall gänzlich hinter die Fakten zurückzutreten und die »Wahrheit« zu präsentieren, weniger sie zu interpretieren. Aber welche »Wahrheit« eigentlich? Die Fakten nämlich sprechen nicht immer für sich selbst. Die Antwort hängt oft von der Fragestellung ab, und je mehr sich die wissenschaftliche Erkenntnis vertieft, desto stärker hat man den Eindruck, daß die Wahrheit der Interpretation das Feld räumt. Es kann also nicht mehr darum gehen, »die Natur sprechen zu lassen«, sondern vielmehr darum, »sie zum Reden zu bringen«. Die wissenschaftlichen Wahrheiten sind zweifellos genauso vergänglich wie alle anderen.

Heute wissen wir, daß jede Erkenntnis begrenzt und jede Information partiell ist, daß jede Entscheidung auf eine Wette hinausläuft. Eine solche Wette gehen wir auch hinsichtlich der UFO-Daten ein. Sollte dabei nur naive Gutgläubigkeit und nutzlose Irrationalität im Spiel sein, ist jene ängstliche und kleinliche Haarspalterei darum doch um nichts besser, die glaubt, es sei eine wissenschaftliche Leistung, sterile Kritik zu kultivieren. Michel Bougard schrieb hierzu (»Fragments d'épistémologie pour une ufologie morcelée«, in : *Inforespace*, Sonderheft 8, Dezember 1984, S. 5-21):

> Woran es dem vorwissenschaftlichen Geist am meisten ermangelt, so Bachelard, ist eine Lehre von den Erfahrungsirrtümern. Man muß erst nachdenken, bevor man weiß, was und bis wohin irgend etwas zu ermessen oder nicht zu ermessen ist in der Hoffnung, sich darüber Gedanken machen zu können. (...) Der echte Wissenschaftler fordert in Wahrheit immer das Recht, (...) vernachlässigen zu dürfen.

Die »Ufologie« ist ein Themenbereich, in dem man all das vorfindet, was wissenschaftliches Handeln ausmacht: wissenschaftstheoretische Debatten, ideologische Konfrontation, methodologische Probleme und theoretische Kontroversen. Wir müssen heutzutage das Risiko »neuer Allianzen« (Prigogine) eingehen. Wir müssen das zusammengetragene Dossier aufschlagen und ohne Vorbehalt offenlegen, es ehrlich kritisieren und analysieren, wissenschaftlich auswerten. Und wir müssen es auch wagen, die Schlüsse, die sich daraus ergeben, vorzutragen. Zu dieser aufregenden Erfahrung möchten wir die Leserinnen und Leser hiermit einladen.

3.
Rätselhafte Dreiecke:
in Belgien und andernorts
Michel Bougard

Die beeindruckende Welle der Sichtungen dreieckiger UFOs über Belgien führte uns zu der Frage, ob nicht möglicherweise ähnliche Erscheinungen auch anderswo in Europa und auf der Welt aufgetreten seien. Bei der Durchsicht der einschlägigen Literatur wurde rasch klar, daß Hunderte von Beispielen vorliegen, in denen nahezu identische Objekte an verschiedenen Punkten der Erde beobachtet wurden (und noch werden).

Die bekannteste Sichtungswelle ereignete sich zweifellos über dem Hudson River Valley nördlich von New York. In einem 1987 erschienenen Buch (»Night Siege: The Hudson Valley UFO Sightings«, von J. A. Hynek, Philip J. Imbrogno and Bob Pratt, Ballantine Books) werden die wichtigsten Sichtungen dargestellt, zu denen es 1983 achtzehn Monate lang in einem dichtbesiedelten Gebiet gekommen war. Unsere amerikanischen Kollegen gehen davon aus, daß Tausende von Personen Zeugen immer noch unerklärter Ereignisse wurden. Diese Fakten sind für uns von besonderem Interesse, da sie in ihrem Erscheinungsbild deutliche Ähnlichkeiten mit den Ereignissen aufweisen, wie sie sich seit Oktober/November 1989 in Belgien abgespielt haben.

Ich möchte kurz aus der Einleitung des obigen Buches zitieren, um die zwischen den beiden Sichtungswellen bestehenden Parallelen zu verdeutlichen:

> Über dem Hudson River Valley, nur wenige Kilometer von New York City entfernt, geschah etwas wirklich Außergewöhnliches. Hunderte, wahrscheinlich Tausende von Menschen machten eine unglaubliche und spektakuläre Beobachtung. Niemand weiß, worum es sich dabei handelte. Das Phänomen hatte den Beschreibungen zufolge die Form eines »V« bzw. eines Bumerangs. Es flog lautlos, hatte die Größe eines Football-Feldes und war damit viel größer als irgendein in den USA gebautes Flugzeug.

> Hunderte von Augenzeugen, meistens technisch geschulte Leute, haben, als sie berichteten, besonders betont, dieser Bumerang sei von materieller Beschaffenheit gewesen.

Diesen Text hätten wir ohne Änderungen auch als Einleitung für dieses Buch verwenden können. Von Bob Pratt wurden Hunderte von Fällen zusammengetragen, die vom Ende des 19. Jahrhunderts bis in die jüngste, wenige Wochen vor dem Erscheinen des Buchs liegende Vergangenheit reichen. Die Auskünfte, die wir von ihm erhalten haben, untermauern eine gewisse Kontinuität zwischen den damaligen Ereignissen und denen, die sich heute in Belgien abspielen. Die Sichtungswelle am Hudson River ließe sich an dieser Stelle schwerlich im Detail schildern. Wir wollen uns damit begnügen, anhand einiger typischer Fälle eine Ahnung von den Vorgängen zu vermitteln, die sich jenseits des Atlantiks zugetragen haben.

R. Perry Collins, der sich ebenfalls mit der amerikanischen Sichtungswelle befaßt hat, schreibt hierzu folgendes (»The Westchester Wing – A Closer Look«, in: *Pursuit*, 18. Jg., 1985, Heft 2, S. 6-11; Heft 20, S. 166-172):

> Das Objekt wurde durchweg als ein extrem großes, V-förmiges, langsam und lautlos in geringer Höhe fliegendes Gebilde beschrieben. Es kann sehr stark beschleunigen, mitten im Flug um die eigene Achse schwenken, abrupt im rechten Winkel abdrehen und auf der Stelle schweben, wobei farbige Leuchtfeuer und Lichtstrahlen auftauchen, die den Boden abzusuchen scheinen.

Collins, ein Raumfahrtingenieur, der in Connecticut als Physikdozent arbeitet, wurde selbst Zeuge eines Überflugs durch ein derartiges UFO. Für ihn bestehen keine Zweifel: Das von ihm beobachtete Objekt konnte kein Flugzeug sein. Überdies schien das Phänomen, genau wie in Belgien, eine Vorliebe für Gegenden mit hoher Bevölkerungsdichte zu haben, so als wolle es sich um jeden Preis bemerkbar machen.

In der Nacht vom 27. auf den 28. Oktober 1983 befindet sich Jim Cooke, ein auf chirurgische Lasertechnik spezialisierter Biochemiker, auf der Heimfahrt nach Mahopac (New York). Gegen 2.15 Uhr bemerkt er in der Nähe von Croton Falls einige helle Lichter zwischen den Bäumen. Die Lichter kommen sehr schnell näher und senken sich schließlich über einen kleinen See, der als Wasserreservoir dient. Als sie verlöschen, sieht

3. RÄTSELHAFTE DREIECKE: IN BELGIEN UND ANDERNORTS

der Zeuge ein dunkles, dreieckförmiges Gebilde, das etwa 5 Meter über der Wasseroberfläche schwebt:

> Nun gingen an den Seiten des Dreiecks neun rote Lichter an. Sie glichen Leuchtdioden, wie man sie für Digitalanzeigen verwendet. Etwas trat aus dem unteren Teil des Objekts hervor, ein rotes Lichtbündel oder etwas Festes, das rot glühte – ich weiß es wirklich nicht genau. Es schien jedenfalls das Wasser zu sondieren. [Dann und wann projizierte das immer noch lautlose Objekt so etwas wie einen »Bildschirm« zur Wasseroberfläche hin.] Die leuchtende »Sonde« schien sich dabei hinter dem Schirm oder darin zu befinden. Wenn man durch Infrarotstrahlen hindurchblickt, kann man eine Verzerrung des Hintergrunds feststellen. Genauso war es hier auch.

Am 26. Februar 1983 beobachten Monique O'Driscoll und ihre 17jährige Tochter ein bumerangförmiges Objekt mit mehreren Leuchtfeuern, das, als es lautlos über sie hinwegfliegt, in ihren Augen wie eine »Brücke« aussieht: »Es war so etwas wie ein Geflecht aus schweren Metallteilen, (...) mit rohrförmigen Abschnitten da und dort.« Weckt das nicht bestimmte Erinnerungen?

Der 24. März 1983 war einer der Tage mit den meisten Sichtungsmeldungen. Innerhalb von zweieinhalb Stunden sahen Hunderte von Personen bumerangförmige Objekte (wir in Belgien würden sie als Dreiecke bezeichnen, da die Form lediglich durch die Anordnung der Lichter suggeriert wird) gleichzeitig über den etwa 20 Kilometer auseinanderliegenden Regionen Westchester und Putnam. Hier in bunter Folge einige Auszüge aus den damaligen Schilderungen der Augenzeugen:

> Aus der Mitte des Objekts sah ich einen weißen, sehr hellen Lichtstrahl kommen, aus dem sich ein kleines, rötliches Objekt löste und mit hoher Geschwindigkeit Richtung Norden entfernte. Dann verschwand der Lichtstrahl. – Das Objekt hatte eine dreieckige Form, der Rand war von Lichtern umsäumt. – An dem Objekt leuchteten zwei Scheinwerfer auf, die an der Oberfläche des Teichs etwas zu suchen schienen; ich konnte dabei ein sehr schwaches Geräusch wahrnehmen. – Das Ding war so groß wie ein Football-Feld.

Die Sichtungen setzten sich zwar auch in den Monaten April und Oktober 1983 fort, doch nahmen sie erst wieder ab Juni 1984 an Häufigkeit zu. Am 19. Juli 1984 befindet sich John Dorazio gemeinsam mit seinem Schwager auf der Heimfahrt. Gegen 22.30 Uhr machen sie zwischen Pound Ridge und Waterburg (Connecticut) folgende Beobachtung:

> Ich bemerkte ein sehr großes, bumerangförmiges Objekt (...), das vorne sieben bis neun Lichter hatte (...). Es bewegte sich sehr, sehr langsam (...). Die Flughöhe lag allenfalls bei 60 Meter. (...) Bei gestreckten Armen betrachtet, war es gut und gerne so breit wie drei Hände. (...) Als das Objekt so ziemlich genau über uns hinwegflog, war ein sehr leises Dröhnen zu hören (...). [Abbildung 3.1 im Bildteil].

Am 24. Juli wird das Phänomen über dem Kernkraftwerk Indian Point am Hudson River in Buchanan (New York) von einigen Werksangehörigen gesichtet. Zwei Augenzeugen: »Es war ein festes, sehr großes Gebilde. (...) Es gab eine Reihe von Lichtern, die in Form eines Bumerangs angeordnet waren. Dahinter konnte man eine dunkle Masse erkennen; am unteren Teil befanden sich zwei runde Vertiefungen, so etwas wie Hohlkugeln (...).« Das Objekt überflog das Kernkraftwerk und schwebte dann mehrere Minuten lang über ihm. Auch hier wieder ergeben sich Parallelen zu den uns zeitlich und geographisch näher liegenden Ereignissen (vgl. besonders die aus der Umgebung des Kernkraftwerks Tihange stammenden Zeugenaussagen vom 12. März 1991).

Wie im Falle der belgischen Sichtungswelle wurde auch in Amerika eine Fülle verschiedenster Hypothesen aufgestellt. Für die F.A.A. (Federal Aviation Administration) beispielsweise waren sämtliche Sichtungen auf Verwechslungen zurückzuführen: Angeblich war eine (Kunstflieger-?) Staffel kleinerer Flugzeuge vom Flughafen Stormville aus zu Übungsflügen gestartet. Die Zeitschrift *Discover* (5. Jg., November 1984, S. 18-24, Artikel von Glenn Garelik) widmete dieser These breiten Raum – ähnlich wie einige Jahre später die Zeitschrift *Science & Vie*. Andere wiederum konnten sich streng geheime nächtliche Ausflüge des neuen B-2-Prototyps vorstellen. Jedem sein eigenes Spionageflugzeug ...

Bei diesen Erklärungsversuchen verschwieg man allerdings ein paar besonders störende Einzelheiten: die Trägheit der Bewegung, die extrem niedrige Flughöhe, das Auf-der-Stelle-Schweben, die abrupte Beschleunigung, die Geräuschlosigkeit etc. Kurzum alle Charakteristika, mit denen wir es auch in Belgien zu tun hatten, und die sich nicht durch die Hypothese einer Verwechslung mit F-117, AWACS, Luftschiff oder ULM erklären lassen.

3. RÄTSELHAFTE DREIECKE: IN BELGIEN UND ANDERNORTS

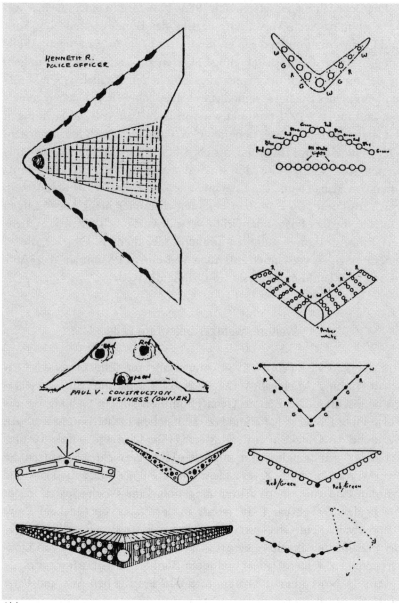

Abb. 3.2

Die Beobachtungen setzten sich 1983-1986 fort: In einem Gebiet von 3 600 qkm, das sechs Verwaltungsbezirke der Bundesstaaten New York und Connecticut umfaßt, gab es mindestens 5 000 Augenzeugen. Abbildung 3.2 zeigt exemplarisch einige Skizzen zu Zeugenbeschreibungen; sie veranschaulichen die bereits angesprochenen Parallelen. Seit Veröffentlichung des Buches »Night Siege« haben sich weitere Zeugen gemeldet, und im Juni 1991 erfuhren wir von Bob Pratt, daß die Sichtungen der letzten fünf Jahre weit über den Großraum New York hinausreichen. Vier neue Zonen kristallisieren sich dabei heraus: Wytheville im Südwesten von Virginia, Corydon im Süden von Indiana, Fyffe im Nordosten von Alabama und Vail Lake im Süden des Bundesstaats Kalifornien. Nach Auskunft von Bob Pratt beschreiben immer mehr Augenzeugen Objekte, die ihre Form oder Größe verändern, die sich offenbar in mehrere Einzelstrukturen aufteilen können (oder mehrere Objekte, die zu einem einzigen verschmelzen). Auch von einem Phänomen der »Auflösung oder lautlosen Explosion« ist häufig die Rede.

Weitere, weniger bekannte Fälle

Am Abend des 22. Februar 1984 konnten mehrere Einwohner der Ortschaft Flushing (Michigan) verschiedene UFOs, darunter auch dreieckige, beobachten. Die Zeugin Gena Thompson sah ein Gebilde, das die Form eines Dreiecks hatte und von zahlreichen Lichtern umsäumt war. Während das Objekt in etwa 50 Meter Höhe schwebte, wurde das umgebende Gelände plötzlich in ein helles Licht getaucht. Die Katzen der Frau wurden unruhig. Zwei andere Objekte flogen über das Haus und wurden bald von einem dritten eingeholt. Eine Woche später, in der Nacht des 29. Februar 1984, wurde in der Nähe von Mechanicsburg (Pennsylvania) ein Objekt gesichtet, dessen Form der eines (geschliffenen) Diamanten ähnelte, eine Art Raute, die sehr dunkel und von Lichtern, einigen weißen Dauer- und roten Blinklichtern, umsäumt war.

Am 26. November 1984 um 18.15 Uhr beschließen Ana und Peter Hoel aus Magnolia Bay noch etwas frische Luft zu schnappen, nachdem sie das Abendessen vorbereitet haben. Als sie auf die Shore Road einbiegen, bemerken sie einen Lichtkeil auf der Meeresoberfläche. Während

3. RÄTSELHAFTE DREIECKE: IN BELGIEN UND ANDERNORTS

sie das Phänomen, das sie zunächst für reflektiertes Mondlicht halten, weiter beobachten, gehen zwei rote, abwechselnd aufblinkende Lichter an. Das Objekt nähert sich langsam dem Festland. Über der Küste erlöschen die beiden roten Lichter, und am Heck des Dreiecks zeigen sich vier weiße Lichter. Am unteren Teil des Objekts bemerken die Zeugen eine Art »Glaskuppel«, die durch ein gelbliches Licht hell erleuchtet ist (Abbildung 3.3 im Bildteil). Das Objekt brummt gedämpft und dreht in einem Winkel von 90° nach Magnolia City ab, in Richtung der höchsten Erhebung der Stadt. Dort verschwindet das etwa 50 Meter breite UFO plötzlich. Als die Zeugen an der Stelle eintreffen, können sie durch einige Bäume hindurch eine Formation aus vier roten Lichtern erkennen, die von zwei weißen Lichtern flankiert ist. Das UFO bewegt sich langsam in Richtung Kettle Island und schwebt noch minutenlang über dem Ozean. (Nach: John Melesciuc, *MUFON UFO Journal*, Heft 214, Februar 1986, S. 11, 16).

In der Nacht des 19. November 1985 – wir befinden uns in Madison (Wisconsin) – kehrt eine Frau nach Hause zurück und bemerkt auf Baumwipfelhöhe drei Lichter. Die Lichterformation beschreibt eine 90°-Kurve in Richtung Parkplatz, auf dem die Zeugin gerade ihren Wagen abgestellt hat. Das Objekt korrigiert seine Flugbahn, um einer Stromleitung auszuweichen. Die Lichtverhältnisse lassen seine Konturen erkennen: Es ist eine schwarze, dreieckige Struktur von der Größe eines Straßenkreuzers, ein Licht sitzt auf der den Bug bildenden Dreieckspitze, je ein weiteres auf den beiden Flanken. Das Objekt bewegt sich lautlos Richtung Norden und kommt über einem Haus zum Stehen. Von hinten sind auf dem Objekt zwei hochsitzende, rasch blinkende, anscheinend rotierende weiße Lichter zu erkennen und auf der rechten Seite ein kleines, rotes Licht. Die Unterseite des Gebildes ist eher konvex.

Drei Tage später (am 22. November) befindet sich ein Angestellter des Bundesstaats Washington auf dem Weg nach DeForest. Es ist kurz nach 17 Uhr, noch taghell und wolkenlos. Plötzlich fallen dem Mann drei weiße Lichter auf, die etwa 10 Meter über einem Farmhaus zu stehen scheinen. Hierzu der Zeuge (zit. nach: Don Schmitt, *International UFO Reporter*, Januar/Februar 1988, 13. Jg., Heft 1, S. 17-19): »Ich dachte zunächst an einen Hubschrauber, doch dann merkte ich, daß ich das Objekt nicht einordnen konnte.« Der Zeuge bog bei Chase Lumberyard vom Highway ab, um näher an die Lichter heranzukommen. Er erkennt jetzt ein dreieckiges Gebilde, das sich lautlos in seine Richtung zu bewegen beginnt, in etwa 30 Meter Höhe über die Straße hinwegfliegt und rasch nach Westen fortgleitet. Aus Abbildung 3.4 im Bildteil geht hervor, daß dieses Objekt ganz deutliche Übereinstimmungen mit einigen der im Zuge der belgischen Sichtungswelle beschriebenen Objekte aufweist.

Am 14. Oktober 1986 ist ein Ehepaar gegen 23 Uhr auf dem Highway 45 von Antioch (Illinois) Richtung County Kenosha unterwegs. Nördlich der Kleinstadt Bristol fallen ihnen einige Lichter auf. Da sie so dicht beim Boden sind, denken sie zunächst an einen Verkehrsunfall, bald jedoch wird ihnen klar, daß es keine Blaulichter von Polizei- oder Krankenwagen sind, sondern daß die Lichter von einem riesigen, dreieckigen Objekt stammen, das nur wenige Meter über dem Boden schwebt. Inzwischen, sie haben ihr Fahrzeug eben verlassen, ist das UFO kaum noch 10 Meter von ihnen entfernt. An der Unterseite des völlig geräuschlosen und etwa 10 Meter breiten Objekts befinden sich einige regelmäßig aufblitzende Lichter, und hinter ihnen ist eine Art »Raster oder Gitter« zu erkennen. Nach etwa zehn Minuten entfernt sich das Objekt langsam Richtung Südosten. Einmal mehr finden wir hier eine Beschreibung, die bis in die Details den jüngsten belgischen Fällen ähnelt.

Die drei zuletzt aufgeführten Fälle betreffen Gegenden innerhalb des County Dane (Wisconsin). Ein weiteres, länger zurückliegendes Ereignis vom Sommer 1974, das sich im Norden dieses County (südwestlich der Stadt Lodi) abspielte, ist aufgrund seiner auffälligen Ähnlichkeit mit den belgischen Sichtungen ebenfalls erwähnenswert. Am frühen Abend steht der Zeuge G. vor seinem Haus, als er von einem besonders hellen Licht überrascht wird, das ein in der Nähe verlaufendes hügeliges Gelände mitsamt dem zugehörigen Golfplatz erhellt. Noch bevor Frau G. hinzukommen kann, geht das Licht schlagartig aus. Einige Stunden später wird das Ehepaar von seinem Wagen aus Zeuge des Überflugs eines dreieckigen Objekts mit »roten und blauen Rundlichtern«, die sich unterhalb des Objekts zu befinden scheinen. Das Gerät fliegt langsam und lautlos in weniger als 10 Meter Höhe (nach ihrer Schätzung) über die Zeugen hinweg (die Seitenscheiben ihres Fahrzeugs sind ganz heruntergekurbelt). Zahlreiche Farblichter gehen abwechselnd an und aus. In

3. RÄTSELHAFTE DREIECKE: IN BELGIEN UND ANDERNORTS

derselben Nacht (gegen 1 Uhr) und nicht weit von dort entfernt glaubt der Zeuge W. über dem Hauptweg seines Gartens zwei Scheinwerfer zu sehen. Er geht hinaus, um nachzuschauen, wer ihn da wohl besuchen will, doch draußen ist nichts mehr zu sehen. Es ist stockdunkel, und W. sucht die Umgebung nach der möglichen Lichtquelle ab. Dabei bemerkt er drei sehr helle, waagerecht nebeneinander aufgereihte Punkte am Himmel. Der Zeuge geht seinen Bruder wecken, und nach knapp einer halben Stunde haben beide ein Teleskop aufgebaut, um herauszufinden, worum es sich da handelt. Während sie noch mit der Einstellung beschäftigt sind, fliegt ein riesiges Dreieck über sie hinweg, das »lautlos am Sternenhimmel dahinglitt«. Zwar sind keine Lichter sichtbar, doch man kann den unteren Teil des Objekts deutlich erkennen: Er ähnelt »Kühlrohren, wie man sie an der Rückwand eines Kühlschranks findet« (Abbildung 3.5 im Bildteil). Die beiden jungen Leute können mitverfolgen, wie das Gebilde langsam und in geringer Höhe über das elterliche Haus fliegt. Als es jenseits des Daches verschwindet, laufen sie los und sehen noch, wie sich das Objekt um 45° aufrichtet und sogleich – ebenfalls absolut lautlos – mit hoher Geschwindigkeit davonfliegt.

In der Nacht vom 11. auf den 12. August 1986 (0.23 Uhr) wird die in der Nähe von Lima (Ohio) lebende Zeugin L. (48 Jahre) durch ein Geräusch wach, das sie nicht identifizieren kann. Sie glaubt zunächst, ihre Tochter sei vielleicht aufgewacht, und steht auf, um nachzuschauen. Durch ein nach Osten gehendes Fenster sieht sie einige ungewohnte Lichter über einem Nachbarhaus. Sie geht nach draußen und stellt fest, daß es sich um ein »dunkles, fremdartiges Objekt« handelt, das wie aufgehängt über einem Haus steht. Das dreieckige Objekt hält sich geräuschlos in senkrechter Position. An der Spitze des Dreiecks ist ein rotes Licht, und an der Basis sind zwei – diesmal – weiße Lichter zu erkennen, alle drei besonders »stark blendend« (Abbildung 3.6 im Bildteil). Das Objekt verschwindet, während die Zeugin ihren Mann wecken geht (nach: John P. Timmerman, *International UFO Reporter*, Juli/August 1986, 11. Jg., Heft 4, S. 9-10, 22).

Frau S. B. wohnt in Eastlake, am Ufer des Eriesees im Osten von Cleveland (Ohio). Am 4. März 1988 befindet sie sich mit ihren Kindern auf dem Heimweg, als ihnen ein Objekt auffällt, das »so groß ist wie ein Football-Feld«. Es hat die Form eines Luftschiffs und ist mit weißen, stark leuchtenden Lichtern ausgestattet. Das Objekt schwebt über dem See und hält dabei Position. Zu Hause angelangt, bittet Frau S. B. ihren Mann, sie zum Seeufer hinunter zu begleiten. Das Objekt ist immer noch da: vollkommen lautlos, metallisch-grau, und es scheint die Eisdecke des (um diese Jahreszeit noch zugefrorenen) Sees zum Knistern zu bringen. Plötzlich wendet das Objekt und scheint sich den Zeugen zu nähern. Als es an Höhe zu verlieren beginnt, werden an den Seiten, ziemlich weit unten, rote und blaue Blinklichter sichtbar. Daraufhin gibt das Objekt fünf bis sechs weitere – gelbe, dreieckförmige und sehr helle – Lichter ab, die mit hoher Geschwindigkeit im Zickzackkurs um das größere Objekt zu kreisen beginnen. Knapp eine Stunde lang bewegen sie sich auf diese Weise in alle Richtungen und kehren schließlich eines nach dem anderen in das »Mutterschiff« zurück, das nun auf der Eisdecke aufsetzt. An seiner Unterseite werden jetzt mehrere verschiedenfarbige Lichter sichtbar, während ein hinten plaziertes weißes Licht zu blinken beginnt und dabei abwechselnd eine rote und weiße Färbung annimmt. Dieses Manöver dauert etwa fünf Minuten, und da das Eis zu knacken und zu knistern aufhört, herrscht nun im weiten Umkreis absolute Stille.

Zur gleichen Zeit zeigen sich weitere dreieckige Objekte in dieser Gegend. Gegen 22.30 Uhr wird nicht weit von der Perry Nuclear Plant (ebenfalls am Ufer des Eriesees) ein dreieckförmiges Fluggerät gesichtet. Nach Angabe von P. Dell'Aquila (*MUFON UFO Journal*, Heft 249, Januar 1989, S. 15-17) soll das Dreiecksgebilde sogar von einem Amateurastronom fotografiert worden sein. Eines steht jedenfalls fest: Dieser UFO-Typ hat eine besondere Vorliebe für kerntechnische Anlagen!

Am Sonntag, dem 25. September 1988, ist der arbeitslose Schweißer Stanley R. Decker auf der Route 113 im County Lorraine (Ohio) unterwegs. Gegen 22.30 Uhr bleibt sein Wagen plötzlich stehen. Er weiß, daß er mit einer schwachen Autobatterie herumfährt, doch als er bemerkt, daß zwei Fahrzeuge vor ihm ebenfalls stehengeblieben sind, ahnt er, daß es eine andere Bewandtnis haben muß. Nun finden sich fünf Leute zusammen, die debattieren und herumrätseln. Nach ein paar Minuten bemerken sie Lichter in der Nähe der angrenzenden Wälder. Sie gehören zu einem dreieckigen, metallisch aussehenden Objekt. An seinen Seiten sind einige rote und gelbe Lichter zu sehen, unten ein großes, rotes Licht.

3. RÄTSELHAFTE DREIECKE: IN BELGIEN UND ANDERNORTS   431

Das Objekt kommt den Zeugen so nahe, daß »man hätte draufspucken können«, wie sich einer später ausdrückt. Außerdem schwanken die Baumwipfel hin und her, ohne daß sich das geringste Lüftchen regt. Das Objekt scheint die Struktur eines »H-Trägers« zu haben und unten rund zu sein. Die Zeugen können das Fluggerät fünfzehn bis zwanzig Minuten lang beobachten. Das zeitweilig vibrierende bzw. schaukelnde Objekt verschwindet schließlich hinter Bäumen in Richtung eines Campingplatzes.

Da das Objekt, als es über den Zeugen flog, sich mit geringer Geschwindigkeit bewegte, konnten sie die gerundete Unterseite deutlich sehen. Das UFO war breiter als die Straße und absolut geräuschlos; hinten waren keine Lichter zu sehen. Nochmals der Zeuge Decker: »Das rote Licht an der Unterseite glich nun eher einer Art Loch, das mit weißem Licht gefüllt war, wie von einer Leuchtstofflampe.« Als sich der Zeuge mit seiner Frau auf dem Nachhauseweg befand, begegneten sie (am 29. Dezember 1988) dem gleichen Phänomen zwischen 18.30 und 19 Uhr wieder und haben es durchs Fernglas beobachtet. Leider zeigte sich das Objekt nur für gut eine Minute. Diesmal waren weitaus mehr Lichter zu erkennen. Das UFO blieb dreimal unvermittelt stehen, änderte schließlich seinen Kurs und verschwand wenig später (nach: Thomas M. Olsen, *Flying Saucer Review*, 34. Jg., Heft 2, Juni 1989, S. 11-12).

Riesendreieck in Puerto Rico

Einen Tag vorher (am 28. Dezember 1988) hatte sich, Tausende von Kilometern entfernt, auf der Insel Puerto Rico (Große Antillen, östlich der Insel Haiti) etwas weit Ernsteres abgespielt. Der nachstehende Fall wurde von Jorge Martin, einem Korrespondenten von MUFON (Mutual UFO Network) untersucht. (Darüber sind mehrere Artikel erschienen: in Heft 21 der Zeitschrift *Enigma*, 1989, 5. Jg., S. 2-9, und im *MUFON UFO Journal*, Heft 261, Januar 1990, S. 20-23).

Am Abend des 28. Dezember 1988 hatte sich bis 19.45 Uhr nichts Ungewöhnliches ereignet. Nun allerdings sollten mehrere Einwohner der Viertel Betances und Maguayo in Cabo Rojo Dinge erleben, bei denen sie ihren Augen nicht mehr trauten. Familie Wilson Sosa, Familie Carlos

Manuel Mercado, Edgardo Plaza, seine Frau Carmen und einige andere Leute befanden sich zum Zeitpunkt der Geschehnisse in einem Geschäft an der Straße Luis Monoz Marin (Region Cabo Rojo); weitere Zeugen hielten sich gerade an verschiedenen Stellen der 101. Straße auf, die Lajas mit dem Badeort Boqueron verbindet. Alle konnten sie – von den Sektoren Olivares und Verteredo (Lajas) aus – dasselbe mitverfolgen: die Begegnung zweier Maschinen der US Air Force mit einem gigantischen UFO und das Verschwinden der beiden Jagdflugzeuge, die buchstäblich von dem merkwürdigen Fluggebilde *verschlungen* wurden!

Die Zeugen sprechen übereinstimmend von einer dreieckigen Struktur und der absoluten Geräuschlosigkeit des UFOs. Einige, die das Objekt aus der Gegend von Lajas aus beobachteten, versicherten, daß es »eine Art vorderes Anhängsel mit zahlreichen, unablässig blinkenden Farblichtern zu haben schien«. Mit Wilson Sosa wurde auch ein Interviewer (der mit Jorge Martin zusammenarbeitet) Zeuge dieses Vorfalls. Er berichtet:

> Nach 18 Uhr sahen wir mehrere Düsenmaschinen über der Region, und gegen 19.45 Uhr hörten wir weitere, die von der Puerto Rico National Air Guard oder der US Navy stammen mußten. Obwohl die Maschinen sehr hoch flogen, konnte man ihre Triebwerkgeräusche noch deutlich hören. Ich verfolgte ihre Flugmanöver mit großer Aufmerksamkeit, denn eine Woche vorher hatte eine der Maschinen (F-14 oder F-15) bereits ein kleineres UFO über der Sierra Bermeja (einer kleineren Gebirgskette) und der Laguna Cartagena verfolgt; in beiden Regionen werden seit 1987 sehr oft UFOs gesichtet. Ich ging hinaus, um mir anzusehen, was da los war. Über den Bergen befand sich ein großes, wirklich riesiges UFO! Viele farbige Lichter blinkten auf. Schnell holte ich mein Fernglas und konnte nun deutlich erkennen, daß es sich um eine hinten leicht gerundete, dreieckige Form handelte. (...)
>
> Das UFO drehte eine Runde und kam zurück, wegen der geringeren Flughöhe noch größer erscheinend. Unmittelbar hinter ihm befanden sich zwei Düsenjäger. Als das UFO nach Westen abdrehte, unternahm eines der Jagdflugzeuge einen Abfangversuch und setzte sich direkt vor das Gerät. In diesem Augenblick drehte das UFO nach links ab und beschrieb mit verminderter Geschwindigkeit eine Kehre. Insgesamt gab es drei Abfangversuche, und jedesmal wurde das UFO langsamer, blieb fast in der Luft stehen. Einfach unglaublich! Wie kann sich ein so massiges Ding in der

3. RÄTSELHAFTE DREIECKE: IN BELGIEN UND ANDERNORTS

Luft halten? Seiner Größe nach mußte es sehr schwer sein. Der zweite Jäger blieb rechts von dem UFO, der erste hatte sich eher hinten links plaziert. Ja, nun weiß ich nicht, was genau passiert ist. Ist eine der Maschinen direkt von hinten oder oben in das UFO hineingeflogen, oder anders? Wir schrien auf, weil wir natürlich annahmen, sie würden zusammenstoßen und es gebe eine Explosion. Doch die hintere Maschine verschwand einfach nur über oder in dem UFO. Ich beobachtete ja alles durchs Fernglas, konnte die Maschine aber weder hinten noch oben oder an den Seiten wieder auftauchen sehen. Ich sagte zu mir: Mein Gott, was ist da bloß passiert? Sie ist weg!

Die zweite Maschine hielt sich sehr dicht rechts neben dem UFO. Ihm gegenüber erschien sie winzig. Als das UFO seinen Kurs etwas nach Westen korrigierte, verschwand auch diese Maschine, und ihr Triebwerkgeräusch brach unvermittelt ab. Das UFO hatte wirklich enorme Ausmaße, es war ein gutes Stück größer als das örtliche Baseballstadion. Zu erkennen waren seine metallisch-graue Struktur und ein großes, gelbes Zentrallicht, das aus einer Art großer, leuchtender runder und angehängter Einbuchtung kam. An der rechten »Flügelspitze« des Dreiecks befanden sich helle, gelbe Lichter und links rote.

Nachdem das UFO die beiden Maschinen anscheinend »verschluckt« hatte, ging es bis sehr dicht über einen in dieser Region als Saman-See bezeichneten Teich hinunter. Für einen Augenblick schwebte es auf der Stelle, zog dann wieder hoch und gab dabei aus seinem Zentrum einen kräftigen Lichtblitz ab. Nun teilte sich das Objekt in der Mitte in zwei separate Dreiecksabschnitte. Absolut unglaublich! Das rechte Dreieck erstrahlte in gelbem, das linke in rotem Licht. Die beiden Objekte flogen mit hoher Geschwindigkeit davon, das eine nach Südosten und das andere nach Nordosten, Richtung Monte del Estado. »Als es sich teilte, konnte man rote Funken herabregnen sehen«, so Wilson Sosa.

Im Rahmen der Befragung äußerte sich der Zeuge Carlos Manuel Mercado wie folgt:

> Meine Frau Haydee rief: »Manuel, komm schnell! Sieh mal, was da kommt!« Als ich hinausging, rief mich Wilson [Sosa] ebenfalls herbei. Ich sah etwas Großes, wie ein großes Licht. Zunächst wußte ich nicht genau, worum es sich handelte. Da war ein sehr kräftiges, stark blendendes gelbes Licht, wie ein gigantischer Spot. Plötzlich bemerkte ich zwei Flugzeuge neben dem Ding. Eine der Maschinen näherte sich dem Objekt (...) und

flog nach links an ihm vorbei, und die andere flog von links nach rechts an ihm vorbei. Als sie sehr nahe an das UFO herankamen, fürchteten wir, sie stießen gleich zusammen. Dann blieb das UFO schlagartig stehen! Die beiden Flugzeuge schienen ins Innere vorzudringen und blieben danach für immer verschwunden. Dann schwenkte – ja, wie soll ich sagen – dieses Raumschiff (denn es war wirklich sehr groß) zurück, und ich konnte erkennen, daß es sich um ein Dreieck handelte. An beiden Seiten befanden sich einige Lichter und in der Mitte eine große Leuchtkugel; aus ihr kam das gelbe Licht. Nachdem das Objekt kehrtgemacht hatte und über dem Saman-See stehengeblieben war, teilte es sich: Ein Teil machte sich mit hoher Geschwindigkeit Richtung Osten davon, der andere Richtung Norden. Die Maschinen wollten das Objekt offenbar abfangen und zur Kursänderung zwingen; nachdem sie das dreimal versucht hatten, blieb das Objekt stehen, und die Falle schnappte zu. (...) Ich war echt nervös, denn das Ding war derart riesig und bewegte sich direkt in unsere Richtung. Ich rief: »Gleich gibt's einen Zusammenstoß!« Doch die Jets schienen sich in das Ding hineinzuwerfen (...) und verschwanden einfach! Gleichzeitig verstummten die Triebwerkgeräusche.

»Es war wie in einem Science-fiction-Film, einfach unglaublich!« erfahren wir von Frau Eduviges Olmeda, die in Finquitas de Betances lebt. Die Zeugin: »Von unserem Balkon aus konnten wir alles beobachten. Die Maschinen umkurvten das Objekt mit seinem riesigen, gelben Licht und kamen darauf zu. Es war schön anzusehen! Plötzlich dann blieb es stehen, und die Maschinen schienen darin zu verschwinden!« Aus der

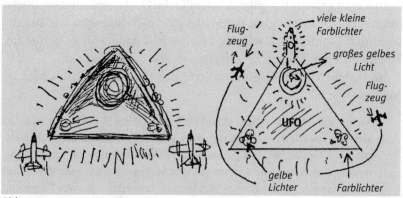

Abb. 3.7

3. RÄTSELHAFTE DREIECKE: IN BELGIEN UND ANDERNORTS

Sicht ihres Mannes, Edwin Olmeda, stellen sich die Ereignisse so dar: »Es war mit Sicherheit ein UFO und wirklich sehr groß. Es hatte ein großes, leuchtendgelbes Licht und machte im Gegensatz zu den Maschinen nicht den geringsten Lärm. Sie müssen wissen, daß wir noch nicht lange hier wohnen, aber in dieser Gegend schon einmal ein UFO gesehen haben, und zwar vor etwa drei Wochen so etwas wie eine fliegende Untertasse, die das Licht stark reflektierte.«

Ein weiterer Zeuge ist der junge Ivan Cote, der in Sabana Yeguas, einem Viertel von Lajas wohnt:

> Zwischen 19 und 20 Uhr hielt ich mich im Hof auf, als ich plötzlich ein riesiges Etwas bemerkte, ungefähr ein Dreieck mit großen Lichtern und vielen gleichartigen, blinkenden Farblichtern. Dann näherten sich Militärflugzeuge, die das Objekt anscheinend einkreisen wollten. Das Dreieck war von kleineren, roten Leuchtobjekten umgeben, die es umkreisten und es anscheinend vor den Flugzeugen schützten. Ich glaube wirklich, daß dieses Ding ein sogenanntes UFO war, eine fliegende Untertasse. Plötzlich schienen die Maschinen in das Innere des Objekts vorzudringen oder gesogen zu werden. (...) Ich dachte, es würde eine Kollision, eine Explosion geben, doch sie verschwanden einfach, und ich konnte sie danach weder sehen noch hören. Dann tauchte ein weiteres Flugzeug auf, hielt sich aber auf Distanz, so als hätte der Pilot miterlebt, was mit den beiden anderen geschehen war. Diese Maschine verschwand in den Wolken, während sie von den kleineren UFOs mit den roten Lichtern gejagt wurde. Das ist soweit alles. Die Jets sind tatsächlich verschwunden! Meine Großmutter, Josefina Polanco, hat es ebenfalls gesehen.

Diese Aussage ist deshalb von Bedeutung, weil aus ihr klar hervorgeht, daß das große UFO von einer ganzen Schar kleinerer Objekte umgeben war, die anscheinend eine Schutzeskorte bildeten. Von der in Vertedero (Barrio Olivares, Lajas) lebenden Familie Acosta und den beiden Jungen Juan und Jeffrey wurde unter Angabe derselben Details dasselbe beobachtet: »[Gegenüber dem riesigen Objekt] wirkten die Maschinen klein wie Mücken.«

Jorge Martin, der prompt von den Vorfällen erfahren hatte, rief sofort bei der F.A.A. (Federal Aviation Administration) in Isla Verde an. Er bekam einen gewissen Ed Purcell an den Apparat, welcher erklärte, nicht auf dem laufenden zu sein; es fänden jedoch »militärische Bewegungen im Südwesten von Cabo Rojo statt und Manöver offenbar von Angehörigen der Marinebasis Roosevelt Road in Ceiba«. Auch beim Flugplatz des Stützpunkts Muniz (Puerto Rico Air Guard, ebenfalls in Isla Verde) wußte man von nichts, zumindest war keine ihrer Maschinen an jenem Abend im Einsatz gewesen. Einige Vertreter der F.U.R.A. (Fast Action United Forces), einer von San German aus zur Bekämpfung des Drogenhandels operierenden Spezialeinheit der Luftpolizei, erklärten ebenfalls, daß ihnen diesbezüglich nichts bekannt sei, sie schienen jedoch an weiteren Informationen interessiert. Sie teilten Jorge Martin mit (dies wurde auch von einem hochrangigen Offizier des Criminal Investigation Corps des Police Department von Puerto Rico gemeldet), daß sie über dem Westteil der Insel zahlreiche Kampfflugzeuge in geringer Höhe in absolut ungewöhnlicher Weise hätten fliegen sehen.

Als Jorge Martin am folgenden Tag, am Donnerstag, dem 29. Dezember 1988, vormittags bei der Roosevelt Road U.S. Naval Base in Ceiba anrief, wartete eine große Überraschung auf ihn. Nachdem er zunächst mit jemandem vom Lufteinsatzkommando telefoniert hatte, bekam er den zuständigen Einsatzleiter, einen gewissen Burdsey, an den Apparat. Dieser erklärte ihm : »Das ist doch absurd, einfach nicht wahr, absolut lächerlich! Ich kann Ihnen im übrigen versichern, daß sich niemand von uns am gestrigen Mittwoch in dieser Region aufgehalten hat, weder tagsüber, noch nachts. Wer das Gegenteil behauptet, hat unrecht und muß sich geirrt haben.« Martin erklärte dem Offizier, daß von mehreren wirklich seriösen und glaubwürdigen Zeugen bis ins Detail das gleiche berichtet worden sei, doch Burdsey war von seiner Meinung nicht abzubringen: »So etwas können sie nicht gesehen haben, weil es einfach nicht wahr ist. Die ganze Geschichte ist absurd!«

Ein Offizier der F.A.A. namens Mirabal teilte Jorge Martin mit, er kenne zwar die UFO-Episode nicht, doch »es hat in der vergangenen Nacht in dieser Region von Cabo Rojo Flugübungen gegeben, wie jeden Mittwoch (...)«. Außerdem verstehe er nicht, warum die Verantwortlichen der Roosevelt Road Base leugneten, in dieser Gegend mit ihren Flugzeugen präsent zu sein. Später versicherte ein zweiter (ungenannter) Offizier der F.A.A. Jorge Martin anläßlich eines zweiten Telefonats: »Bei UFO-Zwischenfällen sind wir nicht autorisiert, darüber Nachforschungen anzustellen, da mit derartigen Aufgaben eine Washingtoner Sonder-

3. RÄTSELHAFTE DREIECKE: IN BELGIEN UND ANDERNORTS

abteilung (...) betraut ist.« Dies deutet auf einige Widersprüche zwischen den verantwortlichen Militärs hin.

Bereits am 29. Dezember konnte Jorge Martin mit der Befragung der ersten von etwa sechzig Zeugen beginnen, die das Riesendreieck hatten beobachten können. In einem Gespräch erklärte der Flugeinsatzleiter des Flughafens »El Mani« von Mayaguez (in der Nähe von Cabo Rojo), Carlos Rocafort, der von dem UFO-Zwischenfall noch nichts gehört hatte, daß am Mittwoch, dem 28. Dezember, um 20.30 Uhr, also 45 Minuten nach den Ereignissen, eine kleine Militär-Cessna mit vier Personen an Bord gelandet sei. Es kam das Gerücht auf, diese seien gekommen, »um Nachforschungen über einen Vorfall anzustellen, der sich eben erst in dem Gebiet ereignet habe«.

Bei der sich auf die gesamte Region erstreckenden Suche nach weiteren Zeugen stieß Jorge Martin in La Parguera auf Aristides Medina, einen ehemaligen Angehörigen der US Army:

> Gegen 20.20 Uhr trafen eine ganze Reihe schwarzer Helikopter ein und flogen stundenlang ohne Licht über der Sierra Bermeja und der Laguna Cartagena herum. Sie hielten sich bis gegen Mitternacht dort auf und suchten anscheinend etwas. Sie waren offenbar darum bemüht, möglichst unbemerkt zu bleiben, flogen tief (...) und dürften wohl mit Infrarotgeräten gearbeitet haben.

Als es wieder hell wurde – die Hubschrauber waren bereits fort –, lagen fünf Schiffe der US Navy sowie ein Flugzeugträger etwa 25 Kilometer vor der Küste von Cayo Margarita im Atlantik vor Anker. Sie sollten sich noch längere Zeit dort aufhalten.

Angesichts der vielen sich deckenden Zeugenaussagen wird man davon ausgehen dürfen, daß der Vorfall tatsächlich stattgefunden hat. Jorge Martin hält es für möglich, daß die Maschinen nicht von der Roosevelt Road Base, sondern vielleicht von dem damals in den Küstengewässern vor Anker liegenden Flugzeugträger stammten. Dies dürfte genau jener Flugzeugträger gewesen sein, welcher der USS *Iowa* nach ihrer Havarie nördlich von Puerto Rico zu Hilfe geeilt war; die Presse hatte seinerzeit in allen Einzelheiten über die Explosion, die sich an Bord ereignet hatte, und über die Evakuierung der Mannschaft berichtet. Eine Woche nach der UFO-Sichtung hatte Jorge Martin Gelegenheit, von einem Offizier der Navy in einem persönlichen Gespräch folgendes zu erfahren:

Es gibt sehr wohl Radaraufzeichnungen, aus denen hervorgeht, was geschehen ist; sie wurden jedoch sofort als geheim eingestuft und sind zur weiteren Analyse nach Washington, D.C. geschickt worden. (...) Auf den Bildschirmen konnte man verfolgen, wie zu einem bestimmten Zeitpunkt die Bahnen der kleineren Echos (der Flugzeuge) mit der Bahn eines weit größeren Echos (des UFOs) zusammenstießen. Danach schien sich das größere Radarecho aufzuspalten, und es machte sich mit hoher Geschwindigkeit davon. Hierüber wurde Geheimhaltung angeordnet. Es hatten sich schon früher derartige Dinge ereignet, doch wir sind nicht befugt, darüber zu sprechen. In den Gewässern von Puerto Rico geschahen einige merkwürdige Dinge, die es verdienen würden, bekanntgemacht zu werden.

UFO-Welle in Kanada

Einige Monate später wurden auch in Kanada zahlreiche Zeugenaussagen über UFO-Sichtungen registriert. Von Chris Rutkowski wurden 141 dieser Fälle analysiert: Ihre zeitliche Verteilung zeigt einen Anstieg der Sichtungshäufigkeit im Zeitraum Oktober/November 1989 – somit kurz vor Einsetzen der UFO-Welle in Belgien. Im Oktober wurden die Provinzen Saskatchewan und Manitoba am häufigsten »besucht«, Ontario und Quebec im November. Im Gegensatz zu Belgien war in Kanada eine große Formenvielfalt der Objekte feststellbar. Es wurden jedoch auch einige Fälle gemeldet, die an die berühmten belgischen »Dreiecke« erinnern.

So etwa berichtet eine Zeugin Ende August 1989, daß ihr Wagen, als sie gegen Mitternacht in der Nähe von La Salle (Manitoba) unterwegs war, von einer Art »Wolken-Bumerang« überflogen wurde. Am 15. September sieht ein im Westen von Winnipeg lebender Mittsechziger um 3.40 Uhr beim Blick durchs Küchenfenster ein Flugobjekt mit Deltaflügeln, das vorne mit »Weihnachtsbaumlichtern« versehen ist und lautlos durch die Gegend fliegt. Einige Wochen später setzt die Sichtungswelle erst richtig ein. Am 6. Oktober 1989 sieht eine Zeugin, die mit dem Wagen in der Umgebung von Tyndall (Manitoba) unterwegs ist, um 23.30 Uhr in unmittelbarer Nähe einen sehr hellen, weißen Lichtblitz.

3. RÄTSELHAFTE DREIECKE: IN BELGIEN UND ANDERNORTS 439

Drei Tage darauf wird in einem unbewohnten Gebiet von Winnipeg bei hellichtem Tag (14.50 Uhr) von einer ganzen Familie ein weißes, bumerangförmiges Objekt gesichtet, das lautlos über dem Ostteil der Stadt schwebt. Als sich das UFO zu bewegen beginnt und zu einer Kurve ansetzt, wird unten eine »Ausbuchtung« sichtbar (nach: *International UFO Reporter*, November/Dezember 1989, Jg. 14, Heft 6, S. 7-9; Juli/August 1990, Jg. 15, Heft 4, S. 6-13).

Aber die Beobachtung aus dem Raum Winnipeg, die am meisten Beachtung finden sollte, fand einige Tage später statt. Am 9. Oktober 1989 bereitete sich der Amateurastronom Carl Weselak darauf vor, den für jenen Abend angekündigten Meteorstrom der Draconiden zu beobachten. Kaum hat er am Fenster seines im dritten Stockwerk gelegenen Apartments Stellung bezogen, sieht er, wie ein riesiges, bumerangförmiges Objekt von Norden nach Süden über die Stadt Winnipeg hinwegfliegt. Es war genau 23.30 Uhr, und in den beiden folgenden Stunden wurden noch andere UFOs gesichtet: Leuchtkugeln wie auch V-, deltaflügel- oder bumerangförmige Objekte. Am 29. November, als Belgien von der Welle überschwemmt zu werden begann, wurden in Kanada zwei Piloten Zeugen verschiedener UFO-Phänomene: Das erste ereignete sich gegen 21.15 Uhr bei La Grande (Quebec) und das zweite zwanzig Minuten später in Latuque (Quebec).

Am 30. November 1989, also gleich nach den Eupener Ereignissen, wird von einer Zeugin, die mit dem Wagen Richtung Gulf Breeze Bay (Florida) unterwegs ist, ein von Nordwesten kommendes, glänzendes Licht gesichtet. Die Frau fährt auf einen Parkstreifen und kann von dort aus sehen, wie ein dunkles Objekt, das eine Form wie eine »Pfeilspitze« hat und so groß wie ein Kleinflugzeug ist, rasch an Höhe verliert und einige hundert Meter von einer Umspannstation entfernt in der Luft stehenbleibt. Die Unterseite des Objekts – ausgenommen seine Mittelzone – ist übersät von mindestens dreißig weißen Lichtern. Drei sehr helle Lichter leuchten auf. Die Zeugin versucht, sich dem Objekt zu nähern und es sogar zu verfolgen, doch vergebens. Eine halbe Stunde später (22.15 Uhr) sieht die Zeugin auf dem Rückweg, wie sich ihr ein gleichartiges Objekt auf Baumeshöhe »mit der Geschwindigkeit eines Joggers« nähert. Sie hält an und sieht das Objekt in etwa 150 Meter Entfernung vorbeifliegen. Als sie ihm wieder nachzusetzen beginnt, beschleunigt das

UFO-Dreieck rasant, dreht abrupt ab und verschwindet aus dem Blickfeld der Zeugin (nach: Dan Wright, *MUFON UFO Journal*, Mai 1990, Heft 265, S. 17).

Eine weitere Zeugin berichtet, am 14. Dezember 1989 zwischen 20.30 und 21 Uhr in Dixon (New Mexico) gemeinsam mit ihrer Tochter und ihrer Mutter neun oder zehn dreieckförmige Lichter gesehen zu haben, die Kurs auf Penasco nahmen.

Von einem Zeugen wurde am 11. Januar 1990 um 23.30 Uhr in Colchester (England) ein Dreiecksobjekt gesichtet, das an den Ecken mit je einem starken Scheinwerfer versehen war. Das Objekt bewegte sich lautlos in etwa 600 Meter Höhe. In Plaistow (ebenfalls England) wurden fünf Tage später von einem Zeugenpaar drei im Dreieck gruppierte Lichter beobachtet, die gerade über sie hinwegflogen; kurz danach folgte ein zweites, identisches Objekt. Am 8. Februar wurden in Essex und im Osten Londons ebenfalls derartige Dreieckslichter gesichtet.

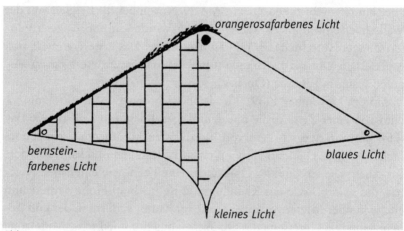

Abb. 3.8

Am 4. März 1990 sind zwei ehemalige Angehörige der US Army mit dem Wagen in der ländlichen Umgebung von New Albany, in der Nähe von Floyd Knops (Indiana), unterwegs. Es ist 22.10 Uhr, und der Himmel ist unbewölkt. Hinter einer Kreuzung werden sie auf ein in der Ferne sichtbares, merkwürdiges orangefarbenes Licht aufmerksam. Das zu-

3. RÄTSELHAFTE DREIECKE: IN BELGIEN UND ANDERNORTS 441

nächst oberhalb einer Baumgruppe befindliche Licht nähert sich den beiden. Nach kurzer Weiterfahrt halten sie an, um genauer hinzuschauen. Während sie in dem geparkten Fahrzeug sitzen, werden sie in einer Höhe von 300-450 Meter von einem dreieckförmigen Objekt überflogen (sie sprechen von einem »Nurflügelflugzeug«; Abbildung 3.8). Die beiden Männer beschreiben das Objekt als sehr groß (»wie eine Boeing 747«), breiter als lang, und mit drei Farblichtern versehen: links mit einem bernsteinfarbenen, rechts mit einem blauen und vorn mit einem orange- bis rosafarbenen Licht. Das UFO fliegt mit etwa 200 km/h von Norden nach Südwesten und bleibt etwa vier Minuten lang sichtbar. Es macht ein eigenartiges Geräusch, das von den Zeugen als »oszillierender Ton« beschrieben wird (nach: Francis L. Ridge, *UFO Intelligence Newsletter*, April 1990, Heft 21).

Diese wenigen Fälle vermitteln selbstverständlich nur eine grobe Vorstellung früherer und aktueller Sichtungen von Gebilden, die den in Belgien beobachteten stark ähneln. Dem Leser werden bestimmte Analogien nicht entgangen sein: der lautlose Flug in geringer Höhe sowie die einzelnen Leuchtphasen.

Wir könnten noch weitere derartige Fälle im einzelnen darstellen, doch das ist nicht Ziel dieses Buches. Wir gehen davon aus, daß die beschriebenen Fälle die Nachhaltigkeit des Phänomens der seit etwa fünfzehn Jahren stattfindenden Überflüge durch riesige dreieckförmige Objekte genügend belegen. Die zunächst auf einige wenige US-Bundesstaaten beschränkte Welle breitete sich allmählich immer weiter aus. Die derzeitige belgische Sichtungswelle ist, was die Anzahl der gesammelten Zeugenaussagen und die Qualität der durchgeführten Befragungen angeht, ein Meilenstein der Entwicklung. Sollte dieses Kapitel einer Schlußfolgerung bedürfen, so kann man sie in der Feststellung einer offenkundigen, sich seit einem halben Jahrhundert vollziehenden Evolution der UFO-Ereignisse finden. Ausgehend von den Scheiben (»fliegenden Untertassen«) der 50er Jahre, erfolgte in den 60er Jahren ein Übergang zu eiförmigen bzw. zylindrischen Gebilden, und in den 80er Jahren setzten die Begegnungen mit Dreiecken ein.

In meinem Buch »La Chronique des OVNI« (éd. Jean-Pierre Delarge, 1977) habe ich die Entwicklung der nicht identifizierten Himmelsphänomene untersucht und diese nicht etwa als einen modernen Mythos aufgefaßt, sondern vielmehr als eine seit Jahrhunderten beinahe alltägliche Realität. Die geschichtliche Entwicklung der UFO-Sichtungen ließ bereits eine offenkundige morphologische Evolution der beschriebenen Objekte erkennen. Um sie zu deuten, hatte ich zwei Hypothesen vorgeschlagen:

– Entweder sind die UFOs tatsächlich das Produkt der menschlichen Vorstellungskraft – dann wäre es normal, wenn die beschriebenen Formen und Flugleistungen direkt mit den Kenntnissen der Epoche verknüpft wären.

– Oder die UFOs sind unbekannter Herkunft, werden aber von irgendeiner Intelligenz gesteuert, die anscheinend Gefallen daran findet, die Menschheit zu täuschen – wobei die Motive für eine derartige Einstellung nicht recht deutlich werden.

Dieser zweite Erklärungsansatz ist für mich weiterhin am ehesten mit den verfügbaren Daten zu vereinbaren. Somit könnte man geradezu von einer Verschleierungstaktik sprechen, deren Ziele wir nicht kennen. Auch auf die Gefahr hin, mich zu wiederholen, möchte ich hinzufügen, daß nicht nur morphologische, sondern auch starke Ähnlichkeiten hinsichtlich der gemeldeten Leistungs- und Verhaltensmerkmale bestehen, und auch darin, unter welchen Umständen die Zeugenaussagen bekannt wurden und sich die Welle ausbreitete. Daran wird deutlich, wie komplex und wie wichtig das Phänomen ist, und daß ihm als gesellschaftlichem Tatbestand wie als grundlegendem wissenschaftlichen Problem Rechnung getragen werden muß.

4.
Die Luftfahrt-Hypothese – Erläuterungen zur Stealth-Technologie

Jean Debal

> *Möglicherweise wird ein Genie bereits in naher Zukunft die Integration vollziehen und zeigen, daß wir nicht in einer dichten Kapsel, sondern in einer offenen Welt leben, daß wir nicht allein sind und daß andere Intelligenzen über uns wachen und vielleicht in unsere Geschichte eingreifen werden ...*
>
> Jacques Bergier

Die Welle der UFO-Sichtungen am Himmel über Belgien seit November 1989 war zweifellos ein außergewöhnliches Medienereignis. Die Tatsache, daß sie zeitlich mit der Aufhebung der Geheimhaltung der Tarnkappenflugzeuge (Stealth) F-117A und B-2 durch die USA zusammenfiel, wurde von sämtlichen Medien dankbar aufgegriffen. Nun hatte man die Erklärung: Bei dem dreieckförmigen Objekt, das die Belgier überall gesichtet hatten, handelte es sich um nichts anderes als um die F-117 in geheimer Erprobungsmission!

Besondere Erwähnung verdient in diesem Zusammenhang die bekannte französische populärwissenschaftliche Zeitschrift *Science & Vie*.[1] Sie hatte keine Skrupel, mit der Schlagzeile »Dies ist das UFO!« aufzuwarten und trumpfte obendrein mit einer suggestiven Graphik auf dem Umschlag auf und einem Textkasten (Seite 91) mit dem Titel »Handelt es sich bei den belgischen UFOs um F-117?« Daß in einer sonst ganz anständigen Publikation so frappierend viele Dummheiten versammelt sind, läßt die Frage aufkommen, ob sich hier nicht jemand gezielt bemüht, Desinformation zu betreiben.

Die Tatsache, daß die SOBEPS den offiziellen Bericht der belgischen Luftwaffe mit Genehmigung des Verteidigungsministers veröffentlicht hatte, und die anschließend am Sitz des Luftwaffenstabs in Evere veranstaltete Pressekonferenz, in der die von den beiden F-16-Jägern mitgebrachten Radaraufzeichnungen vorgeführt wurden, die von drei Bodenradars² bestätigt wurden, hätten dieser im Höhenflug begriffenen »Ente« eigentlich die Flügel stutzen müssen.³ Um den Leser jedoch vollständig zu informieren und ihm ein eigenes Urteil zu ermöglichen, erscheint es angebracht, die wichtigsten derzeit verfügbaren Informationen (April 1991) über die Lockheed F-117A und die Northrop B-2 ATB (Advanced Technology Bomber) vorzustellen; es sind dies die weltweit ersten Flugzeuge, die sich die neuen Stealth-Technologien vollständig zunutze machen, um der Erfassung per Radar, Elektrooptik und Infrarot entgegenzuwirken.

Die »Nighthawk« — ein wahrhaft schräger Vogel

Wir wollen uns vornehmlich der F-117A zuwenden, einem merkwürdig aussehenden, völlig schwarzen Fluggerät: von der Form her an eine Speerspitze erinnernd – von unten fast dreieckig – und mit einer sägezahnartig geschnittenen Hinterseite, die durch ein sehr schlankes Monobloc-Leitwerk verlängert wird. Die von den Piloten mit dem Spitznamen »Nighthawk« bedachte F-117A ist ein einsitziges Kampfflugzeug, das bereits in Serie produziert wird (bestellt sind 59 Maschinen). Die Maschine ist seit kurzem einsatzfähig, vom Nurflügelbomber B-2 hingegen existiert lediglich ein Prototyp.

Gedämpfte, jedoch charakteristische Geräuschentwicklung

Am Samstag, dem 21. April 1990, wurden von der US Air Force auf dem Luftwaffenstützpunkt Nellis (Nevada) zwei Maschinen des Typs F-117A offiziell vorgestellt; der Jungfernflug hatte bereits im Juni 1981 stattgefunden – ein wahrhaft wohlgehütetes Geheimnis. Dank des sehr geringen zugelassenen Betrachtungsabstands (8 Meter) konnten einige ausgezeichnete Fotos gemacht werden, die in den Fliegerzeitschriften weite Verbreitung fanden. Auch die gleichzeitig abgehaltene Pressekonferenz war Gegenstand zahlreicher Artikel. Sie referieren im wesentlichen die Antworten, die der von einigen seiner Piloten umringte

4. DIE LUFTFAHRT-HYPOTHESE

Oberst Anthony J. Tolin, Kommandant des 37th Tactical Fighter Wing (Stealth), auf die Fragen der Journalisten gab (siehe Kapitel 2, Seite 313). Die beiden Maschinen waren von der im Nordwesten auf halbem Wege zwischen Las Vegas und Reno gelegenen Testbasis Tonopah gestartet. Wie beim Landeanflug auf Nellis feststellbar war, klangen die Triebwerkgeräusche ziemlich stark gedämpft. Hingegen erreichte der Schallpegel eher wieder das gewohnte Niveau, als die Maschinen mit verminderter Geschwindigkeit über die Zuschauer hinwegflogen. Im Gegensatz dazu nimmt die Lärmentwicklung in der Start- und Aufstiegphase stark zu. Wenn eine F-117A von ihrem Wüstenstützpunkt aus startet, kann man sie noch in mehr als acht Kilometer Entfernung hören.

Nach Auskunft der Beobachter am Boden ist, kurz nachdem die Maschine mit hoher Geschwindigkeit vorbeigeflogen ist, ein scharfes Zischen zu hören; dieses Geräusch wird zweifellos durch die Radarabwehrgitter verursacht, welche die Lufteintrittsöffnungen der Strahltriebwerke maskieren. Der so erzeugte Ton enthält vermutlich Oberschwingungen im Ultraschallbereich, da beobachtet wurde, daß Hunde das Geräusch früher wahrnehmen als Menschen. Wenn sich die Maschine senkrecht über dem Beobachter befindet und sie sich entfernt, verändert sich der Ton und wird als ein dumpfes Grollen mittlerer Frequenz wahrgenommen. Wenn die Maschine in größeren Höhen mit Marschgeschwindigkeit fliegt, dürfte sie daher kaum auffallen. Diese wenn auch nur relative Verringerung des Schallpegels ist vermutlich auf die besondere Konstruktion der Austrittsdüsen und auf die bei den Triebwerken verwendete Technik der Luftstromverdünnung zurückzuführen.

Im Juli 1991 wurde die Lockheed F-117A auf der Luftfahrtschau in Le Bourget (Paris) präsentiert. Die Maschine konnte jedermann nicht nur am Boden und in der Luft sehen, sondern auch ... hören. Der von der Maschine erzeugte Schallpegel war auch bei Fernsehreportagen zu hören, besonders bei einer Sendung von TF-1.

Langsamflug unmöglich – erhöhte Landegeschwindigkeit

Die Landung in Nellis lief auf völlig konventionelle Weise ab, nämlich unter Verwendung eines Lamellen-Bremsfallschirms zur Verkürzung der Ausrollstrecke. Wie von den anwesenden Luftwaffenoffizieren zu erfahren war, sei die Start- und die Landegeschwindigkeit der F-117A ähnlich »hoch« wie die des Überschall-Jägers Lockheed F-104 Starfighter, mit dem die belgische Luftwaffe lange Zeit ausgerüstet war – das wären in diesem Fall mehr als 200 Knoten (380 km/h). Die Maschine hat außer ihrem Bremsfallschirm eine einziehbare hintere Hakenvorrichtung, die bei einer Notlandung zum Einsatz kommt und dem Fanghaken ähnelt, der auf Flugzeugträgern verwendet wird.

In Ermangelung offizieller Daten sind wir auf Schätzungen angewiesen, die sich auf die charakteristischen Merkmale der Maschine stützen; demnach dürfte die F-117A eine Geschwindigkeit von etwa 280 km/h nicht unterschreiten können, ohne einen Strömungsabriß zu riskieren. Von Bedeutung ist außerdem, daß die für den Unterschallbereich konzipierte F-117A die Schallgeschwindigkeit nicht zu überschreiten vermag. Würde sie dies nämlich können, so entstände unweigerlich der bekannte, durch die Stoßwelle verursachte Überschallknall, der in keinem Fall unbemerkt bliebe.

Grundkonzepte der revolutionären Stealth-Technologien

Wer zum ersten Mal eine F-117A zu Gesicht bekommt, wird durch das merkwürdige Erscheinungsbild dieser Maschine revolutionärer Konzeption überrascht:
- stark gepfeilte Flügel (knapp 70°);
- Zelle mit zahlreichen ebenen Flächen, die scharfkantig aneinandergefügt sind;
- erhöhtes Cockpit mit einer pyramidenförmigen, facettierten Glaskuppel;
- eigenartiges V-förmiges Leitwerk, das an einen Schwalbenschwanz erinnert, stark nach hinten geneigt und voll beweglich ist;
- schwarze Oberfläche aus RAM-Material (Radar-absorbent Material).

4. DIE LUFTFAHRT-HYPOTHESE

Die Form eines herkömmlichen Flugzeugs bewirkt, daß die auftreffenden Radarwellen unabhängig von der räumlichen Position der Maschine Richtung Boden reflektiert werden. Bei der F-117A sind die glatten Flächen von Rumpf und Flügeln absichtlich so ausgerichtet worden, daß die Radarwellen gerade nicht zur Quelle reflektiert werden. Die ohne erkennbare Krümmung verlaufenden scharfen Kanten, die an den Schnittpunkten der verschiedenen Ebenen entstehen, gestatten eine nochmalige Verringerung möglicher Restreflexionen, so daß das empfangene Radarecho kaum wahrnehmbar sein dürfte.

Die F-117A ist aufgrund ihrer Struktur in der Lage, eine Belastung bis zu 6 g[4] auszuhalten; dies entspricht dem Sechsfachen ihrer Masse. Bei der hauptsächlich aus Aluminium bestehenden Maschine kommen außerdem in recht starkem Umfang verschiedene Verbundmaterialien vom Typ RAS (Radar-absorbent Structure) zum Einsatz, die ebenfalls den Vorteil bieten, die Radarenergie zu absorbieren.[5]

Die Eintritts- und Austrittsöffnungen der Strahltriebwerke, deren Verdichterscheiben leicht erkennbar sind, bilden perfekte Radarreflektoren. Bei der F-117A wurde alles darangesetzt, sie wirksam zu maskieren. So befinden sich beispielsweise die Lufteintrittsöffnungen an beiden Sei-

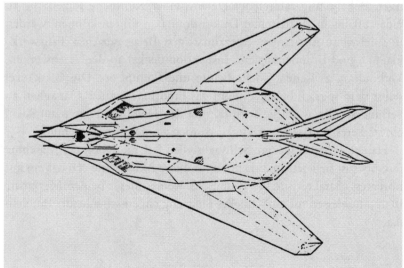

Abb. 4.1   Lockheed F-117A »Nighthawk« (Schema)

ten des Rumpfs, ein gutes Stück über den Tragflächenwurzeln und auf denselben Ebenen wie die Strömungskanten. Sie sind zudem durch RAM-Gitter maskiert, die den größten Teil der auftreffenden Radarenergie absorbieren, noch bevor diese bis zum Verdichter durchdringt.

Die einen breiten Raum auf den äußeren Flügelflächen einnehmenden und entlang der Strömungskante des Rumpfs verlaufenden Austrittsöffnungen gestatten eine Maskierung und rasche Verwirbelung der aus widerstandsfähigen Vertikallamellen austretenden heißen Gase in die Außenluft. Außerdem wird mit der Technik der Luftstromverdünnung durch Kaltluftinjektion gearbeitet. Dies hat eine Verminderung der Ausstoßgeräusche und eine starke Herabsetzung der Temperatur der austretenden Gase zur Folge, wodurch die Radar- und Infrarot-Auffälligkeit (Signatur) nochmals reduziert wird. Sämtliche genannten Maßnahmen haben allerdings einen Nachteil: Sie führen zu Leistungseinbußen.

Einige wesentliche Details

Die Bemühungen um eine größtmögliche Reduzierung der radaräquivalenten Oberfläche (Rückstreuquerschnitt) spiegeln sich in der sorgfältigen Behandlung zahlreicher Details wider. Sämtliche Fugen, die zu radarauffälligen elektrischen Diskontinuitäten führen können, werden beispielsweise mit einem sägezahnartigen Belag maskiert: Fahrwerkklappen und Bombenschacht, Inspektionsdeckel an den Triebwerken, Verbindung zwischen Cockpitkante und Rumpf etc. Die Glaskanzel selbst wird speziell behandelt, um das Eindringen von Radarwellen zu verhindern, die, wenn sie auch nur auf den Helm des Piloten aufträfen, ein stärkeres Radarecho erzeugen würden als die ganze Maschine!

Halten wir zwei weitere Schwachstellen fest: die Optik der Maschine (tagsüber ist sie leicht zu erkennen) und ihre Akustik (sie erzeugt ein gut hörbares, charakteristisches Geräusch). Keines dieser beiden Merkmale stellt unterdessen für ein schnelles Flugzeug ein entscheidendes Problem dar.

4. DIE LUFTFAHRT-HYPOTHESE 449

Von der Unsichtbarkeit für das Radar zur künstlichen Flugstabilisierung

Als erstes einsatzfähiges Flugzeug seiner Art demonstriert die F-117A den durchschlagenden Erfolg der Stealth-Technologien. Und zwar mit einem bemerkenswerten Ergebnis, da ihre radaräquivalente Oberfläche zwischen 0,001 und 0,01 Quadratmeter liegen dürfte; dieses Radarecho ist geringer als das einer Seemöwe (auf der Skala ganz unten liegt das Radarecho einer Fliege mit 0,00001 Quadratmeter!). Doch Tarnung hat ihren Preis, sie wird nicht nur mit verminderter antriebsspezifischer Leistungsausbeute bezahlt, sondern mit konfigurationsbedingten Nachteilen in der Aerodynamik.

Es liegt auf der Hand, daß die verwinkelte Form der F-117A den meisten aerodynamischen Gesetzen widerspricht. Das stark abgewinkelte (67-68°), pfeilspitzenförmige Tragwerk und die geringe Streckung sind bei einem für Flüge im Unterschallbereich ausgelegten Flugzeug ungewöhnlich. Dies führt unweigerlich zu einer relativen Instabilität, einer nur mittelmäßigen Aerodynamik und zu gravierenden Verwirbelungen. Die inhärente Instabilität wird durch ein raffiniertes elektronisches Flugsteuerungssystem FBW (Fly-by-wire) mit vier rechnergesteuerten Regelungskreisen ähnlich wie bei der F-16 ausgeglichen. Dieses System arbeitet so effizient, daß flugerfahrene Piloten die Maschine noch nie als instabiles, sondern, im Gegenteil, als gut handhabbares Fluggerät eingestuft haben. Während der Pressekonferenz haben die Piloten überdies bestätigt, daß die Maschine ein absolut klassisches aerodynamisches Verhalten zeige: Um beispielsweise eine Kurve zu fliegen, müsse man in Schräglage gehen.

Scheinwerfer-Dreieck und rotes Blinklicht ...?

Um die Stichhaltigkeit der gelinde gesagt merkwürdigen Behauptungen von *Science & Vie* zu beurteilen, ist es von Interesse, im einzelnen auf die verschiedenen Leuchtfeuer der F-117A einzugehen. Da wären zunächst die drei Landescheinwerfer. Anläßlich der Präsentation der Maschinen auf der Nellis Air Base konnte man sehen, daß die Scheinwerfer nichts

Riesenhaftes an sich hatten. Sie sind tatsächlich nicht größer als Autoscheinwerfer. An den Beinen des dreirädrigen Fahrwerks befestigt, bilden sie in der Tat ein Dreieck, können aber, wie bei jedem anderen Flugzeug auch, nur *nach vorn* strahlen. Will man aber die Scheinwerfer einsetzen, muß man zunächst (1) die Fahrwerkklappen öffnen und (2) die Räder ausfahren. Bei einer geheimen Mission hätte dies sofort eine stark erhöhte Radarsignatur der Maschine zur Folge, die somit nicht mehr über Stealth-Eigenschaften verfügen würde. Und außerdem: Die Maschinen waren mit eingeschalteten Scheinwerfern in Nellis gelandet; ihre Helligkeit war völlig normal.[6]

Die F-117A verfügt noch über einen einfahrbaren Scheinwerfer an der höchsten Stelle der Glaskanzel; er dient der Beleuchtung des hinter dem Cockpit befindlichen Luftbetankungsstutzens. Sie ist ferner mit einigen Lichtern (Blinklichtern und anderen) ausgestattet, die durch die Federal Aviation Regulation vorgeschrieben sind. Hierzu zählt ein einfahrbares, rotes und pulsierendes Antikollisionslicht (das etwa dreimal innerhalb von fünf Sekunden aufblinkt) unterhalb der *Nase*, rechts hinter der vorderen Fahrwerkklappe. Ein ähnliches Leuchtfeuer befindet sich auf der oberen Rumpfpartie, links von einer der einfahrbaren Antennen. Oben und unten an den Flügelspitzen sind die konventionellen Positionslichter zu erkennen, die in der Vorderansicht stärker gefärbt (rot an Steuerbord, grün an Backbord) und in der Hinteransicht weißgelb sind; unter dem Leitwerk befindet sich ein weiteres weißgelbes Licht.

Verwendung der Lichter

Die roten Leuchtfeuer haben nichts Außergewöhnliches an sich. Wer wissen möchte, wie sie ungefähr aussehen, möge vorzugsweise abends in nicht allzu großer Entfernung von einem Flughafen spazierengehen und die startenden Linienmaschinen beobachten. Da Einsätze mit der F-117A (Erprobungs- und Schulungsflüge) aber zu 65 Prozent nachts geflogen werden, ist die situationsspezifische und im allgemeinen nur kurzzeitige Verwendung der verschiedenen Lichter, wie sie in dem riesigen, nur beschränkt zugänglichen Luftraum über der Nellis AFB oft beobachtet werden kann, nicht recht klar. Möglicherweise handelt es

4. DIE LUFTFAHRT-HYPOTHESE 451

sich um Signale, die sich die Maschinen untereinander im Rahmen von Formationsflügen geben oder die bestimmten Bodenkontrollelementen gelten, die den Ablauf der Einsätze verfolgen sollen.

In diesem Zusammenhang sind mit Sicherheit auch die einschlägigen Flugsicherheitsbestimmungen zu berücksichtigen, da manche Flüge außerhalb der reservierten Lufträume stattfinden. Die F-117A können sich demnach auch in zivilen, radarüberwachten Zonen aufhalten, wo die Instrumentenflugregeln gelten, und gelegentlich auch in der Nähe größerer Städte mit hohem Luftverkehrsaufkommen. So wurden zwischen April und Juli 1989 in Nevada und Kalifornien mehr als einhundert Vorbeiflüge von F-117A registriert, hauptsächlich im Rahmen von Nachtübungen. Dies war etwa über Reno und in der Umgebung von Las Vegas, Los Angeles, Bakersfield, Lancaster, Palmdale, Marina, San Francisco oder auch über dem Meer, in der Nähe von Monterey, der Fall.

Ein intelligentes Flugzeug

Die im wesentlichen für Nachteinsätze konzipierte, »allwettertaugliche« F-117A ist mit einigen hochentwickelten Navigations- und Angriffssystemen ausgestattet, die in ein digitales Avionik-System[7] integriert sind, das dem Piloten einiges an Arbeit abnimmt. Hierzu zählt ein drehbarer elektrooptischer Aufbau mit einer FLIR-Kamera (Forward-Looking Infra-Red) großer Reichweite; er dient der Navigation und bietet die Möglichkeit der Geländeverfolgung, Zielerkennung und Laser-Zuweisung. Das Gerät ist oberhalb der konischen Flugzeugnase, direkt unter der Glaskanzel, zu erkennen. Unterhalb der Nase, direkt rechts neben der Vorderkante der vorderen Fahrwerksluke, befindet sich ein zweiter elektrooptischer Aufbau mit einfahrbarer, nach unten und hinten orientierter DLIR-Kamera (Downward-Looking Infra-Red). Er dient in erster Linie der Zielverfolgung, während sich die Maschine nach Abwurf der lasergesteuerten Bomben zurückzieht.

Dieses passive Infrarot-System mit impulsgesteuerter telemetrischer Laser-Zielzuweisung gestattet dem Piloten dank eines thermischen Anzeigesystems eine wetterunabhängige Sicht auch in der Nacht. Das »Auge« der beiden Aufbauten wird durch einen Schirm maskiert, der für die

Radarwellen, nicht aber für die Infrarotwellen des passiven Systems[8] undurchlässig ist. Die wichtigsten (navigatorischen usw.) Parameter erscheinen auf einem Head-Up Display (HUD) in Augenhöhe vor dem Piloten; darüber hinaus gibt es drei multifunktionale Head-Down Displays (HDD).

Verläßlicheren jüngeren Informationen zufolge soll die Bordavionik einige brandneue Systeme der Abwehr und elektronischen Simulation (ECM/ESM) enthalten. Zusätzlich zu den herkömmlichen Verfahren dürften es diese Radarabwehrsysteme dem Piloten eines »Stealth« erlauben, durch falsche Echos eine fiktive Position und Geschwindigkeit zu simulieren und so den Gegner – gleich ob Bodenstation oder Feindflugzeug – in die Irre zu führen.

Auftrag – Taktik – Bewaffnung

Bei der F-117A handelt es sich um ein Kampfflugzeug, das ausschließlich dafür konzipiert ist, bei Nacht auch die dichtesten Luftverteidigungslinien zu durchdringen und Ziele von großer taktischer Bedeutung mit extrem hoher Präzision zu zerstören. Dank ihrer Stealth-Eigenschaften ist die Maschine nicht auf einen extremen Tiefflug angewiesen, um der Radarerfassung zu entgehen. Sie kann sich dem Ziel daher in größeren Flughöhen nähern; dies ermöglicht eine bessere Leistungsausbeute der Triebwerke und eine Ortung von Zielen aus größerer Entfernung, erleichtert die lasergesteuerte Zielzuweisung und gewährleistet schließlich dank einer vertikaleren Wirkungsbahn eine höhere Präzision und Durchdringung. Grob gesagt, die F-117A nähert sich ihrem Ziel in einer Höhe von etwa 7 600 Meter und taucht dann bis auf wenige hundert Meter Höhe ab, um eine höchstmögliche Präzision zu erzielen.

Die von der Maschine mitgeführte Bombenlast muß – ebenfalls aus Gründen der Wahrung der Stealth-Eigenschaften – unbedingt im verborgenen aufbewahrt werden (der innere Bombenschacht ist 4,70 Meter lang und 1,75 Meter breit). Die Regelausstattung besteht aus zwei 900-kg-Bomben vom Typ »Paveway«, die mit einem Tragwerk ausgerüstet sind und sich lasergestützt eigenständig ins Ziel steuern. Nach Auskunft der Air Force ist auch die Bestückung mit verschiedenen Flugkörpern aus

4. DIE LUFTFAHRT-HYPOTHESE

dem Arsenal der US-Kampfflugzeuge möglich – einschließlich der Atombombe B-61.

Die F-117A wurde bei ihrer Indienststellung dem 37th Tactical Fighter Wing zugewiesen; er umfaßt zwei Einsatzstaffeln (415th TFS »Nightstalkers« und 416th TFS »Ghost Riders«) sowie eine Ausbildungsstaffel (417th TFT »Bandits«). Die Piloten (allesamt Freiwillige) werden unter den besten Bewerbern ausgewählt. Sie müssen mindestens 1 000 Flugstunden absolviert haben, von ihren Staffelkommandanten empfohlen worden sein und verschiedene Tests über ihre seelische und körperliche Belastbarkeit bestanden haben. Das Auswahlverfahren ist sehr streng und auf den typischen Auftrag zugeschnitten: nächtlicher Einzeleinsatz ohne Flügelmänner, was eine hohe Reife voraussetzt.

Von Panama bis Saudi-Arabien

Im Rahmen der am 20. Dezember 1989 in Panama durchgeführten Operation »Just Cause« gelangte die F-117A zu ihrem ersten Kampfeinsatz.[9] Sechs Maschinen waren in der Nacht von den USA nach Panama und wieder zurückgeflogen, um die Fallschirmlandung der US Rangers auf der panamaischen Basis Rio Hato zu unterstützen. Die Resultate dieses Nonstop-Einsatzes, der vier bis fünf Auftankungen während des Fluges erforderlich gemacht hatte, waren in den USA recht kontrovers diskutiert worden.

Ferner war infolge der durch den Einmarsch des Irak in Kuwait ausgelösten Krise angekündigt worden, daß die Amerikaner im Zuge der Operation »Wüstenschild« einige F-117A nach Saudi-Arabien[10] beordern würden. Diese Information wurde später bestätigt, und wenn es zutrifft, daß sich die ersten Stealth bereits am 9. August vor Ort befanden, so könnten sie durchaus mit Hilfe der Großraumtransporter vom Typ C-5 Galaxy dorthin gelangt sein. Die F-117A ist klein genug, um in dem geräumigen Laderaum dieses ebenfalls von Lockheed gebauten Riesenflugzeugs Platz zu finden. Auf die gleiche Weise war im übrigen aus Geheimhaltungsgründen lange Zeit jede fertiggestellte Maschine auf die Versuchsbasis in Nevada transportiert worden.

Technische Daten der Lockheed F-117A

Verwendung:	einsitziges Unterschall-Kampfflugzeug
Triebwerke:	2 General Electric F-104-GE-F1D2, ohne Nachbrenner, aus der Klasse mit 5 670 kp Einheitsschub
Bewaffnung (vollarmiert):	Luft-Boden- und Antiradar Lenkflugkörper, Bomben etc.
Spannweite:	13,21 m
Länge:	20,09 m
Höhe:	3,80 m
Flügelfläche (geschätzt):	940 sq.ft./87,33 m²
Streckung:	2,0
Leergewicht:	13 608 kg
max. Startgewicht:	23 814 kg
Leistungsgewicht:	0,45
Höchstgeschwindigkeit (in der Höhe):	± Mach 0,95
Anfluggeschwindigkeit (geschätzt):	± 300 km/h
Rollgeschwindigkeit (geschätzt):	± 220 km/h
Einsatzradius (ohne Luftbetankung):	640 km
Lastvielfaches:	+6g/-4g

Der technisch fortgeschrittenste Bomber der Welt wird ein Nurflügler sein

Der Northop B-2 ATB (Advanced Technology Bomber) wurde so konzipiert, daß er für Jahrzehnte allen gegnerischen Maschinen überlegen sein sollte. Er vereint revolutionäre Technologien mit einer beispiellosen Konzeptphilosophie und ist von daher das technisch fortgeschrittenste Flugzeug der Welt.

Der Prototyp des künftigen strategischen Nurflügel-Bombers wurde im November 1988 offiziell vorgestellt. Der Jungfernflug wurde am 17. Juli 1989 zwischen Palmdale und Edwards AFB erfolgreich absolviert. Der Bomber B-2 verkörpert zeitlich gesehen nach der F-117A den zweiten Flugzeugtyp aus der Stealth-Schmiede der US Air Force.

Wenn auch beide Maschinen viele Merkmale gemeinsam haben, fällt ein wichtiger Unterschied ins Auge: Die obere Partie der Zelle der F-117A setzt sich, wie erwähnt, aus ebenen Flächen zusammen, die in Winkeln

4. DIE LUFTFAHRT-HYPOTHESE

von mehr als 30 Grad aufeinanderstoßen, während beim B-2 große Partien der Flügeloberseiten komplex gekrümmt sind. Der B-2 konnte nämlich von einigen neuartigen Berechnungs- und CAD-Möglichkeiten profitieren, die beim Start des F-117-Programms noch nicht verfügbar waren.

Technische Daten des Northrop B-2 ATB (Prototyp)

Verwendung:	strategischer Mehrzweckbomber im Unterschallbereich
Besatzung:	zwei bis drei Personen
Triebwerke:	4 General Electric F-118-GE-100 aus der Klasse mit 8 620 kp Einheitsschub, ohne Nachbrenner
Spannweite:	52,43 m
Länge:	22,61 m
Höhe:	5,18 m
Startgewicht (geschätzt):	162 000 kg
Startrollstrecke:	1 220 bis 1 524 m
Steigwinkel:	6,5°
Steigleistung (geschätzt):	914 m/min
Höchstgeschwindigkeit (in der Höhe):	Mach 0,9-0,95
Landegeschwindigkeit:	260 km/h
Landerollstrecke:	1 219 m
Verhältnis Auftrieb/Luftwiderstand (geschätzt):	> 22
Einsatzradius: (abhängig von der Bombenlast und ohne Auftankung in größeren Flughöhen)	8 150 - 12 200 km
Dienstgipfelhöhe:	16 765 m
Tankkapazität:	> 70 Tonnen

Einsatzbereich des Bombers B-2

Der B-2 ATB ist für alle nuklearen oder konventionellen Einsätze geeignet und kann gegen alle festen und beweglichen Ziele eingesetzt werden. Dank ihrer Stealth-Eigenschaften vermag die Maschine auch massiv verteidigte Ziele anzugreifen, die sie aufgrund ihres enormen Aktionsradius überall auf der Welt im Nonstop-Flug erreichen kann.

Die Maschine ist so vielseitig, daß sie sowohl in großen Höhen über schwach verteidigte Zonen wie in sehr geringer Höhe fliegen kann, um mit Hilfe eines Allwetter-Geländefolgesystems größere Verteidigungsstellungen zu durchdringen.

Wie bereits bei der F-117A wurde auch beim Bomber B-2 darauf geachtet, mit dem äußeren Erscheinungsbild der Maschine eine möglichst geringe Radar-, elektrooptische und Infrarot-Signatur zu erzielen. Interessanterweise beabsichtigt man sogar, die Sichtbarkeit der in größerer Höhe fliegenden Maschine durch Zugabe eines komplexen Additivs, das zu einer beträchtlichen Verminderung der Kondensstreifenbildung führt, praktisch zu eliminieren.

Die Maschine soll in den frühen 90er Jahren einsatzbereit sein. Die erste Staffel soll auf der Whiteman AFB (Missouri) stationiert werden, und die strategische B-2-Flotte soll insgesamt 132 Maschinen zählen, sofern das äußerst kostspielige Programm nicht vorher gestutzt wird.[11]

Einer aus der Familie war es bestimmt

Die Berichterstattung über die jüngsten UFO-Phänomene in Belgien, die bisher unerreichte Ausmaße angenommen hat, führte in der breiten Öffentlichkeit anscheinend zu mehr oder weniger traumatischen Empfindungen. Man kann in der Tat feststellen, daß viele Menschen angesichts einer solch schlagartig einsetzenden Informationsflut mit einer Skepsis reagieren, die merkwürdigerweise mit Furcht, Spott und sogar einer gewissen Feindseligkeit – einer Art Abwehrreflex – vermischt ist. Mit einem unbekannten Phänomen konfrontiert, das ihre intellektuellen Gewohnheiten durcheinanderbringt und nur schwer faßbar ist, wollen sie eine rationale Erklärung unbedingt herbeizwingen. Welches Fluggerät ist also bekanntlich am Himmel *normaler* und häufiger zu sehen als das Flugzeug? Nach Meinung von Fachleuten ist das ein kulturell vertrautes Element in den Köpfen der Leute, das sie automatisch zu einem unbewußten Vergleich heranziehen.

Für den im allgemeinen wenig über die Entwicklungen in der Luftfahrt informierten Laien wirkte die Meldung von der Existenz eines Tarnkappenflugzeugs deshalb wie eine beschwichtigende Offenbarung.

4. DIE LUFTFAHRT-HYPOTHESE

Ja sicher, das also war das dreieckige UFO! Wird diese schöne reduktionistische Gewißheit sich nicht bald in Wohlgefallen auflösen? Zu früh gefreut, denn wenn es nicht die F-117A war, dann eben »jemand« anderes aus der Verwandtschaft – und man denkt sogleich an irgendeinen anderen hochgeheimen Prototyp, einen Senkrechtstarter etwa oder an ein AWACS oder auch, warum eigentlich nicht, an ein ULM, jenes sympathische, doch (sehr) lärmintensive Maschinchen, das sich zum Flugzeug verhält wie das Surfbrett zum Kabinenkreuzer.

Was die letztgenannte Hypothese anbetrifft, wollen wir doch bitte ernst bleiben, denn die Erfolgsaussichten für einen nächtlichen Scherz mit Hilfe eines »dreiachsigen« ULM – Zweitakter mit etwa 50 PS und Mindestfluggeschwindigkeit von etwa 40 km/h – sind praktisch gleich Null, von den strengen gesetzlichen Bestimmungen ohnehin einmal abgesehen.

Mit der amerikanischen Boeing E-3A Sentry, besser bekannt unter der Bezeichnung AWACS (Airborne Warning and Control System) bzw. Frühwarnsystem, verhält es sich ein wenig anders. Die von den NATO-Streitkräften verwendete Maschine führt in Belgien gelegentlich nächtliche »touch-and-go«-Einsätze durch (kurzes Aufsetzen mit anschließendem Durchstarten, speziell in Bierset und Beauvechain). Während der Anflug- und der Abflugphase sind in bestimmten Fällen Verwechslungen denkbar, da die imposante Maschine von Leuchtpunkten geradezu übersät ist (Landescheinwerfer, Positionslichter, blinkende und nicht blinkende Antikollisionslichter). In diesem Zusammenhang muß man indessen zumindest wissen, daß es sich bei dieser mehr als 46 Meter langen Maschine um nichts anderes als eine vierstrahlige Boeing 707 handelt, die dem wohlbekannten zivilen Modell ähnelt (auch hinsichtlich der hohen Lärmentwicklung!), jedoch in eine fliegende Radarstation umgewandelt wurde, die zur Überwachung des Luftraums mit einem Radius von durchschnittlich 500 Kilometer in der Lage ist. Von daher erklärt sich ihr großer, pilzförmiger Aufbau (Radom), der über der hinteren Rumpfpartie thront und in dem das Radar APY-2 Westinghouse untergebracht ist – das »Auge« des Systems, das alle sechs Sekunden eine vollständige Umdrehung beschreibt. Alle UFO-Sichtungen auf Verwechslungen mit einem AWACS zurückführen zu wollen, wäre also wohl doch etwas übertrieben.

Unter den Kurz- bzw. Senkrechtstartern (ADAC/V) wäre zunächst die Hawker Siddeley Harrier zu nennen, ein englisches Kampfflugzeug, das im Falklandkrieg eingesetzt wurde und von dem mit der Sea Harrier auch eine Marine-Version existiert. Mit einer von McDonnell-Douglas entwickelten Ausführung – der AV-8B Harrier II – ist außerdem das Korps der US-Marines ausgestattet. Diese in den 60er Jahren entstandene Maschine hat eine Reihe bedeutender Weiterentwicklungen durchlaufen, sie besitzt vier seitliche Schwenkdüsen – zwei auf jeder Rumpfseite. Außerdem hat sie einige kleine druckluftversorgte Steuerdüsen, die an den Flügelenden zur Kontrolle der Rollbewegungen und an den Rumpfenden zur Kontrolle der Nickbewegungen angebracht sind. Zusammengenommen erlaubt dies Senkrechtstarts und -landungen, Schwebeflug und Translation. Diese wesentlichen Merkmale werfen die Maschine jedoch aus dem Rennen, schon allein wegen des enormen Lärms und der starken Turbulenzen, die bei so bodennahen Flugmanövern entstehen.

In diesem speziellen Bereich ist auch die umwandelbare Bell-Boeing V-22 Osprey zu erwähnen, die den amphibischen Lande- und Unterstützungstrupps der US-Marines zugeordnet ist und deren erste Prototypen Anfang 1991 auf Flugzeugträgern erprobt wurden. Bei der Osprey handelt es sich um eine merkwürdige Maschine, ein Mittelding zwischen Flugzeug und Hubschrauber. Der Wechsel zwischen den beiden Fortbewegungsarten geschieht durch das Verstellen der beiden an den Flügelenden sitzenden Turboproptriebwerke, die zwei große, dreiblättrige Schraubenpropeller antreiben. Bei vertikaler Triebwerkstellung kann die Maschine wie ein Hubschrauber starten; dann werden die Triebwerke in die Horizontale geschwenkt, und die Osprey verwandelt sich in ein Flugzeug, um bei erneuter Vertikalstellung der Triebwerke wie ein Hubschrauber landen zu können. Diese heiklen Flugmanöver – speziell der Übergang zwischen horizontalem und vertikalem Flug – werden durch ein raffiniertes Regelsystem ermöglicht. Obgleich eine beachtliche technische Errungenschaft, kommt die V-22 Osprey als das uns interessierende Flugobjekt genauso wenig in Frage wie die Harrier, und zwar aus denselben Gründen: wegen der von den Schraubenpropellern in geringer Flughöhe verursachten starken Turbulenzen und wegen des Schallpegels der Turboproptriebwerke.

Schließlich wollen wir die neue sowjetische Sukhoi Su-27 als mögli-

4. DIE LUFTFAHRT-HYPOTHESE

chen Verwechslungskandidaten aus dem Rennen werfen, obwohl sie 1990 auf der Luftfahrtschau in Le Bourget bei einer Flugvorführung einen starken Eindruck hinterlassen hatte. Dies ging so weit, daß jemand (Opfer einer Täuschung?) in *Science & Vie* (Heft 877, Oktober 1990, S. 38) schrieb, dieses Flugzeug sei »zum Schwebeflug in der Lage«. Das ist eine Übertreibung. In Wahrheit nämlich handelt es sich um eine sehr charakteristische, spektakuläre Flugfigur, die nach ihrem Erfinder benannte »Pugatschow-Kobra«; sie hat mit dem Schwebeflug nichts zu tun und kann nur mit Maschinen geflogen werden, deren Leistungsgewicht größer ist als 1. Die flugbegeisterten Zuschauer, die die Flugmanöver der Su-27 in Le Bourget haben verfolgen können, werden dies zu beurteilen wissen.

Trotz Tarnung, Wendigkeit und Elektronik im Überfluß: Es sind und bleiben Flugzeuge

Blieben da noch die experimentellen Prototypen, über die nur wenig Genaues bekannt ist, von denen man nur weiß, daß sie bestimmten technischen Vorgaben entsprechen. Aus diesen grundsätzlich in geheimen und gesperrten Lufträumen erprobten Maschinen werden die Militärflugzeuge der kommenden Generation entwickelt, die den operativen Anforderungen der Luftwaffenverbände des Jahres 2000 und darüber hinaus Genüge leisten müssen.

Diese Anforderungen werden von Militärtechnikern definiert, die mit der Erarbeitung solcher Entwicklungsprogramme beauftragt sind. Der globalen Bedrohung durch einen potentiellen Gegner soll für einen bestimmten künftigen Zeitabschnitt begegnet werden können. Grob gesprochen geht es um zweierlei: Man möchte (1) die Luftüberlegenheit herstellen, also feindliche Flugzeuge abfangen und (2) in die gegnerische Abwehr in großen oder sehr geringen Höhen vordringen, also angreifen können. Wie wir bereits gesehen haben, bieten die neuen Stealth-Technologien hierbei einen wesentlichen Vorteil, und mit der *Wendigkeit,* auf die es bei der Entwicklung der künftigen Programme ankommen wird, kommt ein grundsätzlich neues Merkmal hinzu.

Das neue Konzept der Wendigkeit bezieht sich auf die Handhabbarkeit bzw. Manövrierfähigkeit einer Maschine bei hoher oder niedriger Geschwindigkeit und auf ihre Fähigkeit zu beinahe augenblicklichen Richtungswechseln, ohne daß Maschine und Pilot dabei einem zu großen Beschleunigungsdruck ausgesetzt wären. Eine Beschleunigung von 9 g ist ein Wert, der auf keinen Fall überschritten werden darf. Man versucht also, das Flugzeug zu Richtungsänderungen zu befähigen, die beinahe *auf der Stelle* erfolgen, ohne daß es über den Flügel abdrehen müßte. Man kann dies etwa mit einem Skifahrer vergleichen, der seine Skistöcke in den Schnee sticht, um die Skier anheben und eine Kursänderung vornehmen zu können. Wendigkeit setzt schließlich noch besondere Fähigkeiten zu Starts und Landungen auf sehr kurzen Pisten (unter 400 Meter) voraus. Voraussetzung für solch überraschende Leistungen sind spezielle Steuerflächen, die mit Düsen kombiniert werden, deren Schub im Flug umgeleitet bzw. umgekehrt werden kann (vektorgesteuerte Düsen); all dies verläuft computergesteuert über neue Flugsteuerungs- und Antriebssysteme – den raffiniertesten, die je in einem Flugzeug installiert wurden.

Die letztgeborenen Amerikaner

In den USA ist im Rahmen der Programme von US Air Force und DARPA (Defence Advanced Research Projects Agency) vor allem der Advanced Tactical Fighter (ATF), das künftige taktische Jagdflugzeug der Amerikaner, anzuführen. Das Projekt soll Mitte der 90er Jahre zum Abschluß gebracht werden – ausgehend von einem der beiden folgenden Prototypen: der YF-22 des aus Lockheed, Boeing und General Dynamics bestehenden Konsortiums oder der von Northrop/McDonnell-Douglas vorgeschlagene YF-23.

Beide Prototypen sind Ende August 1990 in einem Abstand von nur wenigen Tagen offiziell vorgestellt worden. Wenn man diese beiden wirklich neuartigen Maschinen betrachtet, so läßt ihr Erscheinungsbild (das ebenso überrascht wie das der F-117A) darauf schließen, daß sie die überkommenen Regeln der Aerodynamik vollkommen in Frage stellen. Es liegt auf der Hand, daß Lockheed und Northrop sämtliche durch F-117A und B-2 gewonnenen Erfahrungen in die Entwicklung der bei-

4. DIE LUFTFAHRT-HYPOTHESE

den neuen Prototypen haben einfließen lassen. Bei dem ausgewählten Bewerber wird es sich um den ersten Luftüberlegenheitsjäger handeln, der die jüngsten Stealth-Technologien mit dem bereits angesprochenen Wendigkeitskonzept kombiniert, indem er auf eine neue Generation von Turbotriebwerken mit vektorgesteuerten Düsen[12] zurückgreift. Ein bemerkenswerter Fortschritt ist darin zu erblicken, daß dieses Überschallflugzeug nicht auf Nachbrenner angewiesen sein wird![13]

In der Reihe der fortgeschrittensten Prototypen dürfen auch zwei neue Maschinen für die US Navy nicht vergessen werden: die künftige Hornet 2000 von McDonnell-Douglas – deren allgemeine Form die eines Deltaflüglers sein dürfte, an dessen vorderer Verlängerung sich bestimmte Steuerflächen (die sogenannten »Canards« oder Entenflügel) befinden, und vor allem die A-12 Avenger von General Dynamics/ McDonnell-Douglas, über die kaum etwas bekannt ist.[14]

Noch mehr Dreiecke

Von besonderem Interesse ist, daß die letztgenannte Maschine als Nachfolger für die Grumman A-6E Intruder für den Kampfeinsatz in geringen Höhen vorgesehen ist. Für ein von einem Flugzeugträger aus einsetzbares Kampfflugzeug überrascht ihre Konfiguration, bei der den Stealth-Eigenschaften Vorrang eingeräumt wurde. Die Maschine verkörpert nämlich einen reinen Nurflügler mit weitgehend dreieckiger Form (Pfeilung von etwa 47°) und spitzen Enden, wohingegen die Flügelhinterkante leicht gewölbt verlaufen könnte. Die einzige Ausbuchtung ist die kugelförmige Tandem-Haube der Pilotenkanzel, die über die Vorderspitze hinausragt. Im Flug betrachtet, dürfte das Erscheinungsbild der Maschine einem Mantarochen recht nahekommen.

Den wenigen Informationsfragmenten zufolge, über die wir verfügen, hat sie bei einer Länge von ungefähr 12 Meter eine Spannweite von etwa 21 Meter. Der Antrieb erfolgt durch zwei Strahltriebwerke der Schubklasse mit 6 580 kp, die aus dem GE-F-404 abgeleitet wurden und aus Gründen der Tarnung ohne Nachbrenner auskommen müssen. Die Höchstgeschwindigkeit liegt im oberen Unterschallbereich und dürfte mehr als 980 km/h betragen, bei einer Steigleistung von über 87 m/sec.

Die Landegeschwindigkeit (Landung auf Flugzeugträgern) liegt vermutlich bei etwa 250 km/h. Wie bei den meisten von Flugzeugträgern aus operierenden Maschinen ist das Flugwerk teilweise klappbar, damit die Flugzeuge in die Lastenaufzüge passen.

Die A-12 soll noch leiser sein als die F-117A, die wiederum deutlich weniger Lärm verursacht als eine F-15 oder F-16. Da auch sie mit vektorgesteuerten Düsen ausgestattet ist, nimmt man an, daß die Maschine in puncto Handhabbarkeit und Beschleunigungsvermögen ihren Vorgängerinnen hoch überlegen ist.

Es versteht sich, daß bei diesen beiden Maschinen – der Hornet 2000 und der A-12 Avenger – ebenfalls die neuesten Stealth-Technologien zum Einsatz kommen.

Das zuletzt gelüftete Geheimnis bezieht sich ebenfalls auf ein dreieckförmiges »Stealth«-Flugzeug, die TR-3A Black Manta. Sie ist allerdings kein Prototyp, sondern eine bereits 1989 in Dienst gestellte Maschine!

Die TR-3A ist ein Tarnkappenflugzeug für die taktische Aufklärung in großen und geringen Höhen; ihre hochentwickelten digitalen elektrooptischen Apparaturen sind in der Lage, Fotos und IR-Bilder praktisch in Echtzeit aufzunehmen und luftvermittelt (etwa über eine Lockheed TR-1 – der Nachfolgerin der berühmten U-2 – oder über einen Militärsatelliten) an die operative Führung weiterzuleiten. Die von Northrop gebaute Maschine wurde gleichzeitig und ebenso geheim entwickelt wie die F-117 (es sei daran erinnert, daß Jack Northrop zusammen mit den Deutschen Walter und Reimer Horten einer der großen Pioniere des Nurflüglers war). Von der Maschine dürfte es derzeit etwa dreißig Exemplare geben, die in New Mexico und Nevada (wie die F-117) stationiert sind. Einige von ihnen sollen ab 1989 zeitweilig auch in Alaska, Panama, Okinawa und ... Großbritannien (!) zum Einsatz gekommen sein (eine Fundgrube für manche Reduktionisten, wie die »belgischen UFOs« »erklärt« werden können).

Einige der Maschinen sollen im Golfkrieg eingesetzt worden sein, um Ziele für die Präzisionsbombardierungen durch die F-117A zu fotografieren und um die schwer zu ortenden mobilen Abschußrampen für die irakischen Scud-Raketen ausfindig zu machen.

Die TR-3A weist äußerlich eine starke Ähnlichkeit zur A-12 auf: eine

4. DIE LUFTFAHRT-HYPOTHESE

dunkle Dreiecksform mit jedoch mehr oder weniger gerundeten Ecken; zwei Strahltriebwerke General Electric F-404 ohne Nachbrenner, die tief in die Zelle eingelassen sind und deren Einlaß- und Austrittsöffnungen an der (nach Art des B-2) durchweg gekrümmt verlaufenden Oberfläche liegen; weit vorn plaziertes, einsitziges Cockpit; Spannweite von schätzungsweise 20 Meter bei einer Länge von etwa 13 Meter. Die Hauptaufgabe der über einen Aktionsradius von etwa 5 000 Kilometer verfügenden Maschine dürfte in einer direkten Einsatzunterstützung von F-117A und B-2 zu sehen sein. Die TR-3A soll leiser sein als die F-117A.

Die Maschine war ausgehend von einem als THAP (Tactical High Altitude Penetrator) bezeichneten Prototyp entwickelt worden, dessen Erstflug bereits 1981 erfolgt war. Bis zum heutigen Tag existiert lediglich eine grobe Skizze, auf der angeblich eine TR-3A abgebildet ist. Auf ihr sind zwei nach hinten verlaufende und leicht nach innen geneigte senkrechte Flächen (die sogenannten »Rudderatrons«) zu erkennen; sie dienen der Kontrolle der Roll- und der Nickbewegung und waren bei dem THAP-Prototyp effektiv vorhanden. Möglicherweise handelt es sich also bei der TR-3A nicht um einen reinen Nurflügler, doch dieser Punkt bleibt weiter ungeklärt.

Abschließend sei noch ein bereits 1988 projektiertes Flugzeug für Kurzstarts und Senkrechtlandungen (ASTOL – Advanced Short Take-Off and Landing) erwähnt, mit dessen Entwicklung General Dynamics und Boeing betraut wurden. Die Maschine soll über die Stealth-Technologie und eine Delta-Form verfügen (sie ähnelt also ebenfalls einem Dreieck), unter der Bezeichnung E-7 firmieren und mit einem oder zwei Strahltriebwerken vom Typ GE-F-110 mit einem Dutzend Auftriebsdüsen ausgestattet sein, die unter dem Tragwerk angeordnet sind.

Gerüchte aus der »Schwarzen Welt«

Übergehen wir nicht, daß es außerdem noch Experimentalmaschinen unterschiedlichsten Typs gibt, die in den USA von den Eingeweihten der »Black World« zugeordnet werden, der Welt der allergeheimsten Geheimhaltung. In letzter Zeit konnte über den Wüstenregionen im Südwesten der USA (Kalifornien und Nevada) wiederholt eine mit hoher Geschwindigkeit und in großen Höhen fliegende Maschine beobachtet werden, deren Flugeräusch, ein ungewöhnliches tiefes und sehr kräftiges Grollen, vielleicht mit einer startenden Rakete oder einem Space-Shuttle zu vergleichen ist. In bestimmten Momenten wird der Düsenlärm durch einen niederfrequent (etwa 1-2 Hz) pulsierenden Ton ergänzt, worauf der Kondensstreifen Ähnlichkeit mit einer »Wurstkette« (»sausage linkshaped«) annimmt. Dies läßt einen unkonventionellen Antrieb vermuten, etwa die Kombination eines Turbo- mit einem Staustrahltriebwerk[15] vom Typ Scramjet (supersonic combustion ramjet), das ab Mach 2 eingeschaltet wird, da sein bester Wirkungsgrad erst ab dieser Geschwindigkeit beginnt.

Zu erwähnen ist weiterhin ein Projekt, das den Kodenamen »Aurora«[16] trägt, und bei dem es sich möglicherweise um ein Hyperschall-Flugzeug handelt, das in der Lage ist, mit Mach 7 oder 8 in der Ionosphäre zu fliegen, und das entweder für Bombenabwürfe oder für die strategische Aufklärung konzipiert ist – als Nachfolger der berühmten aber betagten SR-71 Blackbird, die in etwa 25 000 Meter Höhe eine Geschwindigkeit von 3 600 km/h erreicht. Außerdem existiert noch ein Projekt für ein unbemanntes Hyperschall-Fluggerät, das in hohen g-Bereichen[17] betrieben und auch in geringen Höhen für spezielle Aufgaben über stark verteidigten Zonen eingesetzt werden könnte. Die für solche Geräte des 21. Jahrhunderts, also einer relativ nahen Zukunft, am besten geeigneten aerodynamischen Konfigurationen scheinen zu Dreiecks- bzw. Rautenformen mit mehr oder weniger stark gerundeten Ecken zu führen.

Nichtsdestotrotz werden diese futuristisch anmutenden Maschinen immer noch Flugzeuge sein, und sie werden – wie jedes andere Flugzeug auch – auf der Grundlage der Gesetze der irdischen Physik fliegen. Von daher meinen wir, all jenen, die behaupten, die UFOs könnten nichts anderes darstellen als »dreieckige geheime Prototypen«, auf jeden Fall entgegnen zu können, daß es im Bereich der Luftfahrt eine Grenze gibt, jenseits derer eine reduktionistische Erklärung der phantastischen Realität eines Phänomens, das offenbar über uns alle hinausreicht, völlig haltlos wird.

Was daraus folgt, liegt auf der Hand.

4. DIE LUFTFAHRT-HYPOTHESE

Eines steht fest

In dieser zwangsläufig lückenhaften Darstellung konnten nicht sämtliche Stealth-Eigenschaften der neuen amerikanischen Maschinen aufgeführt werden. Der um Verständnis und weitere Fakten bemühte Leser wird indessen zahlreiche Urteilskriterien gefunden haben, die es ihm erlauben, seine eigenen Schlüsse daraus zu ziehen, was es mit der Querverbindung auf sich hat, die die Medien zwischen den in Belgien beobachteten UFOs und den Stealth-Flugzeugen, speziell der F-117A, hergestellt haben, oder was von der in der Öffentlichkeit vieldiskutierten, aber offensichtlich ziemlich anfechtbaren Luftfahrt-Hypothese zu halten ist.

Der zweite Aspekt dieses Problemkreises sind die Tausende von übereinstimmenden Sichtungen; sie stammen von vertrauenswürdigen Zeugen aus sämtlichen Gesellschaftsschichten, darunter nicht wenige mit einer soliden technischen Ausbildung. All diese Zeugenaussagen – viele wurden von der Gendarmerie untersucht – belegen, wie vielfältig und verwirrend das UFO-Phänomen ist.

Obwohl es unserer hochtechnisierten Gesellschaft, die auf ihre Errungenschaften so stolz ist, schwerfallen dürfte, dies zuzugeben, konfrontiert uns eine objektive Durchsicht all dieser Daten mit einem unabweislichen Tatbestand: Kein Flugzeug – weder die F-117A noch die B-2 oder irgend eine hochgeheime, für die absehbare Zukunft vorstellbare Maschine – kann sich so verhalten wie diese weiterhin nicht-identifizierten, aber durchaus realen Objekte. Unsere derzeitige Technologie ist dazu ganz einfach nicht in der Lage.

Für eine offene Forschung

Die aufgeschlossenen Forscher, die es auf welchem Gebiet auch immer wagen, abseits ausgetretener Pfade zu wandeln, stoßen überall auf dieselben Schwierigkeiten und dieselben Hindernisse nach Art einer mechanischen Abfuhr, die gelegentlich bis zur Repression geht. Dies ist ein paradoxer Tatbestand, denn noch nie wurden Menschenrechte und Meinungsfreiheit so hochgehalten wie heute.

Unterdessen verändert sich unsere Umwelt immer rascher, und wir sind an einem Punkt in der Menschheitsgeschichte angelangt, wo alle Grenzmauern zusehends rissiger werden und – zusammen mit vielen Gewißheiten – unaufhaltsam umstürzen. Nun ist es an jedem von uns, nach seinen Möglichkeiten eine der zweifellos wichtigsten Forderungen unserer Zeit zu unterstützen: die Freiheit der Forschung in sämtlichen Bereichen der menschlichen Erkenntnis – eine wahrhaft offene Forschung, die nicht mehr durch Dogmen und Tabus behindert werden darf, sondern die mit allen Kräften und ohne Vorurteile vorangetrieben werden muß. Auf intellektuelle und akademische Kreise ist dabei weniger zu zählen; deren Konformismus, Sterilität und Scheitern kann wohl nichts besser veranschaulichen als ihr Unvermögen, die immense Bedeutung jener Fragen zu erfassen, die von dem Rätsel der nicht identifizierten Flugobjekte aufgeworfen werden.

In dieser Hinsicht können einige in der Öffentlichkeit bereits wahrnehmbare Reaktionen nur ermutigen, da sie von einem wachsenden Problembewußtsein zeugen. Auf dieser positiven Entwicklung basiert zweifelsohne das steigende Interesse an den seriösen Arbeiten, wie sie in diesem diffizilen Bereich von einigen mutigen – teilweise hochqualifizierten, jedoch leider viel zu wenigen – Forschern durchgeführt werden.

Nachbemerkung
Sagten Sie eben »Scherz«?

Wäre es möglich, einige Charakteristika des UFO-Phänomens (wenn auch nur ziemlich grobschlächtig) zu simulieren – speziell die Lichteffekte? Die Antwort lautet ja, obwohl dies mit Sicherheit leichter gesagt als getan wäre.

Das geeignetste Mittel, das einem hierzu in den Sinn kommen könnte, wäre ein Luftfahrzeug mit aerostatischem Auftrieb (ein »Luftfahrzeug leichter als Luft«), das man vor einem nächtlichen Einsatz mit sämtlichen für die Erzeugung der gewünschten Effekte erforderlichen elektrischen Einrichtungen ausrüsten würde. Weshalb sollte es undenkbar sein, daß eine solche Idee in dem mehr oder minder verschrobenen Hirn eines

4. DIE LUFTFAHRT-HYPOTHESE

neuen »Schwarzen Barons« ausgebrütet werden könnte, sofern er nur über die notwendigen Mittel verfügt? Dies könnte mit Hilfe eines von drei verschiedenen derartigen Luftfahrzeugen bewerkstelligt werden, von denen zwei allgemein bekannt sind. Das vertrauteste wäre der Heißluftballon, nach den Brüdern Etienne und Joseph de Montgolfier, die ihn im Jahr 1783 erfunden haben, daher auch Montgolfiere genannt. Ein Problem läge dabei darin, daß er von den herrschenden Winden abhängig ist. Weiterer gravierender Nachteil: die beeindruckende, von den Brennern bei jedem Zündvorgang (ungefähr einmal jede Minute) ausgestoßene Flamme, die von einem charakteristischen Zischen begleitet wird. Bei einem Heißluftballon normaler Größe reicht der in den am Korb festgezurrten Flaschen mitgeführte Flüssiggasvorrat nur für eine ununterbrochene Fahrt von etwa drei Stunden. Schließlich dürfte allein das Gewicht der mitzuführenden Gerätschaften (Scheinwerfer, Batterien, Kabel, Gestell etc.) das Fliegen unmöglich machen.

Zweite Möglichkeit: eines der mit Helium gefüllten Kleinluftschiffe, wie sie speziell für die Goodyear-Werbung eingesetzt werden. Mit einem kleinen, ziemlich leisen Motor mit Antriebsschraube und einem Lenksystem ausgestattet, ist ein Luftschiff uneingeschränkt manövrierfähig und vermag sogar auf der Stelle zu schweben. Doch auch hier müßten die für eine Irreführung benötigten Apparaturen zunächst angepaßt werden. Zwar würde die zusätzliche Nutzlast bei einem Luftschiff keine Probleme bereiten, doch es versteht sich, daß das Unternehmen an sich weit größere Ausmaße annehmen würde.

Die dritte – ungewöhnlichste – Möglichkeit: das »Wipfelfloß«. Dieses bizarre, aus dem Traum eines Botanikers hervorgegangene Flugobjekt wurde realisiert, um auf dem Dach des Amazonas-Regenwalds landen zu können (also dort, wo man mit konventionellen Methoden praktisch nicht hingelangen kann), und damit eine unmittelbare Erforschung des biologischen Gleichgewichts dieses besonderen Ökosystems zu gestatten. Das Projekt verdankt man kurz gesagt dem glücklichen Umstand, daß sich drei Menschen begegnet sind: Francis Hallé (Wissenschaftler am botanischen Institut der Universität Montpellier), Dany Cleyet-Marrel (Graphiker und begeisterter Ballonfahrer) und Gilles Ebersolt (ein auf aufblasbare Gebilde spezialisierter Erfinder). Das »Wipfelfloß« wurde in den Jahren 1986 und 1989 in Französisch-Guayana erfolgreich eingesetzt, wo mit seiner Hilfe zwei wissenschaftliche Expeditionen durchgeführt werden konnten, an denen internationale Spezialisten verschiedener Disziplinen (Biologen, Entomologen, Botaniker etc.) teilgenommen haben. Das Fluggerät besteht im wesentlichen aus einem Kleinluftschiff, unter dem ein sechseckiges Gebilde aus aufblasbaren Elementen aufgehängt ist; die Elemente ähneln langen, druckluftgefüllten »Würsten« mit einem Durchmesser von einem Meter, und zwischen ihnen ist ein großes Kevlar-Netz gespannt. Auf dieser Plattform von der Größe zweier Tennisplätze finden Material und mehrere Personen Platz. Das von einem 100-PS-Continental-Motor angetriebene Luftschiff ist für eine Hebelast bis 2 100 kg ausgelegt, und seine Gondel kann neben den beiden Besatzungsmitgliedern noch drei Passagiere aufnehmen. In dem uns interessierenden Fall kann eine hypothetische Abwandlung des »Wipfelfloßes« durchaus eine mit drei Scheinwerfern und zwei zusätzlichen Lichtern ausgestattete Dreiecksplattform umfassen, um die beabsichtigte Illusion zu erzielen.

Worauf immer die Entscheidung fiele: Alle derartigen Versuche könnten nur bei stabiler Wetterlage und vorzugsweise in mondlosen Nächten unternommen werden. Selbstverständlich müßte das Gerät schwarz angestrichen sein. Die Vorbereitungen würden ein ganzes Team erforderlich machen, das über eine Abflugbasis und über das geeignete Material verfügt. Die eigentliche Verwendung des Geräts müßte überdies mit Hilfe einer plausiblen Tarnaktivität verheimlicht werden. Die vor einer solchen Inszenierung konkret zu erfüllenden Voraussetzungen lassen die Sache sehr unwahrscheinlich werden. Auch die Chance, die Aktion zu einem Abschluß mit mehr als lächerlichen Resultaten zu bringen, wäre sehr gering. Kurz, die Sache wäre der Mühe wirklich nicht wert. Quod erat demonstrandum.

5.
Ausflug eines Wissenschaftlers in die Welt der Ufologie
Léon Brenig

Das Phänomen

Im November und Dezember 1989 kamen mir einige Gerüchte über Sichtungen mysteriöser Flugobjekte im Osten Belgiens zu Ohren, die nicht verstummen wollten. Bei diesen unbekannten Flug-Observationen – auch so kann man das Kürzel »UFO« deuten – war von sehr großen, dreieckigen Plattformen mit erstaunlichen Eigenschaften die Rede. Das Phänomen war anscheinend von materieller Beschaffenheit, da von den Zeugen Lichtstrahlen und Geräusche beschrieben wurden, die von den »Objekten« stammten. Einen eher irrealen Anstrich erhielt das Phänomen durch Flugeigenschaften, die für ein klassisches »Luftfahrzeug schwerer als Luft« undenkbar sind: sehr langsamer Flug, Verharren auf der Stelle, sehr geringe Geräuschentwicklung, Fehlen von wahrnehmbaren Luftströmungen. Die vielen Zeugen von Nahsichtungen berichteten nichts von physikalischen Effekten, von Hitze, Wind, elektrischen Entladungen oder auffälligen Gerüchen. Hinzu kam die offenbare Untätigkeit der Armee gegenüber einer nahezu täglich erfolgenden Verletzung der belgischen Lufthoheit. Was versuchte man uns zu verbergen?

Bislang hatte ich mich nicht für UFO-Phänomene interessiert, ich rechnete das zu den Parawissenschaften, zu denen ich mich wenig hingezogen fühlte – und fühle! Was die Sachlage jedoch veränderte, war die geographische Nähe, die eine persönliche Überprüfung der von den Zeugen aufgestellten Behauptungen und vielleicht sogar die Möglichkeit persönlicher Beobachtung und Messung zuließ. Alle Voraussetzungen für ein umsichtiges, wissenschaftliches Vorgehen schienen gegeben.

Die Neugier

Natürlich hatte ich noch andere Motive. Obgleich sehr skeptisch gegenüber den Chancen eingestellt, in meinem kurzen Leben Wesen von anderen Sonnensystemen begegnen zu können, war vielleicht doch, wer weiß, die Zeit dafür reif... Ich gehöre zu denen, die der Ansicht sind, daß eine derartige Begegnung ein wichtiges Ereignis für die gesamte Menschheit darstellen würde und daß – sei die Wahrscheinlichkeit noch so gering – alles versucht werden muß, die Chance nicht zu verpassen. Die Konsequenzen einer solchen Begegnung wären unabsehbar, vor allem im Bereich der wissenschaftlichen Erkenntnisse. Der Anthropozentrismus – jenes Übel, das unser Denken ständig untergräbt – wäre dann null und nichtig, und der Relativismus würde den Sieg davontragen: Wir sähen uns einer anderen Sicht des Universums gegenüber. Endlich würden wir wissen, ob die Mathematik universelle Gültigkeit hat, und ob das Denken über homogene Eigenschaften verfügt. Aus der Vereinigung verschiedener Denkungsarten müßte eine weit profundere Synthese hervorgehen.

Die Neugier ist ein häßlicher Makel, wissenschaftliche Forschung ist ohne sie allerdings nicht zu denken. Mit Hingabe ließ ich ihr daher die Zügel schießen, Logik und Umsicht sollten aber mit von der Partie sein.

Beginn der Mitarbeit

Gegen Ende Dezember 1989 setzten sich die Beobachtungen weiter fort, und ich nahm Kontakt mit der SOBEPS auf. Sehr schnell überzeugten mich einige Gespräche mit ihrem Präsidenten Bougard, ihrem Generalsekretär Clerebaut und weiteren Gründungsmitgliedern von der Seriosität ihrer Aktivitäten. Bougard als ausgebildeter Wissenschaftler und Lehrer von Beruf sowie Clerebaut als passionierter Autodidakt verfügen seit jeher über jene Mischung aus Courage, Enthusiasmus und Realismus, wie sie für jedes größere wissenschaftliche Unterfangen erforderlich ist. Allen Widrigkeiten zum Trotz ist es ihnen gelungen, die wissenschaftliche Grundhaltung innerhalb der SOBEPS nicht vom ständigen Ansturm der Liebhaber des Phantastischen sämtlicher Schattierungen aufweichen

5. AUSFLUG EINES WISSENSCHAFTLERS

zu lassen. Im Laufe ihrer bis in das Jahr 1971 zurückreichenden Geschichte wurde diese Vereinigung wie viele andere auch in der Tat von einem konstanten Strom von Obskurantisten heimgesucht, von den »Diabolikern«, wie sie Umberto Eco in seinem enigmatischen Buch »Das Foucaultsche Pendel«[1] nennt. Doch in derartigen Fällen erfolgte schon immer eine gesunde Immunreaktion: Kaum dabei, kehrten die Neuzugänge der SOBEPS den Rücken, abgestoßen von der Zähigkeit und peinlichen Genauigkeit der durchgeführten Befragungen und Analysen. Umsichtigkeit und wissenschaftlicher Anspruch hatten einmal mehr die Oberhand über einige nicht reumütige Zauberlehrlinge gewonnen!

Im Laufe der Jahre und dank beharrlicher Bemühungen besonders von Lucien Clerebaut konnte die SOBEPS über ganz Belgien ein stabiles Interviewernetz aufbauen. Mit Hilfe eines Interviewer-Handbuchs, einer systematischen Anleitung, die die wissenschaftliche Vorgehensweise der SOBEPS dokumentiert, konnten die Befragungsmethoden vereinheitlicht und die Interviewer in den Techniken der Feldforschung geschult werden. Seit 1971 werden die Ergebnisse der Befragungen sowie statistische Analysen und Fotodokumente sorgfältig registriert und abgelegt und bilden heute ein umfangreiches, jederzeit zugängliches Gesamtdossier. Der reiche Datenbestand über die belgische Sichtungswelle zwang die SOBEPS schließlich zur Erstellung einer Computer-Datenbank; damit sind weit komplexere statistische Korrelationsanalysen möglich geworden als bisher.

Ein ebenfalls wesentlicher Umstand ist, daß Wissenschaftler verschiedener belgischer Universitäten der SOBEPS ihr Fachwissen zur Verfügung stellen und sich an den Diskussionen beteiligen. Das Interesse der belgischen Wissenschaftler an den seit einigen Monaten beobachteten UFO-Phänomenen wächst derzeit stark, wenn man nach ihrer zahlenmäßigen Beteiligung an der letzten Beobachtungskampagne urteilt. Hauptgründe für dieses ungewohnte Interesse sind zweifellos, daß in letzter Zeit weit mehr Sichtungen gemeldet und untersucht worden sind, daß die Ereignisse sich in räumlicher und zeitlicher Nähe abspielten und daß die SOBEPS ihre Datenerhebungen mit großer Seriosität durchführt. Diese auf der Welt einzigartige Beteiligung und die ebenso außergewöhnliche Mitwirkung der Militärs lassen erstmals darauf hoffen, daß sich endlich eine wissenschaftlich orientierte, nicht durch hartnäckige

Vorurteile und Staatsgeheimnisse belastete Forschung wird entwickeln können. Da die SOBEPS von keiner offiziellen Einrichtung administrativ oder finanziell abhängt, genießt sie eine geistige Unabhängigkeit, die man bei den wenigen offiziellen, sich der Ufologie widmenden Organisationen nur selten antrifft. Ein Grundpfeiler dieser Unabhängigkeit ist die ehrenamtliche Tätigkeit aller Mitwirkenden.

All diese Aspekte sind eine Garantie für Seriosität und Objektivität; sie verleihen der SOBEPS den Status eines in politischen, militärischen und akademischen Kreisen geachteten Gesprächspartners.

Nachdem ich die Überzeugung gewonnen hatte, nicht auf einen Hort der Erleuchteten zu stoßen, begann ich mit der SOBEPS zusammenzuarbeiten; ich konnte nicht ahnen, wie anregend und fruchtbar diese Zusammenarbeit werden sollte.

Zeugenbefragungen

Auf Anraten von Lucien Clerebaut begann ich mit einer Reihe von Zeugenbefragungen. Als feinsinniger Psychologe wußte er, daß ich nur dann von der Objektivität eines Zeugen überzeugt sein würde, wenn ich ihn selbst befragte. Die Personen, die sich zur Beantwortung meiner Fragen bereit zeigten, vermittelten mir die Überzeugung, daß sie ein reales und materielles Phänomen beobachtet hatten, das sich offenbar nicht auf meteorologische Prozesse oder Fluggeräte herkömmlicher Technologien zurückführen läßt. Die Fülle und vor allem die Kohärenz der Beobachtungen überzeugten mich schließlich davon, daß die Zeugen ernstgenommen werden müssen und daß es darum geht, die Objekte zu identifizieren. Mitbürger aus allen sozialen Schichten und Berufsgruppen hatten diese Objekte gesehen (gelegentlich aus sehr geringer Entfernung) und erwarteten nun eine Erklärung durch jene, denen sie ihre Beobachtungen gemeldet hatten: SOBEPS, Gendarmerie, Luftfahrtamt und Armee. Bei den Zeugen zeigten sich nicht selten Folgeerscheinungen wie Schlafstörungen, Abgeschlagenheit und latente Unruhe. In den betroffenen Regionen gehörten die UFOs zum Tagesgespräch, aus dem man eine gewisse Beklommenheit heraushören konnte.

5. AUSFLUG EINES WISSENSCHAFTLERS

Die anderen Wissenschaftler

Die Tatsache, daß einige Milieus wie das militärische und das akademische, die möglicherweise eine Antwort hätten geben können, keine Reaktionen zeigten, war nicht dazu angetan, die herrschende Atmosphäre zu verbessern, vor allem dann nicht, als einige – allerdings nur wenige – Wissenschaftler, die sich nicht einmal oberflächlich mit der Sache beschäftigt hatten, den Zeugen über die Medien zu verstehen gaben, daß sie ihrer eigenen Einbildungskraft zum Opfer gefallen seien! Welch seltsame Metamorphose der wissenschaftlichen Methodik.

All diese Umstände und die Neugier, die die merkwürdigen Zeugenberichte in mir erregt hatten, ließen mich zu dem einen Entschluß gelangen: Man muß sich systematisch darum bemühen, die Zufälligkeit der Sichtungen zu überwinden, man muß physikalische Messungen durchführen, Filme und Fotos machen, die objektiv und *vorurteilsfrei* analysiert werden können. Ich ahnte damals noch nicht, welche Probleme dies mit sich bringen würde.

Zu diesem Zeitpunkt wurde mir allerdings klar, daß ich mir nicht als einziger Wissenschaftler solche Fragen stellte: August Meessen, Professor an der Université Catholique de Louvain, versuchte bereits seit fast zwanzig Jahren zu begreifen, was jahrelang und weltweit von UFO-Sichtungen berichtet wurde. Sich auf bestimmte, häufig genannte Sichtungscharakteristika stützend, gelangte er zu der auch von anderen Physikern (wie etwa Jean-Pierre Petit, Forschungsdirektor beim C.N.R.S.) geteilten Hypothese eines elektromagnetischen Antriebs[2,3] dieser Objekte: Das Fluggerät ionisiert die Umgebungsluft und beschleunigt die Ionen durch geeignete elektrische und magnetische Kräfte. Da es auf die Ionenmasse einwirkt, erzeugen diese eine Reaktionskraft gegenüber dem Gerät, die es beschleunigt. Es handelt sich also um eine Antriebsform, die sich des Rückstoßprinzips in anderer Weise bedient als die Strahltriebwerke der heutigen Flugzeuge. Ich möchte nicht unterschlagen, daß diese Vorstellung bislang durch keine im Rahmen der belgischen Sichtungswelle gemachte Beobachtungen untermauert worden ist. Zu diesem nicht unkomplizierten Problem später mehr. Nachdem ich Meessen und Petit getroffen hatte, stellte ich fest, daß ich einen unterschiedlichen Ansatz verfolgte, was bestimmt auf meine ufologische

Unbildung, wahrscheinlich aber auch auf mein Temperament zurückzuführen war. Erstens bevorzugten sie die extraterrestrische Hypothese, um zahlreiche UFO-Fälle (auch solche innerhalb der belgischen Welle) zu erklären, und zweitens gingen sie beide in ihren Analysen von Daten aus, die eher beiläufig zustande kamen: zufällige Sichtungen, von den Zeugen aufgenommene Fotos etc. – sowie in jüngster Zeit: Analysen von Signalen, die zeitgleich mit den UFO-Sichtungen von den Radars aufgezeichnet worden waren.

Persönliche Einstellung

Wie man gleich erkennen wird, verfolge ich einen anderen Ansatz – dies bei allem Respekt für den ihrigen. Zunächst einmal muß man feststellen, daß es sich nicht aufdrängt, die belgische Sichtungswelle durch extraterrestrische Besuche zu erklären, auch wenn das eine Erklärung ist, die begeistert. Um nicht länger damit hinterm Berg zu halten: Derzeit scheint mir keine Hypothese besonders plausibel zu sein. Außerdem bin ich für gezielte, organisierte und systematische Datengewinnung. Unerläßliche Voraussetzung hierfür sind abgestimmte Beobachtungskampagnen unter Benutzung physikalischer Meßgeräte. Diese Daten sind durch die Daten von automatischen Aufzeichnungssystemen, die sich der Fernerfassung per Satellit und Radar bedienen, zu vervollständigen. Wie mir scheint, darf man sich nicht damit zufriedengeben, auf zufällige Sichtungen durch uninformierte Zeugen zu warten. Das Phänomen muß aktiv angegangen werden, indem man es wie jedes andere physikalische System behandelt und – wie das beispielsweise in der Geophysik üblich ist – möglichst vor Ort untersucht.

Die Führungsspitze der SOBEPS mußte ich gar nicht erst lange vom Nutzen derartiger Beobachtungskampagnen überzeugen, denn wie sich herausstellte, hatten wir von Anfang an die gleiche Grundeinstellung.

Erste Beobachtungskampagne

Mit vereinten Kräften bereiteten wir somit ab Anfang 1990 die erste Beobachtungskampagne vom 17. bis 19. März vor, die sich über drei Nächte erstrecken sollte. Die Wahl von Zeit und Ort wurde durch eine hohe Frequenz von Sichtungen während der beiden letzten Wochen in einer bestimmten Region der Provinz Lüttich bestimmt; der Bereich erstreckt sich vom südlichen Stadtrand Lüttichs bis in die östlichen Bezirke nahe der Grenze zu Deutschland. Vier Gruppen aus je drei bis vier Beobachtern wurden postiert: zwei in der Nähe von Lüttich und die beiden anderen zwischen Spa und Eupen. Die Gruppen setzten sich aus Wissenschaftlern, SOBEPS-Mitgliedern und Fernsehjournalisten zusammen. Das zur Verfügung stehende Material (Videokameras, Fotoapparate bzw. Objektive, Ferngläser und Fernrohre) war nicht eben optimal für nächtliche Beobachtungen bzw. Aufnahmen geeignet. Spektralapparate und Geräte zur Messung elektrischer und magnetischer Felder standen vor Ort nicht zur Verfügung, genausowenig Nachtsichtgeräte (Infrarot oder Restlichtverstärker). Derartige Geräte stehen in manchem Universitätslabor, sind jedoch in der Regel nicht leicht transportierbar. Zum anderen drängten sich die Universitätswissenschaftler damals noch nicht, uns ihre Dienste wie ihre Gerätschaften anzubieten, und uns war noch nicht der Gedanke gekommen, die Armee anzusprechen.

Nachdem, bedingt durch unsere mangelnde Erfahrung, zahlreiche Fehlalarme ausgelöst worden waren – durch Sterne, Flugzeuge und andere bekannte Luftfahrzeuge, die im Dunkeln ein ungewohntes Erscheinungsbild bieten, vor allem, wenn man etwas sucht –, wurde das »Objekt« in der dritten Nacht schließlich gesichtet. Ich befand mich in dieser klaren Nacht des 19. März auf dem Weg zu meinem Beobachtungspunkt, als ich einen großen Leuchtpunkt über dem Horizont bemerkte, der sich mit ziemlich niedriger Geschwindigkeit quer zur Straße bewegte. Sofort hielt ich an und griff zum Fernglas. Der Leuchtpunkt wurde zusehends größer; durchs Fernglas erkannte ich bald, daß er sich aus drei kreisförmigen Lichtquellen zusammenzusetzen schien, die ein gelbliches Licht und in der Mitte einen dunkelroten, pulsierenden Lichtschein abgaben. Vor dem in hellem Mondlicht stehenden nächtlichen Himmel zeichnete sich deutlich eine schwarze, dreieckige Form ab, an der diese Lichter befestigt waren. Die von den drei gelben Leuchtzonen eingenommene Fläche war im Vergleich zu der schwarzen Trägermasse ungewöhnlich groß. Während sich das lautlos fliegende Objekt fast direkt über mir befand, vollzog es eine Bewegung, die mich völlig überraschte: Es schwenkte abrupt um die eigene Achse und flog im rechten Winkel zur bisherigen Flugbahn weiter. Was ich nun zu tun hatte, wurde mir vor lauter Verblüffung erst nach einigen Sekunden klar. Da das Objekt Kurs auf eine unserer Beobachtergruppen nahm, sagte ich dort durch das Mobiltelefon Bescheid.

Etwa zwanzig Minuten später wurde das Objekt gesichtet. Ich wußte ungefähr, wieviel Kilometer die andere Gruppe in Luftlinie von mir entfernt war, daraus ließ sich die durchschnittliche Fluggeschwindigkeit schätzen: 20 Kilometer in der Stunde! Ein Flugzeug wäre bei einem solchen Schneckentempo schon längst abgestürzt. Bei einem »Luftfahrzeug schwerer als Luft« bietet unsere heutige Technologie nur eine Möglichkeit, mit derart niedrigen Geschwindigkeiten zu fliegen: nach unten abstrahlende Triebwerke. Da sich das Objekt aber praktisch über mir befunden hatte, hätte ich einen unbeschreiblichen Lärm hören müssen! Doch nichts dergleichen: Es herrschte fast unwirkliche Stille! Der Vergleich unserer eigenen Beobachtungen mit den zahlreichen vorliegenden Zeugenaussagen bestärkte mich in der Ansicht, daß wir tatsächlich jenes Objekt gesehen hatten, dem unser vorrangiges Interesse gilt. Mitglieder der von mir benachrichtigten Gruppe hatten Aufnahmen machen können. Leider – es überraschte uns nicht – fielen die Abzüge nicht besonders gut aus: Es war Nacht, die Fotos hatte ein Laie gemacht, und es waren Aufnahmen mit einem ganz einfachen Apparat.

Ansturm der Medien

Die nachfolgenden Geschehnisse überraschten mich als Wissenschaftler ungemein. Da an der Aktion auch einige Journalisten teilgenommen hatten, war es unsere Pflicht, sie über unsere Sichtung zu informieren. Das Resultat: Ich wurde mit Telefonanrufen und Bitten um Interviews schier überschüttet. Mein Name und Bilder von mir erschienen auf den Titelseiten der Zeitungen, und man rief mich aus den USA an, um mich

5. AUSFLUG EINES WISSENSCHAFTLERS

zu interviewen. Ohne mich dabei bewegen zu müssen, vollzog ich – darin alle vorstellbaren UFOs übertreffend – mehrere Erdumrundungen, mit der Telekommunikation als Antrieb! Zu keiner Zeit hatten mir meine bescheidenen Arbeiten zur nicht-linearen Dynamik einen derartigen Bekanntheitsgrad eingebracht.

Vergeblich wies ich immer wieder darauf hin, daß meine unmittelbare Beobachtung auch nicht zuverlässiger sei als die Hunderter anderer Zeugen, und daß meine Augen denen meiner Mitmenschen in keiner Weise überlegen seien – zumal ich kurzsichtig bin. Es half alles nichts: Da ich »der« Wissenschaftler war, der das Objekt selbst gesehen hatte, bürgte ich quasi für alle anderen Zeugenaussagen und fand mich in den Zeitungen neben einigen Sportstars und den Größen dieser Welt wieder! Ich fügte mich, überzeugt, daß auch das UFO-Thema nur für begrenzte Zeit aktuell sein würde. Doch weit gefehlt: Das Übel sollte viel länger in der Welt bleiben, als ich angenommen hatte.

Unterstützung durch die Armee

Die durchwachsenen, doch keineswegs nichtigen Resultate der durchgeführten Operation überzeugten uns davon, daß eine weitere, jedoch besser ausgestattete Beobachtungskampagne gerechtfertigt schien. In den gerade erst hinter uns liegenden Beobachtungsnächten war ein Gedanke aufgekommen: Warum nicht die Armee um Unterstützung bitten? Über den Umfang der möglichen Hilfe hatten wir keine genauen Vorstellungen. Eine unmittelbare Beteiligung? Warum eigentlich nicht, denn die Armee müßte doch stark motiviert sein, jene Objekte zu identifizieren, die nahezu täglich in einen Luftraum eindrangen, den die Luftwaffe ihrem Auftrag gemäß zu verteidigen hat. Eine auf Material und schnelle Transportmittel beschränkte Hilfe? Dies könnte eine positive, doch moderate Reaktion darstellen, zu der sich eine Institution mit derart umfassenden Verantwortlichkeiten entschließen könnte, bevor sie sich dann möglicherweise direkter beteiligte. Und wenn sie sich absolut verweigerte? Das war auch nicht auszuschließen, denkt man daran, was sich in anderen Ländern ereignet hatte, deren Armeen durchweg jegliche auch nur verbale Unterstützung derartiger Forschungen ablehnten –

wenn sie die tatsächlichen Beobachtungen nicht gleich schlicht und ergreifend verneinten!

Dieser Zustand der Ungewißheit hielt nur wenige Tage an; denn bei einer Fernsehdiskussion begegneten Michel Bougard und ich dem Leiter der Operativen Sektion der Luftwaffe, Oberst De Brouwer. Schon seinen ersten Worten entnahm ich, daß sich die Dinge hier anders entwickeln würden als bisher im Ausland. Mit nüchternen Worten räumte De Brouwer öffentlich ein, daß am Himmel über Belgien etwas nicht Erklärtes vor sich ging, und daß die von seinen Dienststellen veranlaßten Erkundungsflüge durch Jagdflugzeuge zu keinen Ergebnissen geführt hatten. Der Oberst gab zu, nichts zu wissen, behauptete zugleich aber kategorisch, es sei kein geheimer Prototyp der belgischen Armee oder eines anderen militärischen Verbandes. Falls dies der Fall gewesen wäre, hätte man ihn aufgrund seines Rangs bei den Entscheidungen über die von der Luftwaffe zu ergreifenden Gegenmaßnahmen informiert.

In den Tagen darauf kristallisierte sich bei neuen Gesprächen eine deutliche Übereinstimmung heraus: Beiden Seiten ging es darum, die Dinge zu klären. Seit den Ereignissen in der Nacht vom 30. auf den 31. März überstürzten sich die Dinge. Nach den Sichtungen der etwa zwanzig Gendarmen, die sich in jener Nacht in der Nähe von Ramillies (Wallonisch-Brabant) versammelt hatten, und nach den Flugmanövern von acht nicht identifizierten Flugobjekten hatte sich die Luftwaffe zum Handeln entschlossen und zwei F-16-Jäger auf Erkundungsflug geschickt. Als sich die Maschinen den UFOs näherten, konnten die Gendarmen beobachten, daß diese ein Fluchtverhalten entwickelten: Sieben der acht UFOs verschwanden so plötzlich, als seien sie verloschen, das achte vollführte ein Ausweichmanöver mit schwindelerregenden vertikalen und horizontalen Beschleunigungsphasen und gab dabei in kurzer Folge mehrere Lichtimpulse ab, deren Farben zwischen Weiß und Rot variierten. Die Piloten selbst konnten die Objekte wegen ihres ziemlich begrenzten Blickfelds nicht sehen. Sie registrierten indessen einige sehr deutliche Radarechos und konnten bei einem der Objekte die elektronische Zielverfolgungseinrichtung (»lock-on«) aktivieren. Die »lock-on«-Phasen brachen aber immer nach einigen Sekunden ab, da die Bordelektronik durch die fulminante Beschleunigung des verfolgten Zieles jedesmal auf eine falsche Fährte gebracht wurde. Diese wertvollen Se-

5. AUSFLUG EINES WISSENSCHAFTLERS

kunden reichten dem Bordcomputer jedoch, einzelne Geschwindigkeitssequenzen des Objekts und Teile seiner Flugbahn zu errechnen. Diese Daten bestätigten den Eindruck, den die Gendarmen gewonnen hatten: Die Bewegungen des UFOs waren für ein Flugzeug – auch für ein noch so stark perfektioniertes – unvorstellbar. Diese an anderer Stelle eingehender analysierte Episode überzeugte die Militärs schließlich von der Realität des Phänomens.

Als die SOBEPS nun eine umfassende Identifizierungsoperation vorschlug, gewährten uns Luftwaffe, Heer sowie das Kommunikations- und das Innenministerium (auf der Ebene der Gendarmerie) eine Unterstützung, die all unsere Erwartungen übertraf. Die taktische Luftwaffe lud Lucien Clerebaut und mich zu einer vorbereitenden Sitzung ein. Nachdem er die jüngsten Ereignisse präzise und objektiv vorgetragen hatte, zog Oberst De Brouwer den Schluß, daß eingehende Untersuchungen notwendig seien, und legte dann einen Aktionsplan vor, der eine Weltpremiere war: Erstmals würde eine ufologische Privatorganisation massiv von der Armee unterstützt werden! Clerebaut und ich waren einfach sprachlos, als wir hörten, wie umfangreich sich das Militär beteiligen wollte. Das Angebot umfaßte nicht weniger als einen Flughafen (Bierset bei Lüttich), der als Hauptquartier dienen sollte, und zwei Flugzeuge, von denen eines mit etwa dreißig Sitzen und vor allem mit einer extrem hochentwickelten IR-Thermokamera des Heeres und mit Nachtsichtgeräten ausgerüstet war. Piloten und militärisches Fachpersonal für die Bedienung der Kamera wurden ebenfalls zugeteilt. Noch nie hatte eine Armee solchen Mut gezeigt! Wir einigten uns auf folgende Entscheidungsprozedur: Wenn die am Flughafen eingerichtete Telefonzentrale eine Sichtungsmeldung erhält, begibt sich die Gendarmerie bzw. jenes SOBEPS-Team, das dem Ort der Sichtung am nächsten ist, dorthin, um die Zuverlässigkeit der Zeugenaussage zu überprüfen. Bei Vorliegen eines positiven Ergebnisses benachrichtigt die SOBEPS bzw. die Gendarmerie die Radarstation in Glons, die den Maschinen Startbefehl erteilt. Außerdem hat sich ein aus Wissenschaftlern, Berufsfotografen und SOBEPS-Mitgliedern bestehendes Team mit seinen Meß- und Aufnahmegeräten auf Abruf bereitzuhalten.

Zweite Beobachtungskampagne

Die Operation fand in vier aufeinanderfolgenden Nächten vom 13. bis 17. April 1990 statt. Ein aus SOBEPS-Mitgliedern und Wissenschaftlern gebildetes Beobachternetz wurde gespannt, das in west-östlicher Ausrichtung von Brüssel bis zur deutschen und im Süden bis zur französischen Grenze reichte. Außerdem hatten wir die regionale Bevölkerung mit Hilfe der Presse zuvor über den Ablauf der Operation informiert. Die Medien hatten die Telefonnummer des SOBEPS-Hauptquartiers in Bierset verbreitet und für die Dauer der Kampagne zu besonderer Wachsamkeit aufgerufen. Die Gendarmerie hatte spezielle Instruktionen erhalten. Auch die beiden Maschinen waren startklar, und die wissenschaftlichen Teams warteten auf ihren Einsatz. Ihre Ausrüstung setzte sich aus Entfernungsmeßgeräten, professionellen Videokameras, mit Teleobjektiven bestückten Spiegelreflexkameras, Beugungsgittern (für die Spektralanalyse des von dem Objekt kommenden Lichts) und einem Mikrowellensensor zusammen. Über bestimmte Meßinstrumente verfügten wir nicht (Näheres dazu später). Im Extremfall sollten außerdem einige F-16-Jäger von der Basis Beauvechain hinzukommen und den Versuch unternehmen, sich dem Objekt zu nähern.

Ich möchte die vier ungemein spannungsgeladenen Nächte nur kurz und stichwortartig beschreiben: massives Anrücken der Journalisten von Presse, Funk und Fernsehen aus aller Herren Länder, von Gaffern, Neugierigen und Spinnern aller Spielarten, bei denen die verrücktesten Gerüchte kursierten, sowie Tausende von Anrufen, die die Flughafen-Telefonzentrale auch noch Tage nach Beendigung der Operation blockierten: All dies fegte wie ein Orkan über den friedlichen Flughafen Bierset hinweg.

Ich ziehe es vor, auf die Analyse der Resultate einzugehen. Sie sind ziemlich dürftig, daran führt kein Weg vorbei. Die wissenschaftlichen Teams konnten sich keinem UFO nähern. Nach den anfänglichen Fehlschlägen – als sich der Start der Maschinen so sehr verzögerte, daß keine Hoffnung mehr auf eine Begegnung mit dem gemeldeten Objekt bestand –, wurde die Entscheidungsprozedur für den Flugeinsatz vereinfacht. Eine der Maschinen mit einem Wissenschaftlerteam an Bord begab sich mehrere Male auf einen knapp fünfstündigen Rundflug. Nur einmal kamen wir anscheinend in die Nähe des gesuchten Objekts: Als wir bereits seit mehreren Stunden über dem Südosten Belgiens unterwegs waren, wurden wir angewiesen, Kurs auf Charleroi zu nehmen, da gerade durch zwei verschiedene (1-2 Kilometer voneinander entfernte) Zeugen ein stationäres bzw. sich nur zeitweilig langsam bewegendes Leuchtobjekt gesichtet worden war. Über Telefon durch einige im Hauptquartier postierte SOBEPS-Mitglieder (die gleichzeitig mit den beiden Zeugen und den Piloten in Kontakt waren) geführt, bewegten wir uns – sämtliche Lichter waren ausgeschaltet – auf den Beobachtungspunkt zu. Das gemeldete Objekt bekamen wir jedoch nie zu Gesicht. Wie die Zeugen feststellten, verschwand es plötzlich genau in dem Moment, als das Dröhnen unserer sich nähernden Maschine hörbar wurde. Das Objekt hatte sich davongemacht oder seine Lichter ausgeschaltet!

Analyse der Resultate

Die Analyse führte zu mehreren Schlußfolgerungen. Zunächst einmal hatte uns die Berichterstattung über die Operation eine Unmenge von Anrufen eingebracht, die sich auf Phänomene bezogen, die nichts mit dem (den) gesuchten Objekt(en) zu tun hatten. Wie oft hatte man uns angerufen, um etwa einen besonders hellen Stern zu beschreiben. Bei dieser Gelegenheit konnte ich erfahren, daß einem größeren Teil der Bevölkerung die Bewegung der Sterne in bezug zur Erde nicht bekannt ist! Das spricht nicht gerade für die »Qualität« der in unserem Land im Primar- und Sekundarbereich vermittelten wissenschaftlichen Bildung. Wenn man da weiter nachhakte, würde man bestimmt noch herausfinden, daß die Mehrheit unserer Mitbürger die Ansicht vertritt, die Sonne drehe sich um die Erde, und daß sie den Grund für den Wechsel der Jahreszeiten ebensowenig kennen wie unsere steinzeitlichen Vorfahren. In Belgien wie vermutlich auch bei unseren südlichen Nachbarn gehört die Naturwissenschaft nicht zum allgemeinen Bildungsgut.

Wir hatten einen Haufen von Hinweisen vor uns, aus dem die sachdienlichen Hinweise herausgefischt werden mußten, was die Startbeschlüsse natürlich verzögerte. Wie sich später außerdem zeigte, ist eine Beobachtungsdauer von nur vier Tagen statistisch gesehen einfach zu kurz. In dem vor der Operation Bierset liegenden Zeitraum nämlich hatte die Häufigkeit der sachdienlichen Beobachtungen, also jener Sichtungen, die in ausreichend geringer Entfernung erfolgten, um eine Verwechslung mit wohlbekannten Objekten auszuschließen, nur bei zwei bis drei Fällen pro Woche gelegen. Bezogen auf vier Tage bedeutete dies statistisch gesehen eine brauchbare Sichtung. Wenn man nun noch die erhöhte Wahrscheinlichkeit dafür berücksichtigt, daß das gemeldete Objekt während der Entscheidungsfindung und »Anreise« einen raschen Ortswechsel vollzieht oder ganz verschwindet, bestanden kaum noch Erfolgsaussichten! Außerdem ist es gar nicht einmal sicher, daß es uns viel genutzt hätte, wenn wir uns dem »Gerät« hätten nähern können. Mit Ausnahme der Infrarotkamera waren nämlich unsere Videokameras nicht mit lichtverstärkenden Objektiven versehen. Demnach wären die Kameras »blind« gewesen, selbst wenn wir das Objekt durch die Nachtgläser hätten sehen können! Außerdem fehlten uns einige physikalische Meßgeräte wie etwa Sensoren für magnetische und elektrische Felder, Gravimeter und Spektralapparate für Wellenbereiche außerhalb des sichtbaren Lichts und des Mikrowellenspektrums. Diese Ausstattungslücken waren nicht etwa durch irgendwelche Vorurteile über die Beschaffenheit des Untersuchungsobjekts bedingt, sondern – der Leser ahnt es bereits – durch mangelnde Ressourcen!

Begleichung offener Rechnungen

An dieser Stelle möchte ich nicht auf das Vergnügen verzichten, einen Artikel[4] aus der französischen Tageszeitung *Le Monde* zu erwähnen, der am 9. Mai, also kurz nach der letztgenannten Operation erschienen war. Der Artikel bietet ein anschauliches Beispiel für die geistige Verfassung der gebildeten Kreise in Frankreich und läßt den Weg ermessen, den wir in Belgien bereits zurückgelegt haben. Jean-François Augerau, dem ich ein wissenschaftsjournalistisches Talent nicht abspreche, geht in dem Artikel einer verachtenswerten Beschäftigung nach: der Desinformation. Der Grundton ist herablassend: Die belgische Armee setzt F-16 zur Bekämpfung von Windmühlen ein und entspricht damit der Vorstellung von der Leichtgläubigkeit der Belgier. Dies ist deutlich zwischen den

5. AUSFLUG EINES WISSENSCHAFTLERS

Zeilen zu lesen, und ich gelte nicht gerade als Paranoiker. Auch manche Ungenauigkeiten schmücken den Text aus, was bei einem Journalisten nicht verwundert, der sich nie die Mühe gemacht hat, ein gut zugängliches Dossier zu Rate zu ziehen. Zunächst einmal ist es falsch, daß die von den F-16 in der Nacht vom 30. auf den 31. März 1990 aufgezeichneten Radarechos nicht zeitgleich mit den Sichtungen durch die Zeugen (den etwa zwanzig Gendarmen) seien. Bei der Darstellung der Operation Bierset zitiert der Autor einen anonymen Experten, der die Logik unseres Vorgehens wie folgt analysiert:

> Die belgische Affäre krankt mit Sicherheit an diesem letztgenannten Punkt. Stellenweise fehlte es an Konsequenz; als Beweis möchte ich anführen, daß jene, die sich ihrer rühmten, ganz spezielle Meßinstrumente eingesetzt haben, so als wüßten sie bereits, was sie erwartete.

Nicht etwa, daß diese nun beschrieben würden – was schwergefallen wäre, denn weder der Autor noch der »Experte« haben sich bei uns danach erkundigt –, nein, nun werden Pluspunkte an die netten »UFO-Amateure« verteilt, die sich im April 1990 anläßlich einer europaweiten Konferenz in Lyon zusammengefunden hatten und die den Versuch unternahmen, das Thema mit einem »Minimum an Rationalität« zu behandeln. Es werden nicht die Namen jener genannt, die Anschuldigungen gegen eine wissenschaftliche Arbeit erheben, ebensowenig werden zugängliche Informationen aus erster Hand eingesehen; lieber werden fehlerhafte Angaben gemacht und – um die Anklage abzuschließen – ungemein oberflächliche rationalistische Etikettierungen vergeben: Dies alles hat mit Wissenschaftlichkeit kaum etwas zu tun und steht einer Zeitung wie *Le Monde* (zu deren eifrigen Lesern ich gleichwohl auch in Zukunft gehören werde) schlecht zu Gesicht. Meinem ungestümen Temperament eines Nachfahren von belgischen Galliern nachgebend – den mutigsten, muß das noch gesagt werden? –, wagte ich es, diese kleine Geschichte in Form eines Protestbriefs an *Le Monde* zu richten. Es versteht sich, daß ich nicht einmal eine Eingangsbestätigung erhielt! Damit haben wir uns weit von dem in Belgien herrschenden Klima der Toleranz und der Objektivität entfernt.

Kurze Zeit später erhielt ich einen Brief des wissenschaftlichen Direktors des Labors für Kosmo- und Astrophysik der Universität Stanford, in dem ich um Informationen über die beobachteten Phänomene und über unsere Arbeit gebeten wurde; dies war schon ein ganz anderer Ton! Der Verfasser des Briefes, ein herausragender Physiker, hatte einen ausgezeichneten Artikel im *Wall Street Journal* gelesen. Er war von Tom Walker verfaßt worden, einem Journalisten, dessen Objektivität, Seriosität und Humor ich an dieser Stelle (auch wenn sich die beiden letzten Eigenschaften zu widersprechen scheinen) nur loben kann.

Datenanalyse

Dies alles hinderte uns nicht daran, die Analyse der weiterhin eingehenden Daten fortzusetzen. August Meessen war daran gelegen, die vorhandenen Radarechos zu entschlüsseln – die Armee hatte uns die Aufzeichnungen anstandslos zur Verfügung gestellt. Er konzentrierte sich dabei auf jene Echos, die an Tagen und in Regionen mit zahlreichen sachgemäßen Sichtungen aufgenommen worden waren. Ich setzte mich derweil mit einigen Labors für Bildanalysen in Verbindung, um einige von den Zeugen stammende Fotos und Videos zu analysieren. Zusammen mit Patrick Ferryn, einem der Gründungsmitglieder der SOBEPS – der, was Foto- und Videotechniken angeht, beruflich vorbelastet ist –, besuchte ich das Labor von Professor Acheroy an der Ecole Royale Militaire de Belgique. Acheroy ist ein renommierter Spezialist auf dem Gebiet der Bildanalyse. Er hieß uns begeistert willkommen und nahm sich der neuen Aufgabe sogleich an, nämlich der sehr heiklen Analyse eines Fotos, das die SOBEPS unter Begleitumständen erhalten hatte, die einige Zweifel an seiner Authentizität weckten. Die Untersuchungen, die unter Zuhilfenahme hochentwickelter Verfahren der Datenverarbeitung und der Optik erfolgen, sind noch nicht abgeschlossen; sie verfolgen das Ziel, die Unsicherheit über die Herkunft des Dokuments zu beseitigen und Strukturdetails sichtbar zu machen, aus denen die Beschaffenheit des Fotomotivs – zumindest andeutungsweise – hervorgeht.

Zum anderen begann ich mich damals für die Methoden der Satelliten-Fernaufklärung zu interessieren. Hierzu konsultierte ich Professor Schweicher (ebenfalls von der Ecole Royale Militaire), einen Luftwaffenoffizier und international bekannten Spezialisten für Radartechniken. Schweicher ermutigte mich, diesen in der Ufologie anscheinend erstmals beschrittenen Weg weiter zu verfolgen. Dabei ist die Grundidee ganz einfach: Die Umlaufbahnen ziviler und militärischer Satelliten führen mehrmals täglich auch über Belgien; dabei werden Bilder in verschiedenen Wellenbereichen aufgenommen: sichtbares Licht, Infrarot und Radarwellen. Radarwellen ermöglichen unter Zuhilfenahme des sogenannten S.A.R.-Verfahrens (Synthetic Aperture Radar) eine Bildauflösung von unter 1 Meter – am Tag wie in der Nacht und unabhängig vom Bewölkungsgrad! Die Bilder werden digitalisiert und gespeichert, so daß sie mit der gewünschten Präzision jederzeit wieder aufgebaut werden können. Angesichts der Häufung von UFO-Sichtungen über Belgien seit mehr als anderthalb Jahren besteht eine vertretbare Wahrscheinlichkeit dafür, daß eines von ihnen von einem Satelliten aufgezeichnet wurde. Damit wäre ein Anlaß gegeben, die besonders charakteristischen und am besten dokumentierten Fälle auszuwählen, zu ermitteln, welche Satelliten sich zu den betreffenden Zeitpunkten über Belgien aufhielten, und die gespeicherten Daten zu untersuchen. Bei der Bearbeitung der Daten ist ein gezielter Zugriff auf die zu untersuchende Region möglich: Das Objekt müßte sich bereits in dieser Phase auf dem Bild mit den von dem (den) Zeugen angegebenen geographischen Koordinaten wiederfinden lassen. Außerdem lassen sich dann noch Konturenschärfe und Detailwiedergabe mit Hilfe einer vom Rechner durchgeführten statistischen Feinanalyse verbessern. Dieses Verfahren besteht darin, das optische Hintergrundrauschen und die durch die Objektbewegung während der Erfassung entstandenen Verzeichnungen zu eliminieren.

Leider existiert dieses scheinbar so einfache Programm bislang nur auf dem Papier. Seine Realisierung wurde durch finanzielle und administrative Blockaden verhindert: Satellitenbilder sind so teuer, daß sie für eine nicht subventionierte Organisation wie die SOBEPS unerschwinglich sind. Die Anträge auf öffentliche Fördermittel, die wir an verschiedene Vergabestellen gerichtet haben, führten zu nichts; die einzige positive Reaktion erfuhren wir seitens der EG – sie beschränkt sich allerdings auf die Übernahme der Kosten für die Ausrichtung eines internationalen Kolloquiums. Was aber sollte man auf diesem Kolloquium darlegen, wenn niemand für die Finanzierung der Forschung aufkommt?

Überdies sind die Satelliten mit dem besten Auflösungsvermögen meist die der Militärs, deren Daten häufig der Geheimhaltung unterliegen.

Wer weiß was?

In diesem Zusammenhang möchte ich einen heiklen Aspekt ansprechen. Die von den militärischen Fernaufklärungssatelliten gewonnenen Bilder befinden sich in den Händen der NATO bzw. des inzwischen aufgelösten Warschauer Pakts. Das NATO-Mitglied Belgien beherbergt deren neuralgisches Zentrum. Das Eindringen nicht identifizierter Flugobjekte in dieses Land kann – vor allem, wenn es die derzeitigen Ausmaße annimmt – diese Organisation nicht gleichgültig lassen. Es besteht demnach Anlaß zu der Vermutung, daß die NATO eine eingehende Untersuchung durchgeführt hat. Da sie über die präzisesten Satellitenbilder, Radardaten und genügend Fachleute verfügt, muß der NATO über die UFOs einfach mehr bekannt sein als den Normalsterblichen. Unterdessen jedoch herrscht das große Schweigen! Ihre Stummheit läßt sich auf zweierlei Weise erklären: Entweder sind die fraglichen Objekte hausgemacht, und wir hätten Erprobungsflügen alliierter Prototypen über sehr dicht besiedelten Gebieten beigewohnt – was man aber nicht so leicht zugeben würde, vor allem dann nicht, wenn die Armee des betroffenen Landes nicht auf dem laufenden ist. Oder aber die Objekte stammen von Besuchern außerhalb der NATO oder gar der Erde, und unsere Streitkräfte sind nicht in der Lage, sie in den Griff zu bekommen – ein Tatbestand, der eine allgemeine Panik auslösen könnte.

Zunahme der Sichtungen

Während wir uns angestrengt darum bemühten, eine seriöse und eingehende Erforschung der Phänomene einzuleiten, blieben diese nicht müßig. Im April 1990 wurden kurz nach Abschluß der Operation Bierset in Hainaut und Brabant zahlreiche Sichtungen registriert. Das NATO-Hauptquartier SHAPE sowie einige wichtige industrielle Anlagenkomplexe waren von Fluggeräten desselben Typs »besucht« worden, die im Dezember und Januar auch schon den Osten Belgiens heimgesucht hatten. Bei den Zeugen handelte es sich vornehmlich um Gendarmen und Nachtwächter und nicht selten um Sichtungen in sehr geringer Entfernung.

Das Epizentrum der Sichtungen hatte sich also nach Westen verlagert. Wir hatten es hier mit einem Phänomen zu tun, das sich noch mehrmals wiederholen sollte: Nachdem eine ziemlich begrenzte Region (in der Regel eine Fläche von etwa 1 000 qkm) »abgegrast« wurde, werden das oder die Objekte zunächst einige Wochen lang nicht mehr gesichtet und tauchen dann in einer anderen Region erneut auf. Die beiden ersten Wochen gingen mit einer hohen Sichtungsfrequenz einher, die nach anderthalb bis zwei Monaten allmählich auf Null zurückging. Im Juni und Juli gab es nur einige wenige Sichtungen und im August dann eine neuerliche Zunahme: Am 2. August wurde gegen 22.15 Uhr von mehreren Zeugen ein elliptisches Objekt beobachtet, das dicht über dem Kernkraftwerk Tihange sehr rasche, kreisförmige Bewegungen beschrieb. Vom Betreiber der Anlage erhielten wir keine Antworten auf unsere Fragen. Nachdem sich die Zahl der Sichtungen im September wieder rückläufig entwickelt hatte, schien eine gewisse Monotonie einzukehren.

Verläßlichkeitsprüfung

Die Monotonie währte nicht lange, denn im Oktober ereignete sich etwas, das ich für eines der signifikantesten Geschehnisse hielt. In der Nacht des 18. Oktober 1990 gingen in kurzer Zeit mehr als einhundert Anrufe bei der SOBEPS ein. Der unermüdliche Lucien Clerebaut sah sich in die heroischen Tage vom Dezember und April zurückversetzt, in denen an mehr als drei oder vier Stunden Schlaf täglich nicht zu denken gewesen war. Bei der Analyse der Aussagen stellte sich etwas Merkwürdiges heraus: Während die Beschreibungen in den zurückliegenden Monaten in sich sehr stimmig waren und ein gleichbleibendes Porträt ergaben, waren sie nun zwar ebenso stimmig, ließen aber auf die Präsenz eines ganz anders gearteten Fluggeräts schließen! Bei so erfahrenen Leuten wie denen von der SOBEPS mußte das Verdacht erregen; und man setzte sich also daran, das verwickelte Knäuel der nächtlichen Zeugenaussagen zu entwirren, in denen ja oft von Objekten berichtet wird, die aus ganz unterschiedlichen Blickwinkeln beobachtet worden waren. Der Anfangsverdacht fand sich schließlich durch einen Anruf bei der Luftwaffe bestätigt: In dem betreffenden Gebiet waren damals AWACS-Start/Lande-Übungen (»touch-and-go«) durchgeführt worden. Dies verstärkte meinen Eindruck, daß die aus der Bevölkerung stammenden Zeugenaussagen ein Instrument sind, das ein substantielles Unterscheidungspotential besitzt. Dafür hatten wir jetzt einen ausgezeichneten Nachweis!

Nun wurden die Meldungen wieder rarer, und ich schlug der SOBEPS vor, eine wissenschaftliche Konferenz auszurichten, auf der Bilanz gezogen, die vorliegenden Forschungsergebnisse analysiert und eine neue Beobachtungskampagne vorbereitet werden sollte, um für den Fall gerüstet zu sein, daß das Phänomen erneut auftreten sollte. Hiermit würden wir außerdem die Gelegenheit haben, das Interesse der wissenschaftlichen Gemeinschaft auszuloten und die solchen Problemen angemessenen Methoden möglichst eingehend zu diskutieren. Da die Konferenz bereits im Februar 1991 stattfinden sollte, machten wir uns an die Arbeit.

Riesen-UFO

Mit der Ruhe sollte es jedoch bald vorbei sein. In der Nacht vom 5. auf den 6. November flog ein riesiges, dreieckiges UFO von West nach Ost über Westeuropa hinweg und verursachte bei Wissenschaftlern wie Pressevertretern einigen Wirbel. Einander widersprechende Erklärungen zierten die Titelseiten der Tageszeitungen. Vertreter eines im Fachverzeichnis nicht aufgeführten, selbsternannten »Observatoriums« äußerten kategorisch, daß es sich um einen Meteor handle. An einem anderen – diesmal echten – Observatorium sprach man indessen von UFOs. Besonders paradox an der Geschichte war, daß die Gemüter von den Ufologen beschwichtigt wurden (nämlich von der SOBEPS und der SEPRA, einem französischen Untersuchungslabor des Centre National d'Etudes Spatiales, das sich mit beim Wiedereintritt in die Erdatmosphäre entstehenden Phänomenen und mit UFO-Forschung beschäftigt). Wie die SOBEPS festgestellt hatte, glich das Phänomen in keiner Weise den in Belgien gesichteten dreieckigen UFOs. Um vom gesamten westlichen

Europa aus gesehen werden zu können, muß sich das Objekt außerdem in sehr großer Höhe aufgehalten haben; es dürfte eine Größe gehabt haben, die sich nach Kilometern bemißt, legt man die von den Zeugen genannten sichtbaren Abmessungen zugrunde. Die SEPRA hatte herausgefunden, daß zum genannten Zeitpunkt der Wiedereintritt einer sowjetischen Rakete in die Erdatmosphäre erfolgt war. Die Trümmer hatten eine mit der des UFOs vergleichbare Flugbahn genommen — wodurch dieses des Anrechts auf den Buchstaben »U« verlustig ging, der den ganzen Reiz dieses Begriffs ausgemacht hatte!

Das alles erzähle ich, um deutlich zu machen, wie vorsichtig man auf diesem Terrain sein muß, und natürlich will ich auch auf die Haltung der SOBEPS hinweisen, die in dieser Phase des allgemeinen Fiebers besonnen blieb und damit einem wissenschaftlichen Anspruch gerecht wurde.

Wissenschaftliches Kolloquium

Die besagte Konferenz fand am 23. Februar 1991 in den Brüsseler Räumlichkeiten der SOBEPS statt und wurde ein uneingeschränkter Erfolg. Knapp achtzig Personen waren der Einladung gefolgt, renommierte Wissenschaftler von verschiedenen Einrichtungen – Universitäten, einer Militärfachschule, meteorologischen Instituten, dem C.N.R.S., dem CNES und dem Centre de Sociologie de l'Innovation – kamen mit Militärs, Ingenieuren und Parlamentariern zusammen. Die Zuhörerschaft war international, sie kam aus Belgien, Frankreich und Italien. Die geladenen Gäste waren in der Mehrzahl wenig mit der UFO-Problematik vertraut, doch es ging uns ja gerade nicht um eine Diskussion unter Eingeweihten, sondern um wirklichen wissenschaftlichen Austausch.

Es wurden Kurzvorträge gehalten zu Themen wie Phänomenologie der Beobachtungen, Forschungsstand der Filmanalyse, Radardaten und Möglichkeiten der Satelliten-Fernaufklärung. Diskutiert wurde auch die bei späteren Beobachtungskampagnen anzuwendende Strategie. Es wurde darüber gesprochen, wie lange die Kampagne dauern sollte, wie viele Beobachtungspunkte gebraucht würden, nach welchen physikalischen Meßmethoden verfahren werden sollte und welche Meßgeräte gebraucht würden. Es wurde vehement, aber mit Gewinn diskutiert, und wie bei jeder echten wissenschaftlichen Debatte setzte sich die Wahrheitsliebe gelegentlich über gewisse Benimmregeln hinweg – doch alles in Maßen. Die Konferenz endete mit dem Vorschlag des Europaabgeordneten Elio di Rupo, der von seinem persönlichen Referenten Eric Van den Abeel vertreten wurde, eine europäische Kommission zur Untersuchung von UFO-Phänomenen einzurichten.

Neuerliche Zunahme der Sichtungen

Die Ereignisse sollten sich im März 1991 nochmals überstürzen, denn in der Nacht des 12. März hatte die belgische Sichtungswelle erneut mit aller Macht eingesetzt, und es regnete Zeugenaussagen, die alle vom Condroz-Plateau stammten, einer südlich der Maas in der Nähe der Ortschaft Huy gelegenen Region. Dutzende von Einwohnern mehrerer Dörfer zwischen Ohey und der Randregion des Plateaus oberhalb des Kernkraftwerks Tihange hatten die Flugmanöver mehrerer dreieckiger Objekte in aller Ruhe mitverfolgt. Die Objekte hatten sich unter Abgabe kräftiger, weißer und nach unten gerichteter Lichtstrahlen in sehr geringer Höhe langsam fliegend oder auf der Stelle schwebend über den Dörfern aufgehalten. Ihre Flugbahnen ließen sich sehr genau rekonstruieren, da viele Zeugenaussagen vorlagen, und sie sich gut deckten. Einige Maschinen zeigten lautlose Flugphasen mit einigen lärmreichen Intermezzi, die zahlreiche Einwohner aus den Häusern trieben. Mehrere Zeugen berichteten unabhängig voneinander, daß eines der Geräte gut zehn Minuten lang in einer Neigung von 45° auf der Stelle geschwebt habe. Andere wiederum stellten fest, daß das von ihnen beobachtete Objekt aus zwei übereinanderliegenden Dreiecksgebilden bestand – einem kleineren auf einem größeren. In einigen Fällen war das kleinere Gebilde von dem größeren so weit abgesetzt, daß es praktisch keinen Auflagepunkt mehr gab! Von wenigstens einem Zeugen wurde die rasante Beschleunigung eines der Objekte aus dem »Stand« beobachtet. Schließlich konnten mehrere Zeugen verfolgen, wie sich eines der Geräte dem Kernkraftwerk Tihange näherte, anhielt und die Werksgebäude mit einem sehr intensiven, weißen Lichtbündel anstrahlte. Dieses Spiel setzte sich in den kommenden Nächten fort und verkomplizierte sich dahingehend, daß

5. AUSFLUG EINES WISSENSCHAFTLERS

unabhängig von oder gleichzeitig mit den Dreiecksobjekten Leuchtscheiben erschienen, die gelegentlich vor den Dreiecken herflogen. In den Tagen darauf ging die Frequenz der Sichtungen im Condroz langsam zurück, während sich die Beobachtungszone zunehmend auf ganz Belgien ausweitete: Gesichtet wurde ein »mehrstöckiges« UFO (zwei übereinanderliegende Dreiecke) über einem Hotel in der Nähe des SHAPE in Casteau und ein weiteres in der Nähe des Kernkraftwerks Mol (Flandern), ganz zu schweigen von den vielen, gelegentlich traumatischen Nahsichtungen durch einfache Bürger. Die zahlenmäßige Entwicklung der Sichtungen und ihre geographische Verteilung im Lauf der Zeit erinnern an den Prozeß der Ausbreitung einer Anfangsmenge kleiner Partikel in einer ruhenden Flüssigkeit, wie etwa der von einem Tropfen Tinte im Wasser. Infolge zahlreicher Zusammenstöße der Partikel mit den Molekülen der Flüssigkeit verteilt sich die Partikelmenge im Lauf der Zeit auf das gesamte Flüssigkeitsvolumen. Die Gesamtzahl der Partikel bleibt dabei jedoch konstant. Dieser Typ der Diffusion ist durch das Faktum gekennzeichnet, daß der durchschnittliche Verbreitungsradius der Partikelmenge mit der Quadratwurzel der abgelaufenen Zeit ansteigt, und nicht etwa proportional zur Zeit. Dieses Wachstumsgesetz ist für ein zufallsbestimmtes Verhalten der Partikel kennzeichnend. Von daher wäre es ein interessanter Test (sobald man über Karten verfügt, aus denen die geographische Verteilung der Sichtungen hervorgeht), die Wachstumsgeschwindigkeit der Beobachtungszone ab dem Epizentrum zu berechnen. Hierdurch ließe sich möglicherweise bestimmen, ob die UFOs wie zufällig auftauchen oder einem bestimmten Plan folgen.

Während uns die neuerliche Zunahme der Sichtungen klar wurde, kam uns der Gedanke, sofort eine neue Beobachtungskampagne zu starten. Doch wir zögerten noch, da wir uns nicht kopfüber in eine neue, kräftezehrende Operation stürzen und uns in den Augen der hilfsbereiten Wissenschaftler und Militärs diskreditieren wollten. Wir warteten daher ab, bis wir die Überzeugung gewonnen hatten, daß das Phänomen von Dauer zu sein schien. Um allen Eventualitäten begegnen zu können, baten wir General De Brouwer (er war inzwischen befördert worden) um Unterstützung und erhielten einmal mehr eine positive Antwort: Er bot uns die Richtfunktürme der Luftwaffe als Beobachtungspunkte an und stellte uns nachtsichtfähige Geräte zur Verfügung! Die vier ausgewählten Türme waren ideal gelegen: in Solières (Condroz), Flobecq (Hainaut), Rhode-St-Genèse (bei Brüssel) und im Raum Gembloux. Das zur Verfügung gestellte Material bestand aus Hochleistungs-Restlichtverstärkern.

Nachdem wir nun von der Beständigkeit und Solidität der Zeugenaussagen überzeugt waren, benötigten wir weitere vierzehn Tage, um eine für die wenigstens einwöchige nächtliche Beobachtung ausreichende Zahl von Teilnehmern zusammenzubekommen. Wir suchten Leute, die entschlossen waren, eine Nacht lang Kälte und Müdigkeit zu besiegen. Wir sprachen zahlreiche Wissenschaftler an, die zu unserer Februarkonferenz gekommen waren. Viele sagten zu, Mitglieder der SOBEPS und einige Funkamateure schlossen sich an, und damit war das Team stark genug.

Dritte Beobachtungskampagne

Die Operation startete am 19. April 1991 und dauerte drei Wochen. Die positiven, jedoch unzureichenden Ergebnisse der ersten Woche hatten uns davon überzeugt, daß es sinnvoll sei, die Beobachtungen über den anfangs festgelegten Zeitraum auszudehnen. Mehr als achtzig Personen waren beteiligt, denn durch einen »Schneeballeffekt« hatte sich die Zahl der mitwirkenden Wissenschaftler auf etwa dreißig Personen erhöht. Außerdem hatte die Armee ihre Unterstützung verstärkt und uns zusätzliche Beobachtungspunkte und Nachtsichtgeräte zur Verfügung gestellt. Des weiteren bemühten wir uns, das vorhandene Material zu verbessern, wir versuchten beispielsweise, die Videokameras an die Restlichtverstärker anzuschließen. Leider ist uns das nicht mehr rechtzeitig gelungen, was im übrigen der Hauptgrund dafür ist, daß trotz der nachstehend beschriebenen Beobachtungen keine tauglichen Bildaufzeichnungen gemacht werden konnten.

An der ersten Sichtung war ich zusammen mit drei weiteren Personen beteiligt. Sie erfolgte am 19. April gegen 3 Uhr morgens in der Nähe des Kernkraftwerks Tihange. Eine orangegelbe Leuchtscheibe war plötzlich in Bodennähe aufgetaucht, nicht weit von einem Hochspannungsmast, und stieg kreisbogenförmig auf, bis sie hinter einem Wäldchen ver-

5. AUSFLUG EINES WISSENSCHAFTLERS

schwand. Die Sichtung dauerte drei bis vier Sekunden, alles verlief geräuschlos; physikalische Effekte ließen sich nicht feststellen.

Tags darauf konnte eine Teilnehmergruppe, die ihren Beobachtungspunkt gerade verlassen hatte, ein quadratisches Objekt filmen, das in einer Höhe von schätzungsweise 150 Meter über ihr Fahrzeug hinwegflog. Trotz der Nähe und seiner offenbar großen Abmessungen erzeugte das Objekt keinerlei Geräusche. Für ein konventionelles Flugzeug wäre seine Geschwindigkeit von etwa 20 km/h viel zu gering gewesen! Das Objekt flog bei Overijse über die E 411 hinweg, orientierte sich dann Richtung Namur und verschwand allmählich.

In der Nacht vom 24. auf den 25. April konnte das im Turm Flobecq postierte Physikerteam gegen 1.15 Uhr mit dem Restlichtverstärker eine Gruppe von drei orangegelben, horizontal angeordneten Leuchtscheiben beobachten, die sich von Südwesten nach Nordosten bewegten. Im Zentrum des von ihnen gebildeten Dreiecks befand sich ein pulsierendes Licht. Das Objekt flog in etwa 200 Meter Höhe. Zu hören war nichts, obwohl es vermutlich nicht mehr als 500 Meter entfernt war. Die Geräusche einiger weiter entfernter Flugzeuge waren indessen deutlich hörbar. Die Gruppe rief die in den Türmen von Rhode und Gembloux postierten Teams an, da sich das Objekt in deren Richtung bewegte. Die Beobachtungsdauer lag zwischen einer und zwei Minuten. Filmaufnahmen wurden nicht gemacht, da das Objekt auf den Bildschirmen der Videokameras als unstrukturierter Leuchtpunkt erschien.

Etwa 25 Minuten später wurde vom Turm in Rhode das Auftauchen eines aus drei gelben Lichtern bestehenden Ensembles gemeldet; die Lichter bildeten ein gleichseitiges Dreieck mit einer Seitenlänge von etwa 50 Meter und schwebten in Höhe einiger Straßenlaternen, waren aber deutlich von ihnen unterscheidbar. Plötzlich leuchteten – neben den bisherigen – drei weitere, eher orangefarbene Lichter auf; die sechs Leuchtscheiben setzten sich mit der Geschwindigkeit eines ULM in Bewegung und verschwanden schließlich hinter einem Wäldchen. Die mit Restlichtverstärker durchgeführte Beobachtung dauerte 15–20 Sekunden, und die Entfernung betrug schätzungsweise 5 Kilometer.

In der Nacht vom 7. auf den 8. April wurde von einem auf dem Turm von Flobecq postierten Team ein dreieckiges Objekt gesichtet, das sich von Renaix kommend Richtung Grammont bewegte. Das Objekt flog senkrecht über den Richtfunkturm hinweg. Kurz zuvor hatte es zur Seite hin eine Art »Sternschnuppe« ausgesandt, die nur eine kurze Spur hinterließ und dann verschwand. Durch den Restlichtverstärker waren auf der Unterseite des Objekts drei großdimensionierte Lichtquellen zu erkennen, die ein gleichschenklig-stumpfwinkliges Dreieck bildeten. Die Lichtquellen bestanden aus je einem Ring aus grünem Licht, der eine schwarze Fläche umgab (hierbei ist allerdings zu berücksichtigen, daß die von den Restlichtverstärkern gelieferten Bilder grün sind). Bei dieser wie auch bei den vorigen Sichtungen konnte festgestellt werden, daß die von den Leuchtzonen markierte Fläche einen Großteil der dreieckigen Objektunterseite einnahm. Man kann tatsächlich von einem Objekt sprechen, denn die Zeugen berichten, daß die weiten Zonen zwischen den ringförmigen Leuchterscheinungen tiefschwarz gewesen sind: Sie verdeckten die sonst überall sichtbaren Sterne. Noch eine Anmerkung zu der vorhin erwähnten »Sternschnuppe«. Während der dreiwöchigen Beobachtungskampagne gab es noch viele ähnliche – jedoch zufällige – Sichtungen. Von zahlreichen Personen wurden Leuchtkugeln gemeldet, die sich – ob in Begleitung dreieckförmiger Objekte oder nicht – selbständig bewegten. Diese merkwürdigen Eigenschaften müssen berücksichtigt werden, sie lassen sich kaum durch irgendein Erklärungsmuster deuten. Sie sind nur ein Teil der Eigenschaften, die uns Rätsel aufgeben und die wir absichtlich nicht an die Medien weitergeleitet haben; auch an dieser Stelle werde ich sie nicht nennen. Daß sie in verschiedenen Zeugenaussagen dennoch zur Sprache kommen, stellt die Zuverlässigkeit der Beschreibungen unter Beweis.

Zu dem Zeitpunkt, da ich diese Zeilen schreibe (Juli 1991), ist die Beobachtungskampagne bis auf weiteres ausgesetzt, und zwar aus verschiedenen Gründen. Im Juli lagen bisher zu wenige und zu disparate Sichtungen vor. Außerdem warten wir noch auf Videokameras, die für den Anschluß von Restlichtverstärkern geeignet sind. Und schließlich haben uns die vielen, oft unter harten klimatischen Bedingungen durchwachten Nächte auch erschöpft. Die aufgebaute Beobachtungsstruktur geht ja nicht verloren und kann reaktiviert werden, sobald sich Anhaltspunkte ergeben, daß sich in einer bestimmten Gegend die Sichtungen zu häufen beginnen.

Vorläufige Schlußfolgerung

Abschließend glaube ich behaupten zu dürfen, daß wir zwischen einer ufologischen Organisation, den Wissenschaftlern und den Militärs einen beispiellosen Synergieeffekt bewirken konnten. Auch wenn sie noch nicht zu wirklich analysierbaren Dokumenten geführt hat, darf man feststellen, daß eine wissenschaftlich orientierte Forschung eingesetzt hat; dieses Stadium dürfte mit der Bewilligung von ausreichenden Geldern überwunden werden können – sofern die Welle dann nicht bereits verebbt ist. Hier steht ebensoviel auf dem Spiel wie bei dem SETI-Projekt (Search for Extraterrestrial Intelligence), in das Millionen Dollar investiert wurden. Warum also nicht einige Hunderttausend Dollar in die Erforschung eines nicht minder wahrscheinlichen Phänomens investieren?

Eine Zivilisation, die offenbar bereit ist und über die Mittel verfügt, interstellare Botschaften an andere intelligente Wesen zu richten, sollte auch die Mittel und die Bereitschaft aufbringen, das Universum auf der Suche nach ebendiesen Wesen zu durchforschen.

6.
Die Radaraufzeichnungen
August Meessen

Einleitung

Die belgische UFO-Sichtungswelle weist drei Merkmale auf: *die hohe Zahl der Zeugenaussagen, die ausgezeichnete Zusammenarbeit mit den Behörden und die eingehende Analyse bestimmter Daten.* In diesem Kapitel soll es vor allem um die beiden letzten Aspekte gehen – um eine Analyse der Aufzeichnungen der zivilen und militärischen Bodenradars sowie der Bordradars der beiden F-16-Jäger, die in der Nacht vom 30. auf den 31. März 1990 zu Aufklärungszwecken eingesetzt worden waren. Ein Zugang zu diesen Daten und ihre Analyse wären ohne die von hochrangigen Verantwortlichen erteilte Autorisierung und ohne die Mithilfe zahlreicher Personen nicht möglich gewesen. Ich möchte ihnen ganz herzlich hierfür danken.

Anfang Dezember 1989 hatte ich mit der Durchführung der im ersten Kapitel dargestellten Befragungen begonnen. Ich gelangte zu dem Schluß, daß die Zeugenaussagen ernstzunehmen seien und daß wir uns mitten in einer ungewöhnlich dichten Welle von Sichtungen befanden. Andere würden die Befragungen hochengagiert weiterführen. Meine vordringlichste Aufgabe aber war, in Erfahrung zu bringen, was von den Radars registriert wurde. Ich wollte mir über diese Vorgänge selbst ein Bild machen und sie genau untersuchen. Ich wußte jedoch, daß weltweit noch niemandem gelungen war, was ich mir vorgenommen hatte. Leicht würde es nicht sein, aber diese Gelegenheit durfte ich nicht ungenutzt verstreichen lassen. *Dies war eine Frage der wissenschaftlichen und allgemein menschlichen Verantwortung.*

Ich ging keineswegs davon aus, auf Beweise für die Existenz von UFOs und Auskünfte über ihr Flugverhalten stoßen zu *müssen*. Dies war zu hoffen, stand aber nicht fest; ich wußte ja, daß dieses Problem durch bestimmte meteorologische Phänomene kompliziert wird und daß *es durchaus möglich ist, Fluggeräte zu konstruieren, die nicht oder nur schwer vom Radar erfaßt werden können.* Es reicht aus, Materialien zu verwenden, welche die Radarwellen nur ganz schwach reflektieren (Radar-absorbent Materials), und bei der Formgebung der Fluggeräte darauf zu achten, daß die Radarstrahlen in andere Richtungen abgelenkt werden. Die auf Radarunsichtbarkeit abzielende Stealth-Technologie wird seit den 70er Jahren in unseren irdischen Labors entwickelt. Man weiß zwar, daß UFOs im allgemeinen ein Ausweichverhalten zeigen, und es ist auch bekannt, daß die im Rahmen der belgischen Welle gesichteten UFOs eine fast flache Unterseite aufweisen, die gegenüber den Radarwellen wie ein Spiegel wirken dürfte. Jedenfalls war nicht vorauszusehen, was ich da vielleicht herausfinden würde. Wie auch immer, man mußte sich den Dingen zuwenden.

Dies tat ich dann auch. *Im folgenden gebe ich den aktuellen Forschungsstand wieder.* Der Bericht besteht aus sechs Teilen: (1) ein kurzer Blick auf die Radarortung von UFOs in der Vergangenheit, (2) die einsetzenden Bemühungen um den Zugang zu den Daten und die überraschende Entdeckung eines Phänomens meteorologischen Ursprungs, (3) *die Präsentation der von den F-16 gesammelten Daten,* (4) Nachweis und eingehende Analyse zweier Arten von meteorologischen Phänomenen, die eine Radarstörung bewirken, (5) eine Untersuchung der Hypothese, wonach die Gendarmen Sterne für UFOs gehalten hätten, und (6) *eine allgemeine Bewertung dieser Daten.*

Frühere Radarortungen von UFOs

Bereits 1964 wurde ein zusammenfassender Bericht über mehr als 80 Fälle vorgelegt,[1] bei denen UFOs vom Radar erfaßt und zugleich vom Boden oder vom Flugzeug aus gesichtet worden waren. Ungefähr zehn dieser Fälle wurden eingehend geschildert. Demnach konnten mehrere Bodenradars gleichzeitig impliziert sein – gelegentlich sogar die Radars von Jagdflugzeugen, die man zur Aufklärung eingesetzt hatte. Festgestellt wurden anscheinend *komplexe Bewegungen und exzessiv hohe Geschwindigkeiten* von bis zu 4 000 und sogar 9 000 Knoten (mehr als 16 000 km/h). Damals erreichten die schnellsten Flugzeuge gerade einmal 1 500 Knoten.

6. DIE RADARAUFZEICHNUNGEN

Im Jahr 1972 nahm der Astronom Allen Hynek[2] eine Klassifizierung der verschiedenen Arten von UFO-Beobachtungen vor, und eine der Rubriken war speziell für »radaroptische Hinweise« reserviert.

In einer 1983 vorgelegten Übersicht,[3] die sich auf ungefähr 20 Fälle von UFO-Sichtungen bezieht, die von Piloten gemacht und meistens durch Radars bestätigt wurden, war nicht allein von sehr hohen Geschwindigkeiten, sondern auch von *quasi vertikalen Aufwärtsbewegungen* die Rede. In einigen Fällen war es durch die Nähe von UFOs überdies zu Funktionsbeeinträchtigungen der Bordelektronik gekommen. Für vier besonders glaubwürdige Fälle von UFO-Radarbeobachtungen wurden im Jahr 1987 detaillierte Indizien[4] vorgelegt. Um dem Leser einen gewissen Eindruck vom Spektrum der Möglichkeiten und vom Rang des Problems zu vermitteln, möchte ich kurz auf einige in jüngerer Zeit bekanntgewordene Fälle eingehen. Gelegentlich handelt es sich dabei um vertrauliche Mitteilungen von Zeugen, die aus leicht verständlichen Gründen anonym bleiben möchten. Da ich sie nicht persönlich nachgeprüft habe, kann ich zwar für die Zuverlässigkeit der Schilderungen nicht garantieren, ich sehe jedoch andererseits auch keine triftigen Gründe, weshalb sie angezweifelt werden sollten.

Ein Leutnant der Royal Navy konnte im Jahr 1963 die Ortung desselben UFOs durch Radars und Sonare beobachten.[5] Er befand sich auf einer Fregatte, die zu einer Flottille von etwa zehn Schiffen gehörte und im Nordatlantik (bei Norwegen) eine Übung durchführte – was die erhöhte Aufmerksamkeit und bestimmte Reaktionen des Befehlshabers erklärt. Als der Leutnant eines Nachts im Radar- und Sonarraum Wache hatte, tauchte auf dem für große Höhen reservierten Radarschirm ein Echo auf. Anscheinend handelte es sich um ein materielles Objekt, das die Radarwellen stark reflektierte; es war unvermittelt erschienen und *bewegte sich nun praktisch nicht von der Stelle.* Der Höhenwinkel (Elevation) betrug 70°, und die Höhe 35 000 Fuß oder 10 500 Meter. Da die Witterungsverhältnisse nicht für ein anormales Echo sprachen, ging der Leutnant an Deck und suchte mit seinem Fernglas den Sternenhimmel ab, konnte aber kein besonderes Licht entdecken. Er erkundigte sich bei den Radaroperateuren des Nachbarschiffs, ob sie dieses Echo ebenfalls erhalten hatten. Dies war der Fall.

Da die Radaranlagen also in Ordnung waren, schien es sich um ein

Beobachtungsfluggerät zu handeln. Eine Identifizierungsaufforderung über Funk blieb unbeantwortet. Der Leutnant hatte nun das Admiralsschiff zu alarmieren. Von dort erging an sämtliche Einheiten der Befehl, Ausweichmanöver zu vollziehen. Die Schiffe schlugen einen zickzackförmigen Kurs ein, doch *auf dem Radarschirm behielt das UFO die anfängliche Position gegenüber den Schiffen bei.* Es kopierte ihre Bewegungen.

Zwei Jagdflugzeuge der Royal Air Force wurden zur weiteren Erkundung angefordert. Auf den Radarschirmen konnte man verfolgen, wie sich die Maschinen dem nicht identifizierten Echo rasch näherten. Plötzlich jedoch zeigte das Echo eine Reaktion: *Es bewegte sich blitzartig abwärts* und erschien nacheinander auf den beiden anderen, für mittlere und geringe Höhen reservierten Schirmen, bis es unterhalb des Radarerfassungsbereichs verschwand. Da der gesamte Vorgang nur zwei bis drei Sekunden dauerte, muß die Geschwindigkeit bei etwa 12 000 km/h gelegen haben.

Die Operateure der beiden Sonare erhielten nun sofort einige sehr deutliche »pings« [Sonarimpulse], die aus der Richtung kamen, in die das UFO verschwunden war. Es setzte seinen Kurs mit verminderter Geschwindigkeit von immerhin noch »einigen hundert Knoten« unter Wasser fort. Daraufhin entfernte es sich in Schlängelbewegungen und rasch tiefer tauchend von dem Schiff. Der Sonarkontakt brach ab, so als habe sich das »Objekt« hinter einem Bodenhindernis in knapp 2 000 Fuß Tiefe versteckt. Es sind eine ganze Reihe von Fällen bekannt, in denen ins Meer eintauchende oder wieder auftauchende UFOs beobachtet wurden. Neu ist hingegen die *kombinierte Sonar- und Radarortung*.

Der für die Radar- und Sonaranlagen verantwortliche Vorgesetzte des Leutnants wurde noch während des Vorfalls alarmiert. Er konnte die Ereignisse mitverfolgen und nahm gleich darauf eine Eintragung ins Logbuch vor. Der Leutnant und die fünf Radar- und Sonaroperateure wurden während ihrer Freiwache geweckt und zum Schiffskommandanten bestellt. Der erklärte ihnen, daß man noch nichts über das unbekannte Objekt wisse, und forderte sie gleichwohl zur Verschwiegenheit auf, als ob es um ein Staatsgeheimnis ginge. Als der Leutnant in der kommenden Nacht seine Wache antrat, war das alte Logbuch durch ein anderes, ein neues, ersetzt worden.

Im Jahr 1975 gab es auf der in Colorado gelegenen und von den

6. DIE RADARAUFZEICHNUNGEN

mächtigen Cheyenne-Bergen umsäumten NORAD-Basis (North American Aerospace Defense Command) einen Großalarm.[6] Eine aus ungefähr zehn Angehörigen des Sicherheitspersonals und einem Radaroperateur bestehende Gruppe hielt sich außerhalb des Geländes auf. Sie waren gerade auf der Jagd, hatten aber im Alarmfall unverzüglich Posten zu beziehen. Kurz vor Mitternacht wurden sie auf die unregelmäßigen Bewegungen dreier Lichter aufmerksam, die sich schließlich formierten und auf die Berge zusteuerten. Sechs bis acht Minuten später ertönten die Alarmsirenen, und Jagdmaschinen tauchten am Himmel auf. Dies deutete auf einen Radarkontakt hin. Die auswärtige Beobachtergruppe begab sich sofort zum Stützpunkt zurück, wo sie sich einer strengen Kontrolle unterziehen mußte. Dann holten sie ihre Waffen und bezogen ihre Posten. Der zu der Gruppe gehörende Radaroperateur konnte die *ungeordneten Bewegungen mehrerer nicht identifizierter Echos* noch zwanzig Minuten lang verfolgen. Der Alarm wurde erst um 6 Uhr morgens aufgehoben.

Als die Mitglieder der Gruppe in den folgenden Tagen versuchten, sich einen Reim auf die Ereignisse zu machen, mußten sie überrascht feststellen, daß der Zwischenfall keine schriftlichen Spuren hinterlassen hatte. Nachdem sie weitere Personen befragt hatten, mußten sie vor einer Kommission erscheinen; man forderte sie auf, »draußen nicht darüber zu sprechen«, und versuchte zugleich, sie davon zu überzeugen, daß sie lediglich einige Flugzeuge mit eingeschalteten Landescheinwerfern gesehen hätten. Aufgrund ihrer Vietnam-Erfahrungen wußten sie aber, daß das unmöglich der Fall sein konnte. Derartige Informationen kommen im allgemeinen erst viel später zufällig ans Licht. Die Zeugen bleiben anonym, doch ihre Zahl wächst. *Es gibt keine Mittel und Wege, solche Ereignisse totzuschweigen und für immer unter Verschluß zu halten.*

Um das zu veranschaulichen, möchte ich von einem Offizier berichten,[7] der 1964 die Bahn einer Atlas-Rakete mit einem Teleskop verfolgt und gefilmt hat. Er ist heute Universitätsprofessor. Alles hatte gut funktioniert, doch auf dem entwickelten Film entdeckte man außer der Kapsel ein weiteres »Objekt«, das seitlich ins Bild trat und sich um den Übungsgefechtskopf zu drehen begann, der sich mit einer Geschwindigkeit von 33 000 km/h gegenüber der Erde fortbewegte. Das merkwürdige Objekt hatte die Form einer klassischen Untertasse und gab leuchtend helle Lichtblitze ab.

Der Übungsgefechtskopf (dummy warhead) soll von seiner Bahn abgelenkt worden sein. Die Begutachtung des Films fand in Anwesenheit einiger Vorgesetzter des Offiziers und zweier nicht dem Stützpunkt angehörenden Personen statt. Man forderte ihn auf, so zu tun, »als sei nichts geschehen«. Es hätte sich um eine Operation im Rahmen der Entwicklung von »Raketenabwehr-Raketen« gehandelt. Doch wer verfügt über die technischen Möglichkeiten, ein Fluggerät um den Gefechtskopf einer ballistischen Rakete kreisen zu lassen? Und warum überhaupt diese Geheimniskrämerei in einem demokratischen Regime!

In Brasilien hingegen entschied man sich für Offenheit.[8] Am 19. Mai 1986 alarmierte ein Fluglotse in Brasilia ein landebereites Flugzeug über ein ganz in der Nähe befindliches »unbekanntes Objekt«. Die Maschine wurde von dem Luftfahrtingenieur Oberst Osirès Silva gesteuert, dem ein ziviler Copilot assistierte. Als sie ein orangerotes Licht gesichtet hatten, versuchten sie, es zu verfolgen. Unmöglich: Es bewegte sich mit einer Geschwindigkeit von etwa 1500 km/h. Daraufhin gerieten die Radarschirme einer ganzen Region durch die Echos zahlreicher UFOs geradezu ins Flimmern. Von der Basis Santa Cruz (bei Sao Paulo) starteten drei Jäger des Typs F-5E, und die Basis Anapolis (bei Brasilia) brachte drei Mirage III zum Einsatz. Die Piloten hatten zwar Sichtkontakt zu den UFOs, es gelang ihnen aber nicht, sich ihnen weiter zu nähern. Obwohl die Maschinen mit Überschallgeschwindigkeit flogen, betrug der Abstand bestenfalls 12 Kilometer.

Indessen waren gleich mehrere UFOs einer der Mirage dicht auf den Fersen. Der von der Bodenradarstation alarmierte Pilot versuchte, seine Verfolger in Steig- und Sturzflügen abzuschütteln, aber die Objekte folgten seinen Bewegungen. Zu Gesicht bekam er sie nur kurz, als sie schließlich nach oben davonflogen. Sie über Bordradar zu beobachten, war jedoch bis auf eine Entfernung von etwa 20 Kilometer möglich. *Die drei Radaroperateure und die sechs betroffenen Luftwaffenpiloten erhielten vom zuständigen Minister und der brasilianischen Luftwaffe die Erlaubnis, hierüber auf einer Pressekonferenz frei zu berichten.*

Am 28. Dezember 1988 wurde gegen 19.45 Uhr von zahlreichen Bürgern Puerto Ricos ein außergewöhnliches Ereignis beobachtet.[9] Im nachhinein konnten mehr als 60 Zeugen ausfindig gemacht werden; einer von ihnen hatte den gesamten Vorgang durch das Fernglas verfolgen können: *Zwei Jagdflugzeuge waren von einem riesigen, dreieckförmigen UFO absorbiert worden!* Sie waren zunächst vor dem UFO vorbeigeflogen und hatten sich dann auf beiden Seiten positioniert. Entweder war dem UFO diese international gültige Aufforderung zum Abdrehen nicht bekannt, oder es widersetzte sich schlichtweg. Das große Dreieck verlangsamte seine Geschwindigkeit einfach und sog die beiden Jagdmaschinen eine nach der anderen in Richtung auf seine obere Partie auf, wobei ihre Triebwerkgeräusche aussetzten. Die Maschinen tauchten nie wieder auf. Das UFO flog völlig geräuschlos. Es hatte einige kräftige Scheinwerfer eingeschaltet und ging nun bis dicht über einen Teich hinunter, wo es *sich in zwei dreieckige Teile spaltete, die mit hoher Geschwindigkeit nach Nordosten bzw. Südosten davonflogen.*

Nachprüfungen ergaben, daß puertoricanische Flugzeuge nicht verwickelt gewesen waren. Die US-Marinebasis Ceiba dementierte hartnäckig, daß in dieser Region überhaupt ein Flug stattgefunden habe, doch ein Mitglied der FAA (Federal Aviation Administration) räumte ein, daß man offiziell über Militärmanöver informiert worden sei, die an dem besagten Abend in diesem Sektor stattfinden würden. Am darauffolgenden Abend hielten sich schwarze und sicher auch mit Infrarot-Sichtgeräten ausgerüstete amerikanische Hubschrauber mehrere Stunden in geringer Höhe über der Region auf, so als suchten sie etwas. Ein Offizier der Navy vertraute einem örtlichen Interviewer an, daß aus den Radaraufzeichnungen hervorgehe, was passiert, daß sie aber sofort offiziell als geheim eingestuft und zur Analyse nach Washington D.C. geschickt worden seien. Auf den Radars der in Küstennähe vor Anker liegenden Schiffe soll der Vorfall in all seinen Phasen beobachtet worden sein: der Abfangversuch, das Verschwinden der beiden Maschinen, die Aufspaltung des nicht identifizierten Flugobjekts und der rasche Wegflug der beiden Teile.

Der von der US Air Force in Auftrag gegebene Condon-Bericht[10] enthält eine Analyse von 35 kombinierten Radar- und Sichtbeobachtungen. Bei 19 dieser Fälle wurde behauptet, »die plausibelste oder wahrscheinlichste Erklärung« bestehe darin, daß es sich um die Effekte einer anormalen Ausbreitung meteorologischen Ursprungs handelt. Über die Radarbeobachtungen selbst liegen nur sehr wenige Angaben vor. *Man begnügte sich im wesentlichen mit der Feststellung, daß zum Zeitpunkt der Beobachtungen eine »Temperaturumkehr«* [Inversion] *vorgelegen habe.* Mit diese Erklärung habe ich mich noch nie zufriedengeben können. Diese Fallauswahl enthielt noch einige Beobachtungen, die von vornherein auch ganz einfach erklärt werden können. Dennoch ließ man sieben »unerklärliche« Fälle übrig, bei deren Abhandlung man sich jedoch nicht um mögliche, untereinander bestehende Verknüpfungen und um die Grundsatzfragen, die sie aufwerfen, kümmerte.

Es sei angemerkt, daß zwei der ohnehin wenigen, in diese Untersuchungskommission berufenen Wissenschaftler aus Empörung über die nicht objektiven Verfahrensweisen ausgeschieden sind.[11] Der Bericht ist dennoch in verschiedener Hinsicht von großem Nutzen, da er eine ganze Menge Angaben über Phänomene der atmosphärischen Brechung enthält – sichtbares Licht wie auch Radarwellen betreffend. Das war mir nicht nur schon bekannt, als ich mit meiner Untersuchung begann – im Gegenteil, es war ein zusätzlicher Ansporn, mich damit zu befassen.

Präludien bei der belgischen Luftwaffe

Schon Anfang Dezember 1989 hatte ich mich an den Generalstab gewandt mit der Bitte, *die Radaraufzeichnungen aufzubewahren*, aus denen sich Informationen über die UFOs ergeben könnten, verbunden mit dem Gesuch um eine *Beteiligung an ihrer Analyse*. Hierbei konnte ich von zwei Dingen profitieren: Ich hatte den Namen des hochrangigen Offiziers erhalten, an den ich mich wenden konnte, und ich wußte, daß man bei der militärischen Führung große Aufgeschlossenheit und äußerst objektive, rationale Grundeinstellungen vorfinden kann. Ich hatte nämlich des öfteren bereits Gelegenheit gehabt, Generalmajor Hollants van Loocke, der dem Institut Royal Supérieur de Défense an der École Royale Militaire vorsteht, zu begegnen und mit ihm zu diskutieren – teilweise anläßlich von Seminaren zu diffizilen und heiklen Themen, an denen auch andere hohe Offiziere teilgenommen hatten.

Schon seit langem und vor allem im Vorfeld der Stationierung der »Euromissiles« [Mittelstreckenraketen] beschäftigte mich die Tatsache, daß wir alle für den Weltfrieden verantwortlich sind, *daß die möglichen Folgen des Rüstungswettlaufs die Wissenschaftler aber in besonderem Maße angehen.*

6. DIE RADARAUFZEICHNUNGEN

Denn sie haben ihn technisch erst möglich gemacht, obwohl die eigentlichen Entscheidungen an anderer Stelle getroffen werden. Bereits das nukleare Arsenal, das Mitte der 80er Jahre weltweit angehäuft worden ist, hätte ausgereicht, die gesamte Menschheit 30mal zu töten! Zu behaupten, dies sei zur Wahrung des Weltfriedens erforderlich, konnte nur eine »höchst gefährliche Illusion« sein, wie sich Einstein schon in den 50er Jahren ausgedrückt hatte. Eine solche Entwicklung war abzusehen; sie ist eine unausweichliche Konsequenz der »Theorie der nuklearen Abschreckung«. Ich konnte anhand einer mathematischen Analyse dieser Logik und durch Zusammentragen von Daten über die Entwicklung des Vernichtungspotentials seit dem Zweiten Weltkrieg aufzeigen, daß die Grundpostulate dieser Theorie unweigerlich zu einem *exponentiellen Rüstungswachstum* führen mußten. So durfte es einfach nicht weitergehen.[12] Heute wirkt dies alles ein wenig offenkundiger, doch vor dem Umbruch in Osteuropa glaubte man – d. h. vor allem die Politiker –, die Abschreckungstheorie verteidigen zu müssen. Es überraschte mich wirklich, daß man mit den Militärs darüber diskutieren und die Fakten vernünftig und objektiv analysieren konnte.

Während der Sommerferien 1989 machte ich mir über einige physikalische Aspekte des UFO-Phänomens erneut Gedanken. Ich fragte mich, ob es nicht möglich sei, hinsichtlich derartiger Fragen einen Dialog mit den Militärfachleuten anzubahnen. Als ich General Hollants van Loocke Anfang November 1989 begegnete, fragte ich ihn, ob er vielleicht wisse, an wen ich mich wenden könne. Anfang Dezember 1989 riet er mir, mit Oberst De Brouwer, dem Leiter der Operativen Sektion der belgischen Luftwaffe, Kontakt aufzunehmen. De Brouwer wurde 1991 zum Generalmajor befördert.

Der Oberst hatte kurzfristig einen Termin für mich frei. Seine Einstellung zu den jüngsten UFO-Sichtungen war eher skeptisch. Er hielt bestimmte Laser-Effekte für möglich, stimmte mit mir jedoch vollkommen darin überein, daß man die Fakten genau prüfen müsse. Er hörte sich meine Bitte bezüglich der Radaraufzeichnungen an, ohne ausdrücklich Stellung dazu zu nehmen. Meine Absichten konnte ich ihm anscheinend näherbringen, nämlich: *Durchsicht sämtlicher verfügbaren objektiven Daten ohne eine bestimmte Ergebniserwartung.* Ich hatte zunächst nur an die Radarstationen gedacht, doch im Laufe des Gesprächs erfuhr ich, daß De

Brouwer *nicht zögern würde, F-16-Jäger einzusetzen, wenn bestimmte Voraussetzungen erfüllt seien.* Zu den Aufgaben der Luftwaffe gehöre schließlich die Identifizierung jedes Eindringlings in den belgischen Luftraum, worauf ich erwiderte, daß alle Abfangversuche bisher gescheitert seien. Zwar würden sich die UFOs den Maschinen gelegentlich nähern und ihnen eine gewisse Zeit lang folgen, doch wenn sich die Jäger auf die Verfolgung begeben, würden die UFOs sie mit einigen unglaublichen Manövern abschütteln. Seine Reaktion kam prompt: »Das möchte ich gern feststellen.« Ich wußte nun, daß wir uns auf der gleichen Wellenlänge befanden.

Wie ich weiter erfuhr, hatte eine am 2. Dezember 1989 bei einem der beiden Militärradars eingetretene Störung allseitige Verwunderung erregt. Es handelt sich um die Radaranlage in Semmerzake bei Gent (die andere befindet sich in Glons bei Tongres, nördlich von Lüttich). Aufgrund der UFO-Sichtungen und der Anrufe von Augenzeugen hatte man auf »nicht identifizierte Echos« geachtet. Der Offizier, der an jenem Abend in Semmerzake seinen Dienst versah, hatte interessehalber die Neigung der Antenne und auch den Empfindlichkeitsbereich des Radars verändert. Die merkwürdigen Signale wurden davon nicht betroffen. Gegen Mitternacht erschienen häufig »Störbündel« auf dem Schirm, worüber sich der Offizier wunderte. Innerhalb von zehn Minuten registrierte er siebzehn solcher Störungen, deren Ausgangsrichtung er notierte.

Ich erhielt den Mitschnitt einiger Telefonate, in denen von dieser Liste die Rede ist. Das war ermutigend und bildete den Anfang gemeinsamer Untersuchungen; schließlich mußte auch den Militärs daran gelegen sein, die Vorgänge zu verstehen. Die naheliegendste Hypothese besagte, daß die Strahlen mehrerer anderer Radars aufgrund einer besonderen Wetterlage in Richtung auf die Radarstation Semmerzake abgelenkt und dort empfangen wurden. Um das überprüfen zu können, hätte ich die Positionen und Frequenzen der anderen – zivilen wie militärischen – Radars kennen müssen. Aber damit wollte man nun nicht herausrücken, und ich insistierte auch nicht weiter, da ich ja bereits genug Arbeit vor mir hatte. Kürzlich jedoch erhielt ich weitere Daten. Nachdem ich die Richtungen der »Störbündel« in der Reihenfolge ihres Auftretens graphisch dargestellt hatte, fiel mir eine überraschende Regelmäßigkeit auf.

Die Bündel stammen in geschachtelter Weise aus drei verschiedenen Richtungen und verfügen jeweils über eine bestimmte Drift.

Darüber sprach ich mit Major Salmon vom Luftwaffenzentrum für elektronische Kriegsführung. Major Salmon ist derzeit noch damit beschäftigt, dieses Phänomen gemeinsam mit Adj.COR [Reserveoffiziersanwärter] Gilmard eingehend zu untersuchen. Die Hypothese der Interferenzen verschiedener Radars schien anfänglich kaum haltbar; sie wird jedoch zunehmend wahrscheinlicher, da einige Länder eine Modifizierung ihrer Radars vorgenommen haben. Falls sie sich bestätigen sollte, müßten die zuständigen NATO-Einrichtungen darüber benachrichtigt werden. Dies ist ein anschauliches Beispiel für meine Auffassung, daß man das Anormale zu begreifen suchen muß und daß eine Zusammenarbeit zwischen Militärs und Zivilisten zweckmäßig ist.

Anfang Dezember 1989 traf ich außerdem mit dem Chef de Corps, Oberstleutnant Billen, zusammen, der für die Radaranlage Glons verantwortlich zeichnet. Wir sind uns später noch oft begegnet, und ich habe sein liebenswürdiges Wesen, seine Berufsauffassung und seine Aufgeschlossenheit schätzen gelernt. Vom belgischen Fernsehen über die Radarbeobachtungen befragt, antwortete er, daß man durchaus einige Echos geortet habe, die nicht denen von Flugzeugen entsprächen, sondern von meteorologischen Störungen herrühren könnten. Normalerweise hätte man dem keine Aufmerksamkeit geschenkt. Zu der bereits kursierenden Hypothese der »Geheimflugzeuge« meinte Oberst Billen, man könne sie mit nahezu hundertprozentiger Gewißheit verwerfen. Sie würde weder den von den Zeugen beobachteten Flugleistungen noch dem Klima der internationalen Beziehungen und auch nicht den auf internationaler Ebene miteinander verknüpften Radarprozeduren entsprechen.

Die Rolle des Luftfahrtamts

Bereits in der zweiten Dezemberwoche 1989 nahm ich mit dem Leiter des Flugverkehrskontrolldienstes auf dem nationalen Flughafen Zaventem, Herrn De Greef, ebenfalls Kontakt auf. Ich möchte ihm an dieser Stelle für die Zeit, die er mir geschenkt hat, und die wiederholte Unterstützung danken. Als Chef der Fluglotsen gab mir Herr De Greef eine Einführung in die Interpretation der Radarsignale. Jedes Echo wird elektronisch aufbereitet. Es erscheint in Form eines speziellen Zeichens für jeden Signaltyp. Die *Primärechos* entstehen einfach durch Reflexionen des von der Sendeantenne der Station abgegebenen Radarstrahls. Bei den *Sekundärechos* handelt es sich hingegen um eine Reaktion des in jedem Flugzeug befindlichen Transponders auf das eintreffende Signal. Er liefert Auskunft über die Identität und Flughöhe (Flight Level) einer Maschine (Einheit: 100 Fuß).

In der Regel findet man auf dem Radarschirm also »kombinierte Echos« vor, die von den Transponder-Daten »drapiert« werden. Die Antenne, mit deren Daten die Radarschirme in Zaventem gespeist werden, steht auf freiem Gelände in Bertem bei Louvain (Löwen). Da es sich bei der Antenne um einen Parabolspiegel handelt, wird ein schmaler, doch vertikal stark gespreizter, »fächerförmiger« Strahl abgegeben, der den Himmel absucht und bei normaler Rotationsgeschwindigkeit der Antenne innerhalb von zwölf Sekunden eine Drehung vollzieht. Bei der Festzielunterdrückung mit einem *MTI-Filter* (Moving Target Indicator) werden unbewegliche bzw. sich kaum bewegende Objekte nicht angezeigt. Die von den einzelnen Echos vollzogenen Bewegungen können sehr leicht nachgehalten werden, da sich zu jedem Echo, das während des jüngsten Abstreichvorgangs gewonnen wurde, drei Punkte gesellen, die dessen Positionen bei den drei letzten Abstreichungen repräsentieren. Alle auf den Radarschirmen der Fluglotsen erscheinenden Informationen werden von einem Rechner registriert und für etwa einen Monat auf Magnetband gespeichert, um eventuelle, die Flugsicherung betreffende Untersuchungen zu ermöglichen.

Darauf bat ich Herrn Van den Broucke, den Generaladministrator des Luftfahrtamts, bestimmte Sequenzen mit besonders häufigen UFO-Beobachtungen auf Video aufnehmen zu dürfen. Auf ein Telefonat hin erhielt ich prompt einen Termin beim Chefingenieur, Herrn Cottyn, der mir zahlreiche technische Auskünfte über die Funktionsweise der Radaranlage von Bertem gab. Nicht nur ihm, sondern auch dem technischen Personal aus der Rechnerzentrale, vor allem den Herren Potiau und Vandecauter, möchte ich herzlich danken. Zwischen Februar und Juni 1990 konnte ich Radaraufzeichnungen von insgesamt mehr als 180 Stunden abfilmen. Die Aufzeichnungen wurden mit dreifacher Normalgeschwindigkeit abgespielt, die Zeitangaben wurden aufgesprochen. Die Analyse machte ich dann später zu Hause – am Familienfernsehgerät.

Keine oder so gut wie keine UFOs

Wie sich ziemlich schnell herausstellte, war auf den Radarschirmen unseres nationalen Flughafens nichts aufgezeichnet, was von den Orts- und Zeitangaben her in einen Zusammenhang mit Bodensichtungen zu bringen gewesen wäre. UFO-Sichtungen sind allerdings nur dann wirklich verläßlich und signifikant, wenn sie aus geringer Entfernung erfolgen. *In diesem Fall befindet sich das UFO jedoch in aller Regel unterhalb des Radarerfassungsbereichs. Außerdem ist seine Geschwindigkeit häufig so gering, daß das Echo den MTI-Filter gar nicht passieren kann.*

Der Untersuchungsbereich mußte also räumlich wie zeitlich ausgeweitet werden, da die UFOs zu bestimmten Zeitpunkten den vom Radar überstrichenen Luftraum ja passieren mußten und sie nicht immer mit niedriger Geschwindigkeit flogen. Wiederholt knöpfte ich mir alles vor, was sich vom frühen Abend an über einen Zeitraum von etwa neun Stunden über Belgien und auch jenseits der Grenzen ereignet hatte. Nach einiger Zeit wurde eines klar: *Es gab keine verläßlichen Hinweise auf die Anwesenheit von UFOs.*

Ich stieß gelegentlich auf einige merkwürdige Spuren, und wie wir gleich sehen werden, gibt es wenigstens einen bemerkenswerten Fall der gleichzeitigen Ortung eines UFOs durch die militärischen Radars von Glons und Semmerzake – nicht aber durch das Radar von Bertem. Der Grund wird sein, daß es sich bei den in Belgien gesichteten UFOs im allgemeinen um *Plattformen* handelte. Selbst wenn sie nicht aus radarabsorbierenden Materialien bestanden, mußten sie die Radarstrahlen fast wie ein Spiegel ablenken. Alles würde dabei von der Stellung der UFOs gegenüber dem Radar abhängen. Da man aber feststellen konnte, daß die »Dreiecke« in der Lage waren, sich mit verschiedenen Neigungswinkeln in beliebiger Richtung fortzubewegen, war es durchaus möglich, daß sie von zwei Radars geortet werden konnten, nicht aber von einem dritten. Dies dürfte allerdings nicht häufig der Fall gewesen sein.

Jedenfalls stand bereits im März/April 1990 fest, daß *die in Belgien beobachteten UFOs (fast) nicht über Radar zu orten waren.* Die Untersuchungen mußten unbedingt fortgesetzt werden – solange die Welle anhielt und man es mir erlaubte. Ich sagte mir, daß man manchmal auch seltene Ereignisse beobachten kann, außerdem gab es noch einen anderen Grund: Ich hatte ein meteorologisches Phänomen entdeckt, das mir einiges Kopfzerbrechen bereitete.

Das Phänomen der »fliegenden Engel«

Früher, als die Radarschirme nicht wie heute »synthetische« Bilder herstellten, sondern ein »Rohdatenbild« zeigten, erschienen auf ihnen häufig ganze Echoschwärme, die mit Wolken oder Bodenreflektoren zu tun hatten. *Bei vollkommen klarem Himmel gab es auch vereinzelte Echos, die sogenannten »Engel«.* Heutzutage werden nahezu alle solche Echos über MTI-Filter eliminiert. Sporadisch treten jedoch auch heute noch an einer beliebigen Stelle auf dem Radarschirm »Engel« in Erscheinung.

Bestimmte Primärechos können Flugzeugen oder Hubschraubern ohne Transponder entsprechen. Mit einiger Übung kann man ihre Spuren leicht identifizieren. Die übrigen Echos sind technisch als »Rauschen« zu betrachten. Die Fluglotsen lassen sich durch sie nicht ablenken, und die Radaranlage Bertem verfügt über ein sehr wirkungsvolles Ausfilterungsverfahren, das auf einer Prüfung der »Qualität« des Echos basiert. Zugrunde gelegt wird hierbei die Struktur der Abfolge jener Impulse, die zurückkommen, um ein Echo zu bilden. Dieses Verfahren gestattet eine starke Reduzierung der Häufigkeit von »Engeln« meteorologischen Ursprungs, ohne dabei die Flugzeuge zu »unterschlagen«. Es waren gerade die nicht identifizierten Primärechos – also die »Engel« –, die meine Aufmerksamkeit erregten, selbst wenn sie nur recht selten auftraten.

Sie waren so selten, daß man visuell nicht auf ein systematisches Verhalten schließen konnte. Man sah lediglich, daß sich die »Engel« an bestimmten Stellen häufiger zeigten als an anderen. Bevor ich mir die Videoaufzeichnungen ansah, hatte ich den Bildschirm mit Pauspapier abgedeckt, um die Positionen der nach und nach erscheinenden Engel markieren zu können. Das war simpel, funktionierte aber. *Wie ich feststel-*

len konnte, formierten sich die Primärechos häufig in bestimmten Reihen. Das Rauschen war also strukturiert.

Die jeweiligen Geschwindigkeiten lagen bei lediglich 30 bis 50 km/h. Die sukzessiven Positionen pendelten um eine Mittellinie, und das Auftreten war nicht regelmäßig. Die Häufigkeit nahm anfangs progressiv zu und gegen Ende wieder ab. Ich wählte für dieses Phänomen die Bezeichnung »fliegende Engel«. Besonders bemerkenswert fand ich, daß *diese Reihungen nicht der Windrichtung folgten*. Lokal verliefen sie häufig parallel, konnten jedoch über verschiedenen Teilen Belgiens und der Nachbarländer in verschiedene Richtungen weisen – selbst wenn sie zeitgleich auftraten. Wie ich außerdem feststellen konnte, waren die Spuren durchweg begrenzt, und zwar in der Weise, daß sie *weder zu nah noch zu weit vom Radar entfernt auftauchten*. Es mußte sich um ein meteorologisches Phänomen handeln, das den von mir konsultierten Radaroperateuren jedoch anscheinend nicht bekannt war.

Die Daten des Radars Semmerzake

Meine bisherigen Ergebnisse zeigte ich General De Brouwer. Mir ging es darum, in Erfahrung zu bringen, ob dasselbe Phänomen auch auf den Militärradars in Erscheinung getreten war, und ich betonte dabei, daß *diese langsamen Bewegungen Anlaß zu Verwechslungen geben könnten*. Auch die Luftwaffe mußte ein Interesse daran haben, dieses Phänomen kennenzulernen und zu begreifen. Ich erhielt die Genehmigung, Auszüge aus den Radaraufzeichnungen von Semmerzake einzusehen. Auch diese Aufzeichnungen werden etwa einen Monat lang auf Magnetband aufbewahrt. Die Radaranlage Semmerzake ist für die militärische Flugsicherung zuständig, wohingegen die Radarstation Glons in besonderer Weise auf die militärischen Operationen zugeschnitten ist, da sie dem NADGE-System (Nato Air Defense Ground Environment) angehört.

Der Zugang zu den Radardaten von Semmerzake stellt aus verschiedenen Gründen einen beachtlichen Fortschritt dar. Es handelt sich um ein Radar des Typs »array«, bei dem der Radarstrahl nicht von einer quasi punktförmigen Quelle und einem Parabolreflektor gebildet wird, sondern von einer Gruppe von Dipol-Antennen, die in einer Ebene angeordnet sind. Es handelt sich um regelmäßig angeordnete Spalten, die Mikrowellen passieren lassen; durch Interferenz entsteht jedoch ein bleistiftförmiger Strahl, dessen Ausrichtung nach Belieben verändert werden kann, indem man die relativen Phasen der Dipol-Oszillatoren modifiziert. Hierdurch wird es möglich, *die Flughöhe der Radarechoquellen zu ermitteln*. Dies ist für das Militär selbstverständlich ungemein wichtig, da eine feindliche Maschine keine Auskünfte per Transponder erteilen wird. Der Fächerstrahl des Radars von Bertem vermag nur die Richtung und Entfernung der Quelle anzugeben; letztere wird anhand der von den Impulsen bis zur Rückkehr benötigten Zeit errechnet.

Ein besonders glücklicher Umstand war, daß von Kommandant De Griek in Eigeninitiative bereits ein Verfahren entwickelt worden war, um die vom Großrechner auf Magnetband aufgezeichneten Daten auf einen PC zu übertragen. Anlaß war eine Studie über den Vogelflug, die von der Katholischen Universität Löwen (flämisch) im Auftrag der Luftwaffe durchgeführt worden war. Kommandant De Grieck hatte also Disketten mit Auszügen für mich vorbereitet, die ich dann zu Hause analysieren konnte. Damit war es nun möglich, die Koordinaten und Flughöhe jedes einzelnen Primär- oder Sekundärechos zu bestimmen und in einen anderen Computer aufzunehmen, um die Flugbahn dreidimensional zu rekonstruieren. Das war eine mühselige Prozedur, doch nun verfügte ich über präzise Daten. Neben den Radardaten aus Semmerzake erhielt ich gleichzeitig die Daten der Radarstation Bertem für den ausgewählten Abschnitt. Mir fiel auf, daß die von Bertem nach Semmerzake übermittelten Daten weniger stark gefiltert waren als auf den Radarschirmen der Fluglotsen in Zaventem. Diese Zusatzinformation war nicht unwichtig.

Ich möchte Kommandant De Griek für seine tatkräftige Unterstützung und Kollegialität herzlich danken. Die verwendeten Programme wurden zwischenzeitlich modifiziert, da wir uns zunächst auf kleinere Raum- und Zeitabschnitte, innerhalb derer UFO-Sichtungen stattgefunden hatten, beschränkten. Diese Auszüge enthielten jedesmal Primär- und Sekundärechos sowie kombinierte Echos der beiden Radars. Später haben wir uns manchmal auf die Primärechos beschränkt, dann aber für den gesamten Radarerfassungsbereich für Zeitintervalle von 20 bis 50 Minuten; das hing von der Dichte der auftretenden Echos ab. Die dritte Phase bestand aus einem Kompromiß zwischen den beiden erstgenannten Me-

6. DIE RADARAUFZEICHNUNGEN

thoden. Dies ergab insgesamt 30 Datendisketten. Die beiden bereits angesprochenen Schlußfolgerungen fanden sich durchweg bestätigt.

1. Trotz der großen Häufigkeit der UFO-Sichtungen und der Vielzahl der untersuchten Korrelationen *wurden von den Radars in Bertem und Semmerzake (fast) nie UFOs geortet.* Es mag kurzzeitig Spuren geben, die einem UFO zuzuschreiben sind, aber ich kann sie nicht als solche identifizieren.

2. *Die »fliegenden Engel« tauchen auch auf, wenn man die vom Radar Bertem georteten Primärechos zugrunde legt, die in Semmerzake weniger stark gefiltert werden.* Ich fand dort dieselben Reihungen vor, jedoch mit einer höheren Punktdichte. Das Radar Semmerzake zeigt ebenfalls »Engel« und bestimmte Reihungen – allerdings andere. Die nicht korrelierten Primärechos sind dort beträchtlich zahlreicher vorhanden – trotz der MTI-Filter. Dies ist logischerweise der Fall, da die feindlichen Maschinen keine »Visitenkarte« (in Form der Transponder-Daten) vorlegen werden.

In Glons werden sämtliche Echos in besonderer Weise gefiltert. Anhand der gerade empfangenen Echos wird eine Voraussage über den Raumbereich getroffen, in dem das nachfolgende Echo erscheinen würde, wenn es sich um ein Flugzeug handelt. Die Merkmale dieses Echos werden mit den bekannten Eigenschaften der vorausgegangenen Echos verglichen. Es werden also Korrelationen hergestellt, die es gestatten, all das aufzuspüren, was sich nach den Gesetzen der Mechanik bewegt; somit kann ein Großteil des »Rauschens« eliminiert werden. *Dieser »Kalman-Filter« arbeitet restriktiver als der MTI-Filter.*

Wie sich später herausstellte, gab es (mindestens) zwei Arten von »Engeln«; zunächst ging es mir jedoch um einen Vergleich der Daten aus Semmerzake mit den Resultaten, die ich anhand der in Zaventem aufgenommenen Videofilme gewonnen hatte. Abbildung 6.1 zeigt ein repräsentatives Beispiel für die Reihungen, wie sie von den in Bertem georteten Primärechos gebildet wurden. Aufgrund der höheren Dichte der von Bertem nach Semmerzake übermittelten Primärechos *wurde das Phänomen der »fliegenden Engel« nicht nur bestätigt, sondern sogar akzentuiert.* Abbildung 6.1 veranschaulicht die Reihungen von Primärechos, wie sie in der Nacht vom 3. auf den 4. Mai 1990 südlich von Bertem erschienen sind. Ausgewertet wurden sämtliche Vorgänge zwischen 22 Uhr abends und 4 Uhr morgens. Wie man sieht, *tauchten die »fliegenden Engel« nur für*

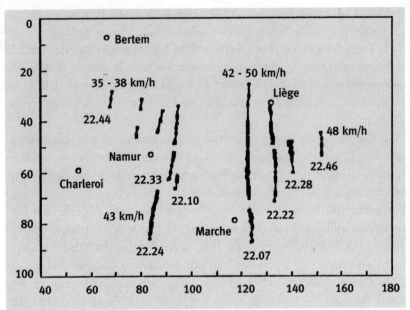

Abb. 6.1: Das Phänomen der »fliegenden Engel«

eine bestimmte Zeit auf und wanderten in parallelen Linien allmählich gen Norden. Wie aus dem Bulletin des Institut Royal de Météorologie (I.R.M.) hervorgeht, herrschte damals Ostwind. *Die Bewegungen erfolgten also senkrecht zur Windrichtung.*

Der »Nullpunkt« der Koordinaten entspricht der Position des Radars Semmerzake. Am Anfang der einzelnen Spuren ist die jeweilige Ortszeit eingetragen, ferner die mittlere Bewegungsgeschwindigkeit. Die Geschwindigkeiten sind mit etwa 30 bis 40 km/h so gering, daß ein Objekt aufgrund der MTI-Filter nicht geortet würde. Die Echos traten nur zeitweilig auf, *mit der größten Häufigkeit in einer Zone, die weder zu nah, noch zu weit vom Radar Bertem entfernt ist.* Die Spuren hörten in der Nähe von Bertem auf und tauchten – entsprechend der allgemeinen Bewegung der Echos – in einer gewissen Entfernung nordnordwestlich von Bertem wieder auf. Die Echobewegungen dauerten zwischen wenigen Minuten und einer Stunde. Es herrschte ein relativ schwacher Wind mit 43 bis 110 km/h in einer Höhe zwischen 20 und 1100 Meter. In dieser Höhe fiel die Windgeschwindigkeit von 90 auf 30 km/h, und die relative Luftfeuchtigkeit sank von 22 auf 4 Prozent. Es lag demnach eine ziemlich markante Diskontinuität vor, allerdings ohne Temperaturumkehr. Tagsüber war es sonnig, und in der Nacht war der *Himmel unbewölkt*. Dennoch wurden die Radarwellen durch etwas reflektiert, das sich auf merkwürdige Weise fortbewegte!

Der Einsatz der F-16

Kommen wir gleich auf die Ergebnisse der Radarbeobachtungen durch die in der Nacht vom 30. auf den 31. März 1990 zur Aufklärung eingesetzten F-16 zu sprechen. Begonnen hatte alles mit den Sichtungen durch den Gendarm MDL Renkin, nachdem ihn seine Gattin auf ein ungewöhnliches Licht am Himmel aufmerksam gemacht hatte. Ort des Geschehens war Petit-Rosière an der Verbindungsstraße Namur-Louvain, nördlich von Eghezée. Diese Sichtungen wurden im wesentlichen von weiteren Gendarmen bestätigt, insbesondere von Hauptmann Pinson. Ihre Schilderungen sind bereits ausführlich zitiert worden (S. 258 ff.). Auf die von Dominique Caudron in *Science & Vie*[13] gegebene Interpretation wurde ebenfalls hingewiesen. Ohne die Zeugen befragt zu haben, hatte Caudron behauptet, sie hätten Sterne für UFOs gehalten. Der Ton, in dem der Artikel geschrieben ist, ist so unangemessen, wie seine Argumentation dürftig.

Die Zeitschrift *Science & Vie* verficht eine Theorie, die auf dem Postulat basiert, daß es sich bei *sämtlichen* im Rahmen der Sichtungswelle beobachteten UFOs nur um *Verwechslungen* handeln könne – so schon im Januar 1990. Vorgelegt[14] wurde ein einziges Foto, das für den Inhalt der zahlreichen Zeugenaussagen nicht repräsentativ ist und nicht im Detail analysiert wurde; man behauptete, das Foto zeige einen Wetterballon (was in dieser Region sehr unwahrscheinlich wäre), und das Helium, mit dem er gefüllt war, sei durch (unbewiesene) elektrostatische Phänomene zum Lumineszieren gebracht worden. Es wurde suggeriert, man könne hieraus schlußfolgern, *daß sämtliche UFO-Sichtungen lediglich auf Fehldeutungen beruhen*. Damals war noch von »Poesie« die Rede, doch im Juni 1990 behauptete man, daß die drei kräftigen Dreieckslichter der weiterhin über Belgien auftauchenden UFOs mit den drei Scheinwerfern am

Fahrwerk der F-117A identisch seien. Dem Autor genügte es also, daß dieses Flugzeug manchmal drei Scheinwerfer einschaltet. Alle anderen Beobachtungen waren ohne Bedeutung, obwohl er schrieb, daß seine Erklärung auf einer »kritischen Prüfung« basiere, nämlich einem gegenüberstellenden Vergleich der Zeugenschilderungen mit den von der USAF über die F-117A gelieferten Informationen.

Die Reaktionen der belgischen Luftwaffe machten diese Hypothese nur schwer haltbar. Doch was heißt das schon, denn selbst ein offizielles Dementi der US-Botschaft, betreffend etwaige geheime Flüge amerikanischer Stealth-Maschinen über Belgien, änderte daran nichts: Die Zeitschrift *Science & Vie*, die ich in vieler Hinsicht schätze und die eine wichtige publizistische Funktion hat, setzte ihren Kreuzzug fort. Im Oktober 1990 veröffentlichte sie den Artikel[13] von Dominique Caudron, der behauptete, es müsse sich um ein *anderes* (hypothetisches) Geheimflugzeug der USAF handeln, das die belgischen Jäger dreist *getäuscht* habe. Unterstellt wurde also, daß es bedeutungslos sei, wie befreundete Nationen gewöhnlich miteinander umgehen. Denn demnach müßten die Belgier von den Amerikanern monatelang zum Narren gehalten worden sein (oder etwa von einigen Franzosen?). Man bedenke, daß sich Belgien amerikanische F-16 angeschafft hatte und zudem Teil des integrierten NATO-Kommandos ist, dessen Hauptquartier sich bei Brüssel befindet. Außerdem gibt es einige elementare Flugsicherheitsregeln und sogar Notfallbestimmungen über den Schutz der Trümmer eines abgestürzten Experimentalflugzeugs. Ist es wirklich denkbar, daß über einem Land mit derart hoher Bevölkerungsdichte Erprobungsflüge angestellt werden?

Wenn es denn keine F-117 oder einen anderen derartigen Deus ex machina gab, so gab es natürlich auch keine Täuschungsmanöver mehr – und man wäre gezwungen gewesen, die Sache etwas eingehender zu ergründen. Reicht es denn aus, seine Kenntnisse über die Systeme der »elektronischen Abwehr« und das Funkeln von Sternen darzulegen, ohne die Fakten zu untersuchen? Gleichwohl hat diese Stellungnahme der Zeitschrift *Science & Vie* vielleicht insofern auch einen Nutzen, als *die irrationalen Einstellungen offensichtlich und ganz deutlich werden, die selbst heute noch auftreten, wenn es um UFOs geht.* Dies erinnert ein wenig an die Zeiten eines Galilei. Doch nun zu den Fakten.

6. DIE RADARAUFZEICHNUNGEN

Von der Radarstation Glons wurden zahlreiche Vorkehrungen getroffen, bevor man die F-16 zum Einsatz brachte. Die Sichtungen hatte MDL Renkin bereits kurz vor 23 Uhr registriert, die F-16 aber waren erst kurz nach Mitternacht von Beauvechain aus gestartet. Glons hatte unterdessen die Gendarmerie des Distrikts Wavre zur Überprüfung der gemeldeten Sichtungen aufgefordert. Schließlich waren es etwa ein Dutzend Gendarmen, die von verschiedenen Orten aus einige fremdartige Lichter beobachten konnten. Das Radar von Glons empfing *ein nicht identifiziertes, dauerhaftes Echo, das sich langsam von Ost nach West bewegte.* Der Rechner ermittelte eine »automatische Spur«, die er mit der Bezeichnung JG446 versah. Aus den »Listings« geht hervor, daß die Spur um 23.09 Uhr aufgetaucht war und bis 0.20 Uhr ständig sichtbar blieb. Dies ist absolut kein banales Ereignis: Wenn eine Primärechospur nämlich nach mehr als sieben Abstreichungen nicht mehr auftaucht, wird sie vom Rechner abgeschlossen; jede weitere Spur erhält einen neuen Namen.

Leutnant Van Hauwermeiren – an jenem Abend »Master Controller« des CRC Glons – fragte bei der Radarstation Semmerzake an, ob man an gleicher Stelle ebenfalls ein Echo geortet habe. Dies war der Fall. Bewegungsrichtung, Geschwindigkeit und Höhe stimmten überein. Das nicht identifizierte Echo bewegte sich mit einer Durchschnittsgeschwindigkeit von etwa 40 km/h zwischen Wavre und Brüssel von Ost nach West. *Die Radaranlage von Semmerzake basiert auf einem anderen Funktionsprinzip und ist im Norden Belgiens gelegen, auf der anderen Seite der von dem Echo verfolgten Bahn.* Ein Effekt der »anormalen Ausbreitung«, bei dem die Strahlen der beiden Radars den Boden berühren und dabei die Illusion erzeugen, daß sich »etwas« an derselben Stelle und in derselben Richtung am Himmel bewege, war deshalb auszuschließen. *Es mußte sich vielmehr um einen echten Reflektor handeln, dessen langsame Bewegung jedoch ungewöhnlich war.*

Von daher war es vernünftig, eine Erkundungsmission der F-16 ins Auge zu fassen. Die Maschinen befinden sich für den Eventualfall in ständiger Bereitschaft, wobei die Einsatzleitung beim CRC Glons liegt. Seitens des »Master Controller« wurden Oberst Billen und Kommandant Jacxens alarmiert. Jacxens ist ein sehr erfahrener Radarexperte, der 1991 zum Major befördert wurde. Im sogenannten »Bunker« von Glons, wohin er sich unverzüglich begeben hatte, stellte er fest, daß das Signal »von sehr guter Qualität« war. Daraufhin wurden an den internationalen Sektor und an Oberst Billen Autorisierungsgesuche gerichtet. Von dort gab man ihnen grünes Licht: »If you feel you have to go, you go, you have my approval.« Das verdächtige Echo war weiterhin da und zeigte unverändert dasselbe Verhalten. Oberst Billen gab seine Einwilligung zu einem sogenannten »A-scramble«, d. h. zu einer echten Operation – im Unterschied zu einer als »T-scramble« bezeichneten taktischen Übung.

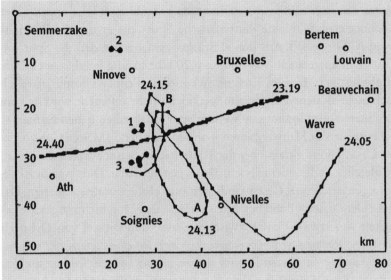

Abb. 6.2: Spuren des nicht identifizierten Echos und der F-16 nach dem Abflug

Abbildung 6.2 zeigt die den Radaraufzeichnungen von Semmerzake Punkt für Punkt entnommenen Daten. Zu erkennen ist die von dem nicht identifizierten Echo zwischen 23.19 und 0.40 Uhr hinterlassene Spur. Ihr Beginn entspricht ungefähr dem Zeitpunkt, als die Operateure der beiden Radars auf das Echo aufmerksam zu werden begannen. Das Echo hatte beim Zurücklegen der eingetragenen Bahn eine Durchschnittsgeschwindigkeit von 41 km/h. Ebenfalls verzeichnet sind die ersten Flugbewegungen der F-16. Die Maschinen traten um 0.05 Uhr in den Radarerfassungsbereich ein. Die Flughöhe pendelte sich rasch auf etwa 3 000 Meter ein. Ausgehend von den aus Glons stammenden Radaraufzeichnungen ergibt sich eine Geschwindigkeit, die zwischen 800 und

1 000 km/h schwankt. Die beiden ersten Radarkontakte erfolgten bei Punkt A, der dritte bei Punkt B. Die georteten »Objekte« befanden sich jeweils an den Punkten 1, 2 und 3.

Wenn zwei Flugzeuge in Formation fliegen, erfolgt die Radarantwort lediglich durch den Transponder der Führungsmaschine. Eingetragen ist hier indessen die Spur der zweiten F-16. Dies vermittelt einen guten Eindruck von der Qualität des Radars von Semmerzake, da diese Maschine ja ausschließlich ein Primärecho lieferte. Wir verfügen allein über die von der zweiten Maschine stammenden Radaraufzeichnungen. Die Führungsmaschine hatte zwar ebenfalls Radarkontakte, die aber wegen eines Bedienungsfehlers nicht aufgezeichnet wurden. Das ist zu bedauern, weil sonst weitere Nachprüfungen möglich gewesen wären; andererseits jedoch ist das doppelte Vorliegen von Daten funktionstüchtiger Geräte nur von relativer Bedeutung. Wichtig ist, daß wir zumindest über eine Aufzeichnung verfügen.

Die Option der Transparenz

Daß die belgische Luftwaffe sich zu dem Entschluß durchgerungen hat, diese Operation durchzuführen, den Mut aufbrachte, dafür öffentlich einzustehen und so aufgeschlossen war, eine durchgreifende Ergebnisanalyse zuzulassen, kann nicht genug gewürdigt werden. Hier geht es weniger darum, was es mit dem Phänomen wirklich auf sich hat, sondern darum, daß man »die Augen geöffnet« hat, anstatt sich an die gewohnten Vorurteile zu klammern. Den politisch motivierten Einwänden, wonach angeblich »das Geld des Steuerzahlers« verschwendet worden sei, begegne ich mit dem schlichten Hinweis, daß dafür eine vergleichsweise lächerlich geringe Summe aufgewendet wurde. In den USA stellte man genau die entgegengesetzte Frage: »Warum gelingt es den Militärs nicht, die UFOs zu identifizieren – trotz der Unsummen, die man ihnen zur Verfügung stellt?«

Am 31. März 1990 wurde ich im Laufe des Vormittags von einem Führungsoffizier der Luftwaffe über den Einsatz der F-16 und die weiteren Ereignisse informiert. Nun hieß es warten – und zwar lange; doch es war nicht ungewöhnlich, daß die belgische Luftwaffe zunächst eine Auswertung durch ihre eigenen Spitzenkräfte vornehmen ließ. Bevor der offizielle Bericht vorgelegt würde, mußte alles »wasserdicht« bleiben. Darum gebeten hatte ich übrigens nicht: Der von Major Lambrechts vom Stab der Luftwaffe verfaßte Bericht wurde, adressiert an meinen Kollegen Léon Brenig von der Université Libre de Bruxelles, der SOBEPS zugestellt.

Der vom 31. Mai 1990 datierende Bericht lieferte eine chronologische Zusammenfassung der Ereignisse und enthielt einige von den Radaroperateuren und den Piloten stammende Angaben sowie die von den Gendarmen verfaßten Berichte. Die SOBEPS erhielt die Genehmigung, mit dem (auf den Seiten 320-327 abgedruckten) Bericht an die Öffentlichkeit zu gehen – was dann über die Presse geschah. Für mich stellte sich das Problem von einer anderen Warte dar. Aufgrund eigener Nachforschungen war mir bekannt, daß die Radars durch bestimmte meteorologische Phänomene gestört werden können. Die von mir konsultierten Fachleute schienen sich der Existenz »fliegender Engel« indessen nicht bewußt zu sein. *Also mußte das, was von den Bodenradars und den Bordradars der F-16 geortet worden war, unvoreingenommen und gründlich untersucht werden.*

Einige Journalisten hatten das ihre getan, jenes Gerücht weiter zu verbreiten, bei den belgischen UFOs könne es sich um amerikanische F-117 handeln. Die technischen Informationen über diese Maschine ließen sich so besser »verkaufen«.[14] General De Brouwer mußte es natürlich mißfallen, daß man die Erklärungen und überhaupt die Kompetenz der Luftwaffe in Zweifel zog. Er willigte in ein Interview[15] ein, dem zwei Fotos von einem der »lock-on« des F-16-Radars beigefügt wurden, um zu zeigen, daß man nichts Triviales geortet hatte: »Es existiert derzeit keine vom Menschen gefertigte Maschine, sei es ein Flugzeug oder ein Flugkörper, die zu derartigen Leistungen fähig wäre.« Wie wir gleich feststellen werden, ist dies unbedingt richtig; doch selbst wenn es sich nur um eine Funktionsstörung des Bordradars gehandelt hätte, wäre dies keine triviale Angelegenheit.

Kurz darauf hatten fünf Mitglieder der SOBEPS die Gelegenheit, sich eben diese F-16-Radarsequenz (das dritte »lock-on«) anzuschauen. Hiervon konnten 25 Aufnahmen angefertigt werden (siehe die Fotos 6.3 und 6.4 im Bildteil). Die belgische Presse forderte, man möge sie nicht stief-

6. DIE RADARAUFZEICHNUNGEN

mütterlicher behandeln als die ausländischen Medien. So wurde diese Sequenz im Rahmen einer Pressekonferenz nochmals vorgeführt. Ich richtete unterdessen ein Schreiben an *Verteidigungsminister Coëme* mit der Bitte, die Radardaten der F-16 und der Bodenstationen im Zusammenhang mit einer fortgesetzten Untersuchung der übrigen Phänomene, die ich bereits festgestellt hatte, analysieren zu dürfen. Da eine Reaktion ausblieb, mußte es irgendwo in der Administration eine gewisse Reserviertheit geben. Ich entschied mich zu einem Anruf. Die Antwort des Ministers ließ nichts an Deutlichkeit zu wünschen übrig: »Ich bin für Transparenz!« Das war der entscheidende Satz, der wohl in die Geschichte eingehen wird. Für diese Geste werde ich immer eine tiefe Dankbarkeit empfinden. Danach erhielt ich eine schriftliche – persönliche – Genehmigung, und nach und nach sollten sich noch weitere Türen öffnen. Die eigentliche Arbeit konnte nun beginnen.

»Lock-on« auf die Objekte 1, 2 und 3

Das Bordradar der F-16 gestattet die Verfolgung eines *bestimmten Ziels* und eine praktisch ununterbrochene Ermittlung recht präziser Angaben. Da sich die Daten ausschließlich auf das gewählte Ziel beziehen, spricht man von einem »lock-on« (Aufschalten). Die Aufzeichnungsmöglichkeiten werde ich später im einzelnen erläutern. Abbildung 6.5 stellt die Bahnen der Objekte 1 und 2 gegenüber der zweiten F-16 dar. Der Begriff »Objekt« bedeutet lediglich, daß es sich um einen lokalisierten Reflektor handelt, der zu einer Ortsveränderung in der Lage ist. Die Abbildung wurde per Computer erstellt; die zugrundeliegenden Daten wurden von dem an der Université Catholique de Louvain ausgebildeten Ingenieur Adj.COR Gilmard mit größter Sorgfalt ermittelt. Gilmard absolviert den letzten Teil seines Wehrdienstes beim Zentrum für elektronische Kriegsführung (EWC). Ich möchte ihm an dieser Stelle herzlich für die geleistete Arbeit danken; mein Dank gilt insbesondere Major Salmon, der mir die gewünschten Informationen zukommen ließ und dem ich manchen produktiven Hinweis verdanke.

In Abbildung 6.5 ist die Position der F-16 in der entsprechenden Höhe auf der vorderen Senkrechten eingetragen. *Bezugspunkt der Darstel-*

lung ist die F-16, die mit etwa 850 km/h flog. Diese Art der Datenpräsentation impliziert keine Hypothese über den Flug der F-16. Sie bildet deshalb das informativste und sicherste Verfahren, um festzustellen, ob zwischen den Bewegungen der Objekte und der des Flugzeugs eine Korrelation besteht. Die Flugzeugachse ist mit der nach rechts weisenden x-Achse identisch. Die seitlichen Abstände werden auf der Flugzeugachse definiert. Wenn die F-16 genau geradeaus fliegt, entspricht deshalb die dargestellte Bahn der tatsächlichen Flugbahn des Objekts im Verhältnis zur F-16, ohne seitliche Deformation. Dies ist zwar nicht der Fall, wenn eine Kurve geflogen wird, doch *die Höhen sind durchweg wirklichkeitsgetreu wiedergegeben.*

Die Höhenwerte werden vom Bordcomputer unter Berücksichtigung der Angaben über die Höhe des Ziels gegenüber der Maschine und deren Höhe über dem Meeresspiegel errechnet. Dieser Wert wird anhand

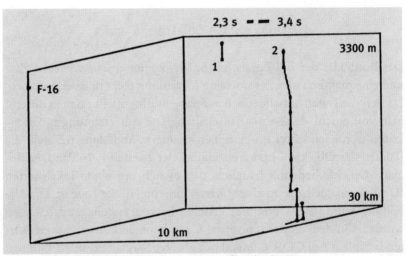

Abb. 6.5: Bahnen der Objekte 1 und 2 gegenüber der F-16

der Daten der Trägheitsplattform der Maschine und der barometrischen Meßwerte ermittelt, indem eine Gewichtung gemäß der Schnelligkeit der Aufwärts- und Abwärtsbewegungen des Flugzeugs vorgenommen wird. In unserem Fall blieb die Flughöhe praktisch konstant. Bei den Aufzeichnungen wird indessen eine Höheneinheit von 1 000 Fuß (300 Meter)

6. DIE RADARAUFZEICHNUNGEN

zugrunde gelegt. Die Bahnpunkte, die hier aufgezeichnet wurden, entsprechen nur jenen Zeitpunkten, in denen sich wenigstens einer der gemessenen Parameter geändert hat, um eine Täuschung durch eventuell zeitweilig im Speicher des Bordcomputers befindliche Daten auszuschließen. Diese Punkte wurden nachträglich einfach durch Teilstriche miteinander verbunden. Dies müßte eine gute Annäherung an die tatsächliche Bahn ergeben. Der kurze, dünne Strich ganz unten gibt die Projektion der Bahnen auf die horizontale Ebene wieder. Oben ist die jeweilige Dauer des »lock-on« sowie jene Entfernung angegeben, die von der F-16 während dieser Zeit zurückgelegt worden wäre, wenn sie sich durchweg parallel zur x-Achse bewegt hätte.

Im Verhältnis zur F-16 sind die Objekte 1 und 2 jeweils nahezu vertikal aufgestiegen (1) oder abgestiegen (2). Falls es sich um ein und dasselbe Objekt handelt, muß es sich zwischenzeitlich verschoben haben. Es hielt sich zwar ständig links von der Flugzeugachse auf, doch die Maschine drehte während des ersten »lock-on« nach links ab. Die Bahn von Objekt 2 weist keine seitliche Deformation auf, da die F-16 genau geradeaus flog. Objekt 2 ist praktisch bis auf Bodenhöhe heruntergegangen, hat sich dort mit höherer Geschwindigkeit vorwärts bewegt und gerade zum Aufstieg angesetzt, als das »lock-on« abbrach (»break lock«). *Sollte es sich um materielle Objekte gehandelt haben, so hat Objekt 2 ein Ausweichmanöver eingeleitet.*

Aus dem Mitschnitt des Funkverkehrs zwischen den Piloten und dem Radar Glons geht ebenfalls hervor, daß *die beiden F-16* um 0.13 Uhr einen »Radarkontakt« hatten. Dies muß sich unmittelbar vor dem ersten »lock-on« ereignet haben, da eine Höhe von 9 000 Fuß genannt wurde, wohingegen bei der Aufzeichnung selbst zunächst 10 000 und dann 11 000 Fuß registriert wurden. Die vom Piloten durchgegebene Geschwindigkeit des Zieles gegenüber dem Boden entspricht dem während des Aufstiegs von Objekt 1 angezeigten Wert: 970 Knoten oder 1 800 km/h. Wie die Piloten betonten, war kein ständiger Radarkontakt vorhanden (»coming in and out«).

Die hinsichtlich der zeitabhängigen Höhenänderungen von Objekt 2 registrierten Daten legen die Annahme nahe, daß *die vertikale Komponente der Objektgeschwindigkeit gegenüber dem Erdboden etwa 2 400 km/h betrug.* Hierbei reicht es aus, daß man die angezeigten Höhen und die Tatsache berücksichtigt, daß die Videoaufzeichnungen mit einer Aufnahmefrequenz von 30 Bildern pro Sekunde erfolgen. Auf den ersten Blick ergibt sich ein Problem, da die vom Bordcomputer errechnete und sofort aufgezeichnete Objektgeschwindigkeit gegenüber dem Boden für die gesamte Sequenz des »lock-on« auf Objekt 2 bei nur etwa 200 Knoten (370 km/h) liegt. Vom Konstrukteur wurde lediglich eine dreistellige Geschwindigkeitsangabe vorgesehen. Die zu messende Geschwindigkeit muß daher immer unter 1 000 Knoten bzw. 1 852 km/h liegen. Bei konventionellen Objekten wäre dies bei weitem ausreichend. Wir sehen uns daher mit einer ersten wichtigen Schlußfolgerung konfrontiert: *Objekt 2 ist mit einer extrem hohen Geschwindigkeit abgestiegen.*

Dieser Punkt ist so wichtig, daß er in Zusammenarbeit mit dem Zentrum für elektronische Kriegsführung noch genauer überprüft werden soll (Berechnungen auf der Grundlage der miteinander verknüpften Aufzeichnungswerte für verschiedene Parameter, Verbesserung der Ablesegenauigkeit nicht-digitaler Daten). Die Größenordnung der horizontalen Geschwindigkeitskomponente von Objekt 2 gegenüber dem Boden errechnet sich wie folgt: Die Bewegungsgeschwindigkeit der F-16 entlang der x-Achse betrug etwa 850 km/h. Die registrierte Anfluggeschwindigkeit lag bei etwa 520 km/h. Da der Winkel zwischen den beiden Bewegungsrichtungen 11° beträgt, lag die horizontale Geschwindigkeit des Objekts entlang der Sichtlinie bei 315 km/h (850 . cos 11° − 520). Da sich das Objekt jedoch in einem Winkel von 60° gegenüber der Sichtlinie bewegte, beträgt die horizontale Geschwindigkeit etwa 630 km/h (315/cos 60°).

Da die ungefähre Größe der vertikalen Geschwindigkeit bekannt ist (etwa 2 400 km/h), ergibt sich eine tatsächliche Geschwindigkeit gegenüber dem Boden von etwa 2 480 km/h (Satz des Pythagoras). Dies entspräche 1 340 Knoten. Der registrierte Wert lag indessen nur bei etwa 200 Knoten. Wenn man 1 000 addiert (siehe oben), erhält man zwar immer noch einen zu niedrigen Wert, doch es steht ja nicht fest, ob dies bei einem Überschreiten des vorgesehenen Arbeitsbereichs genügt. Hierzu Major Salmon: »Die F-16 wurden schließlich für die Jagd auf Flugzeuge konstruiert und nicht für die Verfolgung von UFOs.«

Das »lock-on« auf Objekt 3 erfolgte beim Punkt B der Abbildung 6.2. Die Bahn von Objekt 3 gegenüber der F-16 ist in Abbildung 6.6 darge-

6. DIE RADARAUFZEICHNUNGEN 525

stellt. Da die Maschine gerade eine Rechtskurve abgeschlossen hatte und nun geradlinig weiterflog, *ergibt sich für die Objektbahn bis kurz vor dem Ende der Aufzeichnung keine seitliche Deformation.* Zu diesem Zeitpunkt setzte die Maschine zu einer Rechtskurve an. Die Projektion der Bahn auf die horizontale Ebene zeigt eine praktisch transversal verlaufende Objektbewegung. Das Objekt hat überdies mit hoher Geschwindigkeit eine Aufwärts- und Abwärtsbewegung vollzogen. Dies legt wiederum ein *Ausweichmanöver* nahe. Die Aufzeichnungsdauer beträgt etwa 20 Sekunden. Die von der F-16 währenddessen zurückgelegte Entfernung wird durch den dickeren Strich am oberen Bildrand wiedergegeben. Aus Gründen der Übersichtlichkeit sind die drei Achsen nicht alle im gleichen Maßstab gezeichnet. Der Radarkontakt wurde von den Piloten um 0.15 Uhr bestätigt (»camera on«); die gleichzeitig durchgegebene Geschwindigkeit und Höhe des Ziels entspricht den aufgezeichneten Werten.

Aus den Aufzeichnungen ergibt sich während der Aufstiegphase (von 1 500 auf 3 300 Meter) eine Steiggeschwindigkeit von etwa 720 Knoten. Die mittlere Sinkgeschwindigkeit (3 300 Meter innerhalb von 7,6 Sekunden) beträgt etwa 1 560 km/h oder 840 Knoten. Aufgrund der schräg zum Boden verlaufenden Bahn ergibt sich eine noch höhere Geschwin-

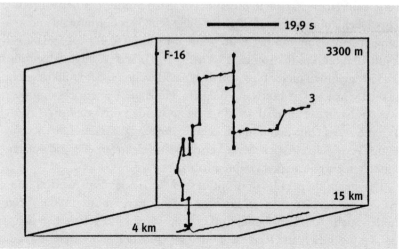

Abb. 6.6: Bahn des Objekts 3 gegenüber der F-16

digkeit, die erneut über den angezeigten Werten liegt. Indessen ist es wahrscheinlich, daß *die während der Bewegung in Bodennähe registrierte Geschwindigkeit korrekt ist.* Mit 990 Knoten oder 1830 km/h ergibt sich eine enorm hohe Geschwindigkeit für ein Objekt, das sich in geringen Höhen fortbewegt! Es herrschte bekanntlich eine *vollkommen klare Sicht.* Kurz vor dem ersten Abfangversuch fiel den Piloten ein aufblinkendes, orangefarbenes Licht auf (»one blinking orange light«); hierbei handelt es sich jedoch möglicherweise um ein Leuchtfeuer, da sich das Licht am Boden bzw. in Bodennähe befand. Dies konnte nicht abschließend geklärt werden. Man darf auch nicht vergessen, daß diese Maschinen mit hohen Geschwindigkeiten unterwegs sind, und daß Belgien aus der Luft betrachtet von Lichtern wimmelt.

Das Bordradar der F-16

Nachdem wir nun einen kurzen Blick auf das geworfen haben, was vom Bordradar geortet wurde, sollten wir uns dem eigentlichen »Meßinstrument« zuwenden. Bei der F-16 handelt es sich um ein leichtes Kampfflugzeug, das in den 70er Jahren von General Dynamics in Erwartung eines »Jahrhundertmarktes« entwickelt wurde. Damals stand die Ablösung zahlreicher Jagdmaschinen bevor. Man wollte das beste Produkt entwickeln, und es sollte möglichst billig sein. Das dürfte wohl auch gelungen sein, denn von der F-16 wurden mehr als 2800 Exemplare verkauft, und die Produktion läuft weiter.[16] Die USAF verfügt derzeit über 1855 Maschinen dieses Typs, von denen 250 während des Golfkriegs eingesetzt wurden. Die Luftwaffe Belgiens, Hollands, Dänemarks und Norwegens besitzt ebenfalls F-16. In Belgien werden die Typen F-16A und B (eine zweisitzige Schulungsmaschine) eingesetzt. In den USA wurden einige Versionen entwickelt, die verschiedene elektronische und optronische Perfektionierungen erfahren haben.

Die belgischen F-16 sind mit einem Radar des Typs Westinghouse APG-66 ausgerüstet, dessen Erstversion verbessert wurde, um die Vorteile der Such- und Verfolgungsfunktion zu vereinen. Es wäre nämlich in der Tat gefährlich, das Radar auf ein Ziel »aufzuschalten«, ohne über die eventuelle Anwesenheit weiterer Flugzeuge Klarheit gewinnen zu können. Die in der Nacht vom 30. auf den 31. März von der zweiten F-16 durchgeführten 13 »lock-on« erfolgten deshalb fast alle im *SAM-Modus* (Situation Awareness Mode). Hierbei streicht die Radarantenne einen ziemlich breiten, in Flugrichtung liegenden Sektor ab, kehrt jedoch regelmäßig in die Richtung zurück, in der sich das vom Piloten ausgewählte Ziel befindet. Die vom Bordcomputer ermittelten Werte für verschiedene Parameter werden angezeigt und mittels einer Videokamera aufgezeichnet.

Wichtig ist, daß die Funktionstüchtigkeit der Ausrüstung während des Fluges mit Hilfe eines »lock-on« auf die erste F-16 getestet wurde. Mir wurde mitgeteilt, dies sei für Objekt 8 (Abbildung 6.11) der Fall gewesen. Das »lock-on« auf Objekt 9 dauerte knapp 46 Sekunden, davon 29,5 Sekunden im *ACM-Modus* (Air Combat Mode). In diesem Fall stellt das Radar die Suche ein und »konzentriert sich« auf das ausgewählte Ziel. Es werden nicht mehr so viele, dafür aber präzisere Daten angezeigt. Dieser Modus wird kurz vor dem Abfeuern eingesetzt. Er gewährt ein *Höchstmaß an Zuverlässigkeit*, da »falsche Ziele« besser vom Rechner erkannt und eliminiert werden können.

Der Bordcomputer führt jedoch bereits im SAM-Modus einen Vergleich der Daten des gewählten Ziels mit den abgespeicherten Daten über falsche Echos durch.[17] Diese können etwa aus der Reflexion eines Sekundärstrahls (side lobe oder Nebenkeule) der Antenne am Boden entstehen. Wenn die Maschine diese Welle zum Teil reflektiert und sie im Antennenhauptstrahl geortet wird, wird dies vom Radar so interpretiert, als komme das Echo aus der Richtung der Antenne, jedoch aus größerer Entfernung, da diese anhand der bis zur Rückkehr der Radarimpulse verstreichenden Zeitspanne ermittelt wird. Man spricht hierbei von der Ortung eines »Phantoms« des eigentlichen Objekts. Vom Radar der F-16 wird nicht nur die Entfernung des Ziels ermittelt, sondern – mit Hilfe des Doppler-Effekts – auch dessen Radialgeschwindigkeit im Verhältnis zur Maschine (Puls-Doppler-Radar). Diese Kontrollmöglichkeiten werden durch die Verwendung eines Kalman-Filters noch erweitert.

Abbildung 6.7 veranschaulicht die Bildschirmanzeige des Bordradars, die mittels Videokamera abgefilmt werden kann. In Wirklichkeit erscheinen die Angaben hell auf dunklem Grund, wie auf den Fotos 6.3 und 6.4. Oben links erkennt man die Angabe AIR: Das Radar befindet sich im Modus »air to air«, wobei vom Rechner alle praktisch stationären Echos automatisch ausgesondert werden, die von Bodenobjekten oder quasi unbeweglichen Himmelsreflektoren (Wolken, Ballons etc.) stammen können. *Der Computer ermittelt die Geschwindigkeit des Ziels gegenüber dem Boden und unterdrückt jedes Echo mit einer Geschwindigkeit von weniger als 100 km/h (55 Knoten).* Die Empfindlichkeitsschwelle kann angehoben werden, um keine Echos von Autos auf den Bildschirm zu bekommen, die mit höherer Geschwindigkeit auf den Autobahnen unterwegs sind; diese Betriebsart, für die in der Anzeige ein besonderes Zeichen erscheint, wurde jedoch bei den Objekten 1 bis 13 nicht verwendet.

Die oben links erscheinende Zahl stellt den Maßstab für die am rechten Rand erfolgenden Entfernungsangaben (d) dar. Die maximale Entfernung entspricht im vorliegenden Fall 10 NM (nautischen Meilen) oder 18,52 km. Oben rechts ist die Höhe (H) des Ziels über dem Meeresspiegel in Einheiten von 1 000 Fuß (300 Meter) angezeigt. Ihre Berechnung erfolgt unter Berücksichtigung der Eigenflughöhe, der Entfer-

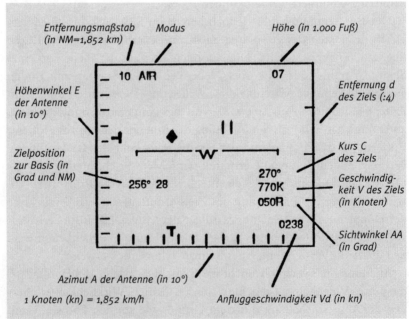

Abb. 6.7: Vom Bordradar der F-16 angezeigte Daten

6. DIE RADARAUFZEICHNUNGEN

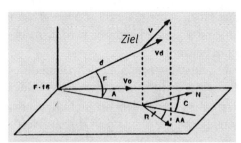

Abb. 6.8: Parameter für die Bestimmung der Zielbewegung gegenüber der F-16

nung (d) des Ziels und des Höhenwinkels (E), der auf der linken Skala angezeigt wird. Aus den von mir durchgeführten Überprüfungen ergibt sich eine gute Übereinstimmung der Werte für die Meßgrößen d, E und H bei horizontalem Flug der Maschine. Die untere Skala zeigt den Azimut (A) des Ziels gegenüber der Flugzeugachse an. Die Winkel A und E werden von Richtsensoren der Antenne zu dem Zeitpunkt ermittelt, wo die Antenne das Echo des ausgewählten Ziels empfängt.

Vor der Auswahl erscheint das Ziel als hellstes von insgesamt vier Quadraten. Die anderen drei Quadrate entsprechen den früheren Positionen des Ziels. Mehrere bewegliche Ziele können gleichzeitig dargestellt werden. Um das »lock-on« vorzunehmen, reicht es aus, das von den beiden senkrechten Balken gebildete »Gatter« um das ausgewählte Ziel zu legen. Das Zielsymbol verwandelt sich nun in eine Raute (»diamond«); siehe hierzu das Foto 6.3. In bestimmten Augenblicken wurden vom Radar außer Objekt 3 noch zwei weitere Ziele geortet; normalerweise jedoch war nur dieses eine Ziel vorhanden, wie aus Foto 6.4 hervorgeht. Das zentrale »W« repräsentiert die Trägheitsplattform, und die beiden langen Seitenlinien definieren den Horizont, der sich beim Fliegen von Kurven neigt.

Die Bildschirmanzeige umfaßt außerdem *bestimmte zielspezifische Zahlenangaben*. Links: die Position des Ziels zur Basis von Beauvechain, rechts: der magnetische Kurs (C) des Ziels, seine Geschwindigkeit (V) gegenüber dem Boden und der Winkel (AA) zwischen der Projektion des Zielgeschwindigkeitsvektors und der zwischen F-16 und Ziel bestehenden Sichtlinie auf die horizontale Ebene. Der Zahlenangabe folgt der Buchstabe R, wenn die rechte Tragfläche (Right) des Zielflugzeugs zur F-16 weist. Unten rechts wird die direkt per Doppler-Effekt ermittelte radiale Anfluggeschwindigkeit (Vd) angezeigt. Abbildung 6.8 zeigt die wichtigsten räumlich gemessenen Parameter. Die Flugzeugachse verläuft entlang der Horizontalachse, wobei *Vo* die Fluggeschwindigkeit gegenüber dem Boden angibt. Dieser Wert und auch der für die Flughöhe wird nicht angezeigt, da er dem Piloten ohnehin bekannt ist.

Der Radarschirm befindet sich ungefähr zwischen den Beinen des Piloten. Zwar kann der Pilot direkt auf den Schirm sehen, doch in der Regel wird er das in seinem nach vorn weisenden Blickfeld liegende, durch ein Linsen- und Spiegelsystem erzeugte Abbild bevorzugen (Head-Up Display). Die Bildschirmdarstellung wird über Videokamera aufgezeichnet, im amerikanischen System mit 30 Bildern pro Sekunde, während die europäischen Abspielgeräte Zählwerke haben, die 25 Bilder pro Sekunde anzeigen; überdies ist die Betrachtung von Standbildern möglich. Um die tatsächlichen Zeitintervalle zu ermitteln, sind also Umberechnungen erforderlich. Diese Notwendigkeit war anfänglich nicht bekannt, wurde aber von Major Salmon sorgfältig nachgeprüft, da die Umwandlungen für die Berechnung der Geschwindigkeiten und für verschiedentliche Überprüfungen der Stimmigkeit der Daten von Bedeutung sind.

Nachdem Adj.COR Dellaert am EWC erste Analysen des dritten »lock-on« durchgeführt hatte, traten bei den aufgezeichneten Winkelangaben einige scheinbare Unstimmigkeiten zu Tage. Ich konnte den zugrunde liegenden Algorithmus nachprüfen und fand heraus, daß die variierenden Werte (AA) vom Rechner einfach »geglättet« wurden. Die praktisch diskontinuierlichen (da in Intervallen von 1/30 Sekunde aufgezeichneten) Veränderungen bestimmter Parameter wie etwa der Geschwindigkeit sind zu relativieren, da auf der Grundlage der Datenblöcke »Aktualisierungen« erfolgt sind. Dennoch liegen in vielen Fällen abweichende Werte vor, die von einem Flugzeug unmöglich hätten bewirkt werden können.

Ergänzende Auskünfte erhielt ich von Oberstleutnant Schweicher, Professor für Radartechnik[18] an der École Royale Militaire und der flämischen Sektion der Freien Universität Brüssel, sowie von Major Baret, einem Radarfachmann, der beim Luftwaffenstab als Ingenieur tätig ist. Die Informationen beziehen sich auf bestimmte Aspekte der Funktionsweise des F-16-Bordradars im Zusammenhang mit möglichen Fehlerquellen. Auch diesen beiden Personen möchte ich nochmals herzlich danken. Beide schienen mir sehr von der Zuverlässigkeit dieses Radars überzeugt zu sein.

Die unzweideutige Spur eines UFOs

Abbildung 6.9 zeigt die Bahn der zweiten F-16 vor, während und nach der zweiten »lock-on«-Serie. Kurz nach 0.18 Uhr flog die Maschine eine sehr enge Schleife; danach nahm sie Kurs auf Brüssel, später auf Soignies. Die Punkte 4 bis 11 zeigen die Positionen des zweiten Abfangjägers während des jeweiligen (numerierten) »lock-on«. Diese Daten beruhen auf einer neuen Vermessung von Ing. Gilmard. Die Objekte 4 bis 7 wurden bei Brüssel geortet, jedoch westlich der Linie Bertem-Wavre. Die Vornahme des »lock-on« wurde jeweils über Funk bestätigt. Um 0.29 Uhr meldeten die Piloten »guten Kontakt« mit einem schnellen Objekt (»he's moving very fast«). Die Kontakte brachen gegen 0.31 Uhr

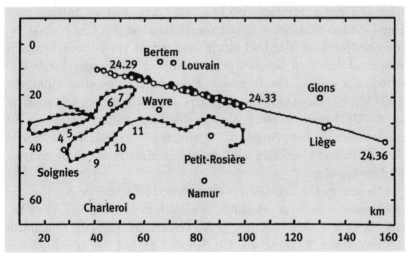

Abb. 6.9: Die obere Linie zeigt die Flugbahn eines UFOs, das von zwei Bodenradars geortet wurde, die untere zeigt die Flugbahn der zweiten F-16. Auf den mit den Ziffern 4 bis 11 bezeichneten Positionen wurden Objekte angezeigt.

ab. Die Bewegungen der Objekte 4 bis 7 werden wir später analysieren, denn gleichzeitig waren noch andere außergewöhnliche Ereignisse eingetreten.

Zwischen 0.29 Uhr 53 Sekunden und 0.32 Uhr 55 Sekunden erschien auf dem Radar von Glons die Spur eines Objekts, das sich in gerader

Linie auf der Achse Brüssel-Lüttich bewegte. Die zugehörigen Echos sind die großen schwarzen Punkte in Abbildung 6.9. Die jeweils vom Rechner ermittelten Geschwindigkeiten liegen zwischen 820 und 1200 Kilometer. Dies ist ungewöhnlich, da sich das UFO in relativ geringer Höhe aufhielt. Es war vom Radar Glons geortet worden, verblieb aber im Bereich des unteren Radarstrahls. Eine Höhenbestimmung setzt voraus, daß das Objekt von zwei sich überschneidenden Strahlenbündeln geortet wird; dies war hier nicht der Fall. Die Höhe ist dennoch bekannt, da das Objekt vom Radar Semmerzake ebenfalls geortet wurde – und zwar sogar 72 Sekunden eher und über einen längeren Zeitraum.

Diese Echos sind durch Kreise wiedergegeben, die sich mit den großen schwarzen Punkten teilweise überschneiden. Die anhand der Werte der Extrempunkte errechnete Durchschnittsgeschwindigkeit beträgt 825 km/h (Semmerzake) bzw. 900 km/h (Glons). Anfangs hatte eine niedrigere Geschwindigkeit vorgelegen. Die von Semmerzake ermittelte Flughöhe stieg bis Lüttich von 900 auf 2 000 Meter. Das ganz außen auf derselben Geraden gelegene und mit den angegebenen Geschwindigkeiten übereinstimmende Echo stammte aus einer Höhe von 4 000 Meter. Man darf davon ausgehen, daß der Radarkontakt abbrach, als das UFO rasch an Höhe gewann. Die Bodenradars liefern nur alle zwölf Sekunden neue Angaben. Die von den F-16 georteten »Objekte« wechselten ihre Positionen mit unvermittelt einsetzenden Auf- und Abwärtsbewegungen.

Möglicherweise existieren noch weitere UFO-Spuren, die von den Bodenradars geortet wurden. Ich habe mich nicht näher mit ihnen befaßt, da sie mir nicht eindeutig genug erscheinen. Allein die Durchsicht der unzähligen Auszüge aus den Aufzeichnungen der verschiedenen Bodenradars nahm enorm viel Zeit in Anspruch. Beim Radar von Glons handelte es sich um Listings. Die Listings vom 30./31. März hatte ich Ende Sommer 1990 in Händen, später noch viele andere. An dieser Stelle möchte ich Oberst Billen ganz herzlich für den Empfang bei der Radarstation Glons und in der Kaserne von Tongres danken; mein Dank gilt außerdem Major Jacxens und dem technischen Personal für die zahlreichen Listings (für den Zeitraum November 1990 bis Mai 1991). In einigen Fällen hatte ich zeitgleiche Daten dreier Radars: Glons, Semmerzake und Bertem – so etwa für das UFO, dessen langgezogene

6. DIE RADARAUFZEICHNUNGEN

Spur in Abbildung 6.9 erscheint. Absolut sicher ist unterdessen, daß *dieses UFO vom Radar Bertem nicht entdeckt wurde.*
Dies ist ein außergewöhnlicher und sehr signifikanter Tatbestand, da das UFO den Erfassungsbereich der Radaranlage durchquert hat. Ein Flugzeug wäre dem Radar nicht entgangen. Da das Objekt näher an Bertem als an den anderen Radarstationen vorbeiflog, hätten die reflektierten Radarwellen besonders intensiv sein müssen. Aufgrund der Geschwindigkeit und des Bahnverlaufs können meteorologische Phänomene, Vögel, Ballons und andere Phantasievorstellungen mit Sicherheit ausgeschlossen werden. Die Hypothese einer F-117 fällt aus anderen Gründen unter den Tisch. Nachdem er sich erkundigt hatte, konnte mir Herr De Greef bestätigen, daß Bertem über keine Filter verfügt, um Objekte auszuschließen, deren Geschwindigkeit als zu hoch angesehen wird. Dies alles untermauert den Gedanken, daß *die UFOs der belgischen Welle nur dann vom Radar geortet werden konnten, wenn sie in einem bestimmten Winkel zu ihm standen.*

Die Objekte 4 bis 7

In Abbildung 6.10 sind die Bahnen der Objekte 4 bis 6 gegenüber der zweiten F-16 dargestellt. Zwei der Objekte hielten sich links und eines rechts der Flugzeugachse auf. Die Dauer der »lock-on« sowie die begradigten, von der F-16 während und zwischen den »lock-on« zurückgelegten Strecken sind am oberen Bildrand angegeben. Während der Abwärtsbewegung von Objekt 4 flog die Maschine geradlinig weiter. Die angezeigte Zielgeschwindigkeit beträgt etwa 1 450 km/h. Die Berechnung der mittleren Sinkgeschwindigkeit ergibt in diesem Fall einen relativ bescheidenen Wert: 570 km/h. Die Anfluggeschwindigkeit lag anfangs bei 370 km/h und ging allmählich bis auf 25 km/h zurück. Die angezeigte Geschwindigkeit (unter 1 000 Knoten) ist in diesem Fall also realistisch. Die restliche Bahn weist an der Seite eine Deformation auf, da die F-16 nach links abdrehte.
Während des »lock-on« auf Objekt 5 befand sich die Maschine noch in der Linkskurve. Seine mittlere Aufstiegsgeschwindigkeit liegt bei 860 km/h, wobei die angezeigte Geschwindigkeit allmählich von 760

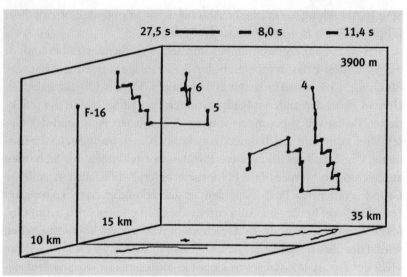

Abb. 6.10: Bahnen der Objekte 4 bis 6 gegenüber der F-16

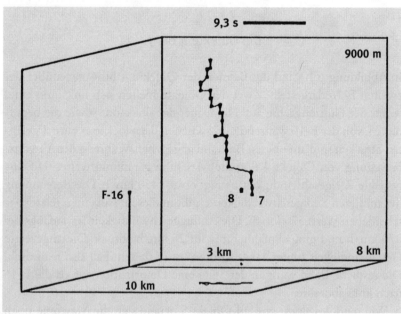

Abb. 6.11: Bahnen der Objekte 7 und 8 gegenüber der F-16

auf 1150 km/h anstieg. Die Geschwindigkeit von Objekt 6 – das eine leichte Abwärtsbewegung machte, der eine Aufwärtsbewegung folgte – ging von 740 auf 670 km/h zurück. Die F-16 drehte zu diesem Zeitpunkt bereits nach rechts ab. Die Objekte 4 und 5 näherten sich der Maschine, während Objekt 6 eine praktisch konstante relative Position wahrte.

Abbildung 6.11 zeigt die besonders bemerkenswerte Bahn von Objekt 7, das in einer Entfernung von etwa 9 Kilometer zur F-16 verblieb und sich ziemlich weit rechts von der Flugzeugachse aufhielt, jedoch in 9 Sekunden von 3600 auf 9000 Meter aufstieg. *Die Durchschnittsgeschwindigkeit dieser nahezu senkrechten Aufwärtsbewegung beträgt demnach 2160 km/h.* Die angezeigte Geschwindigkeit schwankt zwischen 970 und 800 Knoten. Wenn man 1000 Knoten addiert (und eine exakte Messung voraussetzt), ergibt sich eine (vertikale und horizontale) Gesamtgeschwindigkeit von über 3300 km/h. Die angezeigte Radialgeschwindigkeit stieg von 0 auf 575 Knoten – diesmal jedoch im Sinne einer *Abwendung des Objekts*. Wenn man hierzu 1000 Knoten addiert, ergibt sich eine Radialgeschwindigkeit von 1850 bis 2920 km/h. Der Azimut lag bei gut 50° und der Sichtwinkel bei etwa 30°.

Die Objekte 9 bis 13

Abbildung 6.12 zeigt die Flugbahn der zweiten Maschine gegen Ende des Einsatzes, Abbildung 6.13 die Positionen der Objekte 9 bis 12 im Verhältnis zur zweiten F-16. Der Pilot dieser Maschine hatte dem militärischen Untersucher mitgeteilt, daß er während des Fluges ein »lock-on« auf seinen Vordermann vorgenommen habe, um sein Radar zu testen. Dieser dürfte dem Objekt 8 entsprechen. Die Objekte 9 und 10 bleiben jedoch in bezug zur zweiten Maschine ebenfalls in nahezu konstanter Position, obwohl diese »lock-on« sehr lange dauerten und teilweise sogar im ACM-Modus erfolgten (mehr als 29 Sekunden für Objekt 9). Diese Spur kann also auch der ersten Maschine zugeschrieben werden. Dies ist jedoch nicht sicher, da beide Piloten mehrmals zur gleichen Zeit (zwischen 0.22 und 0.32 Uhr) von Radarkontakten sprechen – wobei jedoch im SAM-Modus mehrere Echos wahrgenommen werden können. Die Objekte 9 und 10 werden hier also außer acht gelassen.

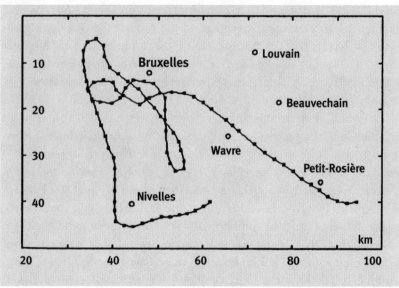

Abb. 6.12: Bahn der zweiten F-16 gegen Ende des Aufklärungsfluges

Um 0.39 Uhr meldet einer der Piloten einen erneuten Radarkontakt in bestimmter Entfernung und Richtung. Der andere Pilot bestätigt sofort: »got the same ... camera on«. Um 0.42 Uhr zeigt der erste Pilot ein »blinkendes Licht, geradeaus« an. Vom Bodenradar in Glons kommt sofort die Antwort, es könne sich um das Zivilflugzeug handeln, das sich in diesem Augenblick gerade dort befindet. Um 0.43 Uhr erscheint ein Echo, dessen Geschwindigkeit rasch zunimmt. Drei Minuten später wird ein erneuter Kontakt bei laufender Kamera gemeldet. Ich konnte direkt wie indirekt von dem Piloten der zweiten Maschine erfahren, daß er während späterer Flüge immer wieder auf ähnliche Phänomene geachtet habe, um die Möglichkeit zu überprüfen, ob diese Echos einen meteorologischen Ursprung haben könnten oder durch Bodenreflexionen verursacht wurden. Er fand (die zu vermutenden) Störungen indessen nur in Bodennähe und in weit größeren Höhen (durch ionosphärische Reflexionen). Die erstaunlichen Spuren bleiben also geheimnisvoll.

Für das sich rasch nach unten bewegende Objekt 11 (Abbildung 6.13) gibt die Radaraufzeichnung eine Geschwindigkeit von etwa 1100 km/h an. Die zeitliche Veränderung der Höhe läßt jedoch auf mindestens

6. DIE RADARAUFZEICHNUNGEN

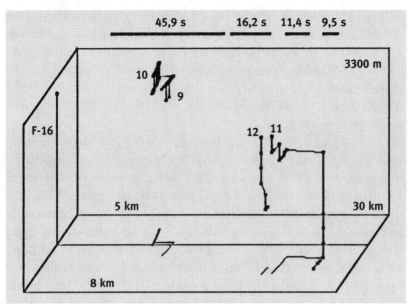

Abb. 6.13: Bahnen der Objekte 9 bis 12 gegenüber der F-16

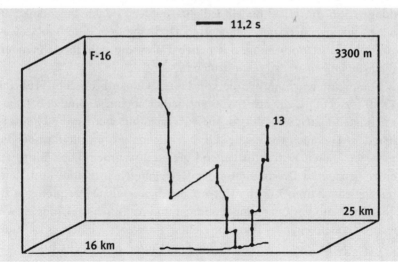

Abb. 6.14: Bahn des Objekts 13 gegenüber der F-16

3 200 km/h schließen, falls die aufgezeichneten Echos tatsächlich einem »Objekt« entsprechen. Objekt 12 sinkt mit einer Geschwindigkeit von »nur« 1 300 km/h. Objekt 13 beschreibt eine eigenartige Flugbahn (Abbildung 6.14): Verfolgt wurde anscheinend die Spur des Spiegelbildes des aufsteigenden Objekts, nachdem es den Boden erreicht hatte. Auf- und Abstieg dürften mit Geschwindigkeiten von 2 700 bzw. 2 100 km/h vonstatten gegangen sein.

Die Sachlage zeigt, wie schwierig es ist, selbst mit Meßergebnissen umzugehen, da auch Maschinen nicht leicht begreifliche Eigenschaften haben können. Diese instrumentell gewonnenen Daten sind gewiß außergewöhnlich – auch für das erfahrene Luftwaffenpersonal. Wie sind sie zu interpretieren? Das Hauptproblem ergibt sich aus der Notwendigkeit, zunächst einmal herauszufinden, welche der vorhandenen Daten tatsächlich aufgezeichnet wurden und welche der Kalman-Filter des Bordcomputer innerhalb kurzer Zeitintervalle hinzugefügt hatte. Sicher ist auf jeden Fall, daß während der »lock-on« immer wieder neue Daten hinzukamen. Ich habe mich, um möglichst wenige Hypothesen aufzustellen, bei der Rekonstruktion der hypothetischen Flugbahnen in den Abbildungen 5, 6, 10, 11, 13 und 14 lediglich auf jene Punkte beschränkt, an denen sich die Meßdaten veränderten. Dies ergibt ein erstes grobes Gesamtbild; es ist notwendig, mit neuen Daten die sich abzeichnenden Flugbahnen genauer zu rekonstruieren.

Diese Untersuchung wurde von Herrn Gilmard (bis zum Frühjahr 1992) fortgeführt. Zunächst wurden hierbei nochmals sämtliche aufgezeichneten Daten sorgfältig abgelesen. Daraufhin wurden die Flugbahnen der Maschinen wie die der UFOs räumlich rekonstruiert, wobei die aufgezeichneten Daten fortlaufend gemittelt wurden. Dies führte zu einer genaueren Beschreibung der Bewegungen in Raum und Zeit, reichte jedoch immer noch nicht aus, um die Resultate interpretieren zu können. Wenn wir unvoreingenommen und realistisch sind, müssen wir zwei Möglichkeiten in Betracht ziehen. Entweder handelt es sich um *meteorologische Effekte*, die sämtliche eingebauten Sicherheitsvorkehrungen des Radars und des Bordcomputers sowie beide Piloten »überlistet« hätten, oder aber um *materielle Objekte*, deren Verhalten dann wirklich sehr außergewöhnlich wäre und keiner irdischen Technologie entspräche.

Selbst wenn die erste Hypothese bewiesen wäre (was nicht der Fall ist), *würde dies absolut nichts an dem Gesamtproblem verändern, weil es aus den zahlreichen UFO-Beobachtungen durch Augenzeugen erwächst.* Ehe wir zu einer (weiterhin) vorläufigen Schlußfolgerung kommen, müssen wir die anderen, mit dem Einsatz der F-16 verknüpften Geschehnisse untersuchen. Wir wollen dabei unsere volle Entscheidungsfreiheit bewahren, voreilige Schlußfolgerungen vermeiden und uns vor ungerechtfertigten Verallgemeinerungen hüten.

Zwei Arten von meteorologischen Phänomenen

Dank der in Zaventem aufgenommenen Videofilme war mir bekannt, daß es in der Nacht vom 30. auf den 31. März 1990 »fliegende Engel« gegeben hatte. Ich hatte feststellen müssen, daß den Radaroperateuren dieses Phänomen anscheinend neu war, und machte die Militärs nachdrücklich auf die Notwendigkeit aufmerksam, dieser Frage nachzugehen und eine Antwort zu finden, um mögliche Verwechslungen künftig zu vermeiden. Daß derartige Verwechslungen stattfinden können, ist inzwischen erwiesen: *Das nicht identifizierte Echo, das sich am Abend des 30. März 1990 auf den Bildschirmen zweier Militärradars derart stetig fortgepflanzt hatte, ist meteorologischen Ursprungs.* Dies ist allerdings ein glücklicher Zufall, denn sonst wäre der Einsatz der F-16 wahrscheinlich nicht erfolgt.

Bei der Untersuchung der Radardaten von Semmerzake stellte ich fest, daß die in Abbildung 6.2 dargestellte rätselhafte Spur Teil einer Gruppe gleichartiger Spuren ist. Sie ist lediglich ein Teil der oberen Spur in Abbildung 6.15. Diese zeigt die vom Radar Semmerzake georteten Primärechos, die ohne Kalman-Filter so aufgezeichnet werden, wie sie hereinkommen. Die Daten für die Zeit zwischen 20.30 und 4.40 Uhr wurden von mir untersucht. In der nachstehenden Abbildung sind die Geschwindigkeiten und mittleren Höhen angegeben, in denen die Ortsveränderungen erfolgten. Die Geschwindigkeiten liegen durchweg bei etwa 45 km/h, die Höhen jedoch sind uneinheitlich. Mit Ausnahme der oberen Spur sind die Höhen jeweils konstant (die Schwankungen beruhen auf meßtechnischen Ungenauigkeiten). Die Echoquelle der oberen Spur verringerte ihre Höhe um etwa 1000 Meter. *Diese Echos folgten der*

Windrichtung. Das war bei den zuerst entdeckten »fliegenden Engeln« nicht der Fall. Ich führte demnach die Unterscheidung zwischen »Engeln 1. Art« und »Engeln 2. Art« ein, respektive für die zuerst gefundenen und die neuen, die sich in Windrichtung bewegen.

Von Professor Quinet, Direktor des Département de Météorologie des I.R.M., und Herrn de Ridder, Leiter des Wetterdienstes beim Luftfahrtamt, erhielt ich sehr detaillierte Angaben über die Nacht vom 30. auf den 31. März 1990, einschließlich Wettersatellitenbilder. Hierfür nochmals herzlichen Dank. Die damalige Wetterlage gestaltete sich wie folgt: »Ein vom Norden Irlands bis zur Schweiz reichendes Gebiet stand unter Hochdruckeinfluß. Der Himmel über Belgien war die gesamte Nacht über wolkenlos. Wind in Bodennähe: schwach (aus nordöstlichen Richtungen) bis windstill.« Das Hochdruckzentrum (1 037 hPa) befand sich über dem Meer, nordnordwestlich von Belgien. Es wanderte Richtung Osten, und für den 31. März wurde ein »schwacher bis mäßiger, von NO nach SO drehender Wind« vorhergesagt. Der gekrümmte Verlauf der Spuren (Abbildung 6.15) stimmt also mit der allgemeinen Bewegung der Luftmassen überein. Dies wird durch die Messungen bestätigt, die mit Hilfe eines Wetterballons um Mitternacht in Uccle angestellt wurden. Die Messungen ergaben eine Windgeschwindigkeit von 43 bis 47 km/h zwischen 2 700 und 8 200 Meter Höhe und eine zwischen 79°

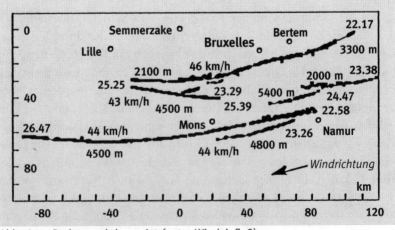

Abb. 6.15: Radarengel der 2. Art (unter Windeinfluß)

und 90° schwankende Windrichtung zwischen 200 und 7000 Meter Höhe.

Die Infrarotaufnahmen der Wettersatelliten zeigten einen klaren Himmel mit »lokaler, praktisch nicht vorhandener Bewölkung« in Form einiger Cirruswolken (in etwa 8000 Meter Höhe), die vorübergehend an verschiedenen Orten festgestellt wurden. *In jenen Höhenlagen, wo sich die Engel 2. Art aufgehalten hatten, war die Luft demnach transparent.* Dennoch handelte es sich um reale, vom Wind vorangetriebene Reflektoren. Dies wird durch die Tatsache untermauert, daß Glons ein Echo geortet hatte, das sich entsprechend der oberen Spur von Abbildung 6.15 stetig fortbewegte. Selbst von Bertem wurden manchmal Primärechos geortet, die sich gemäß den Spuren der *Engel 2. Art* in Abbildung 6.15 fortbewegten. Diese Echos sind in Abbildung 6.16 in Form der überlagerten Kreise dargestellt. Bei den fast lotrecht hierzu verlaufenden Spuren handelt es sich um die zuvor festgestellten *Engel 1. Art*.

Eine Gruppe von Engeln 1. Art bewegte sich langsam von Südosten nach Norden; in der Nähe der belgisch-französischen Grenze jedoch orientierte sich eine der Spuren nach Südwesten. Dies entspricht der bereits getroffenen Feststellung, daß die Reihungen lokal parallel zueinander verlaufen können, jedoch nicht überall dieselbe Ausrichtung haben. Ihre Geschwindigkeiten betragen in diesem Fall etwa 50 bis 80 km/h; diese Werte sind relativ variabel und liegen über der Windgeschwindigkeit. Die Höhe konnte vom Radar Bertem nicht bestimmt werden.

Im Herbst 1990 hatte ich Gelegenheit zu einer Besichtigung der Radarstation von Saint-Hubert; sie ist »baugleich« mit der Radaranlage von Bertem. Ich möchte Herrn Marischal und seinem Team für einige sehr nützliche Informationen danken. So erfuhr ich vor allem, daß von diesem Radar ebenfalls Engel 1. Art geortet werden. Dies zwingt zu der Annahme, daß *die fächerförmigen Abtaststrahlen der beiden Radars das Auftreten von Engeln 1. Art begünstigen.* Wie in Abbildung 6.16 dargestellt, verfügt Semmerzake über keine Echos, die entlang den Spuren der Engel 1. Art verlaufen. Die Schwärzungen entstehen durch eine Überlagerung mehrerer Kreise. In der reichhaltigen, dem Phänomen der »Radarengel« gewidmeten Literatur konnte ich keine Beispiele für Echos finden, deren Bewegungen über einen derart langen Zeitraum, wie ich ihn beobachten konnte, stattgefunden hatten. Auch gab es keine Indizien für das

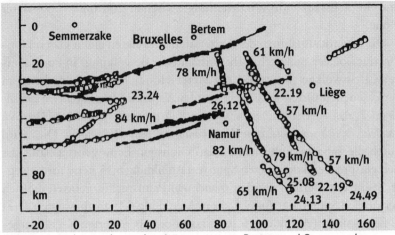

Abb. 6.16: Radarengel 1. und 2. Art, geortet von Bertem und Semmerzake

gleichzeitige Auftreten zweier Arten von »Engeln« meteorologischen Ursprungs.

Der Einfluß der relativen Luftfeuchtigkeit

Während des Zweiten Weltkriegs kam es gelegentlich vor, daß von der englischen Küste aus die Ereignisse jenseits des Horizonts (bis in 170 Kilometer Entfernung) geortet wurden – vor allem bei schönem Wetter ohne Wind und Wolken. Diese Beobachtungen waren Gegenstand einer 1946 veröffentlichten theoretischen Erklärung.[19] Es handelt sich dabei um einen Effekt der atmosphärischen Feuchtigkeit, nicht in Form von Tröpfchen (Dunst, Nebel, Wolken), sondern um eine Dispersion von Wassermolekülen in der Luft. *Es genügt eine Schichtbildung, die so stabil ist, daß die Luftfeuchtigkeit jenseits eines bestimmten Niveaus stark abnimmt.* Dies geschieht unter meteorologischen Bedingungen, die das Entstehen einer ausgeprägten Temperaturumkehr begünstigen.

Nach Auskunft des militärischen Wetterdienstes (Bericht von Major Lambrechts) herrschte in der Nacht vom 30. auf den 31. März 1990 eine »leichte« Temperaturumkehr in Bodennähe sowie in etwa 3000 Fuß (900 Meter) Höhe. Die Ergebnisse der um Mitternacht vom I.R.M.

6. DIE RADARAUFZEICHNUNGEN 543

durchgeführten Messungen gehen aus Abbildung 6.17 hervor. Die einzelnen Daten (für 111 Meßpunkte zwischen 0 und 29 000 Meter Höhe) erhielt ich von Professor Quinet. Wie man sieht, gab es in Bodennähe und in etwa 1 000 Meter Höhe in der Tat eine Temperaturumkehr. Aus der mittleren Kurve geht außerdem hervor, daß die Temperaturumkehr mit einem starken Rückgang der Luftfeuchtigkeit verknüpft war, auf den ein erneuter Anstieg folgte. Die rechte Kurve zeigt, daß die Windgeschwindigkeit in den verschiedenen Höhen unterhalb von 50 km/h blieb.

Aufgrund des tagsüber herrschenden schönen Wetters war der Boden von der Sonne aufgeheizt worden. Dies führte zur Bildung von *Konvektionsströmen*. Die feuchtwarme Luft war aufgestiegen, und bis in einer gewissen Höhe erfolgte eine Verwirbelung der Luftschichten. Dies bezieht sich auf jenen Teil der Troposphäre, den man als *Grenzschicht* bezeichnet. Dort vollzog sich eine Homogenisierung der Temperatur und relativen Luftfeuchtigkeit. Nach Sonnenuntergang kühlte sich der Boden durch Abgabe von Infrarotstrahlung ab – ein Vorgang, der durch das Fehlen von Wolken, die diese Strahlung hätten reflektieren können, noch verstärkt wurde. Dies erklärt die Temperaturumkehr in Bodennähe. In 1 000 Meter Höhe ergab sich eine zweite Inversion, da sich dort der obere Rand der Grenzschicht befand.

Der oberhalb der Grenzschicht gelegene Teil der Troposphäre (die »freie Atmosphäre«) wird von den täglichen Schwankungen der Bodentemperatur kaum beeinflußt. Der obere Rand der Grenzschicht liegt unter Hochdruckbedingungen in der Regel tiefer, da trockene Luft absinkt und sich über der feuchteren Luft der Grenzschicht ausbreitet. Dies ist die sogenannte *Absinkinversion*, die – wie im vorliegenden Fall auch – häufig in etwa 1 000 Meter Höhe auftritt. Wolken und Tiefdruckbedingungen führen zu einer höher gelegenen Grenz-

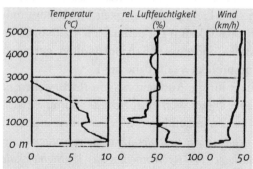

Abb. 6.17: Meteorologische Daten für die Nacht vom 30./31. März 1990

schicht. Die meteorologischen Eigenschaften der Grenzschicht werden seit kurzem näher untersucht.[20] Die Grenzschicht verändert sich nachts nur allmählich und bildet die »Residualgrenzschicht«.

Die Existenz einer Temperaturumkehr und vor allem einer starken Abnahme der Luftfeuchtigkeit am oberen Rand der Grenzschicht kann zu *Phänomenen der »anomalen Ausbreitung« von Radarwellen* führen. Dies rührt von der Tatsache her, daß die Ausbreitungsgeschwindigkeit elektromagnetischer Wellen von der Wirkung abhängt, die das oszillierende elektrische Feld auf das Ausbreitungsmedium ausübt. Radarwellen wirken auf zwei verschiedene Arten: Sie polarisieren neutrale Moleküle (durch Elektronenverschiebung), und sie führen zu einer Rotation der Wassermoleküle (da sie einen positiv und einen negativ geladenen Teil haben). Dieser Vorgang wird durch die aufgezwungene Frequenz getaktet. Bei sichtbarem Licht ist diese Frequenz so hoch, daß die Wassermoleküle dem nicht mehr folgen können. Hieraus ergibt sich, daß *Radarwellen durch eine hohe Luftfeuchtigkeit stark beeinträchtigt werden, sichtbares Licht indessen nicht.*

Bei Mikrowellenherden macht man sich die rasche Rotation der Wassermoleküle zunutze. Die Rotationen können also zu einer Absorption von Radarwellen führen (Vernichtung von Photonen), doch die atmosphärische Luft ist für Radarwellen ziemlich durchlässig, was die Verwendung von Radioteleskopen in der Astronomie erklärt. Die Ausbreitungsgeschwindigkeit der Mikrowellen verringert sich jedoch (da die Photonen ständig absorbiert und reemittiert werden). Die Ausbreitungsgeschwindigkeit elektromagnetischer Wellen wird üblicherweise mit der Formel $v = c/n$ ausgedrückt, wobei c die Lichtgeschwindigkeit im Vakuum und *n* der Brechungsindex ist. Für das Vakuum gilt demnach $n = 1$. Normales Glas hat einen Brechungsindex von etwa 1,5. Aufgrund der geringen Dichte der atmosphärischen Luft liegt *n* sehr nahe bei 1.

Die Abweichung $(n-1)$ liegt für die Ausbreitung von Radarwellen in der Luft lediglich bei etwa 10^{-6}. Dieser Wert entspricht der Summe zweier Terme, die sich aus den beiden angeführten Mechanismen ergeben; jedoch *ist der mittlere Polarisierungseffekt neutraler Moleküle proportional zur Anzahl der Moleküle, wie auch der der Reorientierung der Wassermoleküle proportional zu ihrer Zahl ist.* Hieraus ergibt sich eine Abweichung $n-1=a(P/T)+b(e/T^2)$, wobei *a* und *b* zwei Konstanten sind, während

P der Luftdruck, *T* die absolute Temperatur und *e* der Partialdruck des Wasserdampfs ist. Die Effekte der einfachen Polarisierung der Wassermoleküle können gegenüber dem ersten Term vernachlässigt werden. Für sichtbares Licht ist allein der erste Term von Bedeutung, während bei Radarwellen der zweite Term den Ausschlag gibt. *Die »anomale Ausbreitung« von Radarwellen entspricht einer allmählichen Ablenkung der Strahlen, da die Luftfeuchtigkeit einer allmählichen Veränderung unterliegt.*

Dies wurde offenbar auch in der ersten gründlichen Studie[21] zum Thema »Radarengel« erwähnt, die Ende der 50er Jahre von einem Wissenschaftler der USAF durchgeführt worden war. Im Jahr 1964 wurde von einem weiteren Wissenschaftler dieses Forschungszentrums der damalige Forschungsstand in einem Artikel[22] zusammengefaßt. In einem 1962 erschienenen grundlegenden Buch über Radarsysteme[23] wird den »Engeln« nur ein kurzer Absatz gewidmet, dies im Gegensatz zum Condon-Bericht[10], wo dieses Phänomen in Verbindung mit der UFO-Problematik sehr ausführlich behandelt wird. Effekte, wie wir sie feststellen konnten, wurden indessen nicht erwähnt.

Anfang der 60er Jahre gab es Kontroversen, weil einige Autoren Radarengel ausschließlich auf die Anwesenheit von Vögeln und Insekten zurückführen wollten. Die Untersuchungen wurden fortgesetzt.[24] In der Nähe des Radars Bertem konnte ich öfter Spuren feststellen, die sich auf diese Weise erklären lassen; sie treten jedoch nur in einer Entfernung von bis zu etwa 10 Kilometer auf. Die Engel 1. und 2. Art verlangen eine anderweitige Erklärung. *Es müßte eine Rückstreuung der Radarwellen in klarer Luft vorliegen, verknüpft mit einer Veränderung der Luftfeuchtigkeit.*

Die Engel 1. Art sind das Ergebnis von Luftspiegelungen

Wie ich gleich darlegen werde, erscheint mir diese Erklärung als die wahrscheinlichste. Jeder hat bereits Luftspiegelungen beobachten können, und ihr Entstehungsmechanismus ist leicht begreifbar. Wenn man im Sommer eine von der Sonne aufgeheizte Straße befährt, erscheint sie in der Ferne wie aufgeweicht oder benäßt. Dies resultiert schlichtweg aus der Tatsache, daß *die Luft um so wärmer ist, je näher sich die Luftschichten am Boden befinden.* Der Temperaturanstieg führt zu einer Abnahme der Dichte und einer Zunahme der Lichtgeschwindigkeit (n−1 ist proportional zu P/T, wobei der atmosphärische Druck P praktisch konstant ist). Die Teile der bodennächsten Wellenfronten bewegen sich mit einer höheren Geschwindigkeit, und *die Lichtstrahlen erfahren eine Krümmung nach oben.*

Die von oben kommenden Lichtstrahlen steigen bis in Augenhöhe wieder auf (siehe den linken Teil der Abbildung 6.18). All dies vollzieht

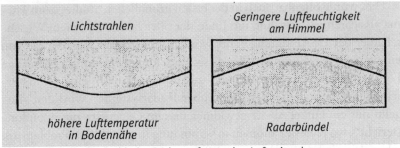

Abb. 6.18: *Optische und beim Radar auftretende »Luftspiegelungen«*

sich so, als würden die Lichtstrahlen von der Straße reflektiert, wie dies bei sehr schräg auf eine Wasseroberfläche treffenden Strahlen der Fall ist. Das bekannte Phänomen der Fata Morgana läßt sich auf die gleiche Weise erklären. Im rechten Teil von Abbildung 6.18 ist der entsprechende Vorgang für die Radarwellen dargestellt. Es genügt, daß die Luftfeuchtigkeit jenseits eines bestimmten Niveaus stark abnimmt. Der grundlegende Vorgang ereignet sich häufig bei Bestehen einer Temperaturumkehr; Haupteinflußfaktor ist jedoch die Luftfeuchtigkeit (n−1 ist proportional zu e/T^2).

Wir gehen durchweg davon aus, daß die unsere Augen erreichenden Lichtstrahlen sich geradlinig fortpflanzen, da unser Wahrnehmungsapparat eine solche Unterscheidungsmöglichkeit nicht zuläßt. Die von einem Spiegel reflektierten Strahlen scheinen von einem hinter dem Spiegel gelegenen »virtuellen Bild« zu stammen. Ein Radarstrahl kann nach unten abgeleitet werden, den Boden berühren und auf demselben Weg wieder zurückkommen. Dies führt zu dem Eindruck, als befinde sich die Echoquelle am Himmel, doch in Wirklichkeit wird vom Radar eine Luftspiegelung geortet. Es läßt sich nachweisen[25], daß die Strahlen nach unten abgelenkt werden, wenn die lokale Luftfeuchtigkeit einen bestimmten

6. DIE RADARAUFZEICHNUNGEN

Wert überschreitet (dn/dz $> 157 \cdot 10^{-6}$). Hierbei ist die Erdkrümmung berücksichtigt; ein einfacherer und nützlicherer Gedankengang läßt sich verfolgen, wenn man allein die lokalen Effekte in einer horizontalen Schichtung berücksichtigt. Wie ich nachweisen konnte[26], *zeigen die Strahlen in einer atmosphärischen Luftschicht mit linear abnehmendem Brechungsindex einen parabolischen Verlauf.*

Die einfallenden Strahlen werden abgelenkt, so als handele es sich um die Flugbahn eines Geschosses, das innerhalb einer Schicht begrenzter Mächtigkeit einer sehr starken Gravitationskraft unterliegen würde. Die Strahlen können also, nachdem sie lediglich eine gewisse Ablenkung erfahren haben, wieder aus der Schicht austreten. Dies entspricht der ersten Darstellung in Abbildung 6.19: Das Radar befindet sich bei Punkt O; die Schicht mit der rasch abnehmenden Luftfeuchtigkeit ist einfach durch den dicken waagerechten Strich wiedergegeben. Bei genügend schrägem Auftreffen und hinreichend mächtiger Schicht wird der Strahl nach unten abgelenkt. Man spricht in diesem Fall von einer »überkritischen Brechung«.

Der Grenzwinkel hängt ausschließlich vom jeweiligen Brechungsindex für den unteren und den oberen Rand der Schicht ab, wo der Wert entsprechend zurückgeht.[27] Bei diskontinuierlicher Veränderung würde eine *Totalreflexion* vorliegen – ein Phänomen, das sich bei sichtbarem Licht unschwer beobachten läßt: Es genügt, die Oberfläche von Wasser in

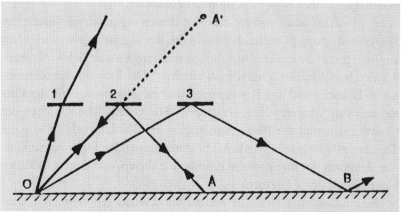

Abb. 6.19: Spiegelbild A' entsteht nur unter bestimmten Bedingungen

einem Glas seitlich von unten zu betrachten; sie verhält sich wie ein Spiegel, obwohl sie für lotrecht auftreffende Strahlen durchlässig ist. Dieses Phänomen macht man sich bei den Prismen von Ferngläsern zunutze. Die Darstellungen 2 und 3 in Abbildung 6.19 geben den auch für Radarwellen gültigen Sachverhalt wieder. Es besteht jedoch ein wichtiger Unterschied: In Fall 2 entsteht ein Spiegelbild, da der Strahl in einem Winkel auf den Boden trifft, der nicht spitz genug ist, um einen Gutteil der Energie weiter zu reflektieren. Dies gilt nicht mehr für Fall 3. Hieraus ergibt sich, daß *eine Luftspiegelung nur dann entsteht, wenn sich der »Luftspiegel« weder zu nah noch zu weit vom Radar entfernt befindet.* Dies ist genau eines der von uns beobachteten Merkmale der Engel 1. Art.

Von Radarfachleuten wurden gewöhnlich nur solche Fälle behandelt, wo Strahlenkrümmung in großem geographischem Maßstab auftritt, oder wo es sogar zu vielfältigen »Rückprallern«[10] gekommen ist. *Eine stark verminderte Luftfeuchtigkeit am oberen Rand der Grenzschicht genügt, wobei räumlich und zeitlich starke Schwankungen auftreten können.* Einem plötzlichen Rückgang der Luftfeuchtigkeit kann ein erneuter Anstieg folgen, wie aus Abbildung 6.17 hervorgeht. *Die entsprechenden Bereiche können einer Ortsveränderung unterliegen, die nicht der Windgeschwindigkeit entspricht.* Man kann sogar erwarten, daß die inhomogenen Bereiche gelegentlich Reihen bilden, die in Windrichtung ausgerichtet sind. Wenn diese Art von »Wellblechgebilde« nur eine begrenzte Ausdehnung hat, tendieren die Spiegelbilder dazu, bei ihrer Fortbewegung *örtlich parallele Reihungen* zu bilden. Genau dies wurde des öfteren beobachtet.

Es sei darauf hingewiesen, daß die Bewegungsgeschwindigkeit des Spiegelbilds doppelt so hoch ist wie die des »Luftspiegels«; außerdem konnten mit Hilfe direkter Messungen sehr starke lokale Schwankungen des Brechungsindex nachgewiesen werden.[28] Die Existenz der inhomogenen Bereiche und ihre Bewegungen sind möglicherweise mit der Entstehung von Schwerewellen verknüpft.[29] Die Grenzfläche zwischen der Grenzschicht und der freien Atmosphäre verhält sich nämlich wie die Trennungsfläche zweier Medien. Die dort strömenden Luftmengen können demnach um ihre mittlere Position oszillieren, und diese Oszillationen pflanzen sich dann fort.

Die inhomogenen Bereiche, welche die »Luftspiegel« definieren, können – verglichen mit Flugzeugen – relativ groß sein. Sie haben daher ein besonders hohes Reflexionsvermögen. Eine notwendige und hinreichende Bedingung dafür, daß die Echos die MTI-Filter passieren können, ist, *daß sie entweder von bewegten Bodenobjekten reflektiert werden, oder daß der »Luftspiegel« seine Ausrichtung ein wenig verändert.* Das Spiegelbild A' von A (Abbildung 6.19) muß sich innerhalb einer kurzen Zeitspanne nur recht schnell bewegen. Die Integration sämtlicher Signale führt nicht immer zu einer geeigneten Interferenz; auch sind nicht in jedem Fall Reflektoren in ausreichender Zahl vorhanden. Folglich ergibt sich ein *intermittierendes und aleatorisches Echo*. Genau dies wurde beobachtet. Wenn die Radarstrahlen einen größeren Teil des »Luftspiegels« erfassen, nimmt die Wahrscheinlichkeit zu, das Echo eines geeigneten Bodenreflektors zu empfangen. *Daher haben fächerförmige Radarstrahlen eine größere Wirkung,* was ja auch für die Engel 1. Art zu stimmen scheint. Somit sprechen recht viele Argumente für das vorgeschlagene Modell.

Die Engel 2. Art sind Konvektionsblasen

Diese Blasen entstehen durch *lokale Wärmeströme.* Warme Luft steigt unter Mitnahme von Feuchtigkeit auf. Dieser Vorgang findet speziell am Abend statt, wenn bestimmte Bodenbereiche mehr Wärme freisetzen als andere. Die Form dieser »Thermiken« gleicht anfangs der eines Pilzes, wobei die Luftströmungen jedoch weit weniger heftig sind als bei einem Atompilz und die Luftfeuchtigkeit nicht sichtbar ist. Irgendwann wird die mit dem Boden bestehende Verbindung durch den Wind unterbrochen, und die Blase isoliert sich, behält jedoch die anfängliche Luftzirkulation bei (siehe Abbildung 6.20). Die Luftströmung verläuft im zentralen Teil der Blase aufwärts und in der Nähe der Randflächen abwärts. Die Blase vermag ihre *kompakte* Form daher während des Aufstiegs zu bewahren. »Rauchkringel« erfahren mit zunehmender Vorwärtsbewegung eine *Ausweitung.* Dasselbe geschieht mit »Tintenkringeln«, die man erzeugen kann, wenn man einen Tropfen Tinte in ein Glas mit ruhendem Wasser fallen läßt. In diesem Fall kann man sogar eine Vervielfachung der Ringe feststellen, während die Konvektionsblasen die gegenteilige Tendenz zeigen: Sie verschmelzen leicht miteinander.

Der Gedanke, daß die Radarengel möglicherweise durch Reflexionen

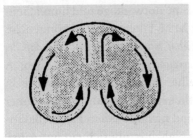

Abb. 6.20: Konvektionsblase

an Konvektionsblasen entstehen, wurde bereits von Plank[21] vorgetragen; diese Vorstellung wurde zu Unrecht kritisiert,[1] sie konnte anhand von Suchradars mit vertikalem Strahl verifiziert werden. Unterdessen wurde der Vorbeiflug eines lokalen Reflektors beobachtet.[30] Die Oberseite der Blase, wo der Feuchtigkeitsgehalt abrupt zurückgeht, wirkt tatsächlich wie ein sphärischer Spiegel.[22,31] Radars mit dünnem Strahl, die den Himmel in einem konstanten Neigungswinkel abstreichen, lassen Ringe entstehen.[32] Die Ringe sind nichts anderes als die Konturen der Blase im Schrägschnitt. Wenn die Seitenwände vollkommen glatt wären, würden sie wie ein Konvexspiegel wirken und zu einer Spreizung der reflektierten Strahlen führen; die seitliche Ortung der Blasen wird jedoch selbst bei den für Radars gebräuchlichen Wellenlängen (etwa 3 Zentimeter) durch lokale Turbulenzen[33] erleichtert.

Die Konvektionsblasen werden mit Windgeschwindigkeit fortbewegt; sie bilden lokale Reflektoren, die gleichzeitig von verschiedenen Radaranlagen aus geortet werden können. Es handelt sich in gewisser Weise um unsichtbare Wolken, von denen jedoch nur die Ränder für Radarechos wichtig sind, da sich die Feuchtigkeit dort rasch verändert. Die Konvektionsblasen haben in der Regel einen Durchmesser von 1-3 Kilometer und sind in einer ebensolchen Höhe anzutreffen.[34] Es ist damit zu rechnen, daß sie den oberen Rand der Grenzschicht »durchstoßen« und somit auch *in anderen Höhen, in der kälteren und trockeneren Luft der freien Atmosphäre,* vorgefunden werden können. Die Höhenbereiche, in denen sie umherschweben, hängen von ihrem inneren Aufbau ab; möglicherweise können sie auch absinken. Dies entspräche dem in Abbildung 6.17 gegebenen Kurvenverlauf.

Es wurde berichtet,[31] daß die Lebensdauer der Konvektionsblasen 20-30 Minuten beträgt. Die Ortung eines Radarengels über einen Zeitraum von 50 Minuten ist von daher bereits außergewöhnlich.[22] In der Nacht vom 30. auf den 31. März 1990 hatten die Engel hingegen *mehr als 3 Stunden* Bestand, und für die Nacht des 2. Mai konnte ich einen Radarengel feststellen, der sich *4 Stunden und 20 Minuten* auf einer konstanten Punktlinie aufhielt. Er bewegte sich mit einer Durchschnittsgeschwindigkeit von 30 km/h und ging von 3 600 auf 2 400 Meter hinunter. Mich beunruhigte, daß von den Spezialisten für Radarengel keine Lebensdauer vergleichbarer Länge genannt wurde; schließlich jedoch stieß ich auf die folgende Information:[35] »In bestimmten Fällen können sich die Zellen ohne größere Veränderungen vier Stunden lang halten.« Voraussetzung hierfür ist, daß sich die Luftmassen mit einer sehr homogenen Geschwindigkeit bewegen. Dies war – wie aus Abbildung 6.17 hervorgeht – am 30./31. März 1990 der Fall.

Durch sukzessive Unterbrechungen der aufsteigenden Wärmeströme können Ketten von Feuchtluftblasen entstehen, die sich nach dem Wind ausrichten.[32] Die adiabatische (ohne Wärmeaustausch erfolgende) Abkühlung der feuchten Luft kann zur Bildung von Cumuluswolken führen. Man weiß,[36] daß sich diese Wolken in Windrichtung formieren können (»cloud streets«). Für einschlägige Sach- und Literaturhinweise bin ich hier meinem Kollegen Schayes von der U.C.L. Dank schuldig.

Die derzeitigen Forschungen über die mittels Radar ortbaren meteorologischen Phänomene konzentrieren sich auf eine *Untersuchung der Schwerewellenphänomene und deren Umwandlung in Turbulenzen*. Sie entstehen gewöhnlich durch Winde aus verschiedenen Richtungen beiderseits einer Grenzfläche – ein Vorgang, der in sehr unterschiedlichen Höhen stattfinden kann. Die sogenannten CAT-Phänomene (Clear Air Turbulence) waren Gegenstand einer ausgezeichneten Gesamtdarstellung.[37]

Indessen ist festzuhalten, daß in der Nacht vom 30. auf den 31. März 1990 keine Diskontinuitäten für die Windgeschwindigkeit und die Windrichtung gegeben waren.

Die Sichtungen durch die Gendarmen

Zu prüfen blieben noch die Zeugenaussagen der Gendarmen. Bekanntlich wurde behauptet,[13] daß sie lediglich einige Sterne für UFOs gehalten hätten. Da davon oben bereits ausführlich die Rede war (S. 258 ff.), möchte ich lediglich meine eigenen Untersuchungen resümieren und die astronomische Hypothese einer Prüfung unterziehen.

Es ist bereits informativ zu erfahren, auf welche Weise das »erste Licht« entdeckt wurde. Vier Personen waren *in der Mitte eines hell erleuchteten Raumes* zum Kartenspielen um einen Tisch herum versammelt. Als sie zufällig in Richtung auf eines der beiden Fenster schaute, bemerkte Frau Renkin ein sehr helles Licht und fragte ihren Mann, ob dies ein Flugzeug sei. Gendarm Renkin begann deshalb, das Licht genauer zu beobachten, zunächst vom Fenster aus und dann draußen. Trotz der Nähe einer Straßenlaterne war das Licht auch von dort leicht erkennbar. Diese Sichtungen fanden gegen 22.50 Uhr statt.

Der Leuchtpunkt war deutlich heller als die Sterne und zeigte ein besonderes Verhalten, nämlich einen Farbwechsel. Es war nicht das mit einer ziemlich hohen Frequenz erfolgende »Funkeln« der Sterne, das er mit einem »Zittern« verglich. Es entsteht einfach durch atmosphärische Brechung bei Vorliegen von Luftturbulenzen. Das von MDL Renkin wahrgenommene Licht befand sich anfangs in einem Winkel von 45° über dem Horizont. Nur selten trifft man in dieser Höhe auf markante Phänomene der atmosphärischen Brechung. Überdies nahm das verdächtige Licht für recht lange Zeitabschnitte (von anscheinend nicht weniger als zehn Sekunden) diese oder jene Färbung an. Die Abfolge der Farben gestaltete sich uneinheitlich: weiß, gelb, grün oder blau und rot. Rot war die vorherrschende Farbe, da es länger sichtbar blieb, wenn ein Farbwechsel eintrat. Dieser ging meist mit einer sich unvermittelt ändernden Brillanz einher.

Renkin wunderte sich vor allem über die Bewegungen der Lichtquelle, die sich in bezug auf feste Punkte am Boden oder die Sterne feststellen ließen. *Es handelte sich um ruckartige Bewegungen im Umfeld einer gleichbleibenden mittleren Position. Sie setzten unvermittelt ein »wie Sprünge« und verliefen oft in horizontale und vertikale Richtungen, gelegentlich auch auf schrägen oder gekrümmten Bahnen; die Rückkehr zum Ausgangspunkt erfolgte hingegen immer in bestimmten Winkeln.* Die beidseitige Abweichung von der Mittelstellung war von der Größenordnung des Vollmonddurchmessers. Dies stellt somit einen nicht eben geringfügigen Effekt dar, der sich einfach als eine kurzzeitige Überbeanspruchung bestimmter Netzhautzellen bzw. Neuronen erklären ließe.

Es sei daran erinnert, daß MDL Renkin auf dem Lande wohnt und bei Verkehrskontrollen häufig bis spät in die Nacht außerhalb der Städte im

Einsatz ist. Der Sternenhimmel war ihm daher weniger fremd, als dies für einen Städter der Fall sein könnte. Von Renkin und einigen anderen beteiligten Gendarmen erfuhr ich, daß man gleichzeitig mit den ungewöhnlichen Lichtern durchaus auch Sterne am Himmel gesehen habe. Die Sterne zeigten einen beständigen, weißgelben Glanz und bewegten sich nicht. Renkin hatte außerdem einen sehr hellen Himmelskörper bemerkt – Jupiter. Caudron geht in seinem Artikel[13] zwar von überaus zahlreichen Verwechslungsmöglichkeiten aus, unterstellt merkwürdigerweise jedoch nicht, daß auch nur einer der Gendarmen Jupiter für ein UFO gehalten hätte.

Abbildung 6.21 zeigt die Himmelskarte für die Gegend von Petit-Rosière am 30. März 1990, 23.45 Uhr Ortszeit. Sie wurde mit Hilfe des Programms Tellstar von Spectrum Holobyte Inc. auf einem Macintosh erstellt. Die Unterschiede zu der von Dominique Caudron vorgelegten Karte sind geringfügig; zu betonen sind indessen die unterschiedlichen Helligkeiten bestimmter Sterne. Sie sind in Abbildung 6.21 durch Kreise und Kreuze verschiedener Größen dargestellt. Die Helligkeit eines Sterns

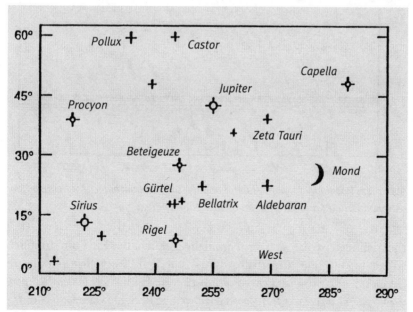

Abb. 6.21: Himmelskarte für den 30. März 1990, 23.45 Uhr bei Petit-Rosière

wird mit der Größenklasse *M* [lat.: magnitudo = Größe] angegeben. Die hellsten Himmelskörper haben dabei die kleinsten und sogar negative Werte (aufgrund einer logarithmischen Funktion). Die beiden hellsten Sterne waren Sirius (-1,4 M) und Jupiter (-1). Eine zweite Gruppe besteht aus Beteigeuze (0), Capella (0,2), Rigel (0,3) und Procyon (0,5). Die dritte Gruppe beginnt mit Aldebaran (1,1). Die Sterne mit $M > 2$ wurden nicht berücksichtigt – mit Ausnahme der beiden äußeren Gürtelsterne des Orion (2,1 und 2,5) und von Zeta Tauri (3), da sich D. Caudron hierauf beruft.

Die von den Gendarmen im Laufe desselben Abends in Petit-Rosière gemachten Beobachtungen sind in Abbildung 6.22 dargestellt. Die Himmelsdarstellung wurde um 15° nach Norden ausgeweitet. Zu be-

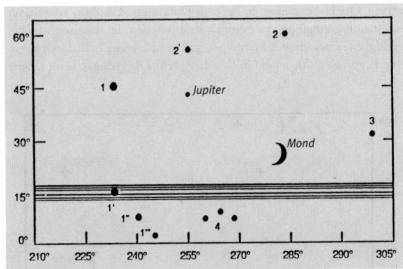

Abb. 6.22: Position von Mond, Jupiter und der ungewöhnlichen Lichter anhand der astronomischen Karte für den 30. März, Petit-Rosière, 23.45 Uhr

rücksichtigen ist, daß sich der Himmel gegenüber der Erde um stündlich 15° dreht (um 360° innerhalb von 24 Stunden). *Die Auftretensrichtungen der Lichter wurden anhand der gegebenen Landmarken und der in den Berichten der Gendarmen gemachten Angaben ermittelt.* Die Berichte waren am Montag bzw. Dienstag nach den Ereignissen in der Nacht von Freitag auf Samstag abgefaßt worden. MDL Renkin wohnt in Petit-Rosière (Ramillies) und besitzt wie fast alle Gendarmen dieser Region eine ausgezeichnete Ortskenntnis. Mit einem größeren Unsicherheitsfaktor behaftet ist hingegen die Schätzung der Höhenwinkel, wobei allerdings feststeht, daß acht Strom-, Telefon- und Kabelfernsehleitungen durch das Blickfeld liefen. Ich habe diese Leitungen – die einen »natürlichen« Orientierungsrahmen bildeten – schematisch dargestellt, so wie sie aus Augenhöhe betrachtet erscheinen.

Das zuerst wahrgenommene Licht 1 machte bei seinen lebhaften Bewegungen allmählich eine Abwärtsbewegung, die senkrecht ein wenig links vom Lot auf die Verbindungsstraße Namur-Louvain zu verläuft. Dies entspricht einem (auf den magnetischen Nordpol bezogenen) Kurs von knapp 233°. Zu einem bestimmten Zeitpunkt *konnte Renkin beobachten, wie das Licht ganz plötzlich von einer Position oberhalb der Leitungen bis unter die drei oberen Kabel absackte.* Das somit bei 1' angelangte Licht setzte seine Abwärtsbewegung fort – diesmal jedoch schräg nach rechts. Als Hauptmann Pinson vor Ort eintraf, befand sich das Licht eindeutig unterhalb der Leitungen (1"). Licht 2 wurde von dessen Fahrer, dem 1. MDL Jamotte, entdeckt, Licht 3 von Pinson. Beide Lichter waren weniger hell als Licht 1 und befanden sich weiter rechts und höher am Himmel. Die Lichter 2, 3 und 1" bildeten in diesem Moment *praktisch ein gleichschenkliges Dreieck.*

D. Caudron hatte in eigener Sache postuliert, dieses Dreieck müsse dem von Procyon, Beteigeuze und Sirius gebildeten entsprechen. Ein Vergleich der Positionen anhand der Abbildungen 6.21 und 6.22 ergibt einige gravierende Abweichungen. Um 23.15 Uhr waren die Sterne gegenüber ihrer Position in Abbildung 6.21 sogar noch um 7° nach links versetzt. Es ist *ausgeschlossen,* daß die Gendarmen so weit rechts des Lotes auf die N91 das beobachtet haben, was nach Ansicht von D. Caudron links davon und zudem weiter vorne wahrgenommen worden sein soll. Caudron hat es nicht für notwendig befunden, die Gendarmen zu interviewen. Er wußte nämlich bereits, was sie gesehen haben mußten; gleichwohl hätte er sich wenigstens einige Fragen stellen können, denn die Richtungen waren auch den schriftlich vorliegenden Berichten zu entnehmen. Er hätte nur die Ortsnamen in eine Karte übertragen müssen oder die von Hauptmann Pinson seinem Bericht beigefügte Karte (Abbildung 2.55a) aufmerksam zu studieren brauchen. *Dies allein reicht aus, um die astronomische Hypothese in sich zusammenfallen zu lassen — doch damit nicht genug.*

Das Dreieck 2/3/1" verwandelte sich allmählich in ein gleichseitiges Dreieck, etwa bei 2'/3/1'". Der Bericht von Pinson bestätigt die ruckartigen Bewegungen, die Farbwechsel, das Aufleuchten und die allmählichen Veränderungen der mittleren Positionen. Erwähnt wird außerdem das Auftauchen von drei näher beieinander plazierten Lichtern (4). Das südlichste Licht dieser Dreiergruppe befindet sich auf der Karte von Hauptmann Pinson exakt an dem Bezugspunkt, den MDL Renkin mir genannt hat: einer Laterne in der Nähe eines Bauernhauses (in 260°). Das mittlere Licht lag weiter oben als die beiden anderen Leuchtpunkte. Später erschienen dann zwei weitere – am Himmel *auf- und absteigende* – Lichter aus Richtung Eghezée, d. h. von der gedachten Verlängerung der Straße kommend (etwa 143°); in dieser Richtung befanden sich jedoch keine hellen Sterne am Himmel.

Es war von einem AWACS die Rede, da nämlich *eine von Norden nach Süden fliegende Maschine im Profil gesehen wurde und die von ihr erzeugten Geräusche zu hören waren.* Es muß sich um ein großes Flugzeug in relativ geringer Flughöhe gehandelt haben. In Petit-Rosière wurde lediglich festgestellt, daß dies nach 23.30 Uhr und vor dem ersten Vorbeiflug der F-16 gegen 24 Uhr geschah. Hauptfeldwebel Baijot, der sich mit zwei weiteren Gendarmen in Perwez aufhielt, konnte den Vorbeiflug der Maschine ebenfalls feststellen – seiner Angabe nach gegen 23.30 Uhr. Dank dieser Auskunft konnte ich die Maschine anhand der Daten der drei Bodenradars identifizieren. Ein Flugzeug mit der Codenummer 0117 war gegen 23.29 Uhr von Zaventem aus gestartet und um 23.36 Uhr in der Nähe von Perwez und Petit-Rosière vorbeigeflogen. Sein Kurs betrug zu diesem Zeitpunkt etwa 140° und die Höhe ungefähr 3000 Meter. Die Maschine setzte ihren Aufstieg fort, bis sie mehr als 5000 Meter erreicht hatte.

Renkin erwähnt in seinem Bericht eine Reaktion der das große Dreieck bildenden Lichter während des Vorbeiflugs einer weiteren zivilen Maschine: »Die Lichter nahmen einen intensiven Rotton an und schienen sich in raschen, weiten Sprüngen zur Seite zu entfernen.« Daraufhin nahmen sie ihre Ausgangsposition wieder ein. Von Thorembais-les-

6. DIE RADARAUFZEICHNUNGEN

Béguines aus konnte MDL Chef Van den Bosch feststellen, daß während des Vorbeiflugs der F-16 eines der Lichter den Eindruck erzeugte, als würde es »absacken und sich dann weiter nach rechts bewegen«. Vom Hof der Gendarmerie in Jodoigne konnten mehrere Gendarmen die Bewegungen von »Leuchtpunkten« zueinander wie auch im Verhältnis zu den Sternen und einigen Fixpunkten beobachten. Auch von Hauptmann Pinson wurden Bewegungen »gegenüber den Sternen« und »das Verschwinden der drei Punkte, die das kleine, gleichschenklige Dreieck« (4) bildeten, gemeldet, als die F-16 im Zentrum des großen, gleichseitigen Dreiecks ihre Kreise zogen. Hingegen beschrieb der am weitesten westlich und am tiefsten über dem Horizont befindliche Leuchtpunkt (1''') »eine rasche Aufwärtsbewegung unter Abgabe intensiverer und häufigerer roter Lichtsignale«.

Baijot war in diesem Augenblick zwar mit anderweitigen Aufgaben befaßt, konnte aber die »Liveübertragung« durch Pinson über Funk mitverfolgen. Anfangs, als Pinson aus Glons die Aufforderung zur Überprüfung erhielt, waren beide noch gemeinsam im Einsatz. Baijot hatte dann, veranlaßt durch die Aufforderung aus Glons, an zwei verschiedenen Punkten angehalten. Am Kreuzungspunkt der N29 und der E411 beobachtete er gegen 23.45 Uhr einige Leuchtpunkte, die ihre Farbe und Helligkeit veränderten. Baijot verfertigte eine Skizze (Abbildung 2.53), aus der die relative Anordnung der Punkte hervorgeht. Diese Konfiguration diente D. Caudron später als Interpretationsgrundlage. Er behauptet, das gleichseitige Dreieck müsse mit dem von Bellatrix, Aldebaran und Zeta Tauri (Abbildung 6.21) gebildeten Dreieck identisch sein. Die drei aufgereihten Punkte sollen die drei Gürtelsterne des Orion darstellen, und die beiden ein wenig später wahrgenommenen Lichter seien Beteigeuze und Sirius. Bevor man sie bemerkt hatte, sollen sie die gesamte Zeit über einfach von Wolken verdeckt worden sein. In der Tat besteht eine gewisse Ähnlichkeit; man muß sich jedoch vor der schlichten Koinzidenz in acht nehmen.

Wie ich von Baijot erfuhr, erzeugten die von ihm gezeichneten Lichter einen ganz anderen Eindruck als die Sterne (»Normal war das nicht.«). Ihre Helligkeit war nicht konstant, und sie konnten für ungefähr eine Sekunde eine rote oder blaugrüne Färbung beibehalten. Gleich den anderen implizierten Gendarmen schenkte auch Baijot den Sternen in den folgenden Nächten seine besondere Aufmerksamkeit, doch es war nicht mehr dasselbe. Es herrschten ganz ähnliche Witterungsverhältnisse, und wenn man von einer Schichtenbildung mit Temperaturumkehr ausgeht, die zu anormalen Brechungseffekten des sichtbaren Lichts in einer ungewöhnlichen Höhe führt, wird man schwerlich annehmen können, daß sich dies nur in einer Nacht ereignete, dafür aber über einen längeren Zeitraum und nur für einige Sterne. Überdies würde die von Caudron vorgetragene Hypothese verlangen, daß das Licht an der Spitze des Dreiecks weniger hell ist als die beiden an der Basis befindlichen Lichter (3 M, gegenüber 1,1 und 1,7 M). Die atmosphärische Brechung dürfte diesen Unterschied noch weiter verstärkt haben. Wie ich jedoch von Baijot erfuhr, waren alle drei Lichter gleich hell.

Caudron vermutet ferner, daß Baijot die relativen Positionen der »Sterne« richtig eingetragen, sich aber beim Mond stark geirrt habe. Der Mond sei gegenüber dem Dreieck in einer zu hohen Position eingezeichnet worden. Nun aber schrieb Baijot in seinem Bericht, daß ihm der Mond als »Orientierungspunkt« gedient habe. Auf meine Frage, was er damit genau habe ausdrücken wollen, erwiderte er: »Ich habe speziell auf die Positionen im Verhältnis zum Mond geachtet.«

Außerdem wollte ich von ihm erfahren, ob er tatsächlich gesehen habe, daß sich die drei aufgereihten Punkte, die daraufhin schräg unter dem Dreieck »Position bezogen« haben sollen, »von links (...) näherten«. Baijot antwortete, daß die Bewegungen zu langsam vonstatten gingen, um als solche wahrgenommen werden zu können, daß *sich die relativen Positionen nach einiger Zeit jedoch offensichtlich verändert hatten*. Die Beobachtung bricht an dieser Stelle ab, da sich Baijot und die beiden ihn begleitenden Gendarmen anderen Aufgaben zuwenden mußten. Die nachfolgenden Ereignisse wurden von MDL Renkin geschildert: Das Objekt 1''' entfernte sich, bis es gegen 0.40 Uhr nicht mehr sichtbar war. Das Licht 2' begann sich gegen 1.15 Uhr allmählich zu entfernen. Nicht beobachtet werden konnte, wie sich Licht 3 in Bewegung setzte – es war plötzlich einfach nicht mehr da.

Ein Sachverhalt, der in den Berichten der Gendarmen zwar nicht erwähnt wird, aber möglicherweise von Bedeutung ist: Gegen 1.15 Uhr sah Hauptmann Pinson »etwas, das in geringer Höhe wie eine Kanonenkugel vorbeiflog«. Pinson war sogar noch losgerannt, um seine Beobachtung fortsetzen zu können, da das Phänomen hinter einem der benachbarten Bauernhäuser verschwunden war. Die Flughöhe war demnach sehr gering. Gleichzeitig hatte Renkin einen »Lichtblitz« bemerkt, der das Sichtfeld seines Fernglases durchquerte.

Allgemeine Bewertung

Lassen wir nun die dargestellten Fakten in umgekehrter Chronologie nochmals Revue passieren. Zunächst einmal zeigt sich, daß *sich die Sichtungen der Gendarmen durch die astronomische Hypothese nicht erklären lassen.* Diese Hypothese veranschaulicht umgekehrt, was passiert, wenn der Theorie gegenüber den Fakten Vorrang eingeräumt wird. Man läuft Gefahr, daß die Fakten verzerrt oder unkenntlich werden. Zwischen den Beobachtungen durch die Gendarmen und den Radaraufzeichnungen der F-16 bestehen zwar keine unmittelbaren Korrelationen, doch *im einen wie im anderen Fall handelt es sich um plötzliche und lebhafte Auf- und Abwärtsbewegungen.* Wie die Gendarmen feststellen konnten, war die Bewegungsaktivität während des Vorbeiflugs der Maschinen intensiver als sonst. Ihre Beobachtungen implizieren, daß zumindest einige der von den F-16 georteten zwölf Objekte mit verschiedenen UFOs identisch sein könnten.

Daß die relativen Anordnungen der von verschiedenen Stellen aus gesehenen Lichter nicht dieselben waren, ließe sich durch perspektivische Effekte erklären. Auch wenn die Angaben für eine Triangulation nicht ausreichen, würde ein offenkundiger Widerspruch beseitigt, wenn man das, was in geringer Höhe »wie eine Kanonenkugel« vorbeiflog, mit den von den F-16 wiederholt georteten Objekten (2, 3, 11 und 13) in Zusammenhang bringt, die zunächst heruntergegangen waren und sich dann mit hoher Geschwindigkeit in Bodennähe bewegt hatten. Das UFO (Abbildung 6.9) war ebenfalls *mit sehr hoher Geschwindigkeit in relativ geringer Höhe* geflogen.

Kommen wir nun zu den Phänomenen meteorologischen Ursprungs, die zu einer Beeinträchtigung der Radars führen können. Die Existenz von Radarengeln 1. und 2. Art konnte von mir nachgewiesen werden (die Numerierung bezeichnet lediglich die Reihenfolge ihrer Entdeckung). Die *Engel 1. Art* pflanzen sich nicht gemäß der Windrichtung fort und werden nicht von mehreren Radars an derselben Stelle geortet. Wenn man einige allgemein anerkannte Vorstellungen weiterdenkt, kommt man zu dem Schluß, daß es sich sehr wahrscheinlich um *Luftspiegelungen* handelt, die durch eine starke Abnahme der Luftfeuchtigkeit am oberen Rand der Grenzschicht erzeugt werden. Die *Engel 2. Art* bewegen sich hingegen mit dem Wind und treten in unterschiedlichen Höhen auf; sie verhalten sich wie real vorhandene Reflektoren, die gleichzeitig durch verschiedene Radars geortet werden können. Es handelt sich sehr wahrscheinlich um Konvektionsblasen. Eine bessere rationale Erklärung finde ich nicht.

Die Untersuchung dieser Phänomene folgte der Maxime, wonach allen Dingen so sorgfältig wie möglich nachzugehen ist. Dies impliziert gewiß einige interessante Aspekte theoretischer und praktischer Natur sowohl für die Meteorologen wie auch für die Radarexperten. Am Beginn meiner Arbeit stand einzig und allein die Untersuchung der Fakten; die einschlägige Literatur wurde erst im nachhinein hinzugezogen. Dies ist vermutlich meiner Aufmerksamkeit und Unvoreingenommenheit zugute gekommen.

Nun zu den Radaraufzeichnungen der F-16. Sie sind ungewöhnlich und würden selbst dann unsere Aufmerksamkeit verdienen, wenn es gelänge nachzuweisen, daß ihnen lediglich meteorologische Phänomene zugrunde liegen. Die Hypothese über die F-117 und elektronische Täuschungsmanöver ist aus den genannten Gründen zu verwerfen; sie widerspricht dem »gesunden Menschenverstand«. Ballons, Vögel, Meteore und andere Phantasiegebilde sind ebenfalls auszuschließen. Indessen wissen wir, *daß sich starke Schwankungen der Luftfeuchtigkeit in der Erdatmosphäre auf die Ausbreitung von Radarwellen auswirken können*. Konvektionsblasen und selbst (hypothetische) hohe Säulen von Wärmeströmen können hingegen außer Betracht bleiben, da sie sich praktisch nicht von der Stelle bewegen und daher die MTI-Filter der Doppler-Radars nicht passieren können. Die Geschwindigkeit gegenüber dem Erdboden muß mehr als 55 Knoten (100 km/h) betragen.

Der Kalman-Filter ermöglicht es allerdings – sobald eine feindliche Maschine vom Radar erfaßt wurde –, dieses Flugzeug nicht zu »verlieren«, wenn das Echo aus irgendeinem Grund zu stark abgeschwächt wird. Die Vervollständigung der eingehenden Informationen muß jedoch sehr strengen Bedingungen unterliegen und muß sehr schnell geschehen. Der Kalman-Filter der F-16 ist daher mehrfach abgesichert – im Ernstfall geht es schließlich um Leben oder Tod! Professor Schweicher und Major Baret haben mir nachdrücklich versichert, daß die beobachteten Spuren nicht durch Funktionsfehler des Kalman-Filters zu erklären seien. Sie hätten noch nie von derartigen Vorkommnissen gehört; und das sei auch aufgrund der technischen Eigenschaften des Systems ausgeschlossen.

Eine einfache Bodenreflexion ist als Ursache aus den bereits erwähnten Gründen ebenfalls zu verwerfen. Das Strahlenbündel des Radars könnte jedoch am oberen Rand der Grenzschicht (starke Abnahme der Luftfeuchtigkeit) nach unten gebogen werden, da die Maschinen höher flogen. Nach dem Berühren eines reflektierenden und sich relativ schnell am Boden bewegenden Objekts könnte ein Strahl denselben Weg zurück verfolgen. Dies würde ein Objekt vortäuschen, das sich in der Luft, also *über* dem Boden befände. Die Bewegung dieses vorgetäuschten Echos würde von der Geschwindigkeit des Flugzeugs abhängen. Diese Hypothese ist unzutreffend, weil das Scheinobjekt nur unterhalb der Brechungsebene (1000 Meter) auftreten könnte und nur dann sinken würde, wenn sich das Flugzeug dem Bodenreflektor nähert. Beobachtet wurde hingegen ein weit komplexeres Verhalten – mit Sink- und Steigphasen weit über 1000 Meter hinaus.

Ich habe den zuständigen Behörden der belgischen Luftwaffe, die mit der Analyse der Radaraufzeichnungen der F-16 beauftragt waren, regelmäßig den Stand der Dinge und mögliche Hypothesen erörtert. Bis jetzt hat sich keine konventionelle Erklärung als stichhaltig erwiesen. Ich beabsichtige, all dies nochmals mit einem Radarspezialisten des Stabes der belgischen Luftwaffe zu untersuchen. Dies bedeutet selbstverständlich, daß ich mich keiner Hypothese verschließe, auch nicht der Möglichkeit, daß die zur Verfügung stehenden Daten nicht ausreichen, eine definitive Entscheidung zu fällen. Entscheidend ist letztendlich nur, daß man alles tut, um dieses Problem sachlich und verantwortungsvoll zu behandeln. Einige *Schlußfolgerungen* lassen sich jedoch bereits heute ziehen.

1. Zahlreiche UFOs wurden während der »belgischen Welle« von Augenzeugen in Bodennähe beobachtet. Die Beschreibungen, gerade wenn man sie auf den weltweit wachsenden Erkenntnisstand bezieht,

deuten sehr stark auf *materielle Objekte* hin, deren Verhalten und Erscheinungsformen nicht mit einer irdischen Technologie zu erklären sind. Aus meinen Untersuchungen geht hervor, *daß diese UFOs – wenn überhaupt – nur sehr schwer von Radars geortet werden konnten.*

Die Radarortung eines Objekts, das weiterhin als UFO bezeichnet werden muß, wurde in Abbildung 6.9 vorgestellt. Eine weitere gelang dem zivilen Radar in Bertem und erfolgte am 18. März 1990. Um 20.30 Uhr erschien plötzlich ein nicht identifiziertes (Primär-)Echo, das sich fast neun Minuten lang bis zum Bildschirmrand verfolgen ließ. Die Regelmäßigkeit der Erfassung und die Länge der georteten Flugbahn schließen in diesem Fall eine meteorologische Erklärung vollkommen aus. Die Flugbahn ist jedoch äußerst ungewöhnlich, da sie zahlreiche »Stufen« aufweist. Das Objekt änderte sehr häufig und rasch seine Richtung, der es insgesamt aber fast geradlinig folgte – bis gegen Ende der Aufzeichnung, als es anscheinend um ein Flugzeug kreiste und dabei dessen Flugbahn folgte. Leider war das betreffende Band in Semmerzake schon gelöscht, als ich auf diese erstaunliche Geschichte stieß.

Daß die UFOs der »belgischen Welle« nur sehr schwer von Bodenradars geortet werden konnten, bedeutet selbstverständlich, daß dies auch für die Radarsysteme der F-16 zutreffen muß. Da diese Systeme jedoch besonders leistungsfähig sind, könnten sie kurzzeitig – nicht kontinuierlich, das wäre unerklärlich – das eine oder andere UFO erfaßt haben. Die Analyse der vorhandenen Daten wird dadurch nicht gerade leichter. Auf jeden Fall muß jede physikalische Theorie des UFO-Phänomens davon ausgehen, daß die heutigen Formen »radargeschützt« sind.

2. Im Rahmen meiner Untersuchungen stieß ich auf zwei Arten von *meteorologisch* bedingten »Radarengeln«. Ihre Eigenschaften wurden voranstehend beschrieben und weitgehend erklärt. Allein das war schon interessant. Es mußte geklärt werden, welche Wirkung ungleichmäßig verteilte Luftfeuchtigkeit bei vollkommen klarem Himmel haben kann, um Verwechslungen mit vermeintlichen UFOs ausschließen zu können. Daß die Radaraufzeichnungen der F-16 meteorologisch bedingt sein könnten, kann also kein befriedigender Einwand mehr sein. Man müßte dann schon genauer erklären, wie das zustande kommen soll.

3. Wenn man die Geschehnisse der Nacht vom 30. auf den 31. März 1990 im ganzen betrachtet – die Beobachtungen der Gendarmen, die analy-

6. DIE RADARAUFZEICHNUNGEN

sierten Radaraufzeichnungen der zweiten F-16, die gleichzeitigen Radarkontakte beider Piloten, die erstaunliche Spur in Abbildung 6.9 und die häufigen UFO-Sichtungen in jenen Monaten –, dann drängt sich der Gedanke auf, *daß es sich wahrscheinlich wirklich um UFOs handelte*. Die Hypothese irgendeines meteorologischen Effekts, der sich trotz aller Vorkehrungen – bei normal funktionierendem Bordcomputer – »eingeschlichen« hat, kann und soll nicht ausgeschlossen werden. Aber bisher ist mir kein logisch überzeugendes Argument begegnet, das eine solche Annahme rechtfertigen würde.

Als ich diesen Beitrag für die Erstauflage dieses Buches im Sommer 1991 verfaßte, schien mir nahezu hundertprozentig ausgeschlossen, daß es sich um etwas anderes als UFOs handeln könnte. Heute, im Herbst 1992, möchte ich das Problem eher offen lassen. Es ist jedenfalls nicht so einfach lösbar, wie einige fanatische UFO-Gegner oder entschiedene UFO-Befürworter es sich wünschen. Wichtig bleibt, daß alle Möglichkeiten ausgeschöpft wurden und werden, um der Lösung des UFO-Problems näher zu kommen. Mit den uns zurVerfügung stehenden begrenzten Mitteln haben wir gezeigt, daß eine wissenschaftlich ausgerichtete Untersuchung und auch eine Zusammenarbeit mit militärischen Dienststellen möglich ist.

Radaraufzeichnungen allein wären selbstverständlich leicht vomTisch zu wischen, wenn nicht aufgrund anderer Beobachtungen in der ganzen Welt bekannt wäre, *daß die UFOs als Objekte wahrgenommen werden, deren Flugleistungen unsere technologischen Möglichkeiten bei weitem übertreffen*. Dies ist mit der Hypothese einer außerirdischen Herkunft vereinbar und muß zumindest als Möglichkeit ernstgenommen werden. An dieser Stelle ist ein theoretischer Einwand denkbar: Wenn die Radaraufzeichnungen der F-16 tatsächlich durch materielle UFOs verursacht wurden, dann können letztere nicht bemannt gewesen sein. Erstens ist das nicht unbedingt nötig; es könnte sich ja beispielsweise auch um jene »kleinen roten Kugeln« handeln, von denen verschiedentlich Augenzeugen berichtet haben und die eventuell von einem Radar etwas leichter erfaßt werden. Zweitens sind nicht die Geschwindigkeiten, sondern die *Beschleunigungen* entscheidend. Die Radaraufzeichnungen scheinen darauf hinzuweisen, daß sehr starke Beschleunigungen nur kurzzeitig auftraten. Dieser Umstand könnte von großer Bedeutung sein, da durch Experimente der NASA bewiesen wurde, daß biologisch erträgliche Beschleunigungen um so größer sein können, je kürzer sie sind.[38]

Dies führt uns erneut zur Frage nach dem Antriebssystem und besonders nach der *Existenz einer uns unbekannten Energiequelle* – dem physikalischen Grundproblem im Rahmen der extraterrestrischen Hypothese. In der Einleitung des Condon-Berichts[10] findet sich ein oft zitierter Satz: »Unsere allgemeine Schlußfolgerung lautet, daß die in den letzten 21 Jahren [1947-1968] durchgeführten UFO-Studien *nichts* erbracht haben, was die wissenschaftlichen Kenntnisse hätte bereichern können.« Möglicherweise haben wir noch nicht richtig danach gesucht.

7.
Videofilme und Fotografien
Patrick Ferryn

Seit Dezember 1989 gingen etwa dreißig Videodokumente bei uns ein. Dankenswerterweise waren sie der SOBEPS alle unentgeltlich zur Verfügung gestellt worden. Wir konnten also die bestmöglichen Kopien ziehen und sie für spätere Auswertungen aufbereiten. Wir möchten hiermit allen Beteiligten für das uns entgegengebrachte Vertrauen danken.

Mit Ausnahme eines am Stadtrand von Brüssel aufgenommenen Films, der sich rasch als grober Täuschungsversuch herausstellte, wurden sämtliche Dokumente von redlichen Zeugen aufgezeichnet, die einem Phänomen begegnet waren, das ihnen merkwürdig vorgekommen war.

Da sie eine Videokamera hatten, einen Camcorder des Typs VHS, Video 8 oder VHS-C mit CCD-Bildwandler, haben sie mit mehr oder weniger Glück versucht, einzelne Phasen ihrer Beobachtungen aufzuzeichnen. Die meisten Aufnahmen waren nicht bei Tageslicht gemacht worden, weshalb die Resultate oft etwas enttäuschten – immerhin ist es für ungeübte Laien keine einfache Aufgabe – und nur ein oder mehrere Leuchtpunkte zu sehen sind, die sich nicht oder nur in ziemlich großer Entfernung vom Beobachtungsstandpunkt bewegen. Es hat gar den Anschein, als befinde sich das Filmmotiv häufig in größerer Entfernung als angenommen, wenn man nach der verkleinerten Darstellung auf dem Fernsehbildschirm urteilt – dies, obwohl das Zoom (6- oder 8fach, je nach Kamera) mit der längsten Brennweiteneinstellung verwendet wurde.

Die aufgenommenen Bilder unterscheiden sich manchmal ziemlich stark von dem, was die Zeugen gesehen hatten, und zeigen – wie oft gesagt wird – nicht alles. Dies ist auch nicht weiter verwunderlich. Zumal für solche Zwecke die Leistungsfähigkeit von Kaufhauskameras im Vergleich zu Profigeräten (etwa vom Typ Betacam) nicht sehr groß ist. Außerdem wurden fast alle Filme ohne Stativ gedreht, weshalb die Bilder sehr unruhig geworden sind. Überdies hat die Autofokuseinrichtung den »Kameraleuten« zuweilen einen bösen Streich gespielt und zu großen Unschärfen geführt.

Das erste und zugleich technisch perfekteste Videodokument verdanken wir dem renommierten Filmemacher Marcel Thonnon. Es wurde mit einer auf einem stabilen Stativ befestigten Betacam am Abend des 4. Dezember 1989 vom Turm des Signal de Botrange in den Ardennen aufgenommen. Während Thonnon an einem Dokumentarfilm über die Vennlandschaften arbeitete, war er von einer Beobachtergruppe gebeten worden, einen in der Ferne aufgetauchten Leuchtpunkt zu filmen, der ihnen ungewöhnlich vorkam.

Die Aufnahmen sind zwar gut, aber leider stellte sich später heraus, daß das mutmaßliche UFO aller Wahrscheinlichkeit nach ein Flugzeug gewesen ist. Denn außer den beiden hellen Landescheinwerfern sind sehr deutlich – weil auf der den Zeugen zugewandten Seite – das rot aufblinkende Antikollisionslicht auf der Oberseite und das weiße Licht auf der Spitze des Seitenleitwerks zu erkennen (siehe Foto 7.1 im Bildteil). Die Aufnahmen sind aber andererseits ein ausgezeichnetes Vergleichsdokument, das dazu beitragen kann, eine landläufige Vorstellung zu korrigieren: Es ist durchaus möglich, daß ein Flugzeug nachts unterwegs ist, ohne seine charakteristischen »Navigationslichter« an den Flügelenden eingeschaltet zu haben (in Flugrichtung: ein rotes links und ein weißes rechts)! Es stimmt zwar, daß ihre Verwendung zwingend vorgeschrieben ist, aber wer in einer stark frequentierten Flugschneise Beobachtungen anstellt, merkt rasch, daß diese Vorschrift nicht immer befolgt wird.

Man kann außerdem die Erfahrung machen, daß die über Belgien hinwegfliegenden Maschinen der einzelnen Luftverkehrsgesellschaften bei weitem nicht alle die gleichen Lichter einschalten. Je nachdem, mit welchen Lichtern eine Maschine bestückt ist und welche der Pilot einschaltet, können verschiedene und bisweilen verwirrende Konfigurationen entstehen, selbst für ein geschultes Auge. Wir sind davon überzeugt, daß dieser Umstand bei Zeugen, die berichten, was sie gesehen haben, aber über diese wichtigen Details nicht Bescheid wissen, nicht selten zu Verwechslungen geführt hat.

Ohne auf die Fehlerquellen anderer Verwechslungen (etwa mit dem

Planeten Jupiter) näher einzugehen, zu denen es in den ersten Monaten der Sichtungswelle überraschend häufig gekommen ist, möchten wir auf eine andere Fehlerquelle zu sprechen kommen, die uns eine härtere Nuß zu knacken gab.

»Kerbscheiben« und Video-Pleiten

Wie wir sehr bald feststellten, wiesen mehrere Videofilme, die wir Ende 1989 und Anfang 1990 erhielten, einige merkwürdige Ähnlichkeiten auf. In der Mehrzahl der Fälle begann die auf dem Fernsehbildschirm auftauchende, gefilmte Lichtquelle – häufig ein kleiner heller Fleck mit einem Durchmesser von kaum mehr als 5-10 Millimeter – mit einzelnen Unterbrechungen allmählich anzuschwellen, um dann wieder ihre anfängliche Größe anzunehmen, so als sei diese Umwandlung durch ein langsames und zufälliges Pulsieren getaktet. Die eigenartigsten Bilder ergaben sich fast immer in der Phase der maximalen Vergrößerung: Was anfangs nur ein winziger weißer Punkt ohne scharfe Konturen war, wurde zu einem regelmäßig geformten, hellen Ring, den eine blassere Zone umgab, oder zu einer Scheibe, in deren Mitte gelegentlich ein dunkler Fleck sichtbar wurde. Mal war der Ring außerdem (anscheinend an der untersten Stelle) nicht ganz geschlossen, mal war die oberste Stelle abgeflacht. In wieder anderen, noch verwirrenderen Fällen waren verschiedene Aussparungen am oberen und unteren Rand zu erkennen.

Im Dezember 1989 wurden wir erstmals mit einem derartigen Dokument konfrontiert. Der in Gemmenich bei Eupen (genau dort hatten sich ja zahlreiche außergewöhnliche Dinge ereignet) wohnende Zeuge D. hatte am Abend des 30. November 1989 einen extrem hellen, unbeweglich am Himmel verharrenden Punkt gefilmt. Einige Begegnungen mit D. überzeugten uns, daß es keinen Grund gab, seine Glaubwürdigkeit in Zweifel zu ziehen. Unterdessen verdächtigten wir das Zoomobjektiv seines Camcorders, für die wiederholt aufgetretenen Vergrößerungseffekte verantwortlich zu sein (Fotos 7.2a und 7.2b im Bildteil).

Über ähnliche Effekte war auch von anderen schon berichtet worden. Hier einige Beispiele:

1. Bereits 1987, am 30. Mai, hatte Pascal Campana ähnliche Aufnahmen

gemacht; die Sichtung ereignete sich in Crozia (Provinz Cosenza, in Süditalien) in Anwesenheit von ein paar Dutzend Zeugen, und zwar im Anschluß an Marienerscheinungen zweier kleinerer Kinder. Der Vorfall wird von Jean Sider in seinem Buch »Ultra Top-Secret – Ces OVNI qui font peur« (éditions Axis Mundi, Paris 1990, S. 434) erwähnt:

> Mehr als sechs Minuten lang konnte der zum Kameramann gewordene Friseur die atemberaubenden Bewegungen der »Sache« filmen: Spitzkehren, rasante Starts, plötzliche Stops, schlagartiges Herabfallen, unvermittelter senkrechter Aufstieg etc. – kurzum das gesamte Leistungsspektrum, an das uns die UFOs bereits gewöhnt haben. Diese Geschichte wird die Topmeldung der örtlichen Zeitungen und der Fachpresse abgeben. Das italienische Fernsehen wird drei Millionen Lire für den Film von Pascal Campana bieten. [Foto 7.3 im Bildteil].

2. In einem ihrer Nachrichtenmagazine, das über die von der SOBEPS mit Unterstützung der Luftwaffe zu Ostern 1990 organisierte Operation Bierset berichtete, widmete sich die RTBF einer Filmsequenz, die im Februar 1990 von einem Einwohner der Gemeinde Amay (nordöstlich von Huy, Provinz Lüttich) aufgezeichnet worden war. Sie zeigt eine »Kerbscheibe« (jeweils eine Kerbe oben und unten) mit einer dunkleren Mitte.

3. Die Tageszeitung *La Libre Belgique* schilderte in ihrer Ausgabe vom 19. April 1991 das Abenteuer von Herrn und Frau S., die in Flémalle (Großraum Lüttich) eine »merkwürdige runde Scheibe« gefilmt hatten. In einem Artikel von D. Dejardin heißt es:

> Etwa zwanzig Sekunden lang kann man ein rundes Fluggerät deutlich (vielleicht ein wenig zu deutlich) erkennen, das nicht nur einen dunklen Mittelpunkt aufweist, sondern zwei dreieckige Einkerbungen am oberen sowie eine (ebenfalls dreieckige) am unteren Rand. Wenn das Objekt zunächst auch als eine ebene Fläche erscheint, so lassen einige seiner Bewegungen das Vorhandensein einer realen dritten Dimension vermuten. (...) Die Scheibe trägt zwar keine einzelnen Lichter, sendet aber einige stark glänzende, metallisch gefärbte Strahlen aus. (...) Bei dem Film dürfte es sich nicht um eine Fälschung handeln: Das Band ist nicht geschnitten, und das benutzte Material scheint für derartige Manipulationen auch nicht geeignet zu sein. (...) Die gewählte Zoomeinstellung (6fach) deutet im übrigen darauf hin, daß das fragliche UFO sehr groß gewesen sein muß.

7. VIDEOFILME UND FOTOGRAFIEN 569

Geben diese Aufnahmen ein Abbild der Realität, oder sind sie ein optisches Artefakt – vergleichbar etwa den phantomhaften Einspiegelungen der vieleckigen Öffnung der Blendenlamellen, die gelegentlich auf Fotos sichtbar werden? Nachdem wir alle Dokumente sorgfältig geprüft und einige Zeugen genauer befragt hatten, erkannten wir, daß wir zu Recht das optische System der Camcorder in Verdacht hatten – auch wenn es uns in einem Experiment nicht gelungen war, solche Effekte zu reproduzieren. Es mußte aber so zu erklären sein, da die astronomische Karte für den südwestlichen Himmel über Gemmenich für den kritischen Zeitpunkt belegt, daß auf den Videoaufzeichnungen des Zeugen D. nichts anderes aufgetaucht ist als ... Jupiter! Dasselbe ergab sich auch für andere Filme. Aufgrund ganz besonderer atmosphärischer Bedingungen, wie sie im Winter 1989/90 in Belgien herrschten, hatten sich viele, mit derartigen Phänomenen nicht oder nur wenig vertraute Beobachter durch die damals spektakuläre Helligkeit der sichtbaren Gestirne täuschen lassen.

Ein Vergleich einzelner Sequenzen ergab außerdem, daß die durch die »Aufblähung« der Lichtquelle entstehende »Kerbscheibe« nur von der Person wahrgenommen wurde, die den Camcorder bediente. Die Angehörigen, Freunde oder Nachbarn, die neben dem »Kameramann« standen, sahen das Licht unverändert und in »banaler« Gestalt. Und zwar aus gutem Grund! Meistens trat der Effekt dann auf, wenn die höchste Zoombrennweite erreicht war (f: 54 mm bzw. 72 mm), oder während des Zoomvorgangs selbst. Da die VHS-, Video-8- und VHS-C-Camcorder des Typs CCD mit automatischer Scharfeinstellung (Autofokus) ausgestattet sind, um dem Amateur-»Kameramann« die Arbeit leichter zu machen, geht jegliche Veränderung des gewählten Ausschnitts mit einer erneuten Scharfeinstellung einher. Dies führt zu einer vorübergehenden Unschärfe des Motivs, bis sich der Autofokus stabilisiert hat. Dieser Abbildungsfehler wird beim Vorwärtszoomen verstärkt (von f: 9 nach f: 54 bei einem 6fach- bzw. nach f: 72 bei einem 8fach-Zoom). Ein entscheidender Faktor kommt noch hinzu: die Instabilität des Camcorders in den uns hier interessierenden Fällen. Da der leichte Apparat meist nur auf der Schulter abgestützt wurde, haben sich die Körperbewegungen des Bedieners auf den Aufnahmevorgang übertragen. Die Scharfeinstellung wurde beeinträchtigt, da die Automatik das Motiv nicht zu »fassen« bekam – *erst recht nicht*, wenn es sich auch noch bewegte. Auf diese Weise kann die Größe eines leuchtenden Motivs zunehmen und seine Form sich verändern (Foto 7.4 im Bildteil).

Die sich am Rand des Artefakts zeigenden »Kerben« werden von der Silhouette eines inneren Halterings verursacht, der sich am äußeren Ende des Objektivtubus befindet, und den man beim Blick in das Camcorder-Objektiv sehen kann (siehe Abbildung 7.1).

An diesem Ring, beziehungsweise an seinen Ausbuchtungen, sind dünne Achsen befestigt, die längs des Objektivtubus verlaufen; sie bilden die Führung der Linsengruppe, aus denen das eigentliche Zoomobjektiv besteht. Anordnung, Form und Anzahl der Linsen variieren je nach Modell, ebenso der Haltering und seine Ausbuchtungen. Daß dieses Problem nur bei bestimmten Camcordern auftritt, hat mit qualitativen Unterschieden und unterschiedlich konzipierten Optiken zu tun – mit der Marke und der Preislage der Geräte. Geräte der oberen Preiskategorie bieten im allgemeinen einen guten Schutz vor derartigen Problemen.

Das also sind die Faktoren, die zu den »Kerbscheiben« in den Videofilmen führen; es ist höchste Zeit, daß diesen kleinen, boshaften »Video-Enten« die Flügel gestutzt werden! Wenn nun dieses Video-Trugbild die Lichtquelle nicht korrekt abbildet, heißt das aber nicht, daß deshalb gar nichts vorhanden war. Es mag ein Stern, ein Flugzeug oder eine Straßenlaterne gewesen sein – es kann sich aber auch ganz *anders* verhalten. Das bereits erwähnte Ehepaar S. hat beispielsweise behauptet, in Wirklichkeit ein großes Leuchtobjekt gesehen zu haben, das von drei im Dreieck angeordneten Scheinwerfern gebildet wurde. Der Zeuge S. hat-

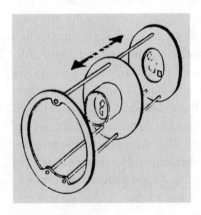

Abb. 7.1: Schematische Darstellung der Zoomvorrichtung im Objektivtubus eines Camcorders. Im Vordergrund: der für die »Kerbscheiben«-Effekte verantwortliche Ring; dahinter: das eigentliche Zoom in Form eines beweglichen Linsensystems.

te seinen Camcorder geschultert und die besagten Sequenzen aufgezeichnet, *bevor* sich das Objekt den Zeugen so weit näherte, daß sie entsetzt flüchteten!

Wenn sich die Sonne einmischt

Um die Liste der möglichen Verwechslungen abzuschließen, die so manchen Zeugen (und mehr als einen Interviewer!) in Wallung brachten, sei noch auf jenes Phänomen hingewiesen, das am 27. Dezember 1989 kurz vor 9 Uhr, von Saive (einige Kilometer östlich von Lüttich) kommend, gefilmt wurde.

Durch den Morgennebel war ein helles, rundes Licht gedrungen. Einige Minuten später erschien links neben ihm ein zweites und kurz darauf ein drittes Licht (Foto 7.5 im Bildteil). Die Zeugen, ein seit vielen Jahren in Saive lebendes Ehepaar, hatten etwas Derartiges über der weitläufigen Landschaft, die sich unterhalb ihres Hauses erstreckt, noch nie gesehen.

Etwa zehn Minuten später verschwammen, wie aus der längeren Video-Sequenz hervorgeht, die drei »riesigen Leuchtkugeln« eine nach der anderen und verschwanden schließlich.

Bei unseren am übernächsten Tag vor Ort durchgeführten Nachforschungen gelang es uns, ungefähr um die gleiche Zeit ein ähnliches, wenn auch nicht so helles Phänomen zu beobachten. Dank eines starken Teleskops (x 1.000) konnten wir feststellen, daß es sich in Wirklichkeit ... um das Spiel der Lichtreflexe der aufgehenden Sonne an einigen besonders stark reflektierenden Gebäudeflächen von Sart-Tilman handelte, einer gut zehn Kilometer entfernten, über Lüttich gelegenen Siedlung!

BANHOLT (NIEDERLANDE), 11. DEZEMBER 1989
DAUER: 4 MINUTEN 30 SEKUNDEN

Die nachfolgend vorgestellten und diskutierten Videofilme sowie die Schilderungen der Zeugen sind merkwürdig und besonders interessant, auch wenn sie mit einer Ausnahme für sich genommen keine Aufschlüsse geben.

Den ersten dieser Filme erhielten wir von dem niederländischen Ehepaar B.; aufgenommen wurde er in Banholt, nicht weit von Aubel (siehe die Schilderung ihrer Sichtung auf S. 141 ff.).

Foto 7.6a (Bildteil) zeigt das gesamte Bild, wie es den Bildschirm am Anfang der Sequenz (1 min 30 s) ausfüllte. Es wurde zuvor digitalisiert, um einfacher und ohne Qualitätseinbußen fotografische Reproduktionen herstellen zu können. Die vier aufgereihten Lichter unten (A–D) sind Teil der Straßenbeleuchtung, das beschriebene UFO ist der helle Punkt darüber. Seine Leuchtkraft variiert während der Aufzeichnung – mal leuchtet es schwächer, dann wieder intensiver –, dann nimmt es, während des Vorwärtszoomens (2 min 45 s) ein anderes Aussehen an (Foto 7.6b im Bildteil). Zu diesem Zeitpunkt sind nur noch die Lampen A und B sichtbar. Sekunden später treten sie definitiv aus dem Bildfeld, und man kann für etwa fünf Sekunden eine Umwandlung der einen Lichtquelle in drei distinkte Leuchtpunkte verfolgen, die sich quasi in einer Reihe befinden und abwechselnd unterschiedlich hell sind (Foto 7.6c im Bildteil).

Dies ist der Befund einer minutiösen Untersuchung des Dokuments in einem professionellen Videostudio mit Hilfe eines ADO-Systems (Ampex Digital Optics), das Ausschnittvergrößerungen, Abspielen mit verminderter Geschwindigkeit und Betrachtung jedes einzelnen der 25 Bilder gestattet, die pro Sekunde am Auge vorbeiziehen. An einem der Lichter konnte eine – wenn auch flüchtige und schwache – rötliche Färbung ausgemacht werden, wohingegen in den Phasen davor und danach durch die Videoaufzeichnung nur die Farbe Weiß restituiert wurde. Der letzte Teil der Sequenz zeigt das »Verschmelzen« der drei Punkte zu einem einzigen, dessen Leuchtkraft in den letzten Sekunden der Aufzeichnung (4 min 30 s) nachläßt.

Obwohl der Autor des Videos so freundlich war, uns das Dokument kurz nach der Aufnahme anzuvertrauen, haben wir uns dazu im einzelnen erst später geäußert, da zunächst verschiedene Nachprüfungen erforderlich waren. So haben wir den Film zwei Berufspiloten zur kritischen Beurteilung vorgelegt (einem Chefpiloten und einem Pilotenausbilder bei der SABENA bzw. der privaten belgischen Trans European Airways, TEA), denen wir bei dieser Gelegenheit unseren Dank aussprechen möchten. Beide kamen zu dem einhelligen Urteil, daß auf diesem (wie auch auf anderen, noch zu besprechenden) Videos nichts zu sehen ist,

7. VIDEOFILME UND FOTOGRAFIEN 573

was man nicht auch zu Gesicht bekommt, wenn sich ein konventionelles Flugzeug nähert. Der Klarheit halber sei betont: Es geht uns keineswegs um den Versuch eines Reduktionismus und die Absicht, nachzuweisen, daß die Zeugen tatsächlich nichts anderes gesehen haben. Dem würde übrigens auch ihre Schilderung entgegenstehen. Objektiverweise muß lediglich die Tatsache akzeptiert werden, daß die Flugbewegungen einer derartigen Maschine *unter bestimmten Umständen* bei einer Videoaufzeichnung zu einem identischen Resultat hätten führen können.

An dieser Stelle mögen einige Hinweise von Nutzen sein. Camcorder sind ein tolles Spielzeug und geben ein wunderbares Hobby ab, aber sie sind für den *Videoamateur* gedacht und haben nur eine mäßige Bildauflösung. Ein Camcorder kostet eben auch nur einige Tausend Mark, während ein *professionelles* Gerät das 10- bis 50fache kostet. Es wundert deshalb nicht, daß von einigen Zeugen öfter die schlechte Bildqualität bemängelt wurde. Außerdem muß man wissen, daß die kleinen Camcorder eine extrem empfindliche Belichtungsmeßzelle haben. Dies ist zwar für die *üblichen* Anwendungsbereiche von beträchtlichem Vorteil, für die uns interessierende Fälle aber ein großer Nachteil – weil nämlich in der Regel jedes mehr oder weniger helle Licht nur als großer Fleck von relativ geringer Durchzeichnung wiedergegeben wird, hinter dem man eine tragende Struktur vergeblich sucht (dies gilt auch für vollautomatische Fotoapparate).

Und noch etwas: Ein Beobachter, dessen Blickrichtung sich mit der Bahn eines ihm vom Horizont aus entgegenkommenden Flugzeugs auf einer Achse befindet, wird zunächst einen Leuchtpunkt erblicken, der mit zunehmender Annäherung ganz langsam senkrecht aufzusteigen scheint. Würde die Maschine während der Annäherung in den Sinkflug übergehen (etwa um zu landen), so könnte es sein, daß der Leuchtpunkt (es können auch zwei oder drei Punkte sein) die Illusion vermittelt, als würde er sich quasi an derselben Stelle aufhalten und allmählich größer werden. Dies kann mehrere Minuten andauern, und der Beobachter meint, ein unbewegliches, nicht identifiziertes Flugobjekt zu sehen. Man wird einwenden, daß ihm sein Irrtum letztlich doch noch auffallen müsse, wenn sich das Flugzeug über ihm befindet und dann leicht zu identifizieren ist. Dies ist in der Tat auch häufig der Fall, womöglich aber ändert die Maschine auch ein gutes Stück vorher ihren Kurs – dann müßte der Eindruck entstehen, daß der Leuchtpunkt plötzlich »ausgeht«. Sofern sich die Maschine noch in größerer Entfernung befindet (dies sind in manchen uns bekannten Fällen einige Dutzend Kilometer), sind keine weiteren Lichter erkennbar (wenn überhaupt welche eingeschaltet sind!). Diesen zugegebenermaßen manchmal sehr irreführenden Anblick konnten wir wiederholt selbst erleben, sowohl bei Linienmaschinen als auch bei (den in Belgien sehr häufigen) Übungen der Luftwaffe, an denen F-16 oder Mirage beteiligt waren.

Abschließend und *allein* aufgrund der Filmsequenz von Banholt kann nicht ausgeschlossen werden, daß etwas Derartiges hier vorliegt, wir also keine Anzeichen dafür vorliegen haben, um derentwillen wir auf etwas Fremdartiges schließen müßten.

FLÉMALLE-GRANDE (PROVINZ LÜTTICH), 15. UND 20. FEBRUAR 1990

Stany Box, später einer unserer aktiven Mitstreiter, konnte am 15. Februar einen Vorfall filmen, nachdem er in der Woche zuvor bereits Zeuge eines ungewöhnlichen Ereignisses geworden war.

Um 22.30 Uhr hatte seine Frau einen orangeweißen Leuchtpunkt bemerkt, der sich ihrem auf halber Höhe an einem der Hügel von Flémalle-Grande gelegenen Haus näherte. Schließlich stellte sich heraus, daß es drei einzelne Lichter waren: Ein größeres Licht wurde von zwei kleineren, die im Sekundentakt pulsierten, flankiert (Fotos 7.7a und 7.7b im Bildteil). Als die Lichter senkrecht über die Zeugen hinwegflogen, konnten diese deutlich eine Art große, »dreigeteilte verglaste Öffnung« (das Hauptlicht) erkennen; sie bildete zugleich die Vorderseite einer riesigen, dunklen dreieckigen Plattform mit abgerundeten Ecken. Die »Verglasung« reichte von der Ober- bis zur Unterseite des Objekts, so als würde sie seine Vorderfront umhüllen. Das weiße Leuchten kam von innen und erschien milchig. An der Unterseite des Geräts befand sich ein Kranz aus kleinen, weißen Lichtern. Das Ganze vermittelte den Eindruck, als würde es vollkommen geräuschlos dahingleiten (die entsprechenden Stellen der Tonspur enthalten in der Tat keinerlei Geräusche, wohingegen die später gefilmten Flugzeuge deutlich zu hören sind). Stany Box rief nun bei dem nahe gelegenen Militärstützpunkt Bierset an und erhielt die Auskunft, daß an jenem Abend in der Region kein AWACS im Einsatz sei. Am

7. VIDEOFILME UND FOTOGRAFIEN

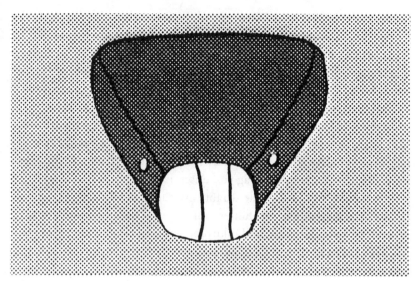

Abb. 7.2

20. Februar gegen 18.50 Uhr bekam das Ehepaar Box (diesmal in Begleitung mehrerer Nachbarn) ein gleichartiges Objekt nochmals zu Gesicht, das sich auf der gleichen Flugbahn ebenfalls von Ostsüdost nach Westnordwest bewegte. Das Objekt flog langsam, und die Zeugen versuchten, mit dem Wagen vorauszufahren, um es von den Anhöhen von Flémalle aus zu beobachten. Obwohl sie sich beeilt hatten, befand sich das Objekt nun ein gutes Stück vor ihnen, in der Umgebung von Horion-Hozémont und unter einer kompakten, grauen Wolkendecke, die dicht über dem Horizont stand. Nun machte Stany Box die zweite Aufzeichnung [Foto 7.8a-d im Bildteil]. Obgleich das Objekt *nur von hinten zu sehen war*, leuchtete es sehr hell (was sich, unterstellt man, es sei ein Flugzeug gewesen, schon schwerer erklären ließe!); es schien senkrecht aufzusteigen, flog, an Leuchtkraft verlierend, langsam in die Wolkendecke und tauchte am klaren, blauen Himmel darüber in seiner ursprünglichen Helligkeit wieder auf. Auf dem Film erkennt man noch, wie das Objekt für einige Sekunden weiter aufsteigt und dann plötzlich »ausgeht«. Nur wenige Augenblicke später sahen die Zeugen, wie zwei Jagdflugzeuge von Bierset aus starteten und – bald von einem AWACS gefolgt – Kurs auf jene Stelle nahmen, an der sie das Objekt aus den Augen verloren hatten.

Um den Nachweis zu führen, daß diese eigenartigen Geräte keinerlei Ähnlichkeiten mit einem Flugzeug aufwiesen, kam Stany Box später die Idee, einmal ein wirklich gut zu identifizierendes Flugzeug zu filmen; wir hielten es für interessant, eine solche Aufnahme in unserem Bildteil wiederzugeben (Foto 7.9). Man beachte die sechs Leuchtpunkte oben – es sind die Landescheinwerfer und weißen Blinklichter (*strobe lights*) –, während der längliche Fleck darunter auf die beiden *logo lights* zurückzuführen ist, die das auf dem Seitenleitwerk angebrachte Sigel der Luftfahrtgesellschaft anstrahlen. Die Maschine, die der Betrachter von unten sieht, fliegt im Videobild schräg von unten nach oben.

Wir wollen an dieser Stelle darauf verzichten, der Vollständigkeit halber weitere Videofilme anzuführen, auf denen – leider – kaum etwas zu erkennen ist, sondern uns der Diskussion einiger Dokumente zuwenden, in denen dreieckförmige Konfigurationen sichtbar sind.

BRÜSSEL, 31. MÄRZ 1990
DAUER: 2 MINUTEN 10 SEKUNDEN

In der später berühmt gewordenen »Nacht der F-16« vom 30. auf den 31. März konnte Marcel Alfarano von einem mutmaßlichen fliegenden »Dreieck« die ersten Bilder aufnehmen, die dann durch die Medien gingen (siehe S. 248 ff.).

Daß die Aufnahmen zustande kamen, verdankt man einem mittlerweile klassisch zu nennenden Umstand: Weil Alfarano und seine Lebensgefährtin Colette in den Tagen zuvor bereits ein ungewöhnliches Phänomen beobachtet hatten, stieg er öfter auf den Dachboden seines mitten in der Stadt (am Ende des Boulevard M. Lemonnier, in der Nähe der Gare du Midi) gelegenen Wohnhauses, um – mit einem Camcorder im Anschlag – immer wieder für längere Zeit den Himmel abzusuchen.

Am 26. Februar gegen 21.45 Uhr fiel ihnen in Richtung der nicht weit entfernten Kirche St-Antoine eine leicht birnenförmige, große goldgelbe Kugel auf, die zunächst unbeweglich am Himmel stand, aufzusteigen begann (wobei sie einen blaugrünen Lichtblitz Richtung Boden abgab), eine Reihe zickzackförmiger Bewegungen machte und schließlich einen waagerecht verlaufenden Kurs auf die Gemeinde Anderlecht

BILDTEIL ZUM 6. KAPITEL

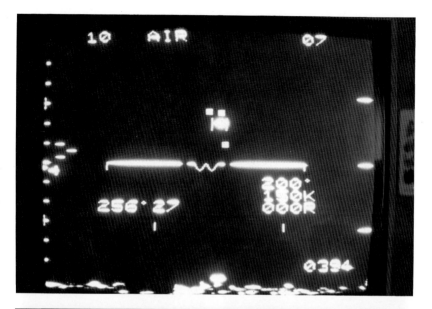

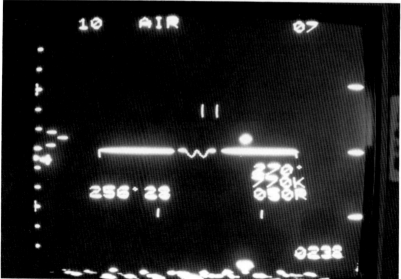

6.3 + 6.4: Wallonisch-Brabant, 30./31. März 1990: Aufzeichnungen des Bordradars der F-16 im Betriebsmodus »lock-on«. Das nicht identifizierte Echo ist durch eine Raute dargestellt. Nähere Erklärungen auf Seite 526ff.

BILDTEIL ZUM 7. KAPITEL

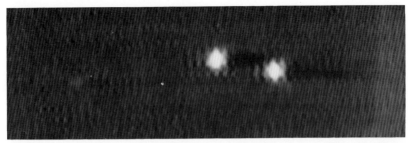

7.1: Videofilm, Botrange, 4.12.1989: Vermutlich handelt es sich hier um die Aufnahme eines Flugzeugs. (Seite 566)

7.2a+b: Videofilm, Gemmenich, 30.11.1989: In der Aufnahme erscheint der Planet Jupiter wegen schlechter Kameraeinstellung deformiert; durch gravierende Defokussierung kann es zu technisch bedingten Aufnahmeartefakten kommen, hier beispielsweise zu einer »Kerbscheibe«. (Seite 567)

7.3: Videofilm, Crozia, Italien, 30.5.1987: Eine andere »Kerbscheibe«. (Seite 567f.)

7.4: Videofilm, Ghlin, 6.2.1980: Extrem deformierte, für Sekunden das gesamte Bild ausfüllende »Kerbscheibe«. (Seite 570)

BILDTEIL ZUM 7. KAPITEL

7.5: Videofilm, Saive, 27.12.1989: Reflexe der aufgehenden Sonne an entfernt stehenden Gebäuden werden durch den »Leuchtscheiben«-Effekt verzeichnet. Oben: Vergrößerung. (Seite 571)

Hinweis

Wir möchten nachdrücklich darauf hinweisen, daß die abgebildeten Fotos oder Videostandbilder von Sichtungen nur den Rang von Rohmaterial haben. Wir haben sie lediglich als Zusatzinformation in dieses Buch aufgenommen.
Sich weitschweifig über den Einfluß des Bildes in unserer sogenannten Konsumgesellschaft zu verbreiten, ist heute fast eine Pflichtübung. Schon so manches Mal mußten wir die Erfahrung machen, wie gierig die Medien sich auf derartige Dokumente stürzen, und zu welchen Fehlleitungen der weniger informierten Öffentlichkeit dies geführt hat. Das Interesse, das die Öffentlichkeit an Bildern hat, aber auch das Interesse jener, die mit ihnen für das Sachproblem sensibilisieren möchten, ist legitim und verdient es, wie wir inzwischen gelernt haben, berücksichtigt zu werden. Aus diesem Grund wollen wir die Bilddokumente nicht unter den Tisch fallen lassen, auch wenn dabei stets zu bedenken bleibt, daß ein Foto oder Videobild keineswegs die Wahrheit oder das Endergebnis der Untersuchung verkörpert, sondern immer nur einen bestimmten Einzelaspekt dokumentiert.
Im Zuge des Fortgangs unserer Arbeit werden wir sicherlich auf das Bildmaterial zurückzukommen haben. Darüber werden wir – welches Ergebnis weitere Überprüfungen auch immer haben werden – in unserer Zeitschrift »Inforespace« berichten.

BILDTEIL ZUM 7. KAPITEL

7.6a: Videofilm, Banholt, Niederlande, 11.12.1989: Der Leuchtpunkt am oberen Bildrand ist das UFO, die unteren (A–D) sind Lichter von Straßenlaternen. (Seite 571f.)

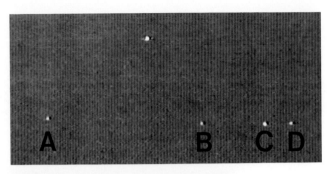

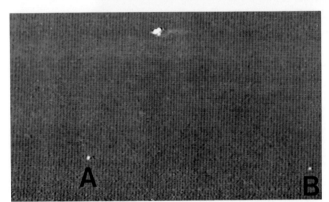

7.6b: Vorwärtszoom

7.6c: Vergrößerung des UFO-Leuchtpunkts, während der »Umwandlung« der einen Lichtquelle in drei Leuchtpunkte.

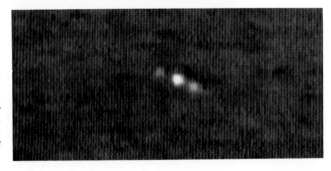

BILDTEIL ZUM 7. KAPITEL

7.7a: Videofilm, Flémalle-Grande, 15.2.1990: helles Leuchten, das von der den Bug bildenden »Glaswand« ausging. (Seite 574)

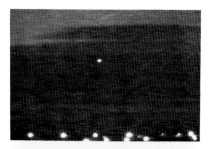

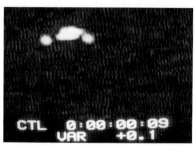

7.7b: dasselbe. Während eines von den beiden links und rechts der »Glaswand« plazierten Lichtquellen ausgesandten »Blitzes«.

7.8a–d: Videofilm, Flémalle-Grande, 20.2.1990: derselbe Objekttyp, aufgenommen während das Objekt in eine Wolkendecke am Horizont taucht. (Seite 575)

7.9: Videofilm, Flémalle-Grande, 20.2.1990: zu Vergleichszwecken aufgenommenes Flugzeug. (Seite 576)

BILDTEIL ZUM 7. KAPITEL

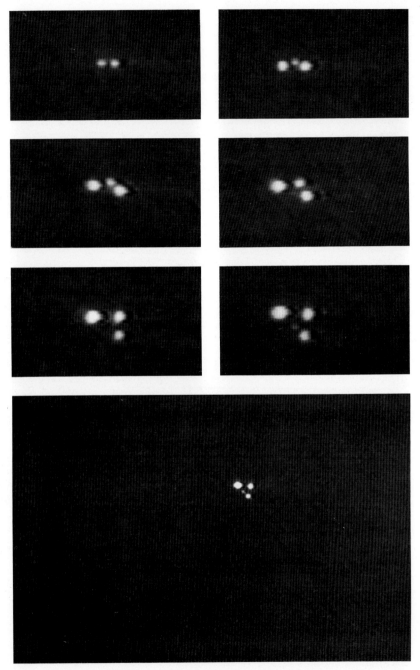

7.10 a–g: Videofilm, Brüssel, 31.3.1990: aufeinanderfolgende Phasen des »Alfarano-Dreiecks«. a–f: Vergrößerungen, g: Bildschirmformat. (Seite 579)

BILDTEIL ZUM 7. KAPITEL

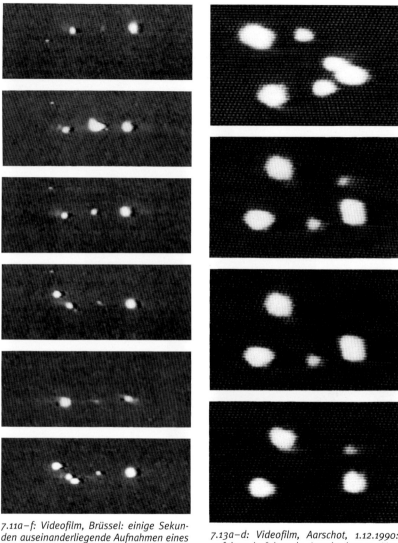

7.11a–f: Videofilm, Brüssel: einige Sekunden auseinanderliegende Aufnahmen eines vorbeifliegenden Flugzeugs. (Seite 579)

7.13a–d: Videofilm, Aarschot, 1.12.1990: aufeinanderfolgende Leuchtphasen. Vergrößerung. (Seite 581)

7.12: Videofilm, Stembert, 23.10.1990: letztes Bild aus einer an das Brüsseler Video erinnernden Sequenz. (Seite 580)

BILDTEIL ZUM 7. KAPITEL

7.14a–c: Videofilm, Marchin, 12.3.1991: drei Leuchtphasen aus der Sequenz, welche die von dem Objekt beschriebene Kehre zeigt. Beim zweiten Bild tritt gerade einer der beiden Lichtblitze auf, die den Standort der Beobachter erhellten. Vergrößerung. (Seite 581f.)

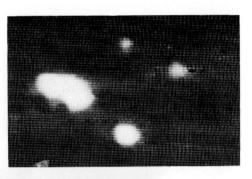

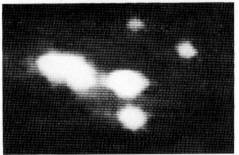

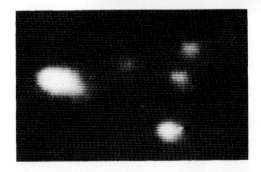

7.15: Videofilm, Braine-le-Comte: eine Aufnahme, die ihr »Objekt« perspektivisch staucht (maximale Zoombrennweite). Gezeigt werden drei Hauptlichtquellen, die zeitweilig von einem vierten, kleineren Licht links begleitet werden. In Wahrheit spielen hier die Straßenlaternen einer kleinen Landstraße dem Betrachter einen bösen Streich ... (Seite 582ff.)

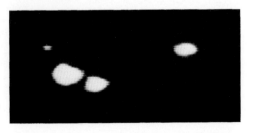

BILDTEIL ZUM 7. KAPITEL

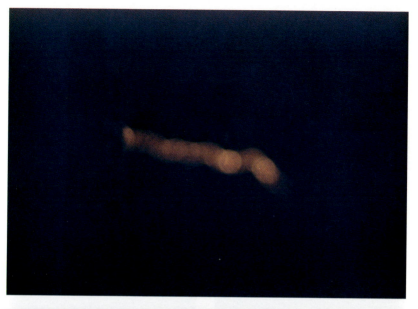

7.16: Nodebais-Beauvechain, um den 20.10.1989: Lichtspur eines »Leuchtbalkens«, der sich auf den Augenzeugen zu bewegt. Oben: Vergrößerung. (Seite 585)

BILDTEIL ZUM 7. KAPITEL

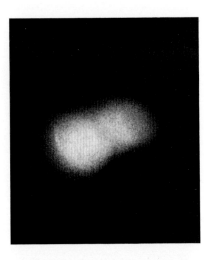

7.16a–d:
Moignelée-Sambreville,
13./17.8.1990: vier Fotografien des
»stillstehenden, aber nicht
unbeweglichen« Leuchtphänomens.
Mit drei Vergrößerungen des
Leuchtphänomens. (Seite 586)

BILDTEIL ZUM 7. KAPITEL

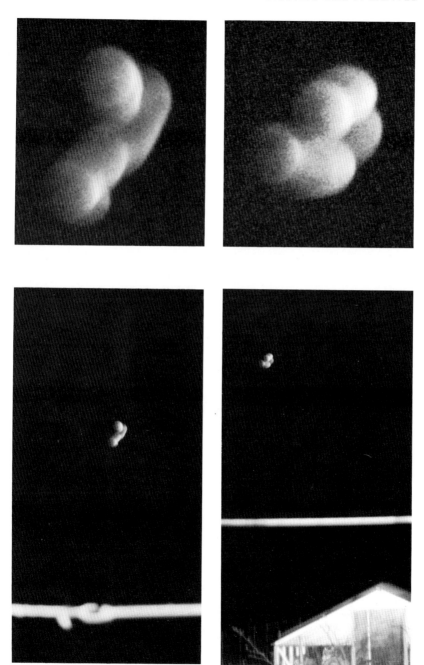

BILDTEIL ZUM 7. KAPITEL

7.17a: Petit-Rechain, Diapositiv: Das ursprüngliche Bild, wie es nach seiner Entdeckung vorlag (Vollformat). Man achte auf die verschiedenen Krümmungsradien der Leuchtspuren. (Seite 590) – Oben: Ein Abzug vom selben Dia, bei dem mit einer Überbelichtung gearbeitet wurde. (Seite 590)

Copyright G. Mossay

BILDTEIL ZUM 7. KAPITEL

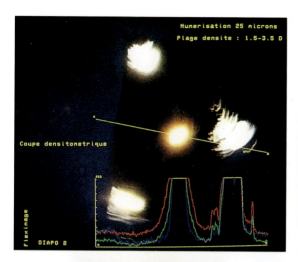

7.17c: Densitometrie der 3 Farbkomponenten, Echtfarbendarstellung. Man beachte die Sättigung im Bereich der »Lichter«. (Seite 592)

7.17d: Das rechte Licht, Echtfarbendarst., Vergr.

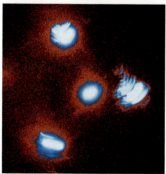

7.17e: Auszug des Rotanteils: Festzustellen ist das Vorliegen eines Abbildungsfehlers und das Fehlen einer Durchzeichnung.

7.17f': Blauanteil, Falschfarbendarstellung. Hier treten die Objektkonturen am deutlichsten hervor.

7.17f: Grünanteil, Falschfarbendarst.

7.17g: Das obere Licht, Falschfarbendarstellung, Vergrößerung.

BILDTEIL ZUM 7. UND 8. KAPITEL

7.17b: Modell für den Versuch einer Rekonstruktion der Lichteffekte: Unabhängig von der Bewegung, in die das Modell versetzt wurde, kombiniert mit Verwacklungsbewegungen der Kamera und Zoombewegungen, verlaufen die Spuren immer mehr oder weniger parallel zueinander. Bei zu starken Bewegungen beginnen die Konturen der »tragenden Masse« im Gegensatz zum Original überdies an Deutlichkeit zu verlieren. Das Modell (Seitenlänge: 30 cm) ist hier keine 3 Meter von der mit einem Zoomobjektiv (eingestellte Brennweite: 180 mm) bestückten Kamera entfernt. (Seite 590)

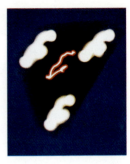

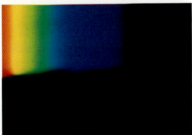

*8.2 a–c
Herschel-Effekt:
Diapositive
(Seite 609f.)*

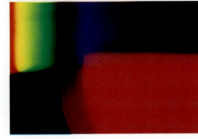

BILDTEIL ZUM 7. KAPITEL

7.18a: Ramillies, 1.4.1990: Rekonstruktion der Annäherung des Objekts. Skizze dreier SOBEPS-Interviewer. (Seite 594ff.)
7.18b: Ramillies, 1.4.1990: Skizze von der während des Überflugs sichtbaren Unterseite des Objekts.

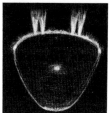

7.18c: Ramillies, 1.4.1990: Fotografie, auf der das gesehene Objekt nicht erscheint. Auf dem ganzen Negativ sind diese vier, ein ebenes Trapez bildenden, kleinen weißen Punkte die einzigen erkennbaren Elemente. Starke Ausschnittsvergrößerung (Seite 598).

BILDTEIL ZUM 11. KAPITEL

Brüssel, Büro der SOBEPS, in der Bibliothek: (von links nach rechts) Jean-Pierre Petit, August Meessen, Michel Bougard, Léon Brenig, Jean Debal, Patrick Ferryn, Lucien Clerebaut.

Brüssel, im Büro der SOBEPS: Die Reporterin Dominique Demoulin von RTL-TVi. (Seite 588)

General Wilfried De Brouwer

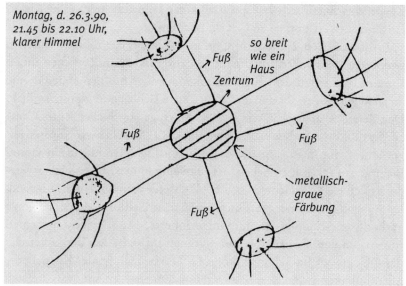

Abb. 7.3

nahm (sich also für die Zeugen, deren Blickfeld nach Nordwesten wies, von rechts nach links bewegte). Als ihnen das Objekt am nächsten war und direkt vor ihrem Fenster schwebte, soll es doppelt so breit gewesen sein wie das Gebäude, über das es gerade hinwegflog (dies wären etwa 10 Meter). Die voranstehende Skizze veranschaulicht die Struktur des bleigrauen Objekts, die vor allem der jungen Frau auffiel. Alfarano benachrichtigte vorsichtshalber das Brüsseler Polizeikommissariat, wo man die Sache nicht weiter verfolgte.

Auch am 31. März hat unser Mann wieder Posten bezogen und fixiert den westlichen Horizont. Der Himmel ist wolkenlos. Plötzlich fällt ihm linker Hand, senkrecht über einem nur wenige hundert Meter entfernten Gebäude, ein kurz aufstrahlendes, rundes Licht auf, dessen Durchmesser halb so groß wie der des Vollmondes ist. Ein helles, grünes Lichtbündel schießt blitzartig nach unten. Das war's: Das Phänomen »verlischt«. Der Zeuge hat später noch ein weiteres, ihm merkwürdig erscheinendes Erlebnis: Diesmal sind es zwei Scheinwerfer, die sich langsam und völlig lautlos in nordöstliche Richtung bewegen. Ein Flugzeug? Genau in der angegebenen Richtung liegt nämlich der Flughafen Zaventem ... Der

Zeuge entschließt sich erst später zu einer Filmaufnahme, als er wieder ein ähnliches Phänomen zu Gesicht bekommt.

Es ist zwischen 2 und 2.30 Uhr. Im Blickfeld des Zeugen tauchen, wieder aus Südwesten, zwei neue Leuchtpunkte auf. Zwischen ihnen kann er bald einen dritten Punkt erkennen, der mit den anderen eine dreieckige Figur ergibt und direkt auf seinen Beobachtungsposten zuhält. Der Zeuge Alfarano hat, wie er sagt, ein Auge am Sucher seines Camcorders und das andere weit offen, um den Überblick zu behalten. Er versichert, die *Trägermasse* der drei weißen Lichter und gar ein viertes Licht genau erkannt zu haben, das zeitweilig in der Mitte sichtbar wurde, als sich das Gebilde nur noch 50-70 Meter von ihm entfernt befand. Das Objekt glich einer metallisch wirkenden Plattform, deren hellgraue Färbung an stumpfes Aluminium erinnerte. Das Dreieck hat einen Innensaum von kleinen, roten und grünen Lichtern. Auf der Unterseite des Objekts befand sich eine große, flache, ebenfalls graue »Kuppel«, die mit dunkleren, parallel verlaufenden »Stangen« verziert war, die sich jedoch abzuheben schienen, als befänden sie sich in einer anderen Ebene. Die untenstehende Skizze wurde von dem Zeugen anläßlich der von Jean-Luc Vertongen durchgeführten Befragung angefertigt.

Die Spannweite des Geräts wurde auf 7-8 Meter geschätzt. Erstaunlicherweise gingen von dem Objekt keine Geräusche aus; abgesehen von einem leisen Zischen war in der ruhigen Nacht des um diese Zeit wie ausgestorbenen Viertels nichts zu hören. Der Zeuge kann sich an nichts erinnern, was auf die Mächtigkeit des Dreiecksgebildes schließen ließe. Das Objekt verschwand hinter dem Dach eines Gebäudes und schien auf die berühmte Grand-Place von Brüssel zuzusteuern.

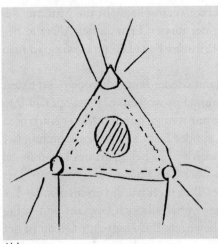

Abb. 7.4

Die Fotos 7.10a-7.10f (im Bildteil) zeigen eine chrono-

7. VIDEOFILME UND FOTOGRAFIEN

logische Abfolge – auf dem Bild ist das Objekt um so größer, je näher es kommt; das Foto 7.10g gibt den gesamten Bildschirminhalt und ist zugleich das letzte und beste von dem Dreieck aufgenommene Bild. Ferner sei angemerkt, daß der dritte Leuchtpunkt etwa 20 Sekunden nach Beginn der Sequenz gut sichtbar zu werden beginnt (Foto 7.10b), daß sich die Dreiecksform bei 1 min 10 s deutlicher abzeichnet (Foto 7.10d) und daß der vierte – zentrale – Leuchtpunkt bei 1 min 20 s bemerkbar wird (Foto 7.10f).

Knapp eine Stunde danach fliegt eine Linienmaschine auf einer ähnlichen Bahn vorbei, dann eine zweite in Gegenrichtung. Zum Vergleich hat Alfarano beide ebenfalls aufgenommen. Die erste Maschine erzeugt nahezu die gleichen Lichteffekte wie die von Stany Box gefilmte (Foto 7.9). Die Lichter des zweiten Flugzeugs legen indessen eine andere Konfiguration nahe (Aufnahmereihe 7.11a bis 7.11f im Bildteil).

Um kurz auf die Frage der Geräuschentwicklung zurückzukommen, sei darauf hingewiesen, daß der Vorbeiflug der Maschinen in den beiden letzten Sequenzen von einem charakteristischen und ungemein präsenten Dröhnen begleitet wird, wohingegen während der 2 min 10 s langen Sequenz, in der das Dreieck sichtbar ist, nicht der geringste Laut zu hören ist. Deutlich vernehmlich sind allein die gesprochenen Kommentare des Filmenden sowie gegen Ende der Sequenz ein entferntes Motorradgeräusch. Man sollte jedoch keine übereilten Schlüsse ziehen, denn aus der Überprüfung der relativen Spannweite des Dreiecks und dessen, was von den beiden Flugzeugen zu sehen ist, ergibt sich eindeutig, daß die des Dreiecks um den Faktor drei kleiner ist. Da das Zoom (6fach) in der Maximalstellung (f:48 mm) betrieben wurde, ist – was die Entfernung des Dreiecks betrifft – ein beträchtlicher Schätzfehler in Abzug zu bringen; das Objekt dürfte sich in viel größerer Entfernung aufgehalten haben, als vom Zeugen vermutet. Dieser Tatbestand wird im übrigen durch einen Vergleich zwischen der Größe der Abbildung auf dem Fernsehbildschirm und der einer 1 Meter langen Meßlatte untermauert, die in einer Entfernung von 100 Meter mit der Kamera des Zeugen und derselben Brennweite gefilmt wurde. Wenn man die (mathematischen!) Eigenschaften der sogenannten ähnlichen Dreiecke heranzieht, stellt man fest, daß die für die Spannweite des Objekts (7-8 Meter) und seine Entfernung zum Beobachter (50-70 Meter) angegebenen Schätzwerte nicht mit den uns vorliegenden Daten vereinbar sind. Wenn man annimmt, es sei nur ein ge-

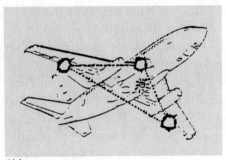

Abb. 7.5

wöhnliches Flugzeug – ohne Positionslichter, mit drei Landescheinwerfern und einem Antikollisionslicht (Abbildung 7.5) –, könnte seine Entfernung das Fehlen von Geräuschen auf der Videoaufnahme erklären. Wie man sieht, muß man erst gar nicht um jeden Preis auf die einigen Redakteuren von *Science & Vie* so sehr ans Herz gewachsene F-117 zurückgreifen, um das »Alfarano-Dreieck« zu entmystifizieren; ein konventionelles Flugzeug täte es auch. Doch auch diesen Schuh ziehen wir uns nicht an, denn es wäre selbstverständlich voreilig, in Ermangelung ergänzender Prüfungen Schlüsse zu ziehen. Hierbei ist nämlich zu berücksichtigen, daß mehrere im Rahmen dieser Sichtung aufgeführte Details zum Zeitpunkt der Ereignisse bereits von anderen Zeugen geschildert worden waren, ohne daß wir sie im Wortlaut schon bekanntgegeben hätten.

STEMBERT (PROVINZ LÜTTICH), 23. OKTOBER 1990
DAUER: 32 SEKUNDEN

Ein weiterer Typ eines dreieckigen Objekts (so zumindest ist der sich in einer kürzeren Phase ergebende Eindruck) wird auf dem von Herrn G. in Stembert realisierten Dokument für einen Augenblick sichtbar. Hierzu gibt es wenig anzumerken, da die Beobachtung sehr kurz war und die Schilderung von Familie G. sich allein auf das damals bereits klassische, von drei Leuchtpunkten gebildete Dreieck bezieht.

Am Beginn auch dieser Filmsequenz sind zwei dicht beieinander stehende Leuchtflecke sichtbar. In der siebenten Sekunde zeichnet sich der Umriß einer dritten Lichtquelle ab. Etwa in der fünfundzwanzigsten Sekunde ist das gleichschenklige Dreieck bereits gut ausgebildet, und in den letzten Sekunden der Filmsequenz leuchtet links von der nach unten weisenden Dreiecksspitze ein vierter Punkt auf (Foto 7.12 im Bildteil). Bei den letzten Bildern wird ein dumpfes Grollen hörbar. Es hat eine starke Ähnlichkeit mit Geräuschen, die für ein Flugzeug typisch sind.

Aarschot (Provinz Brabant), 1. Dezember 1990
Dauer: 16 Sekunden

Von Patrick Vidal (dem Chefredakteur und Mitbegründer von EURU-FON) erhielten wir dankenswerterweise die Kopie eines ausgezeichneten Dokuments, das er mit einigem Glück in der Nähe von Aarschot hatte aufnehmen können, als er auf der A2 [E 314] unterwegs war.

Um 1.45 Uhr fällt ihm in der nächtlichen Umgebung zunächst ein großer, weißer Leuchtpunkt auf, der sich über den Lichtern der Stadt bewegt, an der er vorbeifährt. Da hier eine wichtige Flugschneise verläuft, denkt Vidal zunächst an ein Flugzeug. Der nationale Flughafen Zaventem liegt im übrigen nicht weit entfernt. Aber dann fällt ihm auf, daß das, was er da sieht, etwas Anderes sein muß. Er hält an, steigt aus und schnappt sich seinen Camcorder. Als sich das Objekt seiner Schätzung nach in einer Entfernung von 800 Meter befindet, kann er zeitweise bis zu sechs Lichter genau erkennen; sie stecken ein großes Dreieck ab, das sich denkbar lautlos entfernt.

Die Offiziere und F-16-Piloten, denen diese Videoaufzeichnung im Hauptquartier der belgischen Luftwaffe zur Begutachtung vorgeführt wurde, halten es für ausgeschlossen, daß sie ein Flugzeug zeigt.

Die vier Fotos (7.13a-d im Bildteil) zeigen verschiedene Leuchtphasen des Objekts, das sein allgemeines Aussehen bei Ortsveränderungen (wie im nachstehenden Fall) beibehält.

Marchin (Provinz Lüttich), 12. März 1991
Dauer: 32 Sekunden

Gemeinsam mit vier Freunden und Verwandten konnte Richard Rodberg ein imposantes Dreiecksobjekt aus der Nähe verfolgen, das mit mehreren weißen, roten und grünen Lichtern ausgestattet war und zweimal einen intensiven Lichtblitz aussandte, der den Boden taghell erleuchtete (S. 384 ff.). Der Zeuge war so geistesgegenwärtig, gleich an seinen im Auto liegenden Camcorder zu denken, stellte aber leider in der Eile und seiner verständlichen Aufregung versehentlich die kleinste Zoomeinstellung (f: 9 mm) anstelle der größten Brennweite ein! Das Bild erscheint auf dem Bildschirm folglich stark verkleinert. Mit der Handhabung seines fast neuen Geräts wenig vertraut, hatte der Zeuge Rodberg überdies einige Probleme damit, das Motiv im Sucher einzufangen, was zu Unschärfen führte. Ungeachtet dessen liefert eine Einzelbildanalyse der kurzen, nicht verschwommenen Aufnahmen und deren Vergrößerung einige interessante Aspekte.

Denn die etwa dreißig Sekunden lange Sequenz belegt die plötzliche Richtungsänderung, die das Objekt auf der Stelle vollzog, nachdem es sich der Gruppe genähert hatte und bevor es sich Richtung Tihange entfernte. Die drei von uns ausgewählten Standbilder sind zwar in der richtigen zeitlichen Reihenfolge abgebildet, stammen jedoch von drei verschiedenen Zeitpunkten (Fotos 7.14a-c im Bildteil). In der Mitte der Aufnahme 7.14b ist einer der als besonders hell beschriebenen Lichtblitze eingefroren. Abgesehen davon, daß man im Bild nur mit Mühe den Umriß eines Flugzeugs erkennen könnte, liegt zweifellos das Merkwürdigste an diesen Bildern darin, daß sich das allgemeine Erscheinungsbild offenbar nicht verändert – und zwar während, wie die fünf Zeugen einmütig versichern, das Objekt sein Wendemanöver vollzog! Sie weisen darauf hin, daß das Lichterspiel immer *gleich* wirkte, sei es bei der Betrachtung von vorn (Annäherung), von der Seite (Kurve) oder von hinten (Wegflug). Diese Eigentümlichkeit wurde schon früher und an anderem Ort bemerkt und beschrieben. Im übrigen waren die kleinen rot und grün funkelnden Lichter, die das Objekt zu umsäumen schienen – auch dies ist schon öfter beobachtet worden –, durch den Camcorder wie »ausradiert«, da dessen Belichtungssystem sich an den hellsten Lichtquellen ausrichtet.

Braine-le-Comte (Provinz Hainaut), 12. März 1991
Dauer: 2 Minuten 16 Sekunden

Die Begleitumstände dieser Videosequenz sind bereits oben auf S. 386f. geschildert worden. Sie beginnt mit einer Totalen, in der die Fassaden zweier kleiner Häuser zu sehen sind, die auf der anderen Straßenseite liegen; die Straße selbst ist am unteren Bildrand im Vordergrund zu erkennen, unmittelbar gegenüber dem Haus des Zeugen R. G. Zwischen den beiden Häusern liegt ein Streifen mit Gärten, der sanft abfällt und in weite Wiesen und Felder übergeht, die sich, so weit das Auge reicht, ebenfalls abschüssig verlaufend Richtung Lessines bis in die Senne-Ebene erstrecken. Das linke Haus nimmt praktisch die Bildmitte ein, während das rechte nur knapp am Rand erscheint. Neben diesen beiden Häusern fängt bereits unparzelliertes Gelände an, das sich in den großen Grünflächen verliert.

Der Zeuge filmt von der ersten Etage aus dem offenen Fenster seines Hauses, den Camcorder hält er waagerecht auf ein helles, weißes Licht zwischen den beiden Häusern vor sich; die Entfernung zur Lichtquelle beträgt schätzungsweise 1-2 Kilometer, und deren Höhe liegt zwischen der Dachunterkante des linken und der Fensterbrüstung im ersten Stockwerk des rechten Hauses.

Sekunden nach Beginn der Sequenz fährt ein Wagen mit höherer Geschwindigkeit von rechts nach links durchs Bild; den Autolärm hört man deutlich, auch nachdem das Fahrzeug bereits aus dem Bild gefahren ist. Nun geht die Totale abrupt in eine Aufnahme mit längerer Brennweite über und zeigt das Hauptobjekt größer; G. hatte das Zoomobjektiv in die Maximalstellung gebracht (6fach-Zoom, demnach f: 48 mm).

Das Objekt erscheint nun in Großaufnahme, und man kann ganz deutlich erkennen, daß es sich nicht um eine punktförmige Lichtquelle handelt, sondern um drei gleich helle Lichter, die ein längliches Dreieck abstecken. Ein vierter, deutlich schwächerer Lichtpunkt befindet sich neben einem der helleren Eckpunkte. Diese Einstellung dauert unverändert mehr als 1 min 30 s auf dem Bildschirm an und wirkt wie eingefroren (Foto 7.15 im Bildteil). Bei 1 min 20 s hört man, wie der Zeuge die Ereignisse kommentiert und darauf hinweist, daß es genau 20.45 Uhr sei.

Bei 1 min 53 s setzt eine sehr ruhige Zoombewegung in Richtung Weitwinkelstellung ein, auf die sofort wieder ein gegenläufiger Zoomvorgang folgt. Diese kurze Weitwinkelstellung zeigt in der Totale, daß sich das Objekt gegenüber den Orientierungspunkten im Vordergrund *nicht um Haaresbreite bewegt* hat. Es kann sich also nicht um AWACS, F-117 oder andere Flugzeuge dieser Art handeln!

Insofern ist das Dokument eigentlich etwas Besonderes, denn nun konnte allenfalls noch ein hypothetisches, zum Schwebeflug fähiges Gerät als Erklärung angeführt werden, etwa die britische Harrier ADAC/V (die freilich einen solchen Lärm macht, daß sie in einer vergleichbaren Situation die gesamte Region in Aufruhr versetzt hätte!), ein Hubschrauber oder ein Luftfahrzeug »leichter als Luft« wie ein Zeppelin. Da ein so schöner (zu schöner?) Fall natürlich äußerst relevant wäre, mußten wir doppelt wachsam sein. Drei weitere Ortstermine im Abstand von jeweils einigen Wochen ergaben keine weiteren Erkenntnisse über diese Beobachtung, die – welch ein Zufall! – mit den Ereignissen des sogenannten »Karussells von Marchin« zusammenhing und fast auf die Minute zu jenem Zeitpunkt erfolgt war, als der etwa 80 Kilometer entfernte Zeuge Rodberg ein UFO filmte (S. 581 f.).

In der Zwischenzeit hatten alle wichtigen Zeitungen und einige Fernsehsender Bilder aus dem Videofilm von Braine-le-Comte gebracht. Da sich bei uns die Arbeit häufte und der Autor des Films unabkömmlich war, konnten wir damals an Ort und Stelle keine Tests durchführen. Der zweite Zeuge wiederum wünschte nicht, in die von manchen Berufsgruppen teilweise abschätzig beurteilte Angelegenheit hineingezogen zu werden.

Erst im Juli 1991 tauchten bei einer neuerlichen minutiösen Untersuchung der Videosequenz Verdachtsmomente auf: Es stellte sich heraus, daß drei weitere, winzige Leuchtpunkte (die nur für Sekundenbruchteile während des Rückwärtszoomens auf dem Bildschirm erschienen und am äußeren linken Bildrand nebeneinander auf Höhe des mutmaßlichen UFOs sichtbar wurden) zur Straßenbeleuchtung eines ländlichen Weges gehören, der etwa 1 500 Meter hinter den beiden Häusern verläuft. Beim letzten Besuch bei dem Zeugen, am 13. August 1991, konnten wir die Gegend schließlich vom ursprünglichen Beobachtungspunkt aus filmen und feststellen, daß unser Verdacht zum Teil begründet war: Einige Straßenlaternen, die den Weg säumen, nahmen im Bildausschnitt genau den Platz des mutmaßlichen UFOs ein!

Auch wenn es hier vielleicht zu einer Verwechslung gekommen ist, wollen wir wegen der Redlichkeit des Zeugen und des Vorliegens weiterer Aussagen aus derselben Gegend diesen Fall noch nicht zu den Akten legen.

Kommen wir nun zur Begutachtung jener Fotos, die wir von Ende 1989 bis heute (August 1991) zusammentragen konnten.

Bei den meisten von Zeugen aufgenommenen Aufnahmen sind lediglich einige winzige Leuchtpunkte bzw. durch stärkere Bewegung entstandene Leuchtspuren zu sehen, die nicht weiter aufschlußreich sind. Wir möchten daher im folgenden nur solche Fotos besprechen, die aufgrund bestimmter Besonderheiten unsere Aufmerksamkeit erregt haben.

Nodebais-Beauvechain (Provinz Brabant)
Um den 20. Oktober 1989: 1 Farbnegativ (24 x 36 mm, 100 ASA)

Auf dem Heimweg fiel den Eheleuten D. zwischen 23 und 24 Uhr ein orangegelber »Leuchtbalken« auf, der in südsüdwestlicher Richtung *unbeweglich* und waagerecht dicht über dem Horizont stand. Dieser Eindruck entstand durch zwei große, runde, einander fast berührende und extrem hell strahlende Massen, die keinerlei Ähnlichkeit mit Scheinwerfern von Flugzeugen aufwiesen; diese zu sehen – und zu erdulden – sind die Zeugen gewohnt, da sie in der Nähe der Militärbasis Beauvechain wohnen.

Nach etwa einer Minute setzte sich das Phänomen langsam in ihre Richtung in Bewegung, flog über den hinteren Gartenteil (dessen Bäume sich unten auf dem Negativ abzeichnen) und dann ohne das geringste Geräusch links an ihrem Haus vorbei. In diesem Augenblick machte der Zeuge D. hastig eine Aufnahme, bei der er sich einfach auf die Automatik seine Kamera verließ, die glücklicherweise aufnahmebereit in Reichweite lag (Foto 7.16 im Bildteil). In der Eile wurde die Aufnahme leicht verwackelt: Dies und die Eigenbewegung des fliegenden Objekts haben zu der auf dem Foto sichtbaren Spur geführt.

Die Zeugen liefen nun auf die andere Seite des Grundstücks und konnten verfolgen, wie sich das Phänomen in nordöstlicher Richtung entfernte und verschwand. Sie waren sehr erstaunt, *daß sich das Objekt während seines Vorbeiflugs ihnen nie anders als in der Form eines »Leuchtbalkens« zeigte, sowohl als sie es anfangs von vorn, wie auch dann als sie es von der Seite und schließlich von hinten sahen!* Die Sichtung dauerte rund 90 Sekunden.

Die Zeugen legten die Aufnahme einem nahen Verwandten zur fachkundigen Beurteilung vor, einem in Beauvechain stationierten Oberst der Luftwaffe, der ihnen versicherte, daß es sich nicht um Flugzeugscheinwerfer handeln könne. Die Aufnahme landete schließlich in einer Schublade und wurde vergessen. Als der Zeuge fast fünf Monate später im Fernsehen den Alfarano-Film sah, frappierte ihn, wie sehr sein »Leuchtbalken« dem sich nähernden »Etwas« mit den beiden Scheinwerfern zu Beginn der Filmsequenz ähnelte (Foto 7.10a im Bildteil).

Moignelée-Sambreville (Provinz Namur)
13.-17. August 1990: 4 Farbnegative (24 x 36 mm, 200 ASA)

Bevor wir auf die detailreicheren Dokumente eingehen, wollen wir die letzten Fotos ansehen, die wir erst erhielten als wir mit der Arbeit an diesem Buch bereits begonnen hatten; vielleicht stellt sich heraus, daß sie einige Ähnlichkeiten mit dem obigen Foto aufweisen.

Gegen 22.30 Uhr hielt sich der damals 15½ Jahre alte David T. auf der Gartenterrasse des Hauses seiner Großeltern auf. Der Himmel war klar, es war ein milder, windstiller Sommerabend. Während David gerade mit einem Nachbarn redete, bemerkte er in etwa 40° Höhe eine »stillstehende, aber nicht unbewegliche« Form weißlich-gelber Farbe (hierzu merkte er später an, das »Ding« habe sich zwar nicht von der Stelle gerührt, sei aber in einer von links nach rechts verlaufenden Rotationsbewegung befaßt gewesen). Höhe und Abmessungen des am östlichen Himmel erscheinenden Phänomens konnten die Zeugen nicht schätzen, aber sie hatten den Eindruck, es sei sehr weit entfernt gewesen.

David rief sofort seinen Großvater (Marcel T.), der ins Obergeschoß eilte und einen mit einem 50-mm-Objektiv bestückten Fotoapparat mitbrachte, den er dem Jungen in die Hand drückte. Während dieser kurzen Zeitspanne (weniger als eine Minute) war das Phänomen ein erstes Mal »erloschen«; es tauchte dann etwas weiter links erneut auf. Innerhalb von etwa 30 Sekunden wurden vier Aufnahmen gemacht (Blitzfolgezeit: 4 Sekunden). Zwischenzeitlich ging das Phänomen ein zweites und ein drittes Mal »aus«, um jeweils deutlich weiter links wieder »anzugehen«, bis es plötzlich auf der Stelle verschwand und nicht mehr auftauchte (Fotos 7.16 a-d im Bildteil).

Unsere beiden Mitarbeiter, Gérard Grède und Denis Moinil, die mit den Zeugen mehrere Gespräche führten, sind von deren Glaubwürdigkeit und Aufrichtigkeit überzeugt. Denis Moinil, der von Beruf Fotograf ist, prüfte die Originalnegative genau und führte verschiedene Tests und Rekonstruktionen vor Ort durch. Er hält die Dokumente für echt und meint, man könne eine Fälschung ausschließen, bei der ganz nah vor dem Objektiv ein kleinerer Gegenstand (welcher?) aufgenommen worden wäre, und zwar aus folgenden Gründen:

1. Da die Scharfeinstellung auf »unendlich« erfolgte, ist das Motiv mit Sicherheit mehr als 20 Meter entfernt. Dies ist am unscharfen Vorder-

grund ersichtlich: Gewächshaus (10 Meter vom Zeugen entfernt), Zäune, Einfassungen und eine waagerecht durchs Bild verlaufende Schnur, die als Badminton-Netz gedient hatte.

2. Die letztgenannten Bildelemente erscheinen aufgrund des Blitzlichts doppelt (Synchronisationszeit: 1/30 Sekunde).

3. Das Leuchtphänomen (bzw. die »Kugeln«) ist deutlich von der *Seite* beleuchtet, was nicht der Fall gewesen sein könnte, wenn es vom Blitzlicht getroffen worden wäre und wenn es sich folglich in der Nähe der Kamera befunden hätte.

Bis zu eingehenderen Untersuchungen, die diesen ersten, vorläufigen Befund vielleicht untermauern, mag es einstweilen sein Bewenden haben.

PETIT-RECHAIN, VERVIERS (PROVINZ LÜTTICH)
4. ODER 7. APRIL 1990: 1 FARBDIA (24 X 36 MM, 200 ASA)

Dieses Dia ist unbestreitbar das wichtigste Bilddokument der belgischen Welle, das uns bis heute zu Gesicht gekommen ist: wegen dem, was darauf zu sehen und daraus abzuleiten ist und wegen der Glaubwürdigkeit des Zeugen, der es in Gegenwart seiner Lebensgefährtin, der Zeugin S., aufgenommen hat. Auf der Aufnahme ist das zu sehen, was von vielen Mitbürgerinnen und Mitbürgern berichtet wurde. Da der Bildautor anonym zu bleiben wünscht (dies haben wir ihm zugesichert), seien hier nur seine Initialen genannt. Wir möchten ihm herzlich dafür danken, daß er uns das Originaldia für einen längeren Zeitraum zur Analyse überlassen und uns freundlicherweise seine Fotoausrüstung zur Verfügung gestellt hat.

Wir besuchten P. M. erstmals im August 1990; mit von der Partie war unser »regionaler« Mitarbeiter Guy Bleser. Die Aufnahme war vier Monate zuvor zustande gekommen, am 4. oder 7. April, genauer ließ sich das nicht feststellen. Der damals 20jährige Zeuge, der als Dreher und Schlosser in einem örtlichen Unternehmen arbeitet, hatte dem Dokument wenig Bedeutung beigemessen und sich damit begnügt, es einigen Freunden und Bekannten zu zeigen. Seine Freundin, eine 18jährige Studentin, hatte das Dia einigen Kommilitonen und Professoren vorgelegt. Schließlich landete es in einer Schublade. Erst später erzählte ein Arbeitskollege des Zeugen einem in der Stadt ansässigen Pressefotografen, Herrn Guy Mossay, davon. Mossay witterte einen möglichen Profit und sicherte sich die Rechte. Er ließ Abzüge anfertigen, die er ohne größeren Erfolg an einige Agenturen schickte (auf diesem Wege gelangte das Foto später, ziemlich schlecht reproduziert und ohne angemessenen Kommentar, in Heft 6 der Zeitschrift *Science & Nature*). Schließlich bat uns die RTL-TVi-Journalistin Dominique Demoulin – sie hatte das Foto bei der Presseagentur Belga gesehen – um unser Urteil, da sie unsere Forschungsarbeit schätzte.

P. M. schilderte uns die Umstände seiner Beobachtung folgendermaßen:

> Zwischen 21.30 und 23 Uhr rief mich S., die gerade den Hund in den Hof gebracht hatte, ich solle kommen, um mir einen merkwürdigen Gegenstand am Himmel anzusehen. Draußen konnte ich in einer Höhe von etwa 45° und in südwestlicher Richtung ein Objekt sehen, das sich praktisch nicht bewegte. Es waren drei runde, weiße Lichter auf einer dreieckigen Fläche, die man kaum erkennen konnte. In der Mitte gab es einen blinkenden Punkt von der gleichen Farbe – vielleicht war er auch etwas rötlicher. Da sich das Phänomen praktisch nicht von der Stelle bewegte, holte ich meinen Fotoapparat. Draußen machte ich sofort zwei Aufnahmen, von denen jedoch nur eine etwas geworden ist. Das Objekt schien ziemlich weit entfernt und hoch am Himmel. Ich hatte nicht den Eindruck, daß es wirklich waagerecht schwebte, denn seine Unterseite zeigte in meine Richtung. Es muß also eine bestimmte Neigung eingenommen haben. Das Objekt schien größer zu sein als ein Passagierflugzeug; ich würde sagen, 5 Zentimeter bei ausgestrecktem Arm. Über die Flughöhe kann ich unmöglich etwas Genaueres sagen; vielleicht waren es 150 Meter? Gleich nach der zweiten Aufnahme setzte sich das Objekt zum ersten Mal in Bewegung – ziemlich langsam, mit der Spitze nach vorne und in Richtung auf das Gewerbegebiet von Petit-Rechain (nach Norden). Dann verschwand es hinter einigen Dächern. Während meiner Beobachtung hörte ich ein schwaches Zischen. Der Himmel war an dem Abend verhangen; es war zwar kein schönes Wetter, doch geregnet hat es auch nicht. Am meisten beeindruckt hat mich die offenbare Bewegungslosigkeit des Phänomens.

Die Sichtung dauerte etwa 5 Minuten. Die Schilderung von Frau S., die wir gesondert befragten, enthält einige Unstimmigkeiten, die uns zunächst veranlaßten, an die Sache mit einer gewissen Zurückhaltung heranzugehen, das wollen wir gern zugeben. Nach einigen weiteren Gesprächen, die uns von der Glaubwürdigkeit der beiden überzeugten, kommt uns die Angelegenheit immer wahrscheinlicher vor, zumal die Zeugin bei unserem ersten Besuch sofort eingeräumt hatte, daß sie das Phänomen nicht so aufmerksam beobachtet hatte, wie wir gehofft hatten. Im Kern bleibt die Schilderung also stimmig:

> Ich sah drei runde, weißgelbe und im Dreieck angeordnete Leuchtpunkte, und später konnte ich in der Mitte noch ein weiteres Licht erkennen. Ich meine, dieses Licht war ständig an und hatte dieselbe Farbe wie die anderen. Die dreieckige Form habe ich nicht genau gesehen, sondern aufgrund der Anordnung der Lichter mehr erahnt. Ich kann nicht sagen, ob sich das Phänomen bewegt hat oder nicht. Dann habe ich P. gerufen. Nachdem er die Aufnahmen gemacht hatte, hat sich das Phänomen schlagartig aufgelöst – schwupp, weg war es! Die Geschwindigkeit war ziemlich groß, und ich hörte ein leises Zischen. Der Hund hat darauf nicht besonders reagiert. Als sich das Objekt bewegt hat, ging es nach rechts (nach Norden). Ich hatte den Eindruck, daß es geneigt war, denn ich konnte die Unterseite sehen. Ich weiß nicht, wie das Phänomen verschwunden ist, weil ich nämlich nicht gesehen habe, wie es sich bewegt hat (!). Ehrlich gesagt, ich paßte nicht mehr genau auf, als P. die Fotos machte. Als ich dann wieder hinblickte, war das Objekt verschwunden.

Unter welchen Umständen und mit welcher Fotoausrüstung die beiden Aufnahmen gemacht wurden, soll wegen der Analysen, die durchgeführt wurden, genauer beschrieben werden.

P. M. benutzte eine Spiegelreflexkamera (24 x 36 mm) Praktika BX20 mit Zoomobjektiv 55-200 mm und »Cokin«-Skylightfilter 1A (Durchmesser: 52 mm). Auf dem Film – Kodak, 200 ASA – waren nur noch wenige Aufnahmen, das betreffende Foto hat die Nummer 35. Die zweite Aufnahme hat der Zeuge leider nicht aufgehoben, da auf ihr nichts zu sehen war. Die übrigen Bilder waren mehrere Wochen zuvor aufgenommen worden und zeigten Urlaubsmotive. Der Zeuge hält sich selbst nicht für einen versierten Fotografen, immerhin wisse er aber, daß man bei ungünstigen Lichtverhältnissen besser mit einer längeren Verschlußzeit arbeitet. Er stellte daher das Verschlußzeitenrad einfach auf »B«, wählte vermutlich die größtmögliche Blende (4) und stützte seine Kamera so gut es eben ging auf einer Mauerecke auf. Vor dem Auslösen nahm er sich noch die Zeit für eine präzise Scharfeinstellung und die Wahl eines geeigneten Bildausschnitts, um ein wenig »Luft« um das Objekt zu haben. Deshalb mußte er von der sicher instinktiv gewählten Brennweite 200 aus *zurückzoomen*. Das Foto wurde demnach mit einer Brennweite zwischen 55 und 200 mm aufgenommen (möglicherweise 100 oder 150 mm?) und mit einer Belichtungszeit von schätzungsweise ein bis zwei Sekunden. P. M. ist sich ziemlich sicher, daß er trotzdem beim Auslösen gewackelt hat. Den Film schickte er Tage später mit der Post zu einem Großlabor zur Entwicklung, das damals mit einem attraktiven Sonderangebot warb.

Eine möglichst originalgetreue Reproduktion der Aufnahme findet sich im Bildteil dieses Buches (Foto 7.17a). Auf den ersten Blick erkennt man lediglich die Leuchtpunkte mit den merkwürdigen »Spuren« auf dem Film. Bei genauerem Hinschauen erkennt man den *dunklen Umriß einer dreieckigen Form*, die sich von dem nachtblauen Himmel abhebt. Dies ist bis heute ein *einzigartiges* Dokument, das einzige, das auch die *Trägermasse* jener berühmten Lichter in der Anordnung zeigt, wie sie schon so oft beschrieben wurde. Um den Flugkörper hervorzuheben, haben wir vom Original verschiedene Abzüge gemacht. Bei der Entwicklung des Abzugs, der im Bildteil über 7.17a abgedruckt ist, wurde mit einer Überbelichtung um etwa zehn Blendenwerte gearbeitet. An zwei der drei Spitzen des Dreiecks sind die »abgebrochenen« Ecken zu erkennen – ein Charakteristikum, das immer wieder beschrieben und an verschiedenen Stellen in diesem Buch wiederholt illustriert wurde. Auf wesentlich aufwendigeren Überarbeitungen der Aufnahme, von denen gleich die Rede sein wird, ist das noch besser zu erkennen. Das Dokument ließ uns jedoch nicht gleich ins Schwärmen geraten, und selbst die Begeistertsten meinten, es sei zu schön, um wahr zu sein: Man mußte es ja nur neben die anderen Fotos legen, die bei uns eingegangen sind und die samt und sonders enttäuschend waren.

Wir spielten also sozusagen den Advocatus Diaboli und fertigten ein Modell an: Eine dünne, schwarzgestrichene Holzplatte wurde genau zugeschnitten und mit vier Löchern für vier 1,5-V-Glühlämpchen versehen, die über zwei auf der Rückseite angebrachte Flachbatterien mit Strom versorgt wurden. Wir nahmen die gleiche Fotoausrüstung und

7. VIDEOFILME UND FOTOGRAFIEN

Filmmaterial desselben Typs, später auch die Kamera von P. M., um unter analogen Bedingungen experimentell zu ermitteln, in welcher Weise das an einem Faden aufgehängte Modell vor dem nächtlichen Himmel abgebildet werden würde. Vor allem wollten wir wissen, ob es möglich sei, jene Leuchteffekte wie auf den Aufnahmen von P. M. herzuzaubern, indem man die Kamera oder das Modell in verschiedene Richtungen bewegt. Nach über hundert Versuchen – die wir sogar noch mit Rückwärtszoom-Bewegungen kombinierten und bei denen wir die Lämpchen später mit verschiedenen lichtdurchlässigen Masken abdeckten – müssen wir sagen, daß es uns zu *keinem* Zeitpunkt auch nicht annähernd gelungen ist, die Originaldarstellung zu reproduzieren. Die vier Spuren der von uns erzeugten Bewegungen verlaufen in sämtlichen Fällen parallel (Foto 7.17b), wohingegen bei dem Dreieck von Petit-Rechain *jeder Leuchtfleck für sich seinen besonderen Krümmungsradius hat*. Zur Not hätten wir die Lämpchen einzeln und *unabhängig* voneinander beispielsweise an einem Faden aufhängen können, doch auch dann blieben die unerklärlichen »Reflexe« und »Projektionen« von so etwas wie Glühwendeln, die über den Objektumriß – ins Leere – hinausreichten! Sollten wir es also tatsächlich mit einem manipulierten Bild zu tun haben, dann mußte *viel* raffinierter gefälscht worden sein als mit so einem »Spielzeug«, wie wir es ausgeknobelt hatten.

Dabei konnte es nicht bleiben, wir brauchten eine weiterreichende Analyse des Dokuments. Daß sie zustande kam, verdanken wir den Beziehungen unseres Freundes, Professor Brenig. Am 28. September 1990 wurden wir von Professor Marc Acheroy (Lehrstuhl für Elektrotechnik an der École Royale Militaire in Brüssel) und seinem Team herzlich empfangen. Das Foto, das wir ihnen mitgebracht hatten, sorgte für Verblüffung, und Professor Acheroy sicherte uns sofort Unterstützung zu. In der Folgezeit hielten wir Kontakt, und unseren Anliegen wurde durchweg größte Aufmerksamkeit entgegengebracht. Wir möchten Professor Acheroy bei dieser Gelegenheit unseren herzlichen Dank aussprechen, daß wir auf seine uneigennützige und hochwillkommene Mitwirkung immer zählen durften. Das von ihm geleitete Labor für Signalaufbereitung ist auf die Bearbeitung und Wiederherstellung von Bildern spezialisiert. Angesichts der außergewöhnlichen Qualität des Dokuments aus Petit-Rechain erklärte sich Professor Acheroy bereit, das Dia mit Hilfe seiner EDV-Anlage unentgeltlich zu analysieren. Sein vorläufiger Befund, den er für dieses Buch formuliert hat, lautet:

> Die elektronische Bildverarbeitung beginnt mit der Digitalisierung des Bildes durch den sogenannten »Scanner«. Bei dieser Operation wird jeder Bildpunkt (s/w) in 256 verschiedene Graustufen kodiert, wobei die Stufen 0 und 255 die Maxima der Schwarz-weiß-Skala bezeichnen. Bei einem Farbbild (das uns in diesem Zusammenhang interessiert) erfolgt die Kodierung nach 256 Stufen anhand der drei Grundkomponenten Rot, Grün und Blau, wobei die gewichtete Summe dieser drei Komponenten eine Wiederherstellung der wesentlichen Farben des Originals (im Sinne der optischen Wahrnehmung) gestattet. Da das Institut für Elektrotechnik nicht über einen Scanner mit ausreichender Auflösung verfügt, wandten wir uns an die Firma Barco Graphics in Gent, die das Dia kostenlos in sehr hoher Auflösung digitalisiert hat: Das digitalisierte Bild (etwa die Hälfte des Dias) erreicht die Auflösung des Filmkorns. Es ist eine Matrix aus 7 000 mal 7 000 Punkten, die eine Speicherkapazität von 150 MByte erfordert; als Speichermedium haben wir eine optische Platte benutzt. Um das gesamte Bild darzustellen, würde man 49 Bildschirme benötigen (7 x 7).
>
> Um die Bearbeitung der ungewöhnlich großen Dateien zu erleichtern, haben die Leute im Labor mit einer Software gearbeitet, die es gestattet, einerseits das fragliche Bild in der Weise auf dem Bildschirm darzustellen, daß in jeder Richtung nur jeder siebente Bildpunkt berücksichtigt wird, und andererseits auf eine vom Anwender vorgegebene Zone mit maximaler Auflösung zu zoomen. Damit haben wir die Möglichkeit, auf dem Bildschirm sowohl ein Echtfarben-Bild mit einer Matrix von 1 024 mal 1 024 Punkten (auf einem Terminal mit einer hochauflösenden »Echtfarben«-Graphikkarte) darzustellen, als auch eine beliebige Farbkomponente mit 256 Graustufen.
>
> Die ersten durchgeführten Bearbeitungsschritte waren punktueller Natur: Der einfachste Schritt bestand darin, die (lineare) Grauskala so zu verändern, daß man sie mit einer bestimmten Funktion korrespondieren ließ, die die Bildkontraste verstärkte. Es war nicht schwer, die Struktur des fotografierten Objekts deutlicher herauszuholen; dazu stand uns eine spezielle Software zur Verfügung, die am Lehrstuhl für Elektrotechnik schon vor längerer Zeit entwickelt worden ist. Der nächste Schritt, bei dem ebenfalls punktuell eingegriffen wurde, bestand darin, verschiedene Farben mit bestimmten Graustufen bzw. Graustufenintervallen zu korrelieren, um eine kontrastreichere »Falschfarben«-Darstellung zu erzielen; zu diesem Zweck wurde eine interaktive Software entwickelt.

7. VIDEOFILME UND FOTOGRAFIEN

Die zweite Kategorie der Bildbearbeitungsoperationen ist das Passieren von digitalen Filtern. Hiermit verfolgt man, allgemein gesprochen, das Ziel, abhängig von den bestimmten Parametern zugeordneten Werten (den Filterkoeffizienten) das optische Rauschen zu vermindern (Tiefpaß-Filterung), bestimmte richtungsspezifische Eigenschaften nachzuweisen (horizontale, vertikale, diagonale etc. Filterung) oder aber die Formen und Konturen hervorzuheben (Hochpaß-Filterung).

Betrachtet man die Blaukomponente des in dieser Weise bearbeiteten Bildes, hebt sich deutlich eine dreieckförmige Struktur ab, die über den Rand eines Rechtecks hinausreicht. Da bestimmte Ränder dieses Gebildes deutlicher zu erkennen sind, ist eine gewisse relative Bewegung zwischen dem fotografierten Objekt und dem Beobachter zu vermuten (bei einer Belichtungszeit von bekanntlich ein bis zwei Sekunden). Die drei weißen Hauptlichter scheinen alle in einer Bewegung begriffen zu sein, es ist aber unmöglich, einen Drehpunkt zu finden, der ihnen gemeinsam ist. Überdies scheint das rötliche Licht in der Mitte – wie ein umlaufendes Blaulicht – zu rotieren. Auch die Struktur der Lichter ist bemerkenswert: Mehreren Personen fiel eine Ähnlichkeit mit Plasmastrahlen auf. Zahlreiche Experimente, die die SOBEPS mit einem bewegten Modell unter Verwendung desselben Filmmaterials und unter gleichen Bedingungen durchgeführt hat, haben im übrigen gezeigt, daß mit Glühlämpchen simulierte Lichter kaum Ähnlichkeiten mit den Lichtern des analysierten Objekts aufweisen. Aus dem Verlauf der Grünkomponente lassen sich anscheinend keine weiteren Erkenntnisse ableiten. Die Rotkomponente läßt indessen keine Struktur erkennen. Außer dem erwarteten roten Licht in der Mitte erscheint noch ein rötlicher Fleck, der sehr wahrscheinlich auf einen Abbildungsfehler des Aufnahmegeräts zurückzuführen ist.

Ferner sei darauf hingewiesen, daß die SOBEPS die Kamera des Zeugen erworben hat – eine Praktika, mit der das Dia aufgenommen wurde –, um sie eingehend untersuchen zu können (sphärische Aberration, Infrarotverhalten der Optik etc.).

Die Analyse dieses außergewöhnlichen Dokuments ist noch lange nicht abgeschlossen. Das digitalisierte Bild ist noch vielen computergestützten Untersuchungen zu unterziehen, was wegen der extrem große Datenmenge nicht gerade einfach wird. Auch die verwendete Kamera wird noch genau überprüft, da wir kein Detail außer Acht lassen wollen.

Mehrere Studenten der Université Libre de Bruxelles und der École Royale Militaire de Bruxelles haben bereits angeboten, zu diesem Thema ihre Abschlußarbeiten zu schreiben.

Auf einer wichtigen Sitzung, die am 23. Februar 1991 bei der SOBEPS in Brüssel stattfand, erhielten wir von Jean-Jacques Velasco, Ingenieur beim C.N.R.S. und Direktor der SEPRA, und Pierre Lagrange die Anregung, einen auf diesem Gebiet ebenfalls renommierten, französischen Spezialisten zu konsultieren, nämlich Professor François Louange in Paris, dem wir das Dia von P. M. übergaben. Um es auf einer Optronics C 4500 digitalisieren und speichern zu können, stellten wir ihm das Original zur Verfügung. Bei dieser Gelegenheit möchten wir Professor Louange für die bereits durchgeführten Arbeiten und für die Überlassung des im Bildteil in Farbe reproduzierten Bildes (Foto 7.17c im Bildteil) unseren Dank aussprechen.

In seinem Brief vom 13. Juni 1991 hatte er geschrieben:

> Diese vorgeschalteten Bearbeitungsschritte sind kein Selbstzweck; die abschließende Untersuchung (...) bis zum Jahresende (...) wird zeigen, welche Zwischenschritte dazu beigetragen haben, zu Ergebnissen zu gelangen – wie auch immer sie ausfallen mögen.

Petit-Rechain – Fortsetzung folgt ... und zwar mit Sicherheit sobald wie möglich in unserer Zeitschrift *Inforespace*.

Ramillies (Provinz Brabant)
1. April 1990: 4 Farbnegative (24 x 36 mm, 1600 ASA)

Die letzten Darstellungen in diesem Kapitel beziehen sich auf eine Sichtung, bei der ich selbst Zeuge war. Ich möchte um Nachsicht bitten, wenn ich nun in Ich-Form berichte, doch so läßt es sich einfach besser erzählen.

Die Vorgänge ereigneten sich in der Nacht vom 31. März auf den 1. April um 1.05 Uhr. Ausgerechnet an diesem seit jeher für Possen aller Art reservierten Tag hatten meine Begleiter und ich ein ungewöhnliches Abenteuer zu bestehen, das freilich nichts von einem Aprilscherz an sich hatte. Blenden wir jedoch zunächst einige Stunden zurück auf den frühen Abend des 31. März.

Bekanntlich begann am Vorabend die »verrückte Nacht für die F-16« (S. 248 ff.), die Sichtung durch Beamte der Gendarmerie Wavre und die Videoaufzeichnung eines Dreiecks über Brüssel durch den Zeugen

7. VIDEOFILME UND FOTOGRAFIEN 595

Alfarano. Mit Lucien Clerebaut und José Fernandez zusammen hatte ich mich nach Ramillies (zwischen Jodoigne und Eghezée) aufgemacht, um dort Gendarm Renkin zu treffen, jenen Mann, durch den die F-16-Affäre überhaupt erst ins Rollen gekommen war. Nachdem er uns diese wirklich bemerkenswerten Ereignisse detailliert geschildert hatte, hatten wir uns, bevor wir uns wieder auf den Weg machten, erkundigt, wo es in der Gegend einen Beobachtungspunkt mit freier Sicht gebe. Wir folgten seinem Rat und postierten uns an einer Wegkreuzung mitten in den Feldern auf Höhe von Petit-Rosière, zwischen Glimes und Perwez, von wo man einen guten Blick hat. Die Stelle war in der Tat gut gewählt. Es war mittlerweile ungefähr 21.30 Uhr, wir hatten eine wunderbar klare Sicht und befanden uns unter einer Flugschneise mit hohem Verkehrsaufkommen. Ich montierte eine mit einem 1600-ASA-Film geladene Spiegelreflexkamera mit 300er Telebrennweite auf das Stativ, da ich eine Reihe von Flugzeugen mit verschiedenen Lichtern aufnehmen wollte, um meine Sammlung von Aufnahmen zu vervollständigen, die immer dann zum Vergleich herangezogen werden konnten, wenn man uns angebliche UFO-Bilder vorlegte. Ich beschloß, an jenem Abend eine weitere Testreihe zu machen und Aufnahmen mit einer Belichtungszeit von 1/125 Sekunde zu schießen. – Daß ich diese ganzen Details erwähne, hat, wie sich gleich herausstellen wird, seinen Grund. In den ersten Stunden machte ich etwa zehn Aufnahmen. Obwohl uns verschiedene Maschinen in sehr großer Höhe (mehrere tausend Meter) überflogen, waren sie alle erkennbar und in der Stille, die in dieser Umgebung herrschte, gut hörbar. Als es später wurde und uns die eisige Kälte auf dem ungeschützten Plateau etwas zusetzte, nahmen wir drinnen im Wagen eine kleine Zwischenmahlzeit und ein heißes Getränk zu uns.

Plötzlich bemerkte ich einen gelblichen Leuchtpunkt in südsüdöstlicher Richtung vor uns, dicht über dem Horizont. Ich machte meine Begleiter sofort darauf aufmerksam und drängte zum Aussteigen. Denn bei meinen längeren nächtlichen Flugzeugbeobachtungen in den vergangenen Wochen war mir noch nie eine solch starke Gelbfärbung begegnet. Nun ging alles sehr schnell. Ich griff nach der Kamera und nahm das sich nähernde verdächtige Licht ins Visier. Es stieg höher und höher, wurde dabei immer größer und verdoppelte sich kurz darauf. Trotz der relativ großen Entfernung machte ich zwei erste Aufnahmen, denn solche ungewöhnlichen Lichter hatte ich noch nicht in meiner Sammlung. Lucien Clerebaut hatte die beiden Lichter mit seinem starken Fernglas geortet, José Fernandez beobachtete mit bloßem Auge. Während sie sich uns weiter näherten, verdoppelten sie sich nochmals. Es waren nun vier paarweise angeordnete, helle Scheinwerfer, die lange, *weiße* und nach beiden Seiten durch ein Leuchten verbreiterte Lichtbündel nach vorne projizierten. Bald würden die Scheinwerfer in einer relativ geringen Höhe über uns hinwegfliegen. Während ich versuchte, das, was ich nach wie vor für ein Flugzeug hielt, so gut wie möglich im Sucher einzufangen, konnte ich immer besser ausmachen, was sich hinter den blendenden Lichtern verbarg. Dann die Überraschung: Für etwa 10-15 Sekunden konnten wir ganz deutlich erkennen, daß die *vordere* Partie des Fluggeräts, von wo die vier mächtigen Lichtstrahlen kamen, in Wahrheit ... *völlig gekrümmt* verlief, wie ein riesiger, unterbrochener dunkler Kreisbogen, auf dem eine Reihe kleiner Zonen weißen Lichts leuchtete (oder sich Licht reflektierte?), die zum Rand hin immer schmaler wurden! Ich kann mich noch erinnern, daß sie links zahlreicher vorhanden waren als rechts. Die Lichtstrahlen selbst verliefen nicht parallel. Sonst konnte ich nur noch eine dunkle Masse ohne irgendwelche Ausformungen erkennen, mit einem schwachen, rötlichen Leuchten etwa in der Mitte und einem helleren hinteren Rand. Das Objekt befand sich zu diesem Zeitpunkt in einer Höhe von etwa 45° (Abbildung 7.18a im Bildteil).

Ich machte eine dritte Aufnahme. Das Objektensemble war gut im Sucher zentriert und hob sich vor dem dunklen Himmel klar und deutlich ab. Über den äußeren Scharfstellkreis der Mattscheibe ragte es hinaus, was bei meiner Nikon F2 bedeutet, daß es gut ein Drittel der 36 mm breiten Einstellscheibe ausgefüllt hat. Ich fotografierte mit der größten Blende (Super Komura, f: 5/300) und der Scharfeinstellung auf »unendlich«. Wenn ich diese Einstellung veränderte, wurde das Objekt unscharf. Als es direkt über unsere Kreuzung flog, verblüffte uns alle seine unerwartete Form, die mit einem Flugzeug keine Ähnlichkeit hatte (Foto 7.18b im Bildteil). Lucien Clerebaut suchte mit seinem Fernglas die dunkle Oberfläche ab, konnte aber nichts finden, was einer Tragfläche oder einem Rumpf geglichen hätte, ebensowenig José Fernandez, der weiterhin mit bloßem Auge beobachtete. Nach dem Überflug blieb die Masse des Objekts noch einige Sekunden sichtbar, da sie sich stark

7. VIDEOFILME UND FOTOGRAFIEN

von dem helleren Lichtsaum der vier in Flugrichtung strahlenden Lichtbündel abhob. Als es sich wieder in einer Höhe von etwa 45° befand, drückte ich ein viertes Mal auf den Auslöser. Erst in diesem Moment hörten wir das typische Zischen eines Strahltriebwerks – fanden aber, daß es für die geringe Flughöhe merkwürdig *leise* war. Das Objekt verschwand schließlich am nordnordwestlichen Horizont im Dunkeln. Es war nun genau 1.05 Uhr.

Noch ganz verblüfft, begann jeder seine Eindrücke und Beobachtungen zu schildern. Was hatten wir eigentlich soeben gesehen? Was war dieses »Ding«, das sich zwar wie ein Düsenflugzeug anhörte, ihm aber sonst in nichts ähnelte? Bestimmt weder eine F-117 noch ein AWACS. Ein geheimer Prototyp? Was hatte unsere Sinne täuschen können? Wir diskutierten noch lange, bis wir uns mit den Tatsachen abfanden: Es war uns wie dem Gärtner in »L'arroseur arrosé« ergangen [Der begossene Gärtner, Film der Gebr. Lumière, 1895; A. d. Ü.]. Aus den *Interviewern* waren *Zeugen* geworden! Man würde uns nicht glauben, vor allem unsere eigenen Leute nicht, und dazu noch am *1. April*! Aber wir hatten doch während dieser anderthalbminütigen Beobachtung, alle drei, dasselbe gesehen. Und falls mir Kleinigkeiten entgangen sein sollten, weil ich mich vor allem darauf konzentriert hatte, gute Aufnahmen zustande zu bringen, so hätten doch Lucien und José sie auf jeden Fall bemerkt.

Über die Flughöhe waren wir uns sofort einig: weniger als 500 Meter, ganz sicher. Dies wird dadurch bestätigt, daß sich aufgrund meiner sorgfältigen Scharfeinstellung auf »unendlich« ein *unterer* Grenzwert von 300 Meter ergibt. Wir kamen überein, daß die Flughöhe näher bei 300 als bei 500 Meter gelegen haben muß. Die Spannweite des Objekts dürfte mit der einer Boeing 747 vergleichbar sein.

Wir blieben bis gegen vier Uhr morgens auf der Lauer. Würde das Objekt wieder auftauchen? Einige Flugzeuge – diesmal echte – zeigten sich noch über dem Brabanter Plateau. Obgleich sie wegen der großen Höhe winzig wirkten, waren ihre Positionslichter unschwer zu erkennen. Ich machte von ihnen ergänzende Aufnahmen, um die Unterschiede zu unserer Sichtung besser herausstellen zu können. Ich gebe zu, daß ich zu Hause noch ganz aufgewühlt war, im Bann des unbegreiflichen Erlebnisses stand und sehr schlecht geschlafen habe. Ich fertigte, reichlich unbeholfen, einige Skizzen an und merkte, wie schwierig es ist, so etwas zeichnerisch wiederzugeben. Stunden später kehrte ich zum Sitz der SOBEPS zurück, um, nachdem alle die Sache »überschlafen« hatten, die Skizzen mit meinen beiden Begleitern zu besprechen und zu vervollständigen. Die vier Fotos jedenfalls würden unsere Angaben bestätigen, und ich hatte gute Gründe anzunehmen, daß sie gelungen waren. Die Aufnahmen wurden am Tag darauf entwickelt. Aber welch ein Schlag! Die *vor* und *nach* »unserem« Objekt aufgenommenen Maschinen waren unverkennbar da, winzig zwar, aber sie entsprachen genau meinen Erwartungen; aber dort, wo das mysteriöse Objekt in vergrößerter Abbildung hätte erscheinen sollen ... *war einfach nichts!* Das war doch vollkommen *unmöglich!* Als Werbefotograf und Bildberichterstatter, der mit ziemlich hohen Anforderungen konfrontiert ist, bei der Filmproduktion und bei Regiearbeiten, habe ich einige praktische Kenntnisse. Hier war etwas Unlogisches und Unverständliches geschehen – vor allem, wenn man die hohe Empfindlichkeit des verwendeten Films bedenkt (wie gesagt: 1600 ASA).

Als ich die Negative später mit einem Fadenzähler unter die Lupe nahm, konnte ich dennoch *etwas* entdecken: Wo man eigentlich die hellen Lichtbündel des Objekts hätten sehen müssen, hatten nur einige mikroskopisch kleine Punkte den Film belichtet. Auf dem – vielversprechendsten – dritten Foto mit den vier Scheinwerfern und dem die gekrümmte Vorderpartie beidseitig umgebenden Leuchten, das insgesamt gut ein Drittel des Suchers eingenommen hatte, zeigten sich lediglich zwei *winzige*, nebeneinanderliegende Punkte sowie weiter unten und weiter auseinander zwei noch schwächere Punkte, die zusammen ein ebenes Trapez ergaben. Um einen tauglichen Abzug herstellen zu können, mußte man den Ausschnitt erheblich vergrößern (Foto 7.18c im Bildteil). Weder das Aussehen noch die Größe, nicht einmal die Proportionen stimmten. Die beiden vorigen Fotos ließen sich zur Not noch erklären, denn sie waren ja zustande gekommen, als der gelbliche Punkt noch weiter entfernt war. Das vierte Negativ zeigt lediglich zwei kleine, weiße Punkte und darunter, in der Mitte, einen dritten, kaum wahrnehmbaren *rötlichen* Punkt. Zusammen ergeben sie ein ebenes Dreieck, das durchaus das Objekt von hinten zeigen könnte.

Der Sachverhalt ist also folgender: Auf dem Negativ eines hochempfindlichen Films ist ein großdimensioniertes, vorne sehr hell leuchtendes

7. VIDEOFILME UND FOTOGRAFIEN

und in einer Entfernung von 300-500 Meter mit einem Teleobjektiv aufgenommenes Objekt *kaum* sichtbar – während einige in mehreren tausend Metern Höhe fliegende Flugzeuge auf demselben Film deutlich und normal wiedergegeben werden! Ich konnte mir einfach nicht vorstellen, daß es für dieses Rätsel keine Erklärung geben würde, kam aber nicht weiter. Ich wandte mich daher an Professor August Meessen. Seine Überlegungen, Experimente und Hypothesen, auf die er im folgenden Kapitel zu sprechen kommt, werden unter anderem zeigen, daß nicht nur mir allein ein derartiges Mißgeschick widerfahren war.

> Wieviele Informationen sich aus Fotografien und Videoaufnahmen gewinnen lassen, wenn Fachleute sie eingehend analysieren, hat dieses Kapitel gezeigt.
>
> Die SOBEPS sammelt alle greifbaren Dokumente, die für derartige Untersuchungen geeignet und vielleicht ergiebig sind. Falls Sie im Besitz von Fotos oder Videokassetten sind, die UFO-Phänomene zeigen, würden wir uns freuen, wenn wir diese Aufnahmen eingehend analysieren lassen und sie an Labors weiterleiten dürften, mit denen wir inzwischen eng zusammenarbeiten.
>
> Falls Sie ein UFO-Phänomen fotografieren konnten und nach der Entwicklung feststellen mußten, daß auf dem Film nichts zu erkennen ist, sind diese Negative für uns gleichwohl von Interesse.
>
> Mit diesem Aufruf möchten wir uns auch an ufologische Gruppierungen wenden, in deren Archiven sich möglicherweise derartige Abzüge (und Negative) befinden.
>
> Anonymität wird, falls gewünscht, zugesichert.

8.
Der Herschel-Effekt
August Meessen

Erstaunliche Fotos

Das Zustandekommen der Aufnahmen hatte in gewisser Weise mit dem Einsatz der F-16, Freitagnacht, 30./31. März 1990, zu tun. Am Samstagabend waren drei SOBEPS-Mitarbeiter bei jenem Gendarm gewesen, auf den diese Operation zurückging, und hatten danach selbst den Überflug eines UFOs in geringer Höhe miterlebt. *Davon konnte Patrick Ferryn mehrere Aufnahmen machen.* In seiner Kamera hatte er einen hochempfindlichen Film (1 600 ASA), da er häufig Nachtaufnahmen von Flugzeugen machte, um Vergleichsmaterial für Fotos und Videofilme zu bekommen, die er im Zusammenhang mit der »belgischen Welle« sammelte.

Am Sonntag, dem 1. April 1990, begab ich mich zum Sitz der SOBEPS, um in Erfahrung zu bringen, was die Gendarmen zwei Tage vorher gesehen hatten. Noch *bevor* der Film entwickelt war, informierte man mich über die andere Sichtung. Patrick Ferryn hatte die Anflug- und die Überflugphase auf zwei Zeichnungen festgehalten. Lucien Clerebaut, der das Objekt durchs Fernglas beobachtet hatte, bestätigte diese Angaben. Wir alle hofften, daß die unter so günstigen Umständen gemachten UFO-Aufnahmen sich als ausgezeichnete Dokumente erweisen würden. Am Tag darauf erhielt ich einen Anruf von Patrick Ferryn. »Ich kann es einfach nicht fassen«, platzte er los, »auf meinen UFO-Aufnahmen ist nichts zu erkennen. Ich verstehe nicht, was da passiert ist.«

Er war gewiß enttäuscht, aber mir fiel vor allem auf, daß er sehr überrascht war. Unser Telefongespräch dauerte mindestens eine Stunde, da wir alle erdenklichen Vermutungen diskutierten. Anfangs mußte ich lachen, weil die Fotos *am 1. April* gemacht worden waren. Dann dachte ich an die gängigen Erklärungsversuche, die man mit Sicherheit vorbringen würde. Man würde behaupten, daß drei Personen, die kurz zuvor einige Sichtungsberichte angehört hatten, einfach *zu sehen glaubten, was sie sehen wollten.* Andere würden sagen, dies sei der Beweis, daß das UFO-Phänomen eine *paranormale* Erscheinung sei. Aber für Patrick Ferryn und für mich lagen die Dinge nicht so einfach.

Er hatte mir gesagt, auf den Fotos sei »nichts« zu erkennen, und so wollte ich zunächst wissen, ob das vielleicht an einer Fehlfunktion der Kamera oder einem Bedienungsfehler gelegen haben könnte. Nein – die Kamera funktioniere einwandfrei. Ich weiß, welch erfahrener Fotograf Patrick Ferryn ist, außerdem wußte er ja auch, worum es bei dem UFO-Phänomen ging, und ganz bestimmt lag ihm sehr viel daran, diese Aufnahmen nicht zu verderben. Das Objekt nahm, als es am nächsten war, ungefähr $1/3$ der Sucherbreite ein. Später stellte Patrick Ferryn kleine Lichtspuren auf den Fotos fest. Der Film ist also belichtet worden, nur hätte man ein ganz anderes Bild erwartet. Es gab also das Paradox, daß drei Zeugen Lichter gesehen hatten, *aber die Fotografie lieferte keine Abbildung davon.*

Man hatte also davon auszugehen, daß ein latentes Bild entstanden war. Das Paradox wäre dann gelöst, wenn das latente Bild vor der Entwicklung irgendwie *gelöscht* worden wäre. Aber alle Aufnahmen auf diesem Film, davor und danach, waren normal. Demnach müßte die Auslöschung während der Aufnahme – durch gleichzeitige Einwirkung des UFOs – erfolgt sein. Zwei Möglichkeiten kamen in Betracht: Entweder wurde sie durch das Kameragehäuse hindurch ausgeübt, oder unsichtbares Licht war gleichzeitig mit sichtbarem Licht durch das Objektiv eingefallen. Prüfen wir zunächst die erste Hypothese. Röntgenstrahlen würden nicht zu einer Unterdrückung des Bildes, sondern zu einer Verschleierung des Films führen, und die Einwirkung elektrischer oder magnetischer Felder konnte man vernünftigerweise nicht annehmen. Die zweite Hypothese kann für Ultraviolett- und Infrarotlicht zutreffen. Fernes Ultraviolett dringt nicht durch Glas, und nahes Ultraviolett könnte das Bild nur verstärken – *Infrarot aber wäre als Erklärung denkbar.*

Infrarotlicht durchdringt Glas fast ebensogut wie sichtbares Licht. Dies wurde durch spätere Messungen bis über 2000 Nanometer bestätigt. Aufgrund seiner etwas geringeren Brechung ergibt sich eine etwas größere Brennweite (um den Faktor 1,02). Eine genaue Scharfeinstellung bei sichtbarem Licht würde also ein leicht unscharfes Infrarotbild ergeben. Wenn dort, wo die Beobachter sichtbares Licht registriert hatten, auch Infrarotlicht vorhanden war, *wäre das aus sichtbarem Licht bestehende Bild vollständig von einem Infrarotbild überlagert worden.* Wenn Infrarotlicht tatsächlich in der Lage wäre, das aus sichtbarem Licht gebildete latente Bild auszulöschen, *würde man nicht einmal Kanteneffekte feststellen können.* Diese lagen auch nicht vor. Doch wodurch hätte das latente Bild ausgelöscht werden sollen? Bekanntlich ist es thermisch instabil: Einen belichteten Film sollte man in der Sommerhitze nicht im Auto aufbewahren. Infrarotstrahlung könnte die gleiche Wirkung haben.

Da ich Seminare über Festkörperphysik abhalte, lag es nicht fern, daß ich Überlegungen über einige Prozesse anzustellen begann, die hier möglicherweise eine Rolle spielen. Infrarotlicht kann absorbiert werden, weil das oszillierende elektrische Feld entweder auf die Ionen oder die Elektronen einwirkt. Hier kam logischerweise eher der zweite Prozeß in Betracht. *Sichtbares Licht regt nämlich die Elektronen an, die an solchen Orten eingefangen werden, wo sie die Bildung winziger Silberkörner ermöglichen.* Aus ihnen setzt sich das latente Bild zusammen. Die Filmentwicklung vergrößert die bestehenden Silberkörner durch einen chemischen Prozeß, bis sie sichtbar werden. *Infrarotlicht könnte jedoch die Elektronen, welche die Entstehung des latenten Bildes verursachen, aus ihren »Fallen« befreien.* Dies wäre ein antagonistischer Effekt, dem man weiter nachgehen müßte. Am folgenden Tag entdeckte ich in der Fachliteratur, daß es *tatsächlich möglich ist, das aus sichtbarem Licht gebildete latente Bild durch eine gleichzeitige oder nachträgliche Belichtung mit Infrarotlicht zu zerstören.* Dabei handelt es sich um den sogenannten Herschel-Effekt.

Die ersten Untersuchungen zum Herschel-Effekt

William Herschel war eigentlich Musiker und begann sich erst im Alter von 35 Jahren für Astronomie zu interessieren. Später baute er ausgezeichnete Teleskope, mit denen er eine Reihe von grundlegenden Entdeckungen machte. Da ihm bewußt war, wie wichtig auf Instrumente gestütztes Beobachten ist, versuchte er im Jahr 1800 zu ermitteln, ob ein an verschiedenen Stellen des Sonnenlichtspektrums plaziertes Thermometer verschiedene Temperaturen anzeigt. Zu seiner Überraschung war die

Temperatur jenseits des Rotlichts am höchsten. Daraus schloß er, daß die Sonne auch ein »unsichtbares Licht« abstrahlt, das er »Infrarot« nannte.

Sein Sohn John versuchte, die damals noch junge Fotografie in der Astronomie anzuwenden. Er experimentierte mit lichtempfindlichem Papier, das er selbst präparierte. Weißes Papier wurde mit Silbernitrat vorbehandelt und dann in einer jodhaltigen Lösung gewässert. Das Papier begann sich im Sonnenlicht zu schwärzen. Im Jahr 1839 entdeckte Herschel jedoch einen überraschenden Effekt:[1] Wenn das vom Sonnenlicht geschwärzte Papier erneut in der jodhaltigen Lösung gewässert wurde, konnte eine nachfolgende Dauerbelichtung keine zusätzliche Schwärzung bewirken. Ganz im Gegenteil: *Es bleichte sehr rasch aus.* Herschel schrieb diesen Effekt einer Einwirkung des Lichts zu und schlug vor, ihn für die Umwandlung eines »Negativs« in ein »Positiv« zu nutzen.

Der fotografische Prozeß war also umkehrbar. Wie man später herausfand, resultiert der in seinem Experiment beobachtete Ausbleichvorgang aus einer chemischen Wirkung des Jods, doch es trifft tatsächlich zu, *daß Licht die Arbeit von Licht zunichte machen kann.* Hierzu bedarf es allerdings zweier Arten von Licht: sichtbares und Infrarotlicht. Im Jahr 1906 wurde das Infrarotspektrum der Sonne »fotografiert«, indem man eine Emulsion, die durch eine Belichtung mit sichtbarem Licht geschwärzt worden war, ausbleichte.[2] Seither *versteht man unter »Herschel-Effekt« nurmehr die Auslöschung des latenten Bildes durch Infrarotlicht.*

Die entsprechenden Einflußfaktoren wurden im Jahr 1926 erstmals untersucht.[3] Man machte eine bemerkenswerte Entdeckung: *Bei gleich langen Belichtungszeiten nimmt der Ausbleichungsgrad mit der Intensität des Weißlichts zu.* Im Jahr 1934 fand man heraus, daß die Wellenlänge des Infrarotlichts kein kritischer Faktor ist.[4] Der Ausbleichungsgrad definiert einen *breiten Spektralbereich,* der sich bei sichtbarem Licht geringer Intensität bei einer Wellenlänge von 750 Nanometer konzentriert, in mittlerer Höhe mit einer Breite von etwa 200 Nanometer. Mit zunehmender Intensität des sichtbaren Lichts steigt auch das Maximum an, und der Bereich erweitert sich in Richtung fernes Infrarot, sogar über 1 000 Nanometer hinaus.

Die fotografischen Platten wurden immer erst dem sichtbaren und dann dem Infrarotlicht ausgesetzt. Als man im Jahr 1938 die Zeitintervalle

8. DER HERSCHEL-EFFEKT

variierte, stellte sich heraus,[5] daß *der Herschel-Effekt bei gleichzeitig erfolgenden Belichtungen am stärksten ausgeprägt ist.* Der Effekt nimmt mit zunehmender Verzögerung der Infrarot-Belichtung (bis etwa 1 Sekunde) allmählich ab. Er kann zwar bei später erfolgender Nachbelichtung ebenfalls auftreten, ist dann jedoch deutlich schwächer.

Der Ablauf des fotografischen Prozesses

Um den Herschel-Effekt und seine Besonderheiten zu verstehen, muß man zunächst die übliche Latentbildentstehung kennen. Der Aufschwung der Fotografie beruht auf *besonderen Eigenschaften der Silberhalogenid-Kristalle.* Diese setzen sich aus geschichteten Silberionen (Ag^+) und Halogenionen (Cl^-, Br^- oder I^-) zusammen. Die ersten grundlegenden Theorien über den fotografischen Prozeß haben 1938 Gurney und Mott vorgetragen. Im Jahr 1948 sind sie nochmals in einem Buch dargestellt worden,[6] doch seither wurden beachtliche Fortschritte erzielt.[7-10] Ich will kurz zusammenfassen, was ich für das Wesentliche halte.

Fotografische Emulsionen bestehen aus einer Suspension *kleiner* Silberhalogenid-*Kristalle* in Gelatine. Aufgrund ihrer Tafelform haben diese Kristalle eine *große Oberfläche,* auf welcher die atomaren Schichten häufig Stufen und andere Strukturfehler aufweisen. Verfolgen wir nun, was mit einem »positiven Ladungszentrum« geschieht, wie es das große Quadrat in Abbildung 8.1a darstellt. Seine effektive Ladung ist ungefähr gleich $+^1/_2$, wenn die Elektronenladung gleich -1 ist. Im Inneren der Silberhalogenid-Kristalle werden die Ag^+-Ionen durch die bei Normaltemperatur herrschende Wärmebewegung leicht aus ihren normalen Positionen herausgelöst. Sie nehmen nun sogenannte »Zwischengitterplätze« ein und lassen dabei Leerstellen – »Gitterlücken« – zurück. Eine solche Gitterlücke ist durch das kleine Quadrat in Abbildung 8.1a dargestellt. Zwar hat jede Gitterlücke einen negativen Ladungsüberschuß, doch das Innere des Kristalls bleibt im Durchschnitt elektrisch neutral, wenn die von einem Zwischengitterplatz zum nächsten überwechselnden Ag^+-Ionen statistisch gleich verteilt sind.

Der Hauptakteur – das *Lichtquant (Photon) des sichtbaren Lichts* – tritt nur ganz kurz in Erscheinung. Bevor es wieder verschwindet, gibt es seine gesamte Energie an ein einziges Elektron ab. Da alle Elektronen in den Ionenkristallen stark gebunden sind, ist dies nur möglich, wenn das Photon eine ziemlich hohe Energie hat. Photonen des *sichtbaren Lichts* erfüllen diese Voraussetzung. Das freigesetzte Elektron hinterläßt ein entsprechendes »Elektronenloch«. In anderen Kristallen erfolgt eine rasche Rekombination der Elektronen und Elektronenlöcher; bei Silberhalogeniden indessen *sind die Elektronen weitaus beweglicher als die Elektronenlöcher*. Dies hat zur Folge, daß das Elektron in der Regel von einem positiven Ladungszentrum auf der Kristalloberfläche angezogen und eingefangen wird, während das gleichzeitig entstandene Elektronenloch eine der Gitterlücken einnimmt. Abbildung 8.1b zeigt die nächste Phase. Das von dem Ladungszentrum eingefangene Photoelektron macht dieses negativ. Es kann somit ein Ag$^+$-Ion anziehen, womit die elektrische Neutralität im Inneren des Kristalls wiederhergestellt ist.

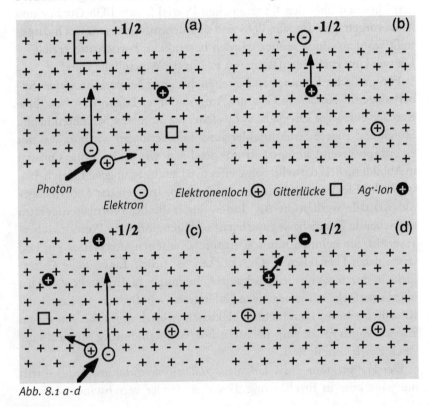

Abb. 8.1 a-d

8. DER HERSCHEL-EFFEKT

Abbildung 8.1c zeigt das ursprüngliche »Ladungszentrum« nach dem Einfangen eines Photoelektrons und eines Ag^+-Ions. Hierdurch entsteht ein »Entwicklungskeim«. Seine Ladung ist wiederum gleich $+½$, und die gleiche Prozedur kann erneut beginnen. Zunächst wird in kurzer Zeit ein Photoelektron eingefangen und dann, weniger schnell, ein Ag^+-Ion. Die Gitterlücke wird von einem Elektronenloch gefüllt (Abbildung 8.1d). Hieraus entsteht ein $Ag_2^{+1/2}$-Entwicklungskeim, der zwei agglomerierte Silberatome enthält. Dieser Wachstumsprozeß kann sich so lange fortsetzen, wie durch die Absorption von Photonen des sichtbaren Lichts weitere Elektronen und Elektronenlöcher entstehen. Jedem Einfangen eines Photoelektrons folgt das Einfangen eines Ag^+-Ions. *Dieser wunderbare Mechanismus wirkt auf atomarer Ebene wie eine »Zweitaktpumpe«.* Der Entwicklungskeim nimmt abwechselnd die Ladung $-½$ und $+½$ an.

Da die Ag^+-Ionen aufgrund der Wärmebewegung allmählich durch den Kristall diffundieren, verläuft das Wachstum verlangsamt. Abschließend ergibt sich eine statistische Verteilung von Entwicklungskeimen aus $Ag_n^{+1/2}$, mit beispielsweise n = 1, 2, 3 bis 7 oder 11 Silberatomen. Im Normalfall ändert sich hieran bis zur Entwicklung nichts mehr. Dieser chemische Prozeß verlängert das Wachstum der Entwicklungskeime unter weiterer Verwendung des »Zweitaktpumpen-Mechanismus«, mit dem einen Unterschied, daß die Elektronen nun von einem Atom auf das andere übertragen werden. Dies bewirkt eine beträchtliche Vergrößerung der bislang winzigen Silberkörner (um den Faktor 10^6). Die hieraus resultierenden metallischen Silberpartikel sind immer noch sehr klein, gleichwohl sind sie (durch Anregen der Elektronen zu Kollektivschwingungen) zu einer starken Absorption des sichtbaren Lichts in der Lage. Das Negativ erfährt überall dort eine Schwärzung, wo ein latentes Bild entstanden war.

Die Entwicklung kann allerdings erst dann einsetzen, wenn die Größe der Entwicklungskeime einen kritischen Wert übersteigt. Bei einem bestimmten Entwicklervolumen wird die Zahl der akkumulierten Silberatome beispielsweise n > 4 betragen müssen. Keime mit n = 1 oder 2 sind auf keinen Fall entwickelbar. *Es genügt also, daß die Größe der Entwicklungskeime auf einen unterhalb der Entwicklungsschwelle liegenden Wert reduziert wird, damit alles genau so abläuft, als sei das Bild ausgelöscht worden.*

Der Ablauf des Herschel-Effekts

Die Photonen des Infrarotlichts sind nicht energiereich genug, um die Elektronen innerhalb des gesamten Kristalls anzuregen (sofern keine geeigneten Sensibilatoren verwandt werden). Hingegen reicht ihre Energie aus, um Elektronen aus den Entwicklungskeimen zu stoßen. Die erforderliche Energie ist gering (etwa 1 Elektronenvolt für die kleinsten Silberkörner, für die größeren weniger). Es genügt in der Tat, den Übergang eines Elektrons vom Silberkorn zum Silberhalogenid-Kristall zu veranlassen. *Der Entwicklungskeim muß jedoch negativ geladen sein*, da ein $Ag_n^{-1/2}$-Zentrum ein überschüssiges Elektron aufweist. Nach der Abgabe eines Elektrons bleibt ein $Ag_n^{+1/2}$-Zentrum zurück, das seine Energie durch Abspaltung eines Ag^+-Ions verringert. Der Entwicklungskeim wird dadurch verkleinert und ist erneut negativ geladen. Nun kann ein zweites Photon des Infrarotlichts ein weiteres Elektron befreien, was wiederum zur Abspaltung eines Ag^+-Ions führt usw. *Die »Zweitaktpumpe« funktioniert also bei Infrarotlicht im gegenläufigen Sinne.*

Nebenbei bemerkt ist dies ein anschauliches Beispiel dafür, *daß es gelingen kann, mit dem geistigen Auge zu erkennen, was sich hinter dem Anschein verbirgt*. Die Wirklichkeit kann nur durch eine Kombination von Beobachtungen und theoretischen Überlegungen »geistig transparent« gemacht werden. In gleicher Weise sollte man auch bei der UFO-Problematik vorgehen.

Wir verfügen nun über das theoretische Rüstzeug, um die Besonderheiten des Herschel-Effekts verstehen zu können. Die für das Losreißen eines Elektrons und das Abspalten eines Ag^+-Ions aus den Entwicklungskeimen erforderliche Energie ist um so geringer, je kleiner die Keime sind. Der für den Herschel-Effekt geltende Spektralbereich resultiert deshalb aus der Existenz einer statistischen Verteilung der Korngröße. Hinzu kommt, *daß ein intensiveres sichtbares Licht eine größere Zahl kleiner Entwicklungskeime erzeugt*. Die Photoelektronen und Ag^+-Ionen verteilen sich nämlich stärker, da die Diffusion der Ag^+-Ionen eine gewisse Zeit beansprucht. Der Herschel-Effekt wirkt sich folglich stärker aus, und die spektrale Verteilung erweitert sich im Bereich der niederenergetischen Photonen.

Das Infrarotlicht muß relativ intensiv sein, da seine Lichtquanten von den

Entwicklungskeimen auf der Oberfläche absorbiert werden müssen, während die Lichtquanten des sichtbaren Lichts an einer beliebigen Stelle innerhalb des Kristalls absorbiert werden können. *Eine gleichzeitige Belichtung wäre indessen weitaus wirkungsvoller als eine Nachbelichtung* – und zwar deshalb, weil die Elektronen von den Entwicklungskeimen abgespalten werden müssen, solange diese noch negativ sind. Das latente Bild wird stabilisiert, wenn nur noch $Ag_n^{+1/2}$-Keime vorhanden sind. Während der Belichtung mit sichtbarem Licht gibt es nicht nur mehr negative Keime, die noch kein Ag^+-Ion eingefangen haben, sondern auch $Ag_n^{+1/2}$-Keime, die nach dem Einfangen eines Photoelektrons erneut negativ werden.

Die Beweglichkeit der Ag^+-Ionen spielt daher eine wichtige Rolle. Bei einem auf Flüssiglufttemperatur (–186 °C) abgekühlten Film bildet sich kein latentes Bild aus. Wenn bei +20 °C ein Latentbild entstanden ist und man den Film sehr rasch stark abkühlt und mit Infrarot belichtet, bleibt der Herschel-Effekt aus – trotz Abspaltung von Elektronen, weil nämlich die Wärmebewegung zu gering ist, um es zu ermöglichen, daß sich die abgespaltenen Ag^+-Ionen weiter von den zugehörigen Keimen entfernen. Sie werden daher erneut eingefangen. Die Gültigkeit des angeführten Modells konnte durch entsprechende Experimente[11] bestätigt werden. Obgleich der Herschel-Effekt lediglich eine Neuverteilung der abgetrennten Ag^+-Ionen bewirkt, geht dies unweigerlich mit einer Verringerung der durchschnittlichen Größe der Keime einher.[12,13] Dies bewirkt, daß viele der zu kleinen Keime nicht mehr durch den Entwicklungsprozeß sichtbar gemacht werden können.

Praktischer Test

Der Herschel-Effekt ist eigentlich nur ein Kuriosum, das man im Laboratorium benutzte, um den fotografischen Prozeß besser zu verstehen. Das enttäuschende Ergebnis der von Patrick Ferryn gemachten Aufnahmen wäre jedoch mit dem Herschel-Effekt vereinbar. Sollte dies zutreffen, so würden seine »Schwarz-auf-schwarz«-Fotos einen interessanten Aspekt ergeben: *Dort, wo nur sichtbares Licht zu sehen war, dürfte auch Infrarotlicht vorhanden gewesen sein.* Allerdings müßte man beweisen, daß der Herschel-Effekt tatsächlich mit dem heutigen Filmmaterial realisierbar ist. Es kam also auf einen Versuch an. Dieser wurde im Mai 1990 zusammen mit meinem Assistenten Jim Plumat durchgeführt. Auf einen möglichst umfassenden Erkenntnisgewinn bedacht, gingen wir folgendermaßen vor. Das Spektrum des sichtbaren Lichts wurde direkt auf den Film projiziert. Der Film befand sich in einer Fotokamera mit abgenommenem Objektiv, aber normal betätigtem Verschluß. *Die untere Hälfte des Spektrums wurde mit homogenem Infrarotlicht überlagert.*

Zweck war eine unmittelbare Bewertung des Herschel-Effekts bei sichtbarem Licht verschiedener Farben, da die entsprechende – infrarotfreie – Abbildung von der oberen Bildhälfte geliefert wurde. Das sichtbare Licht stammte von einer Glühlampe mit gerader Wendel (30 W). Diese war senkrecht wie der zwischen Linse und Prisma aufgestellte Spalt plaziert. Das Infrarotlicht stammte von einer »Infraphil«-Lampe (150 W, Philips) mit Innenreflektor. Um Reflexionen zu vermeiden und ausschließlich Infrarotlicht durchzulassen, wurde die Lampe in ein Gehäuse gestellt, das mit einer Öffnung von 10 x 10 cm und 1 oder 2 Spezialfiltern (Edmund, USA) versehen war. Da die Durchlässigkeit dieser Filter an der Grenze des sichtbaren und des IR-Lichts progressiv abfällt, lassen zwei Filter relativ weniger nahes Infrarot durch. Die IR-Lampe wurde einfach in einem Abstand von etwa 30 cm zur Filmebene aufgestellt, während eine dazwischen plazierte Aluminiumplatte den oberen Teil der Aufnahme vor dem Infrarotlicht abschirmte.

Wir benutzten einen handelsüblichen Diafilm (Kodachrome, 25 ASA, 24 x 36 mm) und einen hochempfindlichen Negativfilm (Fujicolor, 1600 ASA), den auch Patrick Ferryn verwendet hatte. Wir realisierten zwei Diaserien (jeweils mit 1 oder 2 Filtern) mit sämtlichen Belichtungszeiten zwischen 2 und 1/1000 Sekunde. Bei dem zweiten Film haben wir diese Variationen reduziert, aber zusätzlich – mit Objektiv – einige Aufnahmen von einem IR-Lichtfleck gemacht, der jeweils einem hellen roten, grünen und blauen Lichtfleck überlagert wurde.

Im Bildteil finden sich drei Beispiele aus den Versuchsreihen mit dem Diafilm. Die beiden ersten Aufnahmen wurden mit zwei Filtern gemacht, die dritte mit einem. Das erste Dia (8.2a) entspricht einer Belichtungszeit von $1/2$ Sekunde. Es ist zwar überbelichtet, beweist aber, daß der untere Teil von sichtbarem Licht getroffen wurde. Der Herschel-Effekt ist hier nur partiell vorhanden. Er wird mit zunehmend kürzerer Belichtungszeit immer prägnanter und ist *ab 1/60 Sekunde praktisch vollständig vorhanden*, wie man anhand des zweiten Dias (8.2b) erkennen kann. Es wurde behauptet,[6] der Herschel-Effekt habe nur eine »extrem geringe« Wirkung: Für 1 Photon des sichtbaren Lichts seien 10^6 IR-Photonen erforderlich. Diese Angaben gehen auf Experimente[11] mit verzögerter und deshalb sehr langer IR-Belichtung (900 s) zurück. *Kurze und gleichzeitige Belichtungen verstärken den Herschel-Effekt.*

Mit unserem Experiment konnten wir zum einen aufzeigen, daß die angenommene Auslöschung des Latentbildes durch eine Infrarotstrahlung realistisch ist, zum anderen aber entdeckten wir einen anderen, sehr überraschenden Effekt. Bei den Dias tauchte er nur bei Verwendung eines Filters auf, d.h. bei Vorliegen eines höheren Anteils an nahem Infrarotlicht. *Wenn nahes Infrarot blaues und violettes Licht überlagert, entsteht anstelle einer Auslöschung ein sehr kräftiges Bild.* Dies tritt auch bei sehr kurzen Belichtungszeiten ein. Das dritte Dia (8.2c) entspricht einer Belichtungszeit von 1/500 Sekunde. Die entsprechende Bildpartie ist rot gefärbt und weist einen größeren »Übergriff« gegenüber der mit Infrarot beleuchteten Partie auf (etwa 3 mm auf den Dias). Der Fuji-Film hatte eine derart hohe Empfindlichkeit, daß er sehr stark überbelichtet wurde. Das sichtbare Spektrum ist von gleichmäßig gelber Farbe, wobei der Herschel-Effekt jedoch bei rotem und grünem Licht vollständig zur Wirkung kommt. Blaues Licht liefert mit zwei Filtern ein helles, weißes Licht und mit einem Filter ein bläuliches Licht.

Der Anti-Herschel-Effekt

Mit dieser Bezeichnung möchte ich den unerwartet aufgetretenen Begleiteffekt versehen, da er auf Infrarotlicht zurückgeht und dem Gegenteil einer Latentbildauslöschung entspricht. Ich weiß nicht, ob dieser Effekt bereits bekannt ist; erwähnt fand ich ihn jedenfalls nirgends. Ich konnte mir die Beobachtungen insgesamt nicht erklären. Schließlich erkundigte ich mich bei der Forschungsabteilung der Firma Agfa-Gevaert in Mortsel bei Antwerpen. Im Verlauf einer längeren Diskussion mit Dr. H. Borginon, dem ich an dieser Stelle herzlich danken möchte, zeichnete sich eine mögliche Erklärung ab.

Die »Übergriff«-Effekte gehen auf die Diffusion von Molekülen zurück, die während der Negativentwicklung an den Stellen mit sehr dichtem Latentbild freigesetzt werden. Nur selten (zum Glück!) ist ein derart ausgeprägter Übergriff zu beobachten. Wenn man den Anti-Herschel-Effekt begreifen will, muß man von den Dias ausgehen. Bei Verwendung von 2 Filtern und einer Belichtungszeit von 1/60 Sekunde oder kürzer ist der Herschel-Effekt in sämtlichen Emulsionsschichten vollständig vorhanden. Das Ergebnis ist eine Schwärzung.

Bei Verwendung eines Filters entdeckten wir, was geschehen kann, wenn *mehr nahes IR-Licht* gleichzeitig mit fernerem IR-Licht und sichtbarem Licht verschiedener Farben benutzt wird. Blaues Licht wirkt nur auf die blauempfindliche Schicht, wo der Herschel-Effekt jegliche Spur auslöscht. Wir erhalten jedoch eine rote Spur, weil das nahe IR-Licht auf die rotempfindliche Schicht einwirkt. Sie enthält in der Tat Sensibilatoren, um die Energieschwelle für den internen photoelektrischen Effekt herabzusetzen. Nahes IR-Licht allein würde also wie Rotlicht wirken. Da die Empfindlichkeit für nahes IR-Licht gering ist, entstehen jedoch nur wenige Silberkeime. Das fernere IR-Licht bewirkt zwar einen Herschel-Effekt, doch die abgetrennten Ag^+-Ionen werden von den gleichen Keimen erneut eingefangen, da nicht genügend andere Anziehungspunkte vorhanden sind. Die Größe der Silberkeime wird also nicht unter die Entwicklungsschwelle herabgedrückt. Die rotempfindliche Schicht liefert deshalb eine rote Spur, wenn nahes IR-Licht nur mit Blaulicht zusammenwirkt. Diese Spur ist sogar sehr intensiv.

Warum kommt es bei rotem und grünem Licht nicht zu diesem »Anti-Herschel-Effekt«? Durch das nahe IR-Licht entstehen ja auch jetzt Silberkeime in der rotempfindlichen Schicht. Bei gleichzeitigem Rotlicht bilden sich jedoch in dieser Schicht so viele Silberkeime, daß der Herschel-Effekt die abgetrennten Ag^+-Ionen stärker verteilt. Die Keime bleiben deshalb klein, und das latente Bild kann nicht entwickelt werden.

Bei grünem Licht ist der Herschel-Effekt in der grünempfindlichen Schicht vollständig, die rotempfindliche Schicht jedoch spricht nicht nur auf nahes IR-Licht, sondern auch auf Grünlicht an. Es genügt, daß dort so viele Silberkeime entstehen, daß der Herschel-Effekt die abgetrennten Ag^+-Ionen stark verteilen kann, wobei zu beachten ist, daß die größeren Keime leichter auf fernes IR-Licht ansprechen. Der Entwicklungsprozeß bleibt unwirksam. Auch das Verhalten des Fuji-Films läßt sich so erklären, da die spektralen Empfindlichkeitskurven der verschiedenen Schichten nicht nur sehr hoch, sondern auch breit sind.

Wir gelangen also aus theoretischen und experimentellen Gründen zu einer unerwarteten, aber wichtigen Schlußfolgerung: *Wenn Infrarot sichtbares Licht überlagert, kann es sowohl zu einem kräftigeren, als auch zu einem gelöschten Bild kommen.*

Weitere merkwürdige UFO-Aufnahmen

Wenn unsere Interpretation der Aufnahmen von Patrick Ferryn zutrifft, gibt es wahrscheinlich noch eine ganze Reihe von UFO-Aufnahmen, die mißlungen zu sein scheinen und über die nie groß geredet wurde. Über einschlägige Informationen und die Möglichkeit, eingehendere Analysen anstellen zu können, würde ich mich sehr freuen. Vielleicht sind die Effekte vom UFO-Typ abhängig. Während der amerikanischen Sichtungswelle der Jahre 1983-1986 wurden ebenfalls dreieckförmige Objekte beobachtet. Patrick Ferryn wandte sich sogleich an Bob Pratt, einen der Autoren jenes Buches, in dem die amerikanische Sichtungswelle dokumentiert wird.[14] Er fragte ihn, ob damals ähnliche Mißgeschicke aufgefallen waren. Pratt verneinte, verfaßte aber einen aktuellen Artikel über die belgische Welle mit einigen sehr wichtige Zusatzinformationen.[15]

Diese betreffen die »brasilianische Welle« von 1977, die bis mindestens 1988 immer wieder Fortsetzungen gefunden hat. Aus den vor Ort angestellten Nachforschungen von Jacques Vallée geht hervor, daß sich das UFO-Phänomen nicht unbedingt inoffensiv verhält.[16] *Einige indianische Jäger waren von UFOs verfolgt worden, gelegentlich unter dramatischen Umständen.* An bestimmten Orten, beispielsweise am Strand von Baia do Sol auf der Insel Mosquiero, konnten Indios »jeden Abend, wie nach Fahrplan« UFOs beobachten, die vom Himmel kamen oder aus dem Ozean auftauchten. »Sie schwebten über den Häusern und durchleuchteten die Innenräume mit ihren Strahlen.« Die brasilianische Regierung schickte eine 40köpfige Militärmission los, zu der auch Biologen, Chemiker, Physiker und Ärzte gehörten. Tonaufzeichnungen, Fotos und Filme wurden angefertigt. Nach Angabe von Jacques Vallée sollen sie »einen dicken Bericht zusammengestellt haben, der eine wahre Fundgrube an Meßdaten enthält und ... vermutlich in einer Schublade verschwunden ist«.

Bob Pratt weist darauf hin,[15] daß der Militärtrupp der brasilianischen Luftwaffe angehörte, sich einen Monat lang vor Ort aufhielt und etwa 300 UFO-Aufnahmen machen konnte. Es gab acht verschiedene UFO-Typen, einschließlich dreieckförmiger Objekte. Pratt war 1981 ebenfalls vor Ort und sprach mit dem für die Untersuchung verantwortlichen Offizier. Der berichtete, die Bevölkerung sei voller Furcht gewesen, und Lichtbündel seien benutzt worden, die in die Häuser eindrangen. Und eine Anmerkung, die für uns besonders interessant ist: »Mehrmals zeigten die Fotos etwas vollkommen anderes als das, was er und seine Männer gesehen hatten.«

In einem Fall hatten sie ein scheibenförmiges Objekt fotografiert, das doppelt so groß war wie eine Boeing 737. Gesehen hatten sie »viele Fenster«, während es auf dem Foto nur einen »Lichtfleck« gab. (Diese Öffnungen müssen im übrigen nicht unbedingt dazu gedient haben, hinaussehen zu können.) Ein anderes Mal konnten die Männer in etwa 70 Meter Entfernung eine große, sehr helle bläuliche Lichtkugel beobachten, die schlagartig erlosch; sichtbar blieb nur noch ein grünes und etwas darunter ein rotes Licht. Das Foto zeigte indessen ein »großes, voll aufgerichtetes diskusförmiges Objekt«. Wie Bob Pratt in seinem Brief an Patrick Ferryn präzisiert, reichte die Farbe dieser Scheibe von Dunkelgelb über Hellgelb bis Weiß. Ich werde versuchen, hierüber mehr in Erfahrung zu bringen, *da dies Sachverhalte sind, die auf einen Herschel-Effekt und Anti-Herschel-Effekt hindeuten.*

In diesem Zusammenhang sind außerdem einige bei Tag gemachte UFO-Aufnahmen zu nennen, die bestimmte schwarze oder helle Partien aufweisen.[17] Die 1974 von Herrn Hauxler in Oberwesel gemachte Aufnahme zeigt vor hellem Hintergrund eine schwarze Scheibe, unter der ein *schwarzer Konus* mit nach unten weisender Spitze zu sehen ist. Man meint eine schwarze Luftmasse zu sehen. Der Schwede B. Anderssen konnte im Jahr 1965 in Alaska eine UFO-Aufnahme machen, die vor einer jenseits eines Flusses liegenden Waldlandschaft eine *Reihe übereinanderliegender heller Streifen* zeigt. Der Zeuge berichtet, daß er ein Selbstporträt aufnehmen wollte. Nachdem er die Kamera auf ein Stativ montiert und den Selbstauslöser betätigt hatte, lief er auf sein Boot zu,

8. DER HERSCHEL-EFFEKT

um sich in Positur zu setzen. In diesem Moment erblickte er am anderen Ufer ein rasch aufsteigendes, diskusförmiges Objekt. Überrascht blieb er stehen. Das Foto, aufgenommen mit einer Verschlußzeit von 1/125 Sekunde, zeigt ihn mit dem Rücken zur Kamera. Ebenfalls zu erkennen ist eine Reihe von streifenförmig angeordneten Strichen, die nach unten hin zunehmend kürzer und feiner werden. Dies könnte durch kurzzeitige und lokale Infrarotstrahlung verursacht worden sein..

Auf einem anderen, 1966 in Oregon aufgenommenen Foto ist vor einem bewaldeten Abhang ein diskusförmiges Objekt mit einer schwarzen unteren Partie zu erkennen. Unterhalb des Objekts erscheinen zwei separate, ebenfalls schwarze Streifen. Der Fotograf ist promovierter Biophysiker und lehrt an einem amerikanischen College. Er hatte zwei Landschaftsaufnahmen gemacht und zögerte, ob er ein drittes Foto aufnehmen sollte. Plötzlich tauchte direkt vor ihm etwas auf, und er, das Auge fest am Sucher, drückte instinktiv auf den Auslöser. Es wurde behauptet[18], daß »hier ein Mechanismus aufgenommen wurde, der für die moderne Physik reine Magie darstellt«, da die Aufnahme den »Beweis dafür (liefert), daß ein Objekt verschwinden und an einem anderen Ort wieder auftauchen kann«. Doch hierfür gibt es noch andere Erklärungsmöglichkeiten.

Die schwarzen Partien auf Fotos mit hellem Hintergrund könnten auch mit einem vom Herschel-Effekt zu unterscheidenden Prozeß zu tun haben, da Blitze, die nachts mit Langzeitbelichtung aufgenommen wurden, vor einem schwach beleuchteten Hintergrund schwarz wiedergegeben werden können. Dies ist der sogenannte »Clayden-Effekt«. Er wurde im Jahr 1889 entdeckt und ist folgendermaßen zu erklären: Das plötzliche Auftreten einer großen Zahl von Photoelektronen bewirkt, daß ein Teil von ihnen *im Inneren* der Silberhalogenid-Kristalle eingefangen wird. Das verzögerte Eingefangenwerden der Ag^+-Ionen und die »Nachbelichtung« lassen sie anwachsen und damit zu der an der Kristalloberfläche erfolgenden Bildung der Entwicklungskeime in Konkurrenz treten. Eine Abfolge von Blitzen kann außerdem zu einer stärkeren Schwärzung führen, als sie durch ein Dauerlicht der gleichen Stärke erzeugt wird. Dies ist der sogenannte »Intermittenz-Effekt«. UFOs können extrem helles Licht abstrahlen,[19] und die sie umgebende Luft kann mit Impulsfrequenzen[20] von etwa 1-100 Hz zum Leuchten gebracht werden.

Von daher wäre auch der Intermittenz-Effekt zu berücksichtigen, wenngleich der Herschel-Effekt der wahrscheinlichere ist.

Mögliche Implikationen – Schlußfolgerungen

Beim derzeitigen Erkenntnisstand kann man lediglich sagen, daß diese verschiedenen Sachverhalte einen neuen Forschungsweg eröffnen. Wir müssen uns indes die Frage stellen, ob die Annahme, UFOs könnten sichtbares und gleichzeitig Infrarotlicht erzeugen, in sich stimmig ist. Gehen wir einmal von der Arbeitshypothese aus, daß es sich um Fluggeräte außerirdischer Herkunft handelt. Ihr Antriebssystem ist somit deutlich von den uns bekannten Systemen verschieden. Man kann sich einen MHD-Antrieb vorstellen, der auf einer impulsförmigen Ionisierung der Luft und der Einwirkung gepulster elektrischer und magnetischer Felder auf die daraus resultierenden geladenen Teilchen basiert. Eine Reihe von Anhaltspunkten (auf die wir hier nicht näher eingehen können) deuten in diese Richtung.

Es wäre vorteilhaft, eine Ionisierung in einem *Luftvolumen* außerhalb des UFOs zu bewirken, damit das umgebende elektrische und magnetische Feld eine weit ausgedehnte Kraft ausüben kann – anstelle der stark lokalisierten mechanischen Kraft von Rudern oder Propellern. Das Fehlen eines Überschallknalls und gute aerodynamische Handhabbarkeit wären somit die Konsequenz einer progressiven und rasch modifizierbaren Variation der Ionisationsdichte. Die Einwirkung auf die Umgebungsluft kann ebensogut oberhalb wie unterhalb des UFOs erfolgen. Sie ist möglicherweise bei bestimmten Strahlenbündeln noch intensiver. Bei den »Scheinwerfern« der in Belgien beobachteten UFOs muß es sich nicht unbedingt um schlichte Lichtquellen handeln. Es könnten auch Quellen einer ionisierenden Strahlung sein. Diese Strahlenbündel wären somit bei trockener Luft sichtbar, da das Licht nicht gestreut, sondern lokal erzeugt würde.

Wir wissen zwar nicht, wie die UFOs die Umgebungsluft ionisieren, doch am logischsten wäre eine *elektromagnetische Strahlung,* die so stark ist, daß die Elektronen durch die entsprechenden elektrischen Felder aus den Luftmolekülen herausgerissen würden (Feldemission). Möglicherweise

8. DER HERSCHEL-EFFEKT

handelt es sich um Mikrowellen, da durch Interferenz von Mikrowellen mit 1-5 Kilowatt bei atmosphärischem Druck schon Plasmakugeln in der Luft erzeugt wurden.[21] Auf die Ionisation der Luftmoleküle dürften zwar durchweg die entsprechenden radiativen Rekombinationen folgen, doch die spektrale Zusammensetzung dürfte abhängig von der Anregungsart variieren (Resonanzen). Es müßte nicht allein sichtbares Licht, sondern auch UV- und IR-Licht emittiert werden. Letzteres würde durch die *Schwingungen der angeregten Moleküle* entstehen, mit denen zu rechnen ist.

Das Vorhandensein von UV- und IR-Strahlung ist also *plausibel*. Wurde sie nun auch beobachtet, zumindest in einigen Fällen? Die Antwort lautet ja.[19,22] Von den Zeugen wurden gelegentlich ein unvermittelt einsetzender Sonnenbrand oder starke Augenreizungen festgestellt. Es sind sogar Fälle von vorübergehender Erblindung bekannt. An einer Armbanduhr und in einem Flugzeug sollen Fluoreszenzerscheinungen beobachtet worden sein, wie sie durch UV-Licht entstehen. In einigen Fällen wurde von einer starken Erwärmung der Luft und sogar von einer »Hitzewelle« berichtet. Eine soll von einer Wetterstation aufgezeichnet worden sein (La Baule, 1961). Dies sind lediglich Indizien; sie lassen jedoch erkennen, welches Beziehungsgeflecht zu untersuchen wäre.

Der Herschel-Effekt ist in methodologischer Hinsicht lehrreich. Er führt mich zu zwei – wie ich meine wesentlichen – Schlußfolgerungen. Auf den ersten Blick könnte man meinen, daß ein nicht fotografierbares Licht nicht real vorhanden sein könne. *Wir müssen uns jedoch vor unseren Vorurteilen und Denkgewohnheiten in acht nehmen.* Außerdem sollte das UFO-Phänomen einstweilen nicht vom astronomischen Standpunkt oder auf der Grundlage rein theoretischer Argumentationen angegangen werden. Bestimmte Informationen sind uns nicht zugänglich, und wir wissen nicht, zu welchen Leistungen technisch fortgeschrittenere Zivilisationen in der Lage sein könnten und zu welchen nicht. Andererseits *können und müssen* wir uns eingehend mit dem UFO-Phänomen, wie es in unserer irdischen Umgebung erscheint, befassen.

Von den UFOs geht eine Wirkung auf solche Systeme aus, deren Funktion wir begreifen können müßten, seien es Lähmungserscheinungen, kreisende Kompaßnadeln, Störungen der Kfz-Elektrik, am Boden zurückbleibende ausgetrocknete Kreisflächen oder eben Fotos, die nicht das zeigen, was man gesehen hat. Die Analyse dieser verschiedenen Effekte wird jenen »Hebel« liefern, mit dessen Hilfe wir die Dinge ins Rollen bringen können. Versuchen wir zumindest, ihn überhaupt einzusetzen. Dies muß doch möglich sein.

Zusatz (Stand: November 1992)

Seit Erscheinen der ersten Auflage dieses Buches wurden mir andere Beobachtungen bekannt, bei denen es ebenfalls um eigenartige UFO-Fotos ging. Als erstes erwähnen möchte ich *fünf Fotos, die mit infrarotempfindlichem Film aufgenommen wurden.* Der amerikanische Physiker und langjährige UFO-Forscher Bruce Maccabee hat über diese Fotos berichtet.[23] Sie wurden am Abend des 12. März 1991 in Pensacola, Florida, aufgenommen. Der Fotoapparat hatte eine 50-mm-Linse, ohne Blaufilter. Der Film lieferte Schwarzweiß-Fotos für sichtbares und *nahes Infrarotlicht* (bis 900 nm, und nicht nur bis 700 nm). Das UFO bewegte sich während dieser Zeit nach oben und wurde gleichzeitig von mehreren anderen glaubwürdigen Zeugen beobachtet. Am Anfang erschien das UFO als *strahlend roter* Fleck. Dann wurde es *gedämpft weiß,* und etwas später schien das Licht einfach auszugehen.

Die ersten drei Fotos zeigen nur einen kleinen Lichtfleck von 0,15 - 0,2 Millimeter Durchmesser, obwohl das fotografierte Licht noch stark rot war. Die beiden letzten Fotos wurden aufgenommen, als die Leuchtkraft des sichtbaren Lichts abgenommen hatte und es weiß geworden war. Überraschenderweise waren die Abbildungen auf dem Film nun jedoch *viel breiter und intensiver* als die ersten drei. Auf dem vierten Foto beträgt der Durchmesser des Lichtflecks 1,4 Millimeter, und auf dem fünften Foto ist er fast genauso groß, während das UFO sich etwas höher am Himmel befindet (15°). Bruce Maccabee, der sich durch sorgfältige Analysen von UFO-Fotos für die MUFON [eine der drei größten privaten UFO-Forschungsorganisationen in den USA; A. d. R.] sehr verdient gemacht hat, schließt daraus, *daß das UFO mehr Infrarotlicht ausstrahlte, da es für das bloße Auge gedämpft weiß wurde.*

Er erwähnt auch, daß dies dem normalen Verhalten einer warmen Lichtquelle nicht entspreche. Sie würde mehr IR-Licht ausstrahlen,

8. DER HERSCHEL-EFFEKT

wenn ihre Temperatur steigt, aber sie müßte dann nicht nur weißer strahlen, sondern auch stärker. Diese dokumentierte Beobachtung liefert eine unabhängige Bestätigung der Hypothese, daß UFOs nicht nur sichtbares, sondern auch IR-Licht ausstrahlen können.

Die sowjetische Testpilotin Marina Popowitsch erwähnt in ihrem Buch[24] mehrere Fälle von UFO-Fotos, die nicht das zeigten, was mit bloßem Auge wahrgenommen wurde. Die Amerikanerin Ellen Crystall behauptet, sehr viele Fotos von UFOs gemacht zu haben,[25] die häufig an einer bestimmten, abgelegenen Stelle erschienen waren, bei Pine Bush, Orange County, New York. Soweit mir bekannt ist, ist auf diesen Fotos nichts zu sehen, was besonders aufschlußreich wäre; sie sind jedoch insofern interessant, als sie ebenfalls *nicht das zeigen, was visuell beobachtet wurde*. Ellen Crystall begab sich aber des öfteren mit Bekannten zu der Beobachtungsstelle; von diesen wurden die eigenartigen Erscheinungen bezeugt. Besonders bemerkenswert ist, daß der Journalist Harry Lebelson 1980 in Pine Bush UFO-Fotos mit einer *teuren Leica* machte – neben Ellen Crystall, die nur eine *billige russische Zenit* besaß, wobei auf ihrem Film Bilder erschienen, nicht aber auf seinem. Ellen Crystall ist überzeugt, daß diese Erscheinungen auf *ultraviolettem Licht* beruhen.

Ihre Hypothese scheint mir sehr plausibel, da ich durch genaue Transmissionsmessungen feststellen konnte, daß Zenit-Linsen mehr UV-Licht durchlassen als alle gängigen Linsen. Bei einer Leica fällt die Transmission bei 370 nm auf Null, bei der von uns getesteten Zenit-Linse jedoch erst bei 330 nm. Es genügt also, eine Ionisation der Luft in der Umgebung von UFOs anzunehmen, bei der UV-Licht ausgestrahlt wird, das mit bloßem Auge nicht wahrnehmbar ist, aber eventuell fotografisch aufgenommen werden kann. Das Licht von Blitzen enthält eine starke Strahlung bei 390 nm; sie ist unsichtbar und stammt von molekularen N_2^+-Ionen.[26] Alle Farbfilme sind in diesem Bereich empfindlich. Bei unserer Zenit-Linse fanden wir eine Transmission von 55 Prozent bei 390 nm, während sie bei der Leica-Linse auf 25 Prozent fiel. Diese Feststellungen scheinen auch einen Weg zu weisen für ein tieferes Verständnis des in diesem Buch besprochenen Fotos von Petit-Rechain. Die beiden Zeugen haben nicht jene Lichtstrukturen gesehen, die fotografisch festgehalten wurden. Um das sich hieraus ergebende Paradox aufzulösen, genügt die Annahme, daß die großen runden Leuchtflächen, die von den meisten Zeugen der »belgischen Welle« als riesige Scheinwerfer beschrieben wurden, in Wirklichkeit die Luft ionisierten. Dies würde sowohl dem vorgeschlagenen Modell eines magnetohydrodynamischen Antriebs entsprechen als auch dem Befund, daß Lichtstrukturen fotografiert wurden, die man nicht sehen konnte.

Wir stehen erst am Anfang der Erforschung eines Phänomens, das noch voller Geheimnisse ist. Die Analyse der fotografischen Aspekte, die hier begonnen wurde, scheint einen neuen Weg zu eröffnen, um einer Lösung des UFO-Problems näher zu kommen. Auch dies ist nur ein Beispiel für das, was möglich wäre, wenn wissenschaftliche Mittel gezielt eingesetzt würden.

9.
Einige Statistiken
Marc Valckenaers

»Statistik« ist in der UFO-Forschung so etwas wie ein Fremdwort. Dabei gestattet es die Statistik, besondere Tendenzen einer bestimmten Ereignisreihe nachzuweisen, wobei man davon ausgeht, daß sie eine Hypothese untermauern oder aber entkräften können.

Obgleich man sich ohnehin auf die Erhebung, Gruppierung, Quantifizierung und Aufbereitung von Daten über die verschiedenen UFO-Sichtungen zu beschränken hat, wenn man vermeiden will, daß eindeutige Schlußfolgerungen durch Vermutungen mehr oder weniger verwässert werden, muß man auch diese Resultate noch mit größter Vorsicht behandeln.

Dies aus wenigstens zwei Gründen:

1. Bei den zu verwendenden Daten handelt es sich nicht um vorschriftsmäßig ermittelte Werte, sondern lediglich um Zuordnungen, die nach Maßgabe zeugenspezifischer soziologischer und psychologischer Bedingungen, der Qualität der Befragung etc. erfolgt sind. Diese Daten sind meistens nur Schätzwerte, und man weiß ja, wie schwer es ist, die Größe eines Objekts zu schätzen, wenn kein Bezugspunkt bekannter Entfernung vorliegt.

2. Um mit einer Statistik ein Mindestmaß an Zuverlässigkeit zu erzielen, wird für jede Variable eine sehr große (theoretisch unendliche) Wertemenge benötigt; dies ist die sogenannte *Grundgesamtheit (Population)*. In der Ufologie müssen diese Werte überdies in der Weise aufgenommen werden, daß das den Zeugenaussagen wie den Befragungen anhaftende subjektive Element so weit wie möglich minimiert wird. In der Praxis kann sich die Statistik nurmehr auf einen Teil der Grundgesamtheit beziehen: die *Stichprobe*; sie muß deshalb *repräsentativ* sein. In dem uns interessierenden Fall haben wir zwei mögliche Arbeitsweisen ins Auge gefaßt: entweder nach dem Zufallsprinzip (dies setzt eine große

Datenmenge voraus) oder auf der Grundlage aller Wesensmerkmale (dies setzt eine perfekte Kenntnis der aufbereiteten Merkmale voraus). Leider bietet das UFO-Phänomen eine solche unerläßliche Arbeitsgrundlage keineswegs. Die Mehrzahl der weltweit erfaßten Fälle würde dieser Bedingung nicht genügen, da sie alle mit verschiedenen Methoden untersucht werden (falls überhaupt), die in puncto Effizienz und Objektivität nicht immer einen gemeinsamen Nenner aufweisen. Die belgische Sichtungswelle der Jahre 1989–1991 besteht aus einigen tausend Zeugenaussagen und über tausend mehr oder weniger detaillierten Befragungsberichten, von denen mehrere hundert sehr präzise und kohärente Daten enthalten; sie stellten eine Arbeitsgrundlage bereit, wie man sie in der Ufologie selten antrifft. Nur wenige UFO-Sichtungswellen, die sich in den letzten fünfzig Jahren weltweit ereignet haben, sind mit ihr – zumindest in quantitativer Hinsicht – vergleichbar. Was aber können diese Handvoll Zahlen für eine statistische Untersuchung bedeuten, die diesen Namen zurecht trägt? Wir sehen uns somit genötigt, nach der erstgenannten Methode vorzugehen: Entnahme einer repräsentativen Stichprobe mit zufällig gewonnenen Einzeldaten. Um die Voraussetzung einer sehr großen Datenmenge zu erfüllen, bleibt uns nichts anderes übrig, als sämtliche in unserem Besitz befindlichen Daten heranzuziehen.

Wie man sieht, ist der Begriff »Statistik« in der Ufologie nicht so recht zu Hause, doch über welches andere Mittel verfügen wir, um bestimmte Dinge aufzuzeigen oder gar um die größten cartesianischen Zweifler unter uns von der Realität des Phänomens zu überzeugen?

Die nachstehenden Graphiken erheben keinerlei Anspruch auf Vollständigkeit. Mit der Erfassung und Kodierung der in den Befragungsberichten enthaltenen Datenmengen wurde eben erst begonnen – so sehr waren wir von einer Unmenge von Zeugenaussagen überschwemmt worden, die im Sekretariat der SOBEPS eingingen und deren Informationen unbedingt so rasch wie möglich zusammengetragen werden mußten, um ein Höchstmaß an Genauigkeit zu sichern.

Die Graphiken wurden auf der Grundlage von neunhundert kodierten Befragungsberichten erstellt – knapp ein Drittel der uns vorliegenden Fälle. Zu berücksichtigen wären nämlich noch etwa zweihundert nicht kodierte Befragungsberichte sowie etwa tausendfünfhundert Fälle, die zum Zeitpunkt dieser ersten Analyse noch nicht Gegenstand einer Befragung waren. Angesichts dieser unglaublichen Menge von Einzelereignissen haben wir beschlossen, uns auf jene Sichtungen zu beschränken, bei denen aus größerer Nähe beobachtet wurde. Wir gingen sogar so weit, nur noch jene Zeugen aufzusuchen, die sich weniger als 300 Meter von den Phänomenen entfernt aufgehalten hatten – die anderen Fälle blieben vorerst liegen.

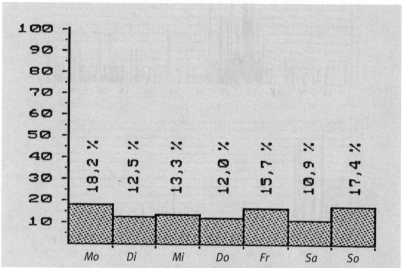

Abb. 9.1: *Prozentuale Verteilung der Sichtungen nach Wochentagen (Mo-So) auf der Grundlage von 632 Fällen mit sicher bekanntem Wochentag, an dem die Sichtung erfolgte. Absichtlich in dieser Graphik nicht berücksichtigt wurden die Werte für die beiden Ausnahme-Abende des 29. November 1989 und 12. März 1991. Sichtungen nach Mitternacht sind dem folgenden Tag zugeordnet.*

Die abgebildeten Histogramme sind daher nur ein erster Entwurf, der einen flüchtigen Eindruck von jenen Resultaten vermittelt, wie sie die noch anstehenden langwierigen Arbeiten ergeben werden. An ihnen wird aber heute schon deutlich, daß wir keineswegs nur mit einigen wenigen, entfernten kleinen Leuchtpunkten zu tun hatten, sondern mit einer enormen Zahl aussagekräftiger Nahsichtungen.

Die nächsten drei Diagramme (Abbildung 9.2a-c) veranschaulichen

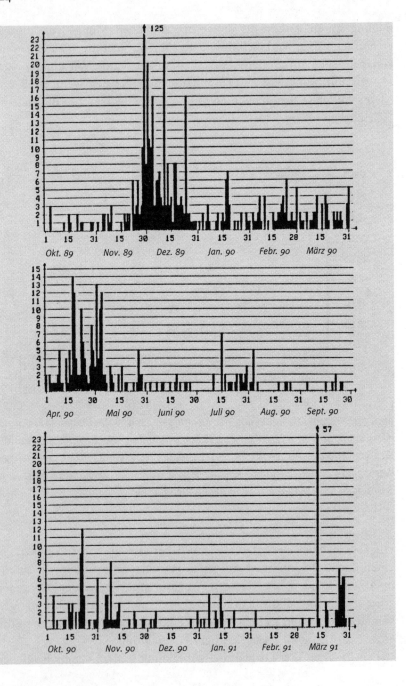

9. EINIGE STATISTIKEN 625

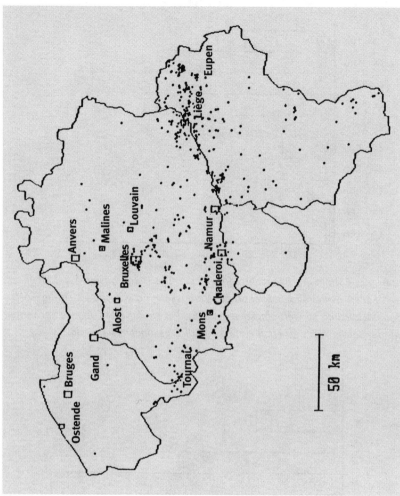

Abb. 9.3

Abb. 9.2a–c

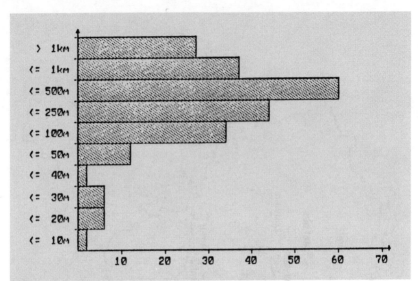

Abb. 9.4: Entfernung Beobachter/Phänomen. Die Daten basieren auf einer aus 230 Fällen bestehenden Stichprobe. Voraussetzung war, daß sich die Entfernungsschätzung so weit objektivieren ließ, daß sie für diese Tabelle verwertbar wurde. Solche Werte zu ermitteln, ist natürlich besonders schwierig.

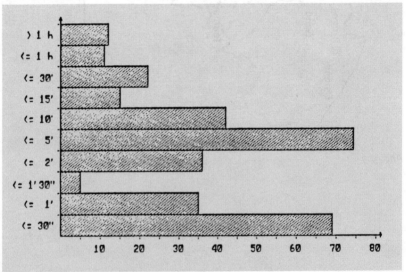

Abb. 9.5: Beobachtungsdauer. Die Zahlen beziehen sich ausschließlich auf jene 320 Fälle, bei denen die Zeugen Zeitangaben machen konnten.

9. EINIGE STATISTIKEN

die zahlenmäßige Entwicklung der von der SOBEPS zwischen Oktober 1989 und März 1991 erfaßten Zeugenaussagen. Berücksichtigt wurden nicht nur die neunhundert bislang abgeschlossenen Befragungen, sondern auch entsprechende Informationen über die beiden »stärksten« Tage der Sichtungswelle (29.11.1989 und 12.3.1991). Die Landkarte (Abbildung 9.3) veranschaulicht die geographische Verteilung dieser Sichtungen, nicht aber die zeitliche Veränderung der Beobachtungspunkte. Obwohl hierzu noch keine Detailanalyse vorliegt, ergeben sich schon heute einige signifikante Anhaltspunkte.

Etwa bis zum 8. Dezember 1989 beschränkten sich die Zeugenaussagen ausschließlich auf die Region Lüttich/Eupen. In der Nacht vom 11. auf den 12. Dezember weitete sich das Gebiet auf den gesamten südbelgischen Raum aus. Ende Dezember wurden vor allem in den Provinzen Hainaut und Luxembourg UFOs gesichtet. Anfang Januar 1990 konzentrierten sich die Sichtungen wieder auf den Raum Lüttich. Die Provinz Hainaut und der Raum Lüttich wurden bis Mitte März erneut regelmäßig überflogen. Zwischen Ende März und etwa 10. April fanden die meisten Sichtungen in Wallonisch-Brabant statt. Auch aus Namur (Mitte April) und Hainaut (Ende April) trafen Zeugenaussagen ein. Danach war die Verteilung der Sichtungen weit diffuser, und eine eventuelle geordnete Entwicklung der geographischen Verteilung wird allein anhand einer Detailanalyse zu ermitteln sein (dies gilt selbstverständlich nicht für einige besondere Tage wie etwa den 12. März 1991 mit den Ereignissen im Condroz).

10.
Überlegungen eines Interviewers
Jean-Luc Vertongen

> *Es ist an Dir, zu erkennen, ob ich in Rätseln oder der Wahrheit gemäß zu Dir spreche.* Roger Bacon

Die belgische Welle – eine weitere Sichtungswelle, die sich kaum von ihren weltweit erfaßten Vorläufern unterscheidet. Eine nahezu banale Angelegenheit! Natürlich ist es noch zu früh, irgendein Urteil abzugeben, denn sie ist bei weitem noch nicht bis in alle Einzelheiten hinein analysiert; aber wer aufmerksam gelesen hat, dem wird nicht entgangen sein, daß die Sichtungswelle keine singulären Kenntnisse gebracht hat, die etwas Besonderes und Neues gewesen wären. Der Grund für die Aufregung, wie sie die belgischen Ufologenkreise ergriffen hatte, liegt indessen in der ungewohnt hohen Zahl und Qualität der Beteiligten, die in die Tiefen der Problematik vorgedrungen sind, um sich mit der Sache auseinanderzusetzen. Noch niemals hatte eine Sichtungswelle einen derartigen Widerhall gefunden, der weit über die Landesgrenzen hinausreichte; noch nie hatten zivile wie militärische Behörden in dieser Angelegenheit Verantwortung übernommen, und noch nie war die Wissenschaft so aufgeschlossen gewesen, sich davon überzeugen zu wollen, daß die seit November 1989 währenden Ereignisse mehr als ein Achselzucken verdienen.

Die in jenen achtzehn Monaten registrierten Phänomene fallen durch eine – massive und andauernde – Wiederholung eines Szenarios auf, das gewiß mit vielen unerwarteten Begebenheiten aufwarten kann, jedoch sehr arm an neuartigen, originären Ereignissen ist. Hier gibt es, im Gegensatz zu früheren Sichtungswellen, keine bedeutsame Landung, wir haben keine Spur, die auf irgendeiner Erdscholle zurückgelassen wurde, keine spektakuläre Einwirkung auf einen Automotor (die belgischen Autofahrer mußten aber – weiß Gott! – dann und wann eiserne Nerven gehabt haben), und schließlich hat niemand weder aus der Nähe noch von Weitem die Silhouette irgendeines Wesens an Bord eines Dreiecks gesehen, die es dutzendweise gab und die unseren Luftraum in alle Himmelsrichtungen durchkämmt haben. All dies ist sehr überraschend oder enttäuschend: wie man will.

Ein Hauptmerkmal dieser Welle, das übrigens ebenfalls schon von früheren Wellen her bekannt war, fiel von Anfang an ins Auge: *das mimetische Verhalten* des Phänomens. Unter Mimesis verstehen wir hier das Bestreben, (offenbar zu Tarnzwecken) irdische Fluggeräte nachzuahmen – wobei die Tarnung freilich meist so grobschlächtig und rudimentär ist, daß sie nur den in die Irre führen kann, der leicht zu täuschen ist oder sich täuschen lassen will. Diese ungefähre Nachahmung bezieht sich in der Regel auf die neuesten Entwicklungen der Spitzentechnologie; gelegentlich kommt es sogar vor, daß die Imitationen den technischen Innovationen einen Schritt voraus sind, und diese dann erst kurz nach den eigenartigen Auftritten unserer unbekannten Besucher das Licht der Welt erblicken.

Zum Vergleich sei an die erste, fast einhundert Jahre zurückliegende Welle erinnert, die in den Jahren 1896 und 1897 die Vereinigten Staaten[1] überschwemmt hatte: Unglaubliche »airships« hatten die Zeugen zu täuschen versucht, indem sie Luftschiffe nachahmten, die damals, als die Konstruktion manövrierfähiger Ballongebilde noch in den Kinderschuhen steckte, sehr wenig zu leisten vermochten. Bereits in den amerikanischen Schilderungen aus dem ausgehenden 19. Jahrhundert ist von einem recht bunt zusammengewürfelten Arsenal an Fluggeräten die Rede, die von ihrer Form her mehr oder weniger an ein Luftschiff erinnern, aber auch einige völlig unvernünftige Details aufweisen.

Zum einen haben wir damit eine gezielte Verschleierungstaktik vor uns, zum anderen trugen diese Luftschiffe derart unwahrscheinliche Aufbauten, daß der Tarnungsversuch etwas Paradoxes hatte. Dem kommt nun freilich das Verdienst zu, uns zum Nachdenken zu veranlassen, falls wir uns diese Mühe machen wollen. Zunächst einmal mag man hierin gleichsam ein humorvolles Augenzwinkern erkennen. »Insgesamt trägt das mimetische Phänomen«, sagt deshalb Jean-Jacques Jaillat, »das Erkennungszeichen der Mimesis in sich. Mit anderen Worten: Die Mimesis ist markiert, sie weist sich selbst als solche aus.«[2] Ein knappes Jahrhundert später können die Eupener Zeugen – denen in Belgien sehr schnell Hunderte, ja Tausende von Nacheiferern folgen – ein »Remake« beobachten, das die x-te Version des immer gleichen absurden Spektakels ist, bei dem sich diesmal »Stealth-UFOs« als F-117A tarnen. Zumindest beinahe ...

Wir müssen daher aufpassen, daß wir uns durch das Maskenspiel eines Phänomens nicht täuschen lassen, das mit seinen vielgestaltigen Facetten eine Faszination auf uns ausübt, die unsere Aufmerksamkeit nur allzu leicht fesselt und auf eine offenbare Materialität von Manifestationen hinlenkt, in denen überlegene technische Perfektion ausgebreitet wird. Aus diesem Grund bleibt unser Verständnis des UFO-Phänomens allzu häufig nur an der äußersten Oberfläche: eine reichlich schwerfällige Ufologie, die nur Bolzen, Bleche und Geräte sieht, die auf der Erde landen, um dort ihre Unterschrift zu hinterlassen, und Besucher aus dem Weltall, die eine unvorstellbare Entwicklungsstufe erreicht haben; eine vergeßliche (an Amnesie leidende?) Ufologie, die solch beunruhigenden Nachweisen aus dem Weg geht (oder sie abweist?), wie sie in meisterlicher Art bereits vor dreizehn Jahren von Bertrand Méheust in einem Buch dargestellt wurden, das einen herausragenden Meilenstein der ufologischen Forschung darstellt.[3] Der Autor zeigt, daß zwischen den verschiedenen aufgetretenen UFO-Phänomenen und den von Sciencefiction-Autoren erdachten Geschichten eine frappante Verbindung besteht – wobei die ufologischen Beobachtungen in diesen Geschichten um mehrere Jahre vorweggenommen werden. Man könnte fast glauben, daß sich das UFO-Phänomen von der Trivialliteratur unserer Bahnhofskioske inspirieren läßt![4] Wenn man diesen dicken Wälzer zuklappt, wird man verstehen, daß weitere Dreiecke, zusätzliche »lock-on« oder große »umgedrehte Flugzeugträger« nicht wesentlich dazu beitragen werden, daß wir besser verstehen lernen, was über unseren Köpfen eigentlich geschieht.

Das Buch von Méheust führt uns erneut vor Augen, wie wandlungsfähig das UFO-Phänomen ist; um es erfassen zu können, brauchen wir ein reicheres Denken mit vielfältigeren und subtileren Ansätzen. Das Buch verhilft ebenfalls zu der Einsicht, daß – nachdem man sämtliche Verwechslungsmöglichkeiten eliminiert hat – noch andere als die extraterrestrische Hypothese (ETH) berücksichtigt werden können, ja sogar müssen, denn die Apologeten der ETH befördern das UFO-Phänomen nur allzu leicht in ein Prokrustesbett – um es entweder von für unnütz (oder störend) erachteten Ablegern zu befreien oder so umzumodellieren, daß es sich mit ihren Ansichten verträgt. Unter dem Vorwand, daß die ETH die einfachste – und damit beste – Hypothese sei, um das UFO-Phänomen zu erklären, laufen sie Gefahr, sich letztlich für die simpelste Erklärung zu entscheiden. Niemand zweifelt mehr daran, daß das UFO-Phänomen ein intelligentes Verhalten widerspiegelt; deutlich weniger kategorisch fallen jedoch die Antworten auf die Frage nach seiner Materialität aus; über einen möglichen extraterrestrischen Ursprung des Phänomens schließlich ist nichts bekannt, und wir haben nichts Konkretes, was eine solche anspruchsvolle Annahme rechtfertigen könnte.

Andererseits wollen wir uns auch nicht ausschließlich auf die belgische Welle kaprizieren, die ja nur eine Erscheinung unter vielen und in den Kontext der Sichtungen auf der ganzen Welt einzuordnen ist. Die Zahl der Fälle geht heute in die Hunderttausende, und wir werden geradezu verschwenderisch mit Informationen überschwemmt, daß es eigentlich überflüssig ist, uns um weitere Zeugenaussagen zu bemühen, die uns vermutlich kaum etwas Neues bringen werden. Wie Jacques Vallée in einem seiner letzten Bücher betont,[5] gibt es unter der Fülle von Zeugenaussagen sehr viele Berichte über Landungen; einmal mehr sind Zweifel angebracht, ob die extraterrestrische Hypothese stichhaltig ist.

Ob nun außerirdisch oder nicht: Fest steht, daß die Diskussion noch lange nicht abgeschlossen ist – wenn sie das je sein wird ... Professor August Meessen, der die ETH favorisiert, räumt jedoch in dem Kapitel über mögliche Erklärungen ein, daß eine »metapsychische« Erklärung nicht der Logik entbehrt.[6] Wenn wir diesen Gedankengang verfolgen und uns von ihm leiten lassen, überschreiten wir die Schwelle zu einem weiten Universum, das im übrigen jeder angesichts des UFO-Phänomens schon erahnen kann, der die seltenen und deshalb um so wertvolleren Hinweise zu entziffern weiß, die gelegentlich in einem Befragungsgespräch mit dem einen oder anderen Zeugen zu erhaschen sind. Besser als eine längere Abhandlung dürfte die schematische Zeichnung (Abbildung 10.1) das *gesamte* UFO-Phänomen symbolisch zusammenfassen und veranschaulichen, welchen anderen Ansatz man ins Auge fassen kann, um die ufologischen Zeugenaussagen zu entschlüsseln. Ein Ansatz, der durchaus auch Anregungen zu vermitteln vermag (um so schlimmer für die Therapieresistenten). Für uns alle handelt es sich bei diesem Gebilde auf den ersten Blick ganz offenbar um einen Würfel. Wer etwas genauer hin-

10. ÜBERLEGUNGEN EINES INTERVIEWERS

schaut, wird feststellen, daß es sich um eine Kippfigur (Neckerscher Würfel) handelt, also einen Würfel, den man entweder aus der Ober- oder aus der Unteransicht sieht (dabei war es anfangs nur ein einziger!). Letztendlich jedoch geht all dies an der richtigen Antwort vorbei, denn die Zeichnung, die Sie da vor Augen haben, stellt nichts anderes dar als ein Sechseck – leicht »getarnt« zwar (sieh mal einer an!), doch durchaus erkennbar. Wenn man diesen Gedanken auf das UFO-Phänomen übertrüge, wäre der erste Würfel die erste oberflächliche Wahrnehmung. Um die nachfolgenden Etappen zu erschließen, wäre mehr Scharfsinn nötig. Nebenbei bemerkt, bezieht sich dieser Vorgang keineswegs auf irgendeinen im verborgenen liegenden Ansatz, denn prinzipiell liegt alles ganz klar auf der Hand: 1. der Würfel, 2. die Kippfigur und 3. das Sechseck. Mit den UFOs verhält es sich nicht anders! Trotzdem bedarf es des guten Zuspruchs, denn die drei obigen Etappen lassen sich nicht so leicht rekonstruieren. Die erste ist für (fast) jeden evident, für die zweite (die der Ambiguität) sind innerhalb der belgischen Sichtungswelle reichlich Beispiele vorhanden, wohingegen bei der dritten ... Innerhalb von achtzehn Monaten hat sie sich noch nicht aufstöbern lassen, zumindest von mir nicht ... Versuchen auch Sie Ihr Glück; es lohnt sich wirklich, denn Sie werden einige aufregende Entdeckungen machen.

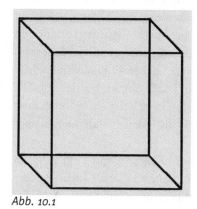

Abb. 10.1

Hinsichtlich dieser großen Ausführung des Spiels »Fang den Spitz« (in der modernen Version wäre »Spitz« durch »UFO« zu ersetzen) möchte ich nachstehend – als Beispiel und zur Veranschaulichung der beiden ersten obigen Etappen – eine der überraschendsten Sichtungen innerhalb der belgischen Welle anführen; sie spielte in ... Deutschland. Die Sache fängt ja gut an, denn gleich zu Beginn hat uns die Ambiguität bereits voll erfaßt!

Von einem Aufenthalt in der Schweiz zurückkehrend, befand sich Axelle Joly (sie ist für die SOBEPS als Interviewerin tätig; siehe u. a.

S. 403 ff., Anderlecht, Sichtung v. 24.3.1991) zusammen mit ihrem Mann am 19. März 1991 gegen 22.30 Uhr auf der durch das Rheintal führenden Autobahn (Baden-Württemberg) zwischen Basel und Straßburg. Wegen des vollbeladenen Wagens und der sehr ungünstigen Witterungsverhältnisse (Regen) fuhr man vorsichtshalber nur etwa 100 km/h. Plötzlich bemerkten beide eine Lichtquelle dicht über dem Horizont.

Es schien sich um zwei bewegungslose, gelbe Scheinwerfer zu handeln, die in mehreren Kilometern Entfernung links der Autobahn zu erkennen waren. Die beiden eng beieinander stehenden Lichter, wie sie in dieser ersten, etwa dreiminütigen Phase beobachtet wurden, erinnerten an die Landescheinwerfer eines zur Landung ansetzenden Flugzeugs. Während die Zeugen ihre Fahrt fortsetzten, blieben die Zwillingslichter weiterhin sehr tief am Himmel an einem festen Punkt, bis sie plötzlich verschwanden, indem sie schlagartig verloschen. Kurz danach tauchten die beiden Scheinwerfer erneut auf, ebenfalls linker Hand, diesmal aber in deutlich geringerer Entfernung.

Die Zeugen gingen weiterhin von einem Flugzeug mit zwei aufwärts gerichteten Lichtern aus. Es war ein recht weiches, gelbes Licht. Außerdem wurden mehrere kleine – grüne und weiße – Lichter sichtbar, deren Anordnung jedoch nicht auf eine spezielle Form schließen ließ. Das Ensemble der kleinen und der beiden gelben, nicht grell scheinenden Lichter bewegte sich mit sehr geringer Geschwindigkeit am nächtlichen Himmel und kam der Autobahn allmählich immer näher. Als sich das Leuchtphänomen fast auf Höhe der Zeugen befand, erkannten sie darin plötzlich ein großes Dreieck, das die Autobahn in ihrer Breite fast ganz überspannte.

Bevor es vor dem Wagen die Autobahn kreuzte, soll das »Objekt« seine langsame Bewegung kurz unterbrochen und sofort an Höhe verloren haben, so als sei das Gerät »überzogen« worden. Die beiden Zeugen konnten nun sehen, wie das von einer Reihe nicht blinkender, weißer und vereinzelt auch grüner Lichter abgegrenzte Dreieck an ihnen vorbeiflog. Die Lichter schienen eine dreieckförmige Umrißlinie zu bilden, aber die Zeugen betonen, ein Objekt, an dem diese Lichter hätten befestigt sein können, sei nicht zu erkennen gewesen. Keinerlei Geräusche waren zu hören, allerdings lief der Automotor, und die Scheibenwischer waren in Betrieb. Da das Phänomen sehr nahe war, ist auszuschließen, daß es mit irgendeinem bekannten Objekt verwechselt worden sein könnte.

Als das fliegende Dreieck die Autobahn überquert hatte, flog es sehr tief, wahrscheinlich noch tiefer als vorher. Da er auf den Straßenverkehr achten mußte, konnte der Zeuge das sich nach rechts entfernende »Objekt« nicht weiter beobachten – seine Frau aber beobachtete es ungehindert und aufmerksam durch die Seitenscheibe. Nun passierte etwas äußerst Merkwürdiges: Für den Bruchteil einer Sekunde sah sie, wie in dem Dreieck die Form eines völlig schwarzen Flugzeugs auftauchte; eine Aufschrift oder Kennzeichnung habe sie nicht ausmachen können. Das Phänomen glich einer alten zweimotorigen Maschine vom Typ Dakota aus dem Zweiten Weltkrieg und war nur für einen ganz kurzen Augenblick aufgetaucht, umrahmt von den kleinen, im Dreieck angeordneten Lichtern, die weiterhin zu sehen waren.

Nach dieser kurzen und merkwürdigen Erscheinung setzte das Dreieck seinen Kurs fort, wobei die beiden Scheinwerfer an der Vorderseite nun verdeckt wurden. Indessen war an der jetzt dem Betrachter zugewandten Dreiecksbasis ein rotes Blinklicht zu erkennen, das sich schließlich in der Ferne verlor. Ohne daß sich ein weiterer Vorfall ereignet hätte, setzten die Zeugen ihre Fahrt bis nach Brüssel fort, wo sie gegen 3 Uhr morgens eintrafen.

Zu dem Bericht der Zeugen etwas zu sagen, ist bestimmt nicht einfach; wo immer man auch ansetzt, wird man unweigerlich auf schwerwiegende Einwände stoßen, die jede Interpretation zu Fall bringen – da die Dakota aus dem Zweiten Weltkrieg denkbar unerwünscht und überflüssig erscheint!

Daß die Zeugen plötzlich ein großes Dreieck vor der Nase haben, das über einer Autobahn majestätisch seine Kreise zieht, würde kein (belgischer) Ufologe bezweifeln – derartige Fälle, die das Autobahnnetz unseres Landes flächendeckend überziehen, werden schon gar nicht mehr gezählt; aber dafür zu bürgen, daß sich dieses Dreieck – wenn auch nur für einen Sekundenbruchteil – in eine aus den 40er Jahren stammende »fliegende Kiste« der Yankees verwandeln könnte, käme wohl kaum einem klaren Kopf in den Sinn. Denn seit Hynek höchstpersönlich uns zu erklären versucht hat, wie sich bei einem Zeugen, der mit einem ungewöhnlichen Ereignis konfrontiert wird, die verschiedenen Deutungsstufen entwickeln können, ist man bei den Ufologen mit der Einsicht vertraut, daß ein Beobachter, der überrascht feststellt, daß ihm ein Phänomen immer fremder und unerklärlicher wird, in kurzer Folge eine ganze Reihe von Erklärungen (aufsteigende Hypothesen) erzeugen wird.[7]

Zu Beginn wird sich der Zeuge einer Sichtung, um sich nicht irritieren zu lassen, einzureden versuchen, daß er nur ein Flugzeug vor sich habe. Wenn die Vorstellung eines gewöhnlichen Flugzeugs nicht mehr ausreicht, um seine Besorgnis zu zerstreuen, wird er sich einreden, es sei vielleicht ein experimenteller oder geheimer Flugkörper; erst in dem Augenblick, wo alle gängigen Interpretationsmuster versagen – besonders aus großer Nähe, wenn die Fremdartigkeit der Erscheinung sprichwörtlich auf der Hand liegt –, wird er sich durchringen müssen, das Unvorstellbare zuzulassen.

Doch nun zurück zu dem Vorfall über der deutschen Autobahn, denn da ist noch eine Anmerkung von Axelle Joly, die nicht übergangen werden darf. Zu Beginn ihrer Beobachtung, als ihr mehr oder weniger klar wurde, daß das in der Nacht sichtbar gewordene Lichterensemble nicht so leicht identifizierbar sei, habe sie sich jedoch geweigert, den Gedanken zuzulassen, daß sie es mit einem UFO zu tun haben könnte. Erst als sie praktisch mit der Nase draufgestoßen wurde – also bei dem jegliche Verwechslung ausschließenden Vorbeiflug der im Dreieck angeordneten Lichter über der Autobahn, direkt vor ihrem Fahrzeug –, ließ sie die Einsicht zu, daß es sich offenbar um ein absolut unbekanntes Phänomen handelte. Und genau in dem Augenblick, da es ihr nicht länger möglich war, an der Realität des riesigen Lichterdreiecks zu zweifeln, tauchte plötzlich die alte Propellerkiste auf!

Die Sichtung dieser Maschine – die von der Zeugin im übrigen als »Geisterflugzeug« bezeichnet wurde (wegen der dunklen Färbung und der fehlenden Kennung) – hat zu keinem Zeitpunkt die des Dreiecks ersetzt: Dreieck und Flugzeug blieben also gleichzeitig sichtbar, wobei sich das Flugzeug mitten zwischen den kleinen Lichtern befand.

Sollte dies etwa bedeuten, daß wir eine gegenläufige Hynek-Demonstration vor uns haben, wonach die Sichtung des Flugzeugs im Anschluß an die des Dreiecks eine beruhigende Wirkung hätte? Nein, diese Hypothese ist einfach nicht haltbar. Warum ausgerechnet diese alte Maschine aus dem Zweiten Weltkrieg und nicht ein zeitgenössischer zweistrahliger

Jet, zumal die alte Dakota für eine kaum 30jährige Zeugin kein bekannter Anblick ist?

Dieses Zusammenspiel eines altmodischen Flugzeugs mit einem Dreieck kann den ostentativ enigmatischen Aspekt dieses Phänomens nur verstärken.

Im vorliegenden Fall können wir feststellen, daß die Sichtung bis zu jenem Augenblick, als das Dreieck die Autobahn kreuzt, absolut konform zu dem allseits akzeptierten Schema verläuft. Bis hierhin wird sich nämlich ein jeder freuen, den Bestand der seit Ende November 1989 zusammengelesenen Sichtungen um eine weitere verläßliche Aussage erweitert zu sehen, die von zwei denkbar gut qualifizierten Zeugen stammt. Nachdem aber die Autobahn erst einmal von den zahlreichen Lichtern überquert wurde und der Beifahrerin plötzlich die schwarze Dakota erscheint, was ist da noch die anfechtbare Glaubwürdigkeit ihres armen verdutzten Mannes am Steuer wert?

Trotzdem sehen wir uns einmal mehr mit einem jener typischen Fälle grobschlächtiger Tarnung konfrontiert, wie sie von der Ufologie zuhauf gesammelt worden sind. Eine Tarnung, die uns mehr als fünfzig Jahre zurück verweist, denn dieses schwarze Flugzeug ist dem Objekt einiger Beobachtungen, wie sie zwischen 1932 und 1938 hauptsächlich in Skandinavien gemacht wurden, zum Verwechseln ähnlich. Damals waren schwarze »Geisterflugzeuge« gesichtet worden, die keinerlei Erkennungszeichen trugen und häufig bei ungünstiger Witterung – Regen oder gar Schneestürmen – unterwegs waren. Die Übergriffe wurden so häufig, daß sich die schwedische Regierung ernstlich beunruhigt zeigte und die Luftwaffe mit einer Untersuchung beauftragte.[8]

Hinzuweisen wäre noch auf eine weitere amüsante Koinzidenz: Während die Zeugen ihre nächtliche Fahrt nach Brüssel fortsetzten, wurde die Ausgabe von *Le Soir* für den 20. März gedruckt – mit dem Foto einer authentischen Dakota, die jüngst vor dem »Victory Memorial« aufgestellt worden war (das betreffende Museum behandelt den Zweiten Weltkrieg und liegt in Hondelange an der Ardennenautobahn in der Nähe der luxemburgischen Grenze). Auch hier hatte der Zufall die Dinge wieder einmal vortrefflich arrangiert.

Diese Verflechtung doppelsinniger Bilder und zweifelhafter Anhaltspunkte ist nicht ohne Reiz, und als Schöpfer der paranoisch-kritischen

Methode[9] hätte Salvador Dali mit Sicherheit nichts gegen diesen surrealistischen Überflug einzuwenden gehabt. Avida Dollars (wie er von André Breton sehr böswillig, doch auch humorvoll umgetauft wurde) hatte in den 30er Jahren bekanntlich eine Vielzahl von destrukturierten und re-konstruierten Werken geschaffen, in denen sich mimetische Bilder miteinander vermischen, auf der ständigen Suche nach Identität mal auftauchend, mal wieder verschwindend. Dieser kleine Abstecher in das Labyrinth der Delirien eines Dali kann durchaus dazu dienen, ihre Verwandtschaft mit einem UFO-Phänomen zu unterstreichen, das seine Modelle nicht nur aus der Science-fiction-Literatur zusammenliest, sondern sich auch sehr gut in eine weit surrealistischere Landschaft einfügt. An dieser Stelle sei an die Arbeiten des leider schon verstorbenen Michel Carrouges erinnert (»Les apparitions de Martiens«, Paris: Fayard), eines ausgemachten Kenners der surrealistischen Bewegung, der uns einige Seiten hinterlassen hat, auf denen er das Phänomen in einem besonders originären Lichte analysiert (siehe auch den Artikel »Structures du phénomène ›témoins‹«, in: *Inforespace*, Sonderheft 1, 1977). Carrouges wirft einen Blick auf die Dinge, der häufig jener traumhaften und schwer faßbaren Stimmung Ausdruck verleiht, welche auch die von den Zeugen vorgetragenen Beobachtungen umgibt. Dieser Filter zwischen dem UFO-Phänomen und unserem Begriffsvermögen bildet eine nicht wahrnehmbare und ungreifbare Grenze, die nur schwer überschritten werden kann.

Dieses Kapitel, das in diesem umfangreichen Buch, das die vielen Orientierungen einer technischen bzw. wissenschaftlichen Erforschung im Detail ausbreitet, etwas verloren wirken mag, sollte lediglich an die Vielgestaltigkeit des UFO-Phänomens erinnern, an eine Mannigfaltigkeit übrigens nicht nur der Formen der beobachteten Objekte, sondern auch der ganzen Begleitumstände eines dichten und prall gefüllten Untersuchungsdossiers. Die wenigen, hier skizzierten Gedanken sind kein Bildersturm gegen eine orthodoxere Ufologie. Konsequentes und wissenschaftliches Vorgehen wird unbestreitbar zu einem besseren Verständnis der rätselhaften Erscheinungen führen, die unser Denken anregen und anspornen; auf der anderen Seite jedoch ist das Phänomen von einer solchen Komplexität, daß mit der extraterrestrischen Hypothese allein nicht alle Aspekte zu erklären sein werden. Daß es noch andere zu erkundende Pfade gibt, sollte mit diesen wenigen Zeilen angedeutet werden.

11.
Ein kurzer Blick auf die SOBEPS

Eine ungewöhnliche Gruppierung
Michel Bougard

»*Aufgrund ihrer guten Verbindungen, der Qualität ihrer Arbeit und ihrer Dokumentationen steht die SOBEPS möglicherweise vor einer Lösung. Sie konnte dort Erfolge verbuchen, wo andere Gruppierungen gescheitert sind, denn ihr ist es gelungen, mit bestimmten Körperschaften Verhandlungen zu führen – was auch immer die Beweggründe der Politiker und Militärs gewesen sein mögen, sich darauf einzulassen. Wenn man weiß, wie sehr den Ufologen gemeinhin eine solche Einstellung widerstrebt und wie sehr es ihnen an Fingerspitzengefühl bei der Einschätzung der ihnen gegenüber verfolgten Politik fehlt, erkennt man, was hier erreicht worden ist – eine Leistung, von der zu hoffen steht, daß sie sich auf den gesamten Bereich auswirken wird.*«

Diese Zeilen stammen von Pierre Lagrange und sind einem Kommentar über die derzeitige belgische Welle entnommen (*OVNI-Présence*, Heft 45, Januar 1991, S. 25). Der Kommentar bezog sich auf ein Interview mit Oberst W. De Brouwer, das im Mai 1990 von einem Team (Pierre Lagrange, Jean-Christophe Monferran und Laurent Planche) des Centre de Sociologie de l'Innovation und von Sciences-Actualités (Musée de la Villette, Paris) geführt worden war.

Dieses Zitat steht deshalb am Beginn eines Kapitels, das über die Aktivitäten der SOBEPS informieren möchte, weil es auf die Besonderheiten unserer Gruppierung gegenüber den ständig und überall neu entstehenden Vereinigungen hinweist. Die SOBEPS (Société Belge d'Etude des Phénomènes Spatiaux, Belgische Gesellschaft zur Erforschung von Weltraumphänomenen) wurde im Jahr 1971 gegründet. Sie stellt gemäß ihren Statuten eine nicht gewinnorientierte und ihrem Selbstverständnis nach eine konfessionell, philosophisch und politisch unabhängige Vereinigung dar, die eine Beobachtung und rationale Untersuchung nicht identifizierter Himmelsphänomene (UFOs) und damit zusammenhängender Probleme bezweckt. Ihre Aktivitäten, getragen von ausnahmslos ehrenamtlichen Mitarbeitern, erstrecken sich auf die unterschiedlichsten Bereiche und haben die Untersuchung von Zeugenaussagen sowie die vorurteilsfreie Verbreitung der gewonnenen Informationen zum Ziel. Die Öffentlichkeit wird über die Zeitschrift *Inforespace* sowie im Rahmen von Konferenzen, Diskussionsveranstaltungen, Ausstellungen etc. informiert.

Informationsvermittlung ist jedoch kein Selbstzweck. Sie ist in diesem Fall die Grundvoraussetzung dafür, in der wissenschaftlichen Gemeinschaft das Bewußtsein für die UFO-Problematik zu schärfen. Eine der von der SOBEPS verfolgten Absichten besteht darin, das UFO-Mysterium zu begreifen und es mit Hilfe jener Mittel, die man bereitzustellen gewillt ist, zu untersuchen.

Was die SOBEPS heute geworden ist und was sie heute leistet, verdankt sie dem großen Engagement ihrer Mitarbeiter, die dem Gelingen der Projekte viel geopfert haben — auf Kosten ihrer beruflichen Arbeit und ihres Privatlebens. An dieser Stelle möchte ich all jenen ungenannten Helfern danken, ohne deren wertvolle Unterstützung dieses Buch nicht zustande gekommen wäre. Unermüdlich und ohne auf die Uhr zu schauen, haben sie in ehrenamtlicher Mitarbeit gerade dort einen Erfolg ermöglicht, wo bereits viele »Amateure« gescheitert waren.

Konzeption und Herausgabe des Buches besorgten Michel Bougard und Lucien Clerebaut, als Autoren wirkten außerdem Léon Brenig, Jean Debal, Patrick Ferryn, August Meessen, Marc Valckenaers und Jean-Luc Vertongen mit.

Herzlich danken möchten wir allen, die zum Erscheinen der belgischen Originalausgabe beitrugen, insbesondere Jean-Luc Vertongen und Marc Valckenaers (Umbruch), Jean Debal und Annie Eyckmans (Fahnenkorrektur), Gérard Grède (Umschlaggestaltung), Jacques Antoine, Michèle Bragard, Luc Briart, Françoise Combaluzier, Fernando De Deus und Marc Valckenaers (Textverarbeitung) sowie Lucien Clerebaut, Danièle Clerebaut-Deneyer, Francine Dauge, Monique Goossens, Christian Lonchay, Marie-Claire Paques, Edouard Saeys und Catherine Salmain (Schreibarbeiten).

Für ihre Unterstützung bei der Erforschung der gemeldeten Phänomene während der belgischen Sichtungswelle möchten wir ganz herzlich

11. EIN KURZER BLICK AUF DIE SOBEPS

mehreren externen Mitarbeitern danken: Jean-Pierre Auquiere von der Université Catholique de Louvain und Claude Gillet von den Facultés Notre-Dame in Namur (Begutachtung der Bodenspuren), Marc Acheroy von der École Royale Militaire und François Louange (fotografische Expertisen und ergänzende Analysen), Yves Claes, Philippe Deuquet, Christian Maton und Raymond Vicari (videotechnische Unterstützung), Roger Gettemans und Richard Rodberg, die uns die Originalfilme überlassen haben, den belgischen Funkamateuren für ihre Mitarbeit, Gérard Prevost (Imprimédia), der uns mit Büroartikeln versorgt hat, sowie allen Presseleuten für ihr Interesse und die gute Berichterstattung.

Last but not least möchten wir der Luftwaffe, den Einrichtungen des Heeres, der Gendarmerie und dem Luftfahrtamt für ihre wertvolle Unterstützung herzlich danken, und zwar insbesondere General Marcel Terrasson (Kommandeur der taktischen Luftwaffe), Generalmajor Wilfried De Brouwer (Leiter der Operativen Sektion der Luftwaffe), Oberstleutnant Pierre Billen (Kommandant des CRC Glons), Major der Luftwaffe René Lambrechts und Philippe Dumonceaux (Leiter des zivilen Flughafens Bierset).

Die wichtigsten Zeugen wurden von mehreren Dutzend Interviewerinnen und Interviewern befragt, die hier nicht alle namentlich aufgeführt werden können. Die folgende Liste enthält die Namen all jener, die an der Erarbeitung dieses Dossiers mitgewirkt haben.

Jacques	Antoine	Jean	Debal
Guy	Bleser	Stéphane	De Rath
Franck	Boitte	Jacquie	Dersin
Fernand	Bonnecompagnie	Etienne	Dumbruch
Stany	Box	Patrick	Ferryn
Léon	Brenig	Chantal	Gallez
Eric	Bursens	Thierry	Gilson
Lucien	Clerebaut	André	Goffard
Paul	Crocet	Gérard	Grède
Jean	De Laet	Pascal	Hubrecht
Jean-Pierre	Delhaxhe	Marcelle	Joiret
Serge	Delporte	Daniel	Karlshausen
Axelle	de Meester	Jean-Marc	Karlshausen

Jacques Laurent	Henri-Pierre Robin
Jacques Lenoir	Richard Rodberg
Yves Leterme	Michel Rozencwajg
Marc Libouton	Serge Surpierre
Françoise Licour	Emile Têcheur
Gianni Loveterre	Raymond Tercafs
Léonce Maetens	Alain Thibert
Jacky Matagne	Stéphane Thieltgen
August Meessen	Claude Thomas
Yves Mine	Paul Vanbrabant
Denis Moinil	Marc Valckenaers
Noël Mormont	Jean-Pierre Van Den Hove
Albert Pemmers	Alain Van Kerckhoven
R. Pétré	Patrick Vantuyne
Jim Plumat	François Verhoeven
Jean-Marie Polard	Jean-Luc Vertongen
Jean Poswick	Patrick Vidal
Philippe Rekoms	Michel Warnier
Michel Renglet	Jean-Marc Wattecamps

Es ist uns unmöglich, an dieser Stelle all die Personen aufzuführen, die während der belgischen Sichtungswelle seit Oktober 1989 in unterschiedlichem Umfang an den Aktivitäten der SOBEPS beteiligt waren. Einige von ihnen sind schon hier und da im Buch genannt; andere werden sich ungerechterweise übergangen fühlen. Wir haben uns aber bewußt auf die Nennung des engeren Kreises derer beschränkt, die an der Realisierung dieses Buchs direkt beteiligt waren.

Außerdem sahen wir uns gezwungen, unter den Hunderten in den letzten beiden Jahren zusammengetragenen Protokollen eine strenge Auswahl zu treffen. Der Großteil der verfügbaren Informationen konnte daher nicht im einzelnen dokumentiert werden. Das gilt ebenso für (beispielsweise statistische) Gesamtanalysen der belgischen Welle, da sie noch nicht aussagekräftig genug sind und erst in den nächsten Monaten zum Abschluß kommen werden. Allen, die hierzu mehr erfahren möchten oder über die aktuellen ufologischen Entwicklungen in Belgien und international auf dem laufenden bleiben wollen, möchten wir auf das Mitteilungsorgan der SOBEPS hinweisen, die Zeitschrift *Inforespace*, deren Abonnement wir empfehlen.

Abschließend noch ein aufrichtiges Dankeschön an die Tausende von UFO-Zeugen, die den Mut hatten, ihre Aussage zu Protokoll zu geben.

Wir möchten nochmals daran erinnern, daß Gesprächspartner, die es wünschen, anonym bleiben, und daß wir in der Hoffnung, Neues in Erfahrung zu bringen, immer für weitere Fallschilderungen dankbar sind. Wir möchten daher alle Zeugen von – auch weiter zurückliegenden – UFO-Sichtungen auffordern, mit der SOBEPS Kontakt aufzunehmen.

> Zeugenaussagen werden unter der Rufnummer 00 32/02/5 24 28 48 rund um die Uhr von einem automatischen Anrufbeantworter entgegengenommen. Damit wir Sie erreichen können, hinterlassen Sie bitte Ihren Namen, Rufnummer und Anschrift.
>
> Auf Anforderung erhalten Sie unsere Informationsmappe mit Angaben über Beitritts- und Mitgliedschaftsbedingungen der SOBEPS und das Abonnement der Zeitschrift *Inforespace*.
>
> SOBEPS asbl, avenue Paul Janson, 74,
> B – 1070 Bruxelles, Tel.: 00 32/02/525 04 04
> Fax: 00 32/02/520 73 93

Geschichte und Ziele der SOBEPS
Lucien Clerebaut

Als einige meiner Freunde und ich die SOBEPS im Mai 1971 gründeten, konnten wir die heutige Entwicklung unserer Vereinigung in keiner Weise vorhersehen. Kaum daß wir unsere Leitlinien definiert hatten – nämlich Objektivität, Vollständigkeit und auch Wissenschaftlichkeit, gepaart mit dem Bestreben, die Öffentlichkeit mit unserer Zeitschrift *Inforespace* zu informieren –, bekamen wir es schon 1972 mit einer ersten UFO-Welle zu tun.

Nachdem Jean-Luc Vertongen eine Arbeitsmethode entwickelt und ein Interviewernetz aufgebaut hatte, das den französischsprachigen Teil des Landes abdeckte, konnten wir einige Monate später auf etwa 300 Sichtungsberichte zurückblicken. Die Sichtungswelle aus dem Jahr 1972 hatte jedoch nicht die Qualität der seit November 1989 gemachten Beobachtungen. Es handelte sich vielmehr um eine mehr oder weniger bunte Mischung aus Berichten über Fluggeräte verschiedener Formen, wohingegen bei früheren Sichtungswellen in anderen Ländern gelegentlich von Landungen die Rede war, die Spuren hinterlassen hatten; in einigen wenigen Fällen wurde sogar berichtet, es gebe angeblich fremde Wesen eines humanoiden Typs, und sie seien für kurze Zeit beobachtet worden. Neben unserer Informationspflicht gegenüber einigen hundert Mitgliedern nahmen wir – so gut es ging – unsere Rolle als Archivare für die Zukunft wahr (wie unser Präsident Michel Bougard es gern formuliert).

Wir waren gleich mit Feuereifer bei der Sache und verfolgten die feste Absicht, uns ganz dieser Aufgabe zu verschreiben, um ein originäres Phänomen nachzuweisen, dessen Existenz uns hinreichend bestätigt schien. Zu den zahlreichen ehrenamtlichen Mitstreitern, die sich uns anschlossen, gehört auch Professor August Meessen, wißbegierig und unserer Sache gegenüber besonders aufgeschlossen. Seit nunmehr zwei Jahrzehnten halten wir bei unserer Arbeit – ungeachtet der Höhen und Tiefen des UFO-Phänomens – am einmal eingeschlagenen Kurs fest.

Die Wende

Der November 1989 brachte die Bombe zum Platzen und versetzte uns in einen unglaublichen Aufruhr. Da wir anfangs von der Menge der Fälle förmlich überrollt wurden und nicht genügend Abstand zu den Dingen hatten, war Skepsis die Maxime der Stunde. Als wir dann mit Nachforschungen begannen, hatten wir bereits mit jenen zu tun, die uns später Anerkennung und verschiedentliche Unterstützung gewähren sollten.

Im Gegensatz zu bestimmten ufologischen Kreisen hat sich die SOBEPS bemüht, Politiker und Militärs sowie Wissenschaftler zu interessieren, indem sie sich ihnen gegenüber freimütig und loyal verhielt. Die SOBEPS brachte ihre praktische Erfahrung mit und konnte damit ihre Seriosität unter Beweis stellen. Dort, wo andere nur auf Geringschätzung und Desinteresse gestoßen waren, konnte sich deshalb ein Klima der Aufgeschlossenheit und Zusammenarbeit bilden. So kam es, daß wir auf höchster Ebene zu unverzichtbaren Partnern für die Erarbeitung eines möglichst umfassenden Untersuchungsansatzes wurden. Aus diesem Grund haben wir den Führungsstäben von Luftwaffe und Gendarmerie häufig Kopien von Befragungsberichten zur Verfügung gestellt; unsere Unterlagen sind ihnen im übrigen weiterhin zugänglich.

Wir verfolgten zwei Zielsetzungen: Zum einen gab es keinen Grund, warum wir unsere Informationen nicht aus der Hand geben sollten, da auch wir alles erhielten, was wir verlangten, und zum anderen konnten unsere Gesprächspartner die Problematik, mit der wir uns konfrontiert sahen, dadurch besser erfassen und angemessene Strategien entwickeln. Daß eins zum anderen gehört und sich ergänzt, hat sich in den folgenden Monaten glänzend bestätigt.

Nur ein Beispiel: Die Luftwaffe hatte einige ungewöhnliche Radarechos, wußte aber nicht, wie die UFOs aus der Nähe aussahen; wir hingegen standen in unmittelbarem Kontakt mit vielen Zeugen, die sämtliche Charakteristika der Objekte aus der Nähe hatten beobachten können, verfügten aber nicht über die für eine Gewinnung quantifizierbarer Daten unerläßlichen wissenschaftlichen Geräte.

Bevor ich auf die Schlüsselfigur dieser Zusammenarbeit zu sprechen komme, möchte ich den Mut und die Besonnenheit von Verteidigungsminister Guy Coëme würdigen, der von Beginn an eine Politik der

Offenheit und Transparenz praktizierte. Erstmals auf der Welt entstand eine bilaterale Zusammenarbeit zwischen einer Privatvereinigung aus ehrenamtlichen, aber zuverlässigen und zentral organisierten Mitarbeitern und einer nationalen Luftwaffe.

An dieser Stelle ist nun General W. De Brouwer zu würdigen, eine außergewöhnliche Persönlichkeit, deren Aufgeschlossenheit und Mut man gar nicht genug rühmen kann. Schon bei den ersten Kontakten bildete sich ein gegenseitiges Vertrauensverhältnis, das zu jenen fruchtbaren Entwicklungen führte, die in diesem Buch beschrieben werden. Ein Nachwort aus seiner Feder, das sich durch Klarheit und Übersicht auszeichnet, bildet den Abschluß dieses Buchs.

Eine Zukunft für die Ufologie

Es liegt auf der Hand, daß die SOBEPS gegenüber den ufologischen Kreisen heute eine gewisse Verantwortung trägt, denn erstmals hatte eine private Vereinigung den Anstoß zu einem so umfassenden Prozeß der Bewußtseinsbildung auf allen Ebenen gegeben. Aber es wäre unangemessen, deshalb in Siegesgesänge auszubrechen. Zwar konnte die SOBEPS ein einzigartiges Dossier über diese Sichtungswelle zusammenstellen, doch die Untersuchung, Erforschung und Bearbeitung der Daten hat noch nicht einmal richtig begonnen. Zahlreiche Auswertungen statistischer, physikalischer, soziologischer und zeugenspezifischer Natur stehen noch bevor. Außerdem wurde offenkundig, daß die Ufologie nirgendwo auf der Welt, noch nicht einmal in Europa, über die dringend erforderlichen Mittel verfügt, alle derzeit verstreut vorliegenden Daten strukturiert zu analysieren – wobei man davon ausgehen darf, daß seit 1983 in zahlreichen Ländern dreieckförmige Objekte gesichtet wurden, deren Merkmale mit den während der belgischen Welle beobachteten vergleichbar sind.

Die Ufologie ist noch keine ausgereifte Disziplin, ihr fehlen die Mittel und ein stimmiger, multidisziplinärer Ansatz. Im Rahmen internationaler Kongresse müßten sich alle betroffenen Parteien an einen Tisch setzen – politische und militärische Behörden, wissenschaftliche Organisationen und privatrechtliche Vereinigungen –, um das Fundament für ein umfassendes, methodisches Vorgehen zu legen, das sich zunächst auf das Problem der Identifizierung konzentrieren müßte.

Im Grunde genommen ist die Ansicht, dies sei erst möglich, wenn mit wissenschaftlichen Instrumenten gewonnene Daten vorliegen, durch nichts gerechtfertigt, da die Zahl und Qualität der Zeugenaussagen in vielen Ländern für sich allein schon ein überzeugender und gültiger Beweis ist. *Verschiedentlich werden zu viele schlechte Gründe ins Feld geführt, um der Sache selbst aus dem Weg gehen zu können.* Die Situation ist zu lange schon festgefahren.

Wir stehen an einem Wendepunkt der Geschichte: Unsere Regierungen haben eine europäische Einheit zustande gebracht, die immerhin eine Organisation wie die ESA (European Space Agency) auf die Beine stellen konnte; sie sollten eigentlich die Aufgeschlossenheit und Bereitschaft besitzen, einige Millionen Ecu für eine notwendige Evaluierung der UFO-Problematik aufzubringen. Wir setzen uns nachdrücklich für eine solche – gewiß umwälzende – Entscheidung ein, sie würde es unserer Meinung nach ermöglichen, daß ein Projekt verantwortlich in Angriff genommen werden kann, das äußerst vielversprechend ist.

12.
Schlußfolgerungen

Die Soziologin und Ufologin Shirley McIver hat gezeigt (Lumières dans la nuit, Heft 247-248, Januar/Februar 1985), daß die Ufologie noch keine etablierte Disziplin und »normale« Wissenschaft ist (Ufologe ist noch keine Berufsbezeichnung), und daß ihre Grundlage im wesentlichen unverändert volkstümlicher Natur ist. Dies mag einigen als Handicap erscheinen. Wir sehen darin eher eine Bereicherung, da die Unterschiedlichkeit der Standpunkte die Fremdartigkeit der Fakten mit ungeahnter Deutlichkeit hervortreten läßt. Ufologische Kompetenz gewinnt ein Chemiker oder Dekorateur, ein Physiker oder Autodidakt allein durch Felderfahrung und konsequentes Reflektieren. Da die SOBEPS keine Sekte ist, deren Mitglieder verpflichtet wären, immer wieder dasselbe Bekenntnis abzulegen, haben wir beschlossen, daß alle, die stärker in die Erarbeitung des Dossiers involviert waren, die Gelegenheit haben sollen, ihre persönlichen Schlußfolgerungen zu ziehen und zu formulieren.

Michel Bougard

Ich gebe zu, eine ausgemachte Vorliebe für Zitate zu haben. Möglicherweise handelt es sich dabei um den überkommenen Reflex eines begeisterten Mathe-Schülers, der beglückt ist, einen Gedanken vorzufinden, der in einer kurzen und prägnanten Formel ausgedrückt ist und dem nahekommt, was er vorzutragen beabsichtigte. So möchte ich an dieser lieben Gewohnheit festhalten und den Leser mit zwei Zitaten konfrontieren, die ich mir für diese Schlußbemerkung zu eigen gemacht habe. Das erste ist ein Spruch von Goethe, wonach es Menschen gibt, die sich nur deshalb nie verirren, weil sie sich niemals auf den Weg machen. Das andere Zitat ist eine spitze Bemerkung von Vukovich, die er eigentlich auf die Psychologie münzte, die jedoch meiner Ansicht nach unverändert auch auf die Ufologie angewandt werden kann: »Vieles von dem, was man sagen könnte, wird nicht gesagt; vieles von dem, was gesagt wird, ist ungenau, obwohl die Stimmigkeit der Theorie anderes fordern, der Autor anderes wünschen und der Leser anderes schätzen würde ... Das wenige, was genau ist, ist oft weder neu noch interessant.«

Diese beiden Bemerkungen werfen ein Licht zum einen auf den Vorwurf, den man mir gelegentlich macht: mein fehlendes Engagement bei der Interpretation der UFO-Phänomene, und zum anderen auf mein Unbehagen, eine bestimmte Erklärungsmöglichkeit bevorzugen zu sollen. Meine Einstellung zu diesem Thema ist weiterhin die eines Chronisten, dem es mehr darum geht, die Fakten zusammenzutragen und möglicherweise auch einer kritischen Bewertung zu unterziehen, als sie zu interpretieren.

Ich gehe davon aus, daß die gesammelten Daten noch zu unzureichend, unvollständig und ungenau sind, um eine Auswahl der wirklich bedeutenden und das entsprechende Theoriemodell bestimmenden Fakten zu ermöglichen. Man könnte, indem man mit einer extremen Aufgeschlossenheit sein Spiel treibt, ein und denselben Fall und ein und dieselbe Reihe von Fakten je nach Art des verwendeten *Lektürerasters* beinahe auf radikal verschiedene Weise interpretieren. Für den Anhänger des soziopsychologischen Modells gerinnt der Bericht eines Zeugen zu einer durch die Gerüchteküche der Medien genährten Historie des Irrtums, wobei UFO dann nur so viel bedeuten würde wie »schlecht identifiziertes Flugobjekt«. Der bedingungslose Befürworter eines außerirdischen Ursprungs indessen sieht in den UFOs automatisch künstliche Raumsonden, die gekommen sind, um die Erde zu beobachten, wobei ihr materieller und originärer Charakter in jedem ungewöhnlichen Detail aufscheint.

Die Weltanschauung und die Experimente, die man durchführt, um zu versuchen, die Welt zu begreifen, sind äußerst eng mit einem Paradigma verknüpft, d. h. mit dem in der jeweiligen Disziplin vorherrschenden

Modell. Diese Begrifflichkeit stammt von Thomas S. Kuhn (»Die Struktur wissenschaftlicher Revolutionen«, Suhrkamp, 1973). Kuhn geht davon aus, daß sich die von den Wissenschaftlern angepackten Probleme danach kategorisieren lassen, ob sie gelöst werden oder nicht. Innerhalb der letzten Kategorie ist ferner zwischen den Problemen zu unterscheiden, deren Lösung nicht gefunden, die aber lösbar sind, und jenen, die deshalb keine Lösung haben, weil zu ihrer Lösung ein Paradigmenwechsel herbeigeführt werden müßte, mithin eine »wissenschaftliche Revolution«.

So etwa erblickte Galilei, als er den Mond beobachtete, in ihm den Trabanten der Erde, wohingegen Kopernikus den Mond weiterhin als einen Planeten einstufte. Auch Tycho Brahe und Kepler sahen nicht dasselbe, wenn sie zur gleichen Zeit einen Sonnenaufgang betrachteten. Als Befürworter einer unbewegten Erde sah Brahe, wie sich die Sonne beim Aufsteigen über dem Horizont bewegte, während Kepler – vom heliozentrischen (kopernikanischen) Weltbild überzeugt – sich vorstellte, daß der Horizont durch die Erdrotation nach und nach den Blick auf die feststehende Sonne freigibt. Jean-Marc Lévy-Leblond (»L'esprit de sel«, Fayard, 1981) faßt das ähnlich auf: »Beobachten besteht nicht in einer erschöpfenden Registrierung der Ereignisse – was nicht nur unmöglich ist, sondern auch unnütz wäre. Beobachten beinhaltet folglich eine Auswahl (sei sie bewußt oder nicht), die sich innerhalb der unendlichen Komplexität jedes realen Phänomens nur einiger hervorstechender bzw. als solche angesehener Eigenschaften annimmt.« Der Autor führt in diesem Zusammenhang die Beobachtung der »Novae« an, jener mächtigen stellaren Explosionen, die zu einer unvermittelt einsetzenden besseren Sichtbarkeit der gewöhnlichen Sterne führen und zu denen sich in den mittelalterlichen chinesischen Chroniken sehr präzise Angaben finden, während sie in den europäischen Archiven derselben Epoche nicht auftauchen: Bei uns verbat es der Glaube an eine vollkommene Himmelswelt, derartige Vorkommnisse als sachgemäß zu betrachten, und die beträchtlichen Zunahmen der Größenklasse (Helligkeit) eines Sterns wurden zweifellos jedesmal mit der vagen Vokabel »lokaler Meteor« banalisiert.

Wer sich als objektiver Historiker mit der Anhäufung von Fakten begnügen möchte, hat demnach Unmögliches vor, da seinem Vorhaben unvermeidlich eine Auswahl vorangeht. Eine solche unbewußte Selektion betreiben wir des öfteren, hierbei in »simplifizierende Denkweisen« verfallend (Edgar Morin: »La méthode – la nature de la nature«, Paris: Seuil 1977): die Idealisierung, die »Rationalisierung« (das Bestreben, die Realität in die Ordnung und Kohärenz eines Systems einzuzwängen) und die Standardisierung (Eliminierung des Unbekannten, Nichtkonformen, Unreduzierbaren – des »Mysteriums«).

Doch nun wieder zurück zu den belgischen UFO-Ereignissen. Ich möchte aufgrund meiner Erfahrungen mit der Materie auf zwei Merkmale aufmerksam machen, die sich aus dem vorhandenen Faktenbestand herauskristallisieren: Ich meine die *Mimesis* und das *Ausweichverhalten* der seit Herbst 1989 gesichteten UFOs. Die Fallgeschichte kennt mehrere Ereignisse, in denen die Zeugen das AWACS mit einem weit merkwürdigeren Flugobjekt assoziieren (bzw. verwechseln). Auf die Einzelheiten der Zeugenaussagen möchte ich nicht nochmals eingehen (ich denke speziell an die Ereignisse vom 18. Oktober 1990, vom 12. März 1991 und auch an die berühmte Nacht vom 30. auf den 31. März 1990). Eine eingehendere Untersuchung dieser Zeugenaussagen könnte jedoch durchaus zu dem Schluß führen, daß die Zeugen willentlich *geködert* wurden, ohne daß die Motive für eine solche Täuschung identifiziert wären. Hiermit hat auch das Ausweichverhalten der UFO-Erscheinungen etwas zu tun. Selbst bei massiven Sichtungen ist die Zone, aus der die Zeugenaussagen stammen, räumlich durchweg stark eingegrenzt. Alles vollzieht sich so, als würde ein UFO-Ereignis unvermittelt wer weiß woher erscheinen, um sich dann in dem Nichts, aus dem es aufgetaucht war, zu verlieren. Hinter diesem Hereinbrechen verbirgt sich eine *gezielte* Zurschaustellung, eine nicht zu leugnende Vorliebe für das Spektakel, mit Lichterspielen und einer ostentativen Vorführung der Leistungsfähigkeit der Geräte: totale Lautlosigkeit, vollkommene Bewegungslosigkeit, Einnehmen aller möglichen Positionen etc.

Ich möchte einstweilen darauf verzichten, für die Interpretation dieser Charakteristika eine Arbeitshypothese aufzustellen, da ich noch nicht die Absicht verfolge, eine Erklärung der zusammengetragenen Fakten zu versuchen. Dies ist zwar weiterhin ein langfristig zu erreichendes Ziel, doch es besteht kein Grund zur Eile. Man mag das als eine Form der Feigheit ansehen, als Weigerung meinerseits, Verantwortung zu übernehmen. Ich habe indessen einen ausreichend großen Abstand zu den Din-

12. SCHLUSSFOLGERUNGEN

gen, daß mich solche Vorwürfe nicht belasten. Mein Zögern ist vielmehr das desjenigen, der weiterhin davon überzeugt ist, daß ein kritischer Rationalismus der beste Weg ist, ein Problem anzugehen. Dieses philosophische Ideal stelle ich einer streng materialistischen Ideologie und einem denkbar naiven Offenbarungsglauben entgegen – jenem einfältigen Glauben, den man sowohl bei denjenigen antrifft, die sich mit einem Glauben an allgegenwärtige und zeitlose Außerirdische begnügen, wie auch bei jenen, die sich soziologisch-psychologische Konstrukte zusammenbasteln, um damit zu erklären, wie ein banaler Stimulus zu einer strukturierten, fiktiven Schilderung werden kann.

Es wäre gar nicht notwendig, aus dem Fehlen einer Arbeitshypothese eine zur Sterilität führende Unfähigkeit zur Auswahl abzuleiten (nach dem Vorbild von Buridans Esel). Es handelt sich vielmehr um die Weigerung, angesichts der vorhandenen Komplexität eine Wahl zu treffen. Den Begriff *Komplexität* verwende ich in seiner modernsten physikalischen Bedeutung: Sie zeigt sich dem Beobachter immer als eine Ungewißheit, die durch die Kompliziertheit der Elementareinheiten des Phänomens (und ihrer Interaktionen) und durch den unregelmäßig aleatorischen und determinierten Charakter des Systems entsteht. Doch hüten wir uns vor dem übereilten Schluß, daß alles Komplexe der Erkenntnis nicht zugänglich sei. Die Annäherung an das »Komplexe« gestaltet sich – dies soll kein Wortspiel sein – zwangsläufig kompliziert, doch der wissenschaftliche Erfolg verdankt sich zu einem Gutteil auch dem Stellenwert des Problems. Hierin sehe ich die in dem UFO-Rätsel enthaltene Chance: Seine Vielgestaltigkeit erfordert zwangsläufig einen interdisziplinären Ansatz und Arbeitshypothesen, von denen man nicht etwa meint, daß sie sich gegenseitig ausschließen, sondern daß sie verschiedene, wenn nicht gar einander ergänzende Einsichten vermitteln.

Was für den einen Häresie ist, kann je nach Zeitepoche gelegentlich zur Orthodoxie des anderen werden, und auch das zu erforschende Reale selbst ist historisch wandelbar. Was die reinen Fakten angeht, steht für mich mittlerweile fest, daß Belgien von einem oder mehreren *Fluggeräten* überflogen wurde (bzw. möglicherweise auch noch wird), deren Leistungsvermögen nur schwer mit den *bekannten* irdischen Techniken vereinbar ist. Darunter verstehe ich, daß es sich bei den seit zwei Jahren gesichteten UFOs um durchaus *materielle, künstliche Strukturen* handelt, die aus einer nicht identifizierten *Technologie* resultieren. Das Verhalten dieser Objekte scheint einem ebenso unbekannten *intelligenten Projekt* zu gehorchen.

Vom Gefühl her könnte ich glauben, daß es sich hierbei tatsächlich um extraterrestrische Manifestationen handeln würde. Meine chronische Skepsis verbietet mir, diese *innere Überzeugung* zu überschreiten und in hochgradige Gewißheit zu verwandeln. Astronomische und biologische Argumente berechtigen mich zu der Annahme, daß es mit sehr hoher Wahrscheinlichkeit mehrere Formen des außerirdischen Lebens gibt. Unsere Erkenntnisse über die irdische Evolution lassen nicht die Annahme zu, daß die menschliche Intelligenz zwangsläufig den Abschluß der Entwicklung bildet, auch wenn man eine Tendenz zu zunehmender Komplexität annehmen darf. Statistisch gesehen ist die Möglichkeit eines Kontakts mit einer außerirdischen Intelligenz zwar nur sehr gering, aber *nicht gleich Null*. Aus diesem Grund übrigens werden den SETI-Projekten (Search for extraterrestrial intelligence) größere Budgets gewährt.

Mein einziger Wunsch ist der, daß sich angesichts des nachweislich originären Charakters des UFO-Dossiers noch mehr Wissenschaftler eingehend mit der Problematik beschäftigen, angetrieben durch eine unbändige Neugier und durch den Willen, die aufgeworfenen Fragen frontal anzupacken. An ihre (und unsere) Begeisterungsfähigkeit möchte ich hiermit appellieren – um damit dem Pessimismus einer erstarrten Wissenschaft zu begegnen, die unfähig ist, das Neuartige zu erkennen und zu akzeptieren. Diesen ewig Enttäuschten und all jenen empfindlichen Gemütern, die sich in die Bequemlichkeit ihrer Gewißheiten und der wohlfeilen Expertenmeinungen flüchten, möchte ich ein letztes Zitat widmen. Es stammt von dem Biochemiker Erwin Chargaff: »Was man zu lange betrachtet, erscheint schließlich lächerlich, vor allem, wenn man nichts davon versteht!«

Ich für meinen Teil leiste mir weiterhin das Vergnügen, mich über Rätselhaftes zu wundern und die betörende Gesellschaft der Fragezeichen zu suchen ...

12. SCHLUSSFOLGERUNGEN

Léon Brenig

Ich möchte mich zunächst kurz an die Skeptiker und die Gläubigen wenden und dann an die wissenschaftlichen Einrichtungen. Wenn jemand – im allgemeinen ein Wissenschaftler – mir gegenüber äußert, er sei Skeptiker, dann frage ich ihn sofort, ob er das Dossier zur Kenntnis genommen habe. So sehr dies auch verwundern mag: Die Antwort fällt in den meisten Fällen negativ aus. Nun aber hat Skepsis in diesem Fall nichts mit wissenschaftlich begründetem Zweifel zu tun. Dieser ist ein Wesenselement jeglichen wissenschaftlichen Handelns und hat erst dann seinen Sinn, nachdem die vorliegenden Daten untersucht wurden. Die Umkehrung der Schritte läuft auf eine Pervertierung dieses Handelns hinaus und läßt den Zweifel zu einem Hemmschuh für die wissenschaftliche Analyse werden. Bereits in dieser Phase bildet sich ein Vorurteil heraus, das der Erkenntnis ebenso abträglich ist wie die kritiklose Zustimmung jener, die ich als Gläubige bezeichne. Bei diesen handelt es sich oft um Menschen, die – unter einem Mangel an Außergewöhnlichem leidend – vor der Realität fliehen und in einem fiktiven Universum Zuflucht finden, in dem alles möglich ist. Diese Menschen fallen häufig einigen skrupellosen Individuen zum Opfer, die ihre Leichtgläubigkeit und Begeisterungsfähigkeit ausnutzen.

Sobald jedoch ein Problem nicht mehr wissenschaftlich beackert wird, wird es rasch von den Gläubigen und ihren Gurus annektiert. Und es sind nicht die gerade beschriebenen Skeptiker, die sie aufhalten könnten. Dem folgt ein Verstärkungs-, ein Feedback-Effekt, der auf folgenden Umstand zurückgeht: Je mehr ein Themengebiet von den Anhängern des Übernatürlichen frequentiert wird, desto größer ist der Abschreckungseffekt auf die Wissenschaftler. Hiermit bieten sich vermehrte Möglichkeiten für Fälschung und Betrug, wobei die Wissenschaftler keine Übung darin haben, die menschlichen Verfehlungen aufzuspüren, da ihnen die im Labor untersuchten Phänomene keine derartigen Streiche spielen. In der Tat waren die Wissenschaftler schon des öfteren einigen – letztendlich durch Illusionisten aufgedeckten – Schwindelunternehmen nach Art der telekinetischen Darbietungen eines Uri Geller und anderen Täuschungen dieses Kalibers auf den Leim gegangen. Eine solche Ungewißheit macht die Wissenschaftler zaghaft und führt letztendlich zu einer Eindämmung der Neugier. Im Falle von Phänomenen des UFO-Typs – speziell was die belgische Sichtungswelle angeht – ist Zaghaftigkeit durch nichts gerechtfertigt. Es liegt eine Fülle von Fakten vor, die sich aufgrund der gegebenen räumlichen und zeitlichen Nähe ohne weiteres bestätigen oder widerlegen lassen. Die Trägheit der Wissenschaftler ist daher nicht zu rechtfertigen, und so ist denn auch ein zunehmendes (wenn auch verspätetes) Interesse feststellbar. Ich möchte die skeptischen Wissenschaftler aufrufen: Kommen Sie und untersuchen Sie das Dossier, beteiligen Sie sich an den Meßkampagnen vor Ort und bereichern Sie die Diskussion. Lassen Sie es nicht zu, daß sich die »Zauberer« dieses Problems bemächtigen!

Den Ungeduldigen und Liebhabern des Übernatürlichen möchte ich folgendes mit auf den Weg geben: Es stimmt, daß wissenschaftliches Arbeiten nur langsam und mühselig vonstatten geht, daß man bis in die feinsten Verästelungen vordringt, prüft und gegenprüft. Vergessen Sie darüber aber nicht die Fortschritte, welche die Wissenschaft der Menschheit ermöglicht hat, und die allumfassende Sicht des Universums, zu der sie zu gelangen sucht. Auf die Feinanalyse folgen Intuition und Vision, die ihrerseits neue minutiöse Analysen nach sich ziehen – und so weiter ohne Ende. Harmonieempfinden, Ästhetik und Verwunderung fehlen auch im wissenschaftlichen Denken nicht, und Neugier ist mit Sicherheit seine Hauptantriebskraft.

Da ich mir sicher bin, daß der Leser von mir eine Stellungnahme erwartet, möchte ich abschließend versuchen, meine Vorstellungen über die in Belgien beobachteten Phänomene kurz darzulegen.

Ein Punkt, in dem ich keine Skepsis hege, ist die Materialität der beobachteten Phänomene und die Verläßlichkeit zahlreicher Zeugenaussagen.

Der letztgenannte Aspekt konnte während der achtzehnmonatigen Sichtungswelle immer wieder überprüft werden: Bestimmte sehr präzise und schwer vorstellbare Strukturdetails wurden von einigen Zeugen beobachtet, jedoch absichtlich nicht über die Medien verbreitet. Von anderen Zeugen, die zu den erstgenannten in keiner offenkundigen Verbindung standen und oft räumlich wie zeitlich weit von diesen getrennt

12. SCHLUSSFOLGERUNGEN

waren, wurden dieselben Details erwähnt! Überdies haben die Sichtungen vom 18. Oktober 1990 das Differenzierungsvermögen jenes »Meßinstruments« unter Beweis gestellt, das die zufälligen Beobachter selbst verkörpern.

Nachdem ich also mein Vertrauen in zahlreiche Zeugen gestanden habe und indem ich mich auf die während der Beobachtungskampagnen erfolgten Sichtungen (einschließlich meiner persönlichen) stütze, behaupte ich, daß es sich bei den beobachteten Phänomenen um Fluggeräte handelt, um materielle Objekte, die das Produkt einer bestimmten Technologie sind. Die Gleichartigkeit der von den Zeugen gemachten Beobachtungen, die von ihnen wahrgenommenen Geräusche und beschriebenen Lichtbündel können weder durch meteorologische Phänomene noch durch projizierte Bilder, Luftspiegelungen oder Hologramme entstanden sein. Aus der Fülle der zeitlich wie räumlich invarianten Strukturdetails geht hervor, daß wir es mit materiellen Objekten zu tun haben, die sich während eines längeren Zeitraums und über große Entfernungen bewegen können, ohne ihre Form zu verändern.

Außerdem ist die Antriebsart dieser Maschinen radikal verschieden von der jener »Luftfahrzeuge schwerer als Luft«, die wir »Flugzeuge« nennen. In eine ganzen Reihe miteinander zusammenhängender Sichtungen werden uns diese Objekte als offenbar massive, großdimensionierte Dreiecksplattformen (etwa von der Größe einer Linienmaschine) beschrieben. Indessen scheint das charakteristische Flugverhalten der Plattformen mit diesem Vergleichsobjekt nicht vereinbar: Viele Zeugen von Nahsichtungen bekräftigen gesehen zu haben, wie diese riesigen Fluggeräte nur wenige Dutzend Meter über ihren Köpfen auf der Stelle schwebten. Registriert wurden weder Luftbewegungen noch Wärmeeffekte oder Geruchsentwicklung; lediglich einige schwache Geräusche hatten die Zeugen wahrgenommen. Ein Hubschrauber oder ein mit Schwenkdüsen ausgestattetes Flugzeug gleicher Größe hätte in der Umgebung der Zeugen ein Riesengetöse veranstaltet! Ein Objekt, das schwerer ist als Luft, muß nämlich auf diese einen Schub ausüben, der mindestens seinem Gewicht entspricht, damit es nicht abstürzt. Die Ausübung von Schubkraft geht unweigerlich mit einer (in diesem Fall) abwärts gerichteten Luftbewegung einher, die bei sehr schweren Objekten so stark ist, daß sie den Zeugen hätte auffallen müssen. Außerdem müßten die entstehenden Turbulenzen und die Motoren einen ohrenbetäubenden Lärm erzeugt haben. Wir haben es demnach mit Fluggeräten zu tun, die anscheinend nicht auf Schubkraft angewiesen sind, um sich in der Luft zu halten. Sollte dies tatsächlich zutreffen, würden sich folgende drei Erklärungsmöglichkeiten anbieten:

1. Es handelt sich um Objekte »leichter als Luft«, also um solche, deren Masse pro Volumeneinheit im Durchschnitt geringer ist als die der Luft.
2. Die Fluggeräte finden nicht in der Luft, sondern gegenüber dem Erdboden »Halt«, auf den sie eine Fernkraft ausüben.
3. In den Maschinen ist eine Antriebskraft am Werk, die auf einem uns unbekannten physikalischen Gesetz beruht.

Bei der ersten Hypothese müßte es sich um eine Art Luftschiff mit starrer Hülle handeln. Die neuen Verbundmaterialien besitzen jene Leichtheit und Robustheit, wie sie etwa für die Herstellung von Druckbehältern mit variablen Abmessungen erforderlich sind, die mit heliumartigem Gas bzw. mit Luft (im Falle einer Montgolfiere) gefüllt werden. Wenn man das Volumen eines solchen Behälters vergrößert, ohne dabei die Menge des enthaltenen Gases zu verändern, steigt der hydrostatische Auftrieb. Denkbar wären auch starre Behälter, die man mit Hilfe von Pumpen nach Belieben leeren oder mit Luft füllen könnte. In beiden Fällen erhielte man eine Art atmosphärisches Unterseeboot, das man mit Propellermotoren oder Strahltriebwerken ausstatten könnte. Letztere würden ausschließlich dem Antrieb dienen, nicht dem Auftrieb. Dies impliziert viel geringere Leistungsanforderungen als bei den konventionellen Flugzeugen sowie geringe Luftbewegungen und wenig Lärm.

Soweit die positiven Aspekte dieser Hypothese. Die negativen fallen durchaus ins Gewicht, denn in diesem Fall ließen sich die enormen vertikalen oder horizontalen Beschleunigungen, wie sie von den Zeugen festgestellt und anscheinend von den beiden F-16-Jägern während der Verfolgungsjagd in der Nacht vom 30. auf den 31. März 1990 aufgezeichnet wurden, nur schwer erklären. Eine leichte Starrhülle nämlich dürfte die Beschleunigungen und die dabei durch die Luft entstehenden Reibungskräfte kaum ohne Schaden überstehen – dies um so weniger, als das Gros der Beschreibungen auf eine Plattform mit sehr geringer Aerodynamik hindeutet!

12. SCHLUSSFOLGERUNGEN

Die zweite Hypothese geht davon aus, daß das Gerät eine Kraft auf den Erdboden ausübt – eine Fernkraft, die durch die trennende Luftschicht geht. Der Erdboden wiederum gehorcht einem der Grundprinzipien der Dynamik und übt eine gleich große, entgegengerichtete Kraft auf das Objekt aus. Worum könnte es sich bei dieser Kraft handeln? Eine Möglichkeit bestände in der Kraft, die mittels eines elektromagnetischen Feldes auf die von dem Gerät am Boden induzierten elektrischen Ströme ausgeübt würde. Leider konnten im Rahmen der belgischen Sichtungswelle keine ernstzunehmenden elektromagnetischen Effekte auf die Zeugen oder ihre Umgebung festgestellt werden.

Könnte eine andere – unbekannte –, auf den Erdboden einwirkende Fernkraft verwendet werden? Hierzu müßte man sich eine Kraft mit einer Reichweite von etwa einhundert Metern vorstellen.

Ein zusätzliches Problem ergibt sich aufgrund der Tatsache, daß die Kraftwirkung im allgemeinen mit zunehmendem Abstand der interagierenden Körper abnimmt. Die Fluggeräte müßten sich in größeren Höhen folglich einer anderen Antriebsart bedienen!

Die dritte Hypothese muß deshalb berücksichtigt werden, weil sie die offenbare Unvollständigkeit unserer wissenschaftlichen Kenntnisse widerspiegelt. Es ist allerdings nicht zu leugnen, daß sie nicht sehr fruchtbar ist!

Um das Problem noch ein wenig zu komplizieren, sind gewisse, mit den Objekten einhergehende Phänomene und einige ihrer Verhaltensweisen zu erwähnen. Leuchtkugeln, die sich von den Plattformen lösen und sich durch die Luft bewegen, wurden des öfteren erwähnt. Ihre eigenartigen Flugbahnen erinnern nicht selten an ein Verhalten, das man in anthropomorpher Weise als »verspielt« bezeichnen könnte. Handelt es sich dabei um Plasmakugeln? Dies ließe an einen elektromagnetischen Antrieb denken, trotz der wenigen in den Zeugenaussagen geschilderten physikalischen Effekte. Andererseits berichteten mehrere seriöse Zeugen wiederholt von der Zusammenballung und dem Zerfall dreieckförmiger Objekte. Wie ließe sich ein solches Verhalten – so es denn stattgefunden hat – erklären? Welche Motive liegen ihm zugrunde?

Was die Motive angeht, so kann man sich noch weitere Fragen stellen, da die Geräte anscheinend über sehr unterschiedlichen Orten verweilen: Einfamilienhäuser, Fabriken, Felder, Autobahnen etc. Gelegentlich ergeben sich Anhaltspunkte für eine Beobachtungsaktivität in Form von hellen Lichtbündeln, die auf bestimmte Bodenbereiche gerichtet sind. Sehr häufig jedoch wirken die Lichtquellen der Objekte passiv und geben nur ein diffuses Licht ab. Die Lichtquellen mit ihren veränderlichen Farben und Formen werden überdies in der Nacht wie am Tage beobachtet. Welche Funktion haben sie? Und was schließlich veranlaßt die Piloten dieser Fluggeräte (sofern sie überhaupt bemannt sind), seit mehr als anderthalb Jahren Belgien und die angrenzenden Regionen auf derart befremdliche Weise zu durchkämmen?

Der Leser wird verstanden haben, daß die verfügbaren Informationen es mir nicht gestatten, Antworten auf Fragen zu finden, die über die Materialität und Technizität der Objekte hinausgehen.

Ich möchte daher die Frage nach der Antriebsart offenlassen und werde die Frage der Herkunft nicht einmal anschneiden. So fremdartig sind und verhalten sich die Objekte nicht, daß man sie für extraterrestrisch halten müßte! Eine derartige Behauptung hätte unabsehbare Folgen und kann sich nicht auf die uns zur Verfügung stehenden Daten berufen. Den Zeugenaussagen, so glaubwürdig sie auch sind, haftet ein subjektives Element an: Die menschlichen Sinne gestatten keine genaue Abschätzung von Größen wie Entfernungen, Geschwindigkeiten, Beschleunigungen, Abmessungen und Massen unbekannter Objekte. Wie fremdartig ein Phänomen aber ist, hängt geradewegs von einer Quantifizierung dieser Größen ab. Um eine absolute Andersartigkeit dieser Fluggeräte gegenüber jeglicher irdischen Form eines Luftfahrzeugs behaupten zu können, müßten wir weit präzisere Meßwerte haben. Im Zusammenhang damit, wie schwierig es ist, solche Meßwerte zu erheben, möchte ich, um zum Abschluß zu kommen, nicht verschweigen, wie sehr mich die Schwerpunktsetzung einiger Forschungsinstitute verwundert. In Programme wie SETI (Search for extraterrestrial intelligence) und seine Nachfolger werden Dollarbeträge in Millionenhöhe investiert. Dabei geht es um das systematische Abhören und Senden von Weltraumsignalen innerhalb definierter Wellenlängenbereiche des elektromagnetischen Spektrums. Die Wahrscheinlichkeit, ein Signal zu registrieren, das man als intelligent bezeichnen könnte, ist extrem niedrig – und doch versucht man es. Warum also sollte man sich dann weigern, in organisierter Form jenes Problem zu lösen, das die unzähligen, seit dem Zweiten Weltkrieg registrierten UFO-Sichtungen aufgeben? Wie beim SETI-Projekt liegt keine höhere Wahrscheinlichkeit für außerirdische Ursprünge vor, doch zumindest existieren die Signale (in Form der Sichtungen) und ständig kommen welche hinzu! Ein koordiniertes Vorgehen der wissenschaftlichen − zivilen wie militärischen − Einrichtungen dürfte bei geringem Kostenaufwand quantitative Erhebungen ermöglichen, die den Schleier des Mysteriums lüften könnten. Es sei denn, daß aus unerfindlichen und mit dem Geist der Demokratie kaum zu vereinbarenden Gründen ein Verbot auf allen in diese Richtung gehenden Bemühungen lastet ...

Lucien Clerebaut

Achtzehn Monate unter der »Lawine«

Nachdem ich während einer achtzehn Monate anhaltenden Beobachtungslawine nahezu täglich mit den Zeugen in telefonischem Kontakt gestanden und häufig Gelegenheit gehabt hatte, ihnen vor Ort zu begegnen, versuchte ich selbstverständlich *herauszufinden, was sie eigentlich gesehen hatten.* Mehr als 300 Kassetten mit telefonischen Mitteilungen wurden aufgezeichnet. Der dem SOBEPS-Sekretariat vorliegende Bestand an Zeugenbriefen und Befragungsberichten bildet ein derzeit *mehrere zehntausend Seiten* starkes Dossier. Das von den für die SOBEPS tätigen Interviewern geleistete Arbeitspensum ist gigantisch und verdient unseren Respekt, da sie damit ihre Geduld und Kompetenz unter Beweis gestellt haben. Obgleich noch zahlreiche Befragungen ausstehen und das Dossier noch unvollständig ist, kann man über dessen *Solidität* und *Stimmigkeit* nur staunen. Jeder Bericht wartet mit einer Vielzahl von Details auf, die häufig durch andere Schilderungen bestätigt werden.

Der sich deutlich abzeichnende allgemeine Eindruck ist, daß *die Zeugen materielle Fluggeräte gesehen haben, die das Produkt einer Technologie und somit einer Intelligenz* sind. Dies ist das einhellige Urteil der Autoren dieses

Buches, wie sich bei einer Zusammenkunft herausstellte, als alle aufgefordert wurden, aus dem Gesamtdossier ihre Schlüsse zu ziehen.

Die einfachsten und offenkundigsten signifikanten Anhaltspunkte betreffen die *Antriebsart*. Von den Zeugen wurden sehr häufig UFOs beobachtet, die mit erstaunlich niedrigen Geschwindigkeiten (10-50 km/h) vorbeiflogen. Zahlreiche Sichtungen beziehen sich auf Fluggeräte im Gleitflug – in weniger als 50 Meter Höhe, und gelegentlich nur fünf bis zehn Meter von den Zeugen entfernt. In diesen Fällen wurden unterhalb der Maschine keine Turbulenzen bemerkt, und im allgemeinen wurden keine Geräusche wahrgenommen, allenfalls ein sehr schwacher Laut, ein turbinenartiges Säuseln und Summen.

Der *dynamische Auftrieb* eines Flugzeugs entsteht durch aerodynamische Effekte an den Tragflächen, mit einem Unterdruck an der Flügeloberseite; um ein Flugzeug jedoch dauerhaft in der Luft zu halten, werden Propeller oder Triebwerke benötigt, die eine mechanische Kraft auf die Umgebungsluft ausüben. Der Antrieb resultiert somit aus der entsprechenden Gegenkraft. Ein vom Menschen gebautes »Luftfahrzeug schwerer als Luft« kann nur dann *auf der Stelle schweben*, wenn es einen senkrecht nach unten gerichteten Schub ausübt, der seinem Gewicht entspricht. Hierbei erfolgt eine Luftverdrängung nach unten, sei es durch Gasausstoß oder mit Hilfe von Rotorblättern. Dies führt demnach nicht nur zu merklichen Turbulenzen, sondern auch zu einer enormen Geräuschentwicklung. Obwohl sich die Zeugen oft buchstäblich unter dem UFO befanden, konnten sie nichts dergleichen feststellen.

In einigen Fällen wurde dagegen ein »ohrenbetäubender« Lärm gemeldet. Dies sind Ausnahmen, die es allerdings am 12. März 1991 gleich zweimal gab. In einem der Fälle flog das UFO sehr langsam senkrecht über einen Bauernhof hinweg, drehte im rechten Winkel ab und entfernte sich. Seine Geschwindigkeit lag bei etwa 20-30 km/h. Ein Zeuge befand sich während der Beobachtung außerhalb einer Scheune, und eine Zeugin hielt sich in der Scheune auf. Drinnen war der Lärm weit stärker als draußen – es handelte sich gar um einen »Höllenlärm«, und die Zeugin berichtete ferner, daß sie »Vibrationen« verspürt habe (S. 382ff.). Dies deutet auf sehr niedrige Frequenzen und möglicherweise sogar auf *Infraschall* hin, wodurch *Resonanzerscheinungen* entstehen.

Ein weiteres originäres Merkmal besteht in den Abmessungen der

12. SCHLUSSFOLGERUNGEN 663

»Lichtquellen« an der Unterseite der Dreiecksplattformen. Ihr Durchmesser wird häufig auf *zwei bis vier Meter* geschätzt, und die gigantischen »Scheinwerfer« erzeugen nicht selten ein weißes, extrem helles Leuchten, das weite Flächen des Erdbodens erfaßt. Hierzu einer der Zeugen: »Es war wie zur Mittagszeit im August, im hellen Sonnenlicht« (S. 369). Professor Meessen hält eine Lumineszenz der Luft für möglich, die durch eine Primärstrahlung erzeugt wird, welche ein relativ großes Luftvolumen ionisiert.

Noch ein weiteres eigenartiges Merkmal taucht in Hunderten von Sichtungen immer wieder auf. Die Zeugen berichten von einer Art orangerotem »Umlauflicht« im Zentrum der Plattform-Unterseite. Nach Bekunden einiger Zeugen soll es dort aber nicht befestigt gewesen sein, und in zahlreichen Fällen sah es anscheinend so aus wie eine »Lichtertraube«. Es wurde sogar beobachtet, daß sich die Lichter von der Maschine lösten, indem sie sich voneinander trennten und in verschiedene Richtungen zerstreuten. In anderen Fällen formierten sie sich unterhalb des Objekts erneut. In einem Fall sonderte sich die »Lichtertraube« von einem Objekt ab, das über den Lichtmasten einer Autobahn verharrte, und kam dann nur wenige Meter vom Wagen der Zeugen entfernt zum »Stillstand«.

Da es sich nicht um ein »Luftfahrzeug schwerer als Luft« handeln kann, wollen wir einmal ein »Luftfahrzeug leichter als Luft« annehmen. Es müßte über starre Strukturen und äußerst leistungsfähige integrierte Lichter verfügen. Es müßte eine große Formenvielfalt aufweisen und in bestimmten Fällen eine Mächtigkeit annehmen können, die der eines zweistöckigen Hauses entspricht. Außerdem müßte es vollkommen windunempfindlich sein, denn während des denkwürdigen Unwetters vom 28. Februar 1990 (wo Windgeschwindigkeiten von mehr als 150 km/h registriert wurden) konnte man eine wahrhaft überraschende Stabilität beobachten. Die Dreiecke müßten überdies zu ungewöhnlichen Bewegungen in der Lage sein: horizontaler Flug bei einer Neigung von 45°, plötzliches Anhalten, Aufrichten auf der Spitze oder der Basis mit mehrminütigem Verharren in dieser Stellung bzw. langsamer Drehung wie bei einem Kreisel (S. 294 ff.). Diese hypothetischen »Luftfahrzeuge leichter als Luft« müßten fähig sein, vom Schwebeflug unvermittelt in einen Flug mit sehr hoher Geschwindigkeit überzugehen, die sogar im Überschallbereich liegen könnte, ohne daß man den beim Durchbrechen der Schallmauer entstehenden charakteristischen Knall hören würde.

Da sich keine konventionelle Erklärung finden läßt, erscheint die extraterrestrische Hypothese als die einzig plausible. Sie vermag zwar nicht alles zu erklären (wie durch Berühren mit einem Zauberstab), hat jedoch den Vorteil, durch die Fakten untermauert zu werden, ohne daß extravagante Hilfsmittel herangezogen werden müßten. Sie ist zwar an sich nicht schockierend, jedoch vermag sie ebensowenig zu beschwichtigen. Man kann sich schließlich die Frage stellen, warum sich die Welle der UFO-Sichtungen in dieser Weise in Belgien ereignet hat.

Lethargie oder Wachheit?

Gewinnen wir etwas Abstand. Nachdem auf unserem kleinen Planeten das Leben entstanden war und sich weiterentwickelt hatte, erhielt eine Spezies die Chance, aufrechten Gang, Handfertigkeit und Sprache[1] zu erwerben.

Der Evolutionsprozeß verlief sehr langsam. Nachdem seine Vorfahren lange Zeit von Natur und Klima abhängig gewesen waren, begann *Homo habilis* vor zwei Millionen Jahren mit der Herstellung von Werkzeugen.

Unsere frühen Vorfahren verließen vor etwa 20 000 Jahren[2] ihre Höhlen und gingen etwa 10 000 Jahre später im Zuge des Ackerbaus vom Nomadentum zur Seßhaftigkeit über.

Reife — ja oder nein?

Das demographische Wachstum verläuft exponentiell, und unsere Umwelt wird zunehmend künstlicher, doch unsere Fähigkeiten, die weltweiten Probleme in den Griff zu bekommen und unseren kriegerischen wie ökonomischen Ambitionen einen Riegel vorzuschieben, zeigen, daß es noch lange dauern wird, bis man uns so vertrauen kann, daß man uns ein (zu) fortschrittliches Wissen und vielleicht auch eine Philosophie in die Hand gibt, für die wir noch nicht reif sind. Irgendwo in einem Ausläufer unserer Galaxis, an einem Ort mit dünner Sternenbesiedlung[3] verloren, lassen wir unsere Lethargie allmählich hin-

ter uns. Aus dem Atom gewinnen wir Licht, und fast zur gleichen Zeit haben wir einen kleinen Sprung ins Weltall unternommen, um auf dem Erdtrabanten zu landen, wodurch wir selber zu »Außerirdischen« wurden – glücklich darüber, es Ikarus gleichgetan und die Anziehung durch Mutter Erde besiegt zu haben. Wir stehen heute kurz davor, uns in das große galaktische Gästebuch einzutragen und haben gar den Versuch unternommen, »sie« anzurufen, indem wir unser Foto – das des »nackten Affen«[4] –, ein Lied der Beatles und einen kleinen Plan auf die Reise schicken, der von einem unserer besten »Astro-Scouts« entworfen wurde, damit man uns findet. Was dabei allerdings stört, ist, daß »sie« uns anscheinend bereits viel früher entdeckt hatten, noch bevor wir in der Lage waren, »sie« anzurufen.

Frontalzusammenstoß

Denken Sie, daß »sie« Kontakt mit uns aufnehmen sollten, nachdem »sie« uns gefunden haben? In unserem Innersten drängt uns das Verlangen, zu wissen und zu begreifen, diese Frage positiv zu beantworten. Würden wir es dann aber auch akzeptieren, daß man uns das neue Wissen in Bereichen wie Physik, Chemie und Biologie häppchenweise verabreicht? Glauben Sie nicht, daß wir vor lauter Ungeduld alles und zwar sofort einfordern würden? Unsere Egozentrik ist so stark ausgeprägt, daß man sich schwer vorstellen kann, wie man über längere Zeit etwas ertragen könnte, das als ein gewisser Zustand der Abhängigkeit erschiene. Selbst wenn dieser Prozeß in größeren Schritten vonstatten ginge, würde uns der Ehrgeiz drängen, alles daranzusetzen, uns auf »ihr« Niveau zu schwingen. Unter dem Druck der internationalen Öffentlichkeit und der Medien müßten die Vereinten Nationen dann in der Lage sein, für Strukturen und ein Programm zu sorgen, das den einzelnen Völkern gleichzeitig eine Kontrolle der Situation und eine gerechte Verteilung des vermittelten Wissens garantierte. Ganz zu schweigen von den destabilisierenden Faktoren soziologischer, psychologischer und technologischer Natur, die zu globalen, kaum absehbaren Umwälzungen mit unberechenbaren Konsequenzen führen können.

Eine derartige Situation müßten unsere eventuellen Besucher um jeden Preis zu vermeiden suchen, zumal auch ein »offizieller«, anerkannter Kontakt – ein UFO würde sich am hellichten Tag zeigen und sich filmen lassen, mit einer Live-Schaltung über sämtliche Fernsehsender dieser Welt – zu einer Bewußtmachung der offensichtlichen Präsenz einer weiter fortgeschrittenen Spezies führen würde. Dies würde jedoch auch eine Lösung der gravierendsten Probleme dieser Welt möglich machen: exponentielles und anarchisches Bevölkerungswachstum der Unterentwicklungs- und Unterernährungsländer, Versteppung, Energiekrisen, ganz zu schweigen von den zahlreichen gesundheitsspezifischen Problemen wie Krebs, AIDS, erhöhte Lebenserwartung etc.[5] Angesichts eines solchen Hoffnungspotentials besteht die Gefahr, daß Pressionen entstehen, die zur Herbeiführung eines Streßzustands und damit zur Beeinträchtigung unserer sozialen und ökonomischen Strukturen beitragen.

Ein offener Kontakt dieser Art mit einer auswärtigen, weiter fortgeschrittenen Zivilisation wäre bis auf weiteres ein »Frontalzusammenstoß«, den unsere Spezies nur schwer verkraften könnte.

Die sanfte Methode

Diese Methode würde darin bestehen, daß man sich recht häufig *in einer bestimmten, ziemlich kleinflächigen und dichtbesiedelten Region* zeigt, wie etwa im Hudson Valley (Kapitel 3) oder im Süden Belgiens geschehen. Die Zeugen der Sichtungen, die Schauplätze (Land, Region) und auch die mit der Sammlung der Daten befaßten Personen sowie die hinter ihnen stehende Organisation weisen keine Besonderheiten auf. Sie sind keine »Auserwählten«. *Es reicht aus, daß die Information die Chance erhält, weitergegeben zu werden.* Alle sozialen Schichten müßten einbezogen werden, damit die Bewußtseinsbildung an der »Basis« ansetzt und in das kollektive Unbewußte einfließen kann. *Die UFOs fühlen sich nicht von den Autobahnlichtern angezogen, sondern von den Fahrzeuginsassen.* Um eine Banalisierung der Angelegenheit zu vermeiden, sind Kontrasteffekte notwendig. Über eine bestimmte Zeit hinweg geschieht zunächst nichts, bis überall »Strohfeuer« auflodern. Es dürfte genügen, in bestimmten Augenblicken ein verstärktes Signal zu erzeugen – wie geschehen!

Die gesamte Phänomenologie der belgischen UFO-Welle scheint in der Tat einer geschickten Mischung von der Art eines »ich mache so weit auf mich aufmerksam, daß sie sich wundern, aber nicht zu sehr, damit sie sich nicht beunruhigen« nachempfunden. Diese Pädagogik bereitet uns gewissermaßen auf das möglicherweise eintretende wichtigste Ereignis der Menschheitsgeschichte vor.

Jean Debal

Wenn man versuchen will, jenes mysteriöse Phänomen, das Gegenstand dieses Buches ist, zu verstehen oder zumindest so objektiv wie möglich anzugehen, können beim derzeitigen Stand der Dinge nur Hypothesen aufgestellt werden.

Wer – wie jene Wissenschaftler, die sich die Mühe machen, sich dem Dossier ernsthaft zuzuwenden – die Existenz eines durchaus realen UFO-Phänomens von jedoch weiterhin unbekannter Bedeutung einräumt, stellt in der Regel eine große intellektuelle Umsichtigkeit unter Beweis. Genau diese Einstellung herrscht auch bei der SOBEPS, die sich beharrlich darum bemüht, die Erforschung sämtlicher Aspekte dieses verwirrenden Themas voranzutreiben – dies in dem Bewußtsein, daß jede Methodik in eine Sackgasse geraten kann, und ohne zu vergessen, daß es nur eine Möglichkeit gibt, Fehler zu vermeiden oder zumindest ihre Wahrscheinlichkeit zu vermindern, nämlich: Skepsis walten zu lassen. Das erfordert natürlich eine Offenheit, die jedem die Freiheit läßt, sich einen eigenen Standpunkt zu erarbeiten und sich die Dinge mit eigenen Fragen zu erschließen.

Von dem Gedanken ausgehend, daß man die Hypothese von der Authentizität der UFOs nur unter der Befolgung des Ausschlußprinzips überprüfen kann, habe ich in dem der Luftfahrt-Hypothese gewidmeten vierten Kapitel jene Elemente dargelegt, die sichere Anhaltspunkte dafür liefern, daß es sich bei diesen »Objekten« – die ihr munteres Spiel mit den Gesetzen der Aerodynamik treiben – nicht um Flugzeuge handeln kann;

weder um F-117A noch um eine B-2 oder welche Maschine auch immer. Der Gedanke an irgendein »Luftfahrzeug leichter als Luft« hält einer näheren Überprüfung auch nicht besser stand. Für mich ist dieser Fall damit abgeschlossen. Doch der Leser wird bemerkt haben, daß in der Nacht gesichtete Flugzeuge je nach den herrschenden Beobachtungsbedingungen bei Personen, die es nicht unbedingt gewohnt sind, sie zu identifizieren, gelegentlich zu Fehldeutungen oder Verwechslungen führen können.

Sich für UFOs zu interessieren, ist auf jeden Fall ein gefahrvolles Unterfangen. Zum einen läßt sich nicht genau angeben, wonach man eigentlich sucht, und zum anderen arbeitet man nahezu ausschließlich auf der Grundlage von Informationen, die einfachen, subjektiv gefärbten Aussagen entstammen. Von daher erklärt sich die brüske Ablehnung durch all jene, deren ewige Berufung darin zu bestehen scheint, sich neuen Wahrheiten zu versagen und alles Rätselhafte zu verdrängen.

Von Teilhard de Chardin stammt der Satz: »Auf kosmischer Ebene hat nur das Phantastische Chancen, wahr zu sein.« Uns einem Problem gegenübersehend, dessen extreme Komplexität eben erst ganz zu Tage tritt, wollen wir den Versuch einer aktuellen Standortbestimmung der nunmehr berühmten »belgischen Welle« unternehmen, die uns einen unverbaubaren Blick auf das »Unwahrscheinliche« geboten hat.

Aus der Masse der innerhalb von achtzehn Monaten zusammengetragenen Daten zeichnet sich ein zunehmend unanfechtbarer Tatbestand ab: Die von Tausenden von Menschen beobachteten, sich merkwürdig verhaltenden Flugobjekte verkörpern eine materielle Realität, die für die irdische Technologie absolut unerreichbar ist. Es handelt sich offenkundig um maschinenartige Objekte unbekannter Herkunft und mit wirklich verblüffenden Leistungen, die von einer Form der (natürlichen oder künstlichen) Intelligenz gesteuert werden. Etwa einer *auswärtigen* Intelligenz ...?

Mit einem derart phantastischen Fragezeichen konfrontiert, fällt es mir wirklich schwer, zu einer Schlußfolgerung zu gelangen, die über eine – übrigens eher instinktive – Überzeugung hinausginge. Gewiß, es wurden Theorien entworfen, die dem UFO-Phänomen gerecht werden sollten (für jedes Phänomen hat man eine Theorie). Es gibt aber ein wissenschaftliches Prinzip – das sogenannte »Ockhamsche Rasiermesser« –, wonach die einfachste Theorie, die einem Problem gerecht wird, wahrscheinlich die korrekteste ist. In dieser Hinsicht meine ich, daß einem die

12. SCHLUSSFOLGERUNGEN 669

extraterrestrische Hypothese sicherlich am spontansten in den Sinn kommt, hat man die konventionellen Erklärungsmöglichkeiten, die sich der durch die Fakten aufgegebenen Rätsel in keiner Weise annehmen, erst einmal verworfen. Dies ist gleichzeitig die anscheinend rationalste (bzw. am wenigsten irrationale) Hypothese. Sie ist bestimmt plausibel, wenn nicht gar beweisbar, obgleich sie den Rahmen der Spekulation nicht verläßt.

Dank der immensen Fortschritte der Astronomie wissen wir heute, daß es allein in unserer Galaxis etwa 20 Milliarden Sterne geben muß, die ein eigenes Planetensystem haben. Nichts spricht gegen die Annahme, daß es in jedem dieser Systeme mindestens einen Planeten gibt, der sich in einer günstigen Entfernung zum Zentralstern befindet, und daß die dortigen Umweltbedingungen die Entstehung von Leben begünstigen –, ähnlich der Erde als Teil des Sonnensystems. Eine neue wissenschaftliche Disziplin wurde geboren: die Ektobiologie, die sich mit der Entstehung des Lebens in all seinen Erscheinungen und seiner Ausbreitung im Universum befaßt. Ebenfalls zu nennen wäre die Bioastronomie, eine junge, seit 1982 existierende Disziplin für Spezialisten verschiedenster Fachrichtungen – Astrophysiker, Physiker, Chemiker, Biologen und Soziologen –, die neue Perspektiven eröffnet. Von der Internationalen Astronomischen Union wurde eine aus mehreren hundert Berufsastronomen bestehende Sonderkommission eingerichtet, die die Suche nach extraterrestrischem Leben unterstützen, organisieren und intensivieren soll. In Zusammenarbeit mit der Internationalen Raumfahrtakademie und dem Internationalen Institut für Weltraumrecht wurde von ihr eine »Grundsatzerklärung, anzuwenden im Fall der Aufspürung von extraterrestrischen Intelligenzen«, erarbeitet, deren erster Satz lautet: »Hiermit erkennen wir, die an der Suche nach extraterrestrischen Intelligenzen beteiligten Institutionen und Einzelpersonen an, daß diese Suche ein integraler Bestandteil der Erforschung des Weltalls ist und in friedlicher Absicht zum Nutzen der gesamten Menschheit durchzuführen ist.« Es ist sogar vorgesehen, das erste geortete Signal im Anschluß an eine angemessene Auswertung und Bestätigung den Erdenbürgern offiziell über die Vereinten Nationen bekanntzugeben.

Es ist also unverständlich, weswegen man sich weiterhin der These verschließen kann, daß unser menschliches Entwicklungsniveau bzw. ein vergleichbares Niveau an Hunderten von Millionen Punkten des uns umgebenden galaktischen Raums erreicht bzw. überschritten worden ist und technisch hochentwickelte Zivilisationen existieren (man denke an die berühmte Gleichung von Frank Drake) – eine These, die von Wissenschaftlern wie Josef Schklosky, Carl Sagan, Freeman Dyson, Fred Hoyle und Nikolai Kardaschew ins Auge gefaßt wurde. Diese Überlegungen haben im übrigen zum Start des SETI-Programms geführt, hinter dem eine wissenschaftliche Einrichtung steht, die 1985 auf Initiative von Carl Sagan in Massachusetts geschaffen wurde und die ab Oktober 1992 durch die neuartige Empfangsstation MegaSETI erweitert werden soll, die von der NASA zur Registrierung von Weltraumbotschaften entwickelt wurde. Carl Sagan hielte eine solche Botschaft – selbst unentschlüsselt – für ein Zeichen, das uns neue Hoffnung bringen kann, würde es doch bedeuten, daß intelligente Wesen mit einer Hochtechnologie zu leben gelernt haben, und daß es möglich ist, das technologische Frühstadium zu überstehen (eine deutliche Anspielung auf die Gefahr menschlicher Selbstzerstörung, die seit Entdeckung der thermonuklearen Energie besteht). Es ist doch wirklich paradox, daß die führende Wissenschaft versucht, über eine Entfernung von Lichtjahren hinweg Zeichen von einer anderen »Menschheit« aufzufangen, sich aber der Chance verschließt, eins zu untersuchen, das möglicherweise vor der eigenen Haustür liegt!

Man mag davon halten, was man will. Ich meine jedenfalls, um eine Überlegung von Aimé Michel aufzugreifen, der wirklich ein wissenschaftlicher und vorausdenkender Kopf gewesen ist: Wenn »unsere« UFOs tatsächlich bereits da sind, und wir noch nicht einmal ausschließen, daß womöglich »Besucher« da sind, die von unserem kleinen, blauen Planeten angezogen wurden und über einem Teil Belgiens herumtollen, dann würde die Tatsache, daß sie zu uns und nicht wir zu ihnen kommen können, zumindest ihre technische Überlegenheit belegen. Sich aber vorzustellen, wie ihre Überlegenheit in anderen Bereichen aussehen könnte, würde sich per definitionem verbieten, da dies per definitionem unsere geistigen Grenzen übersteigt.

Läßt man die jüngsten Ereignisse Revue passieren, so fragt man sich unweigerlich, womit dieses plötzliche, derart massive Hereinbrechen von »Objekten« wohl zusammenhängt – von Objekten, die sich zwar osten-

12. SCHLUSSFOLGERUNGEN

tativ präsentieren, doch meist nur nachts, und die aus dem Nichts kommen und wer weiß wohin verschwinden? Das scheint keinen Sinn zu ergeben. Man könnte meinen, daß wir sie mit den Augen sehen, aber nicht mit dem geistigen Auge erfassen, da eine Art Blockierung uns den Zugang zu einer Realität versperrt, die unser Begriffsvermögen übersteigt. Entstammen die Objekte möglicherweise einem anders gearteten Denken, das dem unseren zu weit überlegen ist? Zweifellos müssen wir – im Vorgriff auf andere, möglicherweise bevorstehende Ereignisse – mit dem Vorurteil brechen, wonach etwas radikal von unserer Psyche Verschiedenes nicht existieren könne.

Soweit einige völlig spekulative Überlegungen. Ich möchte nun auf etwas zu sprechen kommen, das für mich mehr ist als eine bloße Überzeugung. Falls wir eines Tages mehr darüber wissen und falls die Dinge letztendlich wirklich in Bewegung geraten sollten, dann wird darüber von dem, was sich hinter den UFOs (oder ihrem Schein?) verbirgt, so entschieden worden sein. Mit welcher Absicht? Eine gewaltige Frage, die alle anderen überdeckt und uns alle angeht.

Vorerst bleibt uns nichts anderes übrig, als bescheiden die einmal begonnene Aufgabe weiter zu verfolgen, auf dem Wege zu etwas, das man als »völlig andersartig« erahnt und das uns, am Ende des Jahrhunderts und Jahrtausends, zum »absoluten Staunen« führen könnte. Ein Blick in die *Rückseite des Spiegels* – welch eine hinreißende Perspektive für einen Sammler von Fragezeichen!

Abschließend, gleichsam als Grußadresse an die UFOs, möchte ich einen wirklich ermutigenden Satz von Martin Rees zitieren: »Die Abwesenheit von Beweisen ist nicht der Beweis von Abwesenheit.« Nehmen wir also beherzten Schrittes einige Abkürzungen. Das Abenteuer hat eben erst begonnen.

Patrick Ferryn

Mein Beruf und meine Interessen haben es mit sich gebracht, daß ich mich hauptsächlich mit der Auswertung der von den Zeugen gemachten Fotografien beschäftige und in letzter Zeit auch mit Videofilmen (einem zunehmend stärker verbreiteten Bildaufzeichnungsverfahren). Ich war des öfteren vor Ort, um Bilddokumente besser entschlüsseln zu können, wobei ich vielen Menschen begegnet bin, die Ungewöhnliches erlebt hatten. Der Zufall wollte, daß ich nicht nur ein bis heute nicht identifiziertes Phänomen selbst beobachten und fotografieren konnte, sondern auch den nicht gerade alltäglichen Ausgang der Geschichte erlebte (S. 594 ff.). Es ist darum legitim, daß dies – neben den sonstigen, mir bekannten Fällen – meine Einschätzung der »belgischen Welle« beeinflußt hat.

Obwohl ich mich immer darum bemüht habe, die Augenzeugenberichte möglichst akkurat zusammenzutragen, und sehr darauf achtete, dem emotionalen Aspekt der Aussagen mit größtmöglicher Distanz zu begegnen, kann ich nicht verhehlen, daß mich einige Berichte sehr beeindruckt haben. So etwa frage ich mich immer noch, was es mit jener Geschichte auf sich hat, die eine Familie in Villers-le-Temple am Abend des 12. März 1991 in nur wenigen Minuten während des von mir so genannten »Karussells von Marchin« erlebt hat. Ich will hier nicht näher auf die genauen Umstände der Sichtung eingehen (Fall 7, S. 380 ff.), sondern nur einige verwirrende Details herauspicken:

– Als Dr. Claudine B. auf der Heimfahrt die weißen Lichter in klassischer Dreiecksformation mit dem rötlichen Blinklicht in der Mitte bemerkte, befand sie sich genau dort, wo die Straße den Waldrand erreicht und auf eine offene Ebene führt. Das Objekt war links vom Fahrzeug und begann, es mit niedriger Geschwindigkeit zu »begleiten«. In diesem Bereich gab es sonst keine weiteren Verkehrsteilnehmer.

– Nach wenigen hundert Metern flog das Objekt ein Stück voraus, wechselte seine Richtung *genau an der Stelle*, wo die Zeugin gewöhnlich auf den zu ihrem Haus führenden Weg abbiegt, und verschwand aus dem Blickfeld.

12. SCHLUSSFOLGERUNGEN

– Das Objekt *hielt sich* nun in der Nähe *ebendieses* Hauses auf, praktisch in Höhe des Fensters, das zu dem erleuchteten Zimmer ihres Sohnes Antoine gehört!

Das alles spielte sich auf dem Lande ab. Das Haus von Familie B. liegt über einem Tal, in dem es um diese Stunde stockdunkel ist. Haben wir nun anzunehmen, daß sich das Objekt rein zufällig vor *dieser* aus dem Zimmer des Sohnes von Dr. B. stammenden Lichtquelle postiert hat? Im Glauben, daß »man« ihn beobachte, rief der Junge Augenblicke später: »Sie haben mich gesehen, sie haben mich gesehen!« Der damals elfjährige Antoine, ein aufgeweckter Junge, erzählte mir frei heraus, und seine Eltern haben diesen Bericht bestätigt. Wenn das Objekt an dieser Stelle verharrte, dann um zu *beobachten* – das war für ihn ganz klar –, und zwar, um *ihn* zu beobachten. In der Dunkelheit über dem bewaldeten Tal war das beleuchtete Fenster offenbar ein deutlicher Bezugspunkt – allerdings nicht der einzige, da nicht weit entfernt andere, zu demselben Weiler gehörende Häuser stehen.

Der Zeuge B., wie seine Frau Veterinärmediziner, sah das Objekt, als es sich entfernte, ebenfalls. Die Zeugen sind gebildete Menschen, die zur gehobenen Mittelschicht gehören, und hätten, um die Sache auf den Punkt zu bringen, von einer »Inszenierung« – wie Hunderte anderer Zeugen auch – rein gar nichts zu profitieren gehabt. Alle unsere Interviewer sind sich im übrigen einig, daß fast alle Zeugen als äußerst glaubwürdig einzustufen sind.

Ein Vorkommnis, das sich in Basècles (Hainaut) am frühen Morgen des 21. Dezember 1989 zugetragen hat (S. 185 ff.) scheint mir interessanter als alle anderen. Zwei Gruppen von insgesamt fünf Zeugen konnten von zwei *verschiedenen* Punkten aus *dasselbe* Objekt beobachten (ein großes, *senkrechtes* Dreieck mit drei gigantischen weißen Lichtern). Dies ist meines Wissens bislang einmalig. Angesichts eines solchen Glücksfalls konnte ich den für die Befragung zuständigen Kollegen Yves Leterme dazu bewegen, vor Ort einige einfache Geländevermessungen durchzuführen, anhand derer eine Triangulation und eine Berechnung der Abmessungen des sehr aufmerksam beobachteten Objekts möglich ist. Die Resultate überraschten uns sehr; zur Erinnerung: Breite der Basis: etwa 50 Meter; Höhe: 55 Meter; Durchmesser *jedes* der Lichter: 16 Meter! Dies ist nicht etwa ein vager Schätzwert der Zeugen, sondern ein *Fak-*

tum – und »ein Faktum ist mächtiger als ein Lord Mayor«, wie Winston Churchill sagte!

Am 1. April 1990 konnte ich gemeinsam mit Lucien Clerebaut und José Fernandez ein dunkles Dreieck mit abgerundeten Ecken und Rändern beobachten (S. 594 ff.). Was in jener Nacht in 300-500 Meter Höhe über uns hinweggeflogen ist, weiß ich immer noch nicht. Ich kann nur wiederholen, daß es allem *Anschein* nach ein Fluggerät war, das etwa mit der Geschwindigkeit eines Flugzeugs »flog« und ein leises Geräusch wie Triebwerk hören ließ – aber eine uns vollkommen unbekannte *Form* hatte. Es trug allerdings weder die drei charakteristischen Lichter an der Unterseite noch das rote Umlauflicht (nicht einmal ein rötliches Schimmern war in der Mitte). War dies tatsächlich das schon so oft gesichtete UFO? Sein Fremdheitsgrad freilich war eher *niedrig*: geradlinige Flugbahn, konstante und »normale« Geschwindigkeit, eine Geräuschentwicklung, wie sie mehr oder weniger einem Flugzeug entspricht, weder Schwebeflug noch spektakuläre Richtungsänderungen. Nur die (an anderer Stelle beschriebene) Form – aber was für eine! – und einige merkwürdige Lichter waren die Elemente, die an unserer Sichtung ungewöhnlich waren. Waren sie tatsächlich Bestandteil der UFO-Phänomenologie? Ich für meinen Teil bin noch unschlüssig, das gebe ich zu, und hätte es nicht die Episode mit den »verpatzten« Fotos gegeben, hätte ich auch das Thema an dieser Stelle nicht erwähnt. Ich schließe nämlich die Möglichkeit nicht aus, daß wir von einer jener bizarren Experimentalmaschinen überflogen wurden, die so selten gar nicht sind, wie wir in einem anderen Kapitel dieses Buchs dargelegt haben. Ehrlich gesagt, ich habe lange Zeit weniger mit einem konventionellen Flugzeug, sondern eher mit einem »Stealth leichter als Luft« geliebäugelt. Aber nicht etwa mit einer Art Ballon, der von einigen Spaßvögeln zusammengebastelt wurde, sondern mit einem vom Luftschiff abgeleiteten Fluggerät, das von einem Ingenieursteam erdacht und von einem Flugzeugbauer gefertigt worden wäre und die Vorteile der neuen Materialien und Spitzentechnologien in sich vereinigt hätte. Zahlreiche Aspekte würden sich erklären lassen, wenn man von folgendem ausginge: sehr niedrige Geschwindigkeit (wodurch es möglich sein könnte, der Radarerfassung zu entgehen), Schwebeflug ohne Erzeugung der bekannten Turbulenzen, Richtungsänderung *auf der Stelle* und fast vollkommene Geräuschlosigkeit (leichtes Zischen, leises Düsengeräusch). Das Lichterspiel wäre dann eines der kleineren Probleme. Das Objekt müßte überdies eine dunkle Farbe haben und insgesamt dreieckig wirken – nach dem Vorbild der Tarnkappenflugzeuge. In größerer Entfernung, diskret von einem AWACS »eskortiert«, hätte das Gerät in der Tat für eine schöne Verwirrung sorgen können! Doch ich kenne den Wust von Einwänden, den diese ausgefallene, offenbar mit bestimmten Beobachtungen nicht zu vereinbarende Vorstellung provoziert. Räumen wir aber wenigstens ein, daß uns über die möglicherweise in dieser Hinsicht durchgeführten Forschungen und die Glanzleistungen solcher Geräte – *so sie denn existieren* – nichts bekannt ist. Wir würden im übrigen kaum mehr darüber in Erfahrung bringen können, wenn ein vergleichbares Projekt Bestandteil irgendeines »black program« wäre. Ich will gern zugeben, daß dies reine Spekulation ist und das Problem damit lediglich verschoben wird. Viele unbekannte Größen bleiben auch dann, wenn man die »belgische Welle« im internationalen Kontext betrachtet.

Es gibt noch eine Sache, die ich mir nicht recht erklären kann; sie steht in gewisser Weise mit den Vorfällen von Ramillies in Verbindung. Vergegenwärtigen wir uns, daß zwischen den Beobachtungen der vierzehn Gendarmen und unseren Sichtungen in derselben Region *lediglich 24 Stunden* lagen. Außerdem waren die Witterungsverhältnisse in beiden Nächten identisch (30./31. März und 31. März/1. April 1990). Wie kann man da (was geschehen ist) behaupten, daß die Gendarmen sich durch einige Sterne schlicht in die Irre führen ließen ... wohingegen weder Lucien Clerebaut noch José Fernandez oder ich selbst, die wir tags darauf vor Ort waren und auf irgend etwas Verdächtiges lauerten, nicht das Geringste fanden, das auch nur entfernt mit dem vergleichbar gewesen wäre, was von den Männern um Hauptmann Pinson beobachtet worden war? Es trifft zwar zu, daß an dem nächtlichen Himmel über Ramillies Sterne wie Sirius, Orion, Aldebaran, Procyon, Spika und Wega leuchteten, doch deshalb kam es uns noch lange nicht in den Sinn, die Verantwortlichen einer NATO-Radaranlage zu alarmieren ...

Das Diapositiv von Petit-Rechain (Foto 7.17a im Bildteil) ist ein Dokument der »belgischen Welle«, das man sich genau ansehen sollte. Die inzwischen längere Geschichte der Ufologie lehrt uns, daß ein Foto noch nie ein *Beweismittel* gewesen ist. Die gewieftesten Experten vertreten gar die Auffassung, daß bislang keine anerkannten Verfahren existieren, um einer – wirklich raffinierten – Fälschung auf die Schliche zu kommen, seien die Analysetechniken noch so ausgefeilt. Indessen deuten die ersten Vermutungen, die sich aus Voruntersuchungen des Dokuments ergeben, darauf hin, daß nicht von einer Inszenierung ausgegangen werden kann. Man muß also damit rechnen, daß mit dem dunklen Objekt auf dem Dia von Petit-Rechain tatsächlich ein UFO der »belgischen Welle« abgebildet ist, das in sämtlichen Punkten mit einer stattlichen Zahl von vorliegenden Schilderungen übereinstimmt. Zum Leidwesen einiger Journalisten aus unserem westlichen Nachbarland – die sonst sehr gewissenhaft sind, wenn es darum geht, nachdrücklich auf den hohen Stellenwert der Kartoffel in unserem Alltagsleben hinzuweisen, die sich jedoch nicht einmal die Mühe gemacht haben, unsere voluminösen Dossiers zu konsultieren, die Ärmel hochzukrempeln und in die Materie einzutauchen, wie wir dies taten – sind die »belgischen« UFOs weder auf verirrte Wetterballons noch auf unverschämte F-117, weder auf an Parkinsonismus leidende Sterne noch auf Schnurren und Possen jener Art zurückzuführen, der die Zeitschrift *Science & Vie* so zugetan ist.

Etwa um das Jahr 1963 hatte ich mich nicht ohne Vorbehalte für »fliegende Untertassen« zu interessieren begonnen, und ebensowenig habe ich mich etwa 1970 gemeinsam mit meinem Freund Lucien Clerebaut leichtfertig in das ufologische Abenteuer gestürzt, um den Nachweis über die Herkunft der UFOs (außerirdisch: ja oder nein?) zu führen. Ich bin kein Wissenschaftler, nur ein Neugieriger. Aber ich rechne damit, eines Tages eine Bilanz ziehen zu können, halte dies aber im Augenblick nicht für opportun und habe auch keine Hypothese in die Waagschale zu werfen. Selbstverständlich genießen all jene, die dies mit großem Wagemut tun, meine volle Wertschätzung – nur daß ich einige ihrer Überzeugungen schlichtweg nicht teile. Ich vertrete vielmehr die bescheidene Auffassung, daß wir über eine beträchtliche Zahl von einzelnen Teilen verfügen, bin aber nicht überzeugt, daß sie alle zu *demselben* Puzzle gehören. Ich warte auf weitere Bestätigungen. Nachdem sie mehr als vierzig Jahre lang immer nur Ausflüchte parat hatten, haben einige Mitglieder der wissenschaftlichen Gemeinschaft nun begonnen, sich der Problematik zuzuwenden (nicht ohne Stolz darf ich hierbei den Einfluß der konsequenten Sensibilisierungsaktivitäten der SOBEPS feststellen). Ich würde mir wünschen, daß das Archivierte endlich auch in aller Vollständigkeit wissenschaftlich erforscht wird. Einige Autoren haben in diesem Buch bewiesen, daß dies nicht mehr nur eine Utopie ist. Mein Hauptanliegen besteht nicht darin, es allen recht zu machen und niemandes Unwillen auf mich zu ziehen. Die extraterrestrische Hypothese ist interessant und plausibel. Es erschiene mir allerdings verfrüht, sie zu befürworten oder zu verwerfen. Ich möchte abschließend für eine *noch* eingehendere Untersuchung des Dossiers plädieren, um zu vermeiden, daß folgendes chinesische Sprichwort zutrifft: »Wer stehenbleibt, geht in die Irre.«

August Meessen

Einige Überlegungen anhand der vorliegenden Fakten

Bei der UFO-Problematik geht es vornehmlich um die Suche nach der Wahrheit. Sie ist für die Zukunft des Menschen von Bedeutung, betrifft zahlreiche Gebiete und zwingt uns, ausgetretene Pfade zu verlassen. Es handelt sich also um ein interessantes, intellektuell anregendes, ja faszinierendes Problem.

Welche Hypothesen kommen in Betracht? Zwei Leithypothesen lassen sich ausmachen: *die Verwechslungs- und die extraterrestrische Hypothese.* Wer sich für die erstgenannte entscheidet, muß sie auch zu Ende denken. *Sämtliche* UFO-Sichtungen müßten demnach aus Wahrnehmungstäuschungen oder Fehlinterpretationen resultieren. *Ausmaß, Dauerhaftigkeit und Stimmigkeit* des Phänomens sind indessen derart bedeutend, daß dies eine äußerst schwerwiegende Störung des perzeptiven und des kognitiven Systems des Menschen implizieren würde. Eine intensive Erforschung wäre dringend geboten. Wenn man allerdings annimmt, daß der Anschein der Realität entspricht – daß es sich also bei den UFOs um Fluggeräte außerirdischer Herkunft handelt, die auch physisch reale und sehr erstaunliche Nebenwirkungen haben können –, wird man auf tiefgreifende Umwälzungen der künftigen Menschheitsentwicklung gefaßt sein müssen. Dies würde nämlich nicht allein davon zeugen, daß im Universum Zivilisationen *existieren*, die älter und technisch weiter fortgeschritten sind als die unsrige, sondern auch, daß *ein unmittelbarer Kontakt möglich ist*.

Die extraterrestrische Hypothese ist nicht absurd. Die grundlegenden Zusammenhänge der Physik, Chemie und Biologie sind universell. Es wäre also eher sonderbar, wenn der Mensch im Universum eine absolut einzigartige, privilegierte Stellung einnehmen würde. Allerdings wissen wir *nicht*, wie man interstellare Reisen so leicht bewerkstellen könnte, wie dies die Häufigkeit der UFO-Sichtungen nahelegt. Mit diesem Argument läßt sich aber nicht alles vom Tisch wischen, was beobachtet worden ist; in Wirklichkeit spielt eine gewisse Angst mit.

»Das Denken«, sagte Pascal, » macht die Größe des Menschen.«[6] Es ermöglicht, alles Materielle zu überschreiten. Wenn das Denken eine breitere – kosmische – Existenzgrundlage hat, müßten wir uns eigentlich darüber freuen. Diese Vorstellung kann uns allerdings nicht in Sicherheit wiegen, da wir kein rechtes Vertrauen in die Zusammengehörigkeit von Denken und Ethik haben. Dem möchte ich drei Aspekte entgegenhalten: Wenn es böswillige Absichten gäbe, hätten wir dies schon seit langem bemerkt; ein dauerhaftes Überleben einer Zivilisation, die ein enormes Vernichtungspotential angehäuft hat, ist nur möglich, wenn sie das in dieser Hinsicht erforderliche Gleichgewicht gefunden hat; auf jeden Fall steht fest, daß Verdrängen keinen Zweck hätte.

Welche Erkenntnisse können wir aus der »belgischen Welle« gewinnen? Sie ist nicht nur mit der extraterrestrischen Hypothese vereinbar, sondern untermauert sie entscheidend durch ihr massives Erscheinen und ihre zahlreichen befremdlichen Faktoren. Frappiert hat mich unterdessen ihr *originärer* Charakter. Humanoide Besatzungsmitglieder haben sich anscheinend nicht gezeigt, obgleich dies einer signifikanten Facette des weltweiten UFO-Phänomens entsprechen würde. Es wurden nicht einmal markante physikalische Umwelteffekte festgestellt, Spuren gefunden oder elektromagnetische Einwirkungen auf Kraftfahrzeuge festgestellt. Die UFOs überflogen sogar Städte in geringer Höhe, ohne daß nennenswerte Störungen entstanden wären.

Dies könnte zwar auf einige strukturelle Besonderheiten zurückzuführen sein, doch *anscheinend liegt diesem Gesamtbefund eine Absicht zugrunde*.

12. SCHLUSSFOLGERUNGEN

Zum einen machten die UFOs häufig auf sich aufmerksam (gelegentlich ziemlich ostentativ), und zum anderen verhielten sich ihre Besatzungsmitglieder sehr diskret. Selbst die klassischen Aufklärungsmittel erwiesen sich weitgehend als untauglich, seien es Fotos, Filme oder Ortung durch Radar. Die Ausnahmen sind daher umso bemerkenswerter. Sie zeigen, daß *wir lernen müssen, die Gegebenheiten gründlicher zu untersuchen.* Dies betrifft auch unsere Vorstellungen von der Realität.

Anfangs bezog sich das Wort »real« auf die Dinge (lat.: res), deren Existenz der unmittelbaren Feststellung zugänglich war, wie etwa bei den Gegenständen, die man berühren kann. In der englischen Sprache sind zwei Begriffe gebräuchlich: »real« und »actual«. Der zweite Begriff wird im Deutschen mit »wirklich« übersetzt – das, was »wirkt« (agiert). Bestimmte Realitäten offenbaren sich nur durch ihre Wirkungsweise; die moderne Physik kennt viele Beispiele. Ich hörte manchen schon sagen: »An UFOs glaube ich erst, wenn ich sie anfassen kann.« Es geht aber nicht darum, an sie zu »glauben« oder nicht; außerdem gibt es noch andere Arten der Evidenz. Unser Wirklichkeitsbegriff muß erweitert werden.[7]

Da man sich auf die Suche nach der Wahrheit begeben muß, ist es von Nutzen, sich der »wissenschaftlichen Methode« zu bedienen. Sie wurde zwar nur Stück für Stück erarbeitet, erwies sich jedoch als sehr effizient. Sie geht in mehreren Schritten vonstatten: (1) *Sich wundern können.* Dies läuft darauf hinaus, daß man bereits das erkennt, was sich von der Normalität abhebt und möglicherweise eine Botschaft enthält. (2) *Systematisch beobachten.* Schlichtes Zusammentragen von Fakten führt zu der Situation, daß man »vor lauter Bäumen den Wald nicht mehr sieht«. Wer zu signifikanten Daten gelangen will, muß sich einer bestimmten Strategie bedienen. (3) *Die Daten analysieren.* Hierzu müssen »Filter« geschaffen werden, um die wesentlichen Elemente aus dem Gesamtbestand der vorliegenden Daten herauszukristallisieren. Da diese aber in aller Regel nicht bereits im voraus bekannt sind, ist die »Trial-and-error«-Methode (Versuch und Irrtum) anzuwenden. Das vorliegende Buch enthält mehrere Beispiele für solche Analysen. (4) *Eine Theorie entwerfen.* Irgendwann muß man sich vorzustellen versuchen, was sich hinter dem Anschein verbergen könnte, um zu logischen Schlüssen zu gelangen, die mit den vorliegenden Beobachtungen konfrontiert werden können. Die extraterrestrische Hypothese muß in diesem Sinne bedacht werden. Sie stellt eine Arbeitshypothese dar, die zu präzisen Fragen physikalischer Natur führt.

Abschließend möchte ich auf einige mögliche Gefahren aufmerksam machen. *Zweifel kann ungerechtfertigt glorifiziert werden.* In der Forschung ist er unverzichtbar, doch das Ziel ist, ihn zu überwinden oder Unsicherheiten, so weit es geht, auszuräumen. *Skeptizismus ist ebensowenig ein Ideal wie ein Einbahnstraßen-Kritizismus.* Warnen möchte ich in der Hauptsache vor *Pseudo-Rationalismen.* Sie tauchen beispielsweise dann auf, wenn vorgefaßte Meinungen und etablierte Theorien über die Fakten gestellt werden. Wenn die Fakten nicht zu den Theorien zu passen scheinen, muß man sie prüfen und dann die Theorien revidieren. Man begegnet unterdessen genau der gegenteiligen Haltung: Es wird versucht, bereits die Untersuchung der Fakten zu verhindern. Ein kürzlich erschienener Artikel[8] zeigt außerdem, daß man UFO-Sichtungen in die Pauschal-Schublade »Irrtum« einsortieren kann, da es ja schließlich um die Verteidigung der Rationalität geht. Muß aber nicht am Beginn rationalen Handelns gerade die Wahrnehmung des Andersartigen stehen?

Auf jeden Fall wäre es unklug, eine Lösung des UFO-Problems »diktieren« zu wollen, da die Sichtungen fortdauern. Nach zwanzig Jahren der Erforschung und gedanklichen Beschäftigung mit dem Phänomen – einschließlich der »belgischen Welle« – behaupte ich ganz gelassen, *daß die extraterrestrische Hypothese die wahrscheinlichste ist.* Sie ist zwar nicht bewiesen, aber sie ist so wahrscheinlich und wichtig, daß man nachdrücklich fordern kann, sich den Fakten zuzuwenden und über sie nachzudenken. Dazu ist jeder aufgerufen, vor allem aber Wissenschaftler. *Wir haben es hier mit einer der großen Herausforderungen des ausgehenden 20. Jahrhunderts zu tun.*

In diesem Sinn möchte ich die ufologischen Gruppierungen, einzelne Forscher und offizielle Einrichtungen auffordern, mit vereinten Kräften ans Werk zu gehen. Die Komplementarität der Ansätze bildet eine wesentliche Voraussetzung für das Erzielen der notwendigen Konvergenz. Ich hatte das Glück, in jenen achtzehn Monaten der Forschung zahlreichen Personen zu begegnen, deren menschliche und intellektuelle Qualitäten mich sehr berührt und erfreut haben. Ihnen allen gilt mein Dank, ganz besonders General W. D Brouwer von der belgischen Luftwaffe.

Nachwort
Wilfried De Brouwer

Einleitung

Zunächst habe ich etwas gezögert, dem Wunsch der SOBEPS zu entsprechen und einen Beitrag für dieses Buch zu schreiben. Ich bin kein ausgemachter UFO-Spezialist, und überdies ist es eine ziemlich heikle Angelegenheit für jemanden in einer offiziellen Position, seine persönlichen Ansichten über ein derart umstrittenes Thema zu Papier zu bringen. Ich meine jedoch, daß ich mich im Fall einer Ablehnung gegenüber der SOBEPS nicht loyal verhalten hätte.

Die Luftwaffe hat in dieser Hinsicht seit jeher mit offenen Karten gespielt, und so betrachte ich dieses Nachwort als ein ergänzendes Element des von der SOBEPS verfaßten außergewöhnlichen Dossiers.

Ich bewundere das große Engagement all jener, die sich an der Untersuchung zahlloser Zeugenaussagen und an der Analyse sämtlicher verfügbaren technischen Daten beteiligt haben. Geleistet wurde eine echte Geduldsarbeit, eine gelegentlich undankbare Arbeit, da die Kritik jene nicht verschont hat, die die Angelegenheit ernstgenommen haben.

Dieses Nachwort gibt den Standpunkt einer Person wieder, die kraft ihres Amtes unmittelbar von der belgischen UFO-Problematik betroffen war.

Mein Standpunkt beruht auf Feststellungen, die von der Luftwaffe getroffen wurden. Da ich auf einige zusätzliche Überlegungen nicht verzichten konnte, und ich mich häufiger von den rein militärischen und technischen Aspekten entfernt habe, möchte ich auf den subjektiven Charakter meines Beitrags, der nicht notwendigerweise den offiziellen Standpunkt der Armee widerspiegelt, aufmerksam machen.

Kontext

Nur selten ist jemand in der Lage, sich der UFO-Problematik in objektiver Weise zu nähern, denn nur wenige Themen lösen so gegensätzliche Reaktionen aus, die von vollkommener Gleichgültigkeit über ironische Spöttelei bis zu leidenschaftlichem Interesse reichen. Dies gilt auch für die Einbindung der Luftwaffe in bestimmte UFO-typische Beobachtungen, wie sie in diesem Dossier beschrieben werden. Gewisse Kreise waren höchst befremdet und fanden es unglaublich, daß sich eine offizielle Einrichtung mit einer Angelegenheit befaßte, die auf den ersten Blick absurd erschien. Andere wiederum, wie etwa die internationalen Medien, bekundeten ein lebhaftes Interesse.

Die Verschiedenartigkeit der Reaktionen erklärt sich durch die angeborenen Vorurteile weiter Bevölkerungskreise gegenüber diesem Thema – Vorurteile, wie man sie auch bei einigen Journalisten antrifft, die ihren Reportagen einen persönlichen Anstrich verleihen und es sich nicht verkneifen können, hie und da spöttische Bemerkungen einzuflechten.

Wie bereits aus dem ersten Textbeitrag von Professor Meessen hervorgeht, hat diese Haltung den Fortgang der Untersuchungen sehr stark beeinflußt. Die Angst, sich lächerlich zu machen, ist durchaus real. Es gibt sicher viele Soziologen, die das Problem schon gründlich erforscht haben. Daß ein Nicht-Soziologe und Nicht-Ufologe sich ganz pragmatisch mit der Sache auseinandersetzt, kann ihr nur von Nutzen sein.

Ausgehend von zahlreichen Gesprächen mit verschiedenen Leuten würde ich die Einstellung des Durchschnittsbürgers gegenüber der UFO-Problematik in folgende vier Kategorien unterteilen:

1. Die erste Kategorie besteht aus jenen, die nicht daran glauben, daß es so etwas wie UFOs geben kann. Die zahlreichen Sichtungen werden atmosphärischen oder astronomischen Phänomenen, Luftspiegelungen, Hologrammen, puren Halluzinationen oder einer durch den Medienrummel bewirkten Massenpsychose zugeschrieben. In diese Kategorie fallen jene, die konkrete Zeugenaussagen beiseite schieben und versuchen, sie auf die eine oder andere Weise lächerlich zu machen. Die Möglichkeit, daß so etwas wie ein UFO tatsächlich existiert, ist für sie nämlich so unglaublich, daß sie schon bloße Anspielungen auf das Thema zum Lachen reizen.

2. Man muß einen großen psychologischen Schritt tun, um von der oben beschriebenen Einstellung in die zweite Kategorie übergehen zu können, die meiner Definition nach all jene umfassen würde, von denen die UFO-Sichtungen zwar akzeptiert werden, die aber jede Hypothese über den extraterrestrischen Ursprung der UFOs grundsätzlich ausschließen.

Diese Personen haben zwar das eigentliche »Imaginationssyndrom« abgelegt, werden sich jedoch bemühen, jede Beobachtung mit einem existierenden Luftfahrzeug zu assoziieren. Falls ihnen dies nicht gelingt, gehen sie zu der Hypothese eines mutmaßlichen, mit einem zusammengebastelten Gerät operierenden »Schwarzen Barons« über oder vermuten höchstgeheime Militärprojekte und/oder Erprobungsflüge, über die aus dem einen oder anderen Grund nichts an die Öffentlichkeit dringen darf. Einige dieser Personen werden ebenfalls versuchen, die UFO-Sichtungen zum Gegenstand des Spotts zu machen: Lieschen Müller habe sich von Spaßvögeln oder durch die Geheimniskrämerei der (militärischen) Behörden aufs Glatteis führen lassen. Es lohnt sich nicht, dem größere Aufmerksamkeit zu schenken; dies wäre reine Energieverschwendung.

3. Die dritte Kategorie besteht aus jenen, die von der Existenz der UFOs überzeugt sind und die Hypothese ihres extraterrestrischen Ursprungs nicht ausschließen. Es handelt sich in der Regel um Personen, die sich mit der Problematik eingehender befaßt haben und die Realität der Sichtungen von Flugobjekten, deren Beschaffenheit und Leistungen weit über die bislang erworbenen technischen Fähigkeiten hinausgehen, abschließend anerkennen.

Sie wagen sich auf unwegsames Gelände vor aus dem einfachen Grund, weil sie eine Hypothese aufstellen, die einer soliden wissenschaftlichen Grundlage entbehrt, denn bislang ist es noch niemandem gelungen, die Existenz einer außerirdischen Zivilisation zu beweisen, vor allem nicht einer solchen, die dank einer der unseren überlegenen Technologie in der Lage wäre, uns einen Besuch abzustatten.

Folglich gehört schon etwas Courage dazu, eine solche Hypothese öffentlich zu vertreten. Es muß immer erst das psychologische Tabu überwunden werden, sich lächerlich zu machen – ein durchaus bedeutender Vorgang.

Außerdem werden zwei Dinge häufig miteinander vermengt: die Befürwortung der extraterrestrischen Hypothese und deren Berücksichtigung im Rahmen der Forschungstätigkeit. Jeder Forscher, der diese Hypothese nicht berücksichtigt, würde ein wichtiges Element vernachlässigen, und seine Forschung wäre nicht mehr objektiv. Was aber nicht bedeutet, daß er zwangsläufig an diese Hypothese glauben muß.

4. Kommen wir nun zur vierten Kategorie, zu denjenigen, die von der außerirdischen Herkunft der UFOs überzeugt sind. Die Überzeugung dieser bedingungslosen Befürworter basiert weit stärker auf dem Glauben als auf einer gründlichen Kenntnis der zahllosen UFO-Beobachtungen, wie sie seit dem ersten Bericht von Kenneth Arnold aus dem Jahre 1948 vorliegen.

In diese Kategorie fallen auch all jene, die sich an religiösen und/oder mythologischen Dingen orientieren. Sie werden leider von weiten Bevölkerungskreisen mit der zuvor genannten Gruppe über einen Kamm geschoren. Dies führt dazu, daß man den Befürwortern einer extraterrestrischen Theorie eher mißtrauisch und voller Ironie begegnet.

Die jeweiligen Anteile der einzelnen Kategorien lassen sich schwerlich genau bestimmen. Tatsache ist aber, daß die Vorstellung der Existenz von UFOs von immer mehr Menschen akzeptiert wird; die Gruppe jener, von denen die extraterrestrische Hypothese nicht abgelehnt wird, wächst ständig. Aus kürzlich in Belgien und Frankreich durchgeführten Umfragen geht hervor, daß mehr als 50 Prozent der Bevölkerung an die Möglichkeit der Existenz einer außerirdischen Zivilisation glauben – wobei sie mehrheitlich von der Überlegung ausgehen dürften, daß es unvernünftig wäre, anzunehmen, daß unter den Milliarden von Planeten es nur auf unserem zu einer Form von Leben gekommen sein sollte, das sich in Richtung Intelligenz und Zivilisation entwickelte.

Kleiner ist da schon die Gruppe jener, die glauben, daß eine andere Zivilisation über die für die Entsendung von Raumsonden oder Raumschiffen zur Erde erforderlichen Technologien verfügen würde – die folglich in der Lage wäre, beträchtliche Entfernungen innerhalb einer akzeptablen Zeitspanne zu überwinden.

Professor Meessen und Jean-Pierre Petit (beide haben Beiträge für dieses Buch verfaßt) haben jeder für sich eine gleichartige Theorie entwickelt und konnten anhand von Versuchen aufzeigen, daß bestimmte revolutionäre Antriebstechniken einsetzbar sein könnten.

Ihre konkrete Anwendung ist aber nach wie vor eine technologische Herausforderung und liegt nicht im Bereich des derzeit Möglichen. Ein Aspekt aber wird die Diskussionen immer beherrschen und die Haltung der Behörden bestimmen: die Angst, sich lächerlich zu machen, sobald man durchblicken läßt, daß man die UFO-Problematik ernst nimmt. Diese psychologische Hemmschwelle, die einen starken Einfluß auf die Zeugenaussagen und die technischen Untersuchungen ausübt, scheint sich jedoch dank der sachlichen Herangehensweise von immer mehr Wissenschaftlern abzubauen.

Der Einbezug der belgischen Luftwaffe

Ich hielt es für sinnvoll, den gesellschaftlichen Kontext kurz zu umreißen, bevor ich auf den Einbezug der belgischen Luftwaffe in die UFO-Debatte zu sprechen komme.

Als man mich bat, als Chef des Führungsstabes der Luftwaffe an der Pressekonferenz der SOBEPS vom 18. Dezember 1989 teilzunehmen, zählte ich, was die Existenz von UFOs angeht, zur Gruppe der Ungläubigen. Ich hatte mir aber fest vorgenommen, dem Problem so vorurteilsfrei wie möglich zu begegnen und es in objektiver Weise zu untersuchen. Zwei Dinge fielen mir bei der Pressekonferenz auf. Erstens: Die Zeugenaussagen waren bemerkenswert. Das war nicht einfach Gerede; da wurde auf natürliche und eher bescheidene Weise berichtet – keine Spur von Sensationslust oder überzogener Medienvermarktung. Zweitens: Die SOBEPS verfolgte einen nüchternen, objektiven und wissenschaftlich fundierten Kurs. Zeugenaussagen, die möglicherweise Naturerscheinungen zum Gegenstand hatten, wurden sofort ausgesondert. Ebenfalls von Bedeutung war die Tatsache, daß einige Journalisten die Armee – speziell die Luftwaffe – ins Visier genommen und den Verdacht hatten, bei den beobachteten Phänomenen könne es sich um experimentelle Fluggeräte handeln, von denen die Öffentlichkeit nichts erfahren sollte.

Einige Journalisten sahen die F-117 impliziert und nutzten die Gelegenheit, den amerikanischen »Imperialismus« zu kritisieren. Die angebliche Unterwürfigkeit der belgischen Behörden, die derartige Erprobungen – wissentlich oder nicht – zugelassen hätten, wurde ebenfalls angeprangert. Überdies kursierten Gerüchte, wonach von militärischen Radars bestimmte UFOs geortet worden seien, worüber aber nicht informiert werden dürfe.

Zunächst einmal mußte die Luftwaffe die Vermutung dementieren, es handle sich um Erprobungsflüge. Das war ziemlich einfach; in den vorangehenden Kapiteln wurde davon schon eingehend berichtet. Die Luftwaffe konnte es sich deshalb erlauben, mit offenen Karten zu spielen, weil es schlicht und einfach nichts zu verbergen gab und weil es technisch gesehen unmöglich ist, daß man es mit der F-117 zu tun hat.

Andererseits kam die Luftwaffe aufgrund der Seriosität der Zeugenaussagen und der Professionalität der SOBEPS zur Überzeugung, daß eingehendere Untersuchungen notwendig seien. Daher war bereits vor der Pressekonferenz beschlossen worden zu versuchen, die Beschaffenheit und Herkunft bestimmter beobachteter Phänomene zu identifizieren. Die große Frage allerdings war, mit welchen Mitteln dies erfolgen sollte.

Die Mittel

Jeder zwischen Sonnenuntergang und Sonnenaufgang von jedwedem Fluggerät innerhalb des belgischen Luftraums beabsichtigte Flug muß offiziell beantragt und zuvor von der zivilen und/oder militärischen Luftfahrtbehörde genehmigt werden. Diese beiden Einrichtungen sind für die Koordination sämtlicher nächtlichen Flugbewegungen zuständig, so daß die Identität und die Intentionen aller in der Luft befindlichen Luftfahrzeuge bekannt ist – dies selbstverständlich, um die Luftverkehrssicherheit zu gewährleisten. Im Fall der UFO-Sichtungen ging es folglich darum, nachzuprüfen, ob ein nicht ordnungsgemäßer Flug erfolgt war. Sollte sich dies bestätigen, wären wir selbstverständlich verpflichtet, diese Maschinen nach Möglichkeit zu identifizieren.

Eines der offenkundigsten Mittel zur Ortung von Eindringlingen ist das Radar. Neben den Anflugradars der verschiedenen Flugplätze verfügt die Luftwaffe über zwei leistungsfähige Überwachungsradars, die in das Verteidigungssystem der NATO integriert und rund um die Uhr in Betrieb sind. Die Reichweite dieser Radars beträgt mehr als 300 Kilometer. Flugzeuge können bis in einer Höhe von etwa 30 Kilometer geortet werden, während die Mindesthöhe von ihrer Position und ihrer Entfernung zur Radarstation abhängt. Dies versteht sich von selbst, wenn man weiß, daß Radarwellen nicht um die Ecke blicken können und daß ein hinter der Horizontlinie oder hinter einem Hindernis (etwa einem Hügel) verborgenes Ziel prinzipiell nicht entdeckt werden kann.

Üblicherweise bekommt der Radaroperateur nur solche Maschinen zu Gesicht, die bereits ein Selektionsverfahren durchlaufen haben. Zuvor werden die reflektierten Radarwellen nämlich mittels eines Rechners analysiert, der sämtliche Echos unterdrückt, die den einprogrammierten Normen (z. B. Flugprofil) nicht entsprechen. Der Mann am Radarschirm sieht also lediglich ein synthetisiertes Bild, das sich aus den Radarechos zusammensetzt, die mit großer Wahrscheinlichkeit Flugzeuge repräsentieren.

Auf diese Weise werden falsche Signale ausgesondert. Diese in Fachkreisen eher unter dem Namen »Engel« bekannten Signale (siehe den Beitrag von Professor Meessen) können durch atmosphärische Störungen verursacht werden, beispielsweise durch eine Inversionsschicht; sie bewirkt eine Ablenkung der Radarwellen, die ihrerseits u. a. durch bewegte Bodenobjekte nochmals reflektiert werden.

Der Operateur hat die Möglichkeit, den Filtermodus des Rechners zu deaktivieren, indem er in die Betriebsart »raw video« übergeht; dann hat er sämtliche eingehenden Echos – einschließlich der »Engel« – auf dem Bildschirm. Freilich haben die Radaroperateure, das muß ich hier unbedingt anmerken, mit dieser Betriebsart wenig Erfahrung, und es gibt zahlreiche Echos, deren Ursprung unbekannt ist.

Im Fall der UFO-Sichtungen hatte man die Operateure gebeten, ganz besonders auf solche Echos zu achten (selbst in »raw video«), die im Umfeld der vom Boden aus gemachten Sichtungen erschienen. Eine gewisse Zahl von Radarechos konnte erfaßt werden, von denen nicht mit Sicherheit gesagt werden konnte, ob es sich um »Engel« oder um tatsächliche, im Flug befindliche Geräte handelte. Dies erklärt die eher abwartende Haltung der Luftwaffe vor allem zu Beginn des Sichtungszeitraums und die diesbezügliche Kritik, wonach bestimmte Informationen angeblich nicht verbreitet werden durften.

Außer den Radarstationen verfügt die Luftwaffe noch über eine Abfangjäger-Einheit, die mit Kampfflugzeugen vom Typ F-16 ausgerüstet und in Beauvechain (etwa 30 Kilometer südöstlich von Brüssel) stationiert ist. Zwei der F-16 werden ständig einsatzbereit gehalten und können auf Order des verantwortlichen NATO-Offiziers innerhalb von fünf Minuten starten. Der diensthabende Radaroperateur kann eine solche Genehmigung in bestimmten Fällen innerhalb kürzester Zeit einholen. Bedingung hierfür ist das Vorliegen eines konkreten Radarechos unbekannter Herkunft und die explizite Anforderung einer visuellen Identifizierung vor Ort mittels der beiden startbereiten F-16. Diese Prozedur wird regelmäßig geübt: Die Piloten werden von Zeit zu Zeit hochgeschickt, um mutmaßliche Eindringlinge, seien sie fiktiv oder nicht, zu identifizieren. Das Übungsziel besteht darin, sämtliche Einzelschritte durch wiederholtes Üben zu verinnerlichen, um im Bedarfsfall den reibungslosen Ablauf eines Alarmeinsatzes zu gewährleisten.

Im Anschluß an die erste Sichtungswelle vom 29. November 1989 wurden die Radaroperateure wie auch die Piloten seitens der Luftwaffe angehalten, besonders wachsam zu sein und im Eventualfall die Identifizierungsprozedur einzuleiten. Hierzu sollten ausschließlich die vorhandenen Mittel – zwei Bodenradars und die F-16 – eingesetzt werden. Die Zielsetzung bestand darin zu verifizieren, ob die UFOs real vorhanden waren oder nicht. Nach erfolgter Bestätigung würde man zur zweiten Phase übergehen, nämlich die Objekte zu identifizieren und zu ermitteln, ob die Sicherheit des Luftverkehrs gefährdet ist.

Maßnahmen

Das größte Problem war die Koordination zwischen den Bodensichtungen und dem Radarkontrollzentrum in Glons.

Unsere Wahl fiel sogleich auf die Gendarmerie. Die jeweiligen Dienststellen erhielten die Telefonnummer der Radarstation Glons, um die Operateure über die geographischen Positionen bestimmter gesichteter Fluggeräte informieren zu können.

Ein größeres Handicap war die lange Kommunikationskette zwischen Bodenbeobachtern und Piloten im Identifizierungseinsatz: Anruf bei

NACHWORT

Gendarmen, Streife vor Ort, Funkverbindung mit der Gendarmeriedienststelle, Benachrichtigung der Zentrale in Glons, Anruf beim Radaroperateur und Funkverbindung mit den Piloten.

Wie die Luftwaffe konnte auch die Gendarmerie bei der Durchführung ihres Auftrags keine zusätzlichen Mittel zum Einsatz bringen. Die wenigen Beamten, die am Abend und in der Nacht Dienst hatten, waren bei ihren eigentlichen Aufgaben manchmal nicht sofort abkömmlich; und weil sie auf eintreffende Anrufe nicht immer prompt reagieren konnten, kam es manchmal zu nicht unbeträchtlichen Verzögerungen.

Von der Luftwaffe wurden einige konkrete Maßnahmen durchgeführt. Beim ersten Einsatz am Abend des 2. Dezember wurden zwei F-16 in die Umgebung von Lüttich beordert, wo eine Sichtung stattgefunden haben sollte. Durch einen Anruf seitens der Gendarmerie erfuhr der diensthabende Radaroperateur von einer Bodensichtung; er bemerkte in der genannten Position ein Radarecho (im Modus »raw video«, das die unmittelbare Beobachtung möglicherweise bestätigte. Die beiden F-16 konnten vor Ort keine Beobachtungen machen und kehrten zum Stützpunkt zurück. Nach Auskunft des Radaroperateurs verschwand das Echo, als sich die F-16 der bezeichneten Stelle näherten, und tauchte nach deren Rückkehr zur Basis wieder auf.

Der Schleier des Mysteriums wurde nicht gelüftet.

Nachdem aus dem Raum Hasselt unzählige Anrufe eingegangen waren, erfolgte ein weiterer Einsatz zweier Maschinen. Auf den Bodenradars konnte nichts festgestellt werden, doch die F-16 konnten den Ursprung des Phänomens – nämlich Laser-Projektionen an einer Wolkendecke – identifizieren. Wie die Analyse der vorliegenden Fakten gezeigt hat, unterscheiden sich diese Beobachtungen vollkommen von den zuvor innerhalb der Provinz Lüttich gemachten.

Nach diesem Vorfall wurde Order gegeben, ohne vorherige Radarkontakte und förmliche Bestätigung der Bodensichtungen durch die Gendarmerie keine Maschinen mehr zum Einsatz zu bringen.

Danach kam die dem Leser bereits bekannte Aktion in der Nacht vom 30. auf den 31. März 1990.

In diesem Fall reagierte die Luftwaffe erst, als die Gendarmerie die Beobachtungen im Raum Wavre telefonisch bestätigt hatte und Meldungen von zwei Bodenradars eingegangen waren. Unterstützt durch den diensthabenden Radaroperateur führten die F-16 mehrere Abfangeinsätze durch. Hierbei konnten die Bordradars der F-16 bestimmte Daten aufzeichnen (siehe die Analyse von Professor Meessen).

Die Luftwaffe ließ dabei größte Vorsicht walten. Elektromagnetische Interferenzen, die zu irrigen Schlüssen verleiten können, sind nichts Ungewöhnliches; dies gilt gleichermaßen für die Bord- und für die Bodenradars. Die bei den Bordradars auftretenden Interferenzen werden jedoch im allgemeinen durch bestimmte Bodenverhältnisse verursacht, die Aufzeichnungen vom 30./31. März waren aber in etwa 3 Kilometer Höhe gemacht worden. Außerdem ist in bestimmten Momenten eine Korrelation zwischen den Daten der beiden Bordradars und mindestens einem der Bodenradars feststellbar. Aufgrund der Tatsache, daß zu gewissen Zeitpunkten von drei verschiedenen Systemen identische Daten registriert wurden, konnten wir nicht mehr ausschließen, daß sich tatsächlich ein oder mehrere nicht identifizierte Fluggeräte im belgischen Luftraum bewegten.

Aus diesem Anlaß ist damals erstmalig, wie ich hier hervorheben will, eine eingehende Analyse von Daten erfolgt, die eigentlich jenseits des in der Luftfahrt technisch Möglichen liegt. Handelte es sich tatsächlich um Fluggeräte, oder hatten wir es mit einer außergewöhnlichen elektromagnetischen Interferenz zu tun?

Die Piloten selbst hatten keine konkreten Sichtkontakte, die wegen der vielen bei klarem Himmel und guter Sicht nachts über Belgien erkennbaren Leuchtpunkte ja tatsächlich auch schwer herzustellen sind. Wenn jedoch ein Pilot sein Radar auf ein eventuelles Ziel aufschaltet (»lock-on«), wird dessen ungefähre Position auf dem Display angezeigt. Während der verschiedenen »lock-on«-Phasen wurde von den Piloten jedoch nichts festgestellt. Wären die Ziele beleuchtet gewesen, so hätten sie mit Sicherheit etwas sehen müssen. Ist das also der Beweis dafür, daß es keine Objekte gab und es sich demnach um elektromagnetische Störungen handelte? Gewiß nicht, denn die Augenzeugen von Petit-Rosière haben erklärt, daß die von ihnen beobachteten Leuchtpunkte zu einem bestimmten Zeitpunkt – während sich die F-16 näherten – schwächer wurden und sogar ganz erloschen.

Warum wurde keine definitive Korrelation zwischen den Bodenbeob-

NACHWORT

achtungen von Ramillies und den Aufzeichnungen der F-16-Bordradars gefunden?

Die Augenzeugen berichten, daß die Leuchtobjekte gelegentlich ruckartige Bewegungen vollzogen und dann in einer bestimmten geometrischen Anordnung verharrten.

Wenn das Bordradar einer F-16 jedoch im Abfang-Modus betrieben wird, ist die Ortung statischer Objekte nicht möglich – dies aus dem einfachen Grund, weil das System sämtliche Echos von Objekten mit einer relativen Geschwindigkeit von weniger als etwa 100 km/h unterdrückt.

Diese Filterung wurde in das System integriert, um zu vermeiden, daß sämtliche Autos und sonstigen Bodenobjekte vom Bordradar geortet werden und der Bildschirm durch eine zu große Zahl von Objekten vernebelt wird.

Das Interesse des Piloten gilt ausschließlich Flugzeugen und Hubschraubern, die sich mit höherer Geschwindigkeit bewegen. Letztlich werden allein diese Ziele auf dem Bildschirm angezeigt; der Pilot hat das Flugprofil vor sich und kann entscheiden, ob er einen Abfangversuch unternehmen will. In technischer Hinsicht war es demnach unmöglich, mit dem Bordradar unbewegliche oder sich mit niedriger Geschwindigkeit bewegende Leuchtobjekte zu erfassen.

Die Luftwaffe jedenfalls ist zu dem Schluß gelangt, daß sich im belgischen Luftraum eine gewisse Zahl anormaler Phänomene ereignet hat.

Die vielen in diesem Buch dokumentierten Sichtungen vom Boden aus und die Beobachtungen in der Nacht vom 30./31. März haben uns zur Vermutung Anlaß gegeben, daß eine bestimmte Zahl nicht genehmigter Flugaktivitäten tatsächlich stattgefunden hat.

Bislang liegen keinerlei Hinweise vor, die auf ein aggressives Verhalten schließen ließen; der militärische und der zivile Luftverkehr wurden weder gestört noch gefährdet. Man kann folglich davon ausgehen, daß von den mutmaßlichen Aktivitäten keine konkrete Bedrohung ausging.

Da eine Reaktion der Streitkräfte nur bei Vorliegen einer potentiellen Bedrohung erfolgt, wurde beschlossen, neben den vorhandenen und verfügbaren Luftverteidigungssystemen keine zusätzlichen Mittel bzw. Arbeitskräfte zum Einsatz zu bringen. Ich denke, daß die Gendarmerie zu derselben Schlußfolgerung gelangt ist, was die vom Boden aus durchgeführten Beobachtungen angeht.

Die Zusammenarbeit zwischen Luftwaffe und SOBEPS

Gleich nach den ersten UFO-Sichtungen haben die Verantwortlichen der SOBEPS offiziell beantragt, Zugang zu den der Luftwaffe vorliegenden einschlägigen Daten zu erhalten. Da die nationalen Behörden nichts zu verbergen haben, erteilte das Verteidigungsministerium die Genehmigung zur Weitergabe der vorhandenen Daten, um eine wissenschaftliche Untersuchung zu ermöglichen. Diese Einstellung führte in bestimmten nationalen und internationalen Kreisen zu einiger Verwunderung. In der Tat war dies anscheinend das erste Mal seit Aufkommen des UFO-Problems, daß sich die Militärbehörden zur Zusammenarbeit mit einer aus UFO-Spezialisten bestehenden Vereinigung entschlossen hatten.

Auf internationaler Ebene zeichnet sich offensichtlich noch keine Bereitschaft ab, sich offiziell mit UFO-Phänomenen zu befassen. Diese Haltung ist aus mehreren Gründen verständlich. Daß das UFO-Problem nichts mit den Routineaufgaben traditioneller Verteidigungskonzepte zu tun hat, ist einer davon. Ein Verteidigungssystem wird ausgearbeitet, um einem von Militärexperten ermittelten Bedrohungspotential begegnen zu können; einstweilen gibt es keine konkreten Argumente, weshalb das Bedrohungspotential um die Variante einer hypothetischen Invasion durch Außerirdische erweitert werden müßte.

Es wäre absolut unvernünftig, wollte man ein spezifisches Verteidigungssystem aufbauen (genauer gesagt ein Erfassungs- und Schutzinstrumentarium), das sich ausschließlich auf diese Hypothese stützen würde. Da wir es überdies mit einem ganz besonderen Phänomen zu tun haben, existieren keine militärischen oder politischen Strukturen, die sich des Problems annehmen könnten.

Innerhalb der Luftwaffe wurden mit diesen Fragen einige Offiziere betraut, die schon durch ihre üblichen Aufgaben stark in Anspruch genommen sind und nicht die Zeit für eine Durchsicht und Analyse sämtlicher Daten haben. Für die Stabsangehörigen ist dies eine beträchtliche Zusatzbelastung. Allein die Entgegennahme sämtlicher Anrufe und die Beantwortung aller Briefe beispielsweise würde die Einrichtung eines aus Fachkräften bestehenden Sonderbüros erfordern. Ähnlich problematisch sieht es bei den Ministerialkanzleien aus, die sich eventuell zur Bedeutung des Problems zu äußern hätten. Hohe Beamte haben in ihrem jeweiligen Verantwortungsbereich so viel zu tun, daß sie für die Mystik von UFO-Problemen keine Zeit haben.

Ein weiterer Grund dafür, warum auf höchster – nationaler wie internationaler – Ebene niemand sich über dieses Problem auslassen will, ist die Angst, sich lächerlich zu machen. Die offiziellen Institutionen sind nicht darauf erpicht, zum Gegenstand allgemeiner Belustigung oder von Witzen »à la Belgien« zu werden.

Zeitmangel und die Angst, sich lächerlich zu machen, sind die zwei Haupthindernisse, die eine objektive Behandlung des Problems stark erschweren. Beides hängt in gewisser Weise miteinander zusammen: Zu dem Schluß, daß die UFO-Frage keineswegs lächerlich ist, kann man erst gelangen, nachdem man Zeit für eine tiefgreifende Analyse gefunden hat.

Von den Dienststellen der Luftwaffe wurde jedenfalls die Auffassung vertreten, daß an der Tatsache, daß Tausende von Menschen bestimmte Phänomene beobachtet haben, nichts Lächerliches sei. Von daher war es ebensowenig lächerlich, wenn man den Versuch unternahm, den Grund für diese Sichtungen und den Ursprung der Phänomene aufzudecken. Selbst wenn man von der populären Spaßvögel-Hypothese ausginge, wäre deren Identifizierung uneingeschränkt von Nutzen. Aus diesem Grund haben wir für eine begrenzte und zurückhaltende Untersuchung unter Heranziehung der vorhandenen und verfügbaren Mittel optiert.

Da sich die Luftwaffenexperten in Anbetracht ihrer eigentlichen beruflichen Verpflichtungen nicht vollständig auf eine eingehende Analyse sämtlicher Daten konzentrieren konnten, wurden diese an die SOBEPS weitergeleitet. Dieser Entschluß stützte sich auf den von ihr bereits erbrachten Beweis, daß sie zu einem objektiven und wissenschaftlichen Vorgehen in der Lage ist.

Schluß

Hätte die Luftwaffe mehr tun können? Zweifellos, jedoch nur unter der Voraussetzung, daß besondere Anstrengungen unternommen und weitere Mittel und Arbeitskräfte bereitgestellt worden wären. Man darf nicht vergessen, daß das UFO-Phänomen immer an unvorhersehbaren Orten und unter unvorhersehbaren Bedingungen auftaucht. Die Schaffung eines engmaschigen Beobachternetzes und die Bereitstellung spezieller Feldstecher, von Infrarotkameras, Kommunikationsmitteln, Helikoptern und Flugzeugen hätte erheblicher finanzieller Aufwendungen bedurft, die ohne den Beweis nicht bewilligt werden können, daß es sich tatsächlich um Flugobjekte handelt, von denen eine mögliche Gefährdung der Bevölkerung und des Luftverkehrs ausgeht, oder dafür, daß sie wirklich außerirdischer Herkunft sind.

Es besteht folgendes Dilemma: Wie ist eine Identifizierung der UFOs ohne Aufwendung zusätzlicher Mittel möglich? Wobei eine solche Identifizierung die unerläßliche Voraussetzung dafür ist, diese Ausgaben überhaupt rechtfertigen zu können. Der Tag wird gewiß kommen, da man dem Phänomen mit Hilfe von hochentwickelten Ortungs- und Aufzeichnungsgeräten wird begegnen können, die keinen Zweifel an seinem Ursprung mehr lassen. Damit dürfte der Schleier, der das Mysterium seit langem umgibt, zum Teil gelüftet werden können. Ein Geheimnis ist es nach wie vor geblieben. Aber es existiert, es ist real. Allein dies ist schon eine wichtige Schlußfolgerung.

Anmerkungen

Vorwort

Jean-Pierre Petit ist Forschungsdirektor beim C.N.R.S. im Fachbereich Strömungslehre und theoretische Kosmologie; Publikationen (u.a.): »Enquête sur les OVNI«, Paris: Editions Albin Michel 1990.

1. Die entscheidenden Sichtungen vom 29. November 1989

August Meessen ist Professor an der Université Catholique de Louvain (Neu-Löwen).
1   E. J. Ruppelt: »The Report on Unidentified Flying Objects«, Ace, N.Y. (1956).
2   R. H. Hall (ed.): »The UFO Evidence«, National Investigations Committee on Aerial Phenomena, Washington (1964).
3   J. E. McDonald: »Objets Volants Non Identifiés: Le plus grand problème scientifique de notre temps?«, Textbeitrag für die Tagung der Amerikanischen Gesellschaft der Zeitungsverleger im Jahr 1967, Sondernummer von »Phénomènes Spatiaux«, GEPA, Paris (1969).
4   J.A. Hynek: »The UFO Experience, a Scientific Inquiry«, Regnery (1972), Corgi, London (1974), frz.: »Les Objets Volants Non Identifiés: mythe ou réalité?«, Belfond, Paris (1974). »The Hynek UFO Report«, Dell. N.Y. (1977).
5   D.J. Keyhoe: »Aliens from Space«, Doubleday, N.Y. (1953), Signet, N.Y. (1974), Panter, London (1975), frz: »Les étrangers de l'espace«, France-Empire, Paris (1975); »Flying Saucer Conspiracy«, Holt, N.Y. (1955), Hutchinson, London (1957), Fieldcrest, N.Y. (1976); »Flying Saucers – Top Secret«, Putnam (1960).
6   R. Stanford: »Socorro ›Saucer‹ in a Pentagon Pantry«, Blueapple, Austin (1976).
7   L. Stringfield: »Situation Red, the UFO Siege!«, Doubleday (1977), frz.: »Alerte générale OVNI«, France Empire, Paris (1978).
8   L. Fawsett and B.J. Greenwood: »Clear Intent: The Government Coverup of the UFO Experience«, Prentice Hall, N.J. (1984).
9   T. Good: »Above Top Secret. The worldwide UFO cover-up«, Grafton, London (1988), dt.: »Jenseits von Top Secret«, Zweitausendeins, Frankfurt/Main (1991).
10 R. Hall: »Uninvited Guests. A documented history of UFO sightings, Alien Encounters & coverups«, Aurora, Santa Fe (1988).
11 L.M. Howe: »An Alien Harvest«, L.M. Howe, P.O. 3130, Littleton, Col. 80111 (1989).
12 J. Sider: »Ultra Top-Secret. Ces OVNI qui font peur«, Axis Mundi (1990).
13 M. Bougard: »La Chronique des OVNI«, J.-P. Delarge (1977).

ANMERKUNGEN

14 B. Thouanel: »L'OVNI c'est lui!«, *Science & Vie,* Heft 873, S. 84-93, 178, Juni 1990; D. Caudron: »C'est vrai: je l'ai vu!«, *Science & Vie,* Heft 877, S. 34-40, Juni 1990.
15 P.J. Klass: »Flying Saucers Identified«, Random House, N.Y. (1968).
16 G.T. Meaden: »The Circles Effect and its Mysteries«, Artetech, Bradford o.A. (1989).
17 A. Meessen: »Réflexions sur la propulsion des OVNI: Une évaluation globale du problème«, *Inforespace,* Heft 8, S. 31-34 (1973); »Une propulsion magnétohydrodynamique?«, Heft 9, S. 10-18 (1973); »Quelques faits observés«, Heft 10, S. 30-40 (1973).
18 J.P. Petit: »OVNI: l'approche scientifique du dossier«, in: J.C. Bourret: »Le nouveau défi des O.v.n.i.«, France Empire, Paris (1976); »Comment faire voler un OVNI (sur le papier)«, *Science & Vie,* Heft 702, S. 42-49 (1976); »Le mur du silence«, Belin, Paris (1983).
19 J.P. Petit: »Enquête sur les OVNI«, Albin Michel, Paris (1990).
20 A. Meessen: »Analysis of Physical Aspects of the UFO Problem«, First European Congress on Anomalous Aerial Phenomena, Brüssel, Nov. 1988, SOBEPS.
21 A. Meessen: »Des signes de civilisations extraterrestres?«, *Revue des Questions Scientifiques,* Heft 156, S. 443-481 (1985), Heft 157, S. 149-178 (1986).

4. Die Luftfahrt-Hypothese – Erläuterungen zur Stealth-Technologie

Die wichtigsten herangezogenen Quellen: Air Combat / Air Force Magazine / Aviation Week & Space Technology / Defence Systems International – Air Systems 1991 / Design News / Flying / International Defence Review / Jane's Defence Weekly / Jane's All the World's Aircraft / Journal of Aeronautics and Astronautics / New Scientist / Popular Mechanics / Popular Science / Proceedings (U.S. Naval Institute) / Scientific American / Armées et Défense / Aviation Design / Carnets de vol / Science & Avenir / Science & Vie

1 *Science & Vie,* Heft 873, Juni 1990.
2 »Exklusives vom Himmel«, laut *Paris-Match,* die in Heft 2145 vom 5. Juli 1990 eine vierseitige Reportage veröffentlicht hatte.
3 Dies scheint nicht zuzutreffen. Siehe hierzu: *Science & Vie,* Heft 877, Oktober 1990 mit dem Artikel »Ovniologie – C'est vrai: je l'ai vu!«, in dem Dominique Caudron schwerfällig und diesmal etwas besorgt darauf beharrt, es gebe einen »geheimen Nachfolger« der F-117, der zum »Stillstand« (!?) in der Lage sei.
4 »g« ist das Maß für die Erdbeschleunigung und beträgt 9,81 m/s^2.
5 Die RAM- und RAS-Materialien gehören den beiden allgemeinen Kategorien der magnetischen bzw. dielektrischen Absorption an.
6 Am 16. August 1990 wurden von mehreren europäischen Fernsehsendern (speziell RTBF 1 und Holland 1) einige ausgezeichnete Filmsequenzen ausgestrahlt, welche die F-117A im Flug und bei der Landung zeigten (bei Tage, mit eingeschalteten Scheinwerfern und entfaltetem Bremsfallschirm).

7 Die Avionik umfaßt alles, was das Gehirn und das Nervensystem eines Flugzeugs mit einem mehr oder weniger hohen Integrationsgrad ausmacht, also die gesamte Bordelektronik, vom Waffensystem bis zum generalisierten aktiven Kontrollsystem (Stabilisierungstechniken, Flughilfen).
8 Diese Systeme fallen in den Bereich der Optoelektronik, einer Wissenschaft im Grenzbereich von Optik und Elektronik. Die auf der Erfassung natürlicher, niederenergetischer Photonen basierende IR-Bilderzeugung gestattet eine wirklichkeitsgetreue Visualisierung der Umgebung auch bei völliger Dunkelheit.
9 Die vom US-Kongreß eingesetzten Militärkommissionen haben seitdem die offizielle Bestätigung erhalten, daß die Maschine vor diesem Ereignis die Staatsgrenzen zu keinem Zeitpunkt überschritten hat.
10 Später war auch noch von der Türkei die Rede, wohin insgesamt etwa zwanzig F-117A verlegt worden sein sollen. Durch den Golfkrieg wurde die furchterregende Effizienz der F-117A unter Beweis gestellt: vor dem 17. Januar 1991 unbemerkte Aufklärungsflüge über dem Irak, sowie (nach Beginn des Luftangriffs) extrem präzise Stealth-Attacken.
11 Die Gesamtkosten werden derzeit auf 70,2 Milliarden Dollar veranschlagt (1989).
12 Die Europäer verfolgen ein eigenes Programm für die Konzipierung ihres Kampfflugzeugs der Zukunft; hier wäre speziell das französische Rafale-Projekt von Dassault zu nennen. Es gibt Hinweise, daß in der ehemaligen UdSSR an der Entwicklung eines Jägers mit der Bezeichnung MiG 2000 und eines von Tupolew konstruierten strategischen Superbombers (der über einen ähnlichen Aktionsradius verfügen dürfte wie der amerikanische B-2) gearbeitet wurde bzw. wird.
13 Die Entscheidung des Pentagon für den ATF-Vertrag (Advanced Tactical Fighter) wurde am 24. April 1991 höchst offiziell bekanntgegeben: Den Sieg trug die YF-22 davon (»das Kampfflugzeug des 21. Jahrhunderts«). Das angekündigte Budget beläuft sich auf 65 Milliarden Dollar – eine schwindelerregende Zahl, die jeden weiteren Kommentar erübrigt.
14 Wie zuletzt bekannt wurde, ist die Entwicklung der A-12 aufgrund von Verzögerungen bei der Durchführung des Projekts und einer durch den US-Kongreß vorgenommenen drastischen Kürzung der vorgesehenen Haushaltsmittel eingestellt worden.
15 Das Staustrahltriebwerk (Staustrahlrohr) ist ein Strahltriebwerk ohne bewegliche Teile; die Luftkompression erfolgt durch die mit hoher Geschwindigkeit einströmende Luft. Nachteil: Der Luftstau läßt sich erst im Überschallbereich effizient nutzen. Eine Variante des Staustrahltriebwerks ist das Pulsstrahltriebwerk (nach seinem Erfinder, dem Ingenieur Paul Schmidt, auch Schmidt-Rohr genannt), das im Unterschallbereich verwendbar ist. Die im Zweiten Weltkrieg eingesetzte deutsche V1-Flugbombe war mit einem solchen Triebwerk ausgestattet.
16 Bei »Aurora« handelt es sich möglicherweise um den Vorläufer des im Juni 1986 von Präsident Reagan angekündigten NASP-Projekts (National Aero-Space Plane), das auf die Realisierung eines sogenannten »transatmosphärischen« Fluggeräts abzielt; es soll in der Lage sein, wie ein Flugzeug zu starten, um dann in eine Erdumlaufbahn einzutreten und dort zu manövrieren. Mögliche Geschwindigkeit:

ANMERKUNGEN

Mach 25. Kombinierter Turbinen-Staustrahl-Raketenantrieb. Dieses unter der Bezeichnung X-30 firmierende, technologisch höchst anspruchsvolle Experimentalflugzeug soll von General Dynamics realisiert werden und dürfte der Wegbereiter für ein Raumtransportflugzeug zu Beginn des kommenden Jahrhunderts sein.

17 Die berühmte, mit Mach 3 eindeutig im Überschallbereich angesiedelte Raketenabwehr-Rakete Patriot ist auch bei einer Erdbeschleunigung von 40 g noch einsatzfähig! Nicht minder bemerkenswert ist ihr Stückpreis: etwa 30 Millionen Belgische Francs.

5. Ausflug eines Wissenschaftlers in die Welt der Ufologie

Léon Brenig ist Physiker und Gruppenleiter an der Université Libre de Bruxelles.

1 Umberto Eco: »Das Foucaultsche Pendel«, München: Hanser 1989.
2 August Meessen: »Analyse d'aspects physiques du problème OVNI« — *Actes du premier Congrès européen*, November 1988, SOBEPS.
3 Jean-Pierre Petit: »Enquête sur les OVNI«, Albin Michel, 1990.
4 Jean-François Augerau: »Les visiteurs du ciel«, *Le Monde* vom 9. Mai 1990.

6. Die Radaraufzeichnungen

August Meessen ist Professor an der Université Catholique de Louvain (Neu-Löwen).

1 R.H. Hall: »The UFO Evidence«, NICAP, Washington (1964).
2 J. A. Hynek: »The UFO Experience«, Regenery (1972); »Les Objets Volants Non Identifiés«, Belfond (1974).
3 B. Gribble: »Pilot sightings and radar trackings«, *MUFON Journal*, Heft 181, S. 6-7 und Heft 186, S. 11-13 (1983).
4 M. L. Shough: »Radar and the UFO«, in: »UFOs 1947-1987«, hg. v. E. Evans und J. Spencer, ed. Fortean Times, London (1987).
5 W. N. Webb: »Radar/Sonar Contact«, *MUFON J.*, Heft 199, S. 7-10 (1984).
6 F. Ridge: »The night NORAD went on top alert«, *MUFON J.*, Heft 192, S. 5-7 (1984).
7 B. Jacobs: »Deliberate Deception: The Big Sur UFO Filming«, *MUFON J.*, Heft 249, S. 3-7 (1989).
8 W. Smith: »L'incident brésilien du 19 mai 1986«, *Lumières Dans La Nuit*, Heft 283, S. 33-35 (1988).
9 J. Martin: »Did huge triangle-shaped UFO abduct two U.S. jet fighters in Puerto Rico?«, *MUFON J.*, Heft 261, S. 20-23 (1990).
10 G. D. Thayer: »Optical and Radar Analyses of Field Cases«, in: E. J. Condon and D. S. Gillmor: »The Scientific Study of Unidentified Flying Objects«, Vision, London (1970), S. 115-176; W. Viezee: »Optical Mirage«, ebd., S. 598-654; R. H. Blackmer et alii: »Radar and the observation of UFOs«, ebd., S. 655-716.

11 D. R. Saunders and R. R. Harkins: »UFOs? Yes! Where the Condon Committee went wrong«, The World Publ. Co., N.Y. (1968).
12 A. Meessen: »La course à la mort«, *Le Soir*, 14. März 1985; ders.: »Apprendre à penser autrement«, *Le Soir*, 27. Mai 1989.
13 D. Caudron: »C'est vrai: je l'ai vu! – Sur la trace des OVNIS belges«, *Science & Vie*, Heft 877, S. 34-40 (1990).
14 H. P. P.: »Optique et Poésie«, *Science & Vie*, Heft 868, S. 79 (1990); B. Thouanel: »L'OVNI, c'est lui!«, *Science & Vie*, Heft 873, S. 84-93, 178 (1990).
15 M. T. de Brosses: »Un OVNI sur le radar du F-16«, *Paris Match*, S. 48-51, 5. Juli 1990.
16 B. Thouanel: »Le F-16: bientôt 20 ans«, *Science & Vie*, Heft 175, Sonderheft »Aviation 1991«, S. 163-167 (Juni 1991).
17 »F-16, Multirole Fighter. Pilot's Radar Manual«. Westinghouse Electric Corp. Baltimore. Radar Set AN/APG-66 (1985). Vertraulich.
18 E. Schweicher: »Radar Begrippen«, Vrije Universiteit Brussel, 705, 1-287 (1985).
19 E. Appleton: »The influence of tropospheric conditions on ultra-short wave propagation«, Meteorological Factors in Radio-Wave Propagation, Conf. 1946, Phys. Soc. London.
20 R. B. Stull: »An Introduction to Boundary Layer Meteorology«, Kluwer Acad. Publ. (1988).
21 V. G. Plank: »A Meteorological Study of Radar Angels«, Geophys. Res. Paper Nr. 52, 117 Seiten, Air Force Cambridge Res. Lab. Bedford, Mass. (1956); ders.: »Atmospheric Angels mimic Radar Echoes«, *Electronics*, 31, 14. März 1958; ders.: »Spurious Echoes on Radar, a Survey«, Geophys. Res. Paper Nr. 62, 51 Seiten, AFCRL (1959).
22 D. Atlas: »Advances in Radar Meteorology«, *Adv. in Geophysics*, Acad. Press, 10, S. 317-478 (1964).
23 M. I. Skolnik: »Introduction to Radar Systems«, McGraw-Hill, S. 551-552 (1962).
24 C. R. Vaughin: »Birds and Insects as Radar Targets: a Review«, *Proc. IEEE*, 73, S. 205-227 (1985).
25 R. B. Bean and E. J. Dutton: »Radio Meteorology«, NBS Monograph 92, US Gov. Print. Off. Washington D. C. (1966) and Dover Publ.
26 Wir betrachten eine atmosphärische Schicht, deren Brechungsindex n mit steigender Höhe z abnimmt. Am unteren Rand dieser Schicht ($z = 0$) ist der Brechungsindex $n = n_0$, und der Einfallswinkel des von unten kommenden Strahls $\Theta = \Theta_0$. Es gilt das Snelliussche Gesetz: $n \sin\Theta = n_0 \sin\Theta_0$. Die örtliche Neigung des Strahls wird durch $dz/dx = \tg\Theta$ bestimmt. Also ist $(dz/dx)^2 = (\cos\Theta/\sin\Theta)^2 = (1/\sin^2\Theta) - 1 \approx (n^2/n_0^2\sin^2\Theta_0) - 1$. Wir nehmen einen linearen Abfall des Brechungsindexes mit steigender Höhe an: $n = n_0 (1 - \alpha.z) \approx n_0$. Dann wird $(dz/dx)^2 = [(1 - \alpha.z)^2 - \sin^2\Theta_0]/\sin^2\Theta_0 = [\cos^2\Theta_0 - 2\alpha.z]/\sin^2\Theta_0$. Daraus folgt, daß die Neigung des Strahls linear mit steigendem z abnimmt: $dz/dx = (dz/dx)_0 [1 - \alpha.z/\cos^2\Theta_0]$. Der Strahl folgt also einer parabolischen Bahn, solange er in der Schicht bleibt, wo der Brechungsindex n mit steigender Höhe abnimmt. Wegen der langsamen Veränderung von n (für eine Wellenlänge) erleidet der Strahl keine partielle Reflexion (wie die

W. K. B.-Annäherung der Wellenoptik beweist). Der Strahl wird also ohne merklichen Energieverlust fortlaufend abgebogen, solange zusätzliche Diffusions- und Absorptionsprozesse vernachlässigbar bleiben.

27 Wenn der Brechungsindex n zwischen dem unteren und dem oberen Rand der Schicht von n_0 bis auf n_1 abfällt, kann der Strahl so gebogen werden, daß er den oberen Rand gerade horizontal streift ($\sin\Theta = 1$). Nach dem Snelliusschen Gesetz erfordert dies einen Einfallswinkel $\Theta_0 = \Theta_1$, wobei $\sin\Theta_1 = n_1/n_0$. Wenn der Einfallswinkel diesen »Grenzwinkel« übersteigt, wird der Strahl von der Schicht wie von einem Spiegel nach unten reflektiert. Dies entspricht der sogenannten »superkritischen Refraktion«.

28 J. A. Land and R. W. Meadows: »Simultaneous Radar and Refractometer Soundings of the Troposphere«, *Nature*, Heft 197, S. 35-36 (1963); J. A. Lane: »Small Scale Irregularities of the Radio Refractive Index of the Troposphere«, *Nature*, Heft 204, S. 438-440 (1964).

29 E. E. Gossard, J. H. Richter and D. Atlas: »Internal Waves in the Atmosphere from High-Resolution Radar Measurements«, *J. Geoph. Res.*, 75, S. 3523-3536 (1970).

30 D. R. Hay and W. M. Reid: »Radar Angels in the Lower Troposphere«, *Can. J. Phys.*, 40, S. 128-138 (1962).

31 D. Atlas: »Angels in Focus«, *Radio Science J. of Res.*, 69D, S. 871-875 (1965).

32 K. R. Hardy and H. Ottersten: »Radar Investigation of Convective Patterns in the Clear Atmosphere«, *J. of the Atmosph. Sci.*, 26, S. 666-672 (1969).

33 K. S. Gage and B. B. Balsley: »On the Scattering and Reflection Mechanism contributing to Clear Air Radar Echoes from the Troposphere, Stratosphere und Mesosphere«, *Radio Science*, 15, S. 243-257 (1980).

34 P. K. James: »A Review of Radar Observations of the Troposphere in Clear Air Conditions«, *Radio Science*, 15, S. 147-150 (1980).

35 N. K. Vinnichenko et alii: »Turbulence in the Free Atmosphere«, Consultants Bureau, N.Y., S. 149 (1973).

36 R. Scorer: »Clouds of the World«, Lothian Publ. Co. Newton Abbot, 20, S. 28-30 (1972); K. J. Weston: »Observational Study of Convective Cloud Streets«, in: »Cloud dynamics«, Adv. in Earth and Planetary Sciences, Reidel Publ. Co. London, S. 31-41 (1982); Wen-yih Sun: »Cloud bands in the Atmosphere«, ebd., S. 179-191.

37 D. C. Fritts and P. K. Rastogi: »Convective and Dynamical Instablilties due to Gravity Wave Motions in the Lower and Middle Atmosphere: Theory and Observations«, *Radio Science*, 20, S. 1247-1277 (1985).

38 S. T. Friedman: »Flying Saucers and Physics«, *MUFON Symposium Proceedings*, S. 97-131 (1974).

8. Der Herschel-Effekt

August Meessen ist Professor an der Université Catholique de Louvain (Neu-Löwen).

1 J. F. W. Herschel: »On the chemical action of the rays of the solar spectrum on preparations of silver and other substances ... and some photographic processes«. *Phil. Trans.*, 131, 1 (1840).

2   G. Millochau: »Sur la photographie du spectre infrarouge«. *Compt. rend.*, 142, S. 1407 (1906).
3   W. Leszynski: »Studien über den Herscheleffekt«. *Z. w. P.* 24, 275 (1926).
4   O. Bartelt und H. Klug: »Zur Natur des Herschel-Effektes«, *Z. f. Phys.*, 89, S. 779 (1934).
5   F. Urbach und A. Wolinski: »Über eine spontane Veränderung des latenten photographischen Bildes«, *Sitzungsber. Akad. Wiss. Wien*, 147, IIa, 29 (1938).
6   N. F. Mott and R. W. Gurney: »Electronic processes in ionic crystals«, Oxford (1948).
7   J. W. Mitchell: »Photographic sensitivity«, *Reports on Progress in Physics,* 20, S. 433-515 (1957).
8   J. F. Hamilton: »The silver halide photographic process«, *Adv. in Phys.*, 37, S. 359-441 (1988).
9   T. Tani: »Physics of the photographic latent image«, *Physics Today,* Sept., S. 36-41 (1989).
10 J. Belloni-Coffler, J. Amblard, J. L. Marignier et M. Mostafavi: »La photographie révélée«, *La Recherche,* 21, Jan. 217, S. 48-56 (1990).
11 J. H. Webb and C. H. Evans: »An experimental study of latent-image formation ... and Herschel exposures at low temperature«, *J. Opt. Soc. Am.*, 28, S. 249-263 (1938).
12 G. Kornfeld: »The Herschel effect and the structure and stability of the photographic latent image«, *J. Opt. Soc. Am.*, 39, S. 490-494 (1949).
13 L. A. Ageev, V. K. Miloslavkii and I. N. Shklyarevskii: »Herschel effect in thin granular AgI-Ag films«, *Opt. Spectrosc.*, 43, 544–547 (1977).
14 J. A. Hynek, P.J. Imbrogno and B. Pratt: »Night Siege: The Hudson Valley UFO Sightings«, Ballantine Books (1987).
15 B. Pratt: »The Belgium UFO Flap«, *MUFON Journal,* 267, S. 3-7 (1990).
16 J. Vallée: »Recent field investigations into claims of UFO related injuries in Brazil«, *MUFON Symposium Proceedings,* S. 32-41 (1989) – Ders.: »Confrontations«, Ballantine Books, N.Y. (1990).
17 A. Schneider: »Automatische Registrierung unbekannter Flugobjekte«, *MUFON – Central European Section,* 7, Feldkirchen-Westerham (1981), siehe S. 82, 88, 93-99.
18 A. Vance: »UFO's and the Oregon photo«, *Petersen's Photographic Magazine,* Jan., S. 35-37 (1973).
19 A. Schneider: »UFOs mit außerordentlich hellen Lichtern«, *MUFON-CES* 9, S. 195-210 (1983) – siehe auch Anm. 22.
20 A. Meessen: »Des signes de civilisations extraterrestres?«, *Rev. Quest. Scient.*, 156, S. 443-481 (1985) sowie 157, S. 149-178 (1986), oder: *Inforespace,* 70, 2-32, Apr. (1986).
21 Y. H. Ohtuski and H. Ofuruton: »Plasma fireballs formed by microwave interference in air«, *Nature,* Heft 350, S. 139-141 (1991).
22 A. Schneider: »Physiologische und psychosomatische Wirkungen der Strahlen unbekannter Himmelserscheinungen«, Resch, Innsbruck (1982).
23 B. S. Maccabee: »Gulf Breeze without Ed«, *MUFON 1991. International UFO Symposium Proceedings,* S. 185-267 (siehe S. 230: Infrared photos taken).

ANMERKUNGEN

24 M. Popowitsch: »UFO-Glasnost«, Langen Müller, München (1991).
25 E. Crystall: »Silent Invasion«, Paragon House, N.Y. (1991).
26 S. Singer: »The Nature of Ball Lightning«, Plenum Press (1971).

10. Überlegungen eines Interviewers

1 Michel Bougard: »La chronique des OVNI«, éd. J.-P. Delarge.
2 »Premiers regards sur l'activité mimétique OVNI«, Lumières dans la nuit, Heft 164, April 1977.
3 »Science-fiction et soucoupes volantes«, éd. Mercure de France.
4 So etwa orientiert sich die amerikanische Sichtungswelle der Jahre 1896/1897 an den von Jules Verne Jahre zuvor ersonnenen Romanen.
5 »Autres dimensions, chronique des contacts avec un autre monde«, éd. Robert Laffont.
6 »Hypothèses et stratégies de recherche«, Inforespace, Heft 24, Dezember 1975.
7 J. Allen Hynek: »Les objets volants non identifiées: mythe ou réalité?«, éd. Belfond, S. 28.
8 John Keel: »Operation Trojan Horse«, Souvenir Press.
9 Dali: »Comment on devient Dali«, éd. Robert Laffont.

12. Schlußfolgerungen

1 A. Leroi-Gourhan: »La Geste et la Parole«, Albin Michel, 1966. (Dt.: »Hand und Wort. Die Evolution von Technik, Sprache und Kunst«, Suhrkamp, 1980).
2 R. P. Bergougnioux: »La Préhistoire et ses problèmes«, Fayard, 1960.
3 Evry Schatzman: »Structure de l'Univers«, Hachette, 1968.
4 Demond Morris: »Le Singe nu«, Grasset, 1968. (Dt.: »Der nackte Affe«, Knaur, 1970).
5 D. H. Meadows et alii: »Rapport sur les limites de la croissance«, Fayard, 1973. (Dt.: »Die Grenzen des Wachstums«, DVA, 15. Aufl. 1990); H. Kahn/A.J. Wiener: »L'An 2000«, Robert Laffont, 1969. (Dt.: »Ihr werdet es erleben - Voraussagen der Wissenschaft bis zum Jahre 2000«, Molden, 1968).
6 B. Pascal: »Über die Religion und über einige andere Gegenstände (Pensées)«, Hg. von E. Wasmuth, Heidelberg: Lambert und Schneider 1948, S. 169 (Fragment 346).
7 A. Meessen: Begriffsbildung und Modellvorstellungen in der Physik, in: »Wirklichkeitsbezug wissenschaftlicher Begriffe« - Grenzfragen. Institut der Görres-Gesellschaft für interdisziplinäre Forschung: Naturwissenschaft, Philosophie und Theologie, Bd. 14, Karl Alber Verlag, Freiburg/München, 1986, S. 11-59.
8 P. E. Ross: »Science? Nyet. Disillusioned Soviets embrace mysticism and the paranormal«, Scient. Am. 264, 8-9, Juni 1991.

Nachwort

Wilfried De Brouwer ist Generalmajor der belgischen Luftwaffe.